孫中山新探

楊天石　著

U0111155

目 錄

Contents

第九部分 ——
附錄 493

序言

荷雨時節，E 從天降，楊公函囑為其大著《孫中山新探》寫序。驚惶之餘，復信連連求饒。公以本人"長期擔任孫中山研究所所長，是為拙書寫序的非常合適的人選"相勸，經"協商"，則以公獎掖晚輩，扶持後生為慰，權以撰述懷憶或感獲一類的文字應允下來。

楊公著作等身，乃知名的孫中山研究專家。我們於 1978 年在近代史研究所相識，迄今四十餘年。是時，我出道未幾，公正值年富力強。因參加國家"六五"規劃重點項目《孫中山全集》（中華書局版）的編輯，本人所在的廣東省社會科學院與近代史研究所、中山大學是合作單位，由此，得享王府井大街東廠胡同一號之"近水樓台"，借書、食宿，有幸與公同一棟樓。

往事如煙，追憶依然。於孫中山研究領域，楊公有志竟成，其成就之秘訣，可簡括為六個字，曰：勤奮、求真、創見 —— 這是我粗略的體會，亦為本人受益終身之信條。

勤奮乃成功之基石。近代史所的藏書，勝似寶藏，浩如煙海。楊公的勤奮有目共睹、有口皆碑。我客居近代史所，斷續不下一年半，印象最深刻的，不管是圖書館，還是辦公室（可將舊報借回），都可看到楊公翻閱書報與寫作的身影。記憶猶新者，他對報紙中的廣告頁，翻得特別快，蓋因習慣成自然了。一旦發現心儀的史料，便埋頭抄錄於卡片中（那時無電腦）。每每從他的門口走過，半開的房間總是看到他讀作的神韻，這對我這位初出茅廬的求知者來說，委實是"言傳"不如"身教"了。十多年前，我到北京參加研討，有意重溫舊夢，某星期日，深夜十一時，幾位同仁往所裏走，電梯已關，碰見楊公抱著一大疊書在爬樓梯，七十多歲的學者，以所為家，於夜色蒼茫中負書上行，其勤其奮之形象，深印於我的腦海。聰明出於勤奮，治學呵護冷板，難能可貴啊！楊公幾十年如一日，專心學問，其砥礪之精神，令人感佩有加。

史料有如史學之磐石，亦賴勤奮之功經營。史學即史料學，欠缺史料，史學就會變成空泛的說教；言中有物，論從史出，才是治史之要義。前賢早有言曰，南京大學教授韓儒林先生撰過家喻戶曉之一聯：「板凳要坐十年冷，文章不寫半句空」。楊公堪稱典範，所撰著述，既以史料為基底，又以新見史料見長。以《新探》為例，撇開書刊不論，僅引用的報紙（不含《民報》、《新民叢報》等）就有：《大共和日報》、《獨立週報》、《神州日報》、《申報》、《民聲日報》、《民志日報》、《大漢報》、《大公報》、《民立報》、《民權報》、《天鐸報》（上海）、《民主報》（北京）、《國民公報》、《中華民報》、《燕京時報》、《衡報》、《天義報》、《蘇報》、《少年中國晨報》、《新世紀》、《越鐸日報》、《中興報》、《中國旬報》、《香港華字日報》、《南洋總匯新報》、《星洲晨報》、《廣州民國日報》、《高知新聞》（日本）、《日新報》（加拿大）等三十種，還有《朱希祖日記》（稿本）、陶冶公《無政府主義思想對同盟會的影響》（未刊稿）、章太炎《亞洲和親會約章》（未刊稿，陶冶公原藏）等；翻閱「檔案、函札所見孫中山」一章，不乏台灣中國國民黨黨史館檔案、台北「國史館」檔案、日本外務省檔案、宮崎滔天家藏書札、日本山口縣文書館檔案等資料，均為史料中之乾貨！其「上窮碧落下黃泉」之功力，可見一斑。尤須多書一筆的是，書末附錄《孫文罪狀》、《偽〈民報〉檢舉狀》、《佈告同志書》等三份文件，均係同盟會發生「倒孫風潮」的文獻，或發表於當年的海外報紙，或深藏於海外的檔案館，除《偽〈民報〉檢舉狀》外，今天已很難見到。楊公視史料為生命，卻把罕見史料和盤托出供學界共用，嘉惠士林，精神可佩！

史學有獨立的品格，史家有獨特的人格，楊公的「格」定位於求真。舉凡《新探》文字，無時無刻不在展示楊公求真的樣態。關於孫中山對資本主義的認識，楊公認為，孫中山並不將資本主義視為垂死的、沒落、腐朽、應該打倒、消滅的生產方式，也並不將它視為與社會主義格格不能相容的敵對力量，而是仍然視為推進人類社會發展和文明進步的「經濟能力」，主張調和兩者，使之「互相為用」，共同促進人類的文明發展。所謂「互相為用」，那意思是說：社會主義可以利用資本主義，資本主義也可以利用社會主義，相互借鑒、相互吸取，人類社會因而得以前進、發展。這是一種充滿辯證思想的遠見卓識。可惜，孫中山並未展開充分論述，但是，人類歷史的發展經已證明並將進一步證實這一認識的偉大意義。楊公對孫中山關於資本主義的把握，閃爍著辯證唯物主義的光點。

求真，乃是對實事求是精神的弘揚。關於孫中山對馬克思主義的評價，楊公指出，孫中山曾對馬克思主義做過批評。馬克思、恩格斯對資本主義進行過多方面的、嚴厲無情的批判。孫中山也曾嚴厲批判資本主義剝削，批判資本家的缺乏道德，他將馬克思所分析的榨取工人剩餘價值的手段歸納為三種：一是減少工人的工資，二是延長工人做工的時間，三是抬高出品的價格。但是，孫中山根據 20 世紀 20 年代的社會現實，對馬克思的有關看法提出了不同意見。他以美國福特汽車工廠為例說：馬克思所說的是資本家要延長工人做工的時間，福特車廠所實行的是縮短工人做工的時間；馬克思所說的是資本家要減少工人的工錢，福特車廠所實行的是增加工人的工錢；馬克思所說的是資本家要抬高出品的價格，福特車廠所實行的是減低出品的價格。像這些相反的道理，從前馬克思都不明白，所以孫中山認為以前馬克思主義的主張大錯特錯。馬克思研究社會問題，所知道的都是以往的事實。至於後來的事實，馬克思一點都沒有料到。這其實都是孫中山研究中的前沿問題和最敏感的話題了。

良史，須憑史識，必有 “求義”。楊公將 “歷史學家要對歷史負責” 作為治學的座右銘，道出了良史的心聲。《新探》關於《孫中山與民國初年的輪船招商局借款 —— 兼論革命黨人的財政困難與辛亥革命失敗的原因》一文，一改前人和時人將辛亥革命的失敗簡單地歸為 “資產階級的軟弱性” 的成說，以事實為基礎，圍繞孫中山的困難問題展開闡述，把孫中山的財政困難講得很清楚，從而拋棄政治概念的套路，到目前為止，仍未見對該文提出的質疑。又，關於同盟會的內部矛盾與兩次 “倒孫風潮” 的論述，楊文強調既與日本社會黨人內部軟硬兩派的分裂有關，也有同盟會自身的原因等等。舉凡，揚葩吐豔，各極其致，學界遂蒙絕大之受益。

學問的靈魂在於閃光，學術的生命重於創見。業師章開沅先生說：“史魂即史德，用現代話語來表達，就是這個學科固有的獨立品格。而與此相對應的，就是以史學為志業者必須保持獨立的學者人格。”（《史學尋找自己》，《實齋筆記》第 309 頁）應該指出，《新探》主人畢生以 “究天人之際，通古今之變”

之箴言作為研究學術的最高理想，努力踐行“獨立的學術人格”，卓然成家，提出了不少創見，如近代中國新型知識份子與“共和知識份子”的形成；辛亥革命的領導力量是“共和知識份子”等。尤其特別指出的是，他強調孫中山指斥近世“民權制度”，“往往為資產階級專有”，“適成為壓迫平民之工具”，冀望建立“為一般平民所共有”，“非少數人所得而私”的國家政權，因此提出，與其說他是“資產階級革命家”，不如更準確地說他是“平民知識份子革命家”，或“平民革命家”。從百家爭鳴的視角說，這是楊公與其他學者的不同見解，堪稱一大創見。

多年以來，學人一直把孫中山定位在資產階級革命家。這無疑牽涉到孫中山階級定性的問題。楊公倡說孫中山是“平民知識份子革命家”，並在《孫中山研究口述史》中列舉了七大依據：

一、於家庭經濟狀況言，孫中山出身貧苦，其兄孫眉雖一度為海外農場主，但因支持革命而毀家紓難，迅速破產且困居於香港的茅草棚，故而，將孫中山劃歸資產階級群體中缺乏充分的理由。二、從孫中山的支持群體（階級基礎）言，並未有多少資產階級在支持他：辛亥革命前，資產階級多支持立憲派；革命後又多投靠袁世凱。“二次革命”時明確支持孫中山的資產階級寥寥可數；廣東作為近代民主革命策源地，又是孫中山故里，但是，廣東的資產階級都是站在孫中山的對立面，擁護孫氏的著實少見。三、從孫中山思想維度看，把孫中山定性為資產階級革命家好像更沒有道理。在近代革命家中，孫中山最早揭露資本主義社會內部貧富兩極分化的事實，痛罵資本主義，揭示資本主義社會的矛盾。辛亥革命後，孫中山痛罵資本家沒有道德良心、唯利是圖的言論還有很多，而且是最早宣稱中國不能走西方資本主義老路的人。四、就中國國家制度選擇言，孫中山肯定施行民主共和制度，嚴正指出“英美立憲，富人享之，貧者無與焉”，從政治、經濟、社會制度上全面批判和否定了西方資本主義，明確提出不能對西方亦步亦趨，要在批判西方資本主義的基礎上創建中國民主制度，這是孫中山創造“五權分立”思想及實行五院並立制度的根本原因。五、對待社會主義態度言，孫中山於 1903 年就表達過對社會主義的嚮往，將“民生主義”直接和“社會主義”對等翻譯就是直接體現；1905 年，孫中山在比利時向國際社會黨（第二國際）執行局申請，要求接納他正在組織的政黨，其所彙報的黨綱中稱，要使"工人階級不必經受被資本家剝削的痛苦"；1915年 11 月，孫中山再次致函國際社會黨執行局，要求提供人才，協助自己將"中國建立成全世界第一個社會主義國家"。可見，孫中山是中國最早表示對社會主義的嚮往和追求的一位革命家，把這樣一個人說成是資產階級，拿不出道理來。六、就中華民國頒佈的綱領政策看，均未鼓勵發展資本主義。翻查南京臨時政府的命令、條令，並沒有多少是鼓勵資本主義發展。而相比於晚清政府的新政，則是大力扶持資本家，並根據資本家的投資封官封爵，鼓勵發展資本主義。相反，南京臨時政府所頒佈的政策法律頂多是些空洞的發展實業詞語，絕對沒有達到晚清新政的那種高度和力度。所以，相比較之下，把孫中山說成是資產階級革命家也是不對的。七、就革命派與改良派論戰而言，康梁以"保商"為根本追求，主張發展資本主義，抵抗外資，認為保護資本家是第一要務。康梁派特別是梁啟超，是要求在中國發展資本主義的典型代表，是資產階級的代言人和利益代表者。而革命黨則並不如此，革命黨主張社會革命，主張發展國家資本，發展國營企業，這與資產階級價值追求和利益保障明顯有所差距。

創見可以喻為史學的玉石，乃學人智慧的迸發、創新的結晶。楊公此文，初以《孫中山不是資產階級革命家》為題，發表於香港《明報月刊》2001 年第 6 期，後易題為《孫中山應是"平民革命家"》摘要轉載於 2001 年 9 月 17 日《北京日報》。[1] 值此多言一筆者，十年之後，嚶其鳴矣，求其友聲。本人步楊公後塵，於 2011 年在廣東人民出版社出版《平民孫中山》，後記寫道："孫中山出身平民，一生為了平民，他的三民主義、中華民國、國民革命，都與民字相聯，並為之鞠躬盡瘁……他生活於民間，思想營養吸吮於民間，其事業的追隨者來自民間，他是從民間中走出來的偉人。"可謂"無巧不成事"，2015 年本人赴台灣採訪《孫中山研究口述史》，將拙書贈張玉法先生指謬，先生問是什麼書，答曰《平民孫中山》，先生笑道："平民孫中山，我要！如是……（省略）"，令我頓時聽出了弦外之音！

1　參見《孫中山是平民知識份子革命家》，收入《哲人與文士》，見《楊天石近代史文存》五卷本之一，中國人民大學出版社 2007 年 7 月第 1 版。

毋庸諱言，關於孫中山革命性質的理論思考，有如孫中山名言“革命尚未成功，同志仍須努力”。曾經主張“資產階級”說的章開沅先生在 1911 年出版的《辛亥革命辭典》序言說：諸如“資產階級”或“國民革命”或“紳士運動”說，“都促使我們對長期以來似乎已經成為定論的‘資產階級革命’說重新加以考察與探究……比如，當時在中國大地上到底有沒有一支明確的社會力量稱得上是資產階級？相應的問題是如何判斷資產階級的形成，形成的條件與標準是什麼？僅僅從歷史現象作就事論事的簡單答復是無濟於事的，還需從理論上，特別是理論與史事相結合的基礎上，作更為客觀、深入、細緻的探索，才有可能獲致若干比較確切和令人信服的答案。”

　　祈願“平民”說當有後續，孫中山研究沒有窮期。

　　謹祝《孫中山新探》問世，一花引來百花開！

王　傑

廣東省社會科學院研究員，原孫中山研究所所長

自序

　　本書收我多年來關於孫中山的研究論文、學術札記、演講報告與訪談錄。由於領導辛亥革命、創建民國是孫中山一生的最大業績，故將相關文章作為重點。所論多與時賢不同，故稱新探。

　　研究本國歷史只能從本國的歷史實際出發，而不能從先驗的、既定的原則出發，更不能生吞活剝地搬用或變相搬用外國歷史和基於其上的結論。本書提出了若干新看法，如近代中國新型知識份子與 "共和知識份子" 的形成；辛亥革命的領導力量是 "共和知識份子"；同盟會的內部矛盾與兩次 "倒孫風潮" 的成因；辛亥革命勝利迅速、代價很小，其失敗的主因在於財政困難，而非通常所謂 "資產階級軟弱性"。等等。都與史學界長期流行的說法不同。

　　在《中國國民黨第一次全國代表大會宣言》中，孫中山重新解釋三民主義，明確表示：

> 　　近世各國所謂民權制度，往往為資產階級所專有，適成為壓迫平民之工具。若國民黨之民權主義，則為一般平民所共有，非少數者所得而私也。[1]

19 世紀下半葉至 20 世紀，俄羅斯、北美、西歐等地一度流行 "平民主義" 思潮（Populism）。強調平民群眾的價值和理想，依靠平民群眾進行社會改革，將平民化作為政治運作和政治制度合法性的最終來源。孫中山明顯地受到這一思潮的影響。從創立興中會，投身革命之日起，他就高度推崇 "平民" 的社會地位，以 "平民" 的利益和代言人的身份自居。在上述宣言中，孫中山指出了近世 "民權制度" 的階級實質："往往為資產階級所專有"，"適成為壓迫平民

---

[1] 《中國國民黨第一次全國代表大會宣言》，《孫中山全集》第 9 卷，第 120 頁。

之工具"。因此，他排斥"資產階級"，企圖建立為"一般平民所共有"，"非少數人所得而私"的國家政權。這就表明了孫中山的政治理想：空前地擴大國家政權的社會基礎，改變其為資產階級執政，壓迫平民的性質。因此，從這一點，結合他的其他大量言論考察，與其說他是"資產階級革命家"，不如更準確地說他是"平民知識份子革命家"，或"平民革命家"。

南京臨時政府成立前，起義各省的革命群眾團體和都督府就主張進行北伐，攻佔北京，推翻以滿洲貴族為代表的清朝政權。1911 年 11 月 15 日，廣東光漢社召集會議，上書都督胡漢民，要求確定"籌兵、籌餉、平胡"之大計。稍後，旅滬各省人士紛紛組織北伐隊，滬軍都督陳其美建議組織北伐聯軍。10 月 5 日，北伐聯合會在上海成立。12 月 20 日，江浙聯軍召開軍事大會，推舉徐紹楨為北伐總司令官。同月廣東北伐軍第一軍抵達上海。南京臨時政府成立後，孫中山於 1912 年 1 月 4 日聲稱"北伐斷不可懈"，命令廣東民軍"宜速進發"，他自己也表示要"親率大兵北伐"。同月 9 日，陸軍部成立，黃興確定計劃，確定兵分六路，共同攻佔北京。同時，孫中山則任命藍天蔚為關外大都督，在東北起事。1 月 29 日，南京臨時政府各軍在清江浦召開軍事會議，部署北伐。

袁世凱是晚清"新政"中崛起的官僚和武人，本已罷職回鄉。武昌起義後，各省紛紛獨立，清政府惶急無策，於 10 月 30 日以溥儀的名義下詔"罪已"，承認登基以來，"未辦一利民之事"，所有動亂，"皆朕一人之咎"。11 月 1 日，皇族內閣總辭職，起用袁世凱為內閣總理大臣。袁世凱老謀深算，老奸巨猾，認為清廷大勢已去，對待革命黨人，非單純武力鎮壓所可了結。12 月 7 日，清廷任命袁世凱為議和全權大臣，同日，袁世凱派唐紹儀為全權代表南下。9 日，十一省革命軍政府公推伍廷芳為總代表，與唐紹儀談判。12 月 18 日，唐、伍二人在上海英租界舉行會議。12 月 20 日，英國駐滬總領事會同日、美、德、法、俄等五國總領事向唐、伍二人遞交照會，聲稱他們決心堅持迄今所採取的絕對中立的態度，但戰事繼續進行，將使外國人的重要利益和安全遭到危險，要求雙方儘快達成協議，停止衝突。此後，英國的財團、銀行不斷向袁世凱提供大額借款，英國外交大臣格雷訓示駐華公使朱爾典，向袁提供"一切外交上的支援"。

在南北議和過程中，袁世凱一面謊報國庫存銀，向清廷施加壓力，聲稱"欲戰，則兵少餉絀；欲和，則君主立憲難保"，一面以甘言誘惑懦弱無助、撫養宣統帝的隆裕太后："倘議定共和政體，必應優待皇室。"[1] 隆裕太后為袁的甜言蜜語所動。2 月 3 日，授權袁世凱全權研究宗廟，陵寢，皇室優禮，八旗生計，蒙古、回、藏待遇等問題，做退位打算。

武昌起義後，列強除向中國加派軍艦、兵力外，為了防範革命黨人取用海關稅收，11 月 7 日，公使團強行決定，將中國海關稅收全部匯解上海，存入滙豐等三家外國銀行，作為償還外債之用。革命黨人沒有對公使團的這一蠻橫決定提出異議，其財政狀況本已十分拮据，此時就更加困窘。臨時政府最艱難的時候，金庫僅存十洋。這種情況，不僅難以支付北伐所需的巨大軍費，甚至難以支付日常的行政管理費用和各部總長們的薪金。為此，孫中山等人不得不想方設法，繼續向外國人借債，以解燃眉之急。2 月 3 日，孫中山在南京與日本三井物產公司的代表會談，企圖以"租讓滿洲"為代價取得 1000 萬元借款。孫稱："倘或有幸，此刻能獲得防止軍隊解散之足夠經費，余等即可延緩與袁議和，俟年關過後再進一步籌措資金，而後繼續排袁，仍按原計劃，堅決以武力消除南北之異端，斬斷他日內亂禍根，樹立完全之共和政體。"[2] 孫中山的這段話說明，他不是不想北伐，徹底推翻清廷；也不是對袁世凱心存幻想，而是企圖靠槍桿子說話，以"武力"消除"異端"，斬除"禍根"，"樹立完全之共和政體"。2 月 8 日，湖南革命黨人譚人鳳致電孫中山，要求"激勵各軍，同時北上"。[3] 次日再電，堅決反對議和。11 日，孫中山答稱："目下籌集軍費最為第一要著。"[4] 13 日，再答云："斷不容以十數省流血構成之民國，變為偽共和之謬制。"[5]

十塊洋元當然無法向北京進軍，更無法維持南京臨時政府的存活。2 月 11

1 《紹英日記》（二），國家圖書館出版社 2009 年版，第 264、269—270 頁。
2 《森恪致益田孝函》（1912 年 2 月 8 日），日本三井文庫藏。
3 《臨時政府公報第 3 號》。
4 《孫中山全集》第 1 卷，第 81 頁。
5 《孫中山全集》第 1 卷，第 91 頁。

日凌晨 1 時 55 分，與孫中山談判的日方代表急電國內，要求對革命黨人的借款要求"火速給與明確回答"。日本陸軍大臣石本新六認為日本理應享有"滿洲"的一切權益，無須金錢收買，不予回音。2 月 12 日，隆裕太后代表宣統帝宣佈退位。13 日，孫中山向臨時參議院辭去臨時大總統職務。對此，當年在孫中山身邊的日本友人山田純三郎回憶說："孫先生方面既無打倒袁世凱的武器，又無資金"，"不得不含淚同意南北妥協，最終讓位於袁世凱"。[1]

多年來，人們分析辛亥革命之所以失敗，大都籠統、簡單地歸為"資產階級的軟弱性"，而歷史真相顯示的主因則是：革命黨人面臨巨大的、嚴重的財政困難，借貸無門，不得不被迫妥協。哪一種說法更為真實可信？請讀者自辨。

關於同盟會的內部矛盾與兩次"倒孫風潮"，本書認為，既與日本社會黨人內部軟硬兩派的分裂有關，也有同盟會自身的原因。1901 年，日本建立社會民主黨。1903 年，幸德秋水組織平民社，宣揚"平民主義、社會主義"，翻譯並出版《共產黨宣言》。1906 年，日本社會民主黨改名社會黨。1907 年，日本社會黨分裂為軟硬兩派。硬派以幸德秋水為代表，軟派以片山潛為代表。在東京的中國革命黨人、同盟會員張繼、章炳麟、劉師培、陶成章等與幸德秋水關係密切。4 月，章炳麟等組織亞洲和親會，它既"反抗帝國主義"，也反對一切"在上之人"，章程規定"無會長、幹事之職，各會員皆有平均利權"。以罷免孫中山的同盟會總理為目標的第一次"倒孫風潮"顯然與此相關。同年 8 月 31 日，劉師培等成立"社會主義講習會"，宣揚無政府主義，在一系列問題上與孫中山的主張相抗，從而形成一個極"左"的政治派別。

本書的上述看法，均基於辛亥革命時期的中國歷史實際。其中部分觀點受過經典作家啟發。例如，"平民知識份子革命家"的看法，受到列寧關於俄國革命中三代知識份子論述的影響；關於辛亥革命領導力量的分析，受到毛澤東關於"五四"運動領導力量相關論述的啟發。凡此種種，均非離經叛道之論，而是實事求是、認真獨立思考的結果。其中《孫中山思想的現代價值》一文，曾以中國社會科學院鄧小平理論和"三個代表"重要思想研究中心的名義發表

1　《シナ革命と孫文の中日聯盟》，見嘉治隆一編：《第一人者の言葉》，亞東俱樂部 1961 年版，第 268 頁。

於《光明日報》。2012 年 9 月，中國社會科學院出版《中國特色社會主義理論研究前沿報告》第 11 號，收入拙文《辛亥革命的性質與領導力量》，似可代表該書編者對本人相關觀點的重視。學術的發展、進步、繁榮有賴於百家爭鳴，本人此次不揣譾陋，將有關各文編輯成書，即意在為爭鳴之助，推動孫中山和辛亥革命研究的進一步深入。

本書除個別文章外，過去都已發表過。凡有修改者，均在文後說明；無說明者，則全係發表時的原貌。孫中山一生，反復論述同一問題，筆者多年研究孫中山，或為文，或報告，或接受採訪，也難以完全避免重複。但為不致重複過多，有些文章略去未選，有些則做了刪節。

書後附錄《孫文罪狀》、《偽〈民報〉檢舉狀》、《佈告同志書》等三份文件，均為當年同盟會分裂，發生"倒孫風潮"時的產物，或發表於當年的海外報紙，或深藏於海外的檔案館，除《偽〈民報〉檢舉狀》外，今天已很難見到。為便於讀者和研究者，特加收錄。

謹以此書，獻給偉大的辛亥革命 110 週年。

楊天石

* 上圖　孫中山贈醇親王載灃禮像，攝於 1911 年 11 月 25 日
　下圖　1892 年孫中山（左二）在香港西醫書院學習時與友人合影

第一部分

孫中山思想研究

孫中山與中國革命的前途

——兼論清末民初對孫中山民生主義的批評

　　中國應該建設一個什麼樣的社會？資本主義還是社會主義？從 20 世紀初年開始，中國人便思考並辯論這一關係國家、民族命運的重大問題。孫中山很早就表示了對社會主義的嚮往，因而也很早就受到了資本主義前途論者的批評。在辯論中，孫中山不斷思考，不斷探索，也不斷前進。儘管他一生都沒有超出主觀社會主義的水準，但他的有關思想中包含著應該為無產階級政黨所珍視的積極的、合理的內核。中國共產黨不僅是孫中山民主革命事業的繼承者，而且正確解決了他提出而未能解決的社會主義前途問題。今天，當我們回顧近百年來中國人民探索救國救民真理的歷程時，應該承認，孫中山是近代中國社會主義的前驅宣傳家和思想家。

一、極思不能須臾忘記的 "社會主義"

　　孫中山明確地表示對社會主義的嚮往是在 1903 年。他在復友人函中說："社會主義，乃弟所極思不能須臾忘者。"[1]當時，中國的先進份子處於不同的思想層次中。一種人，熱衷 "排滿革命"，渴望 "光復舊物"，"重見漢官威儀"；另一種人，以亞洲盧梭自命，沉醉於華盛頓、拿破崙的功業。孫中山超越上述兩種人，宣佈以社會主義為理想，顯示出他在中國革命前途這一重大問題上，具有遠大的目光，進行了深入的思考。1905 年，孫中山在比利時向國際社會黨（第二國際）執行局申請，接納他的黨，同時宣佈，將派代表出席下一屆國際大會。這一舉動，在當時中國的先進份子中，堪稱並世無二。它表明，孫中山企圖將中國革命和國際社會主義運動聯繫起來。此後，孫中山在《〈民報〉發

---

1 《孫中山全集》第 1 卷，中華書局版（下同，不一一注明），第 228 頁。

刊詞》、《中國同盟會革命方略》和《民報》創刊週年慶祝大會的演說中，公開闡明了自己的主張，民生主義這一概念開始震動中國的政治界和思想界。1912年，民國建立，孫中山錯誤地認為民族革命、政治革命兩項任務已經完成，因此，以無比的熱情進行"社會革命"的宣傳。他以"極端社會黨"自居，在南京、上海、武漢、廣州、北京、太原、杭州等地多次發表演說。不僅對社會各界和同盟會講，也對社會黨、統一黨、共和黨講，甚至還對黎元洪、袁世凱講。[1] 據報導，他還曾準備經營東沙島，"試行社會主義"。[2] 這是他一生中宣傳社會主義的高潮時期。國民黨"一大"前後，孫中山的熱情再次爆發，社會主義又一次成為他演講中的鮮明主題。由於十月革命的勝利以及和中國共產黨的合作，他的有關宣傳也就出現了前所未有的新內容和新特色。

孫中山開始革命活動的年代，自由資本主義已經發展為壟斷資本主義，它的各種固有矛盾尖銳地表現出來。孫中山長期居留於歐美、日本等地，對資本主義社會的病症有相當透徹的了解。他多次指出，歐美社會貧富懸殊，兩極分化，是一個極不平等的世界。1903 年，他在復友人函中就指出："歐美之富者富可敵國，貧者貧無立錐。"[3] 後來又說："歐美各國善果被富人享盡，貧民反食惡果，總由少數人把持文明幸福，故成此不平等世界。"[4] 孫中山看出了這種貧富懸殊的現象必定會引發激烈的階級鬥爭，社會革命必不可免。他說："他日必有大衝突，以圖實劑於平。"[5] 因此，他堅決主張，中國不應該走歐美老路。在《〈民報〉發刊詞》中，他說："近時志士舌敝唇焦，惟企強中國以比歐美。然而歐美強矣，其民實困。觀大同盟罷工與無政府黨、社會黨之日熾，社會革命其將不遠。吾國縱能媲跡於歐美，猶不能免於第二次之革命，而況追逐於人已然之末軌者之終無成耶！"[6] 鴉片戰爭以來，中國人受列強欺負，媲跡歐美，曾經是許多愛國志士夢寐以求的理想，然而，孫中山卻從歐美強大的外表下看出

1　對統一黨演講見於《大共和日報》1912 年 4 月 17 日，各本孫中山集均失收；對黎元洪談話見於《申報》1912 年 4 月 14 日報導；對袁世凱談話見於《三水梁燕孫先生年譜》上冊，第 123 頁。
2　《神州日報》，1912 年 6 月 19 日。
3　《孫中山全集》第 1 卷，第 228 頁。
4　《孫中山全集》第 1 卷，第 327—328 頁。
5　《孫中山全集》第 1 卷，第 228 頁。
6　《孫中山全集》第 1 卷，第 288—289 頁。

了"其民實困"的內相,毅然宣佈不能追逐別人"已然之末軌",這在當時,是具有石破天驚意義的宣言。

孫中山看不起歐美事後所實行的改良政策,並由此上溯,批評歐美資產階級民主革命的"疏陋"。他說:"倘歐美早百年注意社會問題,而今日補苴罅陋之政策可不發生。甚矣!其疏陋也。"[1] 孫中山要求走自己獨特的道路。他認為,中國的資本家還未出生。但是,隨著近代工業的發展,必將加強勞工階級與資本所有者之間的分野。他甚至估計,十年以後,中國的大資本家總數將超過十萬人,其中有些人的財產,將超過美國的煤油和鋼鐵大王。孫中山不希望出現這種狀況,主張在堅決發展近代工業的同時,預為防範。他說:"吾國治民生主義者,發達最先,睹其禍害於未萌,誠可舉政治革命、社會革命畢其功於一役。還視歐美,彼且瞠乎後也。"[2] 對於這段名言,人們通常批評其為空想,這當然是正確的。但是,孫中山深刻地感到舊的一般民主主義革命(政治革命)的不足,要求在這一過程中解決社會革命的問題,防止資本主義"禍害",使中國不僅成為"國民的國家",而且成為"社會的國家",創造出一種使歐美瞠乎其後,真正造福人民的社會制度,顯然,這一思想不僅對近代中國人民富於啟發性,而且包含著積極的、合理的內核。列寧所說,孫中山的政治思想傾向,"比民主主義的含義更廣泛"[3],指的就是他思想中這種超出"民主主義"的成分。

對於資產階級,孫中山多次進行批判,指責他們不勞而獲,壟斷財富,壓制平民,流毒世界。他說:"資本家以機器為資本,壟斷利源。工人勞動所生之產,皆為資本家所坐享。"[4]"彼恃其財力,不惟足以壓制本國,其魔力並且及於外國。"[5] 在孫中山看來,資本家的專制與專制政府並無二致,他說:"世界財力悉歸少數資本家之掌握,一般平民全被其壓制,是與專制政府何異?"有時,他甚至認為資本家的壓制比封建君主還要厲害。他說:"若專制皇帝,且口不離愛民,雖專橫無藝,然猶不敢公然以壓抑平民為職志。若資本家者,以壓抑

---

1 《孫中山全集》第 2 卷,第 333 頁。
2 《孫中山全集》第 1 卷,第 289 頁。
3 《中國的民主主義和民粹主義》,《列寧選集》第 2 卷,人民出版社 1960 年版,第 360 頁。
4 《孫中山全集》第 2 卷,第 516 頁。
5 《孫中山全集》第 2 卷,第 472 頁。

平民為本分者也，對於人民之痛苦，全然不負責任者也。一言以蔽之，資本家者，無良心者也。"基於此，孫中山曾將自己的民生主義稱為"排斥少數資本家"的主義。1912年，他並作過一個勇敢的預言："政府有推翻之一日，資本家亦有推翻之一日。"

孫中山不懂得剩餘價值理論，因而，他對資產階級的批判只能藉助兩種方式：一、在資本家和封建君主之間進行歷史類比；二、像早期空想社會主義者一樣，訴諸於抽象的"理性"和道德觀念。這種批判顯示了孫中山對資本家的憎惡之情，它是震撼人心的，卻遠不是科學的、深刻的，無從揭露資本主義剝削的本質及其發生、發展、滅亡的規律。

對資產階級的政治經濟學，孫中山也持批判態度。他指責亞當・斯密的分配理論不合理，是為資產階級利益辯護的"舊經濟學"。他說："按斯密亞丹經濟學，生產之分配，地主佔一部分，資本家佔一部分，工人佔一部分，遂謂其深合經濟學之原理，殊不知此全額之生產，皆為工人血汗所成，地主與資本家坐享其三分之二之利，而工人所享三分之一之利，又析與多數之工人，則每一工人所得，較資本家所得，其相去不亦遠乎？宜乎富者愈富，貧者愈貧，平民生計，遂盡為資本家所奪矣。"[1] 長期以來，亞當・斯密的理論一直是西方資產階級的"聖經明訓"，孫中山的批判雖然缺乏理論深度，但它畢竟刺去銳利的一槍，表示了對資本主義分配原則的抗議，也表示了對一種"新經濟學"的期待。

早期空想社會主義者大都把工人階級看作受苦受難、無所作為的階級。孫中山與之不同，他熱情讚譽工人階級對人類發展的巨大貢獻。他說："當知世界一切之產物，莫不為工人血汗所構成。故工人者，不特為發達資本之功臣，亦即人類世界之功臣也。"[2] 在資本主義社會兩大階級對立中，他真摯地同情工人階級，表示願為改善其處境而鬥爭。他說："今坐視資本家壓制平民而不為之所，豈得謂之平等乎？"[3] 不僅如此，他還充分肯定工人階級爭取自身權利的鬥爭，認為"資本家所獲甚豐，皆由工人之勞動而來，工人爭其所應得之權利，

1　《孫中山全集》第2卷，第333頁。
2　《孫中山全集》第2卷，第239頁。
3　《孫中山全集》第2卷，第520頁。

亦理所當然。"[1] 由此，他進一步肯定"社會革命"，認為"不平則鳴，大多數人不能長為極少數人之犧牲者，公理之自然也"。[2] 但是，孫中山也還不能認識工人階級的偉大歷史革命，不懂得只有它才能創造未來社會。在這一根本點上，孫中山並未能超出空想社會主義者的水準。

對馬克思主義，孫中山也熱情讚譽。早在 1912 年，他就充分肯定馬克思"苦心孤詣，研究資本問題，垂三十年之久，而無條理之學說，遂成為有統系之學理"。[3] 1924 年，他發表《民生主義》演講時更進一步指出，馬克思的研究："全憑事實，不尚理想"，使社會主義從烏托邦的空想發展為科學，具有劃時代的意義。他說："現在研究社會問題的人也沒有那〔哪〕一個人不是崇拜馬克思做社會主義中的聖人。"[4] 但是，這一時期，世界資本主義經濟有較大的發展，有識之士正在採用所謂"資本主義合理化"措施，實行局部調整和改革。例如，美國汽車大王福特發明的"福特制"得到了廣泛的運用，一些人因此提出："不是馬克思，而是福特"給工人指出了幸福之路；"新資本主義"將消滅貧窮和危機。孫中山敏銳地注意到了這些馬克思身後才出現的新情況，要求加以研究。他說："馬克思所說的是資本家要延長工人作工的時間，福特車廠所實行的是縮短工人作工的時間；馬克思所說的是資本家要減少工人的工錢；福特車廠所實行的是增加工人的工錢；馬克思所說的是資本家要抬高出品的價格，福特車廠所實行的是減低出品的價格。像這些相反的道理，從前馬克思都不明白，所以他從前的主張便大錯特錯。"[5] 甚至說："在馬克思的眼光，以為資本家發達了之後便要互相吞併，自行消滅。但是到今日，各式各樣的資本家不但不消滅，並且更加發達，沒有止境，便可以證明馬克思的學理了。"[6] 儘管如此，孫中山仍然主張共產主義和民生主義是好朋友，在中國，雖不可用"馬克思之法"，卻可以"師馬克思之意"[7]，態度是友好的。

---

1 《孫中山全集》第 2 卷，第 491 頁。
2 《孫中山選集》，人民出版社 1981 年 10 月版（下同），第 138 頁。
3 《孫中山全集》第 2 卷，第 506 頁。
4 《孫中山選集》，第 807 頁。
5 《孫中山選集》，第 822 頁。
6 《孫中山選集》，第 820 頁。
7 《孫中山選集》，第 842 頁。

　　思想家的理論原則和實踐綱領之間常常存在著較大的差距。當思想家馳騁於想像的領域時，他可以無所顧忌，恣情任意，但是，當他腳踏實地時，就不能不考慮到各種現實的條件和因素，據此而制訂的實踐綱領就不能不受到制約，和理論原則之間的差距也就拉開了。在理論原則上，孫中山讚賞土地公有和資本公有，認為二者"得社會主義之真髓"[1]，但是，在實踐綱領上，孫中山卻只主張以實行地價稅為中心的平均地權和大資本國有。孫中山認為，實行了這兩項也就是實行了社會主義。

　　孫中山期望在實行了他的社會主義後，中國不僅富強，而且家給人足，無一夫不獲其所，成為"至完美"的國家。他天真地設想，那時將不是"患貧"，而是"患富"的問題。他說："數年後民生主義大行，地價、鐵路、礦產各種實業俱能發達，彼時將憂財無用處，又何患窮哉！所謂教育費、養老費皆可由政府代為人民謀之，夫然後吾黨革命主義始為圓滿達成，中華民國在世界上將成為一安樂國，豈非大快事哉！"[2] 孫中山設想，在這個"安樂國"裏，政治民主，實業建設於"合作的基礎之上"，勞工將在優良的條件下工作，不僅獲得"其勞力所獲之全部"，而且將"知識日進，獲得充分之娛樂與幸福"。[3]

　　為了補償生產中消費掉的生產資料，擴大再生產，發展文化、教育、衛生等公益事業，支付管理費用，因此，即使在共產主義社會中，勞動者也不可能獲得"其勞力所獲之全部"，但是，在孫中山的這一提法中，顯然彌足珍貴地包含了反對人剝削人的思想。

　　孫中山不理解工人階級的歷史使命及其在國家政權中掌握領導地位的必要，讚賞公有制而又不明確提出以之為主體，也不懂得科學社會主義的分配原則，這樣，他所構思的"安樂國"當然遠不是科學社會主義，但是，也顯然越出了資產階級一己私利的狹隘樊籬。列寧說過："'靠犧牲別人來經營'這一事實的存在，永遠會在被剝削者本身和個別'知識份子'代表中間產生與這一制度相反的理想。"[4] 孫中山一類懷著救亡熱誠投身革命的知識份子，自身不佔有

1　《孫中山全集》第 2 卷，第 518 頁。
2　《孫中山全集》第 2 卷，第 474 頁。
3　《孫中山全集》第 2 卷，第 492 頁。
4　《民粹主義的經濟內容》，《列寧全集》第 1 卷，第 393—394 頁。

生產資料，經常以"平民"的代言人自居，在西方資本主義社會固有矛盾充分暴露，工人運動已經相當強大的情況下，產生對社會主義的嚮往是很自然的。

孫中山的社會主義思想有其獨特的個性。就其批判資產階級、抗議資本主義的分配制度、同情工人階級、讚賞公有制等理論原則看，它接近於空想社會主義，但是，就其實踐綱領看，則是一種"混合經濟"：以發展國有制為主，允許私人資本主義在不損害國計民生的條件下適當發展（下文詳論）。

當孫中山構思他的"安樂國"時，世界上還沒有社會主義國家。十月革命勝利後，孫中山以極大的興趣注視並研究俄國的情況。1920 年 11 月，他在廣東省署演說："此次俄國革命後，實行社會主義，俄國遂釀成一種好風氣。"[1] 此後，他對俄國社會制度的讚美日益增多。1924 年 2 月，他對駐廣州湘軍演說，聲稱"現在的俄國，什麼階級都沒有。他們把全國變成了大公司，在那個大公司之內，人人都可以分紅利，像這樣好的國家，就是我要造成的新世界"。[2] 這樣，孫中山長期追求的理想境界就有了一個具體形象，從而具備了突破主觀社會主義的可能。遺憾的是，孫中山逝世得太早，未能踏入這個飛躍過程。

二、資本主義前途論者對孫中山的兩次批評

在歐洲，共產主義的"怪影"曾使資產階級長期驚悸騷動；在中國，孫中山對社會主義的嚮往也使許多人不安。清末民初，資本主義前途論者對他的民生主義進行過兩次批評。第一次在 1906—1907 年，代表人物為梁啟超，範圍限於《新民叢報》。第二次在 1912—1913 年，代表人物為章太炎、孫武、張振武、金天羽、藍公武，涉及的報刊有上海《大共和日報》、《民聲日報》、《神州日報》、《獨立週報》、武昌《大漢報》、北京《亞細亞報》、《國民公報》、《燕京時報》、天津《大公報》等。兩次批評提出的問題都較多，而其核心則在於中國的前途。由於梁啟超的第一次批評已為人們所熟悉，本文將著重闡述第二次批評的情況。

1　《孫中山全集》第 5 卷，第 430 頁。
2　《孫中山選集》，第 887 頁。

1. 認為社會主義是一種遙遠的、不能實行的理想。梁啟超稱：對於〝社會改良主義〞，他絕對表示同情；對於〝麥喀、比比爾輩〞所宣導的〝社會革命主義〞，他認為〝必不可行，即行，亦在千數百年之後〞。[1] 辛亥革命後，孫中山的批評者們持論大體與此相同。1912 年 1 月，章太炎在中華民國聯合會第一次大會上說：〝近年對於民生問題，頗有主張純粹社會主義者，在歐洲程度已高之國尚不適用，何況中國？〞[2] 稍後，金天羽也在《大共和日報》上撰文稱：〝此華嚴之世界，能否湧現於短期之世紀中，雖起瞿曇、基督而揲蓍以求，猶不能以預測，則謂之哲人之理想而已。〞[3] 孫中山所宣導的，並不是馬克思的〝純粹社會主義〞，批評家們可謂庸人自擾，不過，這倒暴露了他們對社會主義的真實態度。

2. 認為社會主義不適合於人類心理。梁啟超稱：〝經濟之最大動機，實起於人類之利己心。〞[4] 金天羽繼稱：〝人類之生，固扶利己之心以俱來。〞章士釗等創辦的《獨立週報》也稱：〝所謂興公產地，所謂廢私人之資本也，其果合乎人類之心理乎？〞[5] 地主階級是諱言利己的，他們習慣於把本階級的狹隘利益包裹在光華四射的禮義外衣中，赤裸裸地宣佈利己主義為人類與生俱來的心理，是典型的資產階級方式和資產階級語言。

3. 認為社會主義將產生新的專制。梁啟超提出，社會主義必以全國為〝獨一無二之公司〞，〝取全國人民之衣食住，乃至所執職業，一切干涉之而負其責任〞，結果必然濫用職權，〝專制以為民病〞。[6] 金天羽發揮了這一思想，他稱資本主義為〝黃金專制之局〞，認為社會主義取代資本主義只是〝破一專制而復產一專制，且其所專者又更甚焉〞。其理由是，在社會主義制度下，國家掌握生產機關，因而也掌握利益的分配，必將導致國家權力的膨脹和特權者的產生。他說：〝然而所謂分配之者，顧誰為分配乎？非小己之享特權者乎？國家之權

---

1 《雜答某報》，《新民叢報》第 86 號，第 48 頁。
2 《大共和日報》，1912 年 1 月 5 日。
3 《社會主義之商榷》，《大共和日報》，1912 年 4 月 13 日。
4 《駁某報之土地國有論》，《新民叢報》第 91 號，第 5 頁。
5 夢漁：《論社會主義》，《獨立週報》第 27 號。
6 《雜答某報》，《新民叢報》第 86 號，第 23—24 號。

干涉將無限域而至於筐篋，試問專制君主曾有是乎？"[1] 社會主義民主本質上是工人階級和人民大眾當家作主，但是，這是一種史無前例的民主形式，在它的實踐過程中，確實可能出現權力過分集中、管得過死、包得過多、一言堂以至個人專斷等違反民主的現象，這是必須認真對待，努力加以解決的。但以為社會主義必然會產生新的專制局面，不過反映出資產階級自由主義者的恐懼心理而已。

4. 認為中國貧富懸殊不大，不必實行社會主義。《大共和日報》稱："中山先生之提倡社會主義者，乃見美國貧富至不平均，鐵道大王、石油大王之權力較專制君主為尤甚，唯恐中國人民遭此荼毒。此仁人之用心，記者敢不敬佩，但此乃美國之社會現象，中國今日無有也。" 文章要求孫中山"詳察中國之人情時勢而後規劃中國前途，幸毋拘泥習見，無理效顰。"[2] 原屬同盟會的武昌起義元勳張振武也激昂地提出："諸君試思，今日我國程度若何，有美國之托拿斯等弊否？"[3] 這一批評貌似有理，然而孫中山有自己的解釋：與其臨渴掘井，何如未雨綢繆？等到鐵道大王、石油大王出現再革命，就晚了。

5. 認為從中國當時政治形勢看，不適合進行社會革命。孫武稱："中國政治革命尚未完成，社會秩序尚未恢復"，只能"興教育，礪知識"，才能挽救國家危亡。[4] 又稱："武昌起義係政治革命，現在各黨互生意見，萬不可再說社會革命，貧富亦萬難均等。現在外人尚未承認，各省紛爭日甚，吾輩實社會之罪人也。"[5] 清朝統治的推翻不等於民主革命的勝利，在這一意義上，孫武的"政治革命尚未完成"的觀點是正確的，但是，把革命黨人的任務限於"興教育，礪知識"等方面，同樣也不能使"政治革命"趨於完成。

6. 認為中國的急務是發展資本主義，而不是實行社會主義。藍公武稱："今欲救濟現社會之苦痛，須改良現社會之組織，使人各得以知識能力，自由競爭，而享其勞力之結果。"[6] 顯然，這種在私有制基礎上的"自由競爭"乃是自

---

1 《社會主義之商榷》，《大共和日報》，1912 年 1 月 5 日。
2 相如：《敬告孫中山先生》，《大共和日報》，1912 年 4 月 15 日。
3 《共和黨成立會記事》，《大公報》，1912 年 6 月 3 日。
4 《漢口專電》，《神州日報》，1912 年 4 月 14 日。
5 《武漢與孫中山》，《民聲日報》，1912 年 4 月 16 日。
6 《論均貧富之社會主義》，《國民公報》，1912 年 4 月 28 日。

由發展資本主義的同義語。辛亥革命前,梁啟超曾提出,當以"獎勵資本家為第一義";辛亥革命後,孫中山的批評家們也都異口同聲。《大共和日報》和《大公報》斷言:"救貧療飢之上藥,道在獎富民殖產之野心,使人人胥有猗頓、陶朱之希望,取前朝束縛商工之苛例,掃蕩而廓清之。" 它們批評孫中山的"社會革命" 思想是"無病呻吟","徒以灰國民進取之雄心,而擁有厚資者,人人胥懷自危之念。"[1] 武昌《大漢報》論證世界各國的富強之道在於"以拓殖為經",以農、工、商、工藝為主體。它說:"我中國現今之最要政策,不惟懼貧民之多,且甚懼富民之少;不惟懼貧民不能富,且甚懼富民之日即於貧;不懼因獎勵企業而令托拉斯之發生,而懼因社會主義而令專制之復活。"[2]《民聲日報》也稱:"今日吾國實業衰落,急當獎勵資本家以開發富源,不當以社會主義過為遏抑。"[3] 他們步武梁啟超的故轍,力圖從和外資競爭的角度論證中國大資本家出現的必要。金天羽說:"吾國素無煤油、鋼鐵、電器、鐵道諸大王,奮焦僥之臂以搏巨靈,其勝敗雖愚者知之。然則吾國之於資本家焉,方存乎見少,又安可張均一分配之學說,乘豪富之未萌而預摧其蘗哉!"[4] 當時中國資本主義的發展還很微弱,孫中山的批評者們主張發展資本主義,是符合歷史要求的;他們以民族資本主義抵禦帝國主義經濟侵略的思想也不無道理。但是,他們輕視勞動人民的利益,不考慮資本主義在中國發展的長遠後果,既是狹隘的,又是短視淺見的。

　　7. 反對土地國有和單一稅政策,認為只著眼於土地並不能解決資本主義社會的問題。梁啟超稱:"夫歐美現社會所以杌隉不可終日者,曰惟資本家專橫故。使徒解決土地問題而不解決資本問題,則其有以愈於今日幾何也!"[5] 在辛亥革命前,孫中山一直忽視資本問題,應該承認,梁啟超的批評頗中肯綮。但是,梁啟超卻既反對解決資本問題,也反對解決土地問題,他認為私有制度是"現社會一切文明之源泉",土地國有是一種"掠奪政策"。[6] 章太炎在辛亥革命

1　《社會主義平議》,《大共和日報》,1912 年 4 月 18 日;《大公報》,1912 年 4 月 15 日。
2　觀棠:《論天與聖皆主張均產而猶有憾》,《大漢報》,1912 年 4 月 29 日。
3　一羽:《與〈民立報〉商榷》,《民聲日報》,1912 年 4 月 17 日。
4　《社會主義之商榷》,《大共和日報》,1912 年 4 月 13 日。"方存乎見少",此處當有誤植。
5　《雜答某報》,《新民叢報》第 86 號,第 34 頁。
6　《再駁某報之土地國有論》,《新民叢報》第 90 號,第 22 頁;91 號,第 5 頁。

前曾主張"均配土田，使耕者不為佃奴"[1]，辛亥革命後卻和張謇等沆瀣一氣，認為"土地國有，奪富民之田以與貧民，則大悖乎理，照田價而悉由國家收買，則又無此款，故絕對難行"。[2] 又說："其專主地稅者，尤失稱物平施之意。此土本無大地主，工商之利，厚于農夫，掊多益寡，自有權度，何用專求之耕稼人乎？"[3] 章太炎這裏所說的"耕稼人"，實際上是地主。關於這一點，金天羽表述得更清楚，他說："以全國之政費而累累於地主之肩，天下專制不平等，寧有過於此者哉！"[4] 儘管土地國有一類主張是資產階級激進思想家提出來的，但是，由於資本家們害怕因此牽動資本的所有權，因此，從來沒有哪一個資產階級政權全面實行過。中國民族資產階級由於和封建主義關係密切，既要發展資本主義，又要保護封建的土地制度，因此，在他們的言論中出現為地主階級呼籲的聲音，並不奇怪。

8. 認為社會革命會導致秩序混亂，甚至國亡民死。孫武稱："社會主義須從學理上研究，武漢人民恐尚無此程度，倘人民誤解，視奪人財產，擾亂社會秩序為社會革命，則極為危險。"[5]《民聲日報》稱："若必以貧富均等為言，則富者無企業之心，貧者有依賴之勢。極其流弊，則社會相陵，眾暴寡，小加大，是率天下於劫奪之途，社會秩序必將破裂而不可收拾。"[6] 幾乎所有的孫中山的批評者都認為，中國此後的"暴動風潮"將日盛一日，其結果不堪收拾。[7] 張振武稱："如提倡社會主義，將使遊手好閒之輩，人人胸中有均財思想，誠恐中國不亡於專制政治，而將亡於社會主義也。"[8] 北京的《燕京時報》更危言聳聽地說："今中山先生乃欲舉天下人民，悉均其貧富焉，揆諸天演公例，既與優勝劣敗之旨相違；徵諸人道公平，復與安分循理之情不合。演成第二革命之慘劇，同室操戈，燃萁煮豆，元氣已經剝喪，毒劑又復進行，舉四萬萬同胞，無富無

---

1 《五無論》，《民報》第 16 號。
2 《大共和日報》，1912 年 1 月 5 日。
3 《復張季直先生書》，《大共和日報》，1912 年 1 月 6 日。
4 《社會主義之商榷》，《大共和日報》，1912 年 4 月 13 日。
5 《專電》，《中華民報》，1912 年 4 月 14 日。
6 一羽：《與〈民立報〉商榷》，《民聲日報》，1912 年 4 月 17 日。
7 《社會主義之商榷》，《大共和日報》，1912 年 4 月 13 日；參見《論兵變與生計學之關係》，《大公報》，1912 年 6 月 26 日。
8 《共和黨成立紀事》，《大公報》，1912 年 6 月 3 日。

貧，同歸於盡，則中山先生所謂均貧富一言，非以利民生實以促民死也。"[1] 孫中山主張消除資本主義社會中貧富懸殊的現象，但並不提倡平均主義。上述言論，既有對孫中山思想的誤解，也有對下層人民的恐懼，但更多反映的則是中國民族資產階級對於一個安定局面的要求。

可以看出，兩次批評在理論上是一貫的。批評者們強烈地反對孫中山的 "社會革命" 思想，反對社會主義前途，以典型的資產階級心理和語言要求在中國發展資本主義。不同之處在於：第一次批評聲勢較小，僅限於一人一刊；第二次則涉及四五個主要城市的十餘種出版物，孫中山在武漢和廣州演說時，都有人當面反對。[2] 其次，第一次批評的主角是作為資產階級改良派的梁啟超，而第二次批評的主角除原屬於改良派的藍公武外，幾乎都是孫中山當年的戰友。這是一個發人深思的現象。

辛亥時期的知識份子是一個複雜的群體。就對清政府的態度而言，有革命與改良之分；就對資本主義的態度而言，則有肯定與批判之分。辛亥革命勝利了，原來革命、改良的界限不再存在，因此，在對資本主義的態度上重新分化組合就不是奇怪的事了。

民國建元之初，資產階級喁喁望治。他們嚮往著自此可以擺脫各種拘牽，大展宏圖，真正出現 "生意興隆"、"財源茂盛" 的局面。在這一情況下，孫中山的 "社會革命" 思想自然不會受到歡迎。儘管孫中山小心翼翼地在上海資本家面前聲明："資本家當維持，如何反對？特資本家之流弊，則不能不防備。"[3] 但是，這種低調的 "維持" 論抵消不了高調批判的影響，所謂 "防弊" 之說也不合資本家的胃口。孫中山及其追隨者成了新時期 "暴烈" 派的象徵。不僅眾多的輿論反對他，當年的反滿戰友也紛紛和舊日的改良派、立憲份子合作，樹幟立黨，與同盟會抗衡。章太炎參加的中華民國聯合會力辯 "社會主義" 和 "社會政策" 之間的區別，以 "採用穩健社會政策"，"維持現行私有制財產制" 相

1　焚筆：《論孫中山民生主義》、《燕京時報》，1912 年 4 月 27 日。

2　在武漢，孫武當面反對，見《神州日報》及《民聲日報》1912 年 4 月 14 日《漢口專電》；在廣州，一個叫區敦夢的記者當面反對，見《神州日報》1912 年 5 月 11 日報導：《民生主義大討論》。

3　《孫中山全集》第 2 卷，第 340 頁。

號召。[1] 孫武等人組成的民社則挑戰式地向孫中山提出：“現時中華民國適用國家主義乎？抑適用社會主義乎？”他們的結論是適用“國家主義”。[2] 1912 年 5 月，民社、國民協進會、民國公會等組成共和黨，也繼續以此為“黨義”。這種新的抗衡反映到輿論上就是前述《大共和日報》、《民聲日報》、《大漢報》等對孫中山民生主義的批評。

一種理論，必須反映現實的需要，而又和一定的階級力量相聯繫，才會具有強大的生命力。孫中山的民族主義、民權主義在近代中國的政治生活中都發揮了巨大的作用，而民生主義，由於既脫離中國民族資產階級，又脫離農民，因此，支持者始終寥寥。這種狀況，直到發展為新民生主義之後，才有所改變。

三、新三民主義通向社會主義

儘管孫中山一生都沒有超出主觀社會主義的水準，但是，他的不倦的追求卻使他在晚年提出了新三民主義，並與中國共產黨人合作，這就使新三民主義和社會主義得以聯通。

如所周知，孫中山的土地思想主要淵源於亨利·喬治。亨利·喬治激烈地攻擊土地私有制，提倡土地國有，但是，在具體措施上，他卻認為沒有必要實行土地國有。這就從原來的理論原則上後退了。同樣，孫中山也主張土地國有或公有。早在 1902 年，他就提出，私人對土地只有使用權，而無所有權，主張摧毀封建土地關係，“不稼者不得有尺寸耕土”。[3] 同盟會時期，他又進一步提出：“土地就等於空氣一樣，應該為大家公共享受，所以土地不能歸諸私人，而應歸之國家所有才對。”[4] 他的戰友們並設想，在此基礎上，消滅“地主強權”，使“勞動者有田可耕”，“國內人人皆為租地者”。[5] 但是，基於減少阻力的現實考慮，孫中山也從這一原則上後退了。綜合孫中山的全部言論，他的平均地權

---

1 《特別啟事》，《大共和日報》，1912 年 1 月 3 日；《聯合會政黨紀事》，《大共和日報》，1912 年 3 月 4 日。
2 《民聲日報》，1912 年 4 月 19、20 日。
3 《孫中山全集》第 1 卷，第 213 頁。
4 馬君武：《孫總理》，《逸史》第 1 卷，第 3 期，1939 年 6 月。
5 民意：《告非難民生主義者》，《民報》第 12 號，第 101 頁。

的主要內容是：由地主自報地價，國家按值百抽一的比例課取地稅；原價歸地主所有，因社會進步而產生的增價則歸國家所有，為國民共用，作為社會公益之用；國家並可根據需要隨時按原價收買之。孫中山認為此法既可使國家掌握大量財富，又可使國家廉價獲得土地，是一項有利於實行社會主義的政策。他說：“地為生產之要素，平均地權後，社會主義即易行，如國家欲修一鐵路，人民不能抬價，則收買土地自易。”[1]

孫中山的“平均地權”理論防止地主利用土地增值成為暴富，有剝奪地主所有權的部分，但是也有保留地主所有權的部分。在土地未被收買之前，地主只要按規定向國家交納地價稅，便仍然可以佔有原來的土地並收取地租。因而，它是一個折衷的、溫和的改良主義方案。至於按價收買，孫中山於 1912 年明確表示：“土地國有之法，不必盡收歸國家也。若修道路，若闢市場，其所必經之田園廬墓，或所必需之地畝，即按照業戶稅契時之價格，國家給價而收用之。”[2] 由於孫中山所要買取的土地主要是為了解決工商業的建築、經營和交通用地，因此，必然集中在城市繁盛之地及交通線上，對廣大農村的地主階級並不構成嚴重威脅，也不反映農民迫切的土地要求。晚年，孫中山公開提出蘊蓄多年的“耕者有其田”的口號，這才使“平均地權”這一主張具有了徹底摧毀封建土地制度的內容。

在資本問題上，孫中山同樣也有一個漫長的探索過程。

最初，孫中山主張聽任資本主義自由發展，認為“工商廢居有巧拙，而欲均貧富者，此天下之大愚也”[3]。《民報》時期，馮自由、朱執信、胡漢民等人的文章中已經有了鮮明的大資本國有思想，孫中山對此卻無所表述。直到 1911 年之後，孫中山的有關言論才突然增多。當年 7 月 15 日，他在美國舊金山演說，聲稱革命之後，要將“礦務、鐵路歸為國有”。[4] 1912 年 4 月 1 日，他在南京同盟會員餞別會上提出：“國家一切大實業，如鐵道、電氣、水道等事務皆歸國

1　《在南京同盟會員餞別會的演說》，《孫中山全集》第 2 卷，第 321 頁。
2　《孫中山全集》第 2 卷，第 355 頁。
3　《孫中山全集》第 1 卷，第 213 頁。
4　《少年中國晨報》，1911 年 7 月 15 日。

有，不使一私人獨享其利。[1]4月4日，他向上海《文匯報》記者表示："民國政府擬將國內所有鐵路、航業、運河及其他重要事業，一律改為國有。"[2]其後，孫中山陸續宣佈應歸國有的範圍還有森林、礦產、製鐵、煉鋼、海港、郵政、自來水、瓦斯及"一切公共事業"等。孫中山設想，國有企業的利潤將完全歸社會公有，由大家共用，這樣，"全國人民便得享資本的利，不致受資本的害"。[3]孫中山將這一政策稱為"國家社會主義"或"集產社會主義"。《民報》時期，梁啟超曾譏笑孫中山只解決土地問題，而不解決資本問題，如同一個人朝衣朝冠卻不鞋不襪。現在，孫中山的視野進入了資本領域，捕捉到資本主義社會的根本問題，這是一個重大的進步。它表明，孫中山和企圖掩蓋資本主義社會主要矛盾的亨利·喬治不同，是在真誠地探索救國救民的道路。

必須指出的是，孫中山雖然主張大資本國有，但並不反對私人興辦有關事業。他曾提出，在最初階段，鐵路可以允許民辦，以利競爭速成，而在40年之後，則以法律無償收歸國有。[4]關於礦業，他也有類似設想。[5]孫中山把這種辦法稱之為"民辦國有主義"。同樣，他也不反對外資輸入，相反，卻積極主張改變閉關自守狀態，實行開放主義，在不損害國家主權的條件下允許外人開辦礦山、鐵路等事業，但是，都必須立定期限，屆期收贖，甚至提前收贖。孫中山把這種辦法稱之為"使外國之資本主義以造成中國之社會主義"。[6]

很長時期內，孫中山的言論重點在於批判資本主義禍害，未能提出對私人資本主義經濟的明確方針。直至1918年，在《實業計劃》中，他才表示："凡夫事物之可以委諸個人，或其較國家經營為適宜者，應任個人為之，由國家獎勵，而以法律保護之。"[7]孫中山的言論中，終於也出現了"獎勵"、"保護"私營經濟一類字眼，表明孫中山又一次考慮了他的批評者的意見，對中國經濟發展採取了現實主義的態度。在中國當時生產力十分落後的情況下，禁止一切私

---

1 《孫中山全集》第 2 卷，第 323 頁。
2 《孫中山全集》第 2 卷，第 332 頁。
3 《孫中山選集》，第 843 頁。
4 《孫中山全集》第 2 卷，第 415 頁。
5 《孫中山選集》，第 364 頁。
6 《孫中山選集》，第 369 頁。
7 《孫中山選集》，第 217 頁。

人資本主義經濟是錯誤的。

也還必須指出，儘管孫中山承認了他應該承認的東西，但是，他仍然力圖限制私人資本主義經濟的發展程度。1921 年 12 月，他在桂林說："須研究對於將來之資本家加以如何之限制，而不必遽學俄國將資本家悉數掃除。"[1] 這一段話，和毛澤東 1949 年所講的一段話很類似。在《論人民民主專政》中，毛澤東說："我們現在的方針是節制資本主義，而不是消滅資本主義。"[2] 在對待資本主義的政策上，兩位被視為不同階級的革命家得出了基本相同的結論，這是一個很有意思的現象。

國營（公營）、私營（民營）之間的優劣、主次、進退非常複雜。它是一個實踐問題，也是一個需要長時間的歷史檢驗才能回答的問題。但是，孫中山的理想和熱情貫注之處卻始終在國有經濟。他說："蓋國家之設施，利益所及，仍為國民福利，非如少數人之壟斷，徒增長私人之經濟，而貧民之苦日甚也。"[3] 因此，在許多場合，他給私人經濟留下的活動餘地很小，而且時時有戒心，害怕由此生出"大富"階級來。所以，就在《實業計劃》中，他又同時宣佈，他的工業革命計劃是："既廢手工採機器，又統一而國有之"，"擬將一概工業組成一極大公司，歸諸中國人民公有"。[4] 由此不難想見，他的國有化的巨大規模。

在孫中山的思想中，國有制是遏制、防止私人資本主義禍害的力量，它的利潤是屬於人民的，因而是充滿民主主義色彩的。1922 年 12 月，一個名叫約翰·白萊斯福特的記者和孫中山談話，認為國有企業"耗費而乏效能"，有許多弊病，孫中山則表示，"國家社會主義"確有缺點，但主要原因在於"經驗尚淺"，數十年後，問題自可解決。他說："余以為為公共利益作工，不為私利作工，縱有上述之弊，亦為利重弊輕。" 又說："利害相權，吾終以為國有企業較勝於現時之私有制。"[5] 儘管國有經濟、公有經濟，易於造成官僚化、行政化、機構臃腫、效率低下等頑疾，但是，孫中山對這些頑疾都視若無睹，或者根本

1　《孫中山全集》第 6 卷，28 頁。"俄國"，原作"各國"，誤。
2　《毛澤東選集》第 4 卷，1483 頁。
3　《孫中山全集》第 2 卷，338 頁。
4　《孫中山選集》，第 214、368 頁。
5　《孫中山全集》第 6 卷，第 634—637 頁。

沒有思考，相反，他對私營經濟、民營經濟的靈活、機動和高效率的諸多優點卻毫無所述。可見，他左袒國有經濟、公有經濟的立場多麼堅定。一個資產階級的思想家會是這個模樣嗎？！

　　社會主義所有制的重要形式之一是國有化，但國有化並不等於社會主義，關鍵在於國家的性質。在資本主義社會或半封建半殖民地社會，國有化的實質是國家資本主義；只有在國家獨立，人民真正當家作主的社會，國有化才是社會主義。對此，孫中山是有所理解的。他在批判清朝政府的鐵道國有政策時曾說："滿清政府者，君主專制之政府，非國民公意之政府也。故滿清政府之所謂國有，其害實較少數資本家為尤甚。"[1] 因此，他主張政治鬥爭優先於經濟鬥爭，"必民權主義實施，而後民生主義可以進行"。[2] 這是一個相當深刻的思想。在孫中山看來，只有國家為人民之公產，政府符合"國民公意"，在這樣的情況下，國有即民有，才是社會主義。

　　對資本主義，孫中山最先發現的是經濟制度的巨大禍害，後來，才逐漸認識到政治制度的缺陷，並且不斷深化，由政體而觸及國體。1912 年 5 月，他在廣州演說時指出，美、法兩國的政治，"操之大資本家之手"。[3] 6 月，又指出："英美立憲，富人享之，貧者無與焉。"[4] 因此，即使在辛亥革命時期，從主觀願望上說，孫中山也不希望建立資產階級專制的國家政權。正像他在經濟上企圖突破舊的民主革命的局限一樣，孫中山在政治上也企圖有所突破，這是他的偉大之處。十月革命後，1922 年 1 月，他在桂林說："法美共和國皆舊式的，今日惟俄國為新式的。吾人今日當造成一最新式的共和國。"[5] 這是他在國家問題上向舊世界告別的一個重要宣言。講話中，他甚至對工人管理國家持肯定態度。他說："洪秀全建設太平天國，所行制度，當時所謂工人為國家管理，貨物為國家所有，即完全經濟革命主義，亦即俄國今日之均產主義。"[6] 這裏，對太平天國的分析是不倫不類的，但一種新思想顯然在孕育中。

1　《孫中山全集》第 2 卷，第 338 頁。
2　《孫中山全集》第 2 卷，第 338 頁。
3　《孫中山全集》第 2 卷，第 354 頁。
4　《孫中山全集》第 2 卷，第 371 頁。
5　《孫中山全集》第 6 卷，第 56 頁。
6　《孫中山全集》第 6 卷，第 56 頁。

　　孫中山多年的探求和新思想的影響在"一大"宣言中得到總結。"一大"宣言稱："近世各國所謂民權制度，往往為資產階級所專有，適成為壓迫平民之工具。若國民黨之民權主義，則為一般平民所共有，非少數人所得而私也。"[1] 這一宣言明確無誤地顯示，孫中山所要代表的是"資產階級"之外的"一般平民"，所要建立的乃是與歐美不同的"非少數人所得而私"的人民共和國。與此同時，"一大"宣言又將孫中山"大資本國有"及其有關思想概括為"節制資本"，與平均地權並列為民生主義的兩大原則。它聲稱："凡本國人及外國人之企業，或有獨佔的性質，或規模過大為私人之力所不能辦者，如銀行、鐵道、航路之屬，由國家經營管理之，使私有資本制度不能操縱國民之生計，此則節制資本之要旨也。"[2] 前浪後浪，波波相連。從舊三民主義到新三民主義是質的飛躍，同時也是一種合乎邏輯的發展。"一大"以後，孫中山在廣州市工人代表大會演說時，又以讚許的口氣說："俄國工人在幾年以前結成大團體，推倒專制的沙皇，弄成工人的獨裁政治，無論什麼資本家都不許執政權，只有工人才可以管國事。"[3] 雖然這時候，孫中山還弄不清楚蘇維埃政權和英國工黨內閣之間的實質區別，但顯然又在向新的思想高度邁進了。

　　毛澤東說過："在無產階級領導下，新民主主義共和國的國營經濟是社會主義的性質，是整個國民經濟的領導力量。"[4] 除了沒有提出無產階級領導權之外，孫中山晚年所設想的"為一般平民所共有"的共和國與共產黨人主張的新民主主義共和國基本相同，因而這一共和國所實施的國有化也就不同於舊式的國家資本主義，它存在著發展為社會主義經濟的趨勢和可能。正因為如此，中國共產黨人高度評價"節制資本"這一思想，稱之為"新民主主義共和國的經濟構成的正確方針"[5]。因為它既可以發揮資本主義有利於社會的一面，又使之不能操縱國計民生，便於防止其禍害，並轉入社會主義。

1　《孫中山選集》，第 592 頁。
2　《孫中山選集》，第 593 頁。
3　《孫中山選集》，第 910 頁。
4　《新民主主義論》，《毛澤東選集》第 2 卷，1952 年 8 月版，第 649 頁。
5　《新民主主義論》，《毛澤東選集》第 2 卷，第 649 頁。

四、中國革命特殊矛盾的產物

孫中山的民生主義是中國革命特殊矛盾的產物。

中國革命發生在西方資本主義社會矛盾比較尖銳的時代，它的各項弊病和痼疾得到充分暴露，馬克思主義和各種反資本主義思潮迅速流佈，工人運動日益發展。當孫中山面對這一現實時，不可能不產生對社會主義的嚮往。但是，中國革命又發生在半封建、半殖民地社會裏，經濟落後，資本主義還是新生事物，因而，這一革命的性質必然也只能是反帝、反封建的民族、民主革命。當孫中山面對這一現實時，他不可能也不應該提出一個徹底的反對資本主義的綱領，不可能也不應該幻想迅速建立一個純粹而又純粹的"社會主義"社會。"節制資本"，既允許資本主義在一定程度、一定規模上的發展，又對它的危害國計民生的方面有所限制，這是當時中國所能採取的唯一正確的方針。

人們可以指出，孫中山的理想並非科學社會主義，也可以說明他的"畢其功於一役"只是一種不切實際的幻想。但是，在 20 世紀初年，當中國革命正在起步的時候，孫中山就勇敢地揭露西方資本主義社會的病症，認為中國不能再走歐美老路，革命應有新的特點，必須避免資本主義禍害，它的前途應該是社會主義。這是一個對中國革命有重大歷史意義的觀點。提出這一觀點是孫中山的歷史功績之一。

正確地解決了中國革命特殊矛盾的是中國共產黨人。毛澤東說："中國革命不能不做兩步走。第一步是新民主主義，第二步才是社會主義。"[1] 又說："現時中國的資產階級民主主義的革命，已不是舊式的一般的資產階級民主主義革命，這種革命已經過時了，而是新式的特殊的資產階級民主主義的革命。""這種新式的民主革命，雖然在一方面是替資本主義掃清道路，但是另一方面又替社會主義創造前提。"[2] 人們仔細研究之後就會發現，上述觀點既揚棄了孫中山思想中的主觀空想成分，而又吸收了他思想中積極、合理的內核。中國革命正

1　《新民主主義論》，《毛澤東選集》第 2 卷，第 655 頁。
2　《中國革命和中國共產黨》，《毛澤東選集》第 2 卷，第 619 頁。

是經過新民主主義這一特殊道路，"避免資本主義的前途"[1]，走向了社會主義。

附記：本文是作者提交 1986 年 11 月 12 日在翠亨村召開的 "孫中山和他的時代" 國際學術討論會的論文，原載《北京社會科學》1987 年第 1 期，收入《孫中山和他的時代》（中華書局，1989 年），後又收入《楊天石近代史文存 · 哲人與文士》（中國人民大學出版社，2007 年）等書。現錄自《楊天石評說近代史 · 民初政局》，中國發展出版社 2015 年 9 月版。第三部分略有修訂。

---

1 《中國革命和中國共產黨》，《毛澤東選集》第 2 卷，第 621 頁。

孫中山與資本主義

—— 2011 年 11 月在新加坡孫中山國際討論會上的報告

一、孫中山認為，資本主義的弊病在於貧富懸殊，兩極分化，中國不能走西方老路

1896 年 9 月 30 日，孫中山自美國抵達英國利物浦。1897 年 7 月 1 日，孫中山離開英國，轉赴日本。他在英國經歷兩個年頭，一共住了 9 個月。

英國是世界上古老的資本主義國家。孫中山到達英國倫敦，就趕上了馬車夫的罷工，5 千名以上的馬車工人在工會號召下遊行，並在特拉法加廣場集會，發表演說。10 月 23 日，孫中山被清廷駐英使館釋放後，不斷從報紙上讀到英國工潮的消息。如北威爾斯的石板工人、威爾斯的煤礦工人、英國北部造船廠的工程師和工人、倫敦的鐵道工人等相繼罷工。離孫中山居住的地方不遠，就是英國現實主義作家狄更斯的小說所描寫的貧民窟。孫中山經常活動的河濱區住著許多從愛爾蘭進口的貧窮勞工、小販、苦力、排字工人和車夫。[1] 這些情況，使孫中山認識到，資本主義雖然空前迅速地發展了生產力，創造了巨大的物質財富，但是，並沒有給工人帶來幸福和富裕。所以，孫中山後來說：

> 倫敦脫險後，則暫留歐洲，以實行考察其政治風俗，並結交其朝野賢豪。兩年之中，所見所聞，殊多心得。始知徒致國家富強，民權發達如歐洲列強者，猶未能登斯民於極樂之鄉也。予欲為一勞永逸之計，乃採取民生主義，以與民族、民權問題同時解決，此三民主義所由完成也。[2]

---

1 黃宇和：《孫逸仙在倫敦》，台北聯經出版公司 2007 年版，第 441—443 頁。
2 《孫中山全集》第 6 卷，第 232 頁。

孫中山這裏所說的"兩年之中",就是他從清廷駐英使館脫險後在英國的兩個年頭。"所見所聞",應該就是他在倫敦所見工人的貧困和鬥爭狀況。"始知徒致國家富強,民權發達如歐洲列強者,猶未能登斯民於極樂之鄉也。"從這一段話裏,不難看出孫中山對資本主義的不滿和失望。"予欲為一勞永逸之計",從這一句話不難看出,孫中山企圖另闢新途,解決資本主義所沒有解決或未能解決的問題。

孫中山對資本主義的不滿和失望何在呢?直到 1903 年 12 月,他才在《復某友人函》中提出,在於"貧富不均",將來還會有"大衝突"。函稱:"歐美之富者富可敵國,貧者貧無立錐。""夫歐美演此懸絕之慘境,他日必有大衝突,以圖實劑於平。"孫將"平均"視為世界的公理,函稱:

> 蓋天下萬事萬物無不為平均而設,如教育所以平均知識,宮室、衣服所以平均身體之熱度,推之萬物,莫不皆然。[1]

因此,他特意提出"平均地權"的主張,企圖預防中國未來社會出現歐美社會貧富兩極分化的"慘境"。孫中山在同函中宣稱:"社會主義,乃弟所極思不能須臾忘者。"孫中山認為,實現了"平均地權",也就實現了社會主義。

所謂"平均地權",源自美國人亨利·喬治(Henry George)的《進步與貧困》(*Progress and Poverty*)一書。亨利認為,經濟發展導致土地不足,地價上升,土地所有者不勞而獲,因此上升的地價應該由國家全部徵收。孫中山由此得到啟發,提出自報地價,照價徵稅或收買,以及漲價歸公等一整套措施,要求將因社會改良、進步的土地增價收歸國有,為國民所共用,達到"家給人足,四海之內無一夫不獲其所"的美好境界。[2]孫中山認為,這一境界,就是社會主義。

孫中山並不以在中國建設西方式的資本主義社會為目標。1905 年 11 月,孫中山在《〈民報〉發刊詞》提出民族、民權、民生三大主義,表明孫中山力圖不走西方老路,而要將"政治革命"與"社會革命"緊密結合,建設一個前

---

1 《孫中山全集》第 1 卷,第 226 頁。
2 《孫中山全集》第 1 卷,第 297 頁。

所未有的新社會。他說："近時志士舌敝唇焦，惟企強中國以比歐美。然而歐美強矣，其民實困，觀大同盟罷工與無政府黨、社會黨之日熾，社會革命其將不遠。吾國縱能媲跡於歐美，猶不能免於第二次之革命，而況追逐於人已然之末跡者之終無成耶。夫歐美社會之禍，伏之數十年，即今而後發見之，猶不能使之遽去。吾國治民生主義者，發達最先，睹其禍害於未萌，誠可舉政治革命、社會革命畢其功於一役。還視歐美，彼且瞠乎後也。"[1]"已然之末跡"，指西方資產階級革命家所曾經走過的道路，孫中山稱之為"末跡"，是最終的腳印，表示不願跟在他們的屁股後面亦步亦趨，而要另闢新途，超越歐美，創造新社會，這個社會的出現將使西方世界瞠目大驚。

二、孫中山主張，對資本主義現代文明，"取那善果，避那惡果"

資本主義使人類社會從農牧社會進入工業社會，空前地推動了生產力的發展，創造了無比巨大的物質財富，馬克思和恩格斯就曾指出："資產階級在它的不到一百年的階級統治中所創造的生產力，比過去一切世紀創造的全部生產力還要大。自然力的征服，機器的採用，化學在工業和農業中的應用，輪船的行駛，鐵路的通行，電報的使用，整個大陸的開墾，河川的通航，彷彿用法術從地下呼喚出來的大量人口，——過去哪一個世紀能夠料想到有這樣的生產力潛伏在社會勞動裏呢？"[2]但是，早期資本主義剝削嚴重、殘酷，工人階級極度貧困。這種情況，激起了年輕的馬克思、恩格斯的憤怒，決心徹底推翻資本主義制度，為工人階級和全人類的解放奮鬥。

1847年，國際無產階級政黨——共產主義者同盟誕生於倫敦。次年，《共產黨宣言》在倫敦出版。1864年，國際工人協會（第一國際）在倫敦成立。孫中山到倫敦，正是馬克思去世後的第15年，《資本論》英文版出版後的第9年。馬克思經常去讀書、收集資料的倫敦博物館也是孫中山經常去閱覽的地方。因此，孫中山最初接觸社會主義思潮，了解馬克思學說的地點，應該就在

---

1 《孫中山全集》第1卷，第288—289頁。
2 《共產黨宣言》，人民出版社1949年版，第28—29頁。

倫敦。但是，孫中山並不像馬克思、恩格斯一樣主張"廢除資產階級的所有制"，"消滅私有制"，徹底推翻資本主義制度，而是採取辯證的分析態度，主張取資本主義之長，避資本主義之短。

1905 年 5 月，孫中山到比利時的布魯塞爾訪問社會黨國際執行局（第二國際），與該局主席王德威爾德（E. Vandervelde）書記胡斯曼（C. Huysmans）晤談，據報導，孫中山表示：中國的社會主義者要"防止往往一個階級剝奪另一個階級，如像所有歐洲國家都曾發生過的那樣"。"採用歐洲的生產方式，使用機器，但要避免其種種弊端。""吸收我們文明的精華，而決不成為它的糟粕的犧牲品。換句話說，由於它們，中世紀的生產方式將直接過渡到社會主義的生產階段，而工人不必經受被資本家剝削的痛苦。"[1] 從這段談話裏，可以發現，孫中山認為，西方資本主義文明，有"精華"，也有"糟粕"，中國革命黨人要取其"精華"，棄其"糟粕"，防止西方資本主義國家的種種"弊端"。

孫中山這種辯證的分析態度在 1906 年 12 月的一次談話裏講得更清楚。他說：

> 文明進步是自然所致，不能逃避的。文明有善果，也有惡果，須要取那善果，避那惡果。歐美各國，善果被富人享盡，貧民反食惡果，總由少數人把持文明幸福，故造成此不平等世界。我們這回革命，不但要做國民的國家，而且要做社會的國家，這是歐美所不能及的。[2]

在近代，以梁啟超為代表的一部分人強烈主張在中國發展資本主義，提倡以"獎勵資本家為第一義"。他們認為，為了和外資競爭，中國不僅需要很多資本家，而且需要大資本家，尤其需要托拉斯集團。為此，即使在開始階段須要"犧牲他部分人之利益"，也在所不辭。[3] 這就是說，為了取得資本主義文明的"善果"，可以完全無視早期資本主義給勞動人民帶來的"惡果"。

---

1 《孫中山年譜長編》，第 336 頁。
2 《孫中山全集》第 1 卷，第 327—328 頁。
3 《雜答某報》，《新民叢報》第 86 號，第 17—19 頁。

與梁啟超相反，章炳麟、劉師培等人看到了早期資本主義給勞動人民帶來的災難，堅決拒絕在中國發展資本主義。劉師培提出"抵抗資本階級，固當今之急務，而吾黨所當從事者也"。[1] 他甚至提出，要"殺盡資本家"。[2] 在劉師培所召集的社會主義講習會上，章炳麟激烈地批判現代"文明人"，主張倒退回去學猴子。他說："愈文明之人愈惡；愈野蠻，其惡愈減。蒙古遊牧數千年，歷史至今不變，然猶不若台灣之生番。然生番猶具淫殺性，惟其為原人之漁獵，以石投獸，以其稍自由耳。然終不若猿之為善，吾輩擬猿可也。"[3] 這就是說，為了避免資本主義的"惡果"，寧可拋棄資本主義的"善果"。

孫中山既和梁啟超不同，也和劉師培、章炳麟相異。他勇敢地面對善惡並存、美醜同列的現代文明，提出"取那善果，避那惡果"，既接受資本主義的積極、光明的一面，又努力避免、克服資本主義的消極、黑暗的一面。這是一種全面的、正確的態度，是當時中國社會發展的正確方向。

三、孫中山認為，資本主義和社會主義可以"互相為用"，共同推進人類文明

孫中山不僅認為對資本主義，可以"取那善果，避那惡果"，而且認為資本主義可以與社會主義"互相為用"，共同推進人類文明的發展。

1917 年，孫中山在《實業計劃》中寫道：

> 吾之意見，蓋欲使外國之資本主義以造成中國之社會主義，而調和此人類進化之兩種經濟能力，使之互相為用，以促進將來世界之文明也。[4]

按照馬克思的主張，社會主義是作為資本主義的對立面出現的，社會主義和資

---

1 《論中國資本階級之發達》，《衡報》第 5 號。
2 《女子勞動問題》，《天義報》第 5 卷。
3 《朱希祖日記》，稿本，1908 年 3 月 20 日，參見拙編《社會主義講習會資料》。《中國哲學》第 1 輯，生活·讀書·新知三聯書店 1979 年版，第 396 頁。
4 《孫中山選集》，人民出版社 1981 年版，第 369 頁。

本主義之間絕無可以調和的餘地，工人階級的任務是徹底砸爛舊世界，徹底砸爛自己身上的所有鎖鏈。孫中山卻認為，推動人類社會進化有兩種"經濟能力"，一種是資本主義，一種是社會主義。它們之間的關係不是一個吃掉一個，一個打到一個，而是可以彼此"調和"，"互相為用"。所謂"互相為用"，意指資本主義可以吸取社會主義的優良成分，社會主義也可以吸取資本主義的優良成分，就在這種互相吸取、借鑒中，世界文明將獲致進一步的發展。

大致與孫中山同時，列寧完成了他的名著《帝國主義是資本主義的最高階段》。列寧斷言，當時的資本主義已經發展到一個特殊的歷史階段，其特殊性表現在三個方面：第一，壟斷的資本主義；第二，寄生的或腐朽的資本主義；第三，垂死的資本主義。從孫中山和列寧各自發表他們的著作以後，歷史已經向前行進了94年。誰個比較接近真理，誰個謬誤不然，歷史大概已經做出判斷了吧！

四、孫中山提出私營資本與國營資本並存，實行開放政策，師馬克思之"意"，而不用其"法"

1915年11月，孫中山給第二國際的國際局寫信，信稱："在第一次革命完成，我當選中華民國總統時，原計劃以社會主義的理想來建設中國，但我孤掌難鳴，因為中國人民對社會主義毫無所知，而我的革命同志中，社會主義者寥寥無幾，而且他們對社會主義的了解也是粗淺而模糊的。"孫中山宣稱，"社會主義"是他"一生奮鬥的唯一目標和願望"，相信只有"社會主義"，"我們的人民才能更幸福，他們的痛苦也才能減輕"，"社會主義將治癒中國的疾苦"。孫中山認為"中國是可以實現社會主義的國度"，呼籲第二國際將注意力和力量放到中國，提供各行各業的人才，協助自己將中國"建立成全世界第一個社會主義國家"。[1] 就在孫中山給第二國際去信後的一兩年內，孫中山開始為中國的現代化的經濟發展規劃藍圖。在《實業計劃》中，他說：

1　《孫中山集外集補編》，上海人民出版社1994年版，第183—186頁。

中國實業之開發應分兩路進行：（一）個人企業。（二）國家經營是也。凡夫事物之可以委諸個人，或其較國家經營為適宜者，應任個人為之，由國家獎勵，而以法律保護之。今欲利便個人企業之發達於中國，則從來所行之自殺的稅則應立即廢止，紊亂之貨幣立需改良，而各種官吏的障礙必當排去，尤須輔之以利便交通。至其不能委諸個人及有獨佔性質者，應由國家經營之。[1]

孫中山這裏提出的"個人企業"，當然是私人資本主義經濟。孫中山認為，此類企業可以"委諸個人"，老百姓辦起來可能比"國家經營"更為"適宜"，因此，孫中山將之置於首位，主張國家不僅要給予"獎勵"，而且要以"法律保護"，採取積極扶持態度。為此，孫中山提出，要改進稅收、貨幣等政策，使之適合"個人經營"的發展需要。孫中山特別提出，"各種官吏的障礙必當排去"，從國家權力機構中清除私人資本主義發展的阻力。

　　一方面，允許資本主義的發展，但是，另一方面，孫中山很清楚，資本主義以追逐最大利潤為目的，它既有發展生產，有利國計民生的一面，也有危害社會，不利國計民生的一面，因此，早在《民報》與《新民叢報》論戰期間，孫中山的同志們就提出"大資本國有"的主張。1911 年 7 月，孫中山在美國舊金山演說時，就曾提出要將"鐵路、礦務歸為國有"。[2]1912 年 4 月，孫中山在南京同盟會會員餞別會上又提出："國家一切大實業，如鐵道、電氣、水道等事務皆歸國有，不使一私人獨享其利。"[3]孫中山設想，這種"國家社會主義"或"集產社會主義"的利潤將完全歸社會公有，為社會共用，認為那樣，"全國人民便得享資本的利，不致受資本的害"。[4]孫中山曾在多種場合批評資本家壟斷財富、壓制平民，無良心，無道德，因此，主張對私人資本主義的發展加以限制。1921 年，他在桂林演說稱："須研究對於將來之資本家加以如何之限制，

1　《孫中山選集》，第 217—218 頁。
2　《少年中國晨報》，1911 年 7 月 15 日。
3　《孫中山全集》第 2 卷，第 323 頁。
4　《孫中山選集》，第 843 頁。

而不必遽學俄國將資本家悉數掃除。"[1] 1924 年，國民黨召開第一次全國代表大會，更在《宣言》中將"節制資本"列為"國民黨之民生主義"最重要的兩個原則之一。《宣言》稱："凡本國人及外國人之企業，或有獨佔之性質，或規模過大為私人之力所不能辦者，如銀行、鐵道、航路之屬，由國家經營管理之，使私有資本制度不能操縱國民之生計，此則節制資本之要旨也。"[2]

既發展資本主義，利用資本主義，又限制資本主義。孫中山的這一方針曾經得到毛澤東的讚揚，稱之為"新民主主義共和國的經濟構成的正確方針"[3]。遺憾的是，毛澤東在中華人民共和國成立後，很快就對中國的民族資本主義實行"社會主義改造"，"改造"不久，就實行"消滅"方針了。

在私人資本和國有經濟之間，孫中山傾注最大熱情的是國營經濟。1922 年 12 月，美國記者約翰·白萊斯福特訪問孫中山，提出國有經濟"耗費而乏效能"，孫中山答以"國家社會主義"確有缺點，但其主要原因在於"經驗尚淺"。他說："余以為為公共利益作工，不為私利作工，縱有上述之弊，亦為利重弊輕。"又說："利害相權，吾終以為國有企業較勝於現時之私有制。"[4] 當然，孫中山不了解，當人民無權，民權主義沒有充分實現的時候，國有經濟極易發展為官僚資本主義、權貴資本主義，或圈內部分人的自利集團。

除發展本國的私人資本主義外，孫中山還主張大力實行開放政策，歡迎外資進入中國市場，雙方合辦企業、合建鐵道，甚至於合辦百貨公司，用他自己的來說，就是"使外國之資本主義以造成中國之社會主義"。這樣，在孫中山為中國所規劃的實業發展藍圖中，就包含了三種經濟成分：私人資本主義、國營經濟、外國資本主義經濟，是一種典型的現代化的"混合經濟"模式。近年來，中國的改革開放之所以獲得成功，其原因之一就在於，恢復這種"混合經濟"模式，並且發揮了它的優勢。可以說，在某種意義上，中國近年來的改革開放政策是向孫中山經濟思想的回歸，其成就，則是孫中山經濟思想的勝利。

蘇俄十月革命後，列寧實行戰時共產主義政策。其內容為：取消商品和貨

1　《孫中山全集》第 6 卷，第 28 頁。
2　《孫中山選集》，第 593 頁。
3　《新民主主義論》，《毛澤東選集》第 2 卷，第 649 頁。
4　《孫中山全集》第 6 卷，第 634—637 頁。

幣，在全國範圍內實行生產資料公有制，在城市實行供給制，按計劃調撥和統一分配消費品，在農村則實行餘糧徵集制。農民除口糧外，餘糧全部無保留地上繳國家。結果，社會生產力遭到大破壞，工人罷工，農民暴動，士兵反抗。1921 年 3 月，列寧宣佈廢止 "戰時共產主義"，改行 "新經濟政策"。其內容是：允許多種經濟成分存在，允許商品交換、貨幣流通和自由貿易。國家只掌控與國家經濟命脈相關的重要廠礦，中小企業允許私人經營。同時，允許外國資本家在蘇俄經營租讓企業，與蘇維埃國家組成合股公司，也允許農民自由使用土地，包括出租和僱傭工人。孫中山充分肯定列寧的這一政策轉變，認為和自己的民生主義 "暗合"，"如出一轍"。[1] 孫中山就此評論說：

> 我們講到民生主義，雖然是很崇拜馬克思的學問，但是不能用馬克思的辦法來實行。這個理由很容易明白，就是俄國實行馬克思的辦法，革命以後行到今日，對於經濟問題還是要改用新經濟政策。俄國之所以要改用新經濟政策，就是由於他們的社會經濟程度還比不上英國、美國那樣的發達，還是不夠實行馬克思的辦法。俄國的社會經濟程度尚且比不上英國、美國，我們中國的社會經濟程度怎麼能夠比得上呢？又怎麼能夠實行馬克思的辦法呢？[2]

孫中山一直高度尊重馬克思，譽之為社會主義中的 "聖人"，但是，在研究了中國國情，特別是蘇俄建國初期政策轉變的歷史後，終於得出了一個著名的命題，這就是："我們今日師馬克思之意則可，用馬克思之法則不可。"[3]

什麼是 "馬克思之意"？從孫中山的言論總體考察，應該是阻止私人大資本的產生，消除社會中的 "貧富懸殊" 現象。什麼是 "馬克思之法"？從孫中山的言論總體考察，應該是 "階級戰爭"、"無產專制"，徹底消滅資本主義。孫中山之所以肯定列寧的新經濟政策，其核心應該就是其中的允許資本主義發

---

1 《孫中山全集》第 9 卷，第 103—104、671 頁。
2 《孫中山選集》，第 841 頁。
3 《孫中山選集》，第 842 頁。

展的部分。

五、孫中山研究現代資本主義，批評馬克思 "都不明白"

1909 年，美國工程師泰勒（Frederick Winslow Taylor）出版《科學管理原理》（*The Principles of Scientific Management*），第一次提出生產管理問題。1913 年美國企業家福特根據泰勒提出的主張，在自己的汽車公司裏開發出世界上第一條生產流水線，取代此前的手工或單個機器小批量生產，空前地提高了生產力，工人的工資、福利也相應大幅度提高。1920 年之後，美國和世界經濟迅速增長，早期資本主義發展為現代資本主義。由於這一時期，工人和廣大人民的生活得到大幅度的、極為明顯的改善，因此，有些人稱這一時期的資本主義為福利資本主義。

孫中山注意到了現代資本主義的這種變化，覺得情況和馬克思當年講的不一樣了。他在 1924 年《民生主義》演講中說：

> 馬克思所說的是資本家要延長工人作工的時間，福特車廠所實行的是縮短工人作工的時間；馬克思所說的是資本家要減少工人的工錢，福特車廠所實行的是增加工人的工錢；馬克思所說的是資本家要抬高出品的價格，福特車廠所實行的是減低出品的價格。像這些相反的道理，從前馬克思都不明白，所以他以前的主張便大錯特錯。馬克思研究社會問題，所知道的都是以往的事實。至於後來的事實，他一點都沒有料到。[1]

馬克思出生於 19 世紀初年，逝世於 19 世紀 80 年代，當時的資本主義以殘酷的剝削和壓迫為特徵，工人 "只要有一塊肉，一根筋，一滴血，吸血鬼就絕不甘休"。[2] 這種情況，促使馬克思得出資本主義必須被推翻的結論。但是，20 世紀現代資本主義的發展卻改變了這種情況，孫中山也就由此得出了新的看法。他

---

1 《孫中山選集》，第 822—823 頁。
2 《馬克思恩格斯全集》第 23 卷，第 334—335 頁。

總結歐美發達國家的經驗，提出了社會進化方法四種。

第一種，社會與工業之改良。孫中山說："就是要用政府的力量改良工人的教育，保護工人的衛生，改良工廠和機器，以求極安全和極舒服的工作。能夠這樣改良，工人便有做工的大能力，便極願去做工，生產的效力便是很大。"[1]孫中山的這段話涉及社會改革與工業改革兩大方面，也涉及生產力的兩個基本要素，即生產者和生產工具。孫中山主張通過教育，提高生產者的素質，通過改良勞動條件，確保生產者具有安全、舒適的勞動條件。他所提出的"改良工廠和機器"，涉及提高科學技術水準，以新技術裝備、革新生產工具等問題。其缺點是沒有充分強調科學和技術的作用。

第二種，運輸與交通事業收歸公有。孫中山一向重視交通在現代社會生產中的作用，認為："運輸迅速，交通靈便，然後各處的原料才是（能）很容易運到工廠內去用。工廠內製造的出品，才是（能）很容易運到市場去賣。"[2]他主張電車、火車、輪船、郵政、電政、交通等大事業都由政府辦理。

第三種，多徵資本家的所得稅和遺產稅。孫中山認為，舊時的稅收，其課稅對象主要是"一般貧民"，資本家只享權利，不盡義務，因此，他主張實行累進稅率，"多徵資本家的所得稅和遺產稅"。他說："行這種稅法，就可以令國家的財源多是由資本家而來。資本家的入息較多，所謂多取之而不為虐。"[3]他舉例說，在德國政府的歲入中，百分之六十至八十由所得稅和遺產稅。美國僅 1918 年，所得稅收入即達美金 40 億元。孫中山早年迷信美國人亨利·喬治的單稅法，即只向土地所有者徵收土地稅，而免收其他人的其他一切稅收，認為僅收土地稅一項，就可使國庫充裕，人民普遍受惠。梁啟超認為孫中山的這種主張並不能真正解決資本主義社會的貧富懸殊問題，譏刺孫未識"社會主義之為何物"。他說："歐美所以不能解決社會問題者，因為沒有解決資本問題。資本問題不能解決，則雖解決土地問題，而其結果與現社會相校，不過五十步之與百步耳。"[4]章炳麟認為工商業者利潤巨大，不應該只徵土地稅，單純在土

---

1 《孫中山選集》，第 814 頁。
2 《孫中山選集》，第 814 頁。
3 《孫中山選集》，第 815 頁。
4 《辛亥前十年間時論選集》第 2 卷上冊，第 341、343 頁。

地所有者身上打主意。他說："其專主地稅者，尤失稱物平施之義。此土本無大地主，工商之利厚於農夫，掊多益寡，自有權度，何用專求之耕稼人乎？"[1] 顯然，孫中山此時已經拋棄了他早年對 "單稅論" 的迷信，而改以資本家為主要徵稅對象了。

第四種，分配之社會化。孫中山認為，社會一切日常消耗物均由商人採買，商人低價買進，高價賣出，一轉手便賺許多佣錢。因此，孫中山主張，"不必由商人分配，可以由社會組織團體來分配，或者是由政府來分配"。[2] 他認為，英國的消費合作社是由社會組織團體分配的例子，歐美各國市政府供給水電、煤氣、麵包、牛奶、牛油等食物是由政府分配的例子。孫中山將這種新的分配方法稱為 "分配之社會化"，"就是行社會主義來分配貨物"。[3]

在以上四種方法中，有些和社會主義的原則有一致之處，例如社會與工業之改良；有些是《共產黨宣言》中的具體要求，例如：徵收高額累進稅，廢除繼承權，把全部運輸業集中在國家手裏；有些則是社會主義可以參酌使用的，如分配之社會化。孫中山認為，以上四種方法推進了歐美社會的發展，資本家和工人互利雙贏："資本家改良工人的生活，增加工人的生產力。工人有了大生產力，便為資本家多生產。在資本家一面可以多得出產，在工人一面也可以多得工錢。"[4] 孫中山認為，這些方法，其目的都是使大多數人的 "利益相調和"，"這種經濟利益相調和的事業發達以後，社會便極有進化，大多數便享幸福。"[5]

社會發展和進步的途徑和原因是多元的。革命是途徑之一，改革、改良也是途徑之一；激烈的、暴風雨般的鬥爭可，溫和的、漸進的調和亦可。採用哪一種途徑和方法，當視社會歷史條件而定，不可一概而論。孫中山提出的是一種改良的、調和的方法。它是社會發展進步的途徑之一，有助於糾正 "唯革命"、"唯鬥爭" 的偏頗。但是，它同樣不是唯一的途徑，將 "改良"、"調和" 視覺之為唯一的途徑，就會陷入另一種偏頗。

1　《復張季直先生書》，《大共和日報》，1912 年 1 月 6 日。
2　《孫中山選集》，第 815 頁。
3　《孫中山選集》，第 816 頁。
4　《孫中山選集》，第 816 頁。
5　《孫中山選集》，第 818—819 頁。

六、質疑馬克思的"剩餘價值論"

長期以來，"剩餘價值"論被認為是馬克思"經濟理論的基石"，暴露了資本主義剝削的秘密，因此，是劃時代的偉大發現，但是，孫中山卻對之表示質疑。他說：

> 再照馬克思階級戰爭的學說講，他說資本家的盈餘價值都是從工人的勞動中剝奪來的。把一切生產的功勞完全歸之於工人的勞動，而忽略社會上其他各種有用份子的勞動。[1]

孫中山以上海、南通、天津、漢口各處的紗廠、布廠為例，說明各廠每年所得的"盈餘價值"不僅包括該廠工人的勞動，而且也包括"研究好棉花種子和怎麼種植"的農學家，"用各種工具和機器去耕耘土地"的製造家和發明家，構造輪船、火車等運輸工具的發明家、採礦家等等各種人物的勞動在內。他問道："就這種情形設想，試問那些紗布廠的資本家所取得的盈餘價值，究竟是屬於誰的呢？試問紗布廠的工人，怎麼能夠說專以他們的勞動便可以生出那些布和紗的盈餘價值呢？"他由此得出結論說：

> 所有工業生產的盈餘價值，不專是工廠內工人勞動的結果，凡是社會上各種有用有能力的份子，無論是直接間接，在生產方面或者是在消費方面，都有多少貢獻。[2]

馬克思的"剩餘價值"屬於勞資關係範疇，針對工人的"自用價值"而言。在勞動中，工人為維持生活和勞動力的再生產，必須從資本家那裏取得必要的價值補償，但是，資本家的這種補償是有限的，甚至是刻薄的，那些超出於工人"自用價值"的其餘部分，即"剩餘價值"，為資本家所佔有，從而構成了資本

---

1 《孫中山選集》，第817頁。
2 《孫中山選集》，第818頁。

主義的剝削秘密所在。孫中山所稱的"盈餘價值"，則指"產品價值"及其在流通環節中產生的利潤。它和"剩餘價值"不是一個概念。孫中山將兩者混淆，甚至將"消費"者也納入價值創造者之列，說明他不懂馬克思的經濟學概念，但是，孫中山所稱，產品價值"不專是工廠內工人勞動的結果"，而是"社會上各種有用、有能力的份子"的共同"貢獻"，這又是有道理的。即以福特汽車廠生產的汽車而言，其價值，除了該廠的工人而外，鋼材的生產者、汽車的設計者，以及將生產連成流水線的資本家——福特本人都參與了價值的創造。你能說，福特的貢獻沒有意義嗎？他是一個完完全全的寄生蟲、剝削者嗎？

　　當然，這是一個十分複雜的經濟學問題，但孫中山提出這個問題來是有意義的。

七、結語

　　孫中山是一個具有國際視野的有遠見的革命者，也是一個具有國際視野的有遠見的思想家。孫中山在他革命的起始階段，就看出了西方資本主義社會貧富懸殊、兩極分化的嚴重現象，主張中國革命不走西方老路，不應"追逐於人已然之末跡"，但是，他並不全盤否定資本主義，而是取辯證的分析態度，主張"取那善果，避那惡果"。他高度尊重馬克思，但是，絕不迷信，不認為馬克思的話句句是真理，必須堅決奉行，而不能有任何變動。孫中山研究中國國情，從中國社會實際出發，主張師其"意"而不用其"法"。馬克思為人類提出的是推倒資產階級，消滅資本主義的任務，但是，孫中山卻認為，中國的經濟發展程度低下，既要允許私人資本主義在一定程度上的發展，又要藉助外國資本主義的力量。同時，孫中山又研究馬克思逝世以後世界資本主義的新發展，認為它仍在自我改革和自我調節的過程中，推倒資產階級，消滅資本主義，還不是需要立即提上日程的任務。至於今後的世界是"採用和平的辦法或是激烈的辦法"來加以改造，孫中山表示："現在還是看不出，還是料不到。"對於資本家的前途，他也表示："到今日，各國的資本家不但不消滅，並且更加發達，沒有止境。""究竟資本家應該不應該推翻,還要後來詳細研究才能清楚。"[1]孫中山講這段話時,歷史還不曾為他提供充分、明確的判斷依據,因此,孫中山寧願採取存疑的態度。

在結束本文之前,筆者願意提請人們注意上文已經提到的孫中山的一個論點,這就是,資本主義與社會主義同為推動人類社會發展和文明進化的兩種"經濟能力",要使之"調和","互相為用"。孫中山這段話的意義已為 20 世紀以來的歷史發展所部分證明,相信未來世界還將繼續證明它的意義。

---

1 《孫中山選集》,第 822—823、828 頁。

"取那善果，避那惡果"

——略論孫中山對現代文明的辯證態度

在人類文明史上，資本主義取代封建主義是一個偉大的進步。它創造了巨大的生產力，使人類社會從中世紀的黑暗走到了近代化的黎明。自此，人類社會即以一天等於幾十年的速度向前邁進。但是，正像章炳麟所指出的，"善亦進化，惡亦進化"[1]，資本主義在開出燦爛的近代文明之花的同時，也結出了令人憎厭的醜惡之果，例如，貧富兩極分化、拜金主義、道德淪喪等。因此，一切有遠見的人不得不嚴肅地思考，如何對待這善惡並進、美醜共存的資本主義文明。20 世紀初年，當中國國門洞開，先進的知識份子走向世界，四方求索，殫精竭慮地為國家、民族設計未來的藍圖時，自然面臨著同樣的問題。

一部分人，例如梁啟超，政治上取法英、日，經濟上主張照搬西方模式。他強烈地要求在中國發展資本主義，聲稱為了和外資競爭，中國的壟斷資本家愈多愈好。為此，即使犧牲一部分勞動者的利益也在所不惜。這就是說，資本主義的善果、惡果一概接受下來。

另一部分人，例如章炳麟、劉師培，他們受了日本社會黨左派幸德秋水等人的影響，比較多地看到了西方資本主義的惡果，反對在中國發展資本主義。章炳麟一度陷入退化論，認為愈文明之人愈惡，愈野蠻之人，其惡也就愈減。為了減少惡，人類不如退到原始社會。但是，章炳麟又覺得，原始社會生番的道德品質也還不十分理想，"猶具淫殺性"，因此，人類不如學猴子，"吾輩擬猿可也"。[2] 他甚至設想了一個無政府、無聚落、無人類、無眾生、無世界的五無境界，以為在那裏就不會有惡與醜了。章炳麟的思想貌似荒誕，實際上深刻地反映了對資本主義的絕望心理。基於和章炳麟同樣的立場，劉師培提出："抵抗

1　《俱分進化論》，《民報》第 7 號。
2　《朱希祖日記》（稿本），1908 年 3 月 20 日。

資本階級，固當今之急務。"[1] 他接受克魯泡特金的影響，主張建立無政府共產主義社會。這個社會以"完全平等"為原則，每個成員必須輪流為工、為農、為士，按年齡流轉於不同種類的工作之間，以實現"均力"。劉師培所要建立的社會，實際上是以絕對平均主義為原則，以小生產為基礎的空想烏托邦，依然脫不了封建主義的窠臼。為了避免資本主義的惡果，章炳麟、劉師培等寧可不要資本主義的善果，走倒退、復古的路。

孫中山和梁啟超、章炳麟、劉師培等不同，他既要繼承資本主義的善果，又要避免資本主義的惡果。1906 年 12 月，他在東京《民報》創刊週年慶祝大會上演說稱："社會黨常言，文明不利於貧民，不如復古。這也是矯枉過正的話。況且文明進步是自然所致，不能逃避的。文明有善果，也有惡果，須要取那善果，避那惡果。歐美各國，善果被富人享盡，貧民反食惡果，總由少數人把持文明幸福，故成此不平等的世界。我們這回革命，不但要做國民的國家，而且要做社會的國家，這是歐美所不能及的。"[2] 孫中山的這段話，為前資本主義或非資本主義國家的現代化提出了一個正確的原則。對於資本主義，人們既不應該全盤否定，也不應該全盤肯定，而要"取那善果，避那惡果"，創造出更高級、更燦爛的現代文明來。

孫中山感情上並不喜歡資本主義，1912 年左右，他曾經發表過許多激烈的批判資本主義和資本家的言論。例如，他在武昌演說時就痛罵資本家"無良心"，"以壓抑平民為本分"，"對於人民之痛苦，全然不負責任"。[3] 他甚至預言，世界上有一天會沒有資本家："政府有推翻之一日，資本家亦有推翻之一日。"[4] 在一段時間內，孫中山甚至被部分革命黨人目為過激份子。為了防止資本家操縱國計民生，孫中山主張大力發達國家資本，由國家經營主要的工業部門。但是，孫中山認識到，中國生產力十分落後，禁止、消滅私人資本主義是錯誤的、有害的，因此，他在《實業計劃》中明確提出："凡夫事物之可以委諸個人，或其較國家經營為適宜者，應任個人為之，由國家獎勵，而以法律保護

1 《衡報》第 5 號。
2 《孫中山全集》第 1 卷，第 327—328 頁。
3 《孫中山全集》第 2 卷，第 333 頁。
4 《孫中山全集》，第 520 頁。

之。"[1] 這就充分保證了個人積極性的調動，可以加快經濟發展速度，避免了由國家控制一切、壟斷一切所可能出現的僵死、板滯局面。同時孫中山又提出，對私人資本主義必須加以限制，他說："須研究對於將來之資本家加以如何之限制。"[2] 這種對私人資本主義既獎勵又限制的政策，就形成了孫中山的"節制資本"思想。它是孫中山"取那善果，避那惡果"思想的具體體現。

近代中國遭受帝國主義的侵略，被迫打開國門，因此，中國人對外國資本主義有一種天然的抵抗、拒絕心理，但是，孫中山卻以超乎尋常的氣魄宣佈："以前事事不能進步，均由排外自大之故。今欲急求發達，則不得不持開放主義。"[3] 他仔細研究了日本明治維新的經驗，認為日本能在幾十年間，躋身於世界強國之列，其重要原因就在於實行開放主義。孫中山相信，中國比日本大，人口比日本多，只要順應潮流，改變閉關自守狀態，在開放條件下建設，一定可以比日本富強十倍。他歡迎外資輸入，認為中國財力不足，要建設龐大的現代工業，必須募集外資。他以鐵路為例說："鄙人擬於十年之內，修築全國鐵路二十萬里，惟現當民窮財竭之時，國家及人民皆無力籌此鉅款。無已，惟有募集外資之一法。"[4] 他多次以美國為例，說明美國未造鐵路以前，其貧窮和中國相同，後來向外國借債築路，才收到富強之效。在近代中國，外債和鴆毒常常是同義語，借外債辦工業被認為是引鴆止渴。孫中山力排眾議，認為外債可借，表現了極大的勇氣和膽識。

對於借外債，中國人民有著痛苦的記憶。鴉片戰爭以後，清政府多次借外債，結果是對帝國主義的依附愈來愈深，經濟殖民地化的程度也愈來愈深。孫中山認為，那是由於清政府所訂條約不善，喪失主權的結果。孫中山主張，既要大膽地引進外資，又要堅決地抵制各種形式的侵略，維護國家主權和民族利益。因此，他提出，外國資本家不能過問借款的用途，更不能藉端要求監督中國的財政。1912 年，他在上海對《大陸報》記者說："外國不允借債中國則已，苟信任中國，而借之以債，則不應過問中國作何用途。假係中國將款投棄於

---

1 《孫中山全集》第 6 卷，第 253 頁。
2 《孫中山全集》，第 28 頁。
3 《孫中山全集》第 2 卷，第 481 頁。
4 《孫中山全集》，第 431 頁。

海，亦係自由權。"[1] 同年 12 月，他在《鐵路總公司條例草案》中更明確規定："不論華洋股款，均應遵照中國現行法律辦理。"[2] 孫中山相信，只要中國保有主權，則不論何國之債，都可以借，即使外人直接投資，也不應該禁止。他說："何以名為開放政策，就是讓外國人到中國辦理工商等事。"[3] 他曾經設想過，以四十年後歸還中國政府為條件，將鐵路批給外國人修築；又曾主張中外合資，共同經營實業。當然，孫中山認識到，凡事有利必有弊，引進外資不可能完全無弊，但他權衡輕重，認為利多弊少。他說："用外資非完全無害也，兩害相權，當取其輕。"[4] 他並特別提出，只要措施得當，還可以"避去其害"。

除了提倡引進外資，孫中山還提倡藉助"外才"、"外技"、"外法"。他既主張派遣十萬人去國外留學，學習先進的科學、技術，又主張聘請外國的專門家、發明家和有學問、有經驗的經營管理人才。他說："我們無人才，即用外國人才。"[5] 孫中山特別指出，這種聘用是有條件的，"必以教授訓練中國之佐役，俾能將來繼承其乏，為受僱於中國之外人必盡義務之一。"[6] 這樣，才能保證民族人才的培養，不致永遠受制於外人。孫中山還曾設想過一項中德合作計劃：中國以物資、人力，德國以機器、科學，共同開發中國富源，改良中國行政。孫中山完全懂得，現代化的生產需要現代化的管理，絕不能沿襲小生產的一套老方法。對此，孫中山表示："我們方法不好，即用外國方法。"[7] 有時，他並將"方法"提到了和資金同樣重要的程度。他說："日本以外資外法，數十年一躍而為強國。"[8] 為了引進"外法"，孫中山提出，必須杜絕官場腐敗現象和衙門作風，否則，中國決無法借西方物質文明的引進而獲得改變。

以上孫中山關於引進和利用外資、外才、外技、外法的論述，同樣是他"取那善果，避那惡果"思想的具體體現。

在《實業計劃》中，孫中山說："吾之意見，蓋欲使外國之資本主義以造成

---

1 《孫中山全集》，第 385 頁。
2 《孫中山全集》，第 557 頁。
3 《孫中山全集》第 2 卷，第 532 頁。
4 《孫中山全集》，第 499 頁。
5 《孫中山全集》，第 533 頁。
6 《孫中山全集》第 6 卷，第 254 頁。
7 《孫中山全集》第 6 卷，第 533 頁。
8 《孫中山全集》第 5 卷，第 121 頁。

中國之社會主義，而調和此人類進化之兩種經濟能力，使之互相為用，以促進將來世界之文明。"[1]1924 年，他又說："拿外國已成的資本，來造成將來的共產世界，能夠這樣做去，才是事半功倍。"[2] 孫中山的這一思想，不僅表現出偉大的氣魄，而且閃耀著辯證智慧的光輝。歷史必將證明，它對中國以至世界的偉大作用。

附記：本文為 1992 年 6 月 10 日在大陸、台灣、海外華人學者 "孫逸仙思想和中國現代化學術座談會" 上的發言，原載《團結報》1992 年 11 月 11 日，錄自《楊天石評說近代史 · 哲人與文士》，中國人民大學出版社 2007 年版。

1 《孫中山全集》第 6 卷，第 398 頁。
2 《孫中山全集》第 9 卷，第 393 頁。

孫中山思想的現代價值 *

——紀念孫中山先生誕辰 140 週年

《光明日報》編者按：今年（2006 年）11 月 12 日是孫中山先生誕辰 140 週年。孫中山是中國近代偉大的革命先行者，一生都在為中華民族的振興而奮鬥；他也是一位偉大的思想家，在政治、經濟、文化、科技等思想領域都有重大的理論建樹。他的思想領航了中國近代資產階級的民主革命，成為那個時期中國人民為之奮鬥的綱領；同時，他的許多思想還具有超越那個時代的意義，成為中華民族永恆的寶貴精神財富，在今天仍能給我們以啟發和激勵。在紀念孫中山先生誕辰 140 週年之際，本刊特發表此文，深切緬懷這位偉人，繼承和弘揚其革命精神，發掘並光大其思想價值。

一切思想家都立足於他所處的時代，回答那個時代所提出的問題，這些回答具有現實針對性，但是，其中的若干觀念、範疇、命題又常常超越他的時代，具有長遠的甚至是永恆的意義。孫中山活動於 19 世紀末葉至 20 世紀 20 年代的中國，一生為中國的振興奮鬥。他的思想的許多部分都具有這種超時代的意義，可以長期成為中國人民的珍貴思想營養。例如他愛國主義思想、民主主義思想等，這些，人們早已熟知。本文擬就既往多有爭論或談論較少的孫中山社會經濟思想闡述其現代價值。

一、民生史觀

人類社會面臨著千千萬萬、各種各樣的問題。人類歷史，可以說就是不斷

---

* 錄自《光明日報》，2006 年 11 月 13 日，署名中國社會科學院鄧小平理論和 "三個代表" 重要思想研究中心，執筆楊天石，收入《楊天石評說近代史·哲人與文士》，中國人民大學出版社 2007 年版。

解決各種問題，又發生新的問題的歷史。在所有各種問題裏邊，最大的、最核心的問題是什麼？孫中山答曰：民生。他說："民生就是政治的中心，就是經濟的中心和種種歷史活動的中心，好像天空以內的重心一樣。""歷史上的政治和社會經濟種種中心都歸之於民生問題。"什麼是民生？孫中山有過許多解釋，但其核心實際上就是一句話，就是人類的生存和發展。孫中山認為，民生問題不僅是社會發展的核心問題，歷史發展的核心問題，而且是社會、歷史發展的原動力。他說："社會進化的定律，是人類求生存。人類求生存，才是社會進化的原因。""人類求生存是什麼問題呢？就是民生問題。民生問題才可說是社會發展的原動力。我們能夠明白社會進化的原動力，再來解決社會問題那才很容易。"孫中山進一步解釋道："人類生活的程度，在文明進化之中可以分作三級。第一級是需要。人生不得需要，固然不能生活，就是所得的需要不滿足，也是不能充分生活，可說是半死不活。所以第一級的需要，是人類的生活不可少的。人類得了第一級需要生活之外，更進一步便是第二級，這一級叫做安適。人類在這一級的生活，不是為求生活的需要，是於需要之外更求安樂，更求舒服……得了充分安適之後，再更進一步，便想奢侈。"孫中山將人的生活分為"需要"、"安適"、"奢侈"三個等級，未必科學，但是，他實際上是在說，人的需要是不斷增長、不斷發展、不斷提高的，正是人的這種不斷增長的物質和精神需要推動社會和歷史的發展。所以他說："民生就是社會一切活動中的原動力。"

既往和現實的人類社會千姿百態，萬象紛呈。孫中山認為："社會中的各種變態都是果，民生問題才是因。"這就是說，社會現象之所以有各種變化，各種形態，其根源在於"民生問題"。

孫中山上述言論反映出他對人類社會和和歷史發展的基本看法，通稱為"民生史觀"。孫中山的看法有其直觀、膚淺的方面，有表述不清或不準確的方面，但是，從總的方面看，它和馬克思主義的唯物史觀有其一致之處。

馬克思、恩格斯在《德意志意識形態》中指出："我們首先應該確立一切人類生存的第一個前提也就是一切歷史的第一個前提，這個前提就是：人們為了能創造歷史，必須能夠生活，但是為了生活，首先就需要衣、食、住以及其他東西。"[1] 馬克思、恩格斯講得很清楚，人要生存、生活，首先就"需要衣、食、住以及其他東西"，這是人類生存的第一個前提，也是社會發展和歷史發展的第一個前提。怎樣解決人類的這一"需要"呢？這就要從事生產，而要生產，就要有生產工具，人與人就會發生這樣與那樣的關係。人的"需要"不斷增長，人就要不斷改進生產工具，發展生產力，科學因而發展；同時，人也就要改進人與人之間的關係，於是，就有改革，有革命。其結果，社會因而不斷發展，歷史也因而不斷發展。

孫中山曾經批評馬克思的唯物主義，認為"歷史的重心是民生，不是物質"。其實，馬克思主義只認為物質是第一性的，精神是第二性的，在社會領域內，則認為社會存在決定社會意識，並不曾有過"物質是歷史的重心"一類論斷。孫中山的批評屬於對馬克思主義的誤解。

孫中山的"民生史觀"出世之後，人們對它有過各種各樣的解釋，也有過各種各樣的批評，但是，人們大都承認，這一學說有其合理內核。了解這一合理內核，有助於我們了解歷史上發生過的各種各樣的鬥爭、改革、革命，都是基於"民生"問題上的鬥爭，也有助於我們確立"以人為本"的思想，在社會主義階段，專心致志搞建設，最大限度地滿足人民不斷增長的物質和文化需要。

二、調和互助

在推翻清朝統治和反對北洋軍閥的鬥爭中，孫中山是一個堅決的革命者，但是，在社會經濟領域，孫中山則不贊成革命，也不贊成"階級鬥爭"。他說："純用革命手段不能完全解決經濟問題。"又說："階級戰爭不是社會進化的原因，階級戰爭是當社會進化的時候所發生的一種病症。"與"鬥爭"說相反，他主張調和，認為"社會之所以有進化，是由於社會上大多數的經濟利益相調和，不是由於社會上大多數的經濟利益相衝突。"他並且舉例說："歐美各國從這種經濟利益相調和的事業發達以後，社會便極有進化，大多數便享福。"

1　《馬克思恩格斯全集》第 3 卷，第 31 頁。

　　階級鬥爭是社會發展的動力，這一理論有其正確性。當舊的社會力量頑固地維護舊的生產關係，阻礙社會生產的發展時，就需要用階級鬥爭的辦法反對以至打倒舊的社會力量，形成新的適宜於生產力發展的新的生產關係，社會便由此進步、發展。但是，這一理論又是不完整的，有片面性的。這就是，它不能完全解釋人類社會發展的全過程。人們都知道，原始社會，當時還沒有出現階級；未來的共產主義社會，階級已經消滅。自然，階級鬥爭不會是那兩個時期的社會發展的推動力量。而且，階級鬥爭在打破舊的生產關係、社會關係，推動社會發展的同時，也會破壞社會生產力，影響和阻撓社會發展。在將階級鬥爭過度誇大，達到"日日講、月月講、年年講"的程度時，這種破壞作用也可能更大。

　　其實，鬥爭與和諧是矛盾的統一體。鬥爭固然可以解決矛盾，推動事物發展；和諧也可以解決矛盾，推動事物發展。在矛盾尚未發展到對抗狀態，或在非對抗性社會與階級中間，採取措施，使矛盾的雙方或多方處於和諧狀態，從而創造出有利於事物發展的環境，同樣，會推動社會和歷史的前進。這種緩和矛盾、化解矛盾，使事物處於"和諧"狀態的努力，人們習慣性地稱之為"調和"。孫中山強調的就是這種"調和"。

　　中國古代高度重視"調和"的作用。儒家著作《中庸》有所謂"致中和，天地位，萬物育"之說，指的就是一種世界和諧、萬物並生的理想境界。後來又有所謂"調和鼎鼐"之說，初指廚師能利用甜、酸、苦、辣、鹹等對立的五味調製出美食來，後來更指最高的治國藝術。矛盾無時不在，無處不在，並不都需要用鬥爭的方法，一個吃掉一個，一個打倒一個的方法。更多的時候、更多的地方需要"調和"。

　　與提倡"調和"的同時，孫中山提倡"互助"。他說："物種以競爭為原則，人類則以互助為原則。社會國家者，互助之體也；道德仁義者，互助之用也。""人類進化之主動力在於互助，而不在於競爭，如其他之動物者焉。故鬥爭之性，乃動物性根之遺傳於人類者，此種獸性當以早除之為妙也。" 又說："夫今日立國於世界之上，猶乎人處於社會之中，相資為用，互助以成者也。"

　　發現"物種競爭"是達爾文對進化論的重大貢獻。但是，將"物種競爭"

之說引入社會，發展為“弱肉強食”的社會達爾文主義，便成了為強權者、壓迫者辯護的理論。與之相反，克魯泡特金提出“互助論”，認為自然界、人類社會都存在著大量“互助”共存的實例，用以論證人類應該“互助”，而不應“鬥爭”。克魯泡特金的這一理論在 20 世紀初年傳入中國，孫中山的“互助”說顯然接受了克魯泡特金的影響。

正如“和諧”理論適用於非對抗社會和非對抗性矛盾一樣，“互助”理論也只適用於非對抗性社會和非對抗性的階級、階層之間。孫中山的時代，中國還處在帝國主義、封建主義壓迫中，自然，他的“調和”、“互助”理論都不會發生作用，但是，在中國已經進入社會主義初級階段時，“調和”、“互助”之說就大有研究和提倡的必要了。

三、利用資本主義

資本主義和工業革命相伴而生，它摧毀了中世紀的小農經濟和手工生產方式，創造了前所未有的巨大生產力和輝煌燦爛的物質文明，改變了人類的生活方式，加速了人類歷史的步伐。但是，它同時又充滿血污和醜惡。例如，對美好、純淨的大自然的破壞，對本國工人階級的剝削和外國殖民地的掠奪，對財富和物欲享受的瘋狂追求，對道德和人類各種美好情操的踐踏和蹂躪，把一切關係都轉變為利潤關係等等。因此，從資本主義降生人世以後，就同時出現了對它的歌頌、讚美與對它的批判和抗議。19 世紀 40 年代，西方資本主義列強入侵中國，中國大地緩慢地出現新的資本主義生產方式，中國思想界也就出現了或迎或拒兩種意見。梁啟超等人認為，中國如果沒有大資本家，沒有托洛斯集團，就無法抵禦外國資本主義，因此，他們主張，在中國要積極充分地發展資本主義。當然，他們也清楚地看到，中國民族資本主義的發展會在中國人民身上加上一種新的剝削方式，損害勞動者的利益。但是，他們認為這是一種必須付出的代價和犧牲。因此主張以發展資本為第一義，以保障勞動者為第二義，有時，即使犧牲勞動者的部分利益也在所不計。以章太炎和劉師培為代表的一部分人則嚴厲批判資本主義。章太炎提出“俱分進化論”，認為“善亦進化，惡亦進化"，人類愈進化，惡也就愈發展，幻想建立一個"五無"社會。連遠在俄國的托爾斯泰都發表《致中國人的一封信》，力勸中國人不要走西方道路，而要保存中國農業社會的種種優點。中國是小生產者和小農經濟的大國，綜觀中國近代思想史，大張旗鼓地主張發展資本主義的人並不多，而恐資、懼資的人卻很不少。

孫中山和上述兩派都不一樣。一方面，他嚴厲批判資本主義，同時，又積極企圖利用資本主義。早在 1905 年，他在比利時訪問第二國際時就表示，要"採用歐洲的生產方式，使用機器，但要避免其種種弊端"。"防止往往一個階級剝奪另一個階級，如像歐洲國家都曾發生過的那樣。"[1] 第二年，孫中山在《民報》發刊詞中明確提出，中國不能走歐美資本主義的發展老路。他說："近世志士舌敝唇枯，惟企強中國以比歐美。然而歐美強矣，其民實困，觀大同盟罷工與無政府黨、社會黨之日熾，猶不能免於第二次之革命，而況追逐於人已然之末軌者之終無成耶！"孫中山期望以西方為鑒，採取措施，另闢新途，創造出遠比西方更高的新社會："睹其禍害於未萌，誠可舉政治革命、社會革命畢其功於一役。還視歐美，彼且瞠乎後也。"同年，他又發表聲明，批判社會黨人"復古"思想，聲稱："文明進步是自然所致，不能逃避的。文明有善果，也有惡果。須要取那善果，避那惡果。"孫中山在這裏表現出了他的辯證智慧和勇敢精神，既要吸收資本主義所創造的一切文明成果，又努力預防、避免資本主義給人類帶來的禍害。1917 年，孫中山制訂《實業計劃》，這是一份無比龐大的工業計劃。在其結尾部分，孫中山說："吾之意見，蓋欲使外國之資本主義以造成中國之社會主義，而調和人類進化之兩種經濟能力使之互相為用，以促進將來世界之文明也。"在這一段話裏，孫中山除了明確提出要積極利用"外國資本主義"的觀點以外，還提出了一個極為重要的思想，這就是：社會主義和資本主義可以"互相為用"，共同促進將來的世界文明。

社會主義是作為資本主義的對立面而產生的。但是，這並不意味著社會主義和資本主義可以割斷一切聯繫，也不意味著資本主義的立即腐朽、滅亡。20

1　《近代史資料》1979 年第 3 期。

世紀以來，在社會主義思潮和工人運動充分發展之後，世界資本主義廣泛採取社會福利政策，並實行某些改革，因而極大地緩解了社會矛盾，促進了社會生產力的發展。同樣，社會主義也必須吸收資本主義的一切積極方面，用以發展自己，否則，社會主義就有可能僵化、停滯，喪失生命力。"互相為用"，可能是今後相當長時期內世界歷史發展的趨勢。

四、混合經濟

有一種看法，認為私有制是萬惡之源，於是，人們設想，徹底消滅私有制，實行完全、單一的公有制。但是，孫中山研究了俄國革命的經驗，認為在落後的發展中國家，此路不通。

十月革命以後，俄國一度實行軍事共產主義，但是，在國家穩定之後，立即改行新經濟政策。允許私人經濟的存在和一定程度上的發展。俄國革命的這一轉變使孫中山懂得，高度的公有化經濟，只有在歐美那樣高度發展的國家中才有可能，像俄國，還不具備這樣的條件。他說："照俄國人說，俄國現在的失業和經濟還沒有大發達，實在夠不上行馬克思主義；要像英國、美國之實業經濟的那樣發達，才可以實行馬克思主義。"又說："俄國實行馬克思的辦法，革命以後行到今日，對於經濟問題還是要改用新經濟政策。俄國之所以要改用新經濟政策，就是由於他們的經濟程度還比不上英國、美國那樣的發達，還是不夠實行馬克思的辦法。俄國的社會經濟程度尚且比不上英國、美國，我們中國的社會經濟程度怎麼能夠比得上呢？又怎麼能夠行馬克思的辦法呢？"

孫中山認為，中國的經濟發展程度實在太低。他說："中國人通通是貧。並沒有大富，只有大貧、小貧的區別。"孫中山的中國只有"大貧"、"小貧"的思想常常受到人們的批評。這一思想有其錯誤的方面，但是，又包含著合理內核，這就是，中國就整體來說，還是不發達社會，生產水準低，社會財富少，因此中國的急務是發展生產，增加財富。基於此，孫中山主張，中國必須實行混合經濟。他說："中國實業之開發應分兩路進行，（一）個人企業、（二）國家經營是也。凡夫事物之可以委諸個人，或其較國家經營為適宜者，應任個人為之，由國家獎勵而以法律保護之。""至其不能委諸個人及有獨佔性質者，應由國家經營之。"[1] 孫中山認為，國家經營的企業之外，有些企業由私人經營較國家經營更為適宜，就應堅決交給私人去經營，國家不僅予以獎勵而且要加以法律保護，並為之排除障礙。清末以來，政府官吏、官辦企業常常阻撓民營企發展。對此，孫中山堅決表示："各種官吏的障礙必當排除。"

資本主義的發展有其積極方面，但是也有其消極方面。怎樣既最大限度地發揮資本主義的積極性，又最有效地限制其消極性呢？孫中山提出的辦法是"節制資本"。在國民黨第一次全國代表大會宣言中，孫中山表示："凡本國人及外國人之企業，或有獨佔的性質，或規模過大為私人之力所不能辦者，如銀行、鐵道、航路之屬，由國家經營管理之，使私有資本不能操縱國民之生計，此則節制資本之要旨也。"這就是說，私人資本主義的發展必須有限度，這個限度的警戒線不在於比例大小，而在於能否"操縱國民生計"。

對孫中山的"節制資本"思想，毛澤東曾給予很高評價，稱之為"新民主主義共和國的經濟構成的正確方針"。

五、開放政策

怎樣建設一個強大的現代化國家？是對外開放？還是閉關鎖國？孫中山的回答是前者。

中國封建社會的主要經濟形態是自給自足的小農經濟，與之相應，對外長期處於閉關狀態；鴉片戰爭以後，列強侵略更強化了不少中國人的排外心理。孫中山與眾不同，一直主張對外開放。1912 年 9 月，他在濟南各團體歡迎會上演說："中國人向富於排外性質，與今之世界甚不相宜……以前事事不能進步，均由排外自大之故。今欲急求發達，則不得不持開放主義。"孫中山仔細地研究過美國西部開發、日本明治維新和南美阿根廷等國的振興史，認為其成功經驗之一就在於對外開放。他說："諸君試看日本國，土地不過我中國兩省多，人

---

1 《孫中山全集》第 6 卷，第 253 頁。

民亦不過我中國兩省多。四十多年以前，亦是一個最小、最窮、最弱之國，自明治維新以後，儼然稱為列強。全球上能成為列強者，不過六七國，而日本儼然是六七國中之一國。他是用何種方法，始能如此？亦只是用開放主義。”

孫中山開放主義的內容之一是募集外資。民國初年，孫中山曾計劃以十年時間在中國修建 20 萬公里鐵路。當時，中國民窮財竭，不論國家或人民，都無力籌此鉅款。孫中山認為，最好的辦法就是 “募集外資”。孫中山總結清政府向外國借債的失敗經驗，認為其原因在於喪失主權、濫用無度和必須抵押。因此，他以一不失主權，二不用抵押，三利息甚輕作為民國政府借外債的條件。為了既能大量引進外資，為民族興利，又能堅決地抵制各種形式的侵略，維護民族權益。孫中山特別重視主權問題。他說：“中國有主權，則無論何國之債皆可借，即外人之投資亦所不禁。” 為此，孫中山提出，外國資本家在向中國貸款時，不能過問中方用途，不能乘機要求監督中國財政。1912 年，他在上海對《大陸報》記者說：“外國不允借債中國則已，苟信任中國而借之以債，則不應過問中國作何用途。假使中國將款投棄於海，亦係自由權。” 1913 年，孫中山在上海與法國巴黎聯合銀行代表談判創辦合資銀行，孫中山提出的條件是：銀行在中國註冊，悉依中國法律；董事局全為華人，西人居顧問局；總辦十年內用西人，十年後用華人。孫中山認為，當時中國國勢不如人，財力不如人，在合資銀行中，華股必須略佔優勝地位。

凡事有利必有弊。孫中山清楚地意識到，引進外資不可能完全無弊，但他權衡輕重，認為利多弊少。他說：“用外資非完全無害也。兩害相權，當取其輕。” 孫中山特別指出，只要措施得當，還可以 “避去其害”。1924 年，他在《北上宣言》中特別表示，要改變外債性質，“使列強不能利用此種外債，以致中國坐困於次殖民地的地位”。

在當時，孫中山積極主張華洋合辦，共同經營實業。他說：“我國因排斥外人，不肯由外人辦一工廠，而出重價以購他國之機器，其不合算亦甚矣。”他設想，由外人入股五千萬，我國自出五十萬，共同修築鐵路。立定期限，屆時由我收贖，使利權不致永落外人之手。他以京張鐵路為例，說明該路係借債修建的，但三年收入即可還本，以後每年收入即為純利。如果不借債，即無此項進款。孫中山甚至主張，以四十年後歸還中國政府為條件，將鐵路批給外國資本加修築。孫中山認為，此法在中國雖為創見，在世界各國則已司空見慣。有人認為，這樣錢就被外國人賺走，中國人就吃虧了。孫中山批判了思想。他說："倘使此路不能修成，千萬年我亦無利可得。今讓他賺四十年以後歸我完全所有，合計尚是便宜。"1914 年，孫中山還設想過，和外人合股開辦百貨公司。初期，完全由外國商家經營，然後，逐漸由國人接替。

除了引進外資，孫中山還主張引進外國人才。他說："我們既採用西法，即不能不借用外國人才。"既要聘用"專門家"、"發明家"，也要聘用"有學問、有經驗"的經營管理人才。孫中山指出，這種聘用是有條件的，"必以教授訓練中國之佐役，俾能將來繼承其乏，為受僱於中國之外人必盡義務之一"。

現代化的生產必須有現代化的管理方法，絕不能沿襲小生產的老一套。孫中山說："我們方法不好，即用外國方法。"有時，他甚至將"方法"提到了和"資金"同樣重要的程度。他說："日本以外資、外法，數十年一躍而為強國。"

在近代中國思想史上，孫中山可以稱作是提出完備的開放思想與政策的第一人。但是，孫中山一生都處在推翻舊政權，建立新政權的奮鬥過程中，歷史不曾給他實施其開放思想與政策的機遇。

孫中山思想中具有現代價值的地方還很多，例如，以"振興中華"為主體的愛國主義思想，以"公僕"論為主體的徹底的民主主義思想等，都是中華民族的寶貴精神財富，給我們以振奮，以啟發，激勵我們為中華民族的美好未來奮鬥。

孫中山的民生主義思想及其當代價值 *

—— 2011 年 9 月 24 日在國家圖書館
"部級領導幹部歷史文化講座" 上的報告

很高興有機會向大家介紹我自己研究孫中山的民生主義思想的一些心得。很長時期以來，人們認為，孫中山民生主義思想是已經過時的思想體系，是唯心論，或二元論，不少地方反映出中國資產階級的軟弱性和妥協性，在中國已經進入社會主義時期以後，用處不大了。實際上，孫中山的民生主義思想有著深刻、豐富的內容。它的不少部分仍然值得人們學習、借鑒、繼承並發揚。

一、孫中山民生主義思想產生的歷史環境

孫中山的民生主義思想是他的三民主義理論體系中最重要的部分，產生於 19 世紀末年到 20 世紀初年，是在國際社會主義思潮和共產主義運動影響下，結合中國的國情，形成並且發展起來的。

孫中山是一個 "農家子"，父親是貧農，他從小就參加勞動，打柴、養豬、放牛。所以孫中山說他自己 "生於畎畝"，是生長在農村，生長在土地上，而且 "生而貧"，家庭很窮困。因此，他很早就知道 "稼穡之艱難"。

1894 年，孫中山在異國他鄉的檀香山創立了革命團體 —— 興中會。在《檀香山興中會章程》中，孫中山提出 "亟拯斯民於水火，切扶大廈之將傾"，要趕快地把中國的老百姓從水深火熱的狀況中解救出來。"大廈" 指的是當時的中國。當時，中國正受到列強的欺負、侵略，處於危難之中。

1895 年，孫中山在《香港興中會宣言》中又提出："上匡國家以臻隆盛，下維民眾以絕苛殘。必使吾中國四百兆生民各得其所，方為滿志。" 意思是說，

---

* 選自國家圖書館編《部級領導幹部歷史文化講座》(2011)，國家圖書館出版社 2012 年版。

他的任務，往上說是要拯救國家（"匡"，拯救），讓國家達到興隆強盛的境界；往下說，是要拯救民眾，杜絕各種殘酷的政治和經濟的壓迫。一定要使得我們中國四百兆（當時是 4 億）老百姓各得其所，每個人都能夠得到他所應該享受到的美好的生活。到了這個時候，我的志向才完滿了。

一個檀香山宣言，一個香港的興中會宣言，表明了孫中山一開始革命的時候，就是雙重目標，既要"救國"，又要"救民"。

對孫中山影響最大的，可以說是 1896 年到 1897 年，他在倫敦居住的 9 個月。英國是世界上古老的資本主義國家。孫中山在 1896 年到達英國倫敦的時候，就趕上了倫敦馬車夫的罷工。在孫中山居留期間，英國曾經發生了許多次工人的罷工運動。這些罷工運動讓孫中山認識到，資本主義雖然空前迅速地發展了生產力，創造了巨大的物質財富，但是並沒有給工人帶來幸福和富裕。在這期間還有一件事情對孫中山的影響很大，就是孫中山的"倫敦蒙難"。"倫敦蒙難"是指，1896 年 10 月孫中山到達倫敦以後，曾經被當時清朝政府駐倫敦公使館綁架到公使館裏面，想把他偷偷地用輪船運回中國殺害。這件事，被他的英國老師康德黎聽到，康德黎四處奔走，向英國社會呼籲，因此清朝政府駐倫敦的公使不得不把孫中山放出來。關於這個過程，孫中山曾經寫過一篇回憶文章叫《倫敦蒙難記》。孫中山後來回憶一生經歷的時候，曾經講過這樣一段話，他說倫敦脫險以後，暫時住在歐洲，考察它的政治和風俗，結交朝廷和社會上的各種人士，兩年之中，所見所聞，有很多心得，才知道國家富強、民權發達如歐洲列強者，並沒有給工人帶來幸福和富裕。當時孫中山認為，英國這些歐洲國家，國家是富強了，民權也很發達，但是並沒有讓老百姓進入一個極樂的世界。他表示，要提出一個一勞永逸的方案，這就是實行民生主義，與民族、民權兩大問題同時解決。這是"三民主義"之所以形成的原因。

倫敦是國際無產階級政黨──共產主義同盟的誕生地，也是《共產黨宣言》最初的出版地。孫中山在倫敦的時候，正是馬克思去世以後的第 15 年，是《資本論》英文版出版後的第 9 年。馬克思經常去攻讀、研究的倫敦博物館，也是孫中山經常去閱覽的地方。9 個月的倫敦生活，對於孫中山民生主義思想的萌芽產生了決定性的影響。

二、孫中山民生主義思想的提出

1903 年 12 月,孫中山給一個朋友寫過一封信,在信中,孫中山尖銳地批判了西方資本主義社會貧富懸殊的現象,預言一定會發生新的革命。孫中山說,歐美這樣的國家"富者富可敵國",就是說有錢的人,他富裕的程度可以和國家相同,而窮人則窮到連自己站腳的立錐之地都沒有。所以孫中山斷定:"他日必有大衝突,以圖實劑於平。"就是說,將來一定會有一個大的衝突,其目的是使社會能夠"實劑於平",達到比較平均的程度。孫中山在信裏還說,社會主義乃"弟"(孫中山自稱)非常想念、每時每刻都不能忘記的一種主義。他說我的主張是"平均地權",這是我們中國現在就可以切實地來做的事情。這封信,在孫中山的言論著作裏面,最早出現"社會主義",最早出現"平均地權"。這是在 1903 年。

同年 8 月,孫中山將他原來在檀香山、香港所創立的興中會的誓詞做了修改,把"驅除韃虜,恢復中華,創立合眾政府",修改成為我們很熟悉的 16 個字:"驅除韃虜,恢復中華,創立民國,平均地權。"由於這一修改,就使得興中會的革命性和思想性遠遠超出於同時期的其他的革命團體。

關於"平均地權"這四個字,很長時期以來人們不大懂。同盟會成立的時候,孫中山找廖仲愷和胡漢民談話,要發展他們當同盟會會員。他們兩個表示說,孫先生您的主張我都贊成,但是我不懂這個"平均地權"是怎麼回事。孫中山就為他們兩個人作解釋,從晚上一直解釋到第二天早晨,兩個人表示說,明白了,我們參加同盟會。武昌起義的時候,武昌起義的革命領導人中有一個人叫孫武。人們以為他是孫中山(孫文)的弟弟,而他也很樂意利用孫中山來擴大他自己的影響,便默認他是孫文的弟弟。孫武在東京成立了一個組織,叫共進會。這個共進會的綱領就把"平均地權"改了一個字,叫"平均人權"。這說明,一方面,孫武不懂"平均地權"是怎麼回事。另一方面,孫武家裏是大地主,很有錢,所以他也可能對"平均地權"有點不滿意。所以他就把"平均地權"改為"平均人權"。

一直到近幾年,也還有一些人,認為"平均地權"就是我們共產黨的平均土地，實際上並不是這回事。孫中山自己講過，兄弟（他的自稱）所最信的辦法是定地價，比方，地主有地價值 1000 元，可以定價為 1000 元，最多定 2000 元。就算那地將來因交通發達，漲價至 1 萬元，地主應得 2000 元，這對地主說來有益無損。那麼還有盈利的 8000 元歸誰呢？應當歸國家，這樣對於國計民生皆有大益。孫中山又講，行了他"平均地權"的辦法，實行"社會革命"以後，文明越進，國家越富，一切財政問題斷不至於難辦，私人永遠不用納稅，僅僅收地租這一項就已經成了地球上最富的國家。

我這樣講大家可能還不太明白，所以我們需要了解"平均地權"的實施辦法。平均地權的實施辦法，實際上包括 20 個字，即："自報地價，照價收稅，值百抽一，照價收買，漲價歸公。""自報地價"的意思是說，你有一塊地，你是這塊地的土地所有者，那麼你要向國家報告你這塊地值多少錢。照價收稅，就是你報多少，我就按照你報的價格向你徵收地價稅。標準是什麼呢？標準大體上叫"值百抽一"。就是說，這塊地值 100 塊錢，那麼你要國家繳納 1 塊錢的地價稅。孫中山很得意，也很驕傲，他覺得他這個辦法很巧妙。把地價報得很高，地主不敢。為什麼呢？你報得越高，國家向你收的稅就越多。地主為了少交稅，他最大一種可能就是有意把地價往少裏報。那好，你往少裏報，那這塊本來值 1000 塊錢，你說只值 10 塊錢，那麼孫中山就說，我還有一個辦法，就是照價收買。你不是報 10 塊錢嘛，那我就用 10 塊錢的代價把你這塊地買下來。所以，孫中山認為他的"自報地價"的辦法，讓地主、土地所有者既不敢多報，也不敢少報，是一個很巧妙的辦法。最後一條叫"漲價歸公"。孫中山認為，這個辦法也很巧妙，地價是會漲的。譬如說，我們今天聽報告的這個地方，百年之前可能這塊地就值 1000 塊錢，但是隨著工業的發達，隨著交通的發達，隨著商業的發達，這個地價會漲的，原來是 1000 塊錢，可能會漲到 1 萬塊錢，漲到 10 萬塊錢，漲到百萬塊錢。地價漲了以後，漲價的這一部分應該歸誰？孫中山認為，在地漲價的過程中，地主、土地所有者並沒有功勞，也並沒有出力。地價的提高，土地的增值，是社會的貢獻，是全社會大家努力的結果。工業發展了，交通發展了，商業發展了，所以地價提高了。提高的那一部分價格，不能夠歸地主本人所有，應該歸全社會所有，為全社會所共用，這個思想叫“漲價歸公”。從“自報地價”到“漲價歸公”，這一套組合起來，就是“平均地權”。

關於“平均地權”，我想我們大家以前可能都比較陌生，但是這些年我們全國各個城市發展起來之後，我想大家都可能會了解這一點。就是說地價提高了，而且提高的幅度很大，那麼這當中就有一個提高的地價應該歸誰的問題。到了這兩年，我想大家可以體會到，孫中山當年就預見到了這個現象，還是很有預見性的。

1905 年 5 月，孫中山曾經訪問當時在比利時的第二國際。第一國際是馬克思創建的，第二國際是恩格斯創建的。孫中山到了設在比利時的第二國際的領導機構，要求第二國際接受、接納他的黨。當時孫中山正在組黨。孫中山表示，他要防止一個階級剝奪另一個階級，就像所有的歐洲國家都曾發生過的那樣。孫中山告訴第二國際的領導人說，中國的社會主義者（孫中山自稱），要採用歐洲的生產方式，就是說，要採用現代的生產方式，但是要避免其種種弊端。這個思想很重要。他說，中世紀的生產方式（指中國傳統的農業和手工業相結合的生產方式），“將直接過渡到社會主義的生產階段，而工人不必經受被資本家剝削的痛苦”。孫中山告訴第二國際的領導人說：“當你們還在為實現你們的計劃而努力的時候，我們已經生活在最純正的集體主義制度之中了。”

孫中山訪問第二國際之後不久，1905 年 11 月，孫中山在日本東京創辦了一個刊物叫《民報》。孫中山在《民報》的發刊詞裏提出了民族、民權、民生三大主義，表明孫中山力圖不走西方老路，要超越歐美，建設一個前所未有的新社會。他說現在好多人“舌敝唇焦”，講了好多話，都希望中國強大，能夠比得上歐美，但是歐美雖然很強大，它的老百姓卻很窮，很困難。你看歐美世界有大同盟罷工，有無政府黨，有社會黨（就是後來的共產黨）。這些罷工，這些黨派，一天天地發展，孫中山由此判斷說，社會革命很快要發生。他說：“吾國縱能媲跡於歐美，猶不能免於第二次之革命，而況追逐於人已然之末跡者之終無成耶。”就是說，我們中國縱然能夠跟歐美一樣（“媲跡”就是跟它一樣），但是將來還會有第二次革命。我們追在人家的屁股後面，最終是不會成功的。他還說：“夫歐美社會之禍，伏之數十年，及今而後發見之，又不能使之遽去。

吾國治民生主義者，發達最先，睹其禍害於未萌，誠可舉政治革命、社會革命畢其功於一役。還視歐美，彼且瞠乎後也。"這就表明，當孫中山開始革命的時候，就看到了歐美國家雖然強大，但是老百姓很困難，將來還會有革命。所以，孫中山要創造一個新的社會，這個新的社會要把歐美社會遠遠地甩在後面。

當時有一些人，譬如說，我們大家都很熟悉的一位年輕的革命家叫鄒容，他在 1903 年寫了一本書，叫《革命軍》，一個很薄的小冊子。魯迅曾經評價過這本書，他說你不要看不起鄒容這本薄薄的小冊子，它在辛亥革命那個時期，曾經再版過 100 多次，發行量超過了 100 萬冊。辛亥革命時期許許多多的宣傳品，誰也比不上《革命軍》這本書的作用。由於這本書，鄒容被當時的清朝政府勾結上海的租界當局，關到了上海的監牢裏。在法庭上面，法官問鄒容，為什麼要寫《革命軍》這本書，號召大家推翻清廷？法官做夢也沒有想到，鄒容回答說，我現在已經覺得《革命軍》這本書沒有太大意思了，我現在要寫一本新書，叫《均平賦》，就是說要提倡平均、均平。這說明在 1903 年的時候，鄒容已經不滿足於反對清朝政府的革命，他要搞均平，就是要在中國搞社會主義。當時不叫社會主義，叫"均平"。

章太炎（又名章炳麟）也是我們大家知道的、鼎鼎大名的革命家。在 1903 年的時候，他當時的偶像是兩個人，一個是法國的拿破崙，一個是美國的華盛頓，他們是資產階級革命歷史上的兩位英雄。當時，章太炎對這兩個人佩服到五體投地。但是 1907 年，章太炎到了日本以後，他發覺日本這個社會罷工也多，而且選舉的時候，各種各樣烏七八糟的現象都有，章太炎很失望。所以，他就寫了一篇文章，在文章中他說，我早年佩服拿破崙，佩服華盛頓，但是現在我恨不得把拿破崙和華盛頓的墳墓打開，我要拿一個鐵錘，去把他們的腦袋砸碎。

我講鄒容和章太炎這兩個人的故事，說明在辛亥革命前夜，有一部分革命者，對西方資本主義的前途失望了。所以當時無政府主義曾經盛行過。這一部分人認為，中國無論如何不應該再走西方的資本主義的道路。俄國的偉大作家托爾斯泰，在俄國特別給中國人寫了一封信。他說你們中國可千萬不要學西方，不要走資本主義道路，你們要保持中國農業社會的美好的文明。孫中山和托爾斯泰這種主張不一樣。孫中山認為，文明進步是自然所致，不能逃避的。你想復古回到中世紀，回到農業文明，是不行的。他說"文明有善果"，有好的果實，"也有惡果"，有壞的果實。我們要做的是"取那善果，避那惡果"。就是把資本主義文明的好的果實拿過來，不要資本主義文明的惡果。孫中山還說："歐美各國，善果被富人享盡，貧民反食惡果，總由少數人把持文明幸福，故造成此不平等世界。我們這回革命，不但要做國民的國家，而且要做社會的國家，這是歐美所不能及的。"

　　孫中山的民生主義通常可以概括為八個字，前面四個字是我剛才講到的"平均地權"，另外四個字就是"節制資本"。這個思想，實際上是革命黨人在和改良派梁啟超辯論中提出來的。梁啟超當時尖銳地批評孫中山，說孫中山你想解決土地問題，你想通過平均地權來建設社會主義，這說明你根本不懂什麼是社會主義。他說，你如果只解決土地問題，不解決資本問題，你那個社會主義是空話，是假的。在改良派駁斥、批評孫中山的過程中，革命黨人與之進行了激烈的辯論。在辯論中革命黨人提出：土地國有，大資本國有，只允許資本主義在一定程度和條件下發展。這一主張後來被孫中山所吸收。所以，到了（20世紀）20年代，孫中山在"平均地權"之外，又提出了"節制資本"的思想。

三、孫中山民生主義思想的發展

　　1912年4月，中華民國建立。孫中山在上海有一個演說，他提出：民生主義的實行有個條件，就是一定要"民權主義實施，而後民生主義才可以進行"。就是說，什麼時候民生主義才有條件在中國實行呢？一定要先解決民權問題，解決人民要有權力的問題。

　　1912年9月，孫中山在山東濟南發表演說，他說現在要想迅速地讓中國發達起來，不得不提倡開放主義。孫中山的開放主義，包括引進外資、外國技術、外國人才、外國的管理方法等方面。它的形式包括創辦合資銀行、合資工廠、企業、商業百貨公司等等。應該說，在中國近代思想史上，孫中山是提倡開放政策的第一個思想家。在他提倡的開放政策裏，下面的一段思想值得我們重視。孫中山強調，中國在向外國借錢、引進外資、引進外國人才的時候，一定要有主權。孫中山說："中國有主權，則無論何國之債皆可借。"不管是哪一個國家借錢給我們，只要中國有主權，我們就可以跟他借錢。孫中山還說了一句很極端的話，什麼叫有主權？即使我們中國人把借來的錢扔到太平洋裏去，那也是我們自己的自由權，外國是不能干涉的。

1915 年 11 月，孫中山又給第二國際寫了一封信，信中說：我向你們大家呼籲，讓中國成為"全世界第一個社會主義國家"。請把你們的精力花在中國身上，請派你們的優秀人才來中國各地服務，助我一臂之力。我需要貴組織成員的說明，以便完成我的宏偉事業。請大家注意這個時間，1915 年，孫中山就要求第二國際派人到中國來，做什麼呢？幫助孫中山讓中國成為世界上第一個社會主義國家。我講到這個地方，大家可能會聯想到俄國的十月革命，俄國的十月革命發生在哪一年呢？是 1917 年，還是在孫中山這封信以後的二年。所以孫中山能夠在 1915 年就想讓中國成為世界上第一個社會主義國家，我想這是一個很了不起的理想。

在給第二國際寫信以後，孫中山制訂了一個計劃，叫《實業計劃》，在《實業計劃》中提出了兩種經濟發展的模式。孫中山認為，中國的實業開發應該是兩個途徑：第一個途徑叫個人企業；第二個途徑叫國家經營，就是國家企業。孫中山說，有的企業老百姓可以辦，凡是老百姓可以辦的企業，要讓老百姓去辦，國家制定法律，加以保護，並且加以獎勵。如果老百姓辦的這種個人企業碰到困難了，國家要給予幫助；碰到障礙了，國家要幫他們清除障礙。孫中山還說，有的實業是大企業，是能夠操縱國計民生的企業，個人辦不了，私人辦不了，那麼這些企業不應該交給個人辦，而應該由國家來辦。

在這個時期，孫中山還提出了一個思想，叫資本主義與社會主義"互相為用"。孫中山說，我的意見是，想讓外國的資本主義來造成中國的社會主義，"調和此人類進化之兩種經濟能力，使之互相為用，以促進將來世界之文明也"。就是說，在孫中山看來，人類社會有兩種推動其向前發展的力量，孫中山把它稱為"經濟能力"。一種是資本主義，一種是社會主義。孫中山認為這兩者都可以推動人類歷史的發展，推動人類社會的前進。所以，孫中山的意見是調和，把社會主義和資本主義這兩種經濟能力調和起來，不是一個打倒一個，也不是一個消滅一個，而是讓他們"互相為用"。就是說，資本主義應該學習社會主義的優點，而社會主義也要學習資本主義的優點，用"互相為用"這個辦法來促進將來世界的文明。

1921 年 12 月，孫中山在桂林發表過一個演說。他說，我們現在應該研究對於將來的資本家如何的限制，我們不需要、也沒有必要很快地就學俄國那樣，將資本家悉數掃除。

從以上論述中，大家可以清楚地看出孫中山的思路：一方面，孫中山批判資本主義，認為西方資本主義兩極分化，貧富懸殊，將來還會有革命。所以，孫中山的思想裏有很嚴厲地批判西方資本主義的一面；但是孫中山並不主張在中國要全面地、徹底地消滅資本主義，他是主張"取那善果"，要把現代資本主義文明的那些好的成果拿過來，要丟掉的、要拋棄的是現代資本主義文明的那些惡果、那些弊端。孫中山也不認為資本主義是垂死的、腐朽的、沒落的。孫中山把資本主義看成是和社會主義一樣的推動人類發展的兩種力量，社會主義和資本主義應該"互相為用"，應該互相學習，互相取長去短。

四、1924 年 8 月的《民生主義演講》

（一）孫中山對列寧"新經濟政策"的認識

1917 年，俄國十月革命成功以後，列寧在俄國實行"戰時共產主義"政策，即把所有的生產資料、工廠收歸國有，沒有商品流通，農民收穫的糧食，自己家吃的可以留下來，多餘的糧食要全部上繳給國家，當時叫"餘糧徵集制"。但是這個政策實行了兩三年，到了 1920 年，實行不下去了，為什麼？農民不滿意，你把他所有多餘的糧食都收走了，農民當然不滿意。工人也不滿意，工人罷工，士兵起義，十月革命以後的俄國出現了嚴重的經濟危機和社會危機。這樣，列寧就把"戰時共產主義"政策廢除了，實行了"新經濟政策"。

"新經濟政策"的主要內容就是：允許資本主義在俄國有適當的發展，允許外國資本主義在俄國存在，廢除了對農民的"餘糧徵集制"。孫中山在他的演講裏說：＂用革命手段解決政治問題，在俄國可算是完全成功。但是說到用革命手斷來解決經濟問題，在俄國還不能說是成功。俄國近日改變一種新經濟政策，還是在實驗之中。＂孫中山肯定地說，列寧的＂新經濟政策＂和他的民生主義＂如出一轍＂，是一個樣子的。有時候乾脆就講，我的民生主義和列寧的＂新經濟政策＂就是一回事情。

多年以來，我們的學術界，對列寧的＂新經濟政策＂評價比較高，說列寧的＂新經濟政策＂，是列寧把馬克思主義和俄國的國情結合起來的一個良好的、偉大的典範，甚至於說是列寧對馬克思主義的一個發展。那麼我想請大家想一個問題，就是列寧的＂新經濟政策＂是什麼時候提出來的？是 1921 年。孫中山提出的《實業計劃》，就是說要允許混合經濟，允許資本主義的發展，允許外國資本主義在中國的發展的思想是什麼時候提出的？是 1916—1918 年這個期間。也就是說，孫中山提出他的這一套政策是在列寧之前。我在一篇文章裏曾經提出：如果我們對於列寧＂新經濟政策＂給了很高的評價的話，那麼我們應該怎麼樣來評價孫中山的民生主義思想呢？

鄧小平同志說過，到底什麼是社會主義？我們很長時期搞不太清楚。他說，現在看來列寧的＂新經濟政策＂比較好。如果說列寧的＂新經濟政策＂比較好的話，那麼我想，孫中山的《實業計劃》，他的《建國方略》，他的社會主義和資本主義＂互相為用＂的思想，是不是也比較好呢？

（二）孫中山＂師馬克思之意而不用其法＂

孫中山還有一個很重要的思想，叫＂師馬克思之意而不用其法＂。＂師＂，是學習。孫中山主張中國革命要學習馬克思的＂意＂，就是精神實質，但是不用其＂法＂，即中國革命不能夠用馬克思的方法。應該說，在辛亥革命時期的革命家裏面，對馬克思最尊重、評價最高的是孫中山。孫中山說，社會主義已經有了上千種了，但是馬克思是社會主義裏面的聖人，馬克思的社會主義是集中了人類幾千年的文明成果，不是烏托邦，是科學社會主義。因此，孫中山對馬克思是高度敬仰的。

孫中山一方面高度敬仰馬克思，但是，他也同時指出，中國革命不能夠用馬克思的方法，他說："中國今是患貧，不是患不均。在不均的社會，當然可以用馬克思的辦法，提倡階級戰爭去打平他，但在中國實業尚未發達的時候，馬克思的階級戰爭，無產專制便用不著。所以我們今日師馬克思之意則可，用馬克思之法則不可。"

孫中山還用俄國革命的情況來說明。他說，俄國最初搞的是"戰時共產主義"，後來為什麼又改變為"新經濟政策"呢？就是由於他們的經濟程度比不上英國、美國那樣發達，所以不能夠實行馬克思的辦法。我們中國的社會經濟程度，連俄國還比不上，我們怎麼能夠實行馬克思的辦法呢？所以孫中山認為，在中國還不是實行馬克思所主張的社會主義革命的問題，還需要允許資本主義的發展。他說："我們的民生主義，目的是打破資本制度。"但是，孫中山同時又說："我們實行民生主義來解決中國的吃飯問題，對資本制度只可以逐漸改良，不能夠馬上推翻。"

（三）孫中山對現代資本主義的考察

孫中山還對 20 世紀初的現代資本主義進行過考察，下面是孫中山對馬克思的一個比較嚴厲的批評。他說："馬克思所說的是資本家要延長工人做工的時間，福特車廠所實行的是縮短工人做工的時間。"原來，在早期資本主義時候，工人做工的時間在 9 小時、10 小時，甚至於 12 小時，但是美國的福特汽車工廠是最早實行 8 小時工作制的工廠之一。孫中山還講："馬克思所說的是資本家要減少工人的工錢，福特車廠所實行的是增加工人的工錢。"馬克思曾經講過，只要工人有一滴血，資本家也要想辦法把這一滴血榨乾。馬克思所批評的是早期資本主義剝削的殘酷性和嚴重性。孫中山表示，福特車廠不是這個樣子，而是要增加工人的工錢。孫中山還說："馬克思所說的是資本家要抬高出品的價格，福特車廠所實行的是減低出品的價格。"西方企業在最早的時候，機器是單個機器，工人是單個操作，福特工廠第一個使用流水線作業，把單個的機器、單個的工人的勞動組織到流水線裏去，所以發生了剛才孫中山所講的那些變化。孫中山說："像這些相反的道理，從前馬克思都不明白，所以他以前的主張便大錯特錯。馬克思研究社會問題，所知道的都是以往的事實。至於後來的事實，他一點都沒有料到。"剛才我講到，一方面孫中山高度尊重馬克思，稱馬克思是社會主義中的聖人，但是，在上一段話裏面，孫中山用了"大錯特錯"這個詞來批評馬克思。孫中山認為，馬克思當時的結論是根據當時的情況做出來的，馬克思去世以後，現代資本主義的發展，馬克思沒有看到，所以從這個意義上來說，現代資本主義和早期的、原始資本主義已經發生了很大的變化。應該承認，孫中山是思想家裏面比較早的研究現代資本主義的特點、它的發展以及它對於社會發展影響的一個思想家。

（四）孫中山的"社會進化四法"

孫中山研究現代資本主義以後，提出了"社會進化四法"。就是說，社會怎麼發展、怎麼進化呢？他認為西方是用這四個辦法。

第一種，社會與工業之改良。社會要改良，工業也要改良，"就是要用政府的力量改良工人的教育，保護工人的衛生，改良工廠和機器，以求極安全和極舒服的工作。能夠這樣改良，工人便有做工的大能力，便極願去做工，生產的效力便是很大。"在"社會與工業之改良"這個思想裏面，實際上孫中山已經指出了，社會改造和技術改造要同時並進。他既看到了生產力要提高，也看到了生產關係要改革，孫中山所沒有看到的，是我們今天強調的科學是第一生產力。這一點孫中山還沒有看到。

第二種，運輸與交通事業收歸公有。孫中山說："運輸迅速，交通靈便，然後各處的原料才能很容易運到工廠內去用。工廠內製造的出品，才能很容易運到市場去賣，便不致多費時間，令原料與出品在中道停滯，受極大的損失。"但是，孫中山認為，私人財力不足，所以主張，運輸和交通應該公營，歸國家所有。電車、火車、輪船、郵政、電政、交通等大事業都由政府辦理。

第三種，直接徵稅。孫中山提倡累進稅率，主張"多徵資本家的所得稅和遺產稅"。孫中山認為，這種稅法可以讓國家的財源大多數由資本家那裏來，資本家的收入比較多，多徵他的稅不算過分。在辛亥革命之前，孫中山主張"平均地權"，收地價稅，認為國家只要收地價稅，國家就富有，不需要收其他稅了，所以當時叫"單稅"，就是只收土地的稅收，發展到（20世紀）20年代，孫中山把他當年只收土地稅這種主張廢除了，主張實行累進稅率，要多收資本家的所得稅、遺產稅。

第四種，分配之社會化。孫中山認為，人類社會發明金錢以後，一切日常的消耗物資均由商人採買，商人低價買進，高價賣出，一轉手便賺許多傭錢。所以孫中山提出不必由商人來分配，可以由社會組織團體來分配，或者是由政府來分配。

以上四種方法有些和社會主義的原則有一致之處，例如社會與工業之改良；有些就是《共產黨宣言》裏的具體要求，例如，主張徵收高額的累進稅，主張廢除繼承權，主張把全部運輸業集中在國家手裏；有些是社會主義可以參酌使用的，例如，分配之社會化。

孫中山認為，以上四種方法推進了歐美社會的發展，資本家和工人互利雙贏：“資本家改良工人的生活，增加工人的生產力。工人有了大生產力，便為資本家多生產。在資本家一面可以多得出產，在工人一面也可以多得工錢。”他說，這些方法，目的都是使大多數人的“利益相調和”，“這種經濟利益相調和的事業發達以後，社會便極有進化，大多數便享幸福”。

（五）孫中山對資本主義與共產主義前途的估計

孫中山是怎樣對資本主義和共產主義前途進行分析的呢？下面我介紹他兩段話。孫中山說：“推到馬克思社會主義的目的，根本上主張要推倒資本家。究竟資本家應該不應該推倒，還要後來詳細研究才能夠清楚。”也就是說，要不要徹底消滅資本家這個階級？孫中山採取懸疑的態度，表示這個問題現在還做不了結論，要將來研究以後才能夠做結論。孫中山說，這種爭鬥要到什麼時候才可以解決呢？必須要回復到一種新共產時代，才可以解決。“所謂人與人爭，究竟是爭什麼呢？就是爭麵包，爭飯碗。到了共產時代，大家都有麵包和飯吃，便不至於爭，便可以免去人與人爭。所以共產主義就是最高理想，來解決社會問題的。”我們過去批評孫中山，認為他的思想只有一個低級階段，沒有高級階段。從這段話來看，孫中山還是有高級階段的，就是所謂“新共產時代”。所以，孫中山說：“我們今天來分別共產主義和民生主義，可以說共產主義是民生的理想，民生主義是共產的實行；所以這兩種主義沒有什麼分別，要分別的還是在方法。"

1924 年，國民黨兩派發生尖銳的鬥爭。對於民生主義大家都擁護，但是有兩種意見。一種認為，民生主義和共產主義不同；一種認為，民生主義和共產主義一樣。孫中山在國民黨中央執行委員會上講了一段話。他說："那些反對共產派的人，根本不懂得我們的主義。" 他強調："民生主義與共產主義沒有任何根本區別，區別僅僅在於實現的方法。" 下面的一段話，我想可能是出乎我們大家的意料之外，孫中山說，"民生主義和共產主義從原則上是一致的，所以我們決定容共"，"容共"，就是容納共產黨參加國民黨。這才有了 1924 年到 1927 年的第一次國共合作。孫中山說："從現在起，如果誰再說我們的民生主義不是共產主義，那就意味著該同志的'民生主義'，與我們的民生主義不同。" 孫中山最後發了脾氣說，如果所有的國民黨黨員都這樣，認為共產主義和民生主義不是一回事情，我就拋開國民黨自己去加入共產黨。這段話是 1924 年 8 月 30 日講的，距離他逝世已經只有幾個月的時間了。

五、孫中山民生主義思想值得重視的論點

（一）民生是社會發展的中心和原動力

孫中山說："民生就是政治的中心，就是經濟的中心和種種歷史活動的中心，就像天空以內的重心一樣。" 孫中山還講："民生問題才可以說是社會發展的原動力。我們能夠明白社會進化的原動力，再來解決社會問題那才很容易。"

關於孫中山的民生是社會的中心，民生是社會發展的原動力這一思想，長時期以來理論界、歷史學界有爭論。有的說是唯心論，有的說是唯物論，有的說是二元論。關於人類社會發展的動力，也有過種種不同的說法，一種說法是階級鬥爭是社會發展的動力，一種說法是生產力和生產關係的矛盾是社會發展的動力，還有一種說法是科學技術是社會發展的動力。孫中山這裏講 "民生問題"，實際上是在講，人們不斷發展的物質和精神的需要，是社會發展的動力。這是一個新的提法，也是一個很重要的提法。在這個問題上，我建議大家來研

究馬克思、恩格斯的一段話。馬克思、恩格斯在《德意志意識形態》中指出：「我們首先應該確立一切人類生存的第一個前提，也就是一切歷史的第一個前提，這個前提就是：人們為了能創造歷史，必須能夠生活，但是為了生活，首先就需要衣、食、住以及其他東西。」可見，馬克思、恩格斯十分重視民生問題，重視人的生活需要，重視衣、食、住這樣一些需要。魯迅也曾講過這麼一段話，他說：「我們目下的當務之急是，一要生存，二要溫飽，三要發展。」所以，在研究了孫中山、馬克思、魯迅的看法以後，我個人認為，孫中山把人民的民生問題，把人民的物質需要和精神需要，不斷增長的發展的物質需要、精神需要，看成是社會問題的中心，看成是社會發展的原動力，是有道理的。近兩年，我們的黨和政府，空前地強調民生問題，是非常正確的。我們講要抓住經濟建設這個中心不放，換一句話就是說，我們要抓住解決民生問題不放。

（二）階級鬥爭是社會的病症

　　孫中山還有一個很重要的思想值得我們研究、討論。孫中山認為：「階級戰爭不是社會進化的原因。階級戰爭是當社會進化的時候所發生的一種病症。」（這裏說的階級戰爭即階級鬥爭）多年以來，我們很多學者，很多革命者都有這個信念，認為階級鬥爭是社會發展的動力，所以我們強調階級鬥爭。那麼，階級鬥爭是不是社會發展的動力？我想可以研究，至少可以說，這個命題概括得不完整。原始社會沒有階級，原始社會怎麼發展？將來的共產主義社會也沒有階級，當然就不會有階級鬥爭，那麼難道共產主義社會不再向前發展了嗎？所以我說這個命題概括得不完整。另外，當這個對抗矛盾，當這個矛盾成為對抗性的，當一種社會力量，它在頑固地維護舊的社會關係，特別是舊的生產關係的時候，當然要用階級鬥爭的辦法去改變舊的社會關係，改革舊的生產關係。在這個時候，在這個條件下，階級鬥爭是推動社會發展的，這沒有問題。但是我們同時也要看到，階級鬥爭對於社會有破壞性。所以過分地強調階級鬥爭是社會發展的動力，過分誇大階級鬥爭的作用，誇大到階級鬥爭要「天天講、月月講、年年講」，是絕對有害的。孫中山說階級鬥爭是一種病症，這個說法說明孫中山只看到了階級鬥爭對社會的破壞性那一面，沒有看到階級鬥爭推動社會

前進發展的另一面。孫中山的看法有片面性，就像我們只肯定階級鬥爭是社會
發展的動力一樣，也是有片面性。我請大家思考一個問題，我們今天是建設和
諧社會，那麼在建設和諧社會的情況下，我們還能夠、還應該大大地提倡階級
鬥爭嗎？所以孫中山講階級鬥爭是社會的病症，這是值得我們思考的一個問題。

（三）調和與互助

孫中山值得重視的第三個觀點是調和與互助。孫中山說："社會之所以有進
化，是由於社會上大多數的經濟（利益）相調和，不是由於社會上大多數的經
濟利益相衝突。"所以孫中山主張調和。"調和"一詞我們多年來認為不是一個
好詞，所以一講這個人搞調和主義，那一定是講他搞妥協，一定是不怎麼樣。
所以，我們多年來強調鬥爭。孫中山說，一個社會要進化、要發展，不是由於
鬥爭，不是由於大家的利益衝突，而是由於大多數人的經濟利益相調和。中國
古代的人，把兩個字作為最高的境界，一個是"中"字。古人說，這個世界上
任何矛盾都有兩個端，一左一右兩個方面，叫"兩端"。在"兩端"之間我們
應該怎麼辦呢？要取其"中"，要選出那個最合適、最恰當的"中"，所以古人
重視"中"。另外還重視一個"和"，就是和諧。古人認為只要能達到"中""和"
這個境界，那就是最美滿的境界，叫"天地位"，就是天和地有了各自合適的地
位，"萬物育"，萬事、萬物都能夠生長、發展，所以叫"致中和，則天地位，
萬物育焉"，追求的就是"中"和"和"。

我們中國還有一句話，用來說明一個宰相很高明，叫"調和鼎鼐"，"鼎"
是鍋，煮飯做菜的鍋。一個高明的廚師，他要放各種各樣的料，甜的、酸的、
鹹的、苦的，所謂五味，五種味道。高明的廚師，最善於把互相衝突，各種甜
的、酸的、苦的料調和起來，做成最美味的菜，叫"調和鼎鼐"。一個宰相把
一個國家治理得很好，就說明他具有像廚師那樣"調和鼎鼐"的能力。所以，
事物的發展，矛盾的發展，不能夠只有鬥爭這一面，還應該有調和的一面，有
和諧的一面。孫中山正是強調了調和的作用。孫中山還說："物種以競爭為原
則，人類則以互助為原則。"意思是動物是講競爭的，但是人類要講互助。孫
中山甚至把話講得很絕對化，完全否定"鬥爭"。他說："鬥爭之性，乃動物性

根之遺傳於人類者，此種獸性當以早除之為妙也。"孫中山認為，鬥爭之性是一種動物性，是一種獸性，我們人類應該把它排除。

這種強調調和、強調互助的思想，也是我們過去批判的，認為這是軟弱性、妥協性。那麼，我也想請大家思考一個問題。"鬥爭"是必要的，完全否定"鬥爭"是錯誤的，但是，我們今天建設和諧社會，是強調鬥爭呢？還是強調互助，強調社會群體之間的利益的調和？至於在什麼時候、什麼條件下強調"鬥爭"，什麼時候、什麼條件下強調"調和"，這要視具體的情況而定。"運用之妙，在乎一心"，這裏，就要求之於辯證法了。

（四）對資本主義，"取其善果，避那惡果"

孫中山第四個值得重視的思想，就是他講的對資本主義要"取其善果，避那惡果"。就是說要善於把資本主義的那些可以肯定的部分拿過來。

（五）資本主義與社會主義同為推動人類進化的兩種"經濟能力"

孫中山第五個值得我們研究、重視的思想是：資本主義與社會主義同為推動人類進化的兩種"經濟能力"，可以互相為用，共同促進人類文明的發展。這個問題前面已經講過了，在此不贅述。

（六）剩餘價值問題

剩餘價值是馬克思主義的一個偉大創造，我們認為馬克思發現了剩餘價值，就是發現了資本主義的一個秘密。孫中山對此有不同的看法，他說："所有工業生產的盈餘價值，不專是工廠內工人勞動的結果，凡是社會上各種有用有能力的份子，無論是直接間接，在生產方面或者是在消費方面，都有多少貢獻。"請大家注意孫中山在這個地方，用的不是"剩餘價值"這個概念，他用的是"盈餘價值"。我想一個原因當然是翻譯的不同，另外更重要的一個原因，我覺得翻譯者，或者說孫中山沒懂什麼叫剩餘價值。孫中山雖然學過馬克思著作，但是我想從這一段看來，他不懂得什麼叫做剩餘價值。剩餘價值是指的勞資關係，指的資本家和僱傭工人之間的關係。馬克思認為就勞資關係而言，一種價值叫"自用價值"。"自用價值"就是工人給資本家幹活，資本家給他工資，這一部分工資是工人用來養活自己，養活家人，維持勞動力所必需的一部分價值，這在經濟學上叫"自用價值"。但是工人勞動創造的價值，超過自己需要的那一部分被誰拿走了呢？是被資本家拿走了，馬克思把這個叫"剩餘價值"。如果把"剩餘價值"稱為"盈餘價值"，就不通了，不符合馬克思的原意了。所以我說，從這個地方可以看出，孫中山不懂得馬克思主義，或者說不是很懂馬克思主義。孫中山這裏討論的，不是勞資關係，不是剩餘價值，他實際上討論的是另外一個問題，就是產品價值，就是工人生產了一個產品，這個產品當然有價值，那麼這個價值是怎麼構成的？孫中山講得對，不僅僅是工人勞動，而是社會上各種有用、有能力的份子都參與了產品價值的創造。可以說，孫中山"盈餘價值"的提法雖然有錯誤，但是有啟發性。就是工廠生產出一個產品來，它的產品價值是工人以及其他有用的份子共同勞動的創造。那麼從這裏就提出一個問題來，怎麼看待資本家？怎麼看待資產階級？我們過去長時期認為，資本家靠的就是剝削工人的剩餘價值，他不勞動，他就不產生價值，所以他剝削的就是工人的剩餘價值。因此，資產階級是貪婪的、自私的、剝削的階級。根據孫中山的思想，他認為社會上各種有用、有能力的份子都參與了價值的創造。那麼我就想請大家思考一個問題，像美國的比爾·蓋茨（Bill Gates），他當然是資本家，全世界的首富，那麼他創造電子計算機算不算勞動？算不算是創造價值？還有些資本家，譬如說像美國的亨利·福特（Henry Ford），他並沒有發明，但是他第一個在工廠裏面創造了流水線，他在管理上、在生產的組織上作出的貢獻，算不算創造價值？這個問題是可以思考的一個問題。

（七）私營和國營並存的混合經濟模式

孫中山第七個值得重視和研究的觀點，就是私營和國營並存的混合經濟模式。孫中山並沒有企圖搞一種單一經濟，全國從上到下，從東到西，都是公有制經濟。曾經有一個美國記者問孫中山說，現在有兩種經濟，一種是國有經濟，一種是私人經濟，孫先生你到底喜歡哪一種？孫中山回答說，我當然喜歡國有經濟，因為國有經濟是為大家共用，為大家服務的。這個美國記者又問孫中山，說你怎麼看待國有經濟各種各樣的毛病呢？孫中山回答說，一個事物剛剛發生，還沒有經驗嘛，時間久了，這些毛病會克服的。所以，從孫中山個人感情上來說，他喜歡的是公有經濟（國有經濟）。但我不知道大家剛才注意了沒有，我在講孫中山的兩種經濟模式的時候，孫中山放在第一位的是個人經濟，是私人經濟，放在第二位的才是國營經濟。孫中山不管在感情上喜歡什麼，但是他提倡的是一種私營和國營並存的混合經濟。

（八）開放政策，利用外國之資本主義來造成中國的社會主義

孫中山主張實行開放政策，利用外國之資本主義來造成中國的社會主義，這個剛才已經講過了。

（九）注重分配問題

我們常常把注意力放在生產上，認為生產是根本。沒有產品或者產品很少，這種社會當然不是一個發達社會。但是僅僅是產品很多，我們的 GDP 水準很高，如果不處理好分配問題，那麼同樣是違反公平和正義原則的。所以，孫中山說："我們要完全解決民生問題，不但是要解決生產的問題，就是分配的問題也是要同時注重的。"孫中山很明確，要解決民生問題，只注重生產不行，不是生產越多，民生就越好，還要解決分配問題。而且孫中山講："分配公平方法，在私人資本主義制度之下是不能實行的。"

六、尾語

孫中山的民生主義思想有許多合理的成分。有些思想我們過去忽視了，因此犯了錯誤，走了彎路。有些思想，在我們的政革、開放過程中已經發揮了積極作用。譬如說開放政策是鄧小平同志大力提倡的，我們今天之所以發展成為世界上第二個大的經濟實體，當然和實行開放政策有很大的關係，是鄧小平同志的偉大貢獻。但是我們不要忘記，在中國最早、最先提出開放政策的是孫中山。

　　孫中山還有一些思想，在我們建設社會主義初級階段與和諧社會的過程中，將有參考、借鑒的重要意義。例如，孫中山認為一個社會要發展，不是由於大多數人的利益相衝突，而是大多數人的利益相調和。所以，在今天，如何使我們這個社會各個階層的利益相調和，就是一個很重要的問題。因此，對於孫中山的民生主義思想遺產，需要一個再認識、再研究的過程。

孫中山的資本主義和社會主義
"互相為用" 思想 *
——答《同舟共進》特約記者龔一

吾之意見，蓋欲使外國之資本主義以造成中國之社會主義，而調和此人類進化之兩種經濟能力，使之互相為用，以促進將來世界之文明也。

—— 孫中山《建國方略》

一、孫中山的判斷符合當今世界的發展現狀

《同舟共進》：此前楊老師提到，要在此次採訪中重點闡述孫中山的 "資本主義和社會主義相互為用" 思想，為什麼？這一思想有哪些重要價值呢？

楊天石：孫中山提出的 "資本主義和社會主義相互為用" 的思想很重要，到目前為止，還沒有人專門討論過這個問題，我此前寫文章闡述過孫中山主張對資本主義要 "取那善果，避那惡果"，談過 "相互為用"，但著墨不多，意猶未盡。

首先，孫中山把資本主義和社會主義看成是兩種 "經濟能力"，即推動人類文明發展的兩種動力。這一思想價值很大，因為它符合當今世界的發展現狀。過去，我們常講，西方資本主義已經進入了腐朽、沒落階段，但直到今天，應該承認，這種狀況還沒有出現。西方國家，尤其是發達國家，其生產力一直在發展，還在推動人類文明的發展。我想，其中一個原因，就在於西方發達國家不同程度地吸收和採納了社會主義思想的若干成分。

社會主義國家呢？原來的老大哥蘇聯解體了，作為社會主義國家的中國現在已成為世界第二大經濟體，還在前進、發展，生機勃勃。這又是為什麼？我

---

* 　原載廣州《同舟共進》，2016 年 10 月號。

認為其中一個重要的因素，是中國吸納了人類文明的優秀成果，實行多種所有制並存，既有國有經濟、集體經濟，又有私營經濟、外資經濟，反觀前蘇聯，實行的是計劃經濟，單一的公有制經濟。所以，同樣是社會主義，中蘇兩國的命運完全不同。在當前中國，社會主義的公有經濟和民營私人經濟、外資經濟都在推動中國社會的發展。

其次，孫中山的這一思想，也符合近期和中期未來世界的發展趨勢。歐美等西方發達國家若要進一步發展的話，未來肯定要繼續吸納社會主義思想和制度中的優良成分；而社會主義中國想要取得更大的發展成就，也肯定要吸收資本主義思想和制度中的合理、優良的成分。我認為，在未來可以預見的一長段時間內，世界發展趨勢應該是這樣的。這個時間段有多長，我說不好，可能幾十年，也可能二三百年，甚至更長。

世界經過近期和中期的發展後會怎樣？孫中山沒有講，但他有一個提法叫"新共產時代"。它是一種什麼樣的社會發展模式？什麼時候進入這一時代？孫中山沒有具體說。我想，它應該和馬克思主義對人類未來的設想相似。可以預料，在未來很長一段時間裏，在"新共產時代"到來之前，未來世界的發展模式必然是：既不是資本主義消滅社會主義，也不是社會主義消滅資本主義，而是一種兩者"互相為用"的發展模式。

這裏有必要特別提到瑞典、挪威和丹麥這些北歐國家，有些研究者將它們的發展模式稱為"民主社會主義"——當然，這些國家仍是資本主義，這一點沒有問題，之所以有這樣的稱謂，其主要的原因在於它們吸收了不少社會主義的優良、合理成分。一次，一位日本學者左派跟我聊天，他說楊先生，儘管日本是資本主義國家，但我們也有不少社會主義成分呢！

馬克思、恩格斯在《共產黨宣言》中提出："無產階級將利用自己的政治統治，一步一步地奪取資產階級的全部資本，把一切生產工具集中在國家，即組織成為統治階級的無產階級手裏，並且盡可能快地增加生產力的總量。"俄國十月革命後，列寧一開始實行的是軍事共產主義，又叫戰時共產主義，在全國範圍內實行生產資料公有制，城市裏沒有商品流通，實行供給制，農村實行餘糧徵集制，整個社會沒有一點資本主義成分，乾淨得很，純粹得很。但是，從

1917 到 1921 年，戰時共產主義搞了三四年，搞不下去了，出現了嚴重的經濟危機，生產力下降，工人起義，農民造反，社會停滯。列寧看到這個狀況，果斷地把戰時共產主義廢除了，改為推行新經濟政策。新經濟政策的核心就是允許外資輸入，允許本國資本主義一定程度的發展，這樣蘇聯才得以度過危機，社會獲得發展。但是到了 1927 年，列寧去世，斯大林上台，新經濟政策被廢除，蘇聯的發展模式日趨僵化，終於導致在 20 世紀 90 年代初解體，應該講這是一個重要的反面教訓。

二、孫中山是具有世界眼光和現代知識的革命家

《同舟共進》：我注意到，與孫中山同時代，很少有人能想到社會主義和資本主義 "相互為用" 這一點，這又是為什麼？

楊天石：相比同時代其他的革命家，孫中山的一個重要不同之處在於 —— 他是一個周遊世界、有廣闊世界眼光的思想家。孫中山成長於美國檀香山，去過英、法、比利時等多個歐美資本主義國家，在日本更是住了很多年，這種周遊列國的經歷，在中國近代革命家中可謂鳳毛麟角。在這一過程中，孫中山得以具備世界眼光和現代社會知識，了解現代社會發展趨勢。

在周遊中，孫中山既看到了資本主義推動科學技術發展，推動人類文明發展的積極一面，也看到了資本主義醜惡、黑暗的一面，比如殘酷剝削工人，貧富兩極分化，社會階級鬥爭激化，工人運動頻繁，社會黨、無政府主義黨方興未艾。這些，都被孫中山一一看在眼裏，引發他的反思。與此同時，孫中山還看到了西方資本主義國家對外的侵略和掠奪，看到了資本主義列強是怎樣欺負殖民地和半殖民地國家的。

由於上述原因，孫中山明確表示，中國不能走西方列強的老路。我這樣講，並非我美化孫中山。他在 1905 年撰寫的《民報》發刊詞，就是中國不能走西方老路的一個宣言。他在這篇文章裏寫道："吾國縱能媲跡於歐美，尤不能免於第二次之革命，而況追逐於人已然之末軌者之終無成耶！" "末軌"，什麼意思？用我們今天的話來說，就是 "末路"。孫中山的這段話，意思是說，即使

我們學西方學到家了（媲跡），但那是人家走過的"末路"，終究不會成功，不會有好結果。

我們以前對孫中山的這句話不夠重視，因為我們一直認為孫中山是一位資產階級革命家。實際上，孫中山心中想的是中國不能跟著西方的腳步走，而應走一條不同於甚至是超越西方的路。用他的原話講，便是："吾國治民生主義者，發達最先，睹其禍害於未萌，誠可舉政治革命、社會革命畢其功於一役，還視歐美，彼且瞠乎後也。"這就是說，中國倘若實行他主張的民生主義的話，那便能在西方資本主義的"禍害"還沒有在中國發生之前，避免這些"禍害"，到那時，西方人必然會瞠目大驚，他們會感慨自己已經掉隊了，落到後面了。應該說，讓政治革命和社會革命同時完成，"畢其功於一役"，這裏有空想的成分，但是，尋找與歐美不同之路，企圖超越歐美，這其中又有非常深刻、非常了不起的地方。

儘管孫中山憎惡資本家、資產階級，不願走西方資本主義道路，但他並沒有全盤否定資本主義。孫中山對資本主義的態度，集中在他那最有名的八個字裏，即"取那善果，避那惡果"。他說："文明進步是自然所致，不能逃避的。文明有善果，也有惡果，須要取那善果，避那惡果。歐美各國，善果被富人享盡，貧民反食惡果，總由少數人把持文明幸福，故造成此不平等世界。我們這回革命，不但要做國民的國家，而且要做社會的國家，這是歐美所不能及的。"這就是說，資本主義生產方式和資本主義文明中優良成分我們要拿過來，壞的成分不能要，這是辯證思維，形而上學頭腦的人是不能理解，也不能接受的。

三、托爾斯泰的路不能走，克魯泡特金的路也不能走

《同舟共進》：在那個時候，中國人面前還擺著哪幾條路？

楊天石：這個問題涉及清末民初在中國最有影響力的幾種社會思潮，或社會模式。其中一種是托爾斯泰主張的農業模式。托爾斯泰曾給辜鴻銘寫過一封信，信裏托氏將中國的農業社會描述得近乎完美，認為儒、釋、道三教也同樣好得不得了。他主張中國不要學西方，而要保持自身的農業文明和農業社會。

應該講，這是一條保守、封閉的路，是一條主張中國永遠保持中世紀狀態的道路。如果中國真的一直沿著這條路走的話，勢必永遠處在落後、貧窮、捱打的狀態。

第二種模式是劉師培等人主張的無政府共產主義。當時，中國的無政府主義者主要是受俄國無政府主義理論家和社會活動家克魯泡特金的影響。人數很少，是近代中國極左思潮的源頭。他們不以追求自由為目的，而以追求完全平等為目的。如何實現這種完全平等？劉師培有一個最有名的學說叫"人類均力說"，又叫"均力主義"，就是說，同樣勞作，有的活很累，有的活卻很輕鬆，苦樂不均。為了追求完全平等，那就得苦樂活兒輪流幹，一段時間幹苦活，另一段時間幹輕鬆活。什麼時候幹苦活，什麼時候幹輕鬆活呢？他主張按照年齡來劃分。他甚至對人的一輩子作了一個設計，20 歲以前幹什麼，20 歲到 25 歲幹什麼，25 歲到 30 歲幹什麼，50 歲以上又幹什麼。據說，這樣就消滅了體力勞動和腦力勞動的差別，人人為工，人人為農，人人為士，"完全平等"了。劉師培的設計在農業、手工業社會裏是可能的，在現代化的工業社會裏是妄想。

綜合比較，我覺得，在晚清時期出現的不同社會模式設計裏，孫中山的選擇：既允許資本主義發展，吸收其優良、合理成分，又避免其"禍害"，是可行的、相對正確的。

孫中山領導辛亥革命，廢除君主專制制度，建立民主共和，這是中國歷史上一次空前的革命，是了不起的偉大功績。但是，應該承認，孫中山在實際的政治生活中確實建樹不多。南京臨時政府成立，不過短短幾個月，到後來成立廣州國民政府，偏安一隅，加之內部矛盾重重，始終未能取得很大成績。但是，我想強調的是，孫中山的思想裏有著諸多光輝和深刻的內涵，直到今天，我們仍能從中獲得啟迪和智慧。

四、"取那善果，避那惡果"

《同舟共進》：孫中山主張"取那善果，避那惡果"，把資本主義看成是一種推動人類文明的經濟能力，他的這種看法應該說是超越了個人情感的吧？

楊天石：列寧說過，帝國主義是資本主義的最後階段，是沒落的、腐朽的資本主義。按照這一思路，資本主義就沒有幾年生命力，可以大搞世界革命，不需幾年時間，人類就會迎來一個沒有資本主義的紅彤彤的世界。從孫中山的著作看，他從未有過類似的估計。

孫中山懂得，一個政黨制定政策，不能單純依靠自己的良好願望，不能只想著把最好的、最完美的東西拿過來，徹底解決一切問題。他在事實上主張，一個黨的政策要建立在國情和社會實際的基礎上，有些東西可能很好，很理想，很美滿，但放在現實國情下卻做不到。例如，孫中山以列寧搞"戰時共產主義"的失敗說明，俄國曾經按照"馬克思的辦法"做，廢除資本主義，但最終的效果並不好。他說，俄國既然如此，中國比俄國還要落後，貿然完全廢除資本主義，自然更加行不通。因此，孫中山只主張"節制資本"，而不主張"消滅資本"。應該講，這是一種基於唯物主義思想的政策設計。

改革開放後的中國，採用多種所有制並存的經濟發展模式，對外開放，實行混合經濟，公私並存，因此取得了今天的巨大成就。

五、孫中山最好稱為"平民知識份子革命家"

《同舟共進》：聽您剛才講的，實際上孫中山思想中包含很多社會主義成分，但我們卻一直稱孫為"資產階級革命家"。

楊天石：在這個問題上，我一直持有不同看法。我認為孫中山最好稱為"平民知識份子革命家"，或"平民革命家"。

在我看來，在近代中國，康有為、梁啟超等維新派才可以稱為資產階級政治家，代表了當時中國資產階級的發展要求。他們主張，企業家是社會的中堅，私人資本是推動社會前進的動力，中國要同西方進行商戰，發展資本主義。梁啟超明確表示，要以保護資本家作為"第一義"，以保護勞動者作為"第二義"。1905年到1907年，革命派和改良派兩派辯論，其區別不僅集中在革命和保皇上，而且涉及代表資產階級還是代表平民大眾等問題上。

當時，孫中山、朱執信和廖仲愷等革命黨人，都主張搞社會革命。梁啟超則說社會革命不能搞，社會革命搞起來，那些窮鬼、乞丐就要起來，到時候就天下大亂了。還有。革命黨人主張普選權，認為選舉應該不受財產和文化限制，梁啟超則明確反對，認為若不設限制，搞普選的話，議會、政府裏將充斥著窮光蛋和大老粗。可以看出，在那個階段，康、梁才是資產階級代言人，而孫中山、廖仲愷和朱執信等則企圖代表更廣大的社會階級和階層。他們代表什麼人？多年以來，我一直稱他們為"平民革命家"，或是"平民知識份子革命家"。

近代中國，特別是戊戌維新以後，廢科舉，興學堂，大批年輕人出洋留學，中國社會出現了一大批新型知識份子。這是此前中國不曾有過的一種社會力量。他們具備現代科學文化知識，是以出賣腦力和知識為生的僱傭勞動者。他們不是資產階級，也不是當權派，在社會身份上屬於"平民階層"，或接近"平民階層"。其中雖有些人附庸於清朝政府，或附庸於資產階級，成為他們的代言人，但是其中也有不少人始終以"平民"的代言人和利益的代表者自居。驅使他們投身革命的動機是救亡，是民主，是將中國從列強瓜分和封建壓迫中解救出來，而不是發展資本主義的要求和資產階級一個階級的利益。自然，他們在設計未來社會的模式時，易於接受社會主義、共產主義以至無政府主義的影響。這一部分知識份子可以稱為"平民知識份子"。孫中山正是這一部分知識份子的傑出代表。因此，我覺得，與其將孫中山定性為"資產階級革命家"，不如定性為"平民知識份子革命家"為妥。

列寧對於俄國三代知識份子做過分析。列寧講，俄國有三代知識份子，第一代是貴族知識份子，列寧稱之為"貴族知識份子革命家"，代表人物是赫爾岑；第二代是平民知識份子革命家，代表人物是車爾尼雪夫斯基、別林斯基、杜勃羅留波夫等；第三代則是共產知識份子，代表人物就是列寧等布爾什維克知識份子。

參考列寧對俄國知識份子的劃分，我將近代中國的新型知識份子大體分為四代。第一代是魏源、馮桂芬、鄭觀應等洋務知識份子，第二代是以康有為、梁啟超和譚嗣同為代表的維新知識份子；第三代是以孫中山、黃興、廖仲愷和朱執信等人為代表的平民知識份子；第四代是以陳獨秀、李大釗和毛澤東等人為代表的共產知識份子。

將孫中山看成是"平民革命家"或說"平民知識份子革命家",可以比較圓滿地解釋孫中山的一些主張。第一,早在 1903 年,孫中山就曾在《與友人書》中寫道,社會主義是他一時一刻都不能忘記的。1905 年,他更直接跑到比利時,要求參加社會黨國際(第二國際),表示中國要吸收西方的生產方式,但同時要避免西方的毛病。

孫中山一生中得到的來自資產階級方面的支援並不多。辛亥革命前,國內的資產階級大部分投身立憲運動和國會請願運動,不贊成他的武裝起義方案。武昌起義後,資產階級一度附和革命,但對孫中山的"激烈"主張不放心,很快選擇了袁世凱。其後,孫中山到處旅行、演講,宣傳"社會革命",但也到處受到反對。他的舊日戰友公開聲明:"近日吾國實業衰落,急當獎勵資本家以開發富源,不當以社會主義過為遏抑",明確地要和孫中山分道揚鑣。1913 年,他發動"二次革命"時,遭到資本家們的普遍反對。1924 年,廣東的商人們更發動"商團叛亂",反對孫中山及其政府。固然,這次叛亂的領導者是買辦資產階級份子,但其參加者大部分還是一般工商業者。假如孫中山是所謂代表資產階級利益的革命家,能一而再、再而三地發生上述情況嗎?

1915 年,孫中山給社會黨國際(第二國際)寫信,希望趕快派人來幫助中國成為世界上第一個社會主義國家。我曾經講過,1915 年十月革命還沒有發生,孫中山就希望中國能成為第一個社會主義國家,這是很了不起的。《民報》時期,孫中山的革命戰友朱執信發表文章大罵資產階級是"掠奪盜賊",後來孫中山本人也大罵資本家"無良心","以壓制平民為本分","對於人民之痛苦,全然不負責任"。將大罵資本家的思想家定為"資產階級"是不是有點冤?

某次討論會上,一位學者表示:"孫中山不是資產階級革命家,難道是無產階級革命家?如果將孫中山定為無產階級革命家,他一定會跳起來反對。"不錯,孫中山不是無產階級革命家,但是,孫中山生前曾表示過要當"工人總統"。將孫中山定為無產階級革命家,他會不會跳起來反對,我看不一定;但將他定為資產階級革命家,我估計他一定會跳起來反對。

六、孫中山民生主義的思想遺產

《同舟共進》：孫中山晚年不止在一個場合表示，他提出的民生主義就是社會主義，他為什麼採用了民生主義而不用社會主義這個說法？

楊天石：在英文裏面，民生主義就是社會主義，是同一個詞的不同譯法。為了讓中國老百姓易於了解，孫中山選用了民生主義這個詞。對普通老百姓而言，民生主義容易理解。一說民生主義，大家都明白，為老百姓的生活著想。困難的是，作為"民生主義"核心的"平均地權"四個字，當時連廖仲愷都不懂。

民生問題是社會主義的核心問題。以今日中國為例，我們說共產黨人領導的中國特色社會主義要解決什麼問題？核心還是要解決民生問題，要發展生產力，不斷滿足人民的物質和文化需要，講究公平、正義，歸根到底是要解決民生問題。

《同舟共進》：您在文章裏曾提到，孫中山有一個提法叫"先民權，後民生"，原話是"必民權主義實施，而後民生主義可以進行"，關於這一點，您能不能多作一些講解？

楊天石：這個思想很重要，為什麼？要搞民生主義，首先要解決民權問題，就是讓人民有權，讓這個國家真正掌握在人民手中。孫中山一輩子，他提倡的一套政策始終在中國沒能行得通，為什麼？原因很多，但最主要的原因就是沒有權力，孫中山終其一身都沒有真正掌控政權。"必民權主義實行，而後民生主義可以進行"，那意思是說，首先掌握政權，而且這個政權還要掌握在人民手中。如果政權不掌握在人民手中的話，而要發展資本主義，那就可能是官僚資本主義，權貴資本主義，或者說是家族資本主義了。

孫中山的民生主義思想有許多合理的成分。有些思想，我們過去忽視了，走了彎路；有些思想，在我們的改革開放過程中已經發揮了積極作用；還有些思想，在我們建設社會主義初級階段與和諧社會的過程中將有重要的參考、借鑒意義。因此，對於孫中山的民生主義思想遺產，需要一個再認識、再研究的過程，這裏不能多說。至於其局限、不足，應另文討論，這裏就不多說了。

孫中山的社會選擇與百年中國的發展道路

—— 在維也納大學"辛亥革命與 20 世紀中國"討論會的報告提綱

一、孫中山時代的主要社會類型：

前資本主義社會（農業社會、農奴社會、封建社會、皇權專制地主小農社會）

中國式的半封建、半資本主義、半殖民地社會

歐美式的資本主義社會

蘇聯式的社會主義

二、孫中山時代的主要社會理想：

資本主義

民主主義

無政府主義（克魯泡特金的無政府共產主義）

社會主義、共產主義

三、維新派的資本主義理想：

提倡"商戰"

資本家為"國民經濟之中堅"

"以獎勵資本家為第一義"

私有制是"現社會一切文明之源泉"

四、孫中山批判歐美資本主義：

孫中山認為歐美社會的主要弊端在於貧富兩極分化，將來會演化成社會大衝突。

1905 年，孫中山在《〈民報〉發刊詞》中表示："歐美強矣，其民實困，觀大同盟罷工與無政府黨、社會黨之日熾，社會革命其將不遠。吾國縱能媲跡於歐美，猶不能免於第二次之革命，而況追逐於人已然之末跡者之終無成耶。"

五、孫中山批判資產階級：

"資本家以機器為資本，壟斷利源，工人勞動所生之產，皆為資本家所坐享。"

"彼恃其財力，不惟足以壓制本國，其魔力並且及於外國。"

"資本家者，以壓抑平民為本分者也，對於人民之痛苦，全然不負責任者也。一言以蔽之，資本家者，無良心者也。"

"資本家亦有推翻之一日。"

六、孫中山批判資產階級政權：

美、法兩國政治，"操之大資本家之手"。

"英美立憲，富人享之，貧者無與焉。"

"近世所謂民權制度，往往為資產階級所專有，適成為壓迫平民之工具。"

七、孫中山嚮往社會主義，要求參加第二國際：

早在 1903 年，孫中山就宣稱："社會主義，乃弟所極思不能須臾忘者。"

1905 年，孫中山向第二國際表示：中國將 "採用歐洲的生產方式，使用機器，但要避免其種種弊端"。吸收西方文明的精華，而 "決不成為它的糟粕的犧牲品"。

1905 年，孫中山要求第二國際接納 "他的黨"，表示將使中國 "中世紀的生產方式將直接過渡到社會主義的生產階段，而工人不必經受被資本家剝削的痛苦"。

八、企圖超越歐美，創造新型社會：

孫中山宣稱："歐美強矣，其民實困，觀大同盟罷工與無政府黨、社會黨之日熾，社會革命其將不遠。吾國縱能媲跡於歐美，猶不能免於第二次之革命，而況追逐於人已然之末軌之終無成耶！夫歐美社會之禍，伏之數十年。乃今而後發現之，又不能使之遽去。吾國治民生主義者，發達最先，誠可舉政治革命、社會革命，畢其功於一役，還視歐美，彼且瞠乎後也。"

孫中山主張，對資本主義："取那善果，避那惡果"。

九、孫中山企圖建設世界上 "第一個社會主義" 國家：

1915 年，孫中山再次致函第二國際，宣稱，"社會主義" 是他 "一生奮鬥的唯一目標和願望"，相信只有 "社會主義"，"我們的人民才能更幸福，他們的痛苦也才能減輕"，"社會主義將治癒中國的疾苦"。

他要求第二國際派人到中國，幫助自己將中國建設成為世界上"第一個社會主義國家"。

十、反對蘇俄的戰時共產主義，欣賞蘇俄的"新經濟政策"：

孫中山稱：當歐戰發生以後，俄國便拿那種主義去實行，現在俄國已經拿那種主義改變了。

孫中山從蘇俄經驗中看出，中國當時還不具備建設社會主義的條件。他說："俄國之所以要改用新經濟政策，就是由於他們的社會經濟程度還比不上英國、美國那樣的發達，還是不夠實行馬克思的辦法。俄國的社會經濟程度尚且比不上英國、美國，中國的社會經濟程度怎麼能夠比得上呢？又怎麼能夠實行馬克思的辦法呢？"

十一、"新經濟政策"和《建國方略》：

孫中山宣稱：俄國政府的現行政策 —— 新經濟政策，其主要點與應在中國實行的我的《建國方略》如出一轍。這個政策在兩國實施的情況迥異，但是它們的政策基本上是相同的。

十二、孫中山反對單一經濟主張混合經濟模式：

孫中山主張，實行開放政策，引進外國資本主義。

保護和獎勵私人資本主義。

發展國有資本。

十三、孫中山主張社會主義、資本主義"互相為用"：

孫中山認為資本主義與社會主義同為推動人類社會進化的兩種"經濟能力"，主張"互相為用"，共同促進人類文明發展。

1917 年，孫中山在《實業計劃》中說："吾之意見，蓋欲使外國之資本主義以造成中國之社會主義，而調和此人類進化之兩種經濟能力，使之互相為用，以促進將來世界之文明也。"

十四、孫中山研究現代資本主義：

孫中山研究現代資本主義，認為馬克思"大錯特錯"。1924 年，孫中山演說："馬克思所說的是資本家要延長工人作工的時間，福特車廠所實行的是縮短工人做工的時間；馬克思所說的是資本家要減少工人的工錢，福特車廠所實行的是增加工人的工錢；馬克思所說的是資本家要抬高出品的價格，福特車廠所實行的是減低出品的價格。像這些相反的道理，從前馬克思都不明白，所以他以前的主張便大錯特錯。馬克思研究社會問題，所知道的都是以往的事實。至於後來的事實，他一點都沒有料到。"

十五、高度崇敬馬克思，稱讚馬克思學說是"科學社會主義"：

"社會主義中的聖人。"

"集幾千年來人類思想的大成。"

"專從事實與歷史方面用功，原原本本把社會問題的經濟變遷，闡發無遺。"

和"烏托邦"不同，是"科學社會主義"。

十六、孫中山主張"師馬克思之意，而不用其法"：

"我們今日師馬克思之意則可，用馬克思之法則不可。"

"我們講到民生主義，雖然是很崇拜馬克思的學問，但是不能用馬克思的辦法來實行。"

"俄國實行馬克思的辦法，革命以後行到今日，對於經濟問題還是要改用新經濟政策。俄國之所以要改用新經濟政策，就是由於他們的經濟程度還比不上英國、美國那樣發達，還是不夠實行馬克思的辦法。俄國的社會經濟程度尚且比不上英國、美國，我們中國的社會經濟程度怎麼能比得上呢？又怎麼能夠實行馬克思的辦法呢？"

孫中山所稱馬克思之"意"，應指消滅貧富兩極分化。

孫中山曾聲稱，民生主義和共產主義是"一樣的"，是"好朋友"，不同的只是方法。1924 年 8 月，他說："民生主義與共產主義沒有任何根本區別，區別僅僅在於實現的方法。"

十七、孫中山的不同"方法"：

1. 主張利益調和，反對階級鬥爭。

2. 允許資本主義在中國的存在和一定程度的發展。

孫中山的上述主張，和馬克思的消滅私有制、推翻資本主義的主張不同，也和列寧的“帝國主義是垂死的、腐朽的資本主義”的主張不同。百年以來的世界史已經證明了孫中山的資本主義與社會主義“相互為用”說的效用。

十八、毛澤東對孫中山思想的肯定：

毛稱“節制資本”是“新民主主義共和國的經濟構成的正確方針”。

十九、辛亥以來中國的經濟發展道路審視：

孫中山聲稱民生主義和共產主義只是“方法”不同。

1. 在階級鬥爭問題上，“和平土改”與“鬥爭土改”（打土豪分田地）。

2. 在對資本主義態度上，節制資本與消滅資本。

二十、鄧小平的改革開放：

1. 在對資本主義的態度上：

引進外資，對外開放；

發展民營企業；

改革國企。

2. 從以階級鬥爭為中心轉變為以經濟建設為中心。

鄧小平等在幾個重大問題上吸收了孫中山思想：

開放政策；

對資本主義態度；

從單一公有制轉變為多種經濟成分並存；

從淡化階級鬥爭以至胡錦濤時期倡建和諧社會。

今日中國經濟發展的成就，既是鄧小平理論的勝利，在某種意義上也是孫中山思想的勝利。

"天下為公"：孫中山的偉大思想遺產 *

——在海峽兩岸"孫逸仙思想與儒家人文精神"學術研討會的發言

孫中山一生留下了許多偉大的思想遺產，"振興中華"是其中之一，"天下為公"也是其中之一。

孫中山一生曾多次題寫過"天下為公"。根據現有資料，第一次是在 1912 年 7 月，為上海《天鐸報》題詞。以後，題寫的次數逐漸增多。其中比較重要的有：1921 年 5 月 1 日為《新青年》勞動號，1923 年 1 月為蔣介石。1993 年 11 月，筆者訪問韓國，發現了孫中山還曾為朝鮮人創辦的《東亞日報》題寫過這幾個字。

孫中山在其著作和演講中，也曾多次引用過"天下為公"。他認為人類進化的最高目標就是實現"天下為公"，變現在的"痛苦世界"為"極樂的天堂"。他相信，近代文明進步的速度一天比一天加快，"以此遞推，太平世當在不遠"（《建國方略》）。

如所周知，"天下為公"是《禮記·禮運》篇中的一句話，它表達了秦漢之際人們的一種社會理想。這個理想社會的主要特徵為：1. 賢能政治（選賢與能）；2. 誠實與和睦的人際關係（講信修睦）；3. 博愛（人不獨親其親，不獨子其子）；4. 安樂（使老有所終，壯有所用，幼有所長，矜寡孤獨廢疾者皆有所養。男有分，女有歸）；5. 財富公有（貨惡其棄於地也，不必藏於己）；6. 奉獻精神（力惡其不出於身也，不必為己）；7. 和平與穩定（是故謀閉而不興，盜竊亂賊而不作，故外戶而不閉）。《禮運》篇把這一理想社會定名為"大同"。

孫中山在設計他的理想社會時顯然受過《禮運》篇的影響，但是，他在利用"天下為公"這一思想資料時，又注進了嶄新的內容。

一、它表達了孫中山的民主主義思想。1924 年，在《民權主義》演講中，

---

* 錄自《楊天石評說近代史·民初政局》，中國發展出版社 2015 年 9 月版。

孫中山說："兩千多年前的孔子、孟子便主張民權。孔子說：'大道之行也，天下為公。'便是主張民權的大同世界。"同年，在廣州農民聯歡會上又說："帝國時代只有一個人做皇帝，到民國時代這四萬萬人都是皇帝，這就叫做以民為主，這就是實行民權。這些事實，中國幾千年來雖然沒有見過，但是老早就有了這種理想。譬如孔子說'天下為公。'又有人說：'天下者，是天下人之天下也。'就是這種道理。"孫中山早期接受過儒家的"民本"思想。早在上李鴻章書中，孫中山就提出："國以民為本。"1912年1月，在《臨時大總統宣言書》中，孫中山又聲稱："國家之本，在於人民。"但是。孫中山的民本思想又和儒家思想有著根本的不同。在儒家思想裏，國家的主人是皇帝，民只是國家的基礎；而在孫中山思想裏，民既是國家的基礎，更是國家的主人。孫中山反對大權獨攬於一人或少數人，多次說明：中華民國是人民之國，主權屬於國民全體，四萬萬人民就是當今的皇帝，國中的百官，上而總統，下而巡差，都是人民的"公僕"；"總統"、"總長"一類人和"趕汽車的車夫"、"看門的巡捕"、"弄飯的廚子"、"診病的醫生"等人的身份並無不同。（《民權主義》）他說："民國如公司，國民如股東，官吏如公司之辦事者，故總統、官吏皆國民之公僕也。"（《在廣東旅桂同鄉會歡迎會的演說》）這樣，歷史就真正顛倒了過來，原來最尊貴、最威嚴的統治者成了低下的僕人，頭上的神聖光環一下子被剝奪精光。《禮運》篇曾經把建築在家族血緣關係上的"正君臣"、"篤父子"的"天下為家"的社會看作是"小康"。孫中山對此斷然持否定態度。他說："民國是和帝國不同的：帝國是由皇帝一個人專制，民國是由全國的人民作主；帝國是家天下，民國是公天下。"（《在廣州商團和警察聯歡會的演說》）孫中山尖銳地批判封建主義政治制度，認為其弊病是"君主總攬大權，把國家和人民做他一個人的私產，供他一個人的快樂，人民受苦他總不理會"（《民權主義》）。同時，孫中山也激烈地批判歐美資本主義政治制度，認為其弊病是大資本家掌握實權，老百姓並無真正的參政機會。因此，他反對學步歐美的後塵，主張建立駕乎歐美之上的"全民政治"（《民權主義》）。所謂"全民政治"，據孫中山解釋，就是"用四萬萬人來做皇帝"（《民權主義》）。孫中山一生的偉大努力之一是想建立一個真正由人民當家作主的政治制度。

二、它表達了孫中山對社會主義的嚮往。孫中山追求一種以"養民"為目的，"人人發財"，人人富裕，家給人足的公平社會。(《黨義戰勝與黨員奮鬥》)1923年，在與犬養毅書中，孫中山說："夫蘇維埃主義者，即孔子之所謂大同也。"接著，孫中山全文引用了《禮運》篇中"大道之行也，天下為公"以下一整段話，說明俄國的"蘇維埃主義"不過如此，用不著害怕。孫中山對俄國的"蘇維埃主義"並不十分了解，把"蘇維埃主義"等同於《禮運》篇中的"大同"社會並不正確。這段話的價值在於它表達了孫中山對社會主義的嚮往。孫中山在歐美做過長期考察，不贊成在中國照歐美模式建立資本主義制度，而主張在中國建立民生主義社會。他說："民生主義和資本主義根本上不同的地方，就是資本主義以賺錢為目的，民生主義以養民為目的。"按照孫中山的解釋，"民生主義"和"社會主義"是同義語。孫中山一生的偉大努力之二是使中國成為世界上的"安樂國"(《在山西同盟會歡迎會的演說》)。

三、它表達了孫中山的國際關係理想。孫中山擁護國際和平，反對國與國之間的戰爭。早在1913年，孫中山就表示："(現在)國與國之間，不能無爭。道德家必願世界大同，永無戰爭之一日。我輩亦須存此心理，感受此學說。將來世界上總有和平之望，總有大同之一日。此吾人無窮之希望，最偉大之思想。"(《在東京留學生歡迎會的演說》)孫中山主張人類互助，國際互助。在《建國方略》中，他說："夫今日立國於世界之上，猶乎人處於社會之中，相資為用，互助以成者也。"自人類進入階級社會以來，人與人，國與國之間就充滿著矛盾和爭鬥，其尖銳化的結果就是戰爭。消滅戰爭，實現人類互助，這是一個美好而偉大的理想。

四、它表達了孫中山的崇高道德理想。孫中山反對損人利己、自私自利，提倡利人，提倡"公共心"。據孫中山分析："重於利己"的人，常常不惜害人，專用自己的聰明才力去奪取別人的利益，從而產生"專制階級"和"政治上之不平等"；而"重於利人"的人，則專用自己的聰明才力去"謀他人的幸福"，雖犧牲自己亦"樂而為之"。孫中山讚美後一種人，他說："夫物質文明之標的，非私人之利益，乃公共之利益。"(《實業計劃》)又說："吾人今日由舊國家變為新國家，當劃除舊思想，發達新思想。新思想者何？即公共心。"因此，他主張"為人民謀幸福"、"為大多數人謀幸福"（《在廣州農民聯歡會的演說》），認為"人人當以服務為目的，而不以奪取為目的"（《民權主義》）。

五、它表達了孫中山一種用人標準。他說："人各有短長，但當繩之以大公，感之以至誠。"（《就陳炯明叛變事件致海外同志書》）可見，孫中山的"天下為公"思想既和《禮運》篇有關係，但又並不相同。孫中山利用了《禮運》篇的傳統思想資料，而又根據時代特點和時代需要賦予了它以新內容。經過孫中山的闡釋和宣傳，"天下為公"這一思想已經大為豐富並且已廣為世界人民所知，成為世界思想寶庫的重要內容之一。近年來，學者們提倡繼承文化遺產時有所謂"批判繼承"或"創造性地加以轉換"的提法，我以為孫中山對"天下為公"這一思想資料的利用就是繼承文化遺產的一個光輝範例。

附記：1994 年 1 月 21 日至 23 日，海峽兩岸的學者聚會杭州西子湖畔，舉行"孫逸仙思想與儒家人文精神"學術研討會，本文是作者在會上的發言。

孫中山的公僕意識 *

戊戌變法前，西方民主思想逐漸傳入中國，到了 20 世紀初年，出現了孫中山的民主思想，它是近代中國民主思想發展的第一個高峰。

一、人民是主人，自總統以下的各級官吏都是 "公僕"

孫中山認為：國家之所以成立，建築於 "國民的合成心力"，凡共和立憲國家，"左右統治權力者，常為多數之國民"。但是，政治之事無法人人都做，只能由少數優秀突出者 "代表民意"，組成政府。於是，就有了總統，有了總長，有了林林總總的各級官吏。

總統、總長、官吏是什麼？孫中山一言以蔽之曰："公僕"。1906 年 12 月，《民報》召開創立週年慶祝大會，孫中山發表演說，明確表示："平等自由原是國民的權利，但官吏卻是國民公僕。"

孫中山從擔任臨時大總統那一天開始，就把自己工作定在 "公僕" 地位。臨時大總統誓詞稱："鞏固中華民國，圖謀民生幸福，此國民之公意，文實遵之，以忠於國，為眾服務。""服務"，這是孫中山引進中國政治界、思想界的又一個新觀念，它正確地說明了 "公僕" 們的各類政治行為所應該具有的根本屬性。

舊時官場，通行大人、老爺一類稱呼。民國建立後，因為一時沒有新的代替說法，臨時政府及地方機關仍然沿用此類稱呼，孫中山得知後，認為這是共和政治的恥辱，於 1912 年 3 月致內務部令稱："官廳為治事之機關，職員乃人民之公僕，本非特殊之階級，何取非分之名稱，查前清官廳，視官等之高下，有大人老爺等名稱，受之者增慚，施之者失體，義無取焉！" 他要求此後官廳

* 原載《炎黃春秋》2002 年第 1 期，《同舟共進》2006 年第 11 期。

人員用職務相稱，民間則以"先生"、"君"相稱。

　　據當時人回憶，1912 年孫中山就任臨時大總統後，有一揚州老人到總統府求見，傳達室不予通報，老人堅持不走，孫中山得知後，立即接見，握手相迎，但老人卻三跪九叩，行起君臣之禮來。孫中山連忙將老人扶起，親切地告訴他："總統在職一天，就是國民的公僕，是為全國人民服務的。"老人問道："總統若是離職後呢？"孫中山回答說："總統離職以後，就和老百姓一樣。"老人告辭時，孫中山又將他送出總統府。老人高興地說："今天我總算見到民主了！"

　　此後，孫中山經常宣傳"公僕"思想。1924 年，他在《民權主義》演講中更將包括國家總統、總長在內全體官吏比作車夫、巡捕、廚子、醫生、木匠、裁縫。他說："講到國家的政治，根本上要人民有權；至於管理政府的人，便要付之於有能的專門家。把那些專門家不要看作是很尊貴的總統總長，只把他們當作是趕（開）汽車的車夫，或者是當作看門的巡捕，或者是弄飯的廚子，或者是診病的醫生，或者是做屋的木匠，或者是做衣的裁縫，無論把他們看作是哪一種工人，都是可以的。人民要有這樣的態度，國家才有辦法，才能夠進步。"

　　"公僕"一詞生動、貼切地闡明了人民和各級官吏之間的關係。人民是主人，而各級官吏只是僕役，是為主人服務的。這就將歷來高高在上，凜然不可侵犯的"大人"、"老爺"們拉到了地下，這是中國歷史的一次前所未有的大顛倒。

二、將政權放在人民掌握之中

　　"民主"，決不是只在口頭上、法律上承認人民的主人翁地位，而是要在事實上讓人民當家作主。孫中山說："今日我們主張民權，是要將政權放在人民掌握之中。"又說："中國自革命以後，成立民權政體，凡事都是應該由人民作主的，所以現在的政治又可以叫做'民主政治'，換句話說，就是人民來做皇帝。"

　　人民怎樣才能"做皇帝"呢？孫中山主張，人民應該擁有"四大民權"，即選舉權、罷免權、創制權、複決權。所謂"選舉權"、"罷免權",指的是人民對於各級官吏,可以公舉,也可以"公罷";所謂"創制權"、"複決權",據孫中山說:"大多數人民對於一種法律,以為很方便的,便可以創制,這便是創制權;以為很不方便的,便可以修改,修改便是複決權。"孫中山認為,只有人民掌握了這四大權力,"民主"才能到位。他說:"人民而有此四大權力也,乃能任用官吏、役使官吏、駕馭官吏、防範官吏,然後始得稱為一國之主而無愧色也。"

辛亥革命前,章太炎就反對代議制,主張廢除議會、議員,代之以"法官"和由法學家充任的"學官"。孫中山對代議制也不十分滿意,認為這只是一種"間接民權",人民還不能直接參與國家管理,因此不能算是純粹的"眾民政治"。他說:"既曰民權國,則宜為四萬萬人民共治之國家。治之以法,即在予人民以完全之政治上權力。"孫中山設想的辦法是:以縣為單位自治,仿照瑞士模式,實行直接民權。在縣以上,則實行代議制,由各縣選舉國民代表一名,參與中央政事,組成國民大會。國民大會對中央政府官員有選舉權和罷免權;對於中央法律,有創制權和複決權。孫中山認為,中國幅員廣大,人口眾多,只有使"直接民權"與"間接民權"相結合,才能比較好地解決中國的民主問題。

三、借鑒西方,超越西方

孫中山長期生活在西方,他深入研究過西方民主的發展歷史,主張既借鑒西方,又超越西方。

中國古代,只有民主思想的某種萌芽,沒有系統的現代民主思想。孫中山承認:"中國人的民權思想都是由歐美傳進來的。所以我們近來實行革命,改良政治,都是仿效歐美。"他說:"我們為什麼要仿效歐美呢?因為看見了歐美近一百年來的文化,雄飛突進,一日千里,種種文明都是比中國進步。"他認為,歐美既有很多學者致力於民權研究,又有一百多年的實踐,積累了豐富的經驗。他主張深入細緻地研究"歐美的民權經驗",明確表示:"那些經驗和學理，根本上都是應該拿來參考的。如果不參考歐美已往的經驗、學理，便要費許多冤枉工夫，或者要再蹈歐美的覆轍。"

　　一種制度，不可能有利無弊。西方民主制度是在歐洲中世紀專制制度中發展起來的。它是歷史的巨大進步。但是，也存在種種缺陷，實行過程中，更會出現種種流弊。20世紀初年，西方民主制度的弊端已有充分暴露，因此，孫中山在設計中國民主憲政的藍圖時，不能不考慮對它如何加以改進。1924年4月，他發表演說稱：我們 "所主張的民權，是和歐美的民權不同。我們拿歐美已往的歷史來做材料，不是要學歐美，步他們的後塵，是用我們的民權主義，把中國改造成一個 '全民政治' 的國家，要駕乎歐美之上"。既承認西方民主制度的先進性，又並不認為一切都好，企圖加以改進和超越，這是孫中山的偉大之處，也是他思想的深刻性所在。

　　孫中山研究過人類權力的發展歷史，認為其途徑是從神權到君權，從君權到民權，這是不可逆轉的歷史趨勢，中國必須順應這一趨勢，而不能反抗它；反抗必然失敗。他說："我們順著潮流做去，將來一定成功，並且可以永遠的成功。" 孫中山一生屢經困頓和挫折，但是，他看準了潮流所向，百折不回，奮鬥不懈。他不僅是偉大的民主主義思想家，而且是現代民主國家的偉大實踐者。他的思想和實踐中的許多部分都值得人們珍惜、總結、借鑒、繼承。

國家統一，孫中山奮鬥的偉大目標 *

統一是國家發展和富強的基礎。孫中山一生為中國的發展和富強而奮鬥，因此，國家統一是他一生奮鬥的偉大目標之一。

孫中山年輕時，帝國主義列強正紛紛攫取中國的權益。為了維護祖國統一，避免"瓜分豆剖"局面的出現，孫中山毅然創立興中會，開始了革命生涯。他大聲疾呼："不思中國一旦為人分裂，則子子孫孫世為奴隸，身家性命且不保乎？"[1]

1912 年 1 月 1 日，孫中山就任南京臨時政府大總統，他發表宣言，提出"民族之統一"、"領土之統一"、"軍政之統一"、"內治之統一"、"財政之統一"五大目標。為了早日結束南北對峙的局面，不久，孫中山又讓位於袁世凱。他天真地認為，從此可以進入"民國統一，永無僭亂"的太平世界，然而，現實很快碾碎了他的美好理想，辛亥革命出現了軍閥割據、相互混戰的局面，他不得不重整旗鼓，再次踏上為中國統一而奮戰的征途。這使孫中山非常沉痛。他說："現在民國的景象，還是在分裂之中，到處都有戰事。"[2] 又說："乃南北已經統一，中間因互爭權利者幾年，互爭黨見者幾年，互爭地盤者又幾年，至於今日時局四分五裂。"[3]

孫中山研究過中國歷史。他認為中國歷史雖然有分有合，但分是暫時的，總趨勢是日漸走向統一。他說："且支那國土統一已數千年，中間雖有離析分崩之勢，然為時不久，合而為一。"[4] 他又認為：中國歷史的興衰、治亂和國家的分合密切相關，"統一之時就是治，不統一之時就是亂的"。他並以美國為例，說明美國的富強，是各邦統一的結果，不是各邦分裂的結果。他反復向國人說

---

* 錄自《楊天石近代史文存·哲人與文士》，中國人民大學出版社 2007 年版，略有增補。
1 《孫中山全集》，中華書局 1981 年版，第 1 卷，第 22 頁。
2 《孫中山全集》第 9 卷，第 59 頁。
3 《孫中山全集》第 9 卷，第 462 頁。
4 《孫中山全集》第 1 卷，第 223 頁。

094

明統一的必要。他說："統一成而後一切興革乃可言，財政、實業、教育諸端始獲次第為理，國民意志方可以自由發舒。"[1]因此，他把統一看成是"最切要事"[2]，是關係中國存亡的大問題。[3]因此，他表示："這個不統一，便是革命沒有成功。"[4]孫中山充分認識到，以中國的土地、人民、物產等條件，一旦統一，將會成為一種巨大的推動力量。他說："若能合為一氣，一致進行，排除障礙，統一中國，將來定可為世界一等強國。"[5]

中國是一個大國，幅員遼闊，人口眾多。孫中山認為，在這樣一個國家裏，要實現國家統一，必須分清中央與地方的許可權，實行中央集權與地方分權相結合的制度。1912 年制訂的中國同盟會總章即提出："完成行政統一，促進地方自治。"[6]他認為，有些權力，必須掌握在中央手裏，例如，外交、海陸軍、郵電事業等；有些權力，則不妨分之於地方。[7]因此，他提倡地方自治。1921 年他對美國記者表示："南北統一之後，吾人當根據於地方自治政府之基，而建設一中央政府。"[8]1921 年 5 月，孫中山就任非常大總統，即發佈宣言稱："集權專制為自滿清以來之秕政。今欲解中央與地方永久之糾紛，惟有使各省人民完成自治，自定省憲法，自選省長。中央分權於各省，各省分權於各縣，庶幾既分離之民國，復以自治主義相結合，以歸於統一。"[9]1922 年，他明確提出："事之非舉國一致不可者，以其權屬於中央；事之應因地制宜者，以其權屬於地方。"[10]國民黨第一次全國代表大會接受孫中山的思想，決定在中央與省之間採取均權制，"凡事務有全國一致之性質者劃歸中央；有因地制宜之性質者，劃歸地方"[11]，"使國家統一與省自治，各遂其發達而不相妨礙"。[12]

孫中山堅決反對分裂國家的種種主張。民國時期，有些人鼓吹在中國實行

1　《孫中山選集》，第 521 頁。
2　《集外集補編》，第 298 頁。
3　《孫中山全集》第 6 卷，第 530 頁。
4　《孫中山全集》第 7 卷，第 720 頁。
5　《孫中山全集》第 4 卷，第 299 頁。
6　《孫中山全集》第 2 卷，第 160 頁。
7　《孫中山全集》第 3 卷，第 323 頁。
8　《孫中山全集》第 5 卷，第 516 頁。
9　《孫中山全集》第 5 卷，第 531 頁。
10　《集外集》，第 33 頁。
11　《孫中山選集》，第 603 頁。
12　《孫中山全集》第 5 卷，第 531 頁。

"聯省"制或"聯邦"制,對此,孫中山持強烈反對態度。他說:"中國原來既是統一的,便不該把各省再來分開。中國眼前一時不能統一,是暫時的亂象,是由於武人的割據,這種割據,我們要剷除他,萬不能再有聯省的謬主張,為武人割據作護符。"[1] 又說:"聯邦制將起離心力的作用,它最終只能導致我國分裂成為許多小的國家,讓無原則的猜忌和敵視來決定他們之間的相互關係。中國是一個統一國家,這一點已牢牢地印在我個人的歷史意識之中,正是這種意識才使我們能作為一個國家而被保存下來,儘管它遇到了許多破壞的力量,而聯邦制在必將削弱這種意識。"[2] 他憤怒地斥責說:"提倡分裂中國的人一定是野心家。"[3]

孫中山認識到,中國的分裂的狀態和列強侵華政策有關。1924 年 9 月 18 日,他在《中國國民黨北伐宣言》中指出:"十三年來之戰禍,直接受自軍閥,間接受自帝國主義。"[4] 11 月,他明確地對日本記者指出:"中國擾亂之原因,即在對華抱有野心之列國,迄今當有事之際,利用一部分武人使然耳。"[5] 因此,他認為,要解決中國的統一問題,必須排除外國力量的干擾。他說:"中國非完全排除此種外力,則國家之統一不能永久。" 1924 年 11 月,他在日本門司發表談話,明確提出,要廢除十三國對華不平等條約。

要實現統一,有和平和武力兩種辦法。在一部分時間內,孫中山主張用武力削平軍閥割據,實現國家統一。孫中山的兩次北伐,都是為著這一目的,但是,孫中山認識到,武力的辦法會給國家與人民帶來巨大的破壞,因此,在很長的時期內一直力主用和平的辦法統一中國。1920 年 7 月,他在《南北和談通電》中聲稱:"吾國內亂,苟能以和平方法改正壞法賣國之事,自不必再事殺人而流血。"[6] 所謂和平的方法一是談判,一是宣傳。1923 年,他在批答沈鴻英時稱:"此後只有對國民宣傳和平統一,而促人民之大覺悟。"[7] 一是"文治感化"。

1 《孫中山選集》,第 746 頁。
2 《孫中山全集》第 6 卷,第 528—529 頁。
3 《孫中山選集》,第 747 頁。
4 《孫中山選集》,第 944 頁。
5 《孫中山全集》第 11 卷,第 361 頁。
6 《孫中山全集》第 5 卷,第 293 頁。
7 《孫中山全集》第 7 卷,第 336 頁。

當時，孫中山正在建設廣東根據地，他說："我們現在是要把廣東一省，切切實實地建設起來。"[1]

1920 年 11 月 7 日，他致電北洋政府當局，建議召開和平會議。[2]

1922 年 6 月 6 日，孫中山發表宣言，表示願與北方停戰言和。同年 8 月，他在上海發表《對外宣言》，提出和平統一計劃，要求全國公民服從國會，根本推倒軍閥，改造中國政治制度。同月，他對日本記者發表談話，表示願與段祺瑞、曹錕、吳佩孚、張作霖等"會商"。[3]27 日，他致函蘇俄代表越飛稱："我把重新統一中國看成是頭等大事。我當時準備，現在也準備同接受我的條件的任何領袖合作。"[4]1923 年 1 月，孫中山向全國發佈《和平統一宣言》："謀國之道，苟非變出非常，萬不獲已，不宜輕假兵戎，重為民困。"[5]1923 年 9 月，香港紳士何東爵士到上海活動，倡議召開南北各方領袖平等聯席會議，討論和平統一問題。孫中山立表贊同。19 日復電，表示將親自出席。20 日復電稱：不論何時何地，自己都願意與其他各派領袖就解決國是問題舉行會議。目前時局統治機關不穩，只有對國民負責之政治家聯合起來，"妥謀協定全國之條件"，才可以挽救中國。否則，國家將"陷於兇頑武夫之野蠻政治下"。[6]1924 年 11 月 4 日，他發佈命令稱："根本之圖，尤在速謀統一，以從事建設，庶幾分崩離析之局得以收拾，長治久安之策得以實施。"[7]11 月 11 日，他在北上宣言中提出，召開國民會議，討論中國的統一與建設問題。[8]1924 年 11 月 19 日，在上海記者招待會上，他劈頭第一句就是："兄弟向來是主張和平統一的人。"[9]他認識到這是中國邁上統一之途的重大時機，也是中國前途的一線生機，因此，孫中山對國民會議寄以深切的希望。他說：國民會議開得成，中國便可以和平統一，大家便可以得和平幸福；國民會議開不成，中國便還要大亂不已。[10]

---

1 《孫中山全集》第 5 卷，第 431 頁。
2 《集外集補編》，第 259 頁。
3 《孫中山全集》第 6 卷，第 534 頁。
4 《集外集補編》，第 300 頁。
5 《孫中山選集》，第 520 頁。
6 《孫中山全集》第 8 卷，第 247 頁；參見桑兵主編《孫中山史事編年》第 9 卷，第 4922 頁。
7 《孫中山全集》第 11 卷，第 278 頁。
8 《孫中山全集》第 11 卷，第 297 頁。
9 《孫中山選集》，第 956 頁。
10 《孫中山全集》第 11 卷，第 389 頁。

孫中山是一個充分尊重人民意志的政治家。他深刻地了解人民的願望。1921 年 4 月，他對蘇俄記者說："中國人民對連續不斷的紛爭和內戰早已厭倦，並深惡痛絕。他們要求停止這些紛爭，使中國成為一個統一、完整的國家。因而，我們正在盡力完成賦予我們的這一艱巨的歷史使命。"[1] 1924 年 3 月，他在廣州發表演說稱："統一中國，想把中國變成很強盛的文明國家，不只南方革命黨有這種思想，就是北方軍隊，學生和一般有覺悟的人民，都有這種思想。這就是全國人民的心理，這就是全國人民現在要做的一件大事。"[2] 他要求全國人民一心一德，特別是報界中人宣傳統一。他說："諸君能提倡公理，分別是非，同赴一的，則統一必可成功。"[3] 他也要求中國的各派政治力量，尊重人民意志。他說："有力者能以主義相結合，而後統一可言；舉事者能以民意為依歸，而後成功可必。"[4] 同時，他也日益重視人民的作用。北上宣言稱："國民之命運，在於國民之自決。本黨若能得國民之援助，則中國之獨立、自由、統一諸目的，必能依於奮鬥而完全達到。"[5] 又說：我們國民要想是和平統一，便應該萬眾一心，全國各團體都派出代表來加入國民會議。

孫中山渴望中國統一，但是，他也無法估量中國何時能完成統一。1924 年 2 月，他在廣州，對清華大學的一個學生表示："世事變化不定，中國也許一兩年內可以統一，也許一兩日內可以統一，誰能知道？當初的革命黨，誰能想到竟輕易地把一個清室推翻了？我們只要認定目的，往前幹去。"[6] 孫中山所不可能想到的是，他的國家統一的宏願至今還沒有完全實現。

1 《孫中山全集》第 5 卷，第 527 頁。
2 《孫中山全集》第 9 卷，第 646 頁。
3 《孫中山全集》第 6 卷，第 530 頁。
4 《孫中山全集》第 5 卷，第 329 頁。
5 《孫中山全集》第 11 卷，298 頁。
6 《孫中山集外集》，第 307 頁。

* 上圖　孫中山（一排右三）與同盟會各同志在日本攝影
　　下圖　孫中山（二排右二）與同盟會成員合影

第二部分
同盟會和革命黨人的
內部矛盾

同盟會的分裂與光復會的重建 *

1905 年，同盟會成立，實現了各派反滿力量的聯合，以孫中山為代表的民族民主革命營壘出現了某種團結、興旺的景象，革命也取得了前所未有的進展。思想上，和改良派的論戰正在勝利進行，軍事上，萍、瀏、醴起義之後，各地革命黨人躍躍欲動，一個武裝起義的高潮正在醞釀。但是，好景不長，1907 年夏，同盟會發生嚴重分裂。此後，愈演愈烈，終於導致光復會的重建。

當革命正需要一個堅強有力的、統一的司令部時，同盟會卻陷於分崩離析的渙散狀態。

對於這種情況，曾經有人主要以地域、宗派觀念來說明問題，以為是廣東派與湖南派、江浙派之爭；又有人以為是同盟會的三民主義和光復會的"一民主義"，即所謂資產階級、小資產階級革命派與地主階級反滿派之爭；這些解釋，都不符合歷史的本來面目。

一、張繼、章太炎、劉師培、陶成章掀起的倒孫風潮

革命進程中總難免有光明與陰暗兩面。辛亥革命之後，當年獻身於革命的先行者熱衷於闡揚功烈，而對於這一進程中的不光彩的方面，大都不願涉及，或語焉不詳。因此，在討論同盟會的分裂與光復會的重建時，清理這一事件的過程是首要的工作。

1907 年初，孫中山與黃興曾因國旗圖式問題發生爭執。孫中山主張沿用興中會的青天白日旗，黃興則認為青天白日旗與日本旗相近，"有日本併華之象"，必須迅速毀棄。[1] 爭論中，黃興堅決毀棄青天白日旗的主張使孫中山很激

* 原載《近代史研究》1979 年第 1 期。獲 1949—1992 年中國大陸孫中山研究論文二等獎；收入《辛亥革命史論文選》，生活‧讀書‧新知三聯書店 1981 年版。文中所引陶成章信札，當時尚未刊行，由王學莊提供，全文由楊天石執筆。
1　李根源：《雪生年錄》第 1 卷。

動，他厲聲說："僕在南洋，託命於是旗者數萬人，欲毀之，先擯僕可也。"[1] 這樣，黃興也因而激動起來，他發誓要退出同盟會。

情感衝動常常驅使人走向歧途。冷靜下來之後，黃興接受了孫中山的方案，他致書胡漢民說："余今為黨與大局，已勉強從先生意耳！"[2]

儘管國旗風波沒有使孫黃關係破裂，但是，卻在孫中山和宋教仁之間投下了陰影。宋教仁本來就認為孫中山"待人作事，近於專制跋扈"，當他得知此事後，就更增加了不滿，從而萌發了"早自為計"的念頭。[3] 3 月 1 日，他向孫中山辭去同盟會庶務幹事一職。同月 23 日，偕白逾桓等離開東京赴奉天運動綠林武裝。

對孫中山的不滿使宋教仁以後一度參加了倒孫的行列，但在當時，還僅限於兩人間；去奉天之後，宋教仁仍然使用中國同盟會孫文、黃興的名義進行活動。[4] 因此，在同盟會的內部矛盾中，國旗圖式問題只是一個小序曲。

對同盟會分裂具有決定意義的事件是孫中山接受日本政府贈款問題。

清朝政府鎮壓了萍、瀏、醴起義之後，感到對革命力量不可忽視，追尋"禍本"，認為出於流亡在日本的孫中山，因此，通過駐日公使楊樞等出面交涉，要求日本政府逮捕並引渡孫中山。[5] 日本西園寺內閣對此採取兩面政策，即一面向清朝政府表示，同意驅逐孫中山出境，一面又力爭不得罪中國革命黨人。日本政府通過內田良平、宮崎寅藏等對孫中山說：清廷要求日本把孫中山抓起來，日本政府考慮不抓，但孫中山必須迅速離日，否則不能保證安全。[6] 同時，日本政府並資助五千元[7]，另一日本股票商人鈴木久五郎也資助一萬元，作為孫中山離日的經費。當時，孫中山因急需一筆款子去中國南方發動，以便趁熱打鐵，適應萍、瀏、醴起義所帶動的革命高漲形勢，便接受了這兩筆資助。

除贈款外，日本政府還通過內田良平出面為孫中山餞行。2 月 25 日，內田

1　《太炎先生自定年譜》。
2　《胡漢民自傳》，《革命文獻》（三），總第 394 頁。
3　《宋教仁日記》，1907 年 2 月 28 日。
4　王以貞：《記有鈍初赴滿洲聯絡馬軍革命事》，全國政協文史資料未刊稿。
5　《時報》，丁未一月二十七日。
6　樊光：《光復會領袖章炳麟、陶成章合傳補充》，上海政協文史資料未刊稿。
7　日本政府資助款數，說法不一，此用劉揆一說，見《黃興傳記》。

良平在赤阪區三河屋設宴，應邀者有孫中山、章太炎、宋教仁、胡漢民、劉師培、汪東、宮崎寅藏、清藤幸七郎、和田三郎等人。[1] 3 月 5 日，孫中山偕胡漢民及日人萱野長知等南下。事後數日，西園寺內閣才通知清朝政府，已經驅逐孫中山出境。清朝政府立即大肆宣揚，炫為外交上的勝利。

對日本政府的態度，孫中山是滿意的。他覺得，"各國政策無論如何文明，其對於與國必重於對民黨，但日本政府兩方面皆存好意，庶幾平等相待"，"殷勤備至"。[2] 他完全沒想到，此事卻在同盟會中激起了巨大的風波。

鈴木久五郎資助一萬元一事章太炎是知道的，孫中山曾從中提取二千元交章太炎作為《民報》經費[3]，章太炎嫌少，認為一萬元應全部留下，但對日本政府資助五千元一事，章太炎等則一無所知。孫中山離日後，這一情況為參加同盟會的日本人平山周、北一輝、和田三郎等探悉，首先和中介人宮崎寅藏等吵了起來。接著，張繼、章太炎、劉師培、譚人鳳、田桐等也得知了這一情況，並傳聞孫中山臨行時的宴會就是一去不復返的保證，云云。[4] 張繼等認為孫中山"受賄"，"被收買"，"有損同盟會的威信"，便鬧了起來，張繼破口大罵，聲言"革命之前，必先革革命黨之命"。[5] 章太炎把掛在《民報》社的孫中山照片撕下來，批上"賣《民報》之孫文應即撤去"等字。他以為孫中山在香港，便把照片和批語寄去，以羞辱孫中山。[6] 可能為此事他還寫過聲討性的檄文。[7] 剛到日本不久的劉師培也同聲附和。[8] 他們一致要求罷免孫中山的同盟會總理職務。

在這一事件中，北一輝起了挑動和擴大矛盾的作用。他原是日本新瀉佐渡地方一個釀酒業主的兒子，因家庭破產而傾向於當時流行的社會主義思潮。1906 年出版《國體論及純正社會主義》一書。同年 11 月加入宮崎寅藏、和田三郎等組成的《革命評論》社。不久，又經宮崎介紹，加入同盟會。他認為孫中山是西歐主義者，因而，憎惡孫中山，接近章太炎、宋教仁等人。在其所著

1　《宮崎滔天年譜》，《宮崎滔天全集》（五），第 687 頁。
2　《致檀香山同志書》，黃季陸編：《總理全集・函札》，1944 年版，第 122—123 頁。
3　胡漢民述：《南洋與中國革命》，見張永福編：《南洋與創立民國》。
4　譚人鳳：《牌詞》，《近代史資料》1956 年第 3 期。
5　北一輝：《支那革命外史》，東京，昭和十五年（1940 年）改訂 6 版，第 48 頁。
6　胡漢民述：《南洋與中國革命》，見張永福編：《南洋與創立民國》。
7　參見劉師培：《上端方書》，《建國月刊》第 12 卷第 4 期。
8　陶成章：《浙案紀略》，《辛亥革命》（三），第 48 頁。

《支那革命外史》一書中，他自述說："當時所發生之內訌，諸友皆以發生於不肖入黨數月之後，因而歸罪於不肖之行動。然而不肖方以彼等各自之色彩逐步趨向鮮明為快，深希彼等各自貫徹其思想之所向，因此敢於置不肖一身之毀譽於不顧也。"[1] 從這段敘述不難看出，北一輝當時並不以同盟會的團結為重，而是強烈期望分歧加大。他又說："以孫君英美化之超國家觀視之，當其被逐時，日本政府贈予之數千金，未嘗不可視為對亡命客所給予之國際憐憫，然以太炎國粹主義之自尊心視之，則深以孫君率留學生離去而不示威為憾，且認為孫君實不應密收金錢，如喪家狗之被逐，太炎之所以逼使孫君辭去總理之理由，亦可使人理解者也。"[2]《支那革命外史》一書寫於 1914 年，雖然事隔已久，但偏袒章太炎等人的感情仍然很強烈。

平心而論，雙方都有其不當之處。

從孫中山一方看，他對西園寺內閣的兩面政策缺乏認識，這是事實。但是，當時中國革命黨人以日本為活動基地，日本政府並未採取明顯的敵視態度，因此，自然不應採取率領留學生"示威"一類輕率的做法。孫中山處理不當的地方是：在接受日本政府贈款問題上沒有和大家商量，並說明有關情況。

從張繼等一方看，他們反對孫中山接受西園寺內閣的贈款可能不無道理，但是，孫中山接受贈款是為了南下起義，他們視此為"受賄"是錯誤的，由此大吵大鬧，提出革孫中山的命，要求撤換其總理職務尤其錯誤。章太炎的做法更是一種人身侮辱，是只圖一時痛快，不顧後果，嚴重傷害同志關係的行為。

屋漏偏逢連夜雨。當東京的倒孫風潮正鬧得沸沸揚揚的時候，又傳來了黃岡、七女湖起義失敗的消息。這是孫中山離日後領導的第一次軍事行動，它的失敗使同盟會的內部矛盾猶如火上加油，反對孫中山的人日益增多。張繼等催逼同盟會庶務幹事劉揆一召集大會，罷免孫中山，改選黃興為總理。劉揆一認為孫中山接受贈款是為了供應黃岡、七女湖起義急需，當時，孫黃二人正在籌劃於廣東發動新的起義，"萬一因總理二字而有誤會，使黨軍前途，頓生阻力，

1　北一輝：《支那革命外史》，第 47 頁。
2　北一輝：《支那革命外史》，第 48 頁。

非獨陷害孫黃二公，實不啻全體黨員之自殺"[1]，因此，力排眾議。張繼於盛怒之下，和劉揆一扭打起來。與此同時，劉師培則進一步要求改組同盟會本部。他自己想當同盟會領導人，並企圖援引北一輝與和田三郎為本部幹事，也遭到劉揆一的拒絕，因此，北一輝也對劉動了武。[2]

一波未平，一波又起。同年 6 月 17 日，為籌備在廣東欽、廉二府同時起義，孫中山派萱野長知赴日購械。在宮崎寅藏協助下，共購得村田式快槍二千支，每支帶彈六百發，計劃運至白龍港起岸，供革命軍使用。村田式在日本已經落後，在中國尚不失為先進武器。但章太炎卻認為不能使用，吵吵嚷嚷地說："這種式子在日本老早不用了，用到中國去不是使同志白白地丟了性命嗎？可見得孫某實在不是道理，我們要破壞它！"[3] 當時，宋教仁已被張繼從奉天叫回東京[4]，他支持章太炎，並聯絡了同盟會本部的一些人，以《民報》社名義用明碼打電報給香港《中國日報》，說是"械劣難用，請停止另購"。[5] 因而，購械計劃擱淺。

在倒孫風潮中，陶成章支持張繼、章太炎等。據當時人回憶說："其時黨人購買槍械靠日本浪人介紹代購"，"章太炎先生與陶公均主寧可少購，購必精良"，"而孫黃二人但求其多而價廉，認為械多可張大聲勢"，"陶於爭論時堅持尤力，因與孫黃失和，我彼時耳聞其事，曾於日比谷昌口醫院訪陶時有'大家不要爭奪領袖'的話，陶聞言即謂：'年輕人不要胡說'，但言詞之中卻嫌孫先生武斷。"[6] 這裏所說的"爭奪領袖"雖被陶成章斥為"胡說"，但證以上引其他史事，當是事實。

倒孫風潮中支持張繼、章太炎等的還有譚人鳳、田桐、白逾桓等，但他們的表現不那樣突出，以後的表現也不盡相同。

欽廉起義由孫中山親自策劃。他聯絡了當地抗捐的民團，聯絡了在清軍中任職的同盟會員趙聲和郭人漳，並派黃興和王和順歸國領導，原以為只要武器

1 劉揆一：《黃興傳記》，《辛亥革命》（四），第 289 頁。
2 陶冶公：《中國同盟會原始黨報〈民報〉的歷史和我在報社服務的一些見聞》，全國政協文史資料未刊稿。
3 胡漢民述：《南洋與中國革命》。
4 李根源：《雪生年錄》第 1 卷。
5 馮自由：《弔章太炎先生》，《制言》第 25 期。
6 許軫民：《從陶成章先生被害說起》，《上海文史資料選輯》，第 4 輯，油印本。

一到，立即可以組成一支"聲勢甚大"的軍隊，然後收兩廣，出長江、匯合南京、武昌的新軍，形成破竹之勢，"革命可收完全之效果也"。[1] 及至王和順攻克防城，武器不到，孫中山自覺失信於起義同志和當地團紳，極為惱火，便由胡漢民出面致函同盟會本部，"力責之"，表示要執行黨中紀律。不久，又派林文回東京，禁制章太炎和宋教仁，令其以後不得再干預軍事問題。[2] 9 月，孫中山致函宮崎寅藏，譴責平山周、北一輝、和田三郎等"不顧公義"、"破壞團體"、"侵入內部，幾致全局為之瓦解"。他將運動日本各方面的任務交給了宮崎一人，表示"不特平山、北、和田數子，不可使之聞知"，連同盟會本部及《民報》社中人，亦不必與之商議。[3] 在同盟會的內部分歧中，北一輝等起了惡劣的作用，孫中山完全應該採取斷然措施。但是，專任宮崎一人，卻危險地表現了拋開同盟會本部和《民報》社的意向。

由於東京同盟會本部的混亂狀態日益嚴重，劉揆一寫信告知黃興，又寫信給馮自由、胡漢民，引用"萬方有罪，罪在一人"的譬語，要求馮、胡勸孫中山向東京同盟會本部引咎謝罪。對此，孫中山復函謂："黨內糾紛，惟事實足以解決，無引咎之理由可言。"[4] 他表示可以辭去總理一職，但必須在同盟會本部及章太炎承認不是之時。[5] 劉揆一要孫中山"引咎"，意在以孫中山的高姿態來平息越來越盛的倒孫風潮，但這是一種息事寧人的糊塗做法，孫中山對此表示拒絕是正確的。但是，他沒有及時採取積極措施來分辨是非，增強團結，而是等待"事實"的解決，要求同盟會本部及章太炎"承認不是"，這就不僅將分歧的種子保留了下來，而且以感情代替了理智。

在孫中山復函劉揆一的同時，黃興也復函稱："革命為黨員生死問題，而非個人名位問題。孫總理德高望重，諸君如求革命得有成功，乞勿誤會而傾心擁護，且免陷興於不義。"[6] 孫中山是當時中國革命民主派的一面旗幟，黃興以其正確態度維護了孫中山的威信，也維護了同盟會的團結。但是，他也沒有做更

1　孫中山：《建國方略》第 8 章，《總理全集·方略》，第 68 頁。
2　《胡漢民自傳》，《革命文獻》第 3 輯，總第 399 頁。
3　《為防城起義望籌劃接濟餉械致宮崎寅藏》，《總理全集·函札》，第 91 頁。
4　劉揆一：《黃興傳記》，《辛亥革命》（三），第 289 頁。
5　《致張繼函》，孫中山佚稿，吳稚暉原藏。
6　劉揆一：《黃興傳記》，《辛亥革命》（三），第 289 頁。

多的工作來消除矛盾。

由於黃興拒絕出任同盟會總理，東京的倒孫風潮暫時平息下來了，但雙方的對立情緒仍然存在。這年 7 月 6 日，光復會會員徐錫麟在安慶發動起義失敗，清吏在審訊時問及行刺是否為孫文指使，徐錫麟答道：「我與孫文宗旨不合，他亦不配使我行刺。」[1] 在同盟會成立後，徐錫麟始終拒絕加入同盟會，他與孫中山「宗旨不合」的情況早已存在，但是，「不配使我行刺」云云，顯然由於倒孫風潮的影響，它反映了光復會領導人對孫中山遠非一般的不滿。

歷史上的政治鬥爭不乏借題發揮的例子，倒孫風潮可以說就是如此。它藉助於幾個具體問題爆發出來，其中隱藏的是深刻的思想分歧。

倒孫風潮的主力是張繼、章太炎、劉師培、陶成章，他們當時都在不同程度上接受了日本社會主義運動中正在流行的無政府主義思潮的影響。

二、無政府主義派別的出現

20 世紀初年，國際社會主義運動中佔優勢地位的是第二國際的右傾機會主義和「左」的無政府主義，日本的情況也是如此。當時，日本已進入帝國主義階段，資本主義社會的固有矛盾充分表現出來，罷工鬥爭高漲，社會主義運動處於活躍階段。1901 年，在片山潛領導下，建立了社會民主黨。1903 年，幸德秋水組織平民社，宣傳「平民主義、社會主義、和平主義」，翻譯出版了《共產黨宣言》。1906 年，社會民主黨以社會黨的名義重新建立。但是，這一時期，日本社會主義運動又還很幼稚。片山潛說：「儘管在我們中間對於馬克思主義進行了熱烈的爭辯和討論，儘管我們翻譯馬克思和恩格斯的一系列經典著作，但是我們仍然處於一團混亂的狀態之中，不善於理解馬克思主義，在我們中間佔統治地位的是馬克思主義跟改良主義和無政府工團主義的稀奇古怪的雜拌。」[2] 1907 年，日本社會黨分裂為軟硬兩派。軟派以片山潛、田添鐵二為代表，在第二國際影響下，主張通過議會道路來實現革命；硬派以幸德秋水、堺

1　《徐錫麟供》，陶成章：《浙案紀略》下卷，《辛亥革命》（三），第 81 頁。
2　片山潛：《論馬克思主義在日本的發展》，《共產國際》7—8 期，1933 年俄文版，第 84 頁。

利彥、山川均、大杉榮為代表，完全否定議會鬥爭，宣揚無政府主義，主張除"直接行動"——總同盟罷工外，別無其他革命的途徑。前者組織社會主義研究會，後者組織金曜（星期五）講演會。

日本社會黨開始分裂後不久，張繼、章太炎等便和硬派發生接觸並接受其影響。

1906 年，張繼根據幸德秋水的日譯本，轉譯了馬拉跌士達（Errico Malatesta）的《無政府主義》一書，成為無政府主義的狂熱信徒。1907 年春，他和章太炎通過北一輝的關係結識幸德秋水，深受影響。在幸德秋水的遺物中，保存有章太炎、張繼一封求教的手札，中云："明日午後一時，往貴宅敬聆雅教，乞先生勿棄。三月二十六日。"[1] 此後，雙方來往日益密切。陶冶公回憶說："（我們）參加了日本原始社會主義者幸德秋水為首組織的座談會"，"經常以旅行玩山遊水為名，到東京郊外一些地方秘密開會。"[2] 不僅如此，幸德秋水等有時還深入中國留學生宿舍，大談特談巴枯寧和克魯泡特金的學說。[3] 這樣，在中國留日學生和革命者中，就逐漸形成了一個傾向無政府主義的派別。對於這一派別，幸德秋水描述說："亡命的革命黨中多數青年，則已不滿足於以往搞的驅逐韃虜，復我中華，創立憲政，創立共和政體等運動，而進一步主張民生主義，即社會主義，其中最進步的人則熱心宣導共產的無政府主義或個人的無政府主義，把幾萬冊雜誌、小冊子陸續秘密輸入其國內。""對於當前的國會、選舉、商業、經濟，都根本不信任，他們對當前的政治組織和社會組織都表示絕望，而另外要謀求人民幸福之途。"[4]

1907 年 4 月，幸德秋水在《平民新聞》上撰文，提倡中國的革命家與日本的革命家攜手，東洋各國的社會黨應當聯合起來。[5] 章太炎首先回應幸德秋水的倡議，開始與印度流亡在東京的革命者籌組亞洲和親會。和親會以"反抗帝國主義，期使亞洲已失主權之民族各得獨立"為宗旨，主張凡亞洲人，無論民

1　石母田正：《續歷史與民族的發現》，東京，1969 年版，第 193 頁。
2　陶冶公：《無政府主義思想對同盟會的影響》，未刊稿。
3　南桂馨：《山西辛亥革命前後的回憶》，《辛亥革命回憶錄》（五），第 147 頁。
4　《病中漫談》，《高知新聞》，明治四十一年（1908 年）1 月 1 日。
5　《幸德傳次郎遺文集》（三），第 121 頁。

族主義、共和主義、社會主義、無政府主義皆可入會。[1] 中國方面參加者有章太炎、張繼、劉師培、何震、蘇曼殊、陳獨秀等數十人，日本方面參加者有幸德秋水、山川均、大杉榮等。和親會約章表現了某些無政府主義的影響，例如它規定"無會長、幹事之職，各會員皆有平均利權"，這正是無政府主義者反對一切"在上之人"的傳統主張。6月，劉師培通過他的妻子何震出面創辦《天義報》，聲稱其宗旨在於"破壞固有之社會，顛覆現今一切之政府，抵抗一切之強權，以實行人類完全之平等"。[2] 同月，正當倒孫風潮大起的時候，張繼和劉師培共同發起組織"社會主義講習會"，其廣告稱："近日以來，社會主義盛於歐美，蔓延於日本，而中國學者則鮮聞其說，雖有志之士知倡民族主義，然僅辨種族之異同，不復計民生之休戚，即使光復之說果見實行。亦恐以暴易暴，不知其非"，因此，他們要研究"社會主義"。[3] 這份廣告實際上是另樹一幟的宣言書，它應是劉師培改組同盟會本部的要求遭到拒絕之後的產物。經過兩個多月的籌備，"社會主義講習會"於8月31日召開成立會。會上，劉師培表明了和孫中山完全不同的政治綱領。他宣稱："吾輩之宗旨，不僅以實行社會主義為止，乃以無政府為目的"，"吾輩之意，惟欲於滿洲政府填（顛）覆後，即行無政府"。據他說，如果"排滿以後另立新政府"，那就"勢必舉歐美、日本之偽文明推行於中國"，其結果必將是"中國人民愈無自由，愈無幸福，較之今日，尤為苦困"。[4] "建立民國"是孫中山為同盟會規定的重要任務，劉師培這裏所指責的"排滿以後另立新政府"，顯然針對孫中山和同盟會而言。它表明，劉師培等決心和孫中山分道揚鑣了。幸德秋水參加了成立會，在演說中，他聲言社會主義運動中有兩派，"平和派屬馬克思，激烈派則屬巴枯寧"；又表示："中日兩國，地域相近"，"兩國國民，均可相互扶助"，"以促無政府主義之實行"。[5]

最初，"社會主義講習會"每星期活動一次，後來改為每月活動兩次。在講習會上發表演說，中國方面有張繼、劉師培、章太炎、陶成章、何震、汪公

1　章太炎：《亞洲和親會約章》，未刊稿，陶冶公原藏。
2　《天義》廣告，《民報》第15號。
3　《天義》第2卷。
4　《社會主義講習會第一次開會記事》，《天義》第6卷。
5　《幸德秋水演說詞》，《新世紀》第25號。

權、景定成、喬義生等；日本方面有幸德秋水、堺利彥、山川均、大杉榮、宮崎民藏等。

章太炎是講習會的積極份子，曾先後作過《國家論》、《人之根性惡》等講演。1907 年 12 月，又曾提議派張繼去青島舉辦講習會。當時，山東同盟會員邀請章太炎等派人去青島辦學，章回信說："鄙意學堂不當驟辦，蓋此事既須經費，講師又不易求，不如專在學會講社會主義為妙。溥泉可至青島一遊，與同人開講社會主義一兩禮拜。"[1] 張繼所講的 "社會主義"，當然是無政府主義。同一時期，章太炎在為張繼所譯《無政府主義》一書的序言中也說："若能循《齊物》之眇義，任夔蚿之各適，一人百族，勢不相侵，井上食李之夫，犬儒裸形之學，曠絕人間，老死自得，無宜強相陵逼，引入區中，庶幾吹萬不同，使其自己，斯蓋馬氏所未逮歟？"[2] 章太炎這裏所說的 "馬氏"，就是意大利老無政府主義者馬拉跌士達。在章太炎看來，無政府主義雖然趕不上莊子的《齊物論》，但它還是實現人類平等，救護貧民的好藥方："然其批搗政家，鋤犁騶儓，振泰風以播塵埃，鼓雷霆以破積堅，墮高堙卑，邱夷淵實，蕩復滿盈之器，大庇無告之民，豈弟首途，必自茲始。雖有大智，孰能異其說耶？諒知大戴蕘花，是時為帝者也。"[3]

章太炎之外，陶成章也是講習會的積極份子。魏蘭《陶煥卿先生行述》記載說："（丁未）冬，在清風亭，偕張繼等演說，提倡社會主義。"[4] 這裏所說的清風亭，正是社會主義講習會集會的常用地點。

社會主義講習會介紹過馬克思主義。他們翻譯過《共產黨宣言》，劉師培還為中譯本寫了個序。他稱馬克思主義關於階級鬥爭的理論為 "不易之說"[5]，"與達爾文發現生物學，其功不殊"[6]。但是，劉師培認為，馬克思主義的革命性又還遠遠不夠。其一，馬克思主義不排斥作為手段之一的議會鬥爭，這在他看來，

1 《致陳幹書》，章太炎佚稿。
2 《民報》第 20 號。
3 《民報》第 20 號。
4 抄件。張篁溪曾將之篡改為《光復會領袖陶成章革命史》。
5 劉師培：《〈共產黨宣言〉中譯本序》，《天義》第 16—19 卷。
6 齊民社同人：《〈社會主義經濟論〉中譯識語》，《天義》第 16—19 卷。

就是導致第二國際 "利用國會政策，陷身卑猥" 的根由。[1] 其二，馬克思主義主張無產階級在推翻了舊制度之後，還必須建立自己的國家，這在他看來，就是使人還要成為國家的奴隸，"均背於平等之旨"。[2]

"社會主義講習會" 推崇蒲魯東、巴枯寧、施蒂納爾、克魯泡特金等無政府主義者的思想，也推崇極端仇視資本主義文明，"否定政治" 的托爾斯泰主義。

在他們看來，巴枯寧堪稱 "近世之英傑"[3]，施蒂納爾的學說 "最為高尚"[4]，克魯泡特金的學說 "最為圓滿"，"悉以科學為根據"[5]。托爾斯泰主義被稱為 "消極無政府主義"，"足箴中國新黨之迷"[6]。他們不要政府，不要國家，不要政治，不要軍隊，不要法律，幻想立即建立一個 "完全平等" 的人類社會。

章太炎的思想和劉師培等略有不同。他認為不能立即廢除一切政府，而必須設新政府以為 "無政府之階"，同時，他又認為不能以 "無政府" 為最高理想，而應該 "高蹈" 盡善盡美的 "太虛"，即除 "無政府" 之外，還要 "無聚落，無人類，無眾生，無世界"。[7] 在章太炎這一時期的思想裏，無政府主義和佛教虛無主義是密切結合著的。

小資產階級不可能正確地理解和接受科學社會主義。20 世紀初年，中國近代工業還很微弱，無產階級還處在幼年階段，"社會主義講習會" 諸人接觸到了馬克思主義，但卻拒絕接受，有其歷史必然性。

如果連馬克思主義都還被認為革命性不夠，那麼，孫中山的革命民主主義綱領就更不在話下。"社會主義講習會" 諸人和孫中山在一系列問題上存在著分歧。

1. 在對帝國主義的態度上。孫中山 "民族主義" 思想的主要矛頭指向對外賣國投降的清朝政府，它包含有反對帝國主義侵略的愛國主義內容。但是，無可否認，孫中山對帝國主義存有某種幻想。他長年奔走世界各地，固然是為了

1　劉師培：《〈共產黨宣言〉中譯本序》，《天義》第 16—19 卷。
2　劉師培：《歐洲社會主義與無政府主義異同考》，《天義》第 6 卷。
3　《巴枯寧學術要旨》，《天義》第 1 卷。
4　自由：《斯撒納爾無政府主義述略》，《天義》第 8—10 卷。
5　劉師培：《苦魯巴特金學術述略》，《天義》第 11—12 卷。
6　《俄杜爾斯托〈致支那人〉節譯識語》，《天義》第 11—12 卷。
7　《五無論》，《民報》第 106 期。

發動華僑，但也是為了爭取帝國主義國家的援助。《民報》六大主義即要求"世界列國贊成中國之革新事業"[1]。對於日本政府，他尤其寄以希望。章太炎等人則強烈地反對帝國主義。他們認為，帝國主義絕不可能贊助中國革命，也反對向帝國主義國家爭取任何形式的援助。對《民報》六大主義中的上述條文，章太炎解釋道："此本含混言之，要之列國政府必不贊成。"[2] 他聲言："藉援強國，冀以自全，在品格則為下劣，在事實則無秋毫之效。"[3] 孫中山接受日本政府贈款一事之所以使章太炎等那樣激動，其原因蓋在此。

應該承認，在對帝國主義本質的認識上，章太炎等優於孫中山，但是，他們不懂得帝國主義國家之間存在著錯綜複雜的矛盾，由於這種矛盾，他們的對華政策（包括對中國革命的態度）並不完全相同，在不喪失原則的條件下，革命黨人並非不可以接受某些帝國主義國家某種形式的"援助"或"支持"。

2. 在對民主立憲的態度上。孫中山指責中國數千年來的君主專制政體，主張通過"政治革命"以建立"民主立憲政體"[4]。《同盟會宣言》規定："由平民革命以建國民政府，凡為國民皆平等以有參政權。大總統由國民公舉。議會以國民公舉之議員構成之，制定中華民國憲法，人人共守。"[5] 這是孫中山民權主義思想最完整的表述。孫中山認為這種政體於中國"最為相宜"。

"社會主義講習會"諸人則不然。他們不僅反對君主立憲，而且也反對民主立憲。章太炎說："政府之可鄙厭，寧獨專制，雖民主立憲猶將撥而去之。藉令死者有知，當操金椎以趨塚墓下，見拿破崙、華盛頓則敲其頭矣！"[6] 在"社會主義講習會"上，他大聲疾呼："無論君主立憲，民主立憲，均一無可採。"[7] 陶成章也說："況且立憲實在是有弊病，無論什麼君主立憲、共和立憲，總不免於少數人的私意，平民依舊吃苦。"[8] 在當時，他們尤為激烈地反對代議制度，章太

1　《民報》第 1 號封裏。
2　《答祐民》，《民報》第 22 號。
3　《答祐民》，《民報》第 22 號。
4　《三民主義與中國前途》，《孫中山選集》（上），人民出版社 1956 年版，第 75 頁。
5　《孫中山選集》（上），第 69 頁。
6　《官制索隱》，《民報》第 14 號。
7　《社會主義講習會第三次開會記》，《天義》第 8—10 卷。
8　《龍華會章程》。該章程自署為甲辰（1904）年作，實係有意倒填，應為 1907 年冬至 1908 年春夏間之作。關於此，筆者另有考證，見本書。

炎指責議院為國家"誘惑愚民而鉗制其口"的工具,把"議士"和政府、官吏一起視為"天下之最下流者"[1]。劉師培則指責議會政策為萬惡之源,認為"凡以議會政策為目的者,無論出何黨派,決無有利平民之一日"。[2]

20世紀初年,歐美、日本等資本主義國家議會選舉制度弊端百出。"社會主義講習會"諸人看到了這一點,但是,他們不了解,資產階級民主比之封建專制制度來,仍然是個大進步。

3. 在土地問題上。孫中山看到了歐美資本主義發展所形成的貧富懸殊現象,因此,在民族主義、民權主義之外,特別提出了民生主義。孫中山民生主義的核心是"平均地權",即由國家核定地價,現有的地價歸原主所有,革命後因社會進步所增加的地價歸國家所有,"為國民所共用"[3],《民報》稱之為"土地國有"。孫中山主觀上企圖以此來防止資本主義發展所產生的弊端,而實際上,它只限制了地主階級對土地價格的壟斷,使土地買賣適合於現代工商業發展的需要,因此,列寧曾稱之為"純粹資本主義的、十足資本主義的土地綱領"。[4]

《民報》時期,孫中山還沒有提出"節制資本"的口號,但《同盟會宣言》中有"敢有壟斷以制國民之生命者,與眾棄之"一語[5],《民報》在和《新民叢報》辯論時,曾特別指出,國民經濟命脈不能"歸一二私人所壟斷"[6],要求將郵政、電線、鐵道、銀行、輪船、煙草、糖酒諸事業收歸國家所有。可見,孫中山等反對的是壟斷資本主義,而不是一切資本主義。

和孫中山的"平均地權"思想不同,章太炎主張"均配土田,使耕者不為佃奴"[7];陶成章主張"把田地改作大家公有財產,也不准富豪們霸佔"[8]。劉師培則主張通過"農人革命"以沒收地主的土地,按口均分,"使人人之田,均有定額"[9]。他尖銳地抨擊同盟會的"土地財產國有之說",指責其為"名曰均財,實

1 《官制索隱》,《民報》第14號。
2 《社會主義與國會政策》,《天義》第15卷。
3 《同盟會宣言》,《孫中山選集》(上),第69頁。
4 《中國的民主主義和民粹主義》,《列寧選集》第2卷,第427頁。
5 《同盟會宣言》,《孫中山選集》(上),第69頁。
6 馮自由:《民生主義與中國政治革命之前途》,《民報》第4號。
7 《五無論》,《民報》第16號。
8 《龍華會章程》。
9 《悲佃篇》,《民報》第15號,參見《怪漢譯〈俄國第二次議會提議之土地本法案及施行法案〉序》,《天義》第16—19卷。

則易為政府所利用。觀於漢武、王莽之所為，則今之欲設政府又以平均地權愚民者，均漢武、王莽之流也"。[1] 從無政府主義的立場出發，劉師培反對任何政權機構來干預土地問題，而主張訴諸農民群眾完全自發的行動。

劉師培等主張把土地分給農民，這自然較孫中山和同盟會為急進，但其目的在於維護小私有制和小農經濟。他們反對在中國發展資本主義和近代工業。劉師培主張"殺盡資本家"，[2] 稱實業為"民生之蠹"。據他說：工業日進，機械日新，那麼，小民的生活也就愈加困難。[3] 章太炎認為，小艇如果可乘，就不必去造輪艦；躬耕如果可以足食，就不必去搞什麼機械。[4] 在"社會主義講習會"上，他甚至公然主張人類倒退回去學猴子，"擬猿可也"。[5]

4. 在革命策略上，孫中山主張發動會黨、新軍以進行武裝起義。1895 年，孫中山即在廣州舉行了武裝反清的最初嘗試。1906 年之後，他又積極籌備在廣東、廣西、雲南等省邊境發動起義。整個辛亥革命準備時期，在以武裝鬥爭推翻清朝政府這一點上，孫中山始終堅定如一。

劉師培等反對孫中山的武裝起義路線。1907 年，張繼譯出了德國無政府主義者羅列的《總同盟罷工》。該書提倡"非軍備主義"，主張以"直接行動"——全社會的總同盟罷工作為"工人階級反抗掠奪者的不二法門"。[6] 劉師培、章太炎均曾為之作序。劉序認為，如果羅列的策略能夠在中國推行起來，就會出現"握政之人，喪其所依"的局面，革命就大功告成了。他批評孫中山發動會黨以進行武裝起義的策略為"罔恤民勞"[7]。章序的觀點與劉序大體相近。他天真地設想：只要全體勞動者發動起來，"一市之間，閉門七日"，那麼，不僅統治者的"饋餉役使"無人供給，而且連軍隊也將無法發揮作用，"雖有利器，且縮不前"了。[8] 這一時期，在東京的一些集會上，章太炎、劉師培、張繼三人曾密切配合，多次宣揚過總同盟罷工。例如 1907 年 11 月，留日中國學生因收

1　《西漢社會主義學發達考》，《天義》第 5 卷。
2　畏公（劉師培）：《女子勞動問題》，《天義》第 5 卷。
3　《異哉中國婦人會》，《天義》第 2 卷，參見志達：《政府獎勵實業》，《天義》第 5 卷。
4　《〈無政府主義〉序》，《民報》第 20 號。
5　《朱希祖日記》，1908 年 3 月 20 日，稿本。
6　《總同盟罷工》，見《工人寶鑒》。
7　《天義》第 8—10 合卷。
8　《太炎文錄》初編，《別錄》卷二。

回蘇杭甬路權事在東京集會，即首由章太炎建議運動省城罷市、罷工，次由劉師培聲稱"惟罷市、罷工尚為有益"，末由張繼"申明無政府主義罷工之說"。[1]

在"社會主義講習會"諸人中，陶成章這一時期是主張武裝起義的，但和孫中山在南方邊境發動不同，他主張在浙江、江蘇、安徽、福建、江西一帶發動。為此，他於 1908 年春夏間積極組織五省革命協會。

雙方在思想觀點和鬥爭策略方面的分歧大體如上，它們是導致同盟會分裂的真正原因。關於此，日人竹內善朔說："到了明治四十年（1907 年），張繼、劉光漢[2]（當時都在二十四五歲左右）等優秀青年才受到社會思想的刺激，因而改變了過去指望通過'大陸浪人'取得日本朝野較著聲望的政治家們對中國革命提供援助的那種想法，轉而希望自己去掌握科學的、哲學的、條理清楚的革命原理，用以喚起人民大眾的覺醒。據我看來，他們正是為了實現這個目的才開始面向社會主義，換言之，不依靠外力而要自力更生的這種願望促使他們開始了社會主義的研究，而恰恰在這一點上，恐怕正是孫文和章炳麟及其他青年革命黨員之間發生裂痕的原因所在。北一輝寫的《支那革命外史》一書中也曾提到，這大概是明治四十年孫逸仙從日本政府（？）某機關得到五千日元（當時我們聽說是由犬養毅一派人從中斡旋的）後離開日本的原因。《民報》社的人們都指責這件事，說孫文被收買了；其實，我們當時都有這樣一種感覺：孫文看來，對於當時留日青年中的這種思想變化情況，繼續在日本待下去也無能為力了。因此可以說，當時的社會主義思想研究在一部分中國同志之間構成了發生內訌的原因。如果這種看法是對的話，這和日本社會主義者之間的派別問題如出一轍。可以說，思想的成長引起了他們之間的分裂，而且其中又攙雜了感情活動。"[3] 竹內善朔是幸德派的金曜講演會成員，同盟會分裂的目擊者，他的這段回憶為我們提供了理解這一段歷史的第一手資料。

不難看出，"社會主義講習會"諸人的觀點中除謬誤的成分外，也有若干合理的成分，但是，極端狂熱的無政府主義把它們扭曲了。

---

1 《黨人拒款之運動》，《神州日報》，1907 年 11 月 24 日；參見《留學界拒款之運動》，《神州日報》，1907 年 12 月 4 日。

2 劉光漢，即劉師培。

3 《明治末期中日革命運動的交流》，日本評論社《中國研究》（五），1948 年 9 月。

　　無政府主義是一種小資產階級思潮，這一階級經常在"左"和右兩極滾動。列寧指出道：小資產者，在資本主義條件下，由於"經常受到壓迫，生活往往陡然下降，所以容易激發一種極端的革命狂熱，而缺乏堅韌性、組織性、紀律性和堅定精神"。"這種革命狂熱動搖不定，華而不實"，"很快就轉為俯首聽命，消沉頹喪"。[1]"社會主義講習會"諸人生長於半殖民地、半封建的中國，親身感受到了帝國主義的壓迫，親眼看見了或聽到了日本、西歐資本主義發展所造成的各種罪惡，因此，對中國資產階級民主主義革命的前途絕望。劉師培等認為，與其在中國發展資本主義，還不如保持封建主義。劉師培聲稱："若於政府尚存之日，則維新不如守舊，立憲不如專制"，"代議之制度，較之官吏之專制，其害尤深。"[2]章太炎也表示，如果沒有均配土田、官立工廠、限制財產相續、解散議員等四條作為保證，那麼，"勿論君民立憲，皆不如專制之為愈"。[3]他說："盛唐專制之政，非不可以致理"[4]，"今之專制，直刑罰不中為害，佗猶少病"。[5]這就從"左"邊滑到右邊去了。

　　1907 年冬，由於悲觀失望，章太炎想到印度去做和尚。他先是通過清朝政府駐長崎領事卜綏昌向張之洞謀求路費，未成，又連續給短期歸國的劉師培夫婦寫過五封信，要他們和端方等聯繫。[6]他沒有想到，劉師培夫婦這時已決計叛變革命。到上海後，劉師培立即寫信向端方自首。次年 1 月，張繼因參加幸德派的第二十次金曜講演會，被日本警察追捕，輾轉逃往法國。[7]這樣，"社會主義講習會"就失去了一員幹將。其後。劉師培夫婦回到東京，改出《衡報》，託名在澳門出版，繼續高唱無政府主義，暗中則為清朝政府作偵探。4 月，章太炎與劉師培、何震、汪公權之間因事吵翻，章太炎從劉、何的住處搬回《民報》社。6 月，發表《排滿平議》，明確表示和無政府主義決裂，宣稱"無政府主義者，與中國情狀不相應，是亦無當者也"[8]。這樣，"社會主義講習會"又失去了

1　《共產主義運動中的"左派"幼稚病》，《列寧全集》第 31 卷，第 14 頁。
2　《論新政為病民之根》，《天義》第 8—10 卷。
3　《五無論》，《民報》第 16 號。
4　《政聞社員大會破壞狀》，《民報》第 17 號。
5　《與馬良書》，《民報》第 19 號。
6　《黨人》，《新世紀》第 1117 號。
7　《金曜講演的大迫害》，《熊本評論》，明治四十一年（1908）2 月 5 日。
8　《民報》第 21 號。

一員幹將。此後，劉師培夫婦逐漸受到東京中國革命黨人的冷落。在此期間，劉師培、陶成章之間也發生不和。這年 11 月，劉氏夫婦回到上海。為了製造混亂，挑撥關係，將章太炎要他們和端方等聯繫的五封信影印寄給了黃興等人。黃興當時"一笑置之"[1]，但以後卻從這五封信引發出了一場軒然大波。

同盟會的內部矛盾本來就相當複雜，由於出現了劉師培一流內奸，它就更加複雜化了。

三、第二次倒孫風潮

同盟會中無政府主義派別的出現反映出革命派內部政治、思想上的深刻矛盾。但是，除個別人與之稍有辯駁外，並沒有形成一場是非明辨的論戰。

從孫中山一面看，他對無政府主義的破壞性認識不足。曾經有人提醒他：無政府主義"其性質與同盟會之民生主義迥殊"，但孫中山卻回答說："無政府論之理想至為高超純潔，有類於烏托邦，但可望而不可即，頗似世上說部所談之神仙世界。吾人對於神仙，既不贊成，亦不反對，故即以神仙視之可矣。"[2]

從"社會主義講習會"一面看，由於張繼出走，章太炎、陶成章和劉師培之間不睦，這個派別也已處於渙散狀態，無法繼續活動，更無力從思想上、理論上對同盟會進行新的攻擊。除劉師培外，無政府主義的旗號也逐漸收了起來。

自 1908 年下半年起，同盟會內部矛盾的焦點轉為經費問題。

章太炎等人在東京掀起的風潮嚴重地傷害孫中山的感情，自此，他將全部心血和熱情都澆注到了南洋方面。1907 年 8 月，孫中山積極支持同盟會新加坡分會創辦《中興日報》，使之成為宣傳革命和與改良派論戰的新陣地。他不僅親自為該報撰稿，過問編輯、財務、招股等事，而且多次表示，《中興報》的文章議論"頗愜人心"[3]，"於大局甚為有關"[4]，維持《中興報》乃"吾黨在南洋之極

1　曼華：《同盟會時代〈民報〉始末記》，《辛亥革命》（二），第 447 頁。
2　馮自由：《同盟會四大綱領及三民主義溯源》，《革命逸史》第 3 集。
3　《到暹羅前後致鄧澤如等函》，《國父全書》，台北版，第 412 頁。
4　《赴歐洲前致鄧澤如等各函》，《總理全集·函札》，第 50 頁。

急務"[1]，要求南洋各地同志積極支持。

在此同時，孫中山又積極整頓南洋各地同盟會，並醞釀將它改組為中華革命黨。[2]1908 年秋，他在新加坡建立同盟會南洋支部，訂立分會總章十六條及通信辦法三條，委胡漢民為支部長，統一領導南洋各地同盟會分會，以期互相聯絡，"協力相扶，同心共濟"[3]。通訊辦法規定：各團體間至少每兩個月互相通訊一次，住址有移換時，須即時通知南洋支部，如有新團體成立，即由南洋支部發信通知。這樣，南洋支部實際上形成為一個與東京總部並峙的中心。

和南洋相反，東京同盟會總部愈來愈渙散，《民報》的問題也愈來愈多。

《民報》在歸章太炎編輯後，逐漸傾向於談國粹，說佛理。孫中山、胡漢民離日後，原主要撰稿人朱執信、汪精衛等也陸續離日，《民報》談佛理的文章逐漸增多。1908 年 2 月印行的第 1 號居然以首要篇幅刊登《大乘佛教緣起說》。有讀者批評其為不作"民聲"，而作"佛聲"[4]。這種不滿當然不會是個別的，因此，銷數銳減，"印刷房飯之費，不足自資"[5]，窘迫得開不了伙。章太炎有時就靠啃幾塊"麥餅"過日子。[6]其後，章太炎曾寫過五六封信，打過三四次電報，呼籲南洋方面接濟，據說，"或無復音，或言南洋疲極，空無一錢，有時亦以虛語羈縻，謂當挾五六千金來東〈相〉助，至期則又飾以他語，先後所寄，只銀圓三百而已。"[7]

為了維持《民報》出版，陶成章準備親往南洋招股。對此，孫中山及東京部分革命黨人均加勸阻，理由是"南洋同志甚少，且多非資本家"，"必無效果"，建議在東京另籌。[8]陶成章沒有聽取這一意見，於 1908 年 8 月南行。

陶成章南行的目的有二，除為《民報》募捐外，還要為籌備中的五省革命協會募集經費。到南洋後，陶成章向孫中山要求撥款三千元作為《民報》印刷費，並要求增加股款及維持費。據有關人士回憶："孫中山四處張羅，無法籌

1　《致黃甲元囑籌款維持〈中興報〉函》，《國父全書》，第 408 頁。
2　馮自由：《同盟會四大綱領及三民主義溯源》，《革命逸史》第 3 集；參見《致張繼函》，孫中山佚稿。
3　《為規定南洋各處團體通信辦法致鄧擇如函》，《總理全集·函札》，第 46 頁。
4　轉引自章太炎：《答夢庵》，《民報》第 21 號。
5　章太炎：《偽〈民報〉檢舉狀》，《南洋總匯新報》，1909 年 11 月 6 日。
6　黃侃：《太炎先生行事記》，《制言》第 41 期。
7　章太炎：《〈偽民報〉檢舉狀》，《南洋總匯新報》，1909 年 11 月 6 日。
8　南洋歸客：《駁詆毀孫中山者》，《民立報》，1912 年 11 月 6 日。

措，乃出其手錶等物，囑往變款，以救燃眉之急"，陶成章因此發生誤會，與孫中山"爭持不休"。[1] 此外陶成章又要求孫中山為他籌款 5 萬元，以便"回浙辦事"。對此，孫中山"推以近日南洋經濟恐慌，自顧不暇，斷難辦到"。[2] 陶成章要求為他寫介紹函去各地募捐，孫中山同意了。[3]

"南洋經濟恐慌"並非完全是孫中山的託詞。自 1907 年黃岡之役起，至 1908 年 5 月河口之役止，孫中山共在南方邊境發動了六次起義，用去近 20 萬元，南洋華僑中有力捐款的同盟會員大都已成強弩之末；加上河口之役後，六七百名起義戰士被法國殖民當局解除武裝，強行押送至新加坡，又需要解決他們的生活出路問題，經濟更形拮据。10 月 16 日孫中山致檀香山同志函云："黨中財政日困，雖香港一隅，或得檀埠同志之接濟，而他方則無法可設也。"[4] 信中所言，應是事實。

由於在經費上沒有得到孫中山的積極支持，陶成章決計"獨自經營"[5]。他制訂了章程，開始以浙江同盟分會江、浙、皖、贛、閩五省革命軍佈置決行團為名進行籌餉。章程中，陶成章特別說明："本光復會，由來已久。乙巳夏，由總會長蔡、湖南分會長黃，從輿論眾望，請孫中山先生為會長，開會日本東京，改名同盟會，而以本會附屬之。但該時浙江內地，勢力異常擴張，章程發佈已久，更改為難，故內地暫從舊名。然重要事務員，均任同盟會職事，故又名浙江同盟會分會。"又稱：本會"以浙江為根基"，"以江、浙、皖、贛、閩五省為本會辦事區域"。[6] 這一章程突出地誇張光復會的作用。它絕口不提興中會，把成立在前的華興會說成是光復會的湖南分會，把光復會說成是同盟會的母體，並將"辦事區域"擴大到浙江以外的東南各省，顯然，都是在為重新打出光復會旗號作準備。

南洋是同盟會的根據地。從興中會起，孫中山就在南洋活動，當地華僑對同盟會是熟悉的，光復會則還是一個陌生的名詞。因此，在一段時期間，陶成

1　鄭螺生：《華僑革命之前因後果》，見黃警頑：《南洋霹靂華僑革命史跡》。
2　《由歐抵美前後致王子匡與留此同志各函》，《國父全書》，第 417 頁。
3　《華僑革命史》，《陳新政遺集》下。
4　《致檀香山同志請盡力籌款函》，《國父全書》，第 411 頁。
5　魏蘭：《陶煥卿先生行述》。
6　《憑單》，徐市隱：《緬甸中國同盟會開國革命史》第 3 節。

章還不得不仰仗孫中山和同盟會的威望。籌餉章程中，陶成章特別聲明"本會既為同盟會分會，故本章程訂定後，移知東京總部及南洋支部"，所得款數"亦移知東京總會及星洲分會"。[1] 但是，陶成章的募捐活動卻一直進行得很不順利。11 月，陶成章去到緬甸仰光，在《光華日報》上發表記述秋瑾、徐錫麟起義的《浙案紀略》以為宣傳，臨行時募得千元。12 月 6 日，到檳榔嶼，該地辦事人聲稱，按章程，必須孫中山之人來運動方可，僅邀集三四人，認捐三百元。1909年 1 月 23 日，到壩羅，正值《中興報》代表到埠演說，言"《中興報》事緊要"，並聲言："陶君來此，不過來遊歷而已，並非籌款而來"，因此，亦僅認捐三百數十元。[2] 至當年 4 月底，各地認捐總數不足三千元，且多未兌現。陶成章懷疑孫中山在"暗中設法播弄"，開始攻擊孫中山。他在致李燮和函中說："弟自去歲南來，迄今已歷九月，所希望之目的，全然未達。"又說："弟本不說中山壞事，蓋猶為團體起見，不得不稍留餘地，至是逼弟無可奈何，不得不略陳一二已。"[3] 其間，陶成章曾向孫中山索取介紹函至各地收款，為孫中山拒絕。[4]

光復會的傳統活動地點在江、浙，陶成章在南洋"獨自經營"，明顯地造成了和南洋支部爭奪群眾和影響的對壘局面。如果說，東京的倒孫風潮表現為對個人的不滿，"社會主義講習會"的建立表現為思想上的分歧，這以後就進一步發展為組織上的對立了。

離開壩羅後，陶成章活動於勿里洞、吧城、諫義里、文島等地（均為今印尼屬地），醞釀新的倒孫風潮。

還在 1909 年 5 月間，陶成章就在文島等地散佈流言，聲稱孫中山將各處同志捐款攫為己有，河口起義所用不過千餘元等等。[5] 8 月，陶成章去到檳港，結合李燮和、柳聘農、陳方度、胡國梁等七八人，以東京南渡分駐英、荷各屬辦事的川、廣、湘、鄂、江、浙、閩七省同志的名義起草了一份《孫文罪狀》，聲言孫中山在"同盟會初成立之際，彼固無一分功庸"；"在兩廣內地，固無一毫勢

1　《憑單》，徐市隱：《緬甸中國同盟會開國革命史》。
2　《致鐵仙》，己酉三月九日，陶成章手札，湖南省哲學社會科學研究所藏，下同。
3　《致鐵仙》，己酉三月九日，陶成章手札，湖南省哲學社會科學研究所藏，下同。
4　《華僑革命史》，《陳新政遺集》（下）。
5　汪精衛：《致藍瑞元、黃蔡鳳書》，《革命之宣導與發展》（三），台北版，第 591 頁。

力"；"既得勢，彼乃忘其所自始"，"諶騙營私之念萌，而其毒其禍，遂遍及於南洋各埠矣"。《罪狀》稱："罄南山之竹，書罪無窮；決東海之波，流惡無盡"，指責孫中山有"殘賊同志之罪狀"五條，"蒙蔽同志之罪狀"三條，"敗壞全體名譽之罪狀"四條，並表示："惡莠不全，則嘉禾不長"，共提出要求九條，其主要者為：

1. 開除孫文總理之名，發表罪狀，遍告海內外。

2. 另訂章程，發佈南洋各機關，令其直接東京總會。囑令南洋支部章程一概作廢。

3. 公舉辦事二人，前往南洋各埠演說，收拾人心，揭破孫文詭謀，使其無立足之地。

4. 再開《民報》機關。

5. 兼於民報社內，附設旬報，凡《中興報》之所至，亦蹤尋之而往。

陶成章、李燮和等聲稱，只要開除了孫文，發表《罪狀》，"事必大有可為，無論將次者開辦不至蒙害，即令既破敗者，熱心之人尚多，猶堪收效在桑榆也"。此外，《罪狀》並誣衊孫中山在香港、上海豐匯銀行貯款 20 萬元；其兄在九龍起造屋宇，用款不足，孫中山電匯款項助建云云。[1] 其後，陶成章便帶著這份《罪狀》趕赴東京，要求同盟會本部開會討論。

在東京的"倒孫風潮"之後，孫中山即不大過問同盟會本部和《民報》的工作，這是事實，但是，《罪狀》大部分屬於誣陷。它得到了少數江浙人的支持，卻遭到了黃興等的堅持拒絕。黃興一面向陶成章作調停、勸說，一面和譚人鳳、劉揆一聯名發表長達千餘言的致李燮和等公函，逐條為孫中山申辯。

黃興的調停、勸說、申辯都沒有能打動陶成章。在公佈《罪狀》的要求被拒絕後，陶成章便決定自行發表。他在致胡國梁函中表示："與中山已不兩立"，"不若由二三人出面發表之，從此分為兩歧罷了。"[2] 其後，便由陳威濤、

1 《神州日報》，1912 年 11 月 2 日。
2 《致若愚》，1909 年 9 月 24 日，陶成章手札。

魏蘭將《罪狀》油印百餘份，寄給了南洋各報。

革命的首要問題是分清敵我，陶成章等把孫中山視為敵人，不顧大局，不顧影響，惡意誣陷，這是一個極為嚴重的錯誤。

陶成章等人的行動迅速影響了章太炎。在公佈《孫文罪狀》的同時，章太炎也刊發《偽〈民報〉檢舉狀》，再次參加了對孫中山的攻擊。

《民報》於 1908 年 10 月遭日本政府封禁，1909 年秋，黃興在林文等幫助下籌備恢復。因為對章太炎主持時的《民報》不滿，黃興邀汪精衛到東京任編輯；又因避免日本政府干涉，託名以巴黎《新世紀》為發行所。

恢復《民報》本來是陶成章等在《孫文罪狀》中提出來的"善後辦法"，但是，他堅持不能替孫中山"虛張聲勢"，必須以革除其總理職務為先決條件。[1]自然，這也遭到了黃興的拒絕。因此，他便支持章太炎出面反對。章太炎由於多年困苦維持《民報》，一旦恢復，卻被排斥在外，因此，大動肝火。他指責續刊《民報》為偽《民報》，在《檢舉狀》中攻擊孫中山"背本忘初，見危不振"，並主觀武斷地說："夫孫文懷挾鉅資，而用之公務者十不及一，《民報》所求補助，無過三四千金，亦竟不為籌劃，其乾沒可知已。"[2]沒有任何根據，一個想當然的"可知已"就定了孫中山"乾沒"鉅資的案！

對孫中山的公開誹謗為保皇派提供了炮彈。不久，南洋《總匯報》發表了《偽〈民報〉檢舉狀》。其後，保皇派大規模地開展了對孫中山的攻擊，各種穢詞如水般潑來。他們辱罵孫中山為"馬騙"、"棍騙"，誣衊其"假藉革命名目，以為衣食飯碗之計"，說是："孫汶腔中，何嘗有一滴愛國之血，眼中何嘗有半點愛國之淚，心中何嘗有分毫愛國之思，不過口頭禪焉耳！"[3]

和陶成章、章太炎相呼應，當時在法國的張繼則寫信給孫中山，要求他"退隱深山"，或"佈告天下，辭退同盟會總理"。[4]

這樣，就出現了第二次倒孫風潮。

敵人的辱罵、鎮壓並不可怕，可怕的是同營壘人的反誣和倒戈。長期以

1　《為陶成章誣謗事致孫中山函》，《黃克強先生全集》，台北版。
2　《南洋總匯總報》，1909 年 11 月 6 日。
3　介民：《敬告捐助革命軍餉者》，加拿大《日新報》，1911 年 4 月 26 日。
4　轉引自孫中山《致張繼函》，吳稚暉原藏，未刊稿。

來，孫中山把實際領導起義的責任交給黃興等人，而以在華僑中募集起義經費為己任。陶、章這兩份材料的公佈對孫中山工作所造成的困難是可想而知的。為了破壞孫中山赴美募捐，陶成章等甚至冒名作信，將攻擊材料寄發美州各華字日報，10 月 22 日孫中山與王子匡函云："近接美洲來信，謂有人託同盟會之名，致書各埠，大加詆毀於弟，不留餘地，該處人心頗為所惑云。此事於聯絡華僑一方面，大有阻礙矣！"[1] 但他毫不灰心，一面要求吳稚暉在巴黎《新世紀》上撰寫長文，"加以公道之評判"[2]，一面對張繼嚴正指出："此時為革命最衰微之時，非成功興盛之候，是為弟冒艱危、茹困苦以進取之時代，非退隱之時代也。" 他並憤憤地說："同盟會及太炎至今未自認過，則弟已不承認為彼等之總理者久矣。前去兩年，兩廣、雲南起兵，皆奉革命黨本部之名義，並未一用同盟會名義也。"[3]

經歷種種挫折而革命之志不撓，這是孫中山作為一個偉大人物的突出優點，但是，因章太炎等少數人而遷怒於同盟會，仍然是以感情代替了理智。在很長一段時期內，東京同盟會員處於群龍無首的狀態，國內各地同盟會分會也無人領導，在這方面，孫中山不無責任。

1910 年 2 月，孫中山在舊金山建立同盟會分會，在誓詞中將同盟會會員改稱中華革命黨黨員，開始實現其醞釀已久的打算。同年秋，抵達檳榔嶼後，又通知南洋各地同盟會分會，一律照改。[4] 但由於同盟會已在群眾中留下深刻的影響，事實上難以執行，不久也就作罷。

得道多助，失道寡助。陶成章對孫中山的攻擊激起了革命黨人的義憤。東京方面，黃興等決定不和章太炎計較，只在即將續刊的《民報》上登一啟事，宣佈章為 "神經症之人"。他要孫中山 "海量涵之"，表示 "陶等雖悍，弟當以身力拒"。[5] 為了給孫中山赴美活動掃除障礙，黃興又函知美洲，指出有人從東京發函攻擊孫中山，"用心險毒，殊為可憤"，要求美洲同志乘孫中山到美機會，

1 《由歐抵美前後致王子匡與留此同志各函》，《國父全書》，第 417 頁。
2 《在歐將去美國時致倫敦吳敬恆函》，《總理全集‧函札》，第 106 頁。
3 《致張繼函》，吳稚暉原藏，未刊稿。
4 馮自由：《同盟會四大綱領及三民主義溯源》，《革命逸史》第 3 集。
5 《為陶成章誣謗事致孫中山函》，《黃克強先生全集》。

同心協力，以謀團體之進步，致大業之成功。[1]

安南方面，中國革命黨人發表《河內公函》，詳述發動雲南、廣西起義的情況，針對陶成章的誹謗，一一予以駁斥。[2]

南洋方面，革命黨人焚毀了陶、章散發的印刷品[3]，派人調查，發現孫中山在九龍的家除幾間舊房外，別無所有；孫中山的哥哥孫眉自己蓋了草房子在那裏種地。於是，將實情公佈，真相大白。[4]

多年來，同盟會在其內部分歧中，既無同志式的討論，又無思想上的必要交鋒。現在交鋒了，這對於澄清真相，維護孫中山的威望來說都是必要的，但是，這種交鋒無助於填平雙方感情上的巨大鴻溝。

在倒孫風潮的掀起者中間，劉師培的叛徒面目此時已經暴露。1908 年冬，劉師培回上海後即出賣了同盟會會員張恭，不久，又投入端方幕中。1909 年 8 月，端方由兩江調直隸，報上發表了隨員名單，劉師培赫然在內。在此情況下，人們不得不思考，和劉師培一度關係極為密切的章太炎是什麼人？他為什麼對孫中山如此攻擊不遺餘力呢？在未經冷靜分析的情況下，東京革命黨人公佈了章太炎致劉師培、何震五函，指責章太炎為端方偵探。11 月 30 日，《中興日報》發表《章炳麟與劉光漢之關係歷史》及《為章炳麟叛黨事答復投書諸君》等文。12 月，孫中山得悉保皇派報紙發表了章太炎的《偽〈民報〉檢舉狀》，認為章太炎"破壞黨事之心已不留餘地"，要求吳稚暉將章太炎致劉師培、何震五函的筆跡照片寄給了他，"以證明太炎之所為，庶足以破其言之效力"。[5] 不久，香港《中國日報》、巴黎《新世紀》、舊金山《美洲少年報》先後發表了這五封信，《中國日報》聲稱章太炎受端方委任，擔任解散革命黨及充常駐東京之偵探員，《新世紀》指責章太炎以"萬金出賣一革命"。[6]

將章氏五函的問題一下子提到如此的高度，當然也嚴重傷害了章太炎的感情。剛愎自負又極易衝動的章太炎對此的態度是可想而知的。

---

1 《為孫中山受謗致各同志望同心協助函》，《黃克強先生全集》。
2 胡漢民：《致南洋同志書》，鄒魯：《中國國民黨史稿》第 1 冊。
3 《華僑革命史》，《陳新政遺集》（下）。
4 胡漢民述：《南洋與中國革命》。
5 《致吳敬恆請於〈新世紀〉評論〈日華新報〉破壞黨事謬論各函》，《總理全集·函札》，第 110 頁。
6 《黨人》，《新世紀》第 117 頁。

在第二次倒孫風潮中，思想分歧退居次要地位，但是，雙方的關係則由彼此猜忌、怨憎發展為互相敵視和進行勢不兩立的攻擊，分裂成為不可避免的了。

四、光復會的重建與倒退

陶成章到東京作了兩手準備：一手是爭取黃興，開除孫中山，另推同盟會總理，掌握同盟會的領導權；另一手是取消對同盟會形式上的附屬關係，公開分裂，重建光復會山頭。

在開除孫中山的要求被拒絕之後，陶成章便按第二手行事。他多次與李燮和、胡國梁等通函，聲稱同盟會東京總會已經"一敗塗地，無可整頓"[1]，必須"另行組織新機關"[2]。他說："何妨另開局面乎？前次之事，終算一場大悔氣罷了！"[3] 在此同時，又積極爭取章太炎，以光復會成立在先來打動他，說："逸仙難與圖事，吾輩主張光復，本在江上，事亦在同盟會先，曷分設光復會？"[4] 章太炎長期對孫中山不滿，他的性格又一向是任情孤注，不考慮利害得失，對此自然表示同意。

1910 年 2 月，光復會總部成立於日本東京，章太炎任會長，陶成章任副會長，章梓任庶務員，沈家康任書記員。[5] 不久，新加坡、文島等地陸續建立分會。由於基本群眾在南洋，因此，光復會在南洋設行總部，代行東京本部職權，以李燮和、沈鈞業、魏蘭為執行員，下墨守成規各地分會，形成了所謂"以南部為根基，推東京為主幹"的局面。[6]

後期光復會收容了同盟會包括原華興會內對孫中山不滿的份子，以同盟會的反對派面目出現，但是，比起同盟會，它在不少方面都倒退了。

章太炎是後期光復會中唯一的理論家。這一時期，他思想中的封建主義成分進一步增加。3 月 10 日，他和陶成章在東京一起創辦《教育今語雜誌》，以

---

1 《致若愚、鐵仙》，陶成章手札。
2 《致若愚、柱中》，陶成章手札。
3 《致亦遠、柱中》，陶成章手札。
4 《太炎先生自定年譜》。
5 《致柱中、若愚、彝宗、福生、文慶、佐新》，陶成章手札。
6 章太炎：《致臨時大總統書》，《大共和日報》，1912 年 1 月 28 日。

"保存國故，振興學藝，提倡平民普及教育" 為宗旨。《緣起》中說："恨歐學東漸，濟濟多士，悉捨國故而新是趨"，"同人有憂之，爰設一報"，藉以 "明正道，闢邪詞"。[1] 中國是個封建古國，清王朝是個實行高度封建專制主義的王朝，因此，在這一歷史條件下，"歐學"，即西方資產階級上升時期的民主主義文化，仍然可以發揮其進步作用，但是，《教育今語雜誌》卻視為 "邪詞"，要 "闢"。在此之前，續刊《民報》正在介紹盧梭的《民約論》，《教育今語雜誌》的出版可以說唱的是對台戲。同年由章太炎編輯的《學林》也一樣充滿了國粹氣。該刊《緣起》說："世人多急〔利〕近功，以古學不足治，惟異化之務"，它號召 "一二耆儒故老" 起來挽救即將 "墜入糞壤" 的 "文武之道"。[2] 這裏所說的 "異化"，指的是鴉片戰爭以來先進的中國人向西方尋找救國真理的熱潮，所謂 "文武之道"，指的是長期成為中國人民精神枷鎖的封建文化。在該刊第 2 期上，章太炎發表了著名的《秦政記》，歌頌 "卓絕在上，不與士民等夷" 的 "天子"，說是 "人主獨貴者，政亦獨制"。同期發表的《非黃》則抨擊 "尚賢"、"任眾" 的民主政治，說是 "誠聽法，雖專任，與武斷莫比；誠尚賢，雖任眾，與武斷奚分？" 如果說，1908 年章太炎發表《代議然否論》，主張 "代議政體，必不如專制為善" 時，還曾經特別提出了一個 "恢廓民權" 的方案，那麼，這一時期，他已經更多地神往於 "王者一人秉權於上" 的法家封建專制主義了。

陶成章是後期光復會的組織者和實際領導人。這一時期，他的活動逐漸向改良主義方向靠近。

前文指出，當張繼等迷信 "直接行動"——總同盟罷工時，陶成章仍然主張進行武裝起義，但是，光復會重建時，他卻拋棄了自己的主張。在《致石哥函》中，他說："夫我輩之目的，在一舉覆清，若東放一把火，西散一盤沙，實屬有害而無益。" 又說："如不用暗殺，則用地方起兵，喪民費財，禍莫大焉！一有不慎，必引外國人之干涉，後事益難著手矣！"[3] 和人民群眾缺乏充分的聯繫，實行單純的軍事冒險，這是同盟會所領導的武裝起義的弱點，但是，這些起義

---

1 《教育今語雜誌》，第 1 冊。
2 《學林》，第 1 期。
3 陶成章手札。

畢竟打擊了清朝統治，鍛煉了革命者，教育了群眾，不能稱為"有害無益"，更不能稱為"禍莫大焉"，至於所謂"必引外國人之干涉"云云，更是被革命派痛駁過的改良派論調。

當時，國內各省革命力量迅速發展，他們武裝反清的總目標一致，只在策略上互有歧異："有欲向雲貴以進取者，有欲向兩廣以進取者，有欲向江浙以進取者，有欲向兩湖以進取者，有欲向山東、河南以進取者，有欲向中央革命者。"[1] 這本來並不難統一，對於上述各種力量，陶成章一概採取排斥態度，他說："如此紛紛之熱心人各欲乞此總會以求運動整頓，其將奈之何哉！當是時也，不與則名不正，言不順；欲與則無款以給之，即令有稍稍之款，與其一不與其二不可也，與其先不與其後不可也。全力助他人，未見他人之能集事，本己之方針，且先亂矣。秦末之項羽，隋末之李密，甚失敗皆因此也。"[2] 在陶成章看來，多一些人革命反而會造成麻煩，唯此一家最好，因此，他給光復會規定了"必不汲汲擴張"的關門主義方針。[3]《浙案紀略》中，陶成章說："浙人素多個人性質，少團體性質，其行事也喜獨不喜群。" 這可以說是陶成章的夫子自道。

一不靠武裝起義，二不靠全國各地的革命力量，陶成章靠什麼"一舉覆清"呢？他靠的是暗殺活動。光復會重建後，他曾建議集款數千金或萬金，專辦此事，以振動華僑，擴大影響。[4] 甚至，他想入非非地提出了一個實行"中央革命"的妓院方略：收羅一批美女，在北京開設妓院，誘惑滿族親貴，席間放毒，一網打盡。[5]

弱者和窮途窘促的人常常盼望奇跡，妓院方略的提出，說明了陶成章和同盟會分裂後，既軟弱無力，又窮途窘促。

當然，生活中出現奇跡的可能並不大，這一點，陶成章完全明白。因此，他為後期光復會規定的方針是"專主個人運動，以教育為根本"，"察學生之有

---

1 《致石哥》，陶成章手札。
2 《致石哥》，陶成章手札。
3 《致石哥》，陶成章手札。
4 《致石哥》，陶成章手札。
5 《致柱哥》，陶成章手札。

志者聯絡之"[1]。據他說,如果能得到兩三個有資本的學生的贊成,就於願已足。光復會重建後,陶成章立即和章太炎編輯《教育今語雜誌》,目的在此;隨之,他在東京埋頭編寫小學歷史、地理教科書,目的也在此。1911 年初,他又曾計劃到南洋找一個寺院住下,專力編撰教科書。《致柱哥》函云:"蓋弟近立定主意,不為虛耗金錢之事,更不為無益之舉,而虛耗其精神,實事求是,以圖漸進,不為躐等。"[2]

"虛耗金錢"、"無益之舉"云云,指的都是武裝起義,"漸進"云云,指的就是教育。"不為躐等"云云,完全是改良派的爬行哲學。和劉師培、章太炎一樣,陶成章也經歷了一個從"左"到右的轉化。

反革命的暴力必須以革命的暴力去推翻。同盟會領導的武裝起義雖然存在著種種弱點,但是,歷史證明了,使清朝皇帝滾下龍座的還是武昌新軍手中的槍炮,而不是陶成章的"教育根本"論。

在經費問題上,後期光復會也逐漸效法改良派。

同盟會解決經費問題靠在華僑中募捐,這使他們在一定的範圍內還能聯繫群眾。後期光復會成立後,陶成章主張靠經商,他說:"歷觀萬事,皆與財政相為因果,然財政之道,非自行籌劃無由,此商業之所以不得不速為經營。"[3]為此,他和李燮和等積極籌辦商業公司,計劃經營教科書籍、圖畫、科學儀器、體操、音樂用具、學校用品、衣衫、牙粉、肥皂等;並計劃把《教育今語雜誌》改變為廣告機關。這一套,都是流亡海外的改良派的做法。

由於分裂不得人心,光復會重建會不久即在各方面陷入困境。

首先是對孫中山的攻擊不得不停下來。本來,陶成章已經編印好了《佈告同志書》一冊,"直言孫文種種之非"。由於輿論,包括光復會內部的強烈反對,僅散發了九冊,不得不宣佈,餘皆不寄了。

其次是陶成章視為"吾輩面目所存"的《教育今語雜誌》停刊。陶成章原以為該刊發行後會普及南方各地,結果只售出了不到三百本,大部分擱置在代

1　《致石哥》,陶成章手札。
2　《致柱哥》,陶成章手札。
3　陶成章函札殘頁,1910 年。

派所無人問津，已銷之款又遲遲收不到，因而“虧折甚巨”，“真正困難萬分”。

再次是籌款門路均已斷絕。據陶成章說：內地可籌之處，久已籌之一空；東京萬無可籌；南洋呢？所籌之款又不見寄來，氣得他準備發表聲明，將不再向南洋各地募捐。

此外，商業活動也進行得極不順利。陶成章《致柱中》函云：“祈老哥善自珍重，勿以經商目的之不能遽遂，多生煩懣，致生理有礙也。”

按照計劃，陶成章還準備創辦《光復報》與《光復雜誌》，但都因找不到作文之人而告吹。據陶成章說：章太炎雖有幾個弟子，但多半是為了學成後往內地當教員，“非特不肯作文，且亦不能請其作文”，其中雖有一二稍有志者，但“皆欲獨善其身”，不願意介入。章太炎本人呢？“乃其不肯作文何！”章太炎反對創辦《光復報》和《光復雜誌》。這一時期，陶、章之間可能也產生了某種矛盾。

革命需要團結，陶成章無忌憚的分裂行為使他陷入了四面楚歌中。在東京，他覺得“實在難以過日”；回南洋吧，當地同盟會員反對分裂的呼聲很高，“風潮方作，來反遭忌”。一直躊躇到 1911 年 4 月，他才從東京回到南洋，已經是廣州起義的前夜了。

在籌備廣州起義過程中，黃興電邀李燮和、王文慶、陳方度等參加，建議“捐除意見，同任艱巨”，主動向光復會伸出了合作之手。李燮和等積極回應。1910 年 10 月，李燮和受檳港同志委託，參加了孫中山在檳榔嶼召集的發難會議。會後隨即回檳港傳達，動員華僑捐款。經過幾個月的努力，籌得一萬七千餘元，由李燮和、陳方度帶給了黃興。不久，胡國梁、柳聘農也帶著募得的五千元趕到香港，向統籌部報到，一起參加了震驚中外的廣州起義。[1]

與此同時，陶成章也應李燮和、王文慶電召，到達香港，表示出和同盟會合作的意向。這樣，在經過了長期的分裂之後，同盟、光復矛盾重重的關係出現了轉機。但不幸的是，這一轉機很快就消失了。

廣州起義失敗後，趙聲極為悲憤。一日，胡漢民招飲，食後，趙聲腹痛劇

1　胡國梁：《辛亥廣州起義別紀》，《建國月刊》第 14 卷，第 1 期。

作，延醫診治，知為盲腸炎，經割治無效，於 5 月 18 日逝世。趙聲先是光復會員，後加入同盟會，是在雙方會員中都具有威望的革命者。對趙聲之死，陶成章疑為胡漢民所毒，進一步加深了對同盟會的猜忌。其後，陶成章回到上海，在嵩山路沈宅開會時與陳其美發生衝突，陳掏槍欲打陶成章。數日後，陶匆匆離開上海，再返南洋。於是，舊矛盾之外又加上了新矛盾，同盟、光復之間的關係又增添了新的複雜因素，它埋下了辛亥革命後兩會繼續磨擦、齟齬、對立的種子。

五、結語

通過以上分析，不難看出，同盟會的分裂是個複雜的歷史現象，它是一系列政治、思想、策略分歧和人事糾紛發展的結果。既有其時代原因，也有其社會原因。

中國資產階級民主革命發生於帝國主義時代，資本主義社會的弊端早已暴露無遺，因此，在這一情況下，必然會產生對資產階級民主革命的不滿、懷疑以至絕望的情緒。同時，中國又是個小資產階級極其廣大的國家，在國際無政府主義思潮一度抬頭的情況下，同盟會中有人接受這一思潮的影響是很自然的。中國同盟會的分裂發生於日本社會黨的分裂之後，張繼、劉師培諸人的行為不少是對後者的模仿。

"社會主義講習會"諸人在反對帝國主義、實行土地革命和不能建立資產階級共和國等問題上向同盟會提出了挑戰。由於中國民族資產階級的階級局限和其由娘肚子裏帶出來的特殊軟弱性，它無法解決這些問題。孫中山的三民主義在對改良派的論戰中已經被證明了不是很有力的理論武器；在回答"社會主義講習會"的挑戰上，當然更加發揮不了多大作用。

"社會主義講習會"諸人自身同樣也解決不了這些問題。在書面上、口頭上，他們可以連篇累牘、喋喋不休地發出極端革命的大言壯語，沉溺於"無政府革命"的狂熱幻想，然而，卻提不出任何切實可行的辦法。在嚴峻的現實現前，他們中有些人很快向右轉，倒向封建主義和改良主義，或頹唐，或倒退，或動搖，或叛變投降。

同盟會的分裂淵源於思想分歧，但是，在其發展過程中，思想分歧逐漸被掩蓋起來，個人主義、宗派主義、分散主義和山頭主義逐漸上升，舊的感情上的裂痕和新的磨擦、猜忌、怨憎結合在一起，引發出新的攻擊。終於愈演愈烈，一發而不可收拾。

克服個人主義、宗派主義等傾向需要以大局為重的廣闊胸襟和高度的組織觀念，而這，對資產階級、小資產階級來說，都是難以做到的。

站在中國革命的對立面的是帝國主義和封建主義。要推翻這兩個敵人，不僅需要強大的階級力量，也需要號令一致、步伐一致的戰鬥。當領導這一革命的司令部——同盟會處於思想分歧、組織渙散的狀態時，歷史就已經決定了這次革命必然是一次巨大的小產。

《龍華會章程》主屬考 *

在辛亥革命史研究中，《龍華會章程》[1] 因為主張土地公有，很受史家注目。《章程》說："要把田地改作大家公有財產，也不准富豪們霸佔，使得我們四萬萬同胞，並四萬萬同胞的子孫，不生出貧富的階級。" 不少論著都樂於引證和評論這段文字，但是，《章程》本身需要加以考訂的若干問題，卻一直沒有受到應有的注意並從而得到正確解決。

認真讀過《龍華會章程》的人，都會發覺其中一個明顯的自相矛盾之處。它的標題上大書著 "龍華會" 字樣，而《會規十條》中的《命名》條卻說："我們的會，就叫做革命協會。" 龍華會是浙江哥老會的一個支派，陶成章《浙案紀略》載有它的始末；關於革命協會，該書也有記載，云："戊申春夏間，浙江革命黨人另訂一新章，將合江浙皖贛閩五省各秘密黨會鎔鑄而一之，定其名曰革命協會。"[2] 如果《章程》屬革命協會，應為 1908 年事，但《檄文》之末卻明白寫著 "甲辰正月朔日"，即 1904 年 2 月 16 日，恰當龍華會興盛之時。那麼，現今之《龍華會章程》到底是 1908 年革命協會的章程，還是 1904 年龍華會的章程？

最能說明現今章程主屬問題的證據，首先在《章程》自身。

第一，《章程》正文說明了會名叫 "革命協會"。它說："我們的會，就叫做革命協會；山名，就叫做一統龍華山；堂名呢？就叫做漢族同登普渡堂。" 它還有 "我們這個革命協會"、"我們這個協會" 等語。特別是《檄文》部分，開宗明義就問："怎樣叫做革命？" 接著答："革命就是造反"，並詳加詮釋、發

---

* 原名《龍華會章程探微》，由楊天石、王學莊合撰，原載《歷史研究》1979 年第 9 期，現本書僅取其楊天石執筆部分。

1 《龍華會章程》共 7 個部分，即《檄文》、《會規十條》、《約章五條》、《入會儀式》、《祭文》、《入會規矩之次序》和《附錄》，全文見平山周《中國秘密社會史》一書。該書商務印書館譯本初版於 1912 年 5 月。1954 年《中國近代史參考資料選輯》增訂本和 1957 年中國近代史資料叢刊《辛亥革命》（以下凡引用此書者，不再注明），都在《龍華會章程》的總題下，選收了《檄文》和《會規十條》兩部分。

2 《浙案紀略》，全文見《辛亥革命》（三）。

揮。它為何首先在"革命"一詞上大做文章呢？理由顯而易見，就是因為該團體係以"革命"二字命名的緣故。

第二，《章程》約束的對象是一批而不是某個會黨團體。《會規十條》說："現在所設的官職，同洪家、潘家的舊官職是一式一樣的。"《入會規矩之次序》說："大都督、左右都督，招兄弟入自己部下時，各照各會各教各黨的老規矩。"可見，它約束的對象包括著洪家（紅幫）、潘家（青幫）這哥老會的兩大派，包括著各教各會各黨。這種情況，龍華會是無法辦到的。

第三，《章程》變更了會黨舊有的章制。《章程》雖稱它的官職、制度與各會黨是一樣的，實際卻有增損，名稱都有所變更。這些變更當然是為著將各會黨統一在協會內。其中最突出的變更是入會式。哥老會崇敬五祖、桃園結義、梁山泊和瓦崗寨，它的開山式與入會式是"場中正面壇中，設五祖、關聖等神"。龍華會是終南會的一支，終南會票布的中央即標明"關聖帝君之位"。《章程》則規定："凡進我們這個協會的規矩，最好是在岳廟裏"，無論在何處，均須"設立公案，寫少保忠武王岳爺爺的神位一個"，配以楊再興、牛皋、施全。以對岳飛的崇拜代替對關羽的崇拜，明顯不同於包括龍華會在內的任何一個會黨團體。

第四，《章程》規定的活動範圍與《浙案紀略》所載革命協會活動範圍相同。《附錄》說，擬將各股力量分為五省十路，這五省恰好是江蘇、安徽、江西、浙江、福建。

以上四點表明，現今之《龍華會章程》正是"將合江浙皖贛閩五省各秘密黨會鎔鑄而一之"的"新章"，亦即革命協會的章程。

確認《章程》屬革命協會，除它自身外，其他方面也並不乏明證。1910年，日本偵探山口升奉派來中國調查革命黨、保皇黨和會黨等各方面情況，回國後寫過一份題為《清國形勢與秘密結社》[1]的報告書，其第三卷《中清地方》的第三章即為《江南的革命協會》。該章內分五節：《會規十條》、《約章五條》、《入會式》、《新中國軍政署職官表》、《五省十路》。《章程》被刪節、合併或分

---

1 《日本外務省檔案》，縮微膠捲，ＭＴ 109，北京圖書館藏。

割，納入相應的節內。這一材料說明，現今之《龍華會章程》在當時確實是被稱作革命協會章程的。

用山口報告書作證明也有其弱點，它沒有著錄《檄文》。好在《檄文》與《章程》其他部分的聯繫是緊密的。它開篇就闡發了會名的涵義，篇末還署明發佈者為"新中國軍政省"，即出自革命協會的中樞機關。僅此兩點，就表明《檄文》不能與其他部分分割開來。山口引用《章程》是為充實情報，不是為保存文獻，他不引《檄文》，並不能動搖《檄文》在全篇中的地位。

不過，《章程》的主屬問題至此並未最終解決。會名"龍華"，發佈於"甲辰"，都是《章程》自己標明的，多數論者對此深信不疑。既是 1908 年的革命協會章程，為何又標上"龍華會"和"甲辰"年呢？個別企圖解決《章程》主屬問題的論者也在此躑躅不前，[1] 因此，要徹底解決《章程》的主屬問題，就不能繞過文件自身設置的難關。

其實，《章程》到底產生於何時的問題並不難解決。每一種歷史文件都必然留有它產生的那個時間的痕跡。《龍華會章程》也不會例外。關於這點，可以考察《檄文》的內容。

《檄文》說：

> 然而也有一種口口聲聲拍滿洲人馬屁的外國人，同著幾個亡心昧理的中國人，居然期望滿洲立憲。列位要曉得"立憲"二字怎麼樣解法。外面看看像是照各國的樣子，實在是把權柄集在皇帝同幾個大官身上，卻好藉著"憲法"二字，用出種種的苛法來壓制我們。

這段談立憲的話，既揭露了搞立憲騙局的清朝政府，也譴責了企望清廷的立憲派和某些外國人。立憲主張在國內抬頭，始於 1904 年日俄戰爭時。"甲辰日俄

1　此前，魏建猷同志《龍華會和〈龍華會章程〉》一文曾指出關於《章程》主屬問題的矛盾。他認為它"可能是革命協會的章程"，但又說其擬定"不遲於 1903 年"（《文匯報》，1961 年 10 月 5 日）。趙金鈺同志則根據山口報告書斷言《章程》自《會規十條》以下為 1908 年革命協會章程，而《檄文》仍是 1904 年龍華會文件，它們是時間不同的"兩個不同組織的兩個不相關聯的文件"（《關於〈龍華會章程〉的幾個問題》，《光明日報》，1963 年 7 月 3 日）。

戰起，識者咸為之曰：非日俄之戰，而立憲專制二政體之戰也。”及至日勝俄敗，“於是立憲之議，主者漸多”[1]。這年，有孫寶琦、張之洞、魏光燾、岑春煊奏請清廷立憲。1905年，清廷派載澤等五大臣出國考察憲政，載澤等回國後即奏請宣佈立憲。1906年9月1日，清廷下詔“預備仿行憲政”。所謂“仿行”，意即照外國樣子辦。《檄文》既涉及清廷的假立憲，它怎麼可能寫成於動議立憲之前的“甲辰正月朔日”呢？在預備立憲的名義下，1906年11月，清廷頒佈中央官制，更定了幾個部的名稱，並增設資政院及審計院，集權於滿洲親貴。次年，開始改變地方官制，7月，頒佈外官制，收回了各省督撫的軍權和財權。這一切，不正是《檄文》所譴責的“外面看看像是照外國樣子，實在是把權柄集中在皇帝同幾個大官身上”嗎？因此，它的寫作時間，只能在清朝政府開始實行內外官制改革之後。

值得指出的是，所謂“口口聲聲拍滿洲人馬屁的外國人，同著幾個亡心昧理的中國人，居然想望滿洲立憲”等語，也是有事實可稽的。1907年10月17日，政聞社在東京錦輝館開成立大會，擁護立憲，梁啟超、蔣智由等邀犬養毅等八名日本人參加。犬養毅在會上說：“諸君如以鞏固獨立、保全領土為前提而研究之，結果不認革命為必要，如立憲黨之主張也，則不革命亦可。”[2]革命黨人張繼、陶成章、平剛等衝擊會場，打跑了梁啟超，張繼登台演說。這個犬養毅，起初表示同情革命派，現又食言自肥，因而，激起革命黨人不滿，張繼曾嚴詞詰問。事後，章太炎又作《政聞社社員大會破壞狀》[3]記其事，並發長論批駁犬養毅。《檄文》所云，應是隱指其事。

《檄文》又說：

> 況且立憲實在是有弊病，無論什麼君主立憲、共和立憲，總不免於少數人的私意，平民依舊吃苦，將來天下各國，定歸還要革命。……雖然成功之後，或是因為萬不得已，暫時設一總統，由大家公舉，或五年一任，

---

1 《立憲紀聞》，《東方雜誌》臨時增刊《憲政初綱》。
2 《立憲黨與革命黨》，《政論》第3號，1907年12月。
3 《民報》第17號，1907年10月25日。

或八年一任。年限雖不定，然而不能傳子傳孫呢！或者用市民政體，或竟定為無政府，不設總統，亦未可知。

這段話一般地反對立憲，無論其為君主為共和，而主張"定為無政府"，顯係無政府主義的宣傳。它所說的共和立憲，亦即民主共和，這乃是當時革命派的基本政治主張。處在世界資本主義進入壟斷階段的歷史條件下，孫中山看到歐美各國"貧富不均"，"總由少數人把持文明幸福"，社會革命"是決不能免的"，但他認為在中國可以採用"平均地權"的辦法加以預防；對共和立憲，則始終堅信。共和立憲作為救國之道，在同盟會成立前後，除受封建統治階級和改良派攻擊外，革命派內部基本上是一致的。只是到了1907年，這個主張才開始在內部受到一些人的起勁反對，這些人擁護或傾向無政府主義，自成一個小派別。他們說："蓋政府者，萬惡之源也。不必論其為君主、民主，不必論其為立憲為共和，既有政府，即不啻授以殺人之具。"[1]又說："政府之可鄙厭，寧獨專制，雖民主立憲，猶將撥而去之。"[2]張繼在錦輝館持以批駁犬養毅的，就是這種無政府主義觀點[3]。《檄文》所宣傳的，也正是這個派別的觀點。同盟會內這個無政府主義派別的出現，是以1907年6月劉師培、何震發刊《天義》報和張繼、劉師培發起"社會主義講習會"為標誌的。《檄文》的草擬，當然也不會早於這個時間。

檄文還說：

> 單只為防我們漢人造反，便各處要緊的省份駐紮旗兵，監守著我們。還要我們辛苦地種出田來，養活他們。近來又想出新鮮法子，要想奪我們的各省田地，凡是好的都想歸給他們，那狗屁的上諭，反說是滿漢平等，時價估買。

---

1 《政府者萬惡之源也》，《天義》第3期，1907年7月10日。
2 章太炎：《官制索隱》，《民報》第14號，1907年6月8日。
3 景定成：《罪案》。

這裏提到的"狗屁上諭"何所指？稽之文獻，甲辰正月之前沒有內容相似的上諭，而在1907年秋，倒有一通《旗丁改籌生計諭》，中云：

> 我朝以武功定天下，從前各省分設駐防，原為綏靖疆域起見。迨承平既久，習為遊惰，坐耗口糧，而生齒滋繁，衣食艱窘，徒恃累代豢養之恩，不習四民謀生之業，亟應另籌生計，俾各自食其力。著名省督撫，會同各將軍都統等，查明駐防旗丁數目，先盡該駐防原有馬廠、莊田各產業，妥擬章程，分劃區域，計口授地，責令耕種。其本無馬廠、莊田，暨有廠田而不敷安插者，飭令各地方官於駐防附近州縣，俟農隙時，各以時價分購地畝，每年約按旗丁十分之一，或十數分之一，授給領種，逐漸推廣，世世執業，嚴禁典售。……旗丁歸農之後，所有丁糧詞訟，統歸有司治理，一切與齊民無異。……期於化除畛域，共作國民，用副朝廷一視同仁之至意。[1]

細究兩者，該諭提到"我朝以武力定天下"，派旗兵"各地駐防"，"綏靖疆域"，《檄文》就指責清朝"為防我們漢人造反，便各處要緊的省分駐紮旗兵"。該諭要求各地方官為駐防旗丁授田購買土地，《檄文》就指責其"近來又想出新鮮法子，要想奪我們各省田地"。該諭有"時價分購"，旗丁歸農後"一切與齊民無異"，"化除畛域，共作國民"，"一視同仁"的說法，《檄文》就指責其"反說是滿漢平等，時價估買"。兩相比較，可見《檄文》所抨擊的"狗屁上諭"，正是這通《旗丁改籌生計諭》。革命黨人對這通上諭是很注意的，曾經在《民報》上揭露其反動實質。[2]

　　以上三處所涉及的時事，均集中於1907年的夏秋，這說明了《檄文》不可能產生於1904年初，《章程》自署的"甲辰正月朔日"，純係倒填。《旗丁改籌生計諭》頒佈於1907年9月27日（光緒三十三年八月二十日），《檄文》稱之為"近來"之事，可見《檄文》應寫於此後不久的1907年冬或1908年春。陶

1　《德宗實錄》第578卷。
2　《預備立憲之滿洲》，《民報》第19號，1908年2月25日。

成章說，革命協會"新章"的制定在 1908 年春夏間，《檄文》自身顯示的寫作時間是與之相符的。這一點，也是《章程》即革命協會章程的有力證明。

至此，可以進而討論《章程》標明的會名問題了。"龍華會"亦名"龍華山"，會主沈英（榮卿）、副會長張恭、周華昌，原是終南會骨幹。後來終南會首領或死或走，他們便另立了龍華會，時間約在 1902 年。1904 年夏秋間，在浙江聯絡會黨的魏蘭結識沈英、張恭，繼又引陶成章前往，以發動龍華會回應夏曆十月初十的華興會長沙起義。此後，龍華會成了光復會聯繫的一支重要的會黨力量。秋瑾組織光復會，"恃以為大本營者，即此會也"。但是，龍華會在光復軍失敗時遭到了嚴重的破壞，此後再沒有恢復過活動。

龍華會與反清革命運動的關係雖很密切，但從前文舉出的例證看，現今的《章程》並不是它的章程，而是多個會黨聯合的章程。那麼，這樣一個章程為什麼又標上龍華會的名稱呢？不妨看兩段材料。

山口報告書說：

> 於是，陶成章、沈英、張恭等首倡者即聯合歸國留日學生等，糾集浙江、福建、江蘇、江西、安徽五省之頭目，在杭州召開大會，統一各會黨結為一團，建立一個名為龍華山漢族同登普渡堂革命協會的組織。

《中國秘密社會史》說：

> 於是，有陶成章、沈英、張恭等，倡議於杭州，集浙江、福建、江蘇、江西、安徽五省之頭目，開一大會，打作一團，名龍華會。

比較之下，兩條材料，譯筆雖異，內容文字卻基本相同，這至少可以估計它們是出自同一個原始資料。惟一較大差別，僅在於會名。但通過這一對比，就可以明確問題所在了。第一，平山所說的"龍華會"，雖有浙江龍華會首沈英、張恭介入，按其內容，卻正是山口說的革命協會，而非浙江龍華會。《龍華會章程》係這段文字的附錄，它理應是革命協會章程，當無疑義。第二，關於會名，山口報告書顯然是照所據原始資料移錄的，記載的是全名，而《中國秘密社會史》卻由於作者方面的原因，不顧會黨名稱有會名、山名、堂名的區別，給變成了"龍華會"。誤植的會名和倒填的時間，不經考察，被輕易地聯繫在一起，便釀成一件疑案。

附帶還可以指出，山口、平山都沒有說明革命協會倡議的時間，其原因可能在於無法解決《章程》自署時間和協會實際倡議時間的衝突，只好迴避了事。山口不著錄《檄文》，很可能也出於此因。

現在，我們可以毫不猶豫地下一個結論：現今之《龍華會章程》，實即1908年江浙皖贛閩五省革命協會章程。章程自署年月是有意倒填的。

章太炎與端方關係考析 *

一、章太炎寫給劉師培夫婦的五封信

　　辛亥革命時期，曾經發生過一樁轟動一時的公案，即章太炎與清朝兩江總督端方的關係問題。

　　1909 年冬到 1901 年初，在陶成章、李燮和、章太炎等發動對孫中山的攻擊之後，香港《中國日報》、巴黎《新世紀》等報刊先後公佈過章太炎給劉師培、何震夫婦的五封信。據此，《新世紀》斷言章太炎已經被端方收買："此即太炎先生得金之清單。玩 '攤年過久' 一語，指十年八年而言，又玩 '歲不過千餘元' 一悟，即可推其總數，大約萬金。萬金出賣一革命，至為便宜。"[1]《中國日報》則進一步宣稱："據最近佈告，言章與直督（端方後由兩江調直隸——筆者注）幕員劉光漢和好如初，且受端方委託，擔任解散革命黨及充常駐東京之偵探員。"到清朝滅亡後的 1912 年，章太炎倒向袁世凱方面，同盟會會員主持的上海《民權報》便重新發表了這五封信中的四封，認為是 "以萬金出賣革命黨之一篇大罪案"。[2] 該報說："本報攻擊章者，在昔日以圖財之故而通清吏，作奸細，棄革命黨，攻擊孫中山；在今則主張專制，逢迎袁世凱，詆毀孫、黃，排斥同盟會。"[3]

　　章太炎與端方的關係到底怎樣呢？搞清楚這一問題，對於研究章太炎、同盟會的內部矛盾以至辛亥革命史都有一定的意義。

　　為了便於考察並方便讀者，現將章太炎致劉師培、何震的五封信及何震所加注解節錄如下：

---

*　原載《南開學報》1979 年第 6 期。
1　《黨人》，《新世紀》第 117 號。
2　《章炳麟之醜史》，《民權報》，1912 年 5 月 4 日。
3　《正告神州報》，《民權報》，1912 年 5 月 7 日。

致何震函一（以下簡稱函一，餘類推）云："近想安抵滬上"，"所託諸事，務望盡力"。末署："兄麟頓首"。

何震注解說："此信無甚關係，惟觀'所託諸事，務望盡力'二言，則凡運動張之洞諸事，皆包括其中矣。"

致何震函二云："聞妹將赴金陵，想近日已在途也。……劉、卞二處消息如何？幸告。"末署："兄麟頓首，陽十一月二十五日。"

何震注解說："劉、卞二處。劉即□□□姊，係章下獄後，劉允月貼二十金，至今未交者也。卞即前長崎領事卞綍昌，張之洞之女婿。彼於去年八月致函張之洞，誓言決不革命，決不與聞政治，且言中國革命決難成功，若贈以巨金，則彼往印度為僧。書為申叔所見，始知彼與官場有往來。及我返國，彼知吾兄何譽生與前長崎領事卞綍昌親善，彼為張婿，故囑我往長崎訪之，使再致書於之洞。"

函三云："四、六君鑒：二十九日接得手示，知四弟在船甚苦。……四弟既不往寧，在滬交涉亦善。前書言恐有枝節，愚意可密緻楊仁山書，令其轉圜。"末署："毛一頓首。十二月三十日。"

何震注："四君、四弟，均劉申叔也。六君即何震也。毛一，章自稱也。……楊仁山者，池州楊文會也，以通佛學聞，南京官場多敬之，故彼欲囑何致書於彼，請其向江督為彼乞恩。"

函四云："黃、葉亦無他語，惟已明知四弟到滬，在外喧傳，黃更知兄欲出家。前數日有周尊者，自上海來信去：'聞黃抱香語，公欲出家。'則此事已稍漏泄矣。運動之事，想二子無不周知。"

何震注："黃者，湖北人黃抱香也；葉為黃友，浙江人，忘其名。黃見章不做《民報》，將疑彼無心革命，在東京對人宣言，故彼畏之甚，疑其盡知彼事。又葉為鄰人，知申叔返滬，故信中言'運動之事，想二子無不周知'也。"

函五云："領事按月支款之說，萬難允從。一、若按年分攤，則一歲不過千餘元，或僅數百，必不敷用。二、若攤年過久，章甫去江寧後，事即中寢。三、領事為政府所派，非兩江私派，若果遷延抵賴，亦無如何，以留學官費證之可見。要之不以意氣相期，盡力磋磨，亦無益也。弟若轉圜，當要以先付三分之二，不則二分取一，如或未能，當面回復。此則當令六弟任之。"末署："兄毛一白。陽三十日。"

何震注："此信最有關係。何接彼第四信，復致書於彼，故為疑問之詞，謂'將付領鉅款歟，抑至印後按月支款歟？請示明，以便開交涉。'彼乃以此函相答，反對按月支款之說。章甫者，端方也。"

要考察章太炎與端方的關係，首先要考察這五封信的真偽。

二、五封信是真的，並非偽作

有些研究者認為這五封信是假的。筆者認為，何震的注解雖未可全信，但這些信卻是真的。

不妨先就這五封信的本身作一番考察。

五函署有月日，未標年份，它們是哪一年寫作的呢？何震注云："黃見章不做《民報》"，《新世紀》也說："彼時乃忽辭《民報》編輯之任，即在作此五書之時。"按，章太炎確曾一度辭去過《民報》編輯人的職務，《民報》第 18 期《啟事》云："本社部編輯人章君炳麟因腦病忽作，不能用心，頃已辭職，今仍請張君繼續接續主持。"該期印刷於 1907 年 12 月 24 日，顯然，五信即作於這一日期前後的一段時間內。

信的年份明確了，對它的考察就方便了。

首先，應該檢查一下受信人的行止與信的時間、內容有無衝突。

劉師培夫婦是 1907 年 2 月去日本的。當年 12 月前後，他們是否離開過日本呢？這年 12 月 4 日，蘇曼殊在上海致劉三書云："頃須俟劍妹（何震號志劍——筆者注）來，方能定日東行。劍妹十五日回鄉，云一週可返，今逾半月未來，殊悒悒。"[1] 可見當時何震不僅已從日本回到上海，而且又從上海回了"鄉"。同信又云："申公有意明春返居滬瀆。" 可見劉師培當時還在日本。不過，劉師培不是到次年才返滬的，據柳亞子回憶，1907 年冬天，他就曾在滬與劉氏夫婦及其他友人聚飲，並留有當時作的詩和攝的相片。[2] 到 1908 年 2 月 26 日，蘇曼殊在日本致劉三書云："申叔伉儷西來。"[3] 可見劉繼何之後，於 1907 年冬也回國了，到次年 2 月，又一起再到日本。上述五函中，前二函單獨寫給何震，後三函寫給劉、何二人，其所署月、日，均與何震、劉師培當時的行程、活動狀況相吻合。

其次，應該考察一下五信的基本事實。

何震在注中說，"贈以巨金"，章太炎就到印度為僧。函四中，章太炎也有"黃更知兒（章氏自稱 —— 筆者注）欲出家"之語。這一時期，章太炎是否有過類似的念頭呢？

1907 年 6 月 28 日蘇曼殊致劉三書云："衲今後決意與太炎先生同謁梵土，但行期尚不能定。"[4]

同年 11 月 28 日蘇曼殊致劉三書又云："前太炎有信來，命曼隨行，南入印度，現路費未足，未能預定行期。"[5]

同年章太炎贈蘇曼殊照片題詞云："當於戊申（1908 年）孟夏，披剃入山。"[6]

1916 年章太炎《致許壽裳書》回憶云："梵土舊多同志，自在江戶，已有西遊之約。"[7]

章氏弟子黃侃《太炎先生行事記》云："睹國事愈壞，黨人無遠略，則大憤，思適印度為浮屠，資斧困絕，不能行。"[8]

綜上可見，章太炎在 1907 年確曾計劃去印度做和尚，並為缺乏路費所苦。

1 《蘇曼殊全集》第 1 集，北新書局 1931 年版，第 199 頁。
2 《南社紀略》，開華書局 1940 年版，第 8 頁。
3 《蘇曼殊全集》第 1 集，第 202 頁。
4 《蘇曼殊全集》第 1 集，第 335 頁。
5 《蘇曼殊全集》第 1 集，第 197 頁。
6 《越風》第 18 期。文中云，該相片是其"三十九歲所造影象"。章生於同治七年十一月三十日，三十九歲生日應在 1907 年 1 月中旬，故應作於是年。
7 《制言》第 25 期。當時態度章炎再次準備去印度學佛，"以維摩君士之身，效慈恩法師之事。"
8 《制言》第 41 期。

1906 年章太炎到日本後，逐漸和孫中山發生了思想上、政治上的深刻分歧。1907 年上半年，這種分歧通過孫中山離日時接受日本政府贈款和欽、廉起義購買日械等問題尖銳地爆發了出來，黃侃所謂"睹國事愈壞，黨人無遠略，則大憤"，應指此。想去印度做和尚，也應在這個時候。這一時期，章太炎自稱"震旦優婆塞"[1]，以示其歸依佛門之意，也是一個旁證。

章太炎是否曾通過劉師培夫婦從端方那裏取得去印度當和尚的費用呢？

在劉師培秘密寫給端方的一封信中有關於章太炎的一段話，原文如下：

> 餘杭章炳麟少治經學，尤深於《春秋左傳》。……彼居東京歲餘，抑鬱不得志。初擬變易《民報》宗旨，以消弭種族革命（彼所作文詞均言佛理，或考古制，無一篇言及排滿革命）。嗣彼黨時有謗言，故彼即作檄斥孫文，並置身同盟會之外，近且辭《民報》編輯矣。即偶有講演，亦係黨人迫彼使為，非其志也。今擬往印度為僧，兼求中土未譯之經。惟經費拮据，未克驟行。倘明公赦其既往之愆，開以自新之路，助以薄款，按月支給，則國學得一保存之人，而革命黨中亦失一績學工文之士。以彼苦身勵行，重於言諾，往印以後，決不至於有負於明公。惟此事宣露於外，則革命黨人或對彼潛加暗害，所謂愛之者害之也。《論語》有言："君子成人之美。" 尚祈明公之力踐此言也。[2]

該信向端方表示"大恨往日革命之非"，並獻"弭亂之策"，實際上是一封叛徒的自首書。通過這封信，劉師培和端方勾搭成功，成為隱藏在革命隊伍中的一名內奸。

這封自首書與章氏五函有其相通之處：

第一，此信提及章氏"近且辭《民報》編輯"，可知寫於 1907 年 12 月或稍後，正是劉師培從日本回到上海之際。章氏函三寫於是年 12 月 30 日，中云："四弟（劉師培）既不往寧，在滬交涉亦善。"時、地、人、事均合。

1　《梵文典序》，《天義報》第 6 卷。優婆塞，梵語。《涅槃經》："歸依於佛者，真名優婆塞。"
2　天津《大公報》，1934 年 11 月 2 日；《建國月刊》第 12 卷，第 4 期。

第二，章氏五函係託劉氏夫婦向端方謀求在印度為僧款項，此信向端方明白地將此問題提出了。特殊之處僅在於劉的"交涉"是以替端方畫策並為章太炎乞憐的方式提出的。這樣提出問題，很符合其叛變身份。他既替端方物色到一個理想的策反對象，也等於自己獻上一份可觀的觀禮，還替老朋友辦了事。

第三，章在函四中警告劉、何："此事已稍漏泄矣！"此信也警告端方："此事宣露於外，則革命黨人或對彼潛加暗害，所謂愛之者害之也。"秘密進行以保全章太炎的態度是一致的。

第四，爭執的付款方式是同一個。此信向端方提出的"按月支給"，正是章太炎在函五中極力予以反對的付款辦法。據何震注，何接第四函後，先寫信問章"將付領鉅款歟，抑至印後按月支款歟？請示明，以便開交涉"。於是函五才反對按月支款，要求劉去"轉圜"，爭取先付三分之二或二分之一。

此信與章氏五函為什麼有這些重要的相通之處呢？合理的解答應該是，它們是同一樁事在不同場合留下的文件。不然，就不容易解釋此信中的這種情況：劉師培向端方比較真實地介紹了章太炎與孫中山的矛盾，卻抹殺章當時的革命活動，所謂想"消弭種族革命"，文章"無一篇言及排滿革命"，講演"亦係黨人迫彼所為"等等，均非事實。這種曲筆，無非是要讓端方相信對章太炎可以"赦其既往之愆，開以自新之路"，痛快地拿出錢來。如果劉師培心中無底，一旦端方給了錢，章拒不接受，甚至予以揭露，那麼，內奸的面目不就要暴露了嗎？顯然，他敢於預支章"決不至有負明公"的保票，就是因為他是受章太炎的委託來"交涉"的。這封自首書的存在，證明了章太炎確曾通過劉師培向端方處活動，同時也證明了章氏五函是真的。

這封自首書是 1934 年偶然發現的，據有關線索判斷，它是從端方家中流散出來的。事後不久公佈的章氏五函容易招人懷疑，這封自首書的真實性卻不好輕易否定。劉師培雖然號稱"才子"，他也不可能在編造假信之前，就預先遞一份與之呼應的信給端方，並使之留傳下來，以便在後人討論此段公案時繼續作偽。

其他方面的材料，也有力地證明了章氏確曾向端方謀款。

1909 年 10 月，當東京的革命黨人因章太炎和劉師培的來往而指責其為"偵探"時，據陶成章說，章太炎"已有《辯書》一紙，將以付印"，這份《辯書》到底付印了沒有，現在還不清楚。但是，其內容從陶成章稍後的《致柱中、若愚手札》卻不難窺知。陶成章說："太炎作和尚之意實有，至偵探，斷斷無之。彼居東京，每日講學，所出入者止學堂，何有官場特派員？昭昭在人耳目，誣妄太炎先生無益也。"柱中就是李燮和，在同盟會的內部矛盾中和章太炎、陶成章是站在一起的。事情已經發展到了連自己人都發生懷疑，說明對方提出的證據相當有分量，以致陶成章不得不出面保證："至偵探，斷斷無之"，而於"作和尚之意"，不能不承認"實有"；至於與之密切相連的通過劉師培夫婦向端方謀款一事呢？則未置一詞，不加否定，實際上採取了承認的態度。陶成章當時在東京與章太炎朝夕相處，立場完全一致，他對李燮和的上述說明當然也反映了章太炎的態度。它表明，如果章太炎確有一份《辯書》的話，所"辯"者也只是並非"偵探"，而沒有否定通過劉師培夫婦向端方謀款這一事實。

此外，還有一些值得注意的現象。

前文談到，1912 年上海《民權報》大罵章太炎時，曾重新發表章太炎致劉氏夫婦五函中的四函。事隔一日，5 月 5 日，上海《民聲日報》以"記者"名義發表文章說明情況稱：

> 初，日人有漢字統一會之設，而張之洞亦贊成之。章氏曾為一文，揭諸《民報》，盛致譏評張氏之意。張氏於文學極自熹，聞章氏非之，思所以自解者，令其婿卞某託劉申叔代達殷勤，謂每年願致千金，而章氏多所要索，卞某不敢應，以語端方。端方固恭章甚，以為可以術致章氏歸國而後除之。章氏知其狙詐，則愈為譎言相弄。端知章不可利誘，其事遂寢。

該文認為，《民權報》所發表的章氏四函"並無賣黨之證"，"謂章氏以術取清吏之財則誠有之，夫以術取消吏之財者，革命黨中寧止一章氏，要之非窮兇極惡，罪在不赦者也"。該文明顯地替章氏辯護，但承認"章氏以術取清吏之財則誠有之"。《民聲日報》是一張擁護袁世凱、吹捧章太炎的報館。它的主筆黃侃 1908 年以後成為章太炎的弟子，處處以維護乃師尊嚴為己任。上海《天鐸報》發表過對章 "不敬" 的文字，黃侃便把該報主筆之一的柳亞子找去，"鐵青面孔" 責問，要柳脫離該報。[1] 試想，如果章太炎根本沒有通過劉師培和端方發生過關係，黃侃怎麼能讓本報 "記者" 作出這種答辯來呢？這個 "記者" 不是別人，應該就是極端熟悉章太炎東京生活的黃侃自己。

上海《神州日報》也是一家擁袁捧章的報館。它的主筆之一汪允中和章太炎同為俞樾門生。對於《民權報》刊載的章氏函件，它同樣不敢否認，5 月 6 日該報社論說："其事之有無，姑不置辯。" 又說什麼 "小德出入，盡人難免"，意思是這只是 "小德"！5 月 8 日，該報又發表文章說："夫章原書中有一字涉及黨人事實否？如以設法取人金錢即指為賣黨之證，蓋黨人流離奔走時，其設法自濟者多矣，某報可謂其人皆賣黨乎？" 這篇文章進而承認了事實，但 "小德" 問題也沒有了，而是 "設法自濟"。

最後，必須著重指出的是致劉師培、何震五函是章太炎的親筆。曼華《同盟會時代〈民報〉始末記》說："劉申叔夫婦以居東備受黨人冷淡，亦相偕遄還國門，投效於滿吏端方。申叔抵滬時，且遣書黃廑午、林廣塵、湯公介等，詆章枚叔曾致函端午橋，由劉妻何震轉交，要脅鉅款二萬，即捨革命而不言，往印度為僧以終其身云。內並附章氏關於此事之手書真跡照片，廑午等一笑置之。"[2] 此文是根據湯增璧的回憶寫成的，湯增璧即湯公介，他是民報社職員，章太炎的友人。這段回憶雖有其失真之處，但關於章氏手書照片的說法應是可信的。劉師培散發的這份真跡照片，正是日後《中國日報》等報刊揭露章太為的依據。1909 年 12 月，因為美洲華僑受了陶、章攻擊孫中山的影響，對孫中山的感情 "大不善"，為了廓清影響，順利開展在美的籌餉活動，孫中山曾寫信給吳稚暉，要他將 "劉光漢發露太炎同謀通姦之筆跡照片寄與弟用，以證明太炎之所為，庶足以破其言之效力"。[3] 隨後，這份真跡照片就影印刊登在美國《美洲少年報》上。

1912 年，當中國同盟會廣東支部聽說袁世凱要委任章太炎任 "國史院長"

1　《南社紀略》，第 47 頁。
2　中國史學會：《辛亥革命》（二），第 447 頁。
3　《總理全集》第 3 冊，成都近芬書屋，1944 年 7 月版，《函札》，第 111 頁。

時，曾發表通電說：

> 章炳麟前乞充滿奴端方偵探，泄漏民黨秘密，筆據確鑿，尚存本處。今聞擬委國史院長，如此重大事件，付諸僉壬之手，勢必顛倒是非，搖惑萬世，誓不承認。[1]

可見，這份"筆跡照片"辛亥革命後還保存著。

章太炎不是謙謙君子，他不會容忍任何人對他無中生有，栽贓陷害，可是對於這件事，除了上面已經分析過的那份《辯書》外，他沒有作過任何公開解釋。這種異樣的沉默只能說明其中有難以否認的事實。

基於以上種種理由，筆者肯定章太炎致劉師培、何震的五封信是真的。

三、章太炎為去印度為僧向清朝大官端方謀款

那麼，章太炎和端方的關係到底怎樣呢？

關於這個問題，在上述五函真偽問題的考證中實際上已可窺見其大概：章太炎確曾通過劉師培、何震夫婦跟端方聯繫，聯繫的中心問題是要端方給章太炎以去印度做和尚的經費，而章將從此脫離革命。劉師培在叛降端方時，向端方提出了這個問題，並在章、端之間聯絡交涉。章氏致劉氏夫婦的信，就是這種活動的記錄。

在脫離革命去印為僧的背後是否還有更隱秘的政治交易？作這種指責的人沒有提出充分的證據，筆者也沒有發現這方面的材料，從章太炎的思想和性格看，他也絕對不會幹這種事。但是，沒有這點，並不能否定章太炎向端方運動經費是一個難辭其咎的錯誤。端方是鎮壓革命最力的滿洲貴族之一，革命派恨之入骨。章太炎在和孫中山鬧翻之後，去和這樣一個人物發生關係，無怪乎事實公開後輿論大嘩了。

1　《民權報》，1912 年 5 月 11 日。

這裏，必須進一步考察的是章、端之間關係究竟達到何種程度。

1912 年 9 月 8 日，北京《民主報》刊出該社職員的一篇文章，作者是與章太炎很熟的革命黨人，[1] 文中說：章"因劉申叔與聖母何震受端方運動，每月得其乾脩二百兩。" 這條材料值得重視。前文提到，端方"資助"章太炎赴印度為僧的錢應怎樣付給，劉師培提出的方案是"按月支給"，而章太炎不同意，認為按月支給不可靠，錢也太少，必須先在總數中"先付三分之二，不則二分取一"。這條材料所說的每月二百兩銀子，顯然是一種折衷方案，它既維持了"按月支給"的付款原則，又將實數提高到章氏所不願意的"一歲不過千餘元或僅數百"的一倍以上。問題的關鍵在於章太炎曾否接收了這份"乾脩"，按作者文章，章太炎是接收了的。但是，這一方案並沒有解決去印度的路費問題，章太炎並非謀衣謀食者流，顯然不會接受。作者所述，當係出於傳聞。

此後，這種關係有無進展？因為得不到直接材料，只能從別的方面考查。章、端之間以劉師培作中間人，章、劉關係可以反映出這個問題。1908 年 2 月，即章太炎寫了第五函的次月，劉師培、何震即回到東京。劉師培返日後，一面繼續以"革命"的高姿態大唱無政府主義"高調"，一面暗中做偵探，向端方密報革命黨人動態。這時，章太炎與劉、何關係很好，與兩人同住於麴田區飯田町，同在名為研究"社會主義"，而實為宣揚無政府主義的"社會主義講習會"上作演說。但是，不過兩個月，章就與兩人大吵特吵起來，只好搬回民報社，自此，劉、何與章反目成仇，何震表弟汪公權甚至宣佈要和章太炎"白刀子進去，紅刀子出來"。他們之間為什麼突然決裂呢？雙方事後都沒說明真實原因和細節，我們不能妄測這次衝突與章、端關係有關。但可以肯定，處於這種境況，由於失去中間人，章、端關係也就無法繼續下去了。

不過，事態並不到此為止。1908 年 4 月 27 日，廣州《國民報》刊出一則題為《章炳麟出家》的"活劇曲"，中云：

（同志掃板唱）章炳麟拋卻了、平生抱負。（慢板）眼見得漢人中、少

---

1 此人在東京曾見章太炎以臉盆"遙擊"黃興，又曾遇黃侃於途，"道太炎近事，為之諮嗟，太息不置"。

個幫扶。披袈裟，坐蒲團，不顧宗祖。縱不念、眾同胞，該念妻孥。況且是、我支那、蹉跎國步。望同志，抱熱心，休作浮屠。

（章炳麟中板唱）……因此上，除卻了三千苦惱，逼著我請個高僧來到東京披剃頭毛。我非是、主持厭世遁入空門愛棲淨土，我國人莫予肯穀故把禪逃，從今後理亂不聞興亡不顧，入沙門，參佛祖做貝葉工夫。

這篇戲文的史料價值，在於它反映出章氏出家消息傳播之廣，及革命黨人對此的態度。戲文批評章"理亂不聞興亡不顧"，態度是善意的、誠懇的。對此，章太炎沒有反應。緊接著，5 月 24 日，上海《神州日報》又刊出了一則《炳麟啟事》：

世風卑靡，營利競巧，立憲革命，兩難成就。遺棄世事，不攖塵網，固夙志所存也。近有假鄙名登報或結會者，均是子虛，嗣後閉門卻掃，研精釋典，不日即延高僧剃度，超出凡塵，無論新故諸友，如此以事見問者，概行謝絕。特此昭告，並希諒察。章炳麟白。

這裏，除了去印度一節外，脫離革命和出家似乎都將實行了。但是，章太炎卻在 6 月 9 日出版的《民報》第 21 期刊登《特別廣告》，予以否認。

僕於陽曆五月二十四日赴雲南獨立大會，僕歸後即不見印章一方，篆書：章炳麟印。知是偵探乘間竊去，以後得僕書者，當審視筆跡，方可作準。

再，近有人散佈匿名揭帖，偽造僕與錫良之電報，又有人冒名作信，在上海《神州日報》登《炳麟啟事》一則。其散佈匿名揭帖者，查得是山西寧武縣人，其冒名告白，尚待調查，合併聲明。

這則《廣告》戳穿了前述《啟事》是偽造的。它的造者是誰呢？這則《廣告》中提到了"散佈匿名揭帖"的是"山西寧武縣人"。當時，在東京的"山西寧武縣人"中，確有人信奉無政府主義，與章太炎不睦，並與劉師培關係密切。章太炎聲明已經"查得"，但沒有點名。至於"冒名告白"的作者，章氏只表示"尚待調查"，沒有公佈結果。實際上，也只有劉師培一夥才會幹這種勾當。

這是因為：章太炎找劉、何替他跟端方拉關係，使劉師培、端方都覺得有油水可撈，因而劉替章打了保票，狡猾的端方雖不肯將鉅款輕易付人，也還是出了高價，可是，章太炎居然食言——雖然在那裏醉心佛學，夢想"扶掖聖教"，請了一個名叫密尸邏的印度人在那裏教梵文[1]，但是，並沒有去印度，而且，仍然在《民報》上發表文章，宣導"排滿"。這樣，劉師培當然無法向他的主子交代了。情急無奈，只有不擇手段，偽造一個啟事在上海的報紙上登出來，好讓端方看到，說明他劉師培已經完成了任務。

總之，在章太炎和劉師培的關係破裂以後，章太炎和端方的關係也就無法存在了。1908 年 10 月，日本政府在封禁《民報》的同時，也封禁了劉師培的《天義報》和《衡報》。11 月，劉師培回國，繼續以革命黨人的身份在上海招搖撞騙。此後不久，他即將章氏五函由何震加注說明後寄給黃興等人。這一事實，說明端、劉的策反計劃已經徹底破產，只能利用這五封信搞臭章太炎，在革命黨人內部製造猜疑和矛盾。

章、端關係曾達到何種程度，如何結局，至此已比較了然了。前引《民聲日報》的文章說："端方知章終不可利誘，其事遂寢"，這應該是可信的。

末了，附帶談一談章太炎與端方的關係問題為什麼引起了軒然大波。這種情況的形成當然與章太炎此舉本身的嚴重性分不開，同時，也和同盟會內部矛盾的加劇有關。

在劉師培回國後不久，民報社發生縱火案。緊接著，又發生毒茶案。縱火、放毒的主犯都是劉師培的同夥汪公權。1908 年 12 月，江、浙革命黨人在上海策劃起義，劉師培將這一情況密報端方，黨人張恭被捕，劉師培一夥的叛徒身份因而逐漸暴露。此後，劉即投入端方幕中任"文案"。1909 年 8 月，端方調赴直隸，上海報紙發表了隨員名單，其中就有劉師培。這樣，劉師培的叛

1　楊仁山：《等不等觀雜錄》第 8 卷。

徒身份就徹底暴露了。在此之後一月，陶成章、李燮和等聯絡少數人，發佈了一份所謂《七省同盟會員意見書》，誣陷孫中山吞蝕華僑鉅款，藉革命肥家，陶並親自跑到東京要求罷免孫中山的總理職務。同年 10 月，《民報》秘密在日本籌備復刊，章太炎又寫了《偽〈民報〉檢舉狀》，攻擊孫中山。陶、章二人肆意破壞團結，聲勢咄咄逼人，迫使孫中山、黃興等不得不回擊，以挽回影響。儘管陶成章是組織和發動這場攻擊的禍首，章太炎卻因舊日聲名及其同孫中山的長期矛盾而風頭最健。於是，章太炎與端方的關係被正式提出來了。

雙方的激烈情緒是可以想見的。在抨擊章太炎時，像吳稚暉那樣斷言章已經出賣革命，顯然夾有個人恩怨；他人斷言章背離革命，淪為偵探，不是意氣用事，便是由於情況不明。章太炎和劉師培有過那樣一段極為密切的關係，又有這樣五封信，當時，人們無法弄清全部情況，把章、端關係估計得更複雜些並不奇怪。在我們考察這椿歷史公案時，對於雙方過頭的話，都應根據可靠史實予以訂正。

關於同盟會內部的分歧和鬥爭，筆者將另文討論。這裏須要提出的是，同盟會內部日常事務和人事上的衝突是由於在政治、思想和鬥爭策略上存在分歧而引起的。但是在鬥爭開展之時，這種分歧並沒有被提出來展開應有的思想鬥爭，反而被個人的攻擊所掩蓋。這種現象也是當時革命派政治上不成熟的一種表現。我們在觀察同盟會內部的鬥爭時，不應被一些熱鬧事件所迷惑，忽略了背後的主要分歧，也不能認為這些事件都不值一提，把它與背後的分歧看成截然兩回事。這樣，都無法掌握同盟會內部鬥爭的全貌。

附記：本文發表後，有人贊成，有人懷疑。1979 年，曾業英同志發現了章太炎復浙江統一黨支部的一封信，為本文找到了確鑿的證據，其爭遂息。今錄章函如下：

> 浙江統一黨支部鑒：
>
> 　　電悉。同盟南北諸報皆舉端方事件，以為攻僕之詞，其實不值一哂，請為諸君道其原委。僕自抵東辦報，親戚故舊，音問俱絕。後見同盟會漸趨腐敗，憤欲為僧，以求梵文於印度。又與安南、朝鮮諸學生立亞洲和親

會，聞印度革命黨才高志堅，欲裹糧以從之，得所觀法。於時假貸俱絕，惟南皮張孝達有一二日之舊遊，後在東京關於文學教育諸事，亦嘗遺書獻替。張於革命黨素無惡感，不得已告貸焉。其書囑長崎領事卞某帶歸，卞即〈張〉之婿也。卞回國後，不敢請通，私以語端方，遂居為奇貨，反囑卞來告。其言十萬金五萬金者，皆憑虛餌人之語。僕亦欲達初志耳，何論出資者為端為張！而端遂欲致之鼓山（福建島）、普陀等處，僕遂決意不受。對敵之言，自有開合張弛，同盟會人遂云僕作偵探，然則黃興出洋留學，亦端方特與官費，其偵探耶非耶？同盟會業成而〈歸〉者，亦多仕宦，或為將弁、幕府之屬，其偵探耶非耶？誣人之言，以〔心〕所不可。《天鐸》、《民權》諸報，市井醜談，未脫南洋、美洲口吻，夫何足致辯哉！剝此敬復。章炳麟白。

（《越鐸日報》，1912 年 6 月 6 日）

附：朱維錚《致楊天石論章太炎與端方關係函》

天石兄：

所賜《南開學報》二本並短簡一紙，已於節前收到，贈姜一本，也遵命轉交。感謝感謝！

大作已拜讀。你與學莊搜幽探微，用力甚勤，就文章本身而言，推論堪稱詳密，讀後頗有啟發。

章氏與端方關係一案，在辛亥後曾鬧得很大，如能發露真相，則誠如大作所云，於章氏傳記，於同盟會內部矛盾，作進一步探究，都有益處。然大作讀後，感到此一公案，能夠了結，仍屬莫大疑問。我對此案，沒有作過專門研究，只能提幾點疑問，請你與學莊指教：

（1）大作信章氏五函皆真，《新世紀》指控皆實，不知是否找到五函原件？何震乃著名女氓，吳稚暉更係政治無賴，縱令其聲稱所據皆原件，如尚未見到真跡，也令人疑其有否點竄肢解，何況何震所注，疑點居多，《新世紀》所謂握有證據而始終不見有實物刊佈，明係造謠惑眾，怎麼能輕易相信呢？

（2）兩邊相爭，當比勘原告狀詞與被告辯詞。如置旁證於不顧，即判原告所控皆實，被告所辯皆虛，即使判得不錯，也會使旁聽者疑心法官先存偏袒之見。大作讀後，我就發生這種疑問，隨便舉幾例：

一，1908年6月1日章有《致孫詒讓書》，初刊於《國粹學報》，後收入《太炎文錄》，以後《制言》雜誌，又將原信全文影印刊出。影印件有一段文字，專談劉師培投端方事，章談了對劉的動機的看法，要求孫以父執身份，出面勸劉回頭專治經術，明確表示章反對劉"棄好從仇"。此段文字，在《國粹學報》及《文錄》中均刪略，我曾細辨影印件字跡，以為確係章早年所書。此書於大作所論問題，為第一手材料，即使以為不可信，也必須在文中說明理由和根據。然觀大作曾兩引《制言》，獨此信隻字不提，這使我大惑不解。

二，陶成章亦為此案被告之一，陶在《浙案紀略》中亦述及劉背叛事，立場站在同盟會（不是光復會）一邊，態度也很明白。然而大作也於此隻字不提，這又使我大惑不解。

三，大作一再提及《神州日報》，此報在此案中扮演了重要腳色。原報我沒見到，很想知道它的有關內容，以說明判斷此案真相。然大作中也未具體稱引，不知未找到還是略掉了，總之我不見大作引處於被告地位的此報，也頗是不解。

四，章門弟子，除黃季剛外，其它人也有就此案為章氏申辯者，當然可以斥其"子為父隱"，但申辯所指證據是否屬實，似也應談及，而大作也沒有考察，我又不解。

（3）我對章在辛亥前思想行動，不佩服處頗多，獨對其說話坦率，敢於堅持自己的信念，很佩服，以為在同盟會領導人中，屬書生意氣保留較多而政客作風沾染較少者之一。故面對近年有些文字，如唐某之文，不察事實而以臆說對章在辛亥前的人格恣意貶抑，深表不然。

我以為評論歷史人物，當進行全面分析，不因人廢言，也不因言廢人，尤其不能在地主資產階級陣營中搞以誰劃線。例如研究光復會與興中會的爭論，以章劃線固非，以孫劃線也錯，二種態度均非馬列主義者所宜有。故江青辱罵孫中山，當然該狠批，但批判的第一個條件是不存偏見，因此不該“對著幹”，不該站到同盟會主流派的立場上去批四人幫，而要用唯物史觀為指南去進行客觀的研究。

我對某些批法一直有腹誹，以此。大作意在研究同盟會內部矛盾，特別是孫、章矛盾的起因，但所下斷語，鄙意實不敢苟同。即如受金一項，章是否受端方月二萬金，大作亦以為尚屬疑案，但孫曾受李鴻章二萬金，受日政府數萬金，則屬鐵案，那末可不可以說同盟會內部分裂，是孫受帝國主義及其走狗清朝驅使呢？顯然不能，因為看人要看實踐，孫的實踐證明，他沒有去出賣革命出賣民族。為何對孫可以如此評論，面對章則反是呢？當然我也不贊成對孫、章各打五十大板，但以為同盟會分裂原因，比表面現象要複雜得多，故建議你和學莊更作平情之論也。

對老朋友，我總是隨便亂說，也不怕犯禁招忌。據我所知，大作所論問題，在上海另外無人深入研究，北京不知有否？《歷史研究》曾發《讀史札記》一篇，談《秦政記》一個句讀，作者（戴鴻森，你知他是什麼人嗎？）自信得很，竟連原刊句讀也不查，就說這個那個全錯了，可惜他的句讀，卻是最荒謬的一種。責人不實事求是，而自己又不實事求是，可歎！此函請給學莊一閱，並請勿示人，防朱××之流也。

餘另敘。專此即頌

撰安！

維錚

79.1.31 夜

劉師培舉報章太炎 *

　　1908 年冬，黃興接到了劉師培的一封舉報信，揭發鼎鼎大名的革命家章太炎 "背叛本黨"，其主要內容是：章太炎 "無心革命"，想到印度去做和尚，缺少路費，便致函張之洞，請求資助。信稿夾在書裏，為劉師培所見，章太炎便不再隱瞞，對劉說："士各有志，同盟會不足與有為，而研習佛教，亦當今急務。" 當時，清政府駐長崎領事卜綬昌是張之洞的女婿，與劉師培的妻子何震有親戚關係。章太炎要求何震通過卜綬昌將函件轉交張之洞，索款三萬元，二萬作為自己赴印的旅費，一萬作為劉師培印書的費用，但何震赴長崎時，卜綬昌已經離任返國。其後，何震回到上海，章太炎又致函何震，要她與卜綬昌及著名居士楊仁山商量，向兩江總督端方謀款。章太炎怕何震一人辦事不牢靠，又令劉師培回國辦理。劉、何二人認為此事不易成功，寫信告訴章太炎說："三萬元之款，必不可得，即成亦不過按月支款。" 章太炎不死心，一再作函催促，同時在《民報》上刊登告白，宣稱 "腦病忽作，不能用心"，辭去《民報》總編輯人職務，並將該報寄給劉師培，要求經由卜、楊轉示官場。信中，劉師培並附寄章太炎寫給他們夫婦的六封信的照片，聲言 "觀此數函，則太炎背叛本黨之跡，顯然可睹矣"。

　　根據有關史料和筆者近年來的研究，劉師培的這封舉報信大體屬實。1907 年，同盟會東京總部發生嚴重分裂之後，章太炎確曾一度想去印度做和尚；為此，他也確曾企圖通過劉、何向張之洞和端方謀款。只是，劉師培沒有將這一事件的全部真相和盤托出，而且隱瞞了他寫這封信時的真實身份和目的而已。

　　大凡激烈得出奇的人墮落起來也常常出奇。劉師培、何震都曾是東京中國革命黨人中風頭十足的人物。1907 年春夏，他們忽而宣傳孫中山接受日本政府 "賄賂"，要求打倒孫中山，改選同盟會總理，忽而覺得孫中山號召的民主革命

---

* 　錄自楊天石《橫生斜長集》，天津百花文藝出版社，1998 年。

不夠徹底，提倡"無政府革命"。但是，也就是在這年冬天，何震回國和端方拉上了關係；緊接著劉師培也跟著回國，向端方自首。他們給端方的見面禮之一，就是提供了章太炎與孫中山不和、想去印度做和尚的情報。在《上端方書》中，劉師培說：

> 餘杭章炳麟少治經學，尤深於《春秋左傳》……彼居東京歲餘，抑鬱不得志、初擬變易《民報》宗旨，以消弭種族革命（彼所作文詞均言佛理，或考古制，無一篇言及排滿革命）。嗣對黨時有謗言，故彼即作檄斥孫文，並置身同盟會之外，近且辭《民報》編輯矣。即偶有講演，亦係黨人迫彼使為，非其志也。今擬往印度為僧，兼求中土未譯之經，惟經費拮据，未克驟行。倘明公赦其既往之愆，開以自新之路，助以薄款，按月支給，則國學得一保存之人，而革命黨中亦失一績學工文之士。以彼苦身勵行，重於言諾，往印之後，決不至於有負明公。

端方見到此信後，當然很高興。能夠將章太炎從革命隊伍中拉出來，豈不是為清王朝立了一大功！不過，此事終於沒有辦成。其一是章太炎不同意由領事"按月支給"的辦法，要求先付全部費用的三分之二或二分之一。他在復劉師培信中說："領事按月支款之說，萬難允從。一、若按年分攤，則一歲不過千餘元，或僅數百，必不敷用；二、若攤年過久，章甫（指端方——筆者注）去江寧後，事即中寢。三、領事為政府所派，非兩江私派，若果遷延抵賴，亦無如何。"其二是端方不願意放章太炎到印度去，而要求他在福建鼓山或浙江普陀出家，以便控制。這一點當然不能為章太炎所接受。

交易沒有成功，劉師培夫歸於 1908 年春又回到東京。章太炎不了解他們向端方自首的秘密，仍然友好相處，三人同住在一起，親密得像一家人。但是，不過兩個月，就吵得不可開交，章太炎不得不搬到《民報》社居住。這場爭吵的原因和經過目前還不能很了然。只知道章太炎在《日華新報》上撰文揭露了劉氏夫婦，劉氏夫婦則將章太炎的"劣跡及往來書信"彙編成冊，準備公佈。其後，劉師培夫婦曾聘請日人漆田增男為律師，準備和章太炎打官司，為人勸阻後便跑到章太炎寓所，將章痛打了一頓。

1908 年 11 月，劉、何二人再次回到上海，旋即出賣了同盟會員張恭。其間，章太炎曾致書同盟會總部，揭露劉已墮落為“偵探”，而劉師培則反唇相譏，寫信大罵章太炎。為了在革命黨中製造猜疑和糾紛，並向當時主持同盟會東京總部的黃興等人寫了上述舉報信。

黃興接信後，與湯增璧、林文等人開會研究，認為章太炎“心神狂亂，宗旨不定”，決議以後秘密事情“不與商榷”，但同時認為章太炎向端方謀款，屬於“私德”，其性質為“誤入歧途”，決定嚴守秘密，不予宣佈，希望章太炎能有“反省”回頭的一日。

平心而論，當時中國革命黨人和清政府之間屬於對抗性矛盾，章太炎因同盟會內部矛盾而向清政府的封疆大吏謀款，想去印度做和尚，此舉當然是錯誤的，但是也還不能視為“叛黨”，黃興的判斷和處理大體上是正確的、有水準的。由於他的理智和冷靜，這件事被壓下來了。

劉師培舉報章太炎引起的風波 *

　　前文談到，劉師培舉報章太炎 "背叛本黨"，由於黃興的理智和冷靜，這件事被壓下來了。但是，不到一年，此事就在同盟會內部引起一場軒然大波。

　　1909 年 9 月，同盟會內部矛盾進一步激化，陶成章聯絡李燮和等人起草了一份《七省同盟會員意見書》，指責孫中山有 "殘賊同志"、"蒙蔽同志"、"敗壞全體名譽" 等罪行 3 種 12 項，要求同盟會總部開會討論，罷免孫中山的總理職務。當時，孫中山正派汪精衛到東京復刊《民報》，沒有讓章太炎與聞其事，章太炎一怒之下，散發了名為《偽〈民報〉檢舉狀》的傳單，不僅攻擊復刊的《民報》為 "偽"，而且大肆攻擊孫中山經濟上貪污、政治上賣國。《檢舉狀》說："綜觀孫文所為，豈欲為民請命，伸大義於天下，但擾亂耳。" 這下子，亂子就鬧大了。

　　《檢舉狀》的作者是在革命黨中素負重望的章太炎，它攻擊的對象孫中山則是當時中國革命黨人的旗幟，因此，《檢舉狀》的發佈對革命黨人的威信造成了巨大的損失。11 月 6 日，保皇黨在新加坡的機關報《南洋總匯新報》全文刊登了《檢舉狀》，改題為《請看章炳麟宣佈孫汶罪狀書》，編者以無限輕蔑的口吻表示："記者之意，不過欲使華僑知革黨之內容，如是如是。"

　　開始時，黃興仍然比較冷靜，他在《民報》第 26 號上刊登了一份告白，說明章太炎 "好聽讒言"，"不計是非"，"不問情偽"，沒有採取其他動作。但是，被《檢舉狀》所激怒，東京的部分黨人已經平靜不下來了，他們決定公佈劉師培的舉報信。1909 年 11 月，舉報信以《劉光漢致黃某手簡》為題在神戶《日華新報》刊出，該報不僅加了 "章炳麟背叛革命黨之鐵證" 的大字標題，而且加了按語，按語說：

---

*　錄自楊天石《橫生斜長集》，天津百花文藝出版社，1998 年。

革命黨章炳麟到東以來，主持《民報》，頗為該黨所歡迎。本報亦以其國學大家，殊器重之，是以章氏來函，無不為之宣佈。初謂章炳麟倡言道德者，必不作欺人語也。頃得革命黨劉光漢（現在北洋總督衙門充當幕友）致該黨黃某一函，披閱一過，令人髮指。章氏日言道德，而其個人之道德則如是！嗚呼！章氏休矣！己不正而欲正人，一何可笑之甚耶！說者謂章刊"偽《民報》"傳單，為圖歸國地步。本社已得章炳麟背叛該黨之親筆函六紙，當付手民，刊成銅版，刊登報端，以告東京學界，毋再以章先生為道德家。

這份按語不僅指責章太炎"叛黨"，而且全面否定章太炎的品格，暗示章太炎將離日返國，投順清政府，問題被說得比劉師培的"舉報"還要嚴重。這一時期，黃興也致函章太炎，責以"晚節不終"，提高了批判調子。

11月下旬，同盟會機關報香港《中國日報》以"東京訪函"名義發表《章炳麟與劉光漢之關係歷史》一文，進一步宣稱："章近致書直督幕中劉光漢，重申前約，願和好如初。目前劉已派委員到東京，與章交涉革黨事，謂端午帥令其解散革黨，事成許以重利，現章已允盡力擔任云。"按此文的說法，章太炎和端方的關係就不只是為了取得做和尚的路費，而是發展為因重利而出賣革命了。同日，該報又發表《為章炳麟叛黨事答復投書諸君》一文，宣佈章太炎已接受端方委任，擔任"常駐東京之偵探員"。該文指責章太炎為"滿洲鷹犬"，是"中國革命黨之罪人"，"《民報》之罪人"。這樣，章太炎的問題又進一步升級了。

除了和端方的關係外，章太炎和清朝貴族良弼、鐵良的關係也被提出來了。《公益報》發表的"粵中同志"的一封公開信指責章太炎"內資豎子良弼，以貪緣於鐵良"，雖然沒有透露具體情節，但問題也是夠嚇人的。

章太炎發表《偽（民報）檢舉狀》時，孫中山正在英國。11月，他到達美國，得知有關情況，曾要求吳稚暉在巴黎《新世紀》雜誌上下一"公評"。

12月，他得悉《檢舉狀》已在保皇黨的報紙上發表。更為惱火，致函吳稚暉說："如此則太炎欲破壞黨勢之心已不留餘地，想不日美洲各保黨報必有照登，不可不有以抵之。”為了抵銷章太炎《檢舉狀》的不良影響，孫中山要求吳稚暉將劉師培“露太炎同謀通姦之筆跡照片”寄給他。其後，這些照片就經孫中山之手發表在《美洲少年報》上。1910 年 1 月 22 日，吳稚暉在《新世紀》上選登了章太炎致劉師培夫婦六函中的五函，聲稱“章炳麟之得金出賣革命，固有數可稽而有憑可證者”。至此，章太炎與端方的關係問題就從日本、香港、南洋傳到了美洲和歐洲，成為革命黨人中的重要新聞。這大概是當初劉師培寫“舉報信”時所始料未及的。

如前述，章太炎為當和尚而向端方謀款，確是事實，但是，所謂擔任“常駐東京之偵探員”、“得金出賣革命”云云，均屬無稽之談。它可以喧騰一時，但終究不能取信於人。經過了一段時日之後，它就逐漸沉寂下來了。

劉師培舉報章太炎引起的風波的餘波 *

章太炎與端方的關係問題，在 1909 年末至 1910 年初喧騰了一陣子，其後就沉寂了。不想到了民國初年，舊事重提，再度喧騰起來。

首先重提此事的是夏重民。當時，革命黨人內部發生建都之爭。孫中山、黃興等人為了將袁世凱從老巢中調出來，主張建都南京，而章太炎則主張遷就袁世凱的意見，建都北京。1912 年 2 月 29 日，夏重民以重公為筆名，在上海《天鐸報》發表文章，題為《咄咄偵探，亦有談國事之資格乎》，該文說："奈之何倡都北京、斥都南京者，乃一平日有學無行以十萬金充端方偵探之某社長乎？嗚呼！以端方偵探而竟學人談國事。鸚鵡能言，不離飛鳥；猩猩能言，不離禽獸。記者多見其不自量也。"這裏所說的"某社長"，當然是指曾經擔任過《民報》社長的章太炎。同日，夏重民並在該報發表致旅津商人崔文藻書，內稱："章某運動當端方偵探親筆跡，弟等前已拍諸照片，至今尚存敝處。如公等不信，請來滬一看，方知余言之不謬。"

緊接著，《中華民報》於 3 月 5 日發表文章，題為《民國之文妖》，指責章太炎辛亥革命前在日本"假手於卞綍昌、劉光漢輩，以通款曲於張之洞、端方，同受虜廷之饋遺"，自此，"冷高人之齒，而寒志士之心"。

繼《天鐸報》、《中華民報》之後，戴季陶也在《民權報》上著文，由指責章太炎而發展為大揭章太炎的"老底"，並與《民聲日報》、《神州日報》展開筆戰，從而形成了又一次反章熱潮。

民國成立後，章太炎對同盟會持反對態度，而對袁世凱印象卻相當不壞。1912 年 3 月，他組建了與同盟會相抗衡的統一黨，4 月下旬到達北京，昏頭昏腦地發表了若干攻擊孫中山、黃興的言論，並為袁世凱出了一些主意。5 月 2日，戴季陶發表文章，指責章太炎"甘心為袁世凱作走狗"。3 日，擁護章太炎

---

* 　錄自楊天石《橫生斜長集》，天津百花文藝出版社，1998 年。

的上海《民聲日報》發表文章反駁戴季陶，讚揚章太炎"盡忠民黨"，"為民國魁壘耆碩之儒"。4日，戴季陶在《民權報》上刊出《章炳麟之醜史》一文，該文引錄了章太炎致劉師培夫婦六函中的四函，作為章"以萬金出賣革命"的罪證。5日，《民聲日報》再次發表文章反駁戴季陶。該文說明章太炎與張之洞、端方等人的關係是：

> 初，日人有漢字統一會之設，而張之洞亦贊成之。章氏曾為一文，揭諸《民報》，盛致譏評張氏之意。張氏於文學極自憙，聞章氏非之，思所以自能者，令其婿卞某託劉申叔代達殷勤，謂每年願致千金，而章氏多所要索，卞某不敢應，以語端方。端方固忌章甚，以為可以術致章氏歸國後除之。章氏知其狙詐，則愈為讕言相弄。端知章終不可利誘，其事遂寢。

該文認為，《民權報》所發表的章氏四函"並無賣黨之證"，"謂章氏以術取清吏之財則誠有之。夫以術取清吏之財者，革命黨中寧止一章氏，要之非窮兇極惡，罪在不赦者也"。當時，章門弟子黃侃任《民聲日報》主筆，此文可能即出於黃侃之手。

為章太炎辯解的還有《神州日報》。5月6日，該報發表《正告同業》一文，批評戴季陶和《民權報》。該文說：

> 章炳麟者，實革命之先覺，文學之泰斗也。今某報亦痛罵之，並揭其往昔之隱事，其事之有無，姑不置辯，而某報獷悍之言，實不免有傷忠厚。

該文並稱："昔之主張革命者，惟一之目的是在革命，小德出入，盡人難免。"戴季陶不理會《民聲日報》和《神州日報》的解釋與反批評，於6日、7日連續發表《非民聲之〈民聲報〉》及《正告〈神州報〉》兩文答辯。他仍然堅持原來的觀點，宣稱："本報攻擊章者，在昔則以圖財之故而通清吏，作奸細，棄革命黨，攻擊孫中山；在今則主張專制，逢迎袁世凱，詆毀孫、黃，排斥同盟會，何能謂為小德？"

正當雙方激烈筆戰的時候，袁世凱任命章太炎為國史院長，主修民國史，於是，又引起了同盟會廣東支部的憤慨。該部發表通電說："章炳麟前乞充滿奴端方偵探，泄漏民黨秘密，筆據確鑿，尚存本處。今聞擬委國史院長，如此重大事件，付諸僉壬之手，勢必顛倒是非，搖撼萬世，誓不承認。"

大概是這一類的文章、電報多了，而且都言之鑿鑿，因此，連章太炎自己的統一黨員也懷疑起來，浙江統一黨支部就曾致電章太炎詢問，6 月 6 日，紹興《越鐸日報》刊出了章太炎的復電，電稱：

> 同盟南北諸報語舉端方事件，以為攻僕之詞，其不值一哂，請為諸君通其原委。僕自抵東辦報，親戚故舊，音問俱絕。後見同盟會漸趨腐敗，憤欲為僧，以求梵文於印度。又與安南、朝鮮諸學生立亞洲和親會，聞印度革命黨才高志堅，欲裹糧以從之，得所觀法。於時假貸俱絕，惟南皮張孝達有一二日之舊遊，後在東京關於文學教育諸事，亦嘗遺書獻替。張於革命黨素無惡感，不得已告貸焉。其書囑長崎領事卞某帶歸，卞即張之婿也。卞回國之後，不敢請通，私以語端方，遂居為奇貨，反囑卞來告。其言十萬金、五萬金者，皆憑虛餌人之語。僕亦欲達初志耳，何論出資者為端為張！

此電承認了為去印度做和尚而向張之洞、端方謀款的事實，也說明了終於不成的原因："端方遂欲致之鼓山（福建）、普陀等處，僕遂決意不受。"至於所謂"偵探"云云，章太炎憤憤地指出：這是"誣人之言"。

章太炎的這封復電，除了在和劉師培的關係上有所隱諱外，關鍵之點大體說清楚了，但是，由於《越鐸日報》是小地方的報紙，人們普遍沒有注意到這封電報。

1912 年 9 月 28 日，北京《民主報》上又出現了一篇題為《討民賊章太炎》的文章，指責章太炎有七條罪狀：其一是"充端方偵探，至賣友邀功，親筆手札，千金賞酬，久已揭載報章，攝之影片，真憑實據，人所共知"；其二是"因劉申叔與聖母何震，受端方之運動，每月得其乾脩二百兩"。當月 12 日，黃興、陳其美入京，共和黨設宴歡迎，邀請章太炎參加，但章太炎不僅不參加，而且發表《卻與黃、陳同宴書》，攻擊黃興、陳其美為"匪目"，因此，《民主報》便反唇相譏了。

　　章太炎在辛亥革命前後的言行，確有若干不妥之處，加以批評是可以的，但是動輒揭"老底"，扣以一頂"端方偵探"的帽子，也未必妥當。如果說，在章太炎散發《偽〈民報〉檢舉狀》的時候，把章太炎和端方的關係想得嚴重一點，還情有可原；但是，在經歷了三四年之後，仍然危言聳聽，靠一頂經不起事實檢驗的"帽子"來搞臭章太炎，那就真的"有傷忠厚"了。

何震揭發章太炎 *

——北美訪報之一

　　1907 年至 1910 年之間，同盟會內部發生矛盾，陶成章、章太炎等對孫中山進行了尖銳的攻擊，同盟會中的擁孫派則進行反擊。當時日本、巴黎、新加坡、舊金山的許多中文報刊都捲入了這場分歧。多年來，我在海內外已經找到了許多資料，並在《同盟會的分裂與光復會的重建》、《〈民報〉的續刊及其爭論》、《章太炎與端方關係考析》等文中作過分析。但是，美洲方面的資料卻一直沒有找到。1990 年我訪問美國，特別留意查找，行程中安排了斯坦福大學一站，目的之一便是搜尋有關資料。

　　果然，我在斯坦福大學胡佛研究所找到了當年革命黨人創辦的《美洲少年報》，雖然只剩下了寥寥幾張，但是，卻從中發現了何震為揭發章太炎寫給吳稚暉的一封信，總算填補了空白。

　　原函如下：

　　稚暉先生大鑒：

　　　久慕大名，恨未晤面，以聆教誨，悵甚！留法同人發起《新世紀》，久為敝等所崇拜。不意日京民報社之章炳麟，因與先生有隙，即加詆毀，又因恨《新世紀》之故，並憾及留法之人，以及法國各學派。於次張君溥泉如法，彼即虛造偽言，甚至欲將渠入獄，一月引渡清國，險惡如此，罪當如何！而東方無知之革命黨受其影響，亦排斥無政府主義及世界語，故貴報於東方不克發達，而觀 19 期《民報》，載有答先生書一篇，痛加宣佈。其言虛實，鄙人固不能知，但彼曖昧之歷史，則知之甚晰。試陳之以備參考。

---

* 原載《近代史研究》1994 年第 2 期。

章炳麟，一名絳，字太炎，又字枚叔，別號末底、西狩、載角，浙江餘杭人。幼嬰羊瘋疾（今尚缺二門牙），甫應縣試，其疾大作，遂納粟為國子生，且從伯兄習制藝，冀應鄉舉。則其革命思想，非具於壯年之前，且非蓄排滿主義，始以應試為恥，彰彰明矣（此事彼家族及炳麟親對吾言）！彼又受張之洞之招，供其役使。又皖人吳保初為故提督吳長慶子，彼在滬常主其家，則又非疾視官場者比。且彼庚子年偕保皇黨上書李鴻章（此書由章起稿），又致書張之洞及江南道員俞明震，多以變法冀清廷（今此稿猶存），並明震復言，將此面呈老帥，老帥大悅云（即劉坤一）。去歲曾受鐵良二百金（係由國事偵探程家檉經手，劉林生言），又去年九月上張之洞書，與伸舊誼，逢迎其國學，末言若助以巨金，則彼於政治問題，不復聞問，並謝辭《民報》編輯（此言係下婢名□□所發）。餘甚多，不克枚舉。近已用針筆板照像法付印，俟成即寄上。外附《民報》19 期答先生原函寄上。是端已為同志中一友人披過。如合尊意，留登貴報。餘容續佈。即頌

自由幸福並祝《新世紀》無政府萬歲！

Chin 上

西 4 月 21 日

本函僅署西 4 月 21 日。根據信中有關史實，知為 1908 年 4 月 21 日。何震，字志劍，江蘇儀征人。劉師培之妻。1907 年隨劉赴日，迅速成為無政府主義的信徒，創辦《天義》雜誌，提倡"女子革命"，是個大出風頭的時髦女性。同年冬，與劉師培先後回國，雙雙為清政府兩江總督端方收買，成為隱藏在革命黨人中的內奸。1908 年初，二人回到日本，即在革命黨人中挑撥離間，製造矛盾，並企圖策反章太炎。章太炎一度和劉師培夫婦關係很好，三人曾同住一處，1908 年 4 月間鬧翻，大吵之後繼之以大打出手，於是，何震便企圖搞臭章太炎，寫信給吳稚暉便是其中的一招。不過，函中事實有真有假，必須仔細鑒別。

1903 年 2 月，吳稚暉等利用上海《蘇報》鼓吹革命。同年"蘇報案"發生，吳稚暉赴英國留學。1907 年 6 月，在巴黎創辦《新世紀》雜誌，宣傳無政府主

義，提倡世界語。此前不久，章太炎曾在日本《革命評論》第 10 號發表《鄒容傳》，指斥"蘇報案"發生時，吳稚暉向清朝官吏告密。1908 年 1 月 4 日，吳在巴黎《新世紀》第 28 號發表致章太炎函，要求章說明立言根據。同月 31 日，章太炎在《民報》第 19 號發表《復吳敬恆書》，堅持認為吳曾向清吏告密，同函並稱："足下既作此鬼蜮事，自問素心，應亦慚惶無地，計窮詞屈，乃復效訟棍行徑，以為造膝密談，非人所曉，洶洶然馳書詰問。足下雖詰問，僕豈無以答足下哉！"何函所稱"19 期《民報》載有復先生書一篇，痛加宣佈"，指此。何震寫信給吳稚暉，目的是利用矛盾，扇動吳對章的惡感。張溥泉，指張繼，當時亦為無政府主義者。1908 年 1 月，因參加日本無政府主義幸德秋水派的活動，被日警追捕，輾轉逃亡法國。章太炎後來一度對張繼很反感，但何函所稱"彼即虛造偽言，甚至欲將渠入獄，一月引渡清國"云云，並非事實。

　　章太炎自幼奉父命學作八股文。1883 年，章太炎 16 歲的時侯，赴縣應童子試，顛間症（癲癇症）突然發作，沒有終場就退出了。何震函說章"其革命思想，非具於壯年之前"，是事實。1896 年 8 月，章太炎曾致函譚獻，希望他向張之洞推薦自己。1898 年春，張之洞聘請章太炎為《正學報》主筆，因意見不合，章太炎在武昌僅一個月即離去。何震函說章太炎"又受張之洞之召，供其役使"，雖然後一句話不確，但前一句話是事實。其他所述，如上書李鴻章，"以變法冀清廷"等，也均是事實，但是，這些都不足以為章太炎病。孫中山不是也曾上書李鴻章嗎？

　　何震這封信中可以引人注意的有兩件事。一是所謂"去歲曾受鐵良二百金"問題。何震聲稱，此事"係由國事偵探程家檉經手，劉林生言"。鐵良（1863—？），字寶臣，清朝貴族。初為直隸總督榮祿幕僚，後任戶部、兵部侍郎，繼任軍機大臣、陸軍部尚書，1910 年調任江寧將軍。程家檉（1872—1914），字韻蓀，安徽休寧人。1899 年赴日留學。1905 年加入同盟會。次年歸國，任京師大學農堂科教授，並在清肅王善耆門下為幕客，藉機進行革命活動。劉林生，即劉揆一，孫中山離日後東京同盟總部的負責人。1907 年徐錫麟刺殺安徽巡撫恩銘後，清朝貴族鐵良、善耆、端方等"各自設法向黨人施展金錢政策，使為已用”[1]。當時，程受善者委託，向東京同盟會總部提供贊助 3 萬元。劉徵求各幹事意見，眾論不一。一部分幹事接收了贈款，引起同盟會內部糾紛。事後，章太炎表態說：“此款如用途正當，收受無礙，惜未開會解決，致貽同志以口實。”[2] 所謂章太炎接收鐵良贈款問題，當係由此引申而來。

另一事是所謂“去年九月，上張之洞書，與伸舊誼”問題。1907 年春，章太炎對西方資本主義社會的病症有所了解後，對革命前途悲觀失望，同時又因和孫中山的矛盾，對同盟會也悲觀失望，想到印度做和尚，藉機了解印度革命黨人的經驗，但因缺乏路費，便於同年 9 月寫信向張之洞借錢，條件是：“若助以巨金，則彼於政治問題，不復聞問。並辭謝《民報》編輯。” 12 月 24 日，章太炎在《民報》第 18 號發表啟事，宣稱：“本社總編輯人章君炳麟因腦病忽作，不能用心，頃已辭職。”算是履行了部分條件。關於向張之洞借錢一事，後來章太炎本人承認說：“張於革命黨素無惡感，不得已告貸焉。”[3] 因此，何震所述此事屬實。不過，應該指出的是，在若干重要情節上何震有隱瞞。章太炎給張之洞的信並非通過郵寄而是由何震轉交張之洞的女婿卞綍昌，其後，又由何牽線，和清政府兩江總督端方洽談。這些，何震都不敢按本來情況講。所謂“此言係下婢名□□所發”云云，完全在撒謊。

何函又說：“今已用針筆版照相法付印，俟成即寄上。”後來，何震確曾將章太炎的有關信件寄給了吳稚暉。吳稚暉收到何震此函及“用針筆版照相法付印”的有關資料後，沒有發表，曾致函劉師培、何震二人勸解。1909 年 10 月，同盟會內部矛盾再起。陶成章上書同盟會總部，要求罷免孫中山的總理職務，為黃興拒絕，便刊發名為《孫文罪狀》的小冊子。 章太炎則因孫中山派汪精衛到東京續辦停刊多時的《民報》，自己被撇到一邊，便以“原《民報》社長章炳麟的名義”散發題為《偽〈民報〉檢舉狀》的傳單，指責孫中山貪污鉅款，賣國賣友。於是，吳稚暉便在《新世紀》118 號發表了何震寄給他的“用針筆版照相法付印”的五封信，作為章太炎出賣革命的證據。同時吳又將何震上函寄

1　馮自由：《記劉光漢變節始末》，《革命逸史》第 2 集，第 214 頁。
2　馮自由：《清肅王與革命黨之關係》，《革命逸史》第 5 集，第 228 頁。
3　《復浙江統一黨支部》，《越鐸日報》，1912 年 6 月 6 日。

給了《美洲少年報》，並且加注云：

> 此章與劉夫婦交惡時，劉妻何震知弟與章不睦，突如其來，寄弟此
> 書。當時弟勸劉、何，彼此同黨，不必傾軋，故未照何書登過一字。然彼
> 所謂"辭謝《民報》編輯"，換用陶成章名，尚明明在《民報》上，彼之對
> 《民報》，感情如此，今復老著面皮，自稱原《民報》主任，真虧他做得出！

當時章太炎向張之洞、端方借錢的情節已被說成是"背叛革命黨"，充當"滿洲
鷹犬"、偵探，因此《美洲少年報》的編者在何函後面加了個跋，跋云：

> 俄國革命之盛，得力於大文豪之文學鼓吹，今中國革命黨之所謂大文
> 豪，卑鄙如此，蠢劣如此，此中國所以為中國歟！讀竟擲筆三歎。

末署："庚戌正月初三寅刻編輯人觀心主記於敬虎堂，以志感喟。"但是，當時
何震為端方收買，充當內奸的事實已經大白於天下，因此，在見報之前，"觀
心室主"又加了一個跋，跋云：

> 此乃端方偵探劉光漢之妻何震寄巴黎《新世紀》吳稚暉君之原函也，
> 吳君轉到本報，以歎息之。茲特照登，以示天下，見漢奸之當誅，與慕浮
> 華者之不足共事也。

何震企圖搞臭章太炎，一時間，人妖顛倒，黑白難明，但是，何震自己還是很
快就暴露了真面目。

《民報》的續刊及其爭論 *

——南洋訪報錄

1909 年 10 月，同盟會本部在東京籌備續刊《民報》，以汪精衛為總編輯人，將原《民報》社長章太炎排除在外，章太炎憤而作《偽〈民報〉檢舉狀》，對孫中山等進行攻擊，引起《中國日報》、《公益報》、《中興報》、《星洲晨報》、《新世紀》等報刊的反擊，從而形成為同盟會分裂過程中的一大事件。對此，筆者已作過分析 [1]，本文擬在舊作的基礎上，依據新發現的資料，作進一步的闡述和探討。

一、同盟會內部矛盾的加深和爭奪《民報》的鬥爭

《民報》是在和改良派論戰、宣傳革命思想中發揮了重大作用的刊物。按其編輯方針和內容，可分前後兩期。前期撰稿者主要為胡漢民、汪精衛、朱執信等，後期撰稿者主要為章太炎、劉師培、湯增璧等。1908 年 10 月，日本政府下令禁止第 24 號發行，《民報》出版中斷。在東京中國革命黨人討論續刊時，章太炎由於為支撐《民報》而吃盡苦頭，又由於和黃興、宋教仁之間發生分歧等多方面的原因，憤而當眾宣佈，辭去社長職務，並聲明"不再與聞《民報》之事" [2]。此後，革命黨人雖有意將續刊問題付諸實施，但印刷發行地點、經費、編輯人選等都發生困難，章太炎的位置也不好安排，因此，遲遲不能獲得進展。1909 年夏，革命黨人得到了"香港某君"的資助，決定以巴黎《新世紀》雜誌社為掩護，仍在日本秘密印刷發行，黃興等"共舉"汪精衛為總編輯人。這樣，有關困難逐一解決，停頓近一年的《民報》有了續刊希望。但是，同盟

---

* 原載《中華文史論叢》1982 年第 1 輯。

1 《同盟會的分裂與光復會的重建》，見本書。

2 《本報謹白》，《民報》第 26 號。

會的內部矛盾當時正在進一步加深，此事遭到了陶成章的強烈反對。

1907 年春，孫中山離日南下，準備在中國南方邊境發動起義，因缺乏經費，曾接受過日本政府的贈款，陶成章、章太炎等不明真相，在部分日本浪人的挑唆下，發動第一次"倒孫風潮"，要求罷免孫中山的同盟會的總理職務。由於黃興、劉揆一等人的抵制，這一風潮逐漸平息。1909 年春，陶成章因在南洋籌款收效不大，和孫中山及同盟會南洋支部矛盾日深，醞釀發動第二次"倒孫風潮"。同年秋，他在陳威濤支持下[1]，聯絡李燮和等起草《孫文罪狀》，大肆攻擊孫中山有"殘賊同志"、"蒙蔽同志"、"敗壞全體名譽"等罪行三種十二項。陶成章的目的仍然是罷免孫中山的同盟會總理職務，爭奪同盟會的領導，包括《民報》的編輯、出版權。《罪狀》指責孫中山為了個人目的，企圖扼殺《民報》。它說："《民報》名譽，為南洋各埠所頂禮，孫文之出名，亦即由此而來。今彼名既成立，復有《中興報》之鼓吹，但《中興報》不得目為南洋全體之機關，實係彼一人之機關而已。然使東京而有《民報》在也，是則加於《中興報》及《中國日報》之上，南洋華僑人心，勢必有所分馳，不得便其私圖。故於去歲陶君《民報》收單寄交之後，彼即託言籌款困難，並不發佈，至《中興報》之股，集款至於再而至於三，極言本報大有關係，我同志不可不出力協助、維持等之言。此去歲秋冬二季時之事也。"[2]《罪狀》又說：孫中山不僅要使得東京沒有《民報》，而且要使得南洋各埠除《中國日報》及《中興日報》之外，不再有中國的其他報章。"何則？中國各報均零星載有內地革命之事，使華僑見之，知我革黨非僅彼一人專有矣。"[3]《罪狀》以此作為孫中山"蒙蔽同志"的第一大罪。它附列善後辦法九條，其第四條為："再開《民報》機關，通信各埠，以繫海內之望。" 第五條為："兼於《民報》社內，附設旬報，凡《中興報》之所至，亦蹤尋之而往，以為擴張勢力之舉，且以限止孫文謊騙之伎倆也。"[4] 這

1　陳威濤，原名陳依陶，曾任《中興日報》書記，因眼目糊塗，濫支公款，被《中興日報》登報革退。自此，即與陶成章結合，並改名"惡逸"，表示憎惡孫逸仙。有關情況，見德如：《嗚呼跳樑之小丑》，《中興報》，1910 年 1 月 3 日。

2　《孫文罪狀》，《南洋總匯新報》，1909 年 11 月 11 日，新加坡大學圖書館藏，下同。

3　《孫文罪狀》，《南洋總匯新報》，1909 年 11 月 11 日。

4　《南洋總匯新報》刊登的《孫文罪狀》沒有"善後辦法"，此據 1912 年 11 月 2 日上海《神州日報》所登《孫文罪狀》補。

裏，陶成章、李燮和把續刊《民報》的目的說得很清楚，除了所謂"繫海內之望"外，一是為了和《中興報》分庭抗禮，一是為了攻擊孫中山，"限止孫文謊騙之伎倆"。

《中興報》初名《中興日報》，1907年8月20日創刊於新加坡，第一任主編為田桐，是同盟會南洋支部的機關報。它創刊之後，繼承前期《民報》方針，和保皇黨的《南洋總匯新報》展開了激烈論戰。原《民報》主力胡漢民、汪精衛及革命黨人林文、居正等先後抵新，參加辯論。和章太炎主持的後期《民報》比起來，它顯得潑辣、銳利得多。其間，孫中山曾以南洋小學生為筆名，發表《論懼革命召瓜分者乃不識時務者也》等三篇文章，批駁保皇黨謬論。1908年9月，陶成章也曾發表《規保皇澡之欲為聖人英雄者》等四篇文章。章太炎的著作《新方言》、陶成章的著作《中國民族權力消長史》，《中興日報》均曾發表告白，積極鼓吹。因此，它既不是孫中山一派的派報，更不是孫中山一人的私報。陶成章等攻擊《中興報》，目的在另樹一幟。後來，南洋華僑曾駁斥道："夫《中興報》為有限公司，全是華僑資本，雖為開通民智起見，仍含營業性質，吾同人亦有附股者，何硬指為孫君所辦？試問《中興報》之宗旨，果為何等？自負革命功首，而必蹤其跡而破敗之？"[1] 這後一個問題提得是好的。革命的刊物之間本應互相配合，彼此支持，為什麼要"蹤其跡而破敗之"呢？

1909年8月下旬，陶成章帶著《孫文罪狀》趕赴東京，要求同盟會總部開會討論。不久，汪精衛也到達東京。陶成章敏銳地感到，汪精衛此行的目的是為了續刊《民報》。他致書李燮和等說："精衛此次之來，一為辯護孫中山，二則因南洋反對日多，欲再來東京竊此總會及《民報》之名，以牢籠南洋。蓋東京總會無人過問，故彼欲圖此以濟其私。"他聲明，《民報》的編輯權"不由眾議而自竊取者，無論何人"，"決不承認[2]。繼而表示，《民報》專為孫中山一人"虛張聲勢"，非先革除孫中山的同盟會總理職務不能辦報[3]。這樣，陶成章爭奪《民報》，另樹一幟的企圖就清楚地表現了出來。陶成章的要求遭到了黃興的

1　庇勝華商同人：《復泗厘歪也再寄匿名謗書者》，《中興報》，1980年12月8日，新加坡大學圖書館藏，下同。
2　《致若愚、柱中》，《陶成章信札》，湖南人民出版社1980年1月版，第14—15頁。
3　《黃克強先生書翰墨跡》，台灣，1973年增訂版。

堅決拒絕。在此期間，《民報》續刊的籌備工作開始，事為支援陶成章的章太炎得知，立即起草《偽〈民報〉檢舉狀》，對孫中山進行了駭人聽聞的攻擊。由於它以"原《民報》社長章炳麟白"的名義並以傳單形式散發，因而，迅速引起各方面的注意。

二、章太炎的《偽〈民報〉檢舉狀》

《偽〈民報〉檢舉狀》是章太炎盛怒之下的產物。它反映了陶成章對章太炎的影響，也反映了章太炎長期積鬱的對孫中山的不滿，還反映了章太炎思想性格中的弱點：主觀、武斷、感情用事。

（一）指責續刊《民報》為偽。章太炎說："《民報》於去年陽曆十月，出至二十四期，即被日本政府封禁。時鄙人實為社長，躬自對簿。延至今日，突有偽《民報》出現，主之者為汪兆銘，即汪精衛，假託恢復之名，陰行欺詐之實。"[1] 汪精衛是前《民報》的主要撰稿人，為什麼他主編的《民報》就是"偽"呢？章太炎的理由是：《民報》被封禁時，自己是社長，曾在法庭上代表《民報》和日本政府打官司。

（二）指責汪精衛、胡漢民"標榜"孫中山。章太炎說："（鄙人）出獄之後，主任《民報》，幾及三年，未有一語專為孫文者也。惟汪精衛、胡漢民之徒，眼孔如豆，甘為孫文腹心，詞鋒所久，多涉標榜。"《民報》前期，汪精衛、胡漢民曾在他們的文章中，闡述了孫中山的民族、民權、民生三大主義，章太炎對此看不慣。他以"主任《民報》"三年，"未有一語專為孫文"自誇，正說明他和孫中山的思想之間有扞格難合之處。

（三）指責孫中山不接濟《民報》的經濟困難，"背本忘初，見危不振"。章太炎說：《民報》經費多次支絀。第一次在 1908 年春天，由於萍、瀏、醴起義後，《民報》不能輸入內地，銷數減半，因此不僅付不出印刷費和房租，而且《民報》社連伙食都開不出，人跡杳無。其間，章太炎曾致書南洋，要求孫

1　《南洋總匯新報》，1909 年 11 月 6 日。下引《檢舉狀》原文，出處均同此，不一一注明。

中山接濟，或派胡漢民、汪精衛東渡，但“或無復音，或言南洋疲極，空無一錢，有時亦以虛語羈縻，謂當挾五、六千金來東相助，至期則又飾以他語，先後所寄，只銀圓三百而已”。第二次在 1908 年秋，章太炎印製股票數百份，託陶成章帶到南洋募捐，但孫中山“坐視困窮，抑留不發”。第三次在《民報》被封後，準備遷地出版，同時，訴訟失敗，日本政府判令交納罰金一百五十元，章太炎交納不出，親身跑到警察署，準備坐牢，以苦役代罰金，幸得友人資助告免。章太炎憤憤地說：“夫身當其事者，親受詬辱則如此；從旁相助者，竭蹶營謀則如彼；而身擁厚資、豢養妻妾之孫文，忝為盟長，未有半銖之助，不自服罪，又敢訑毀他人，此真豺虎所不食，有北所不受。”《民報》經費困難是事實，章太炎辛苦支撐《民報》也是事實，但說孫中山“身擁厚資，豢養妻妾”則是主觀臆想。

（四）指責孫中山“乾沒”鉅款，借革命以營私。章太炎說：“孫文本一少年無賴，徒以惠州發難，事在最初，故志士樂與授引。……四五年中，名譽轉大，一二奮激之士，過自謙挹，獎成威柄，推為盟長，同志又作《民報》以表意見……而孫文小器易盈，遂借此自為封殖。在東京則言在南洋有黨與十萬，在南洋則言學生全部皆受指揮，內地豪傑，悉聽任使。恃《民報》鼓吹之文，藉同志擁戴之意，乘時自利，聚斂萬端。”章太炎提出的主要事實有兩項。一為 1907 年春，孫中山接收日本政府贈款事，章太炎斥之為“密受外賄”。一為欽州、廉州、鎮南關、河口等地軍費開支事。據章太炎統計，1907 年孫中山南行，四處籌款，不下三四十萬，但開銷只有四萬不到。他說：“鎮南關、河口之役，軍械至少，欽、廉亦未有大宗軍火，先後所購之銃，僅二百餘支，此外則機關銃四門，更無餘器（此皆黃興口說）。計其價值，不盈三萬，所餘款項，竟在何處？若云已悉散之會黨，由今核實，則關仁甫之攻河口也，所領薪水，但及三千，許雪秋亦得三千，梁秀春二千而已。先後所散，略及萬金。是則其說亦偽。夫孫文懷挾鉅資，而用之公款者，十不及一。《民報》所求補助，無過三四千金，亦竟不為籌劃，其乾沒可知已。”在所有指責裏，這一條最有損於孫中山的形象，因而也最使孫中山感到惱火和委屈。在《致吳稚暉函》中，他曾自述因投身革命而使家庭破產的事實：“兩年前家兄在檀已報窮破產，其原因皆以資助革命運動之用，浮錢已盡，則以恆產作抵，借貸到期無償，為債主拍賣其業。今遷居香港，寄人籬下，以耕種為活，而近因租價未完，又將為地主所逐。"並說："自我一人於此兩年之內，除住食旅費之外，幾無一錢之花費，此同事之人所共知共見也。而此期之內，我名下之錢撥於公用者一萬四千元，家人私蓄及首飾之撥入公用者，亦千數百元。此我'攫利'之實跡，固可昭示於天下也。"[1]

（五）指責孫中山賣國賣友。章太炎說："雲南本中國之地，而欲贈送法人。"又說："試觀黃興，非與孫文死生共濟者耶？而以爭權懷恨，外好內猜；精衛演說，至以楊秀清相擬。關仁甫，非為孫文效死建功者耶？而以事敗逋逃，乃至密告英吏，誣以大盜。其背本無恩如此。"這一條指責很厲害，但由於過份無稽，因而人們並不大相信。

（六）勸阻華僑為續刊《民報》捐款。章太炎說："今告諸君，今之《民報》非即昔之《民報》。昔之《民報》，為革命黨所集成；今之《民報》，為孫文、汪精衛所私有。豈欲伸明大義，振起頑聾，實以掩從前之詐偽，便數子之私圖。諸君若為孫氏一家計，助以餘資，增其富厚可也；若為中國計者，何苦擲勞力之餘財，以盈饕餮窮奇之欲！"這一條是釜底抽薪，目的在斷絕續刊《民報》的經費來源。

透過凹凸鏡看世界，一切都改變了樣子。在章太炎的筆下，孫中山這個偉大的革命家成了貪財黷貨的江湖騙子，他的行為一無可取。章太炎說："綜觀孫文所為，豈欲為民請命，伸大義於天下，但擾亂耳！"章太炎的這份《檢舉狀》先在東京《日華新報》上發表。11 月 6 日，保皇黨在新加坡的機關報《南洋總匯新報》全文刊出，改題為《章炳麟宣佈孫汶罪狀書》。同月 11 日、27 日、29日，又分三天刊出了李燮和等的《孫文罪狀》。編者以無限輕蔑的口吻在跋語中說："記者之意，不過欲使華僑知革黨之內容，如是如是，則已入迷途者宜急早回頭，將入而未入者更宜視之若浼。大之為國家培無限之正氣，小之為華僑惜有限之錢財，如是焉而已。"[2]整個辛亥革命時期，保皇黨一直利用這兩份"罪

---

1 《國父全書》，台北 1963 年 3 版，第 418—419 頁。
2 《南洋總匯新報》，1909 年 11 月 29 日。

狀”作為進攻革命黨人的炮彈。1913 年“二次革命”失敗，袁世凱編印反動小冊子《國賊孫文》，也從中擷取了不少材料。

《檢舉狀》的作者是在革命黨中素負重望的章太炎，它攻擊的對象孫中山則是當時中國革命黨人的旗幟。因此，《檢舉狀》的散發和流佈對革命黨人的威信是個巨大的打擊，也給同盟會的募捐活動製造了巨大困難。最初，黃興持克制態度，僅在《民報》第 26 號刊登告白，說明章太炎“好聽讒言”，“不計是非”，“不問情偽”，並不準備展開辯論 [1]。但是，被《檢舉狀》所激怒，東京部分革命黨人已經平靜不下來了，他們決定拿出殺手鐧來回擊。

三、劉師培《致黃興書》的公佈

1907 年夏曆八月，章太炎因和孫中山矛盾日深，對同盟會也日益不滿，準備去印度做和尚，但缺乏路費，曾通過劉師培之妻何震與長崎領事、張之洞的女婿卞綍昌聯繫，企圖向張之洞謀款，沒有接上關係。後又通過何震、劉師培與端方聯繫，企圖從端方手中取得路費。1907 年冬，何、劉二人先後返國，暗中向端方自首，章太炎為謀款事，曾給二人寫過若干封信。次年春，劉、何二人返回日本後，與章太炎之間的關係破裂。章太炎曾在《日華新報》上揭露過何震。作為報復，劉、何擬延聘律師起訴，後又擬將章太炎的有關信件匯印公佈，但都沒有實行，僅去《民報》社將章太炎“痛毆”了一頓。同年冬，劉、何二人返國。到上海後，為了在革命黨人中挑撥離間，劉師培即給黃興寫信，揭露章太炎要他們向張之洞、端方謀款的經過。信中說：

> 彼於去秋（指 1907 年秋 —— 筆者注）之後，與僕同居，僕因平日所學，與彼相同，言奇折疑，遂成莫逆。然太炎當此之時，已無心於革命，欲往印度為僧；又以無款之故，欲向官場運動。乃作函於張之洞，辭多猥鄙，乃其稿藏於書中，猝為僕見。彼亦不復自諱，宣言士各有志，同盟會

---

1 《民報》第 26 號告白。

不足與有為，而研習佛教，亦當今急務。且與僕相商，言今長崎領事卞綍昌，為張之婿，於何震為戚屬，可將致張之函稿（此為第二函）託卞轉致，向張索款三萬，以二萬助彼旅費，以一萬歸僕，為印書之資。時震適以事返國，並為彼向餘杭家索款（得洋八百元），道經長崎，登岸訪卞。適卞已於前數日卸職，乘輪返國，此事遂成畫餅。然太炎心仍未已，復作函於震，使之向金陵劉姓索款，並向卞綍昌及池州楊仁山謀，使以此事干江督端方，復令僕返滬，共商此事。然僕等均知此事不易成，至滬以後，乃告以三萬元之款，必不可得，即成亦不過按月支款，冀寢其謀。而彼仍作函相促，並於《民報》登告白，言近罹腦疾，不克用心，並將此報寄至滬上，囑僕等由卞、楊轉示官場，僕等一笑置之。此報旋贈高某。[1]

信中所言章太炎情況，證以其他資料，大體屬實。所言自身態度，例如"冀初其謀"、"一笑置之"等，都在說謊。事實上，劉、何二人企圖以策反章太炎作為向端方的見面禮，對"謀款"事是很積極的。由於劉師培這時還在偽裝革命黨，他不得不隱瞞了有關事實。信中，劉師培附寄章太炎的有關書信照片六紙，並說："此六函外，尚有數函，因回國時，已在東京印照片，尚未完成，俟該照相館將此片寄滬後，再為寄上，今印成者僅六片，故先寄上。"

黃興等接到劉師培此信後，曾開會研究過，認為章太炎"心神狂亂，宗旨不定，稍涅即淄"，決議此後凡有關秘密事情，不與商量，同時，為了給章太炎的回頭留有餘地，決定"諱莫如深，不予公佈"[2]。《偽〈民報〉檢舉狀》發佈後，東京部分中國革命黨人決定公佈有關資料，作為對章太炎的回擊。《日華新報》的編者原來是支持章太炎的，在獲睹有關資料後，立即轉變態度，以《章炳麟背叛革命黨之鐵證》為題發表了劉師培致黃興書。按語說："革命黨章炳麟到東以來，主持《民報》，頗為該黨所歡迎。本報亦以其國學大家，殊器重之，是以章氏來函，無不為之宣佈。初謂章炳麟倡言道德者，必不作欺人語也。頃得革命黨劉光漢（現在北洋總督衙門充當幕友）致該黨黃某一函，披閱一過，令人

1　原載《日華新報》，轉引自《星洲晨報》，1910年1月15日，新加坡大學圖書館藏。
2　意公：《與章炳麟書》，原載香港《公益報》，此據《中興報》1909年12月2日轉載該文引。

髮指。章氏日言道德，而其個人之道德則如是！嗚呼！章氏休矣！己不正而欲正人，一何可笑之甚耶！說者謂章刊'偽《民報》'傳單，為圖歸國地步。本社已得章炳麟背叛該黨之親筆函六紙，當付手民，刊成銅版，刊登報端，以告東京學界，毋再以章先生為道德家。"[1] 劉師培致黃興書及章太炎六函的發表成為革命黨人向章太炎反攻的有力炮彈，筆戰日益激烈。

11月下旬，香港《中國日報》以"東京訪函"名義發表《章炳麟與劉光漢之關係歷史》一文，詳細地敘述了二人之間的離合關係。該文進一步宣稱："章近致書直督幕中劉光漢，重申前約，願和好如初，目前劉已派委員到東京，與章交涉革黨事，謂端午帥令其解散革黨，事成許以重利，現章已允盡擔任云。"[2] 按此文的說法，章太炎和端方的關係就不只是為了取得做和尚的路費，而是發展為因"重利"而出賣革命了。同日，《中國日報》又發表《為章炳麟叛黨事答復投書諸君》一文，宣佈章炳麟已經"叛黨"，成了"滿洲鷹犬"，是"中國革命黨之罪人，《民報》之罪人"。該文說："夫《民報》社長一職，乃由革命本部委任，豈章可據為子孫萬世之事業乎？端方之賞金黃光耀目，章或可犧牲同志之生命以圖之耳，若《民報》原有之名字，則不容漢奸輩盜竊之也。"[3] 這樣，革命黨人就找到了排除章太炎於《民報》之外的充足理由。

此後，同盟會系統的報紙在反擊章太炎時，大都採用《中國日報》的調子，指斥章太炎為端方偵探，有的並提出章太炎和清陸軍部尚書鐵良也有曖昧關係。這些反擊，抵銷了章太炎散發《檢舉狀》所造成的影響，但是，卻中了劉師培的反間計，擴大了同盟會內部的裂痕，也給章太炎加上了誣妄不實之詞。章太炎和鐵良的關係，完全出於劉師培一流內奸的捏造[4]；他和端方的關係，也僅止於謀款。"偵探"云云，均屬子虛。

1　《星洲晨報》，1910年1月18日。
2　轉引自《中興報》，1909年11月30日。
3　轉引自《中興報》，1909年11月30日。
4　參見本書《章太炎與端方關係考析》。鐵良，章太炎發表於《民報》第21號的告白作錫良。

四、全盤否定章太炎的《民報》編輯工作

在胡漢民、汪精衛、朱執信等離日後，《民報》在大部分時間內由章太炎主持。《中國日報》等除在政治上指責章太炎"叛黨"外，也對章太炎的《民報》編輯工作進行了指責。這些指責，反映了《檢舉狀》公佈後孫中山一派人的憤激情緒，也反映了他們對章太炎長期積鬱的不滿。

（一）指責章太炎不參加對《新民叢報》的論戰。《中國日報》說："章與梁啟超同辦《時務報》以來，與保皇黨之關係未嘗斷絕，《新民叢報》之《儒術真論》即章手筆。當《民報》與《新民叢報》筆戰之時，戰鬥皆精衛、漢民、懸解（朱執信）、寄生（汪東）諸君任之，章以與梁啟超交厚故，未有一文之助力。"[1] 在革命派中，章太炎是最早批判梁啟超和康有為的人，但是在《民報》和《新民叢報》論戰時，章太炎確實不大積極，他覺得胡漢民、汪精衛的文章"辭近詬誶"[2]，當梁啟超通過徐佛蘇出面建議停止辯駁的時候，章太炎主張"許其調和"[3]。

（二）指責章太炎提倡佛學，背離孫中山的"三大主義"和《民報》的"六大主義"。《中國日報》說："章炳麟以其一知半解、乾燥無味之佛學論，佔據《民報》全冊之大部，一若以《民報》為其私有佛學之機關報也者。……由是各地閱者以《民報》主張佛學甚於本來之六大主義，多辭退不閱。"《公益報》也說："足下弗悟，甫執文權、即叛《民報》本來宗旨之六大主義……所主張闡發民族、民權，民生之大問題者，足下偏擷拾一二佛經，為佛氏傳教。"[4] 章太炎在主持《民報》期間，發表過不少推崇佛學的文章。在這些文章中，既表現了章太炎改造佛學，尋求一種新的世界觀，使之為民主革命服務的積極企圖，也表現了他所承受的佛學唯心主義和虛無主義的消極影響。而從根本上說，佛學是精神鴉片煙，它雖有某些精華，但卻包裹在艱深煩瑣的教義中。它不能也不應該成為革命黨人的精神武器。章太炎撇開盧梭《民約論》等一類西方民主

1　《為章炳麟叛黨事答復投書諸君》，轉引自《中興報》，1909 年 11 月 30 日。下引《中國日報》文章，除注明者外，篇名、出處均同此，不一一注明。
2　《太炎先生自定年譜》。
3　《宋教仁日記》，1907 年 1 月 11 日，湖南人民出版社版，第 323 頁。
4　意公：《與章炳麟書》，轉引自《中興報》，1909 年 12 月 2 日。

主義文化，也撇開業已為革命黨人所接受的孫中山三大主義，在《民報》上大肆推崇佛學，這就走上了一條錯誤的道路，也脫離了革命黨人和廣大群眾。當時，四川革命黨人鐵錚就曾指出，佛學是"迂緩之學"，"上智之士猶窮年累月而不得，而況欲使普通之一般國民皆能明之以振起其氣概！"[1] 日人夢庵也針對章太炎的《大乘佛教緣起說》指出："此《緣起說》足以濟度惡劣政府乎？足以建設共和乎？佛教之平和思想，死於千載之上，曷得抱亡骸為維持新世界、新真正之平和之具？""《民報》之作此佛報者，抑出於何意乎？《民報》宜作民聲，不宜作佛聲也。"[2] 應該承認，這些意見有一定道理。但章太炎性格執拗，對於佛學的嗜好也太深，先後發表《答鐵錚》、《答夢庵》二文，繼續堅持必須大力宣揚佛學，這就使革命黨人很失望。應該說，孫中山等之所以熱情扶助《中興報》，而對《民報》態度消極，這是一條重要原因；續刊《民報》時之所以排除章太炎，這也是一條重要原因。關於後者，《公益報》曾明白宣示："顧同人之光復《民報》，志在發揮公理，非求泄發私怨也；志在宣揚民意，非求傳播佛聲也。故《民報》光復，不能使足下與聞，亦不欲以狂妄之夫再尸要地，以礙同志團體之進行也。"[3]

（三）指責章太炎提倡無神論，攻擊基督教。《中國日報》說："基督教素重人權自由主義，故內外同胞之主張民族、民權、民生三大主義者，以基督教徒為多，乃章炳麟創為無神論，以排斥耶穌之道，以致內外同志多疑《民報》為排斥耶穌之機關報，搖惑人心，莫此為甚。"[4] 革命派這裏所說的基督教，指的是 16 世紀歐洲宗教改革運動中產生的"新教"。在當時，它代表新興資產階級的利益；在近代，殖民主義者曾利用它作為對外侵略的工具。章太炎批判基督教，主要目的在於反對帝國主義對中國的文化侵略。《中國日報》注意了團結基督教徒投入民主革命，但是卻看不到章太炎批判基督教的積極意義，也看不到章太炎提倡無神論的積極意義（雖然章太炎的無神論並不徹底），這在理論上是短視淺見的。

1 《中國已亡之鐵案說》，《鵑聲》復刊第 1 號。
2 《囈語》，《東亞月報》第 2 號。
3 意公：《與章炳麟書》，轉引自《中興報》，1909 年 12 月 2 日。
4 《為章炳麟叛黨事答復投書諸君》，轉引自《中興報》，1909 年 11 月 30 日。

（四）指責章太炎批判《新世紀》，傷害同志感情。《中國日報》說："法國《新世紀》與《民報》同屬革命黨之機關報，原應同心戮力，以謀國事，乃章炳麟以個人私怨，竟藉《民報》為攻城之具，日向《新世紀》宣戰，第 24 號有《規新世紀》之文，佔全冊之半，傷害同志之感情，徒貽外人之笑柄。"[1]辛亥革命前中國宣傳無政府主義的雜誌有兩個：一為東京的《天義報》，創辦人為劉師培、何震；一為巴黎的《新世紀》，創辦人為吳稚暉、李石曾、張靜江。兩個雜誌各有特點。前者和國粹主義糾結難分，帶有很大的封建性；後者則對國粹主義持批判態度，反對封建文化的色彩較濃。章太炎受過劉師培無政府主義的影響，但對《新世紀》則始終深惡痛絕；在和劉師培決裂之後，即以《新世紀》為靶子對無政府主義進行批判。他先後發表過《排滿平議》、《四惑論》、《駁中國用萬國新語說》、《規新世紀》等文。這些文章，並沒有抓住要害，但他公開宣佈"無政府義者，與中國情狀不相應"[2]，總反映了思想上一個方面的進步。

章太炎對《新世紀》的批判也有缺點。還在中國教育會時期，章太炎和吳稚暉之間就因事不和，章太炎到日本後，又聽人說吳稚暉在《蘇報》案中曾向清吏俞明震告密，因此，多次在《民報》上發表指責吳稚暉的公開信。這些指責，並沒有提出有力的證據，某些地方卻給人以罵大街的印象。其次，《新世紀》當時還是革命隊伍中的一翼，他們公開聲明："種族革命黨與社會革命黨今日之作用同，而其主義不同，然此不同者，固無礙其同為革命黨也，無礙其協力以圖最近之革命也。"[3]因此，對《新世紀》可以批判，但必須掌握一定的火候，有所節制。在《台灣人與〈新世紀〉記者》一文中，章太炎說："《新世紀》記者陽託名於無政府而陰羨西方琛麗"，"此曹無恥，復倍蓰於立憲黨人"，"猶檳榔嶼之少女，聚歌沙丘以求新牡，昨者方為甲者所掠，而有今日，復願為乙者、丙者所掠。"[4]這些地方，從內容到語言都顯得過火了。

（五）指責章太炎"挑動日人之惡感情"，導致《民報》停刊。《中國日報》說："《民報》出版以來，日政府絕不干涉，乃章炳麟倡言恢復台灣、朝鮮之

---

1 《為章炳麟叛黨事答復投書諸君》，轉引自《中興報》，1909 年 11 月 30 日。
2 《排滿平議》，《民報》第 21 號。
3 真：《與友人論種族革命黨及社會革命黨》，《新世紀》第 8 號。
4 《民報》第 22 號。

議，又鼓吹暗殺，以挑動日人之惡感情，遂致有停止發行之命令。使章當日立論如第 12 號以前，則《民報》至今猶存也。"[1]《公益報》也說："所主張中日國民聯合者，足下明知社會黨為當時日本內閣所忌，乃必發揮社會主義，攖其忌以種封禁之禍因。"[2] 日本政府禁止《民報》第 24 號發行的原因很複雜，既和清政府的多次交涉有關，也和日本內閣更遞、政策改變相連。兩園寺內閣時代，採取一種"法蘭西寬大政策"，結社、言論、出版都相對自由，社會主義運動發展迅速。1908 年 7 月，西園寺內閣被撤換，更替上台的桂太郎內閣對社會主義運動採取嚴厲鎮壓政策。《民報》雖因鼓吹暗殺的部分言論和日本社會黨人中的無政府主義派別——"直接行動"派相呼應，為桂太郎內閣所忌，但是，把《民報》出版中斷的原因歸結為章太炎的過激言論所致，仍然是簡單的、片面的。

章太炎的《民報》編輯工作有功績，也有嚴重的過失。《中國日報》等完全抹煞前者，而將後者誇大，把章太炎說成《民報》罪人，這是極不恰當的。在雙方都感情衝動而充滿敵意的時候，對於彼此的是非功過很難作出實事求是的評價。

此外，革命黨人在評論中還接觸到了章太炎的性格問題。《公益報》說："足下復驕恣溢盈，竟成跋扈，託有神經病，為魚肉儕輩，蠻氣一發，動肆用武，致與無賴伍。年來若張繼、黃興二君，皆於談次間，足下無頭無腦即以老拳相向。自余東京同志，無故受足下之野蠻意氣者，大不乏人。"[3] 以學識淵博長於弄文的書生，卻經常"無頭無腦"對同志"以老拳相向"，《公益報》的指責似乎和人們印象中的章太炎不類，但這是有旁證的。1912 年，有人回憶說："迨後清廷肆虐，委託日本政府停止《民報》出版，於是太炎擱筆，飯碗為碎。當時克強先生擬運動日廷取消停止出版，卒以經費匱乏，亦罔效。太炎則貧如乞兒，夜不得食，乃日迫克強先生，一言不合，輒以盥器遙擊，克強先生額為之破，卒含笑謝之。"[4] 一方是盛怒而以臉盆"遙擊"，一方是"額為之破"而"含笑"道歉，兩人的性格鮮明如見。

---

1 《為章炳麟叛黨事答復投書諸君》。
2 意公：《與章炳麟書》。
3 意公：《與章炳麟書》。
4 快：《參看 17 號〈新紀元報〉》，北京《民主報》，1912 年 9 月 18 日。

章太炎的這種性格特點使他很難與別人共事。《公益報》說："同志寬洪包容，均付之一笑……然因是而冷同志之心，何止千百。昔日東京同志，皆節提所費，踴躍資助《民報》者，感情既淡，而《民報》經濟界之情形，亦受其影響。"[1] 這裏說章太炎的粗暴舉動冷了"千百"同志之心，固有誇大，但是，它對革命黨人之間的團結不利則是顯然的。

歷史是通過人的活動體現的，創造歷史的是具有各色各樣鮮明性格的人們，因此，對歷史發生作用的就不僅有經濟、政治、思想諸因素，有時，也有個人性格的原因，雖然，它並不起決定作用。

五、同盟會系統各報對《檢舉狀》的辯駁

《偽〈民報〉檢舉狀》大多是不實無根之詞，為了廓清影響，說明真相，同盟會系統的各報不得不逐條地進行辯駁。

（一）關於續刊《民報》的真偽問題。革命黨人指出：《民報》為革命黨人所創立，並非個人私產；當《民報》肇始時，章太炎還在獄中；要判斷續刊《民報》的真偽，關鍵要看它的主持者是否革命黨人，宗旨有無改變，而不在於章太炎是否出任社長。《中興報》說："若謂章為社長則真，非章為社長則偽，是則章為《民報》之商標矣！"[2]《公益報》表示：章太炎主持編輯的《民報》如果還存在，依舊"發私怨，砌佛言"的話，那麼，稱之為"真佛報"、"偽《民報》"也是可以的；相反，續刊《民報》如能"於民族、民權、民生三大主義奉申宣揚，以餉我同胞"，那麼，即使主持者不是汪精衛，也是真《民報》[3]。黃興則特別說明了章太炎"當眾辭職"的經過，並敘述了汪精衛和《民報》的關係："自第一期以來，至第十三期，每期皆有汪君之文字，久為讀者所同知。自第十四期以後，汪君因事不兼任撰述。今被舉為總編輯人，當必有以副讀者諸君之望也。"[4] 革命黨人的這些言論，比較有力地闡述了續刊《民報》的合法性，駁斥

1　意公：《與章炳麟書》。
2　德如：《責章炳麟與發匿名書者》，《中興報》，1909 年 12 月 6 日。
3　意公：《與章炳麟書》。
4　《本報謹白》，《民報》第 26 號。

了所謂"偽《民報》"的說法。

（二）關於汪精衛、胡漢民"標榜"孫中山問題。由於章太炎在《檢舉狀》中說過："辛丑、壬寅之間，孫文寄寓橫濱，漂泊無聊，始與握手而加之獎勵者，即鄙人與長沙秦力山耳。"因此，革命黨人便以子之矛攻子之盾。《中興報》反問章太炎道：你這不也是"眼光如豆"，"願與孫君為腹心"嗎？為什麼要嘲笑汪、胡二人呢？該報聲明："中國之革命，孫君為首發難，歷盡艱難，其才識學問，及辦事資格，同志中未有能出孫君之右者，故為同志推戴，舉為盟長，而革命事業之發達，未始非孫君抱持之堅，毅力之長，有以致之也。"[1] 這一段話，正確地評價了孫中山在辛亥革命準備時期的作用，說明了革命黨人對孫中山的"推戴"並非出於盲目。

（三）關於孫中山不接濟《民報》經費困難問題。革命黨人主要強調軍情緊急，經費同樣困難，首先要滿足軍事上的需要。《公益報》答復章太炎說："河口、南關、欽廉之役相繼迭興，軍隊中人，匪遑離局，足下乃於此匆遽時間，假《民報》待需之名，為書乞援，求以三、四千金相濟。自足下視之，或以為平情，然當夫軍書旁午之間，餉需浩繁之際，撐持未暇，焉能兼顧其他！"[2]《中興報》則表示：近年革命黨人創辦的報館日漸增多，含辛茹苦、任怨任勞，如章太炎所說"朝治文章，暮營經費"的編輯人並不在少數，解決報館的經濟困難，要靠主任的運動，如果大家都向孫中山要求接濟，那麼，"吾恐孫君雖有點金之術，亦不能供給各報之要求"[3]。

同盟會創立初期，所需要支援的只有一個《民報》，經費上自然不感到十分拮据。1907年孫中山南行，在廣東、廣西、雲南邊境邊疆發動多次起義，開支突然浩大起來。鎮南關起義期間，孫中山曾向法國一銀行家洽談，由該行在法國代募軍債。欽、廉、上思起義期間，清軍黎天才部曾準備歸順革命軍，但孫中山卻付不出獎賞的花紅。這以後，由於張永福、陳楚楠等幾個富有的華僑同盟會員瀕臨破產，孫中山更經常為經費不足所窘。1908年11月20日，他在

1　德如：《責章炳麟發匿名書者》。

2　意公：《與章炳麟書》。

3　德如：《責章炳麟與發匿名書者》。

致鄧澤如等函中說："時局可為，惜財力不足赴之於目前，想同人等亦為扼腕而歎。"[1] 不僅《中興報》經常有停刊危險，孫中山自己也有"斷糧"之憂[2]。因此，革命黨人所作的辯解是事實。但是，他們忽略了雙方思想分歧所起的作用。孫中山曾經稱讚《中興報》"文章議論，頗愜人心"[3]，如果《民報》辦得符合孫中山的理想，顯然，他在解決其經濟困難上是會積極得多的。

（四）關於孫中山乾沒鉅款，藉革命以營私問題。革命黨人主要採取反質法，要求章太炎交代出情況來源和具體數位、存貯地點。《公益報》說："足下又言孫氏丁未南行，集資三四十萬。試問某埠得收若干，某人捐助若干，足下能述其故否耶？""所謂身擁厚資者，此金錢究存貯於何處？下又能述其故否？"[4] 這些問題，章太炎當然答不出。革命黨人就此進一步指出：章太炎並非同盟會"實行部"人員，不了解軍事進行和組織的實際情況。《公益報》說："足下且未知軍事組織之實情，從何知軍事組織之真狀，不意足下欲欺飾人心，遂敢妄談軍事也。"[5] 革命黨人的這些辯解，由於對經費收支缺乏必要的說明，因此說服力並不大。只有當南洋革命黨人具體調查了孫家因革命而破產的狀況後，章太炎的指責才得到了有力的駁斥和澄清。

（五）關於孫中山賣國賣友問題。《公益報》指出："若云以雲南贈送法人，則尤令人竊笑。無論孫氏無此事，亦無此權。"該報問道：河口起義失敗後，大批義軍戰士被解送出境，不少"破棄身家事業"資助起義的華僑同盟會員被勒令出境，如果孫中山和法國人之間有什麼"私盟"的話，怎麼會出現這種狀況？[6] 黃興發表聲明，指責章太炎挑撥他和孫中山之間的關係是"造孽"[7]；《中興報》主編何德如則撰文說明：關仁甫在河口起義後到達新加坡，曾在《中興報》居住數月，在返回香港時，同盟會員紛紛資助；關仁甫感念同志情誼，曾到何德如寓所辭行。章太炎所說孫中山密告英吏，誣指關仁甫為大盜一事大謬

1　《國父全書》，第 412 頁。
2　《為〈中興報〉集股等事致鄧澤如函》云："現在本坡百務交迫，各同志皆陷於絕境，多有自顧不暇之勢，故弟處已絕糧矣。"見《國父全書》，第 415 頁。
3　《國父全書》，第 413 頁。
4　意公：《與章炳麟書》。
5　意公：《與章炳麟書》。
6　意公：《與章炳麟書》。
7　《本報告白》，《新世紀》第 116 號。

特謬，完全是"以耳代目"，把流言當作事實的結果[1]。革命黨人指出：立言貴在"有據"，章太炎如果繼任《民報》編輯人，"遇事不察，言出不擇，貿貿然而宣之於報紙"[2]，必然要損害《民報》的信譽。革命黨人的這些批評，接觸到了章太炎性格和思想方法上的弱點。

在逐條辯駁之外，革命黨人也對章太炎不顧全大局、不考慮影響的錯誤做法進行了批評。他們指出：中國革命距成功之日尚遠，"此正吾人臥薪嘗膽、枕戈待旦之時"，"稍知自愛而能為大局計者，必不出此"[3]。革命黨人的上述辯駁和批評所持的是擺事實、講道理的態度，這就發揮了澄清視聽，維護同盟會和孫中山威信的有益作用。

六、評議

在續刊《民報》所引起的急論中，章太炎輕率地散發《偽〈民報〉檢舉狀》，促使矛盾尖銳化，應負主要責任。但是，它也反映了孫中山和同盟會領導工作中的缺點。

如果同盟會能有一種制度，使它的領導人之間能夠經常就重大的問題交流思想，統一看法，那麼，分歧也許不至於愈來愈大。

如果同明會的經費收支能在高級領導人之間公開，那麼，章太炎顯然不會懷疑孫中山"乾沒"鉅款。

如果在《民報》經費困難時，同盟會領導人能給予更多一點的關懷和溫暖，那麼，章太炎胸中就必然不會有那樣多的不滿和牢騷。

如果在續刊《民報》時不對章太炎完全封鎖消息，那麼，他也許不至於突然爆發出那樣巨大的憤怒。

這些地方，說明了同盟會缺乏正確的組織原則，也缺乏統一思想、克服分歧的正確方針。

1　《責章炳麟與發匿名書者》。
2　《責章炳麟與發匿名書者》。
3　《責章炳麟與發匿名書者》。

*上圖 1911 年 12 月 21 日，孫中山歸國途經香港時在船中攝影

下圖 1912 年 3 月 29 日，南京臨時政府各部總次長、衛戍總督、各軍師旅司令官在南京愚園為孫中山舉行
　　餞別會後合影

第三部分

辛亥革命研究

辛亥革命何以勝利迅速，代價很小？ [*]

一、勝利迅速，代價很小

辛亥革命在一個幅員廣大，面積一千多萬平方公里的超級大國裏，結束了長達兩千餘年的君主專制制度，使中華大地上出現了前所未有的巨大政治變革，這是一件十分偉大、十分了不起的事件。但是，從武昌起義到南京臨時政府成立，中華民國誕生，前後不過 80 多天，三個月不到。如果從興中會成立算起，也不過 17 年。當年，改良派嚇唬說，中國革命，會像法國革命一樣，動亂百年，"伏屍百萬"。當時在清廷內閣承宣廳辦事的許寶蘅根據歷代江山鼎革的經驗估計，中國人口將大為減少。他說："世變至此，殺機方動，非生靈塗炭，戶口減去三分之二或四分之二，不能安寧。"[1] 孫中山本人也曾估計，革命大約要 30 年才能成功。[2] 但是，辛亥革命的勝利卻出奇地迅速，而且，代價也很小，並沒有出現大量死人，血流成河的恐怖場面。用孫中山自己的話來說，就是"太過迅速、容易，未曾見有若何犧牲及流血"。[3] 這種情況，不僅表現在全國，而且突出表現在武昌起義後的各省，特別是省會城市以及當時中國最大的城市上海的起義和獨立中。簡述如下：

湖南長沙：10 月 22 日晨 8 時發動，下午 2 時成功。未經戰鬥，僅殺死巡防營統領黃忠浩、長沙知縣沈瀛、營務處會辦兼提調王毓江、總文牘申錫綏 4 人。巡撫余誠格在撫署後院挖洞逃走。28 日，革命黨人焦達峰、陳作新被叛兵殺害。

陝西西安：10 月 22 日 10 時發動，10 月 23 日成功。巡撫錢能訓自殺未

* 原載《中國文化》2012 年第 2 期。
1 《許寶蘅日記》，第 1 冊，中華書局 2010 年版，第 388 頁。
2 《孫中山全集》第 9 卷，中華書局版，第 105 集。
3 《孫中山三赴紐約》，《近代史資料》總第 64 號。

死。起義軍進攻滿城，守城騎兵傷亡較大。24 日，部分起義士兵殺了少數騎兵和家屬，迅速被制止。西安將軍文瑞自殺。11 月 1 日，革命黨人錢鼎被 "民團" 殺害。

江西南昌：10 月 30 日晚發動，當晚成功。起義員警縱火焚燒了皇殿和撫台衙門兩側的鼓樓和旗杆。巡撫馮汝騤從後門逃走後到九江服毒自殺。

山西太原：新軍於 10 月 29 日黎明發動，同日晨成功。擊斃巡撫陸鍾琦及其子陸光熙、協統譚振德。

雲南昆明：新軍於 10 月 30 日夜八時半發動，次日成功。有小規模戰鬥。擊斃隊官安煥章、值日隊官唐元良、督隊官薛樹仁、統制鍾麟同等。

上海：同盟會、光復會領導的革命力量、軍警、商團，於 11 月 3 日上午 10 時發動，次日上午 8 時成功。道台衙門被燒。道台劉燕翼逃入租界。有小規模戰鬥，革命黨人進攻江南製造局時約死傷五十餘人。

貴州貴陽：陸軍小學堂的學生於 11 月 3 日晚發動，4 日成功。巡撫沈瑜慶交出印信後離開。

浙江杭州：新軍於 11 月 4 日夜半發動，次日黎明成功，不滿 40 分鐘。革命黨人點火焚燒撫署，巡撫增韞從後院圍牆逃走，後被活捉。杭州將軍德濟繳械投降。

福建福州：新軍於 11 月 9 日拂曉 5 時發動進攻，10 日晨八旗都統勝恩率騎兵一千三百餘人投降。福州將軍朴壽被殺，閩浙總督松壽自盡。

從以上 9 個城市的情況考察，其起義或獨立的過程都進展順利，沒有戰鬥，或沒有嚴重的戰鬥，在一天，至多兩天內，甚至在不到四十分鐘之內完成任務；清廷地方督撫、將軍大都處於不抵抗或無抵抗狀態。

江蘇蘇州、廣西桂林、安徽安慶、廣東廣州、四川成都都是屬於 "和平獨立" 的城市，除了安徽安慶過程複雜，進展反復外，其他幾個城市的獨立過程都比較迅速，基本上沒有破壞和流血、犧牲。蘇州獨立時，為了表示象徵意義，只命人用竹竿挑去了撫台衙門屋頂上的幾片瓦。

總觀武昌起義至南京臨時政府成立的全過程，除了清兵南下，革命黨人展開漢陽保衛戰，以及江浙聯軍進攻南京，打得較為激烈之外，沒有發生曠日持久、膠著難分，犧牲慘重的戰鬥和戰役。

　　何以會出現這種狀況呢？

二、原因分析

（一）清政府腐朽頑固，既堅決維護君主專制制度和滿洲貴族的核心利益，又為自己培養了大批掘墓人。

　　滿洲貴族以少數民族入主華夏大地，靠血腥的殺戮和嚴酷的壓制建立統治秩序，本來就缺乏正當性與合理性。康、乾兩代，雖然出現過一時的興隆，但是，漢族廣大人民群眾的反抗潛流一直綿延未息。康、乾以後，清廷雖然還維持著強大帝國的架勢，但正如《紅樓夢》所云：「內囊已經盡上來了。」道光以後，腐朽日甚，加之列強入侵，滿洲貴族唯知割地賠款以求苟延，其統治就更無正當性與合理性可言。1898 年，康有為、譚嗣同、梁啟超等掀起維新運動，這本來是一個挽回人心，重建其統治的正當性與合法性的好機會，但是，維新運動在不旋踵之間即遭鎮壓。這一事件充分表現出滿洲集團的腐朽與頑固，澆滅了人們心中的改革希望。鴉片戰爭前夕的思想家龔自珍說過：「一祖之法無不弊，千夫之議無不靡。與其贈來者以勁改革，孰若自改革。」[1] 清廷既然拒絕體制內的溫和的「自改革」，以強力為特徵的革命運動——體制外的「勁改革」必然順勢而起，日益發展、壯大。這以後的清政府已如風區危樓，稍加外力，就會散架垮塌。

　　在外患內憂的雙重逼迫下，清政府不得不撿起為他們所否定過的維新派的改革方案。自庚子回鑾起，慈溪太后宣佈實行新政。其內容涉及政治、軍事、經濟、教育、文化等許多方面，較之維新派，新政在某些方面步子更大，走得更遠。1905 年，清政府派五大臣出洋考察，宣稱以君主立憲為改革方向。但是，萬變不離其宗，清政府始終力圖保持和加強君主專制制度，不肯在關鍵的政體改革方面邁出實質性的步伐。1908 年，憲政編查館以《日本帝國憲法》為

1　《乙丙之際著議第七》，《龔自珍全集》，上海人民出版社 1975 年版，第 6 頁。

藍本，頒佈《欽定憲法大綱》，規定"大清皇帝統治大清帝國，萬世一系，永永尊戴"，"君上神聖尊嚴，不可侵犯"，皇帝擁有頒佈法律、總攬司法、統率軍隊、發交議案，設官制祿等各種權利。《大綱》雖允許議院存在，但召集、開閉、解散議院的權力均操之於皇帝，而且，它還給議員們作了多種"不得干預"、"不得置議"的限制，使議員們幾乎沒有多少"議政"餘地。它也照虎畫貓，做出一副要和世界先進文明接軌的模樣，許可"臣民"有言論、著作、出版及集會、結社等自由，但強調必須在"法律範圍"之內。此前，清廷即已頒佈《集會結社律》，規定凡"宗旨不正，違犯規則，滋生事端，妨害風俗"者，均在取締之列；凡結社、集會、遊行等事，民政部、地方督撫、巡警道局、地方官等均可用"維持公安"的理由飭令解散。在《大清報律》中規定，報紙、雜誌不得揭載"詆毀宮廷"、"淆亂政體"、"擾害公安"、"敗壞風俗"等類語言，並均須在發行前一日中午 12 時以前送"該管巡警或地方官署隨時查核"。[1]可見，清廷制訂這些法律並沒有給人民自由，不是在提升和發展"民權"，而是給予清廷官吏管制、取締、鎮壓的最大自由，旨在進一步鞏固滿洲貴族的專制統治。

1908 年 11 月，慈禧太后臨危，在去世之前，搶先毒死光緒皇帝，命令只有三歲的小兒溥儀即位，並由光緒皇帝的親弟弟載灃攝政。載灃攝政後，首先致力於集中軍權，然後，進一步將政治權力集中到滿洲貴族手中。1911 年，載灃宣佈內閣名單，在 13 個內閣成員中，漢人僅 4 人，而滿族大臣則有 9 人，其中皇族 7 人，所以當時被稱為"皇族內閣"。清初，滿洲貴族為了拉攏漢人，曾在部分中樞機構實行"均衡滿漢"政策，例如：內閣大學士，規定滿漢各二人，協辦大學士，滿漢各一人；吏、兵、禮、戶、刑、工等六部尚書，滿漢各一人，侍郎 4 人，滿漢各半。然而到了"皇族內閣"，卻出現了前所未有的大倒退。這個內閣成立後，立即加強對立憲派發動的規模巨大的國會請願運動的鎮壓，並且取消原先允許民間集資自辦鐵路的諾言，宣佈"鐵路幹線國有"政策。這些倒行逆施激起了社會各階層的普遍憤怒或憤懣，原來對清廷體制內的改革

---

1 《東方雜誌》第 4 期。

尚存希望的人士對這個政權徹底絕望，普遍傾向或同情於走體制外的革命道路。

應該承認，清廷實行新政雖然旨在鞏固滿洲貴族的統治，但其中有兩項舉措的結果卻違反其本意，培養了大批清朝統治的掘墓人。一是向國外派遣留學生，在國內創辦新式學堂，培養出數以百萬計的新型知識份子。這批知識份子具有和傳統知識份子不同的知識結構，自然地傾向或易於傾向民主、共和的新制度，另一舉措是訓練新軍，培養出數達二三十萬掌握新式武器的士兵，他們受過新式學堂教育，和傳統的舊軍不同，易於接受新思想。革命黨人利用這一條件，深入軍旅，在新軍中做了長期、深入、細緻的宣傳和組織工作，借矛奪盾，使這支軍隊逐漸變質。後來的歷史證明，推翻滿洲貴族統治的主要是這兩種社會力量。

（二）革命黨正確對待滿人，實現了一次人道主義的文明革命。

孫中山為興中會提出的綱領的首句是"驅逐韃虜"。明末清兵入關，滿洲貴族集團對以漢族為主體的中華各族人民實行野蠻、嚴酷的殘殺和鎮壓政策，埋下了深刻的仇恨記憶。晚清末年，清政府對外妥協、投降，甚至倡言"量中華之物力，結與國之歡心"，舊仇之外，又添新恨。因此，在整個辛亥革命時期，"排滿"一直是最具鼓動性的強力口號。但是，這個口號是有嚴重缺陷的。第一，它否認滿族是中華民族大家庭的成員。第二，它將少數滿洲貴族和廣大滿族一般成員混淆不分。在實踐過程中，革命黨人逐漸認識並克服了這些局限，制定了正確的民族政策，寬待滿人，實行了一次人類歷史上少見的人道主義革命。

章炳麟是革命黨人中大漢族主義和狹隘民族主義思想突出的人。1900 年 7 月，唐才常在上海召開國會（中國議會），章炳麟撰寫《請嚴拒滿蒙人入會狀》，聲稱："本會為拯救支那，不為拯救建虜；為振起漢族，不為振起東胡；為保全兆民，不為保全孤憤。是故聯合志士，只取漢人，東西諸賢可備顧問，若滿人則必不容其闌也。"[1]　這就將滿族普通群眾完全排斥在愛國運動之外了。1903

---

1 《中國旬報》第 19 期。

年，鄒容在《革命軍》中提出："驅逐住居中國之滿洲人，或殺以報仇"，"誅殺滿洲人所立之皇帝"，這就將種族復仇主義發揮到了極致。

同年4月，蔡元培發表《釋"仇滿"》，說明當時"滿洲人"保有三種特權，一是君主世襲，以少數人而佔有行政官員總額的半數，二是旗人駐防各省，三是不事實業，坐食多數人的生產成果，所謂"仇滿"之論，實際上反對的是滿人的特權，"皆政略之爭，而非種族之爭也"。文章指出，應該反對兩種人。一種是少數滿人，繼續高唱"漢人強，滿人亡"的種族對立論，密圖壓制漢人；另一種是漢人中的立憲派，要求實現立憲政體，奉今之朝廷為"萬世一系"之天皇。文章認為，當時的世界，民權已如江河奔流，莫之能禦，而這兩種人卻企圖"保守少數人之特權"，其結果將使"滿洲人"重蹈法國大革命時貴族被送上斷頭台慘殺之禍。[1] 這是一篇跳出種族論而從政治立言的文章。

1905年7月，孫中山在日本東京成立中國同盟會，湖南學生張明夷反對，主張定名"對滿同志會"。孫中山稱："滿清政府腐敗，我輩所以革命。即令滿人同情於我，亦可許其入黨。革命黨宗旨不專在排滿，當與廢除專制、創造共和並行不悖。"[2] 對原來要"驅逐"的"韃虜"，不僅不加歧視，而且許其革命，允其"入黨"，劃清了和狹隘民族主義的界限，表現出寬廣的胸襟和巨大的觀念進步。孫的意見得到大家贊成。1906年12月，《民報》創刊一週年，孫中山演說稱："民族革命的原故，是不甘心滿洲人滅我們的國，主我們的政，定要撲滅他的政府，光復我們民族的國家。這樣看來，我們並不是恨滿洲人，是恨害漢人的滿洲人。假如我們實行革命的時候，那滿洲人不來阻害我們，決無尋仇之理。他們當初滅漢族的時候，攻城破了，還要大殺十日才肯封刀，這不是人類所為，我們決不如此。"[3] 孫中山以上兩段話，堅決反對種族復仇主義，規定了革命時期對滿人的政策，並為滿人參加革命打開了大門。

孫中山之後，《民報》發表的《仇一姓不仇一族論》對於革命黨人的民族政策作了更進一步的闡釋。該文認為，漢族不共戴天的仇敵僅僅是"滿族中之

1　《蘇報》，1903年4月11日。
2　《孫中山年譜長編》，第343頁。
3　《孫中山全集》第1卷，第325頁。

愛新覺羅一姓"，特別是其中"據隆崇之地位，握高尚之特權"的"滿酋"，也就是我們今天所說的"滿洲貴族"。文章歷數明末以來"滿酋"的大肆慘殺、踐踏南疆，濫殺密網，淫刑以逞等種種罪行，又歷數甲午以來貢媚列強，輸礦獻路等賣國行為，認為凡此種種，均是不應忘記之"仇"，必須大興革命義師，直搗首都，將"滿酋"的左耳割下來高掛在太白旗上。文章提出，對於投誠來歸的滿族群眾，應該"悉釋不問，安置郡縣，視若漢民"；對於那些未曾與革命軍作戰的清兵，應該按照"脅從罔問"的原則對待；對於那些無以為生的滿族貧民，新政府成立後，還應該首先為他們"謀生聚教訓之方，俾無一夫之不獲"，和漢族人民"同生息於共和政體之下"。[1]

　　章炳麟這時也有了進步。他在《排滿平議》一文中指出："是故排滿者，排其皇室也，排其官吏也，排其士卒也。若夫列為編氓，相從耕牧，是滿人者，則豈欲刲刃其腹哉！"這就明確指出，對於一般滿族群眾，不應實行屠戮政策。他還特別指出，應以政治態度，而不當以種族作為排拒的標準："若漢族為彼政府用，身為漢奸，則排之亦與滿人等。"[2] 1908 至 1909 年之間，他甚至秘密致函滿洲貴族肅親王善耆，勸他加入同盟會，共謀革命。

　　這一時期，超出狹隘種族主義界限的革命黨人不在少數。1908 年，同盟會會員張鍾端在《河南》雜誌載文指出："滿人之平民可不排，而滿人之官吏則必不能不排。不特此也，漢人中之在政府，其朋比為奸，助紂為虐者，亦在必排之列。蓋吾之排斥，非因種族而有異也，乃因平民而有異。孰禍我平民，即孰當吾排之衝。故不特提攜漢人之平民，亦且提攜滿人之平民以及蒙、回、藏之平民也。"[3] 在一片"革命排滿"的喊聲中，該文作者不以"種族"為標準，而以是否"禍我平民"為標準，將"滿人之官吏"與"滿人之平民"區分開來，主張"滿漢官吏"同在排斥之列，而"漢人平民"與"滿、蒙、回、藏之平民"則同應"提攜"。作者雖然還不是"階級"論者，但已經達到了很高的思想水準。

　　1910 年，另一個同盟會會員趙正平在廣西的《南報》載文，提倡推進中

1 《民報》第 19 期。
2 《民報》第 21 期。
3 　鴻飛：《對於要求開設國會者之感喟》，《河南》第 4 期。

國各族人民之間的團結，共同反對帝國主義，挽救祖國的危亡，文章號召國人"急掃其此畛彼域之見，激發其吳越同舟之情，聯滿、蒙、回、藏、苗、猺為一家，共死生存亡之生涯，以與德、法、日、俄較，則豈只四百兆人人之福"[1]。該文實際上已經提出了中華民族大團結的思想。

在 1910 年的拒英、拒法、拒俄運動中，同盟會負責人劉揆一發表《漢滿蒙回藏民黨會創立意見書》，號召中華各族人民共同組織政黨，進行革命。這是同盟會民族政策史，也是辛亥革命史上一份有巨大意義的文件。該文指出，在帝國主義侵略的嚴重威脅下，中華各族已經形成為存亡相繫的命運共同體。要拯救國家危亡，必須實行民族團結。文稱：

> 滿蒙失，則東北各省不易保全；回藏失，則西北各省亦難支捂，是吾人欲保存漢人土地，尤當以保守滿、蒙、回、藏之土地為先務。

文章認為，"滿洲皇族"的賣國政策不僅違背了"漢人"的利益，也違背了"滿人"的利益，"滿人"應該支持革命，參加革命：

> 使漢人滿人而各知愛國家、愛種族也，則是現今之君主政治，無論其為專制，為立憲，皆不足以救危亡，即無論其為滿人、為漢人，皆當排去之者也；且使滿人而知斷送滿洲桑梓地者為滿洲皇族也，知漢族不強滿族亦隨而亡也，知非建立共和政府，滿漢種族之意見終不能融洽也，吾恐漢人雖不革命，滿人猶當首先排去其皇族而傾倒其政府矣。

文章號召，漢、滿、蒙、回、藏各族人民互相通"氣誼"，通"學業"，互相交流，互相聲援，共同組織漢、滿、蒙、回、藏民黨會，實即共同組織革命政黨。[2]

武昌起義爆發，章炳麟立即致函在東京的滿族留學生，中稱：

1　侯聲：《博愛主義》，《南報》第 3 期。
2　日本外務省檔案，參見拙作《從排滿革命到練滿革命》，《晚清史事》，第 424—426 頁。

若大軍北定宛平，貴政府一時傾覆，君等滿族，亦是中國人民，農商之業，任所欲為，選舉之權，一切平等，悠遊共和政體之中，其樂何似！我漢人天性和平，主持人道，既無屠殺人種族之心，又無橫分階級之制，域中尚有蒙古、回部、西藏諸人，既皆等視，何獨薄遇滿人哉！[1]

章炳麟明確宣示："君等滿族，亦是中國人民"，這是對同盟會多年來有關宣傳的糾誤。他不僅闡述了革命黨人的民族政策，而且實際上提出了民族平等的思想。武昌起義後，滿族，特別是滿洲貴族擔心漢族報復，紛紛改姓，或姓金，或姓趙，或姓關，但是，除西安滿營因閉城固守，並有千餘人自地窖中衝出，奪取軍裝局，因而被殲滅外，各地滿人、旗兵大都並未堅決抵抗，漢人也未如清兵入關時一樣大肆屠殺異族。[2]

1912 年 1 月 1 日，孫中山發表《中華民國臨時大總統宣言書》，明確提出"五族共和"論，認為"國家之本，在於人民。合漢、滿、蒙、回、藏諸地方為一國，即合漢、滿、蒙、回、藏諸族為一人"。南北議和中，南京臨時政府參議院迅速通過《清室優待條件》，規定"大清皇帝辭位"之後，"尊號仍存不廢"，"歲用四百萬兩"，"暫居宮禁，日後移居頤和園"，"原有之私產由中華民國特別保護"；對皇族，規定"王公世爵概仍其舊"，"皇族私產一體保護"；對滿蒙回藏各民族，規定"與漢人平等"，"保護其原有之私產"，"王公中有生計過艱者設法代籌生計"，"先籌八旗生計，未籌定之前俸餉仍舊支放"以及"聽其自由入籍"，"原有之宗教聽其自由信仰"等。[3]

這些規定，條件優厚、寬大，與鄒容在《革命軍》中提出的誅殺滿人，誅殺滿洲人所立之皇帝等主張迥異，對於安定人心、安定社會，促進民族團結、和諧起了良好作用。

1　《革命逸史》第 5 集，第 232 頁。
2　郭孝成：《陝西光復記》，《辛亥革命》（六），第 41—42 頁。
3　《辛亥革命》（八），第 185—186 頁。

（三）爭取列強中立，避免其直接武裝干涉，減少阻力

　　當時，革命黨人的任務是推翻以滿洲貴族集團為代表的君主專制制度，建設嶄新的民主主義的共和政體。但是擺在中國人民面前的還有另一個敵人，這就是鴉片戰爭以來長期侵略中國的列強。人們不可能用兩個拳頭同時打人。假如革命黨人在進行反對清朝統治的民主革命的同時，又進行反對帝國主義列強的民族戰爭，勢必兩敗俱傷，各無所成。因此，革命黨人決定爭取列強中立，以便集中力量，先行打擊並推翻清朝的君主專制統治。1897年，孫中山在倫敦和英國人柯林斯合作發表《中國的現在與未來》時，就向世界宣佈："目前我們所需要的援助，僅是英帝國以及其他列強善意的中立。"[1] 這可以看作是孫中山最早的對外宣言。1905年，同盟會成立，革命黨人創辦《民報》，將"要求世界列強贊成中國之革新事業"列為"六大主義"之一。這可以看作革命黨人正式的對外政策宣示。當然，革命黨人明白，要求列強"臂助"中國革命，這幾乎不可能，因此，他們退而求其次，要求列強保持中立。胡漢民分析美國獨立和日本明治維新時期的前例，認為只要革命黨人的行動遵守國際法就有此可能。[2] 同盟會成立後，革命黨人制訂《革命方略》，其《對外宣言》聲稱：中華革命軍"對於友邦各國益敦睦誼，以期維持世界之平和，增進人類之福祉"，《宣言》共七條：

　　　　1. 所有中國前此與各國締結之條約，皆繼續有效。

　　　　2. 償款外債照舊擔任，仍由各省洋關如數攤還。

　　　　3. 所有外人之既得權利，一體保護。

　　　　4. 保護外國居留軍政府佔領域內人民財產。

　　　　5. 所有清政府與各國所立條約，所許各國權利及與各國所借國債，其事件成立於此宣言之後者，軍政府概不承認。

　　　　6. 外人有加助清政府以妨害國民軍政府者，概以敵視。

　　　　7. 外人如有接濟清政府以可為戰爭用之物品者，一概搜獲沒收。

1　《孫中山全集》第1卷，第106頁。
2　胡漢民《〈民報〉之六大主義》，《民報》第3期。

以上七條，前四條承認列強的既得權益，後三條防止革命發動之後，列強支持清政府。這 7 條方針後來雖有過某些改動，但始終是革命黨人處理對外關係的基本原則。[1]

武昌起義後，湖北軍政迅速發佈《刑賞令》，規定"傷害外人者斬"、"保護租界者賞"、"守護教堂者賞"等條。12 日，軍政府依照同盟會《對外宣言》的基本精神照會駐武昌各國領事，保證清政府此前與各國所訂條約繼續有效，賠款外債，繼續承擔，同時宣佈保護在華外人財產。照會發出後，軍政府又派人分訪各國領事，要求承認革命軍為交戰團體。這些措施和政策，迅速發揮了使列強安心的作用。

在華外國使節和各國政府密切注視武昌動態。10 月 11 日、12 日，美國駐華代辦衛里（E. T. Williams）連續報告美國政府，"那裏的外國人被認為是安全的，因為革命黨人有意避免攻擊外國人"。[2] 13 日，美國國務卿諾克斯（Philander C. Knox）向塔夫脫（William Howard Taft）總統報告說，這是"中國發生自太平天國革命以來最嚴重的叛亂。迄今外國人的利益一直受到悉心尊重，這就將這次革命與以前的革命區別開來，並表明了領導層的智慧，努力避免外國干涉的危險"[3]。14 日，美國國務院遠東司司長蘭斯福德・米勒（Ransford Miller）提出五點政策建議，其中第三條為："在中國各派之爭中保持中立"，第四條為"反對各國單方面進行軍事干涉"。[4]

在駐漢各國領事團會議上，法國領事羅氏聲稱，孫中山的革命以改良政治為目的，不能與義和團一樣看待，加以干涉。領袖領事、俄國領事敖康夫（Ostroverknov）表示，根據軍政府照會，觀察革命軍實際行動，相信革命軍沒有任何排外性質。10 月 18 日，駐漢英、俄、法、德、日五國領事照會軍政府，同時佈告稱："現值中國政府與中國民國軍互起戰爭"，根據國際公法，"外

1 參見拙作《讀孫中山致紐約銀行家佚札》，《晚清史事》，中國人民大學出版社 2007 年版，第 385—386 頁。
2 William to the Secretary of State, October 11、12, 1911, RDS. 轉引自崔志海：《美國政府與清朝的覆滅》，《史林》2006 年第 5 期，以下同。
3 Knox to Taft, October 14, 1911, RDS.
4 Miller to Knox (memo), October 14, 1911, Knox Papers, see: James Reed, *The Missionary Mind and American East Asia Policy,* 1911-1915 (Cambridge, Mass: Harvard University Press, 1983), p. 115.

國人無干涉權"，"自應嚴守中立"。[1] 當時，武昌江面有列強軍艦 20 艘，瑞澂要求發炮支援，英國公使朱爾典和駐漢領事葛福等雖明顯地同情清政府，但是，英艦並未發炮，美國領事並且拒絕了由外國軍艦協助巡護長江的要求。

1911 年 10 月，孫中山接見法國朝日新聞社記者，聲稱此次革命專對滿清，其思想、理論均來自西方文明，"無論立憲主義、自由主義，皆借取於英、法、義、美諸國"，不會發生外交上的"意外衝突"，[2] 此後，他陸續訪問美、英、法各國政界人士，如，法國參議會議長格利門疏（Georges Clemenceau）、外交部長畢恭（Stephen Pichon）等，也曾託友人向英國外交大臣格雷（E. Grey）致意，爭取理解和同情。11 月 16 日，孫中山致電上海《民立報》，聲稱"已循途東歸，自美徂歐，皆密晤要人，中立之約甚固"。[3]

由於革命黨人一再聲明保護列強在華的既得權益，在革命過程中又嚴格保護外僑的生命、財產，使得列強既覺得沒有直接出兵干涉的必要，也找不到出兵干涉的有力藉口。還在 1910 年 7 月，美國亞洲艦隊司令哈伯特（Hubbard）在分析中國形勢時曾經估計："可以肯定的是，在任何一次暴亂中，遲早都會不可避免地危及美國人的生命和財產，各種保護要求會成為我指揮下的艦隊的負荷。"但是，在整個辛亥革命過程中，美國政府卻始終沒有感到這種需要，美國之外，英國在中國擁有巨大的經濟利益，但基於與美國同樣的理由，也認為沒有出兵干涉的必要。日本陸相石本新六及駐清公使伊集院彥吉都主張出兵干涉，但日本政府顧忌英國反對，只同意由商人出面，向清廷陸軍部出售武器彈藥。後來因擔心共和革命對日本天皇制的衝擊，一度慫恿英國政府共同出面，聯合美、德、法、俄等國，向革命黨人施加壓力，令其接受君主立憲方案。[4] 但是，英國外交大臣格雷迅速拒絕，聲稱就政體問題向中國提出建議，或者由列強共同出面，採取哪怕是一點微小的類似壓迫的行徑，都是重大的冒險行動。[5]

1　楊玉如：《辛亥革命先著記》，第 103 頁；參見李雲漢《中國近代史》，台北三民書局 2009 年第 4 版，第 146 頁。

2　《駐美使館書記生周本培報孫中山與法記者談話記錄》，《歷史檔案》1985 年第 1 期。

3　《孫中山全集》第 1 卷，第 546 頁。

4　《內田外務大臣致山座駐英臨時代理大使電》，《日本外交文書選譯》，中國社會科學出版社 1980 年版，第 319 頁。

5　《山座駐英臨時代理大使復內田外務大臣電》，《日本外交文書選譯》，第 328 頁。

日本政府發覺無法改變英國的主意，又不願因此破裂和英國的同盟關係，便打算採取靜觀態度。外務大臣內田康哉心灰意懶地電告駐華公使伊集院，聲稱在此情況下，如"帝國政府不顧兩國間之協調關係而單獨出面梗阻，亦屬無趣"。[1]

革命道路不會是筆直的，也不是在任何情況下都以越堅決、越強硬為好。為了達到革命的總目標、大目標、長遠目標，革命黨人在某些時期、某些方面可以有某種妥協、讓步，提出某些權宜性的政策。以孫中山為代表的革命黨人之所以革命，重要目的在於救亡，爭取中華民族的獨立和自主。他們在辛亥革命時期對列強做了某些讓步，但民國建立，時移事遷，條件成熟之後，他們就逐漸提出了廢除不平等條約以至反對帝國主義的口號。這說明，他們當初的對外政策是一種"權宜之計"，目的在於減少阻力，而不是革命派的軟弱性的必然的本質流露。

1906 年，革命派與改良派辯論時，梁啟超曾經提出，民氣如火，一旦進行，各地難免會發生鬧教案、殺西人一類舉動，列強就會出兵干涉，實行瓜分。一旦打起來，列強船堅炮利，中國人不可能和洋人相抗，其結果必然是四萬萬人被殺盡，至少也將淪為牛馬。革命派則認為：當時的列強之間已經形成了一種"均勢"，"互相牽制而莫敢先發"。如果革命僅限於國內問題，排滿而不排外，或者，是一種"正當的排外"，"善守國際法"，列強將會保持局外中立。辛亥革命的事實證明，革命派的估計和分析是正確的。當然，他們不會也沒有想到，列強在武力干涉之外，還會採取其他的干涉形式。

（四）團結立憲派和開明官紳，結成反清統一戰線，壯大革命力量。

戊戌變法失敗後，康有為哀悼死友，憎惡慈禧太后，又繫情於被軟禁的光緒皇帝，曾企圖走上武裝抗爭道路。一是向外國借兵，一是在國內組織力量，發動起義，企圖推翻慈禧太后與榮祿的統治，使光緒皇帝復辟，重回政治中樞。他最初寄希望於兩廣地區的士紳和會黨，後來則寄希望於在兩湖地區活動的唐才常。從上書、請願發展為武裝起義，康有為和以孫中山為代表的革命派

---

1 《內田外務大臣復伊集院駐清公使電》，《日本外交文書選譯》，第 326 頁。

走近了一大步。但是，康有為感念光緒皇帝知遇之恩，始終不願和革命黨人合作。唐才常的自立軍起義失敗後，他覺得武裝起義的方式犧牲太大，"自是不敢言兵"，一心一意經營保皇會。

梁啟超思想較康有為活躍，變遷也快。戊戌變法失敗後，他的思想出現向民主共和發展的新趨向。曾聯絡部分同人與革命黨人合作，從而贏得孫中山的好感。1900 年，梁啟超訪問檀香山和美洲，孫中山熱情地為他寫信介紹。但是，梁啟超求穩怕亂，對光緒皇帝餘情難斷，又受老師康有為的影響和控制，終於難以走上革命道路。他力圖調和革命與改良，民主與"保皇"的矛盾。1902 年，他創作小說《新中國未來記》，設想在中國建立"大中華民主國"，以光緒皇帝為第一任總統，然後逐漸從漢族中選舉第二任總統。他把這種方式稱為"名為保皇，實則革命"，認為這種方式易於實行，事半功倍。到檀香山之後，當地興中會會員受到影響，紛紛改換門庭，加入保皇會。繼至美洲，保皇會也大為發展。檀香山和美洲都是孫中山的根據地，興中會會員大批"變節"的情況使孫中山大為惱火，立即撰寫文章，大批"保皇"理論，力圖消毒。從此，孫中山遂將保皇會視為不共戴天的敵人，杜絕了與之合作的念頭。

1907 年，國內立憲運動興起，海內外的改良派合流，逐漸掀起國會請願運動。在這一運動中，逐漸形成以制訂憲法、召開國會為主要訴求的立憲派。清政府一面鎮壓，一面順應時勢，允許各省成立諮議局。這樣，國內的政治運動取得了部分合法性，立憲派士紳也取得了發表意見，參政、議政的平台。在這一情況下，部分革命黨人遂與立憲派合作，表達政治訴求，藉諮議局掩護自身的活動。

權力從來是政治鬥爭的核心問題。1905 年以後，清政府雖然下詔預備立憲，開始實行部分政治體制改革，但是，滿洲貴族不想真正讓出權力。1911 年，清政府宣佈成立"皇族內閣"，將權力更多、更緊地控制在皇族手裏，同時加緊鎮壓國會請願運動。清政府的這些措施暴露了自身改革的虛偽，也激怒了立憲派，增強了部分開明官紳的離心傾向。他們中的部分人由於對清政府的絕望而同情革命、甚至支持革命。這就為革命黨與立憲派以及部分開明官紳的合作創造了可能。

革命黨與立憲派的合作突出表現在 1911 年初各地掀起愛國運動中。1911 年初，英國派兵佔據我國雲南邊境要地片馬。同月 28 日，雲南諮議局通電指出，英國此舉 "勢將北進，扼蜀、藏咽喉，窺長江流域，大局危甚"，呼籲各界共同抵制。2 月 7 日，雲南諮議局集會，成立中國保界會。此際，英法合辦的隆興公司強索雲南七府礦產開採權，法國藉口保護鐵路，而陳兵滇邊，沙俄藉修訂《伊犁條約》之機，企圖攫取新疆、蒙古等地的多種權利。因此運動迅速發展為包括拒英、拒法、拒俄在內的具有多重內容的愛國運動。運動得到貴州、江蘇、福建、山西、江西等各省諮議局的回應。5 月 12 日，各省諮議局聯合會在北京開幕，以湖南諮議局議長譚延闓為主席，湖北諮議局議長湯化龍為審查長，提議編練民兵，保衛邊疆。6 月 24 日，聯合會通過有湖北諮議局副議長張國溶起草的《通告全國人民書》，全面抨擊 "皇族內閣"。

　　留日學界一向是近代中國反帝愛國運動的策源地。2 月 15 日，留日學生 1200 人集會，同盟會員劉揆一等提議竭力設法警告內地及各省諮議局，拒絕俄國要求，同時，動員各省諮議局成立獨立機關，組織國民軍，以防外敵。27 日，中國留學生總會致電上海《民立報》及全國 21 省諮議局，要求召開會議，組織國民軍，以救危亡。3 月 5 日，留日學生成立中國國民會，推派代表分往 21 省活動。4 月 18 日，代表陸續歸國，聯絡諮議局及商會等民間合法團體，展開活動。例如，浙江留日學生代表俞景朗等歸國後，首先訪問浙江諮議局議長沈鈞儒，動員他與同盟會會員陳布雷、許炳堃、褚輔成等組織全浙國民尚武分會。在這一過程中，逐漸實現了革命黨和立憲派的聯合。[1]

　　四川保路運動的領導者蒲殿俊、羅綸、鄧孝可都是立憲派，同盟會員龍鳴劍、朱之洪等積極參加了這一運動，他們 "外以保路之名，內行革命之實"，將各地的保路同志會作為鬥爭平台，藉以發動群眾、宣傳群眾，組織群眾，暗中鼓動革命。所以當 "七一五" 成都血案發生之後，保路同志會立即轉變為保路同志軍，遍及全川的人民大起義立即爆發。

　　革命黨是革命的宣導者，立憲派是地方開明士紳的代表。二者結合，就構

1　以上論述，參閱拙作《1911 年的拒英、拒法、拒俄運動》,《晚清史事》，中國人民大學出版社 2007 年版。

成了足以左右形勢的力量。武昌起義，由作為革命黨人代表的士兵發動，由作為立憲派首領的湯化龍支持和襄助。嗣後，各省相繼獨立，在這一過程中，立憲派份子，如湖南的譚延闓，開明的地方官吏，如江蘇的程德全等都發揮了積極作用。四川獨立後，成都社會秩序一度陷入混亂。自同盟會會員、原陸軍小學堂監督尹昌衡被推為四川軍政府都督，立憲派的羅綸被推為副都督後，成都局勢就趨於穩定。

1912 年 1 月，廣東曾發生部分同盟會人仇殺 "保皇黨" 事，章炳麟致函孫中山，要求給予當年的保皇黨以自新機會。孫中山立即致電陳炯明及各省都督，聲稱 "今茲南紀肅清，天下曠蕩，舊染污俗，咸與維新。法令所加，只問其現在有無違犯，不得執既往之名稱以為罪罰"。顯然，在革命高潮中，或在大局底定之後，對舊時的敵對者持 "咸與維新"，既往不咎的政策有助於使 "海隅蒼生，咸得安堵"。[1]

（五）利用袁世凱，"先成圓滿之段落"，避免南北相抗，長期戰爭

在清末新政中，袁世凱卓有成績。他又擁有北洋新軍，成為清政府中罕有其匹的強人。

1908 年，光緒皇帝和慈禧太后相繼去世，載灃攝政，為了減少威脅，突然以有 "足疾" 為名將袁世凱開缺回籍。袁表面上在家鄉養病釣魚，而心中深藏著對滿洲貴族的強烈不滿。武昌起義爆發，清政府於窘迫無奈之際，再度起用袁世凱，賦以大權。11 月 1 日，奕劻 "皇族內閣" 總辭職，袁世凱出任內閣總理大臣。一時間，袁世凱成為一身繫天下安危的重要人物。他一面調派其所掌握的北洋新軍三萬多人南下進攻革命黨人，一面派人到武昌談判，進行收撫。

武昌的革命派認識到袁世凱和滿洲貴族之間的矛盾，一開始就想利用這一矛盾動員袁世凱反正。11 月 9 日，黃興致函袁世凱，建議他以華盛頓、拿破崙之資格，出面建華盛頓、拿破崙之事功，直搗黃龍，滅此朝食。黃興表示，只要袁做到了，全國各省人民都將 "拱手聽命"。11 日，袁世凱的代表劉承恩、

---

1 《孫中山全集》第 2 卷，第 47 頁。

蔡廷幹到武昌談判，宋教仁建議袁"轉戈北征"，聲稱"將來自可被舉為大總統"。12月3日，到漢口組織臨時政府的各省代表決議，如袁世凱反正，當公舉為臨時大總統。[1] 20日，黃興派顧忠琛為代表與直隸陸軍學堂總辦廖宇春談判，議決"先推覆清政府者為大總統"。[2] 從歐洲趕回中國的孫中山也注意到了這一動向。12月21日，孫中山到達香港，已經就任廣東都督的胡漢民偕廖仲愷到港迎接。胡邀孫留在廣東，孫則要求胡同赴上海、南京。雙方爭論了一天。胡認為袁世凱居心叵測，首鼠兩端，建議孫留粵練兵，徐圖大計。孫中山稱，滬寧在前方，自己不可不身當其衝。如不親到當地，一切對內、對外大計，無人主持。他說："今日中國如能以和平收革命之功，此亦足開世界未有之例，何必言兵。"他表示：袁世凱雖不可信，但利用他推翻清廷，"勝於用兵十萬"。[3]"縱其欲繼滿洲以為惡，而其基礎已遠不如，覆之自易。故今日可先成一圓滿之段落。"[4] 胡漢民為孫中山的遠見所折服，命陳炯明代理廣東都督職務，自己隨孫北上。

　　戰爭是手段，而不是目的。孫中山發動武裝起義，目的在於推翻君主專制制度，建立共和政體。倘使和平手段可以達到這一目的，自無使用戰爭這一手段的必要。在港時，孫中山致電日本橫濱華僑，內稱："吾黨組織之革命軍，今對於滿朝已經休戰，將移而至媾和談判。吾黨之希望雖素不在媾和，而亦並非全不欲和，戰亦非吾目的也。吾黨素志之共和政體，近已由議和談判之結果，可見其成立矣。更望諸君大表同情，注視其成行。"[5]

　　革命，革命戰爭都需要巨額財政支援。10月12日，孫中山在美國得到武昌起義消息。14日，德國《每日報》即刊出孫中山給英國金融界的信，企圖從倫敦得到大約500萬盧布的借款。10月20日，孫中山到紐約，除宣揚中國革命，爭取美國朝野同情外，另一任務，就是力謀借款，支援國內戰爭。31日，他致函美國人荷馬李，聲稱"如得財力支持，我絕對能控制局勢"，"貸款是必

1　《湖北革命知之錄》，第391—392頁。
2　廖少游：《新中國武裝解決和平記》，《辛亥革命資料類編》，第351—366頁。
3　許師慎：《孫中山先生自美經歐返國》，《革命開國文獻》第一輯，史料三，台北"國史館"1996年版，第2061頁。
4　《胡漢民自傳》，《革命開國文獻》第1輯，《史料》1，台北"國史館"1995年版，第140—141頁。
5　《申報》，1911年12月27日。

要的"。[1] 此後，孫中山到英國，到法國，都企圖為進軍北京和建立新政府籌措經費。在英國，孫中山也曾向《濱海雜誌》記者發表談話，認為中國"恰似一座乾燥樹木的叢林，只需星星之火，就能騰起熊熊的火焰。這火星便是我所希望得到的五十萬英鎊"[2]。他向四國銀行團主任商量借款，該主任答以在新的中國政府成立後才能開議。在法國，他和法國東方匯理銀行經理西蒙會晤，探詢以礦稅、土地稅為擔保取得借款的可能，遭到拒絕。這樣，他在回到上海，面對以為他攜帶大量資金的記者，只能回答：我沒有一分錢，我帶回的是革命精神。

孫中山同意與袁世凱和談，和他權位觀念淡薄有關。11 月 16 日，他在致電上海《民立報》時就宣稱，總統自當推舉黎元洪，如黎元洪推袁世凱，"合宜益善，總之，隨宜推定，但求早固國基。滿清時代權勢利祿之爭，吾人必久厭薄。"他在倫敦時也曾發表談話，表示"不論我將來成為全中國名義上的元首，還是與別人或那個袁世凱合作，對我都無關緊要"[3]。

孫中山到達上海、南京後，一方面準備北伐，一方面同意與袁世凱和談，並且最終以和議結局。孫中山這樣做，固然因為革命軍財政困難，無法支持長期戰爭。但是，也和他的"以和平收革命之功"，盡力減少犧牲、破壞的想法相關。

革命免不了流血、犧牲、破壞，但是，在可能條件下，要盡可能減少流血、犧牲和破壞的烈度。1911 年 10 月 20 日，孫中山遠在紐約，聽說廣東革命黨人準備進攻廣州，為避免大規模的"流血"，就曾致電兩廣總督張鳴岐，要他"速率所部反正，免禍生靈"。[4] 孫中山這裏提出了一條重要的原則，值得人們尊重、記取。革命的終極目的是解除人民痛苦，為人民造福，自然，在可能條件下，要盡量減少革命或戰爭給予人民的苦難。1912 年 1 月 4 日，孫中山復電袁世凱，重申上述原則，電稱："文不忍南北戰爭，生靈塗炭，故於議和之舉，並不反對。""倘由君之力，不勞戰爭，達國民之志願，保民族之調和，清室亦得

1　《孫中山全集》第 1 卷，第 544 頁。
2　《孫中山全集》第 1 卷，第 588 頁。
3　《孫中山全集》第 1 卷，第 568 頁。
4　《孫中山年譜長編》，上冊，第 563 頁。

安樂，一舉數善，推功讓能，自是公論。"[1] 當年，革命黨人與袁世凱議和，迫使清朝皇帝退位，避免了一場曠日持久的惡戰，極大地降低了流血、犧牲和破壞的烈度，使中國的政體平穩轉型，自然有其積極意義。

南北議和過程中，曾有部分革命黨人強烈反對。南社的柳亞子等人在上海《天鐸報》連續發表文章，與當時已成為南京臨時政府機關報的《民立報》論戰，闡述議和的不當與不智。柳亞子指出："袁之為人，專制錮毒，根於天性，與共和政體，無相容之理。" 又指出：袁世凱 "一方面藉民軍勢力逼脅虜廷，而另一方面又挾虜廷名號劫制民軍，俾虜廷退位與南都臨時政府取消，同時並行，彼得坐收漁人之利，由大總統而進為大皇帝"。[2] 柳亞子對袁世凱的上述認識，可謂如見肺肝。為了防制袁世凱 "繼滿洲以為惡"，孫中山等人也曾提出過一些 "監控" 措施，例如要求袁世凱離開其老巢北京，到南京就職等，然而，在袁世凱略施小技，加以破解後，革命黨人就沒有什麼辦法可以控制袁世凱了。雖然，袁世凱後來復辟帝制，但他只當了 83 天皇帝，次年的張勳復辟也只鬧了 12 天，完全應驗了孫中山在香港時對胡漢民所講的那段話："其基礎已遠不如，覆之自易。"

三、共和告成，完成了一個 "段落"，但還留下了許多未完成的 "段落"

清朝皇帝退位了，民主共和制度建立了，這是辛亥時期革命黨人為中國歷史所建立的偉大功績，也是孫中山為中國歷史建立的偉大功績，值得中國各族人民永遠紀念。但是，孫中山說得很清楚，他只是 "先成一圓滿之段落"，"段落" 不是文章。孫中山只是為 "振興中華" 這篇大文章開了個頭，寫好了第一段。孫中山在他革命的起始階段，曾經將中國當時的司法比喻為希臘神話中國王奧吉亞斯的 "牛圈"，養了三千頭牛，三十年中從不打掃，糞穢堆積如山。實際上，中國的皇權專制地主小農社會也是這樣的 "牛圈"。辛亥革命勝利得快，

1 《孫中山全集》第 2 卷，第 5 頁。
2 參閱拙編《柳亞子民初反議和文選》，《近代文學史料》，中國社會科學出版社 1985 年版，第 193—215 頁。

代價小，自然難以一下子清除奧吉亞斯“牛圈”中的全部“糞穢”，中國的面貌也難以一下子煥然大變。以專制制度為例，有形的皇權專制主義被推翻了，但是，無形的沒有皇帝的專制主義卻始終是近、現代中國史上難以消除的痼疾。人們不再匍匐在皇帝腳下山呼萬歲了，但是，在某個時期卻又響起了“萬壽無疆”、“萬壽無疆”、“萬壽無疆”的口號。回眸百年，孫中山的遺言並沒有過時：“革命尚未成功，同志仍須努力。”

誰領導辛亥革命

——在美國哈佛大學辛亥革命百年論壇閉幕式的演講

辛亥百年，辛亥革命的研究也已百年。但是，對於一些基本問題卻一直沒有一致的看法。

問題之一是，辛亥革命是誰領導的？

多年來，大陸流行的觀點：1. 資產階級領導；2. 資產階級革命派領導；3. 資產階級中下層領導；4. 資產階級及其政治代表。一言以蔽之：資產階級領導。

這就產生了若干矛盾而有點荒唐的現象：

1. 一個反對革命的階級被說成是革命的領導階級。

2. 一種批判資本主義、嚮往社會主義，反對在中國充分發展資本主義的政治力量被說成資產階級的政治代表。

3. 在校學生、腦力僱傭勞動者等被強劃為資產階級份子。

這樣，歷史不是越說越清晰，而是越說越糊塗，越難以理解。我們必須找尋新的解釋途徑和解釋方法。

一、中國資產階級力量微弱

中國的民族資本主義工業在洋務運動期間開始出現，戊戌維新前後略有發展，但是，到了辛亥革命前夜，仍然十分微弱。根據近年來學者的統計，當時能稱得上近代企業的不過 500 家至 1000 家左右，能夠產生的資產階級份子充其量不會超過 1 萬人吧？

有人根據 1911 年各地商務總會的會員數和商務分會會董數，約略估計當時民族資本家的數字為 52630 人。但是，商務總會的成員和分會會董的情況複雜，難以將其一概視為近代意義上的資本家。即使上述數字大體準確，對於幅員廣大的中國說來，民族資產階級也仍然是十分微弱的，難以擔當領導辛亥革命的重任。

二、中國民族資產階級當時反對革命

辛亥革命前夜，中國民族資本家階級參加了某些具有反帝愛國性質的運動，如抵制美貨運動、收回利權運動等。但在政治上，他們一般都反對革命，主張君主立憲。他們是立憲運動和國會請願運動的積極參加者。例如：

曾鑄，上海灘有名的資本家。經營南洋大米、海味、食糖及洋貨，積極投資興辦民族工業。兩次被推為上海商務總會總理。1905 年 5 月，為抗議美國虐待華工，向全國通電，要求協力抵制美貨。但是，其思想止於"伸國權"、"保商利"，而未有更多進步。在清廷的壓迫下，曾鑄權衡商業利害。1905 年夏，發表《留別天下同胞書》，宣佈退出運動，典型地表現出中國民族資產階級的軟弱性和妥協性。

張謇，江蘇南通著名的企業家。中國棉紡織領域早期的開拓者，為中國民族紡織工業的發展壯大作出了重要貢獻，又曾繼辦墾牧、漁業、輪步公司。他主張實業救國，積極參加立憲運動。早在 1904 年，他就積極動員清廷的封疆大吏張之洞、魏光燾、袁世凱等上奏，要求立憲。同年，與趙鳳昌合刻《日本憲法》呈送朝廷；又刊印《日本憲法義解》和《議會史》等書贈給滿族親貴鐵良等人。1906 年 12 月，創辦預備立憲公會，任副會長。1909 年被推為江蘇諮議局議長。1909 年 12 月，16 省代表 50 餘人集會上海，組成請願代表團，北上前夕，張謇作序相送，為請願團規定了長期奮鬥的方針，內稱："得請則國家之福，設不得請，至於三，至於四，至於無盡。誠不已，則請不已。" 1911 年 10 月 16 日，武昌起義之後的第六天，張謇和留日歸國學生雷奮、楊廷棟等為江蘇巡撫程德全起草奏摺，要求清廷"告廟誓民，提前宣佈憲法"，從而消弭革命。

像張謇這樣的積極投入立憲運動的資本家很多。以 1907 年在上海成立的預備立憲公會為例：根據 1909 年會員題名錄，當時共有會員 358 人，其中 77 人做過知縣以上的官史，約佔 21.5％；企業主、公司經理、商會總理等 84 人，約佔 23%。可見，資本家不贊成革命，他們的政治理想是君主立憲。資本家求穩怕亂，害怕革命黨人的激烈主張和激烈行為，只是在清政府鎮壓國會請願運動，成立"皇族內閣"之後，他們才逐漸地、緩慢地轉向革命。在武昌起義之後，才大量附和革命。例如沈縵雲：1906 年，在上海合資創辦中國第一家商業信成儲蓄銀行。1909 年被上海商界推為上海商務總會議董。1910 年冬，被上海商務總會推為赴京請願代表，向奕劻面請速開國會，但遭拒絕。他由此認定中國前途"捨革命無他法"，經于右任介紹，參加同盟會，成為滬地商界加入同盟會的第一人。

武昌起義後，在孫中山和袁世凱之間，資產階級選擇袁世凱。"二次革命"期間，除沈縵雲等個別人外，他們更拋棄孫中山，贊成袁世凱對革命黨人的鎮壓。在以後的年代裏，也未見有多少民族資本家試圖影響孫中山等人的政策並予以大量財力支持。

三、維新（立憲）知識份子是民族資產階級的代言人和利益代表者

近代中國新型知識份子的主要類型，大體分 6 類：洋務知識份子；維新知識份子（含立憲知識份子）；共和知識份子；無政府知識份子；共產知識份子；自由知識份子。

上述 6 類中，維新知識份子的經濟、政治主張：在經濟上推崇資本家和資本主義。如：

馬建忠："以護商會為本"。

康有為：在經濟上，重商："商若能盛，國以富強。"在政治上，主張君主立憲。

鄭觀應：西方"治亂之源，富強之本，不在船堅炮利，而在議院"，"事集議而行"。

陳熾：讚美西方的議院制度"合君民為一體，通上下為一心"，"可否從違，付諸公論"，"事之行否，仍由在上者主之。"

　　其代表性的人物是梁啟超：

　　1. 資本家為“國民經濟之中堅”。中國需要資本家、大資本家，以至托拉斯集團。

　　2. 以獎勵資本家為第一義，以保護勞動者為第二義，犧牲他部分人之利益在所不辭。

　　3. 私有制是“現社會一切文明之源泉”，營利觀念將驅動發明和創造。

　　4. 反對、“社會革命”（社會主義）將杜絕自由競爭和社會進化，鼓動“下等社會”屠戮“上流社會”。

　　5. 主張實行開明專制或君主立憲。

　　6. 主張實行制限選舉：認為家無儲糧，目不識丁的“貧民”不能成為“議員”否則，“議會果復成何議會，政府果復成何政府？”

　　可見，維新（立憲）知識份子要求在中國最大、最充分、最自由地發展資本主義，建設君主立憲政體，甚至開明專制政體。他們是近代中國民族資產階級利益的代表者和代言人。

四、共和知識份子

　　共和知識份子產生的歷史條件：留學熱。興辦學堂熱。新式書報出版熱。西方民主主義思想傳播熱。民族危機的加深。清政府頑固維護君主專制制度和愛新覺羅家族的核心利益。

　　以留日學生為例：1903 年為 1300 人，1904 年為 2400 人，1905 年為 8500 人，1906 年為 13000 人。

　　以國內新式學堂學生為例：1907 年為 101.3 萬餘人，1908 年為 128.4 萬人，1909 年為 162.6 萬餘人。

　　留學生、新式學堂學生是遠比近代中國資本家階級龐大的社會力量。其中一部分加入立憲知識份子的隊伍，一部分加入共和知識份子的隊伍。

　　在大量出現共和知識份子的基礎上逐漸形成辛亥革命的領導機構 —— 中國同盟會。

據調查，在 1905 年至 1907 年的 379 個會員中：留學生、學生 354 人，佔 93%；官僚、有功名的知識份子 10 人，佔 2.6%；教師、醫生 8 人，佔 2%；資本家、商人 6 人，佔 1% 多；貧農 1 人，佔不到 1%。可見，同盟會是以學生和新式文化人為主體的革命組織。

共和知識份子和傳統知識份子不同，也和維新知識份子不同：

1. 具有更多的近代科學知識。從知識結構的主體看，不再是子曰詩云，而是聲、光、化、電，和達爾文、赫胥黎的進化、天演之學。

2. 具有近代民主主義思想。從思想的主流看，不再是 "普天之下，莫非王土；率土之濱，莫非王臣" 和 "臣當盡忠"、"君要臣死，不得不死" 的舊觀念，而是以盧梭為代表的 "主權在民" 說。這是共和知識份子的最主要的思想特徵。

3. 出賣腦力，或即將出賣腦力，以知識為謀生手段，主要服務於新興的科學、文化、教育事業，不必依靠地產，也不必依靠科舉，在一定程度上擺脫了對地主階級和清廷的依附。

中國當時的共和知識份子的發展和西方資產階級革命時期的知識份子也不同：

1. 反滿。孫中山提出："驅除韃虜"。光復會提出："光復漢族，還我河山"。"光復漢族，剪滅滿夷"，"遇滿人者殺"。華興會的 "華" 事實上也還是漢族。

2. 推動他們投入社會政治運動的主要原因是救亡，從帝國主義的侵略下挽救祖國，振興中華，並不是資本家階級的經濟利益。當他們離鄉去國、尋求真理的時候，當他們拋妻別子、準備武裝起義的時候，他們所想到的是如何使災難深重的祖國免於瓜分，如何使可愛的民族免於淪為馬牛。至於發展資本主義，他們中的許多人連想都沒有想過。

3. 他們不少人的思想中程度不同地存在著批判資本主義或反資本主義的內容，並表現出對社會主義的同情和嚮往。

例如鄒容，1903 年出了本《革命軍》，這是長期被人們認為是提出了資產階級共和國方案的一本書，然而，沒過幾天，他就宣佈，他本人對《革命軍》一書已經不那麼有興趣，現在要寫《均平賦》了。所謂 "均平"，正是社會主義思想在近代中國早期傳播時的同義語。

又如章太炎，1903 年以前嚮往的確實是西方資本主義，稱拿破崙、華盛頓是 "極點"，但是，走出上海西牢，到了日本之後，一看，不對了，原來資本主義社會也有很多問題，那貧富懸殊不論，單就議會選舉過程來說，真是千奇百怪，醜惡骯髒得很，於是，他懷疑了、憤怒了，表示要扒開拿破崙、華盛頓的墳墓，用金錘去砸他們的頭。金者，鐵也。

以孫中山為例：

1903 年 12 月，孫中山《復某友人函》批判西方資本主義社會貧富懸殊，不是理想世界，預言將會發生新的革命："歐美之富者富可敵國，貧者貧無立錐。""他日必有大衝突，以圖實劑於平。" 他也像鄒容一樣談 "平均"，聲稱社會主義乃是一刻也不能忘記的主義。

1905 年 5 月，孫中山訪問第二國際，請求國際接納 "他的黨"，"防止一個階級剝奪另一個階級，如像所有歐洲國家都曾發生過的那樣"。"中國社會主義者要採用歐洲的生產方式，但要避免其種種弊端"，"中世紀的生產方式將直接過渡到社會主義的生產階段，而工人不必經受被資本家剝削的痛苦"。"當你們還在為實現你們的計劃而努力的時候，我們已生活在最純正的集體主義制度之中了。"

1905 年 11 月，孫中山在《〈民報〉發刊詞》提出民族、民權、民生三大主義，表明孫中山力圖不走西方老路，超越歐美，建設一個前所未有的新社會："歐美強矣，其民實困，觀大同盟罷工與無政府黨、社會黨之日熾，社會革命其將不遠。吾國縱能媲跡於歐美，猶不能免於第二次之革命，而況追逐於人已然之末跡者之終無成耶。"

1906 年 12 月 2 日，孫中山在《民報》創刊週年慶祝會上發表演說："文明有善果，也有惡果，須要取那善果，避那惡果。歐美各國，善果被富人享盡，貧民反食惡果，總由少數人把持文明幸福，故造成此不平等世界。我們這回革命，不但要做國民的國家，而且要做社會的國家，這是歐美所不能及的。"

1915 年 11 月，孫中山致函第二國際，宣稱社會主義是自己 "一生奮鬥的唯一目標"，"社會主義將治癒中國的疾苦"："我向你們大家呼籲，讓中國成為世界上第一個社會主義國家。請把你們的精力化（花）在中國身上，請派你們的優秀人材來中國各地服務，助我一臂之力。""這個國度應該用來作為社會主義政府的典範。"

1924 年 8 月 30 日，孫中山在國民黨中央執行委員會上講話："民生主義與共產主義沒有任何根本區別，區別僅僅在於實現的方法。""民生主義和共產主義從原則上是一致的，所以我們決定容共。從現在起，如果誰再說我們的民生主義不是共產主義，那就意味著該同志的民生主義與我們的民生主義不同。""如果所有的國民黨員都這樣，我就拋開國民黨，自己去加入共產黨。"

並非只有孫中山一人的思想如此，廖仲愷、朱執信，以至胡漢民、戴季陶、蔡元培、早期的馮自由，以至安慶起義的熊成基，南社詩人柳亞子、高旭等，都不同程度地有類似的思想。這是一個派別，有一群人。

概括他們的思想：

1. 讚揚馬克思的"資本基於掠奪"的思想，指責資本家是"不耕不織，坐致巨萬"的"盜賊"，"無良心"、"無道德"，"壓制平民"。

2. 指責托拉斯在將來會成為"大毒物"，反對在中國發展資本主義，主張"大資本國有"，在中國實行民生主義，使國家成為"大資本家"。後來則進一步提出"節制資本"的思想。

3. 讚揚"土地公有"、"資本公有"，讚揚"公有制"。"為公共利益作工，不為私利作工，縱有上述之弊，亦為離重弊輕。"

4. 同情勞動者，讚揚工人"不特為發達資本之功臣，亦即人類世界之功臣"，反對梁啟超"獎勵資本家"，"置他部分人於不顧"的思想，要求鄭重研究社會分配問題，避免西方社會貧富懸殊狀況的再現。

5. 主張革命，建立民主共和國。

6. 反對制限選舉，主張實行沒有任何條件的普通選舉。

7. 指責西方世界的政權是"富人政權"，"往往為資產階級所專有"，主張建立"為一般平民所共有"，"非少數者所得而私"的國家政權。

綜上所述，辛亥革命時期的共和知識份子不代表資產階級的利益，他們不是資產階級的政治代表和代言人。從社會身份看，共和知識份子以"平民"自居，聲稱自己所從事的革命為"平民革命"，因此，也可以稱之為"平民知識份子"。他們所代表的是廣大"平民"的利益。

共和知識份子的社會主義傾向是國際社會主義運動產生的結果。

以孫中山為例：倫敦居留 9 個月（1896 年至 1897 年）對孫中山的思想影響。

孫中山到達英國倫敦，就趕上了馬車夫的罷工，5 千名以上的馬車工人在工會號召下遊行、集會。此後，北威爾斯等地工人相繼罷工。離孫中山居住的地方不遠，就是英國現實主義作家狄更斯的小說所描寫的貧民窟。孫中山經常活動的河濱區住著許多從愛爾蘭進口的貧窮勞工。這些情況，使孫中山認識到，資本主義雖然空前迅速地發展了生產力，創造了巨大的物質財富，但是，並沒有給工人帶來幸福和富裕。孫中山後來說："倫敦脫險後，則暫留歐洲，以實行考察其政治風俗，並結交其朝野賢豪。兩年之中，所見所聞，殊多心得。始知徒致國家富強，民權發達如歐洲列強者，猶未能登斯民於極樂之鄉也。予欲為一勞永逸之計，乃採取民生主義，以與民族、民權問題同時解決，此三民主義所由完成也。"

倫敦是國際無產階級政黨 —— 共產主義同盟的誕生地，也是《共產黨宣言》最初的出版地。孫中山在倫敦的時候，正是馬克思去世後的第 15 年，《資本論》英文版出版後的第 9 年。馬克思經常去攻讀的倫敦博物館，也是孫中山經常去閱覽的地方。顯然，9 個月的倫敦生活對於孫中山民生主義思想的萌芽產生了決定性的影響。

更多的中國革命黨人接受了日本社會主義運動的發影響。

1901 年成立日本社會民主黨。1903 年，幸德秋水成立平民社，提倡平民主義、社會主義。《共產黨宣言》日文版翻譯、出版。1906 年成立日本社會黨。1907 年日本社會黨分裂。以片山潛、田添鐵二為代表的溫和派，成立社會主義研究會；以幸德秋水、堺利彥、山川均、大杉榮為代表的左派（激烈派）成立與金曜（星期五）講演會。

共和知識份子對辛亥革命的領導作用具體體現在：制訂了革命綱領，孕育和傳播了革命思想；組織和領導了各革命團體；發起了多次反帝愛國運動；組織領導了歷次武裝起義（參加起義的新軍實際上是穿上軍裝的共和知識份子）；成為南京臨時政府中的領導主體。

共和知識份子大部分是尚未走向社會的青年學生，或者走出學堂之後就成了職業革命家，或者成了潛入軍隊、從事秘密工作的職業軍人，有的則是在新式學堂、書報企業的腦力僱傭勞動者。他們本身不是資產階級（也不是所謂 "廣義的資產階級"），和近代中國民族資本主義經濟的發展與民族資本家階級的產生沒有必然的直接的聯繫，更不代表資產階級的經濟利益。

如果辛亥革命前夜，中國尚未出現近代企業，辛亥革命還會不會發生呢？我以為，只要中國的半封建、半殖民地的社會性質不變，只要中國產生了一批共和知識份子，那麼，類似辛亥革命的革命總要發生。相反，如果中國不出現一大批共和知識份子，那麼，即使民族資本主義更發達，資本家階級的陣容更強大，類似辛亥革命的革命也不會發生，倒是為資本家階級所支持的立憲運動會成功。因此，我們可以理直氣壯地說，辛亥革命是共和知識份子領導的。

五、共和知識份子的歷史局限

知識份子必須和其他社會力量相結合，才能對社會變革發生強大的作用。辛亥革命時期的共和知識份子的局限性在於：1. 得不到中國民族資本家階級的有力支援。2. 沒有找到和中國社會人數最多、革命潛力最為深厚的農民相結合的道路。3. 沒有像後來的共產知識份子一樣獲得有力的國際靠山（蘇俄和共產國際），其挫折和失敗有歷史的必然性。

六、贅語

那種認為辛亥革命的領導者是資產階級及其政治代表的觀點與歷史事實不符，沒有客觀根據。其產生，源於政治需要，而非源於實事求是的歷史研究。既有的歷史研究須從方法論開始加以改造。

附記：本文選自本人電腦中的原稿。實際演講的整理稿，見於柯偉林、周言主編《哈佛辛亥百年論壇演講錄 —— 不確定的遺產》，九州出版社 2012 年 6 月版。兩稿觀點相同，而語言風格稍異。

清朝貴族反對根本改革，
辛亥革命是 “逼” 出來的 *

—— 2011 年 3 月 16 日答馬國川

一、歷史學家要對歷史負責

馬：這些年來，歷史學家作了大量正本清源的工作，澄清了歷史的真相。如您的著作《找尋真實的蔣介石》就引起了巨大的社會反響。對於當前社會上出現的 “歷史熱” 您如何評價？

楊：我覺得，這是歷史在進步，“歷史熱” 有助於人們認識真實的歷史。以前的歷史科學和政治宣傳分不清楚，其實，政治宣傳和歷史科學不同，並不是一回事。

馬：有些人是故意把它們混淆在一起。因為如果有真實的歷史，某些政治宣傳就沒有容身之處了。

楊：這裏是兩種情況，一種呢，是看錯了，並不是有意說假話；另一種是為了宣傳需要，歪曲一部分歷史事實，掩蓋一部分歷史事實。

我一向不贊成把歷史學當成工具來看待。歷史學是科學，歷史學家只承認歷史的真實，只承認歷史的本來面目。歷史家的任務應該是還原或者重現歷史的本相。胡適當年講，我們不能把歷史當成一個任人打扮的小姑娘。如果把歷史作為工具來看待，可能會按照自己的需要去打扮歷史，那問題就多了。因為既然是工具，那當然就要求歷史學為特定時期的任務和目的來服務，這就有可能去掩蓋、扭曲甚至篡改歷史。

我也不完全反對歷史的工具效能。因為歷史學應該總結歷史經驗，提高人

---

* 錄自馬國川 “辛亥百年訪談錄”《沒有皇帝的中國》，香港牛津大學出版社，2011 年，原題為《辛亥革命是必要的》，現題為此次再版所改，其他文字亦有少量刪節與潤色。

們的智慧，幫助人們總結治國理政的經驗，總要為人類的進步，為國家民族的發展服務。否則，要歷史幹什麼？但是，不能違背科學性，必須堅持科學性第一的原則。人們在做宣傳的時候，在強調歷史要為現實服務的時候，一定要尊重歷史科學，不能夠違背歷史科學。違背歷史科學的宣傳是沒有力量的，甚至反而起負面作用。當人們一旦發現你說的一套有假話，那麼你說什麼都沒有用了。

馬：在多年的宣傳和教育灌輸之後，人們突然發現真實的歷史原來不一樣，很容易產生歷史虛無主義，認為現在的歷史書都是假的，寧肯去相信翻案式的歷史說法。

楊：政治家為了宣傳需要，往往會強調歷史的一方面，淡化或忽略歷史的另一面。比如，五十年代大陸批胡適的時候，毛澤東還說：胡適在新文化運動是有功績的，可是這個話現在不能講。也就是說，當毛澤東發動批胡運動的時候，其實他心裏明白，不能完全否定胡適在新文化運動中的貢獻。政治宣傳和歷史科學有區別，公眾不要以為一定時期的政治宣傳就是真實的全面的歷史，不能把特定的政治宣傳當成真實的、全面的歷史，反之，也不能因為特定的政治宣傳不符合歷史全貌就懷疑歷史。

馬：我覺得，更重要的是，歷史學家不能淪為政治工具，這樣才能保留歷史的真相。

楊：歷史學是科學，歷史學家應該屬於社會科學家。歷史學家在寫歷史的時候，要力求全面、科學，一定要對歷史負責，對千秋萬代負責。

二、不革命怎麼辦？

馬：對於辛亥革命，現在有各種各樣的說法 有些觀點完全對立。例如，有的人認為辛亥革命是非常偶然的一個歷史事件，另一種觀點則堅持認為，辛亥革命是歷史的必然。作為一個歷史學家看，您覺得哪一種觀點更客觀一點？

楊：這些年否定辛亥革命的言論比較多，"偶然論"是其中一種，但是，更多的是"沒有必要論"。"沒有必要論"認為，按照康有為、梁啟超的道路走君主立憲的道路就可以了，清政府已經同意預備立憲了，應該給當政者時間，搞革命破壞很大，死人很多，而且容易形成軍閥割據。

最近一兩年來，我發現這種看法又進了一步：認為按照清朝政府的"新政"路線走就可以了。因為《辛丑和約》簽訂以後，西太后從西安回京，宣佈實行新政。有學者講，"新政"蠻好的，經濟搞得不錯，社會安定，國庫充裕。

馬：清末新政確實有許多改革舉措，包括官僚體制也在改革，有什麼必要搞革命呢？

楊：這幾種看法都不符合歷史本來面目。新政確實有成績，比如說，廢科舉，興學堂。按照我們今天的觀點來說，這是提倡先進文化嘛。還有練新軍，這就是軍隊的現代化。如果滿洲貴族願意改，當然可以往前走。問題是，滿洲貴族不想改。

主張按照新政的道路往下走，主張按照君主立憲道路往下走，持這兩種觀點的學者都沒有正視晚清的現實狀況。有兩件事情可以證明，實際上滿洲貴族一點也不想對君主專制制度做任何實質性的改變。

一個是 1908 年慈禧太后宣佈的《憲法大綱》，她拿出來的是什麼樣的憲法呢？該憲法第一條就宣稱，清朝政府"萬世一系，永遠擁戴"。也就是說，天下江山永遠是滿洲貴族的，永遠姓愛新覺羅。第二條是，"皇帝神聖，永遠不得侵犯。"這兩條就把愛新覺羅家族的利益通過憲法固定下來。下面還規定了好多條皇帝的權力，行政權、司法權、立法權都掌握在皇帝手裏。

馬：也就是說，這個憲法比起明治的憲法來還要落後？

楊：對啊。這個憲法本來是抄襲日本憲法的。日本憲法也是維護皇室的憲法，但是日本憲法裏對君權、對皇室還有限制。可是，清朝政府頒佈的這個憲法呢，把日本憲法裏推崇皇帝的條文全抄過來了，限制皇帝權力的條文全部不要。訂不訂法律，法律頒佈還是不頒佈，大臣起用誰，罷免誰，所有的權力都在皇帝手上。另外呢，開不開議會，決定權也在皇帝手上。同時還規定了許多"不許"，對議員和國會的限制很多，使得議會和議員實際上處於無權的地位。

所以，按照清廷制訂的這個憲法，皇帝的權力是最高的，而且幾乎是無限的。那麼，老百姓的權利呢？對不起，正文裏沒有，在附則裏。附則同時規定，老百姓的所有權利，都必須在法律的範圍之內。清政府制訂的是什麼樣的法律呢？比如，憲法是下半年頒佈的，上半年清政府就把《報律》和《遊行集會律》頒佈了。憲法規定人民有言論自由和遊行的權利，可是根據《報律》和《遊行集會律》，老百姓所有的權利都是空話。

馬：看來，皇上權力無限，議員無權，老百姓也無權。

楊：所以，實際上《憲法大綱》是保障皇室統治千秋萬代。按照這個憲法做下去，有什麼意義呢？當時的革命黨就批評，這是典型保障君權而不是保障民權的憲法。

第二件事，清廷又搞了一個“皇族內閣”，佔全國人口很少的滿族佔了內閣成員的大多數。在滿人裏面，皇族又佔了大多數，實際上是把國家的權力完全集中到少數滿洲貴族手上了。以前，清朝政府內閣裏的主要官員名額至少滿漢是相等的。清朝政府所謂“預備立憲”的結果，是把更多的權力集中到了皇族手上。所以只能說，清政府的改革僅限於次要問題，但在核心權力、核心利益上，滿洲貴族“寸權不讓”。

馬：甚至有過之而無不及。

楊：倒退了。所以說，這種改革有什麼意義呢？政治制度雖然是立憲其名，但是集權其實啊。為什麼革命黨要革命呢？不是革命黨非要革命不可，而是滿洲貴族逼得民眾非革命不可。

馬：革命是被逼出來的。

楊：對。統治者在國家的核心權力上寸權不讓，哪怕讓一點權也好啊。次要的問題上搞改革，但在核心權力、核心利益上寸權不讓。康有為、梁啟超曾經幻想過“虛君共和”的共和制度。就是說，保留皇帝的名號，讓它成為一個象徵性的代表，但是沒有實際權力。就像英國女王、日本天皇一樣。他們對國家的政治生活不能干預。但是，清朝政府走的不是“虛君共和”啊，反而把更多的權力集中到皇室手上了。新政的路，預備立憲的路和康有為梁啟超所設想的君主立憲的路，都被當權者堵死了。你說，不革命怎麼辦？在這種情況下，革命當然是必要的。

三、慈禧太后這個人

馬：有些人講，給當政者一點時間，這麼著急幹什麼？再給他十年，慢慢也就改過來了嘛。

楊：其實這種觀點的實質就是辛亥革命"不必要論"。從《憲法大綱》來看，滿洲貴族是想一步步的加強君主專制制度，加強皇室的權力，並沒有讓權給老百姓的準備。那就等吧，無非是兩種可能性，一個是統治者始終不改，"萬世一系"嘛，那就永遠等下去。另外一種可能性是改，但將是一個漫長的等待過程，十年、二十年、三十年、四十年、五十年都不好說啊。

馬：還有一種觀點認為，改革需要強權人物的推動。比如說，晚清時期要由慈禧這樣一個威權人物來推動改革，權力當然要集中在她這兒，改革鋪開以後，再把權力逐步地讓出來。這種說法有沒有道理呢？

楊：在某種意義上，改革確實需要威權人物來推動。但是，威權人物不能是一個只為少數人、只為家族私利的專制者。而且，我們也不應該把改革的希望寄託在這樣的專制者身上。

馬：這些年對慈禧的評價也多元化起來了。怎麼來評價慈禧這個歷史人物呢？

楊：對慈禧的評價可以討論，歷史上真正的慈禧和多年來歷史著作裏的慈禧有差距。比如，我們多年來一直認為，戊戌變法時慈禧太后反對改革，反對康梁，是鎮壓維新派的劊子手。翁同龢的日記裏有一段記載：戊戌維新開始的時候，有兩個維新派人士給光緒皇帝上了一道奏章，籲求變法。光緒皇帝把這件事情向西太后彙報了。西太后同意變法，而且講了六個字"今宜專講西法"。光緒皇帝就把西太后的講話精神傳達給翁同龢，讓翁同龢起草《明定國事詔》，變法從此開始。

馬：主張"今宜專講西法"的西太后，和我們頭腦裏的西太后太不一樣了。

楊：翁同龢寫了一個折中主義的詔書，大意是，西法不可不講，中國的禮儀也不能不講。就是說，翁同龢的詔書還沒有西太后解放思想！"今宜專講西法"，很開放，有點全盤西化的味道嘛。這至少說明，西太后一開始不反對變法。這也可以理解，因為當時中國被日本打敗了，舉國上下沒有人說不需要變法。變法成了主流了，西太后也主張變法。光緒皇帝最初要變的是八股文，但是大臣剛毅不同意。最後光緒皇帝去請示西太后，過了一天，聖旨下來了。在廢八股文這個問題上，西太后是同意的。

馬：那麼，西太后為什麼後來轉向反對變法，問題出在什麼地方？

楊：出在"六堂官事件"上。當時光緒皇帝開放言路，禮部的一個小官員王照上書皇帝，建議西太后和皇帝共同出國考察，到外邊去見見世面。但是禮部的堂官也就是部長，拒絕上報。光緒皇帝知道以後很生氣，想把禮部官員的六個部長、副部長級大臣全部罷官。禮部滿人尚書懷塔布的老婆是陪西太后打牌的人，她到頤和園西太后面前去哭，說光緒皇帝排斥滿人。這件事情侵犯到了滿洲貴族的利益，更重要的是，侵犯了西太后的權力。因為高官的任免權仍然掌握在西太后手裏。要罷免禮部尚書這樣的大臣，光緒皇帝沒有請示。於是，西太后就站到了變法的對立面。

慈禧並不是一向頑固保守。英法聯軍侵華的時候，她屬於抵抗派；維新變法開始的時候，她說"今宜專講西法"。她主持的新政比戊戌維新派動作更大。把科舉廢掉了，把新式學校辦起來了，這是一個重大的文化改革。新政提倡獎勵實業，資產階級投資多少就給官做。用我們現在的話來說，這是提倡先進生產力（這一條，南京臨時政府都沒有做到）。另外就是辦新軍，實現軍事現代化。還有改革法律，向現代法律前進了幾步。所以，新政是有成績的。

馬：看來，也不能完全否定慈禧這個歷史人物。

楊：對她也要有分析。把慈禧看成是一個最反動、最頑固的劊子手，我不贊同。可是進行翻案式的高度肯定，我也不贊成。畢竟維新變法是毀在她手上的。其次，她盲目無知地支持義和團，招來了八個帝國主義國家的侵略，喪權辱國。如果沒有西太后的愚昧、無知和盲目仇外，不可能有八國組成聯軍同時侵華。更重要的是，她反對政治體制改革，堅持維護君主專制制度。一個是君主的核心權力，一個是滿洲貴族的核心利益，都是不能動搖的。

馬：只要是不觸犯這些底線，科舉可廢，實業可提倡，新軍可以搞，部分企業也可以讓民間辦。正是看到新政的這些改革措施，有人認為，慈禧如果晚死十年的話，中國的改革就可能成功了。

楊：在慈禧看來，一切都可以放一放，可是皇權專制不能削弱，滿洲貴族的核心利益不能損害。這兩點西太后是很堅決的，是毫不動搖的。

慈禧晚死十年的假設，就是說再等十年就好了。我看不一定。你說她可能改革好了，她要改革壞了呢？事實上，《憲法大綱》就是西太后批准的。在新政過程裏，她的目的是保障君權專制，保障君主專制主義，保障愛新家族和滿洲貴族的利益。所以，再等十年，她還是要維護愛新覺羅家族利益，要維護君主專制制度的不可侵犯的權力。

馬：個人私利這條線，慈禧從來就沒有突破過。看來，對於慈禧這個人物不能給予翻案式的過高的評價？

楊：我認為不能給予過高的評價。再給西太后十年時間，她未必有多大的長進，最後還會走到一條死路上去。

馬：其實，"如果慈禧晚死十年"之類的議論，更多的其實還是從現實出發。認為今後中國不要搞革命了，搞改革，不斷地改革，中國也能夠變成一個現代國家、現代文明的國家。

楊：歷史不能假設，也不能把可能性當成現實性。我覺得所有這種議論都是把一種假設，將可能性當成現實性。歷史學不能這麼研究。問題在什麼地方呢？在於近代中國革命太多。有些革命是必要的，有些革命確實是不必要的，有的完全搞錯了。"文化大革命"有什麼必要？因為近代中國革命搞多了，搞亂了，所以人們產生了厭煩革命的心理，於是有了"還不如不革命"之類的議論。

四、立憲派不過是附和革命

馬：梁啟超和康有為到後期仍然鼓吹改良，反對革命。怎麼評價以康梁為代表的這些改良派人物呢？

楊：其實這兩個人一開始都有比較進步的思想。從康有為早期著作來看，他強調人生來都是平等的。戊戌失敗以後，他流亡到印度的時候寫的《大同書》，就是一個空想共產主義的藍圖。從這些方面說，康有為思想有進步的一面。梁啟超也是這樣，早年思想還有有反滿的成分呢！

馬：那麼，為什麼主張人生來平等、甚至有反滿思想的康梁兩個人主張改良呢？

楊：本來康有為在維新活動開始的時候，將成立議會（國會）作為改革的目標。後來，光緒皇帝支持維新運動，康有為的方針就改了，主張"以君權治天下"，靠皇帝的權力來治天下。康有為還向光緒皇帝獻了一本書，就是《彼得政變紀》，希望光緒帝做中國的彼得大帝。所以，康有為後來不提設國會了，倡議開"制度局"。就是在皇帝的領導底下，設一個政策研究室，讓他們這些改革派進入這個制度局去給皇帝出主意，然後靠皇帝的命令去推行改革。

在戊戌變法失敗之後，康梁仍然堅持主張改良，我覺得四個字可以概括，叫"求穩怕亂"。康有為研究過法國大革命：第一，破壞性很大；第二，時間很長，死人很多。康有為認為，如果中國走法國大革命那條道路，恐怕會伏屍百萬，流血漂杵，而且動亂會綿延幾十年到百年之久，代價太大，太可怕了。

馬：他們主要的是求穩怕亂，怕革命流血、怕革命會帶來社會的大破壞。

楊：所以，他們想盡量找一條最穩妥、破壞性最小、死人最少的一條道路。康有為對於光緒皇帝有特殊的感情，知遇之恩。梁啟超也是如此，他後來稱頌光緒皇帝是"天縱之聖"。他們認為可以利用光緒皇帝來減少改革的阻力。如梁啟超認為，有個皇帝高高在上，社會就不會出現大的動盪局面。他甚至在小說《新中國未來記》裏幻想，讓光緒皇帝當第一任中國總統，第二任再換漢人黃克強（虛構人物，不是黃興），這叫"名為保皇，實為革命"。梁啟超這八個字很受華僑歡迎，原來參加興中會的好多華僑全參加保皇會了。

馬：二十世紀初，追隨康有為、梁啟超的原改良派成為立憲派，他們順時應勢，認為只有改良專制主義的政權結構，速開國會，頒佈憲法，實行君主立憲，才能"安上全下"。但是他們的主張並沒有被接受，後來這些立憲派轉向了革命。那麼，立憲派在辛亥革命到底發揮了什麼作用呢？

楊：目前也有一種說法，認為立憲派的貢獻比革命派大，這種觀點沒有看到基本歷史事實。

第一，立憲派在什麼時候才贊成革命的？孫中山從 1894 年開始主張革命推翻清朝，前後搞了十七年。立憲派在 1910—1911 年才轉向革命的。為什麼？因為清政府搞了一個皇族內閣，民眾大失所望。而且清政府鎮壓了國會請願運動，立憲派走投無路，絕望了，才轉向革命的。革命黨搞了十多年革命，革命都起來了，立憲派才來支持一下，贊成一下。怎麼能說，後者的貢獻比前者的貢獻大呢？沒有革命派，就不可能有後來的立憲派。只能說，立憲派在辛亥革命最後的時刻轉變了立場，支持和贊成革命。不能說，它的貢獻更大。

第二，當時內地十八個省，十四個省獨立，十四個省裏面有九個省都是靠新軍的武裝起義，五個省是"和平獨立"，也是起義條件已經成熟了，不獨立不行。和平獨立也是武裝起義的成果，絕對找不到一個省立憲派首先帶的頭。沒有革命的形勢，沒有新軍，有哪一個省立憲派宣佈以後就獨立了？這樣的例子沒有。立憲派不過是附和革命而已。

馬：因此不能說，立憲派的作用比革命派更大？

楊：這種觀點嚴重誇大了立憲派的作用。我們可以看看立憲派四大領袖人物的表現：湖北的湯化龍，在革命的第二天就表態支持革命。湖南的譚延闓，是在湖南的新軍和會黨革命後，才支持革命。江蘇的張謇，武昌已經起義了，他還是反對革命的。只是在革命已經成了大勢所趨，好多省份都獨立以後，張謇才轉變的。四川的領袖蒲殿俊是最後才轉變的。

應該說，在革命黨人已經革命的情況下，立憲派出來表示贊成，這對於安定局勢，對革命以後的政權建設和社會穩定起了作用。但是如果說，辛亥革命之所以勝利，主要是立憲派的作用，這和事實背離太遠。我不明白，怎麼會形成這麼一種看法？

五、孫中山的思想沒有過時

馬：談辛亥革命，繞不開孫中山。對孫中山的評價，現在的分歧也比較大。有的說他是民主革命的偉人，也有人說他是一個空頭的革命家，"孫大炮"。您作為一個歷史學家，怎麼評價這樣一個歷史人物呢？

楊：我的看法，孫中山還是一個偉大的革命家，很了不起。中共一向尊重孫中山，而且給了孫中山很高的評價。但是，多年來對孫中山的局限性講得過頭了。從正統的官方史學來說，有兩個基本看法：首先，孫中山是偉大的革命先行者；其次，孫中山的資產階級軟弱性，不徹底，妥協。我的看法是，孫中山的思想裏面有許多很深刻、很高明的地方。我們過去所認為的軟弱性，或者說革命的不徹底性，恰恰是孫中山的高明之處。也就是說，對孫中山思想的現代價值，我們以前估計得不夠。

馬：習慣的說法是，孫中山是舊民主主義者。言外之意，孫中山過時了。

楊：後來人搞的這一套比他高明嗎？事實證明，不一定。比如說，早在民國初年，孫中山就在實際上提出中國要搞"混合經濟"，允許國營經濟和民營經濟同時存在，而且孫中山首先講的是民營經濟。他說：老百姓可以辦的企業要讓老百姓辦，國家用法律去保護，去獎勵；個人辦不了的、掌握國家經濟命脈的大企業，才由國家來辦。以前我們說孫中山不徹底，因為我們的理想是建設純而又純的公有制經濟。事實證明，這條路走不通。經過這麼長時間的革命，最後我們還是回到了孫中山的起點上。

馬：改革開放搞的就是"混合經濟"，現在民營經濟的比重佔到百分之五十以上，解決全國三分之二的就業問題。

楊：孫中山對馬克思主義的看法是"師其意而不用其法"。"師其意"的"意"，就是不能夠貧富懸殊。"不用其法"，就是不能夠乾乾淨淨徹底地消滅資本主義。在孫中山看來，馬克思的那一套必須在歐美高度發達的資本主義基礎上面才能實行。孫中山的這個主張在列寧之前。俄國革命後實行軍事共產主義，但是後來不得不從軍事共產主義轉向新經濟政策。孫中山說，像俄國那樣的社會，他都沒有資格搞馬克思主義的那一套，我們中國哪裏有資格？

孫中山不主張在國內徹底消滅資本主義經濟，他很明確講過，在中國，他的民生主義和列寧的新經濟政策是一致的。他認為，世界經濟有兩個推動力量，一個是社會主義、一個是資本主義，兩種主義應該"互相為用"。用今天的話來解釋就是說，資本主義要學社會主義，社會主義要學資本主義。孫中山一再強調，經濟領域裏不能搞階級鬥爭，經濟領域要互助。工人和資產階級要互助，而不是激烈的鬥爭。

馬：孫中山的思想如此開放，視野如此開闊，真是很了不起。

楊：1978年後中國講開放，其實，中國最早提出來實行開放政策的是孫中山。引用外國的資本，引用外國的技術，引用外國的人才、引用外國的經濟管理方法，這是孫中山在民國初年就提出來的。說句老實話，現在進行的改革開放，許多方面不是對孫中山思想的否定，而是對孫中山思想的發揚。

馬：孫中山很有歷史預見性，原來對外開放思想可以追溯到孫中山那裏邊去。

楊：我們現在很強調民生，民生主義最早也是孫中山提出來的。孫中山思想沒有過時，不要以為我們可以超越他了。過去對孫中山的思想否定過多。毛澤東在抗戰時候就批評了中共黨內有不喜歡孫中山的一種情緒。他說，孫中山"的確做過些好事，說過些好話，我在報告裏儘量把這些好東西抓出來了，這是我們應該抓住，死也不放的"。我覺得，毛澤東的評價還是不夠，他用了幾個"些"字，孫中山豈止是說過"些"好話，而是講了許多好話。

馬：除了民生主義，還有更重要的民權主義，在對未來的中國來說，民權主義更有意義。

楊：某種意義上可以說，中國的改革開放是對孫中山思想的回歸和發揚。孫中山的思想不是一個過時的落後的體系，而是對今後中國的建設，對中國的改革仍然有巨大指導意義的思想體系。

六、專制主義的大牛糞圈

馬：有些人認為革命代價太大，不主張進行革命，所以對辛亥革命頗多微詞。

楊：實際上，辛亥革命很快就結束了，最快的地方，杭州的革命四十分鐘解決了問題。所以，辛亥革命是一次犧牲很小、代價很小的革命，而且是一次人道主義的革命。就拿對皇室的態度來說，法國大革命，路易十六被送上了斷頭台；俄國的十月革命，沙皇的全家都被殺害了。

中國的辛亥革命，皇室受到優待了。

馬：而且也沒有清算滿洲貴族。

楊：沒有啊。人們常常會批評辛亥革命不徹底。你看，溥儀還在他的皇宮裏面，頤和園還歸他們。但是，假定不這麼做，打，那得死多少人？所以孫中山講，辛亥革命是“以和平收革命之效”，用和平的手段解決了革命的問題。

馬：辛亥革命以後，中國陷入了長期軍閥混戰的狀態，後來又是國民黨的黨國體制。有些人據此對辛亥革命提出了批評，包括“告別革命”的觀點，實際上都是與此有關。

楊：我認為，不能把辛亥革命以後的混亂局面歸咎在辛亥革命身上，而只能歸咎於中國的君主專制制度時間太長，遺毒太多。希臘神話中有一個“奧吉亞斯牛欄”的故事，說是厄利斯國王奧吉亞斯擁有一個養著三千頭牛的牛欄，因為三十年沒有打掃而牛糞堆積如山。孫中山曾經用這個希臘神話來比喻中國君主專制制度的遺毒。

我認為，這個比喻可以用來解釋辛亥革命以後的混亂現象。兩千多年君主專制主義的遺毒就是中國積攢下來的糞污，不是一兩天能夠打掃乾淨的。辛亥革命以後的軍閥割據，就是封建專制主義的一個遺毒，打掃是需要時間的。孫中山講過，辛亥革命只是“先成一圓滿之段落”，不等於這篇文章做完了。

辛亥革命爆發後，孫中山從歐洲回國，路過香港。胡漢民去見孫中山，勸孫中山留在廣東，練兵北伐。孫中山說，我現在必須到江浙去。袁世凱不可靠，也許將來會做壞事情，但是我要利用他“先成一圓滿之段落”。假定將來袁世凱繼續做壞事，我要推翻它會很容易。事實證明，這段話很有預見性。

馬：先利用袁世凱，“先成一圓滿之段落”，把句號畫上，把民國建立起來。只要民國一立，再想當皇帝，也難以成事。

楊：後來證明，袁世凱只當了八十三天皇帝，張勳復辟也只有十二天。很顯然，不能把軍閥混戰、黨國體制等歸咎為辛亥革命的責任，也不能因為這些歷史結果而認為辛亥革命沒有必要。建立民國只是“先成一圓滿之段落”，畫了一個圓滿的句號，文章並沒有做完。後來的局面只能是理解為兩千多年的專制主義、封建主義的遺毒太多，不可能那麼快的清掃完。除了中國傳統的專制主義，後來還從蘇俄傳來新的、蘇俄式的專制主義。辛亥革命以後搞的可不是黨國體制。孫中山當時講，要允許別的政黨存在，有政黨競爭是個好事情。"以黨治國" 這一套東西完全是蘇俄學來的嘛，並不是中國土生土長的東西。抗戰的時候鄧小平就批評過 "以黨治國"，申明中共絕對不搞這一套。

馬： 辛亥革命締造了亞洲第一個共和國，但是為什麼百年來中國仍然沒有實現民主？

楊： 根子在於，專制主義的傳統太深，加上外來的蘇俄式的專制主義。

馬： 從辛亥革命以來的一百年來的歷史來看，如果總結一下，歷史的大趨勢是什麼？

楊： 還是孫中山先生的話，"世界潮流，浩浩蕩蕩，順之者昌，逆之者亡"。孫中山的三民主義，一個是民族主義，這個任務已經完成了；第二個就是民權主義，人民民主；第三個是民生幸福，後來台灣換了個提法叫 "均富"，大家都富裕，民生幸福。實際上，民生主義的根本目的就是要民生幸福。

國家要獨立，人民要民主，社會不能貧富兩極，要民生幸福。歷史是一定會向這個方向發展的，歷史潮流是不可阻擋的。今天回頭看，一百年來，中國基本也是在朝著這個方向走，儘管中間有很多曲折。和一百年前比起來，今天中國人民的自由、幸福和民主權利顯然要多得多。中國社會有了很大的進步，我希望中國進步得更快一點，至少不要倒退。

* 上圖 共和黨本部歡迎孫中山先生（1912 年）

下圖 1917 年 7 月，孫中山到廣州組織護法軍政府，被推為大元帥，圖為就任大元帥時的孫中山

第四部分

財政困難與孫中山
讓位袁世凱

在華經濟利益與辛亥革命時期英國的對華政策 *

一、一個積極捲入中國政治糾紛的英國商人

　　1911 年 10 月 10 日，武昌新軍士兵起義，拉開了中國辛亥革命的大幕。同年 12 月 2 日，上海英國商人李德立（Edward Selby Little）致電清政府內閣總理大臣袁世凱稱："竊恐今日之戰，若延久不和，則貴國之結局，不堪設想。現請民黨招各省代表到申議和，已承首肯。貴大臣願否派員與議，祈即示覆為荷！"[1] 次日，袁世凱復電表示："為政治競爭，極不願專用武力。現由英官介紹，擬派員談判大局。期早和平解決。厚情深感。"[2] 12 月 5 日，李德立再次致電袁世凱，聲稱已得"民黨准允"，希望袁世凱立即派全權大臣來上海，與民黨方面的全權代表議和。他表示願意提供自己的住宅作為會議地址，建議袁與英國駐華公使朱爾典（Sir John Newell Jordan）面商。[3] 次日，他致函倫敦《泰晤士報》駐中國記者莫里遜，得意洋洋地報告自己在革命黨人和袁世凱之間斡旋的經過，聲稱"整個國家正陷入無政府狀態，而且每況愈下。我想只有極少數人了解目前形勢的極端嚴重性。因此，達成某種暫時的妥協實屬刻不容緩"[4]。他在對南北和談做了周到、細緻的安排後，又於 19 日致電被起義軍推為都督的黎元洪，再次強調"戰延不和，中國前途，不堪設想"，要求黎支持和談。[5]

　　李德立，1864 年生，1886 年來華經商，1900 年任英國卜內門公司（Brunner Mond & Co., Ltd）東方總號總經理，經營純鹼、染料等化工產品，有資本約 300

---

* 　錄自《楊天石近代史文存‧國民黨人與前期民國》，中國人民大學出版社 2007 年版。

1 　FO682/2296/27，倫敦英國國家檔案館藏原英國駐華大使館檔。
2 　FO682/2296/31，倫敦英國國家檔案館藏原英國駐華大使館檔。
3 　FO682/2296/32，倫敦英國國家檔案館藏原英國駐華大使館檔。
4 　《李德立致莫里循函》，〔澳〕駱惠敏編：《清末民初政情內幕》（上），知識出版社 1986 年版，第 805—806 頁。
5 　曹亞伯：《武昌革命真史》（下）。

萬英鎊。曾三度擔任上海公共租界工部局董事。他在南北雙方的調停活動得到了英國駐上海總領事法磊斯（E.H. Fraser）和英國駐華公使朱爾典的充分支持。[1]

　　一個英國商人，他為什麼對中國事件如此有興趣，積極地捲進中國的政治糾紛中來呢？

二、英國人壓迫清政府停戰，提出調和方案

　　武昌起義發生，清政府的湖廣總督瑞澂即要求英國出動在長江的艦船，阻止起義軍渡江，英國駐漢口代理總領事葛福（H. Goffe）請示朱爾典，朱爾典明確地指示英國在華海軍總司令官，"提供他所能提供的一切幫助"。[2]但是，朱爾典很快就看出，這次革命不是武力所可以鎮壓的。1911年10月30日，11月6日，朱爾典兩次致函英國外交大臣格雷（E. Grey），聲稱"運動的廣泛性以及它到處獲得勝利，使得以武力恢復國家原來面目的一切企圖難以實現"。[3]因此，他積極活動，壓迫清政府，支持內閣總理大臣袁世凱與革命黨人議和，藉以銷弭革命。

　　約在11月初，朱爾典即會見慶親王奕劻，迫使他作出"將停止繼續戰鬥"的保證。[4]11月25日，朱爾典又拜會袁世凱，以嚴重的"給他留下深刻印象"的語言強調："戰事的繼續進行，將使漢口的英國人士遭受危險並感到惶惶不安。"袁世凱完全領會朱爾典的意思，立即保證："如果能夠根據雙方都很滿意的條款達成一項休戰協定，他將樂於下令停戰。"袁當即授權朱爾典通過葛福向革命黨人轉達此意。[5]此後，武昌革命黨人與清軍的談判即在朱爾典和葛福的導演下進行。

　　11月27日，清軍攻陷漢陽，黎元洪向葛福提出：1.停戰十五天，在此期間內，目前各方所佔領的領土應各自駐守；2.已加入革命黨的所有省份的代表

1　《李德立致莫里循函》，《清末民初政情內幕》（上），第806頁。
2　《關於中國事件的函電：中國第一號》，胡濱：《英國藍皮書有關辛亥革命資料選譯》上冊，北京中華書局1984年版，第1頁。
3　《英國藍皮書有關辛亥革命資料》，第85—86頁。
4　《英國藍皮書有關辛亥革命資料》，第111頁。
5　《英國藍皮書有關辛亥革命資料》，第73頁。

在上海集會；他們將選出全權代表與袁世凱所指派的代表進行談判；3. 如有必要，停戰繼續延長十五天。[1] 但是，袁世凱當時在軍事上佔有優勢，不願停戰時間過長。12 月 1 日，朱爾典致電葛福，轉述袁世凱提出的停戰三日等五項條件，其第五條要求英國總領事"作為證人在停戰協定上簽字"。[2] 同日，格雷復電朱爾典，批准他在中國所採取的行動。12 月 2 日，葛福向清軍前線將領馮國璋的代表黃開文傳達了和黎元洪的協議，決定停戰三日。[3] 次日，葛福得意地向朱爾典彙報："目前的情況幾乎同袁世凱所要求的完全一致。"[4] 馮國璋則向清政府內閣報告，已經"接到英使停戰公函，並簽有字據"。[5]

袁世凱和滿洲貴族之間存在尖銳矛盾，革命黨人企圖利用此點，動員袁世凱反正。黃興多次通過汪精衛、楊度等，向袁世凱許諾："若能贊成共和，必可舉為總統。"袁世凱在唐紹儀等人面前聲稱："此事我不能為，應讓黃興為之。"[6] 他老謀深算，看準形勢對自己有利，準備施展手段，投注一博。袁的第一步計劃是在停戰之後於武昌召集各省代表會議，討論和平條款。12 月 3 日，朱爾典向葛福傳達了袁世凱的這一意圖，要他努力斡旋此事。[7] 4 日，朱爾典又與清政府外務部商定：1. 停戰三日期滿，續停十五日；2. 北軍不遣兵向南，南軍亦不遣兵向北；3. 總理大臣袁世凱派北方居留各省代表人前往與南軍各代表討論大局；4. 唐紹儀充任總理大臣代表，與黎元洪或其代表人談判。[8] 同日，朱爾典將上述條款電告葛福，授權他盡力斡旋，保證使這些條件被接受。電稱："預料唐紹儀將於五天內到達漢口；我們誠摯地表示希望雙方為了他們國家的利益，將認識到調解他們的分歧及獲得一項和解的重要性。"[9] 12 月 9 日，雙方達成協議，決定自當日至 24 日止，繼續停戰十五天，仍由葛福簽押保證。[10]

唐紹儀早年就學於美國哥倫比亞大學，具有共和思想。歸國後曾任袁世凱

---

1 《朱爾典爵士致格雷爵士電》，1911 年 11 月 28 日，《英國藍皮書有關辛亥革命資料選譯》，第 96 頁。
2 《朱爾典爵士致格雷爵士電》，1911 年 12 月 1 日，《英國藍皮書有關辛亥革命資料選譯》，第 103 頁。
3 《收馮國璋電》，FO682/2296/26，倫敦英國國家檔案館藏原英國駐華大使館檔。
4 《英國藍皮書有關辛亥革命資料選譯》，第 105 頁。
5 《辛亥革命》（八），第 197 頁。
6 《辛亥革命》（八），第 77 頁。
7 《朱爾典爵士致格雷爵士電》，《英國藍皮書有關辛亥革命資料選譯》，第 105 頁。
8 《辛亥革命》（八），第 198 頁。
9 第 105 件，《英國藍皮書有關辛亥革命資料選譯》，第 133 頁。
10 《辛亥革命》（八），第 201 頁。

的英文翻譯，後來又歷任外務部右侍郎、奉天巡撫、郵傳部尚書等職。他受命作為議和代表南下後，即在火車上剪掉辮子。[1] 這一行動，意味著準備和清廷徹底分手。12月11日，唐紹儀抵達漢口，迅即向黎元洪表示："袁內閣亦主張共和，但須由國民會議議決，袁內閣據以告清廷，即可實行遜位。"[2] 不過，唐的這一態度當時並未公佈。

革命黨人方面的代表是伍廷芳。他不願離開上海，致函英國駐滬總領事法磊斯稱，上海的許多朋友不希望他啟程赴漢，當地也有許多公務需要自己關心，要求英國公使出面，促使袁世凱指示唐紹儀來上海磋商。[3] 此時，袁世凱對朱爾典的話，可謂言聽計從。唐紹儀迅速得到指示，會談決定改在上海舉行。

談判地點雖然改變了，但是，武昌地區的革命黨人仍然抓緊機會，向唐紹儀提出了議和條件：1. 推翻滿清王朝；2. 優待皇室；3. 對滿族人一律予以體恤；4. 統一中國。這四條雖然沒有涉及革命後的政體問題，但是，"推翻滿清王朝"這一條，顯然不符合朱爾典的意思，因此，他在電告英國政府時特別說明，"需要極認真地考慮局勢"。[4]

12月14日，唐紹儀離漢赴滬，登舟時，葛福囑咐唐紹儀說："革黨主持共和甚堅……擬獻調停之策：君主立憲。暫以今上二十五歲為期，屆時體察聖德、聖學如何及人民程度，再由國會議決君主、民主國體。"葛福並稱，已將這一意見告訴黎元洪。[5] "今上"，指宣統皇帝。當時宣統皇帝5歲。按照葛福的這一方案，中國的"國體"問題就被推到了20年之後。

武昌起義之後，朱爾典雖然看出了革命不能鎮壓，但是，他完全不喜歡革命黨，也不願意中國就此成為一個共和國家。葛福的方案，以實行"君主立憲"為核心，既在相當長的時期保存清政府，也給革命黨人保留了通過國會議決改變中國"國體"的希望。這一方案顯然代表了朱爾典的意見，也反映出英國政府當時的態度。

---

1 《蔡廷幹來函》，《清末民初政情內幕》，第810頁。
2 劉星楠：《辛亥各省代表會議日誌》，《辛亥革命回憶錄》第6集，文史資料出版社1981年版，第250頁。
3 第122件，《英國藍皮書有關辛亥革命資料選譯》，第160頁。
4 第127件，《英國藍皮書有關辛亥革命資料選譯》，第166頁。
5 《上海唐、楊大臣來電》，FO682/2296/79，倫敦英國國家檔案館藏原英國大使館檔。

唐紹儀到上海後，住在李德立家裏。[1]

三、帶頭向上海會談施加壓力

為了保證上海會談能按英國設計的軌道運行，還在開議前，朱爾典就邀請日本、美國、法國、德國、俄國照駐華公使於 12 月 15 日集議，決定請各國政府批准，由各國駐上海領事聯合照會雙方議和專使，施加壓力。照會內容如下：

英國政府等認為，中國目前的戰事如繼續進行，不僅使該國本身，而且也使外國人的重要利益和安全，容易遭到嚴重的危險。英國政府等堅持它迄今所採取的絕對中立的態度，認為它有義務非正式地籲請雙方代表團注意，必須儘快達成一項協議，以便停止目前的衝突，因為它相信這個意見是符合有關雙方的願望的。[2]

18 日，民國總代表伍廷芳，中央軍政府代表王正廷，參贊溫宗堯、王寵惠、汪精衛、鈕永建與袁世凱內閣的全權代表唐紹儀、楊士琦等在上海英租界市政廳舉行首次會議。19 日晚，駐華英、日等六國公使聯合將上述照會電告唐紹儀與伍廷芳。[3] 20 日，英國駐滬總領事法磊斯又會同其他五國的總領事向唐、伍二人各自遞交了本國的照會。唐答稱："他將把這項友好關心的行動通知他的政府，肯定該行動將得到很高的評價。"伍表示，他本人主張和平，但是，"他也必須不忽視他本國人民的意志，因為他們正在為爭取獲得自由和一個較好的政府而奮鬥，這些目的是任何匆忙拼湊起來的解決辦法永遠不能實現的。"[4]

南北會談首次會議決定各處一律停戰。20 日舉行的第二次會議才進入核心議題。伍廷芳的發言以不容商量的堅決口吻表示："中國必須民主，由百姓公舉

1　《克達卜魯斯致莫里循》，《清末民初政情內幕》，第 813 頁。
2　第 128 件，《英國藍皮書有關辛亥革命資料選譯》，第 166 頁。
3　《辛亥革命》（八），第 213 頁。
4　《關於中國事件的補充函電》，《英國藍皮書有關辛亥革命資料選譯》，第 270 頁。

大總統，重新締造，我意以此說為確不可易。"為了打消清廷的顧慮，伍廷芳提出："改為民主，於滿人甚有利益，不過須令君主遜位，其他滿人皆可優待，皇位尤然。"他又特別針對唐紹儀等人說："今日代表各位，皆係漢人，應贊成此議。不獨望各位贊成此議，且望袁氏亦贊成也。"唐紹儀在發言中首先表示，袁世凱同樣贊成共和，"不過不能出口"。他說："共和立憲，萬眾一心。我等漢人，無不贊成，不過宜籌一善法，使和平解決，免致清廷橫生阻力。"又說："我為全權大臣，當有權也。"在伍要他對革命黨的"主義"等問題表態時，他都明確表示肯定。唐稱：武昌起義後，本人曾向清廷上摺，建議召開國民大會，討論君主、民主問題，取決多數，但為清廷所拒。唐認為此法可使清廷易於下台，袁世凱易於轉變，軍隊易於收束，聲稱"現時我尚持此宗旨"。[1]伍廷芳等相信多數會在自己方面，因此同意唐的意見。

二次會談的結果堪稱圓滿。會後，唐紹儀致電袁世凱請示，內稱："昨日晤黃興，談一小時餘，窺彼黨宗旨，決計主張共和，毫無通融。此時不過私談，若在議場，則彼此堅持，勢必決裂。且各國領事情形，外交宗旨已變，並無扶持君主立憲之意，事機緊迫，請密籌一切為幸！"[2]袁世凱接到唐紹儀電報後，緊急探詢英、日兩國駐華使館態度。朱爾典稱："黃興所談，當屬其個人私見，勿須過於重視。關於君主立憲問題，本使之主張並無任何改變。"日方的回答則是：日本國政府支持中國實行君主立憲，"斷無中途改變方針等類事情發生"。[3]。同日，袁世凱電復唐紹儀稱："頃遣人切詢英、日兩使，據稱，兩國政府扶持君主宗旨，決無變更……在京各國，決不贊成共和，某〔英〕國尤甚。"[4]他還通知唐紹儀說："松井兩三日內可到滬。"松井，日本外務省參事官。當時，日本政府緊張地注視著上海會談，特派松井到滬，配合駐上海總領事有吉明在會外活動。但是，袁世凱沒有在電報中對唐紹儀在會上所應採取的方針作出明確指示。

1 《南北代表會議問答速記錄》，《辛亥革命》（八），第 77—79 頁。
2 《上海唐大臣來電》，FO682/2296/84，倫敦英國國家檔案館藏原英國大使館檔。參見《內田外務大臣致伊集院駐清公使電》，《日本外交文書選譯》，第 279 頁。
3 《伊集院駐清公使致內田外務大臣電》，《日本外交文書選譯》，第 298—299 頁。
4 《致上海唐大臣電》，倫敦英國國家檔案館藏原英國駐華公使館檔。

四、朱爾典等人改變主張，贊成“共和”

在回答袁世凱來人詢問時，朱爾典雖然聲稱“本使之主張並無任何改變”，但實際並非如此。

唐紹儀 12 月 11 日到漢口後，莫里遜即於 13 日趕到當地採訪，袁世凱特別撥了一輛專車供他使用。談判地點改到上海後，莫里遜又匆匆赴滬活動。12 月 19 日，莫里遜會見南方代表伍廷芳等，聲稱“滿洲朝廷已完全不能有所作為”，認為除“皇室退回熱河，在中國建立共和政體”，“推袁世凱為大總統”外，沒有其他解決時局的辦法。[1] 22 日，他致電倫敦《泰晤士報》，將他的主張公佈於眾，電稱：“袁世凱仍主張帝制，但到最後如果無術可施，則很可能同意就任第一任大總統。對於袁氏為人，各方面雖然反感頗大，但一般均認為推袁為總統在獲得國際承認上最為適宜。”在具體步驟上，莫里遜建議，“首先以上諭形式邀請各省代表在上海召集國民會議，討論政體，朝廷則按會議決議行事。”莫里遜相信：“黃興將會同意此種步驟，而國民會議將做出何種決議，已毫無懷疑餘地。”[2] 英國外交部見到此電後，立即將它轉發給朱爾典。[3]

朱爾典其實早就了解並贊同莫里遜的主張。12 月 21 日，朱爾典拜會日本駐華公使伊集院彥吉，企圖爭取日方支持。他首先說明形勢，“此次和談，如欲以保全滿洲朝廷為基礎達成協議，看來已全無希望。”接著詢問伊集院：“可否按莫里遜所說，推袁世凱為大總統，以求穩定於一時？”[4] 他解釋說，自己雖素來相信，維持滿洲朝廷，實行君主立憲是最佳方案，但既然無法強制革命軍接受，不如在“和談決裂”和“成立共和政府”這兩害中任選其一。伊集院反對朱爾典的意見，認為袁世凱不能在中國全國範圍內得到信任，共和將使中國四分五裂。同日，日本駐滬總領事有吉明與專程趕到上海的日本外務省參事官松井訪問英國駐滬總領事法磊斯，法磊斯稱：“保存滿洲朝廷，革命軍堅決反

1 《有吉駐上海總領事致內田外務大臣電》，《日本外交文書選譯》，第 297 頁。
2 轉引自《山座駐英臨時代理大使致內田外務大臣電》，《日本外交文書選譯》，第 315—316 頁。
3 《致達·狄·布拉姆函》，《清末民初政情內幕》，第 816 頁。
4 《伊集院駐清公使致內田外務大臣電》，《日本外交文書選譯》，第 300 頁。

對。為解決時局，看來只好任其建成類似共和之政府。"[1] 朱爾典和法磊斯的態度表明，英國方面的對華政策已經在悄悄改變。

五、日本企圖拉攏列強，共同施加壓力，遭到英國拒絕

日本實行天皇制，對中國改採共和制極為恐慌。22 日，伊集院會晤朱爾典，重申中國 "採用君主立憲制最為穩妥"，"總期望以能以保全清國確立永久安寧為目標"。伊集院特別說明，中國如實行共和制，日本不但將遭受甚大損害，而且在思想界亦必蒙受極大影響，希望朱爾典理解日本的特殊境地，但朱爾典仍不為所動。[2] 同日，伊集院會晤袁世凱，揭發唐紹儀具有 "共和" 思想，示意袁撤銷唐的代表職務。袁解釋說：唐可能到上海後，受到革命氣氛感染，以致 "頭腦混亂"。他聲明，本人絕無贊成共和之意，但事態既已如此，不如 "將計就計"，"以召開國會決定國體為基礎，考慮解決方案"。[3]

袁世凱所說的 "將計就計" 意味著清政府準備接受唐紹儀的方案。12 月 24 日，慶親王奕劻與袁世凱先後約見朱爾典和伊集院。慶親王出示復唐紹儀電稿，同意政體問題留待國民會議決定。該會將按照事前雙方商定的條件，在今後三個月內由各省選舉的代表組成。[4] 朱爾典當即表示同意，聲稱 "關於政體問題，只要真正能夠體現全國人民意願，英國政府當不致有何異議"。[5] 伊集院則堅決要求清政府打消此念，緩發復唐紹儀電，在等待帝國政府對本使的電訓後再定方針。他威脅說，如在日方態度決定之前貿然採取上述手段，將可能引起對中國的不利後果。[6]

日本政府對北京發生的變化早有預感。24 日，緊急召開元老會議商討，再次確認 "君主立憲制度為解救清國時局之最良方策"，訓令伊集院轉告袁世凱，

1　《有吉駐上海總領事轉發松井參事官致內田外務大臣電》，《日本外交文書選譯》，第 303 頁。
2　《伊集院駐清公使致內田外務大臣電》，《日本外務省文書選譯》，第 305 — 307 頁。
3　《伊集院駐清公使致內田外務大臣電》，《日本外務省文書選譯》，第 310 — 313 頁。
4　第 136 件，《英國藍皮書有關辛亥革命資料選譯》，第 171 頁。
5　轉引自《內田外務大臣致山座駐英臨時代理大使電》，《日本外交文書選譯》，第 318 頁。
6　《伊集院駐清公使致內田外務大臣電》，《日本外交文書選譯》，第 321 頁。

要袁保持既往立場。[1] 25 日，外務大臣內田康哉一面向英國駐日公使竇納樂（Sir C. M. MacDonald）建議，由兩國政府出面，聯合美、德、法、俄等國，向革命黨人施加壓力，令其接受君主立憲方案，一面電令駐英臨時代理大使山座圓次郎迅即與英國當局會晤，敦促英國外務大臣回答。[2] 不過，英國政府的態度卻極為冷淡。26 日，格雷命人轉告山座：兩國政府的行動只能限於調停，超出此範圍，對政體問題提出建議，言明孰可孰不可，或者由列強共同出面，採取哪怕是一點微小的類似壓迫的行徑，都是重大的冒險行動。[3] 這就明確地拒絕了日本的建議。同日，格雷電復朱爾典說："我們希望看到，在中國人民願意採取的無論什麼政體下，有一個強大的和統一的中國。"[4] 格雷的這一電報，意味著對朱爾典所持方針的默認。

英日兩國早在 1902 年即已結成同盟關係。此際，日本政府發覺已經無法改變英國政府的主意，又不能甩開盟友，孤行單幹，便打算採取靜觀態度。26 日，內田心灰意懶地致電伊集院，聲稱在此情況下，如"帝國政府不顧兩國間之協調關係而單獨出面梗阻，亦屬無趣"，"只能暫時聽任事態之自然發展"。[5]

日本"靜觀"，上海會談的重大阻力就消除了。

六、上海會談順利進展，袁世凱突然變卦

上海會談自 12 月 20 日之後，即陷於停頓。其間，伍廷芳多次要求續開會議。25 日，唐紹儀致電袁世凱，要袁痛下決心，或急速召開國會，或則斷然辭去總理職務。[6] 27 日，唐紹儀再電袁世凱，聲稱"默察東南各省情形，主張共和已成一往莫遏之勢"，"和議一輟，戰端再起，度支之竭蹶可虞，生民之塗炭愈甚，列強之分裂必乘，宗社之存亡莫卜"。他要求袁世凱以總理大臣身份，頒

1 《內田外務大臣致伊集院駐清公使電》，《日本外交文書選譯》，第 316 頁。
2 《內田外務大臣致山座駐英臨時代理大使電》，《日本外交文書選譯》，第 319 頁。
3 《山座駐英臨時代理大使復內田外務大臣電》，《日本外交文書選譯》，第 328 頁。
4 第 137 件，《英國藍皮書有關辛亥革命資料選譯》，第 172 頁。
5 《內田外務大臣復伊集院駐清公使電》，《日本外交文書選譯》，第 326 頁。
6 轉引自《伊集院駐清公使致內田外務大臣電》，《日本外交文書選譯》，第 321—322 頁。

佈閣令，召集臨時國會，將君主、民主問題付之公議。[1] 28 日，隆裕太后根據袁世凱的要求，召集宗室王公討論，仍不能決定，便召見袁世凱。當時，隆裕已經毫無主張，垂淚對袁世凱說："汝看著應如何辦，即如何辦。無論大局如何，我斷不怨汝。皇上長大，有我在，亦不能怨汝。"袁世凱答稱："論政體本應君主立憲，今即不能辦到，革黨不肯承認，即應決戰。但戰須有餉，現在庫中只有二十餘萬兩，不敷應用，外國又不肯借款，是以決戰亦無把握。今唐紹儀請召集國會公決，如議定君主立憲政體，固屬甚善；倘議定共和政體，必應優待皇室。如開戰，戰敗後，恐不能保全皇室。此事關係皇室安危，仍請召見近支王公再為商議。"[2] 在戰和之間，袁世凱沒有表態，但答案是明顯的。同日，隆裕太后發佈懿旨，決定接受唐紹儀的方案。

　　基本原則既定，南北會談便於 12 月 29 日恢復。伍廷芳與唐紹儀商定，停戰展期至 1912 年 1 月 5 日為止。同時議定《關於清皇帝（退位後）之待遇》5 條，《關於滿蒙回藏之待遇》5 條。30 日，議定國民大會組織法：分全國為二十四個區，每區各派代表 3 人，每人 1 票；如某區代表不滿 3 人，仍有投 3 票之權。[3] 但是，在召集國民會議地點等問題上，雙方發生分歧。伍廷芳主張在上海開會，而袁世凱則堅主在北京。1912 年 1 月 1 日，唐紹儀致電袁世凱，要求在會議地點及代表選舉辦法兩個問題上不再堅持，同時，以"材力薄弱，奉職無狀"為理由，要求撤銷代表職務，與革命黨磋商各事，可由英國公使交鄂、滬兩地英領事轉交。[4] 1 月 2 日，清內閣同意唐紹儀等辭職。同日，袁世凱致電伍廷芳，聲稱唐紹儀所議各條，"均未與本大臣商明，遽行簽定"，要伍今後與袁本人"直接往返電商"。[5]

　　唐紹儀與袁世凱之間，本無根本分歧。袁世凱此際之所以變卦，主要是因為孫中山已被選為臨時大總統，並在南京就職，袁世凱對此不滿，要給革命黨

1　《辛亥革命》（八），第 223 頁。

2　《紹英日記》，轉引自馬一良（紹英之子）《清廷退位前後》，見《北京文史資料精華·世紀風雲》，北京出版社 2000 年版，第 31—32 頁。

3　第 143 件，《英國藍皮書有關辛亥革命資料選譯》，第 177 頁；參見《南北代表會議問答速記錄》，《辛亥革命》（八），第 90—91 頁。

4　《辛亥革命》（八），第 231—232 頁。

5　《辛亥革命》（八），第 234 頁。

人一點顏色看看。

七、在孫中山和袁世凱之間，英國支持袁世凱

朱爾典始終注視著南北會談的進程。他雖身在北京，但是，袁世凱和唐紹儀之間的密電，他都得到副本。當他了解到袁、唐之間的分歧以及唐辭職的消息後，立即於 1912 年 1 月 1 日拜會袁世凱，“使他記住對決裂所應承擔的重大責任”。朱爾典贊成袁世凱在大部分問題上的立場。他向格雷彙報說：“在所有這些問題上，袁世凱這方面是較合情理的。在不到兩週的時間內召集中國每省各三名代表的會議，那只不過是一幕滑稽戲。在這種情況下召開的大會不能夠聲稱具有任何代表性。袁世凱說，按照這以方式達成的任何解決辦法都不可能是長久的，他的話是正確的。”[1]

1 月 11 日，袁世凱派親信訪問朱爾典，向他探詢，如果清政府願意讓位給袁世凱，或者授權給他，是否能得到各國的承認。朱爾典明確地告訴來人：“袁世凱得了各國的信任；他和南方首領們的爭吵既然是中國內部的事情，他們相互之間應當能夠達成協議。”[2] 14 日，袁世凱派私人秘書會見朱爾典，聲稱由於中國大部分地區都已宣佈贊成共和，袁世凱已決定接受“這個不可改變的命運”。來人向朱爾典透露，隆裕太后不久將發佈諭旨，宣佈王朝退位，授權袁世凱處理臨時政府工作。[3] 朱爾典對袁世凱即將對中國的統治感到放心，以各種方式為袁世凱出台製造輿論準備。15 日，包括張之洞的兒子在內的北京同志聯合會的五個成員訪問朱爾典，陳述該會的目的之一是促進中國的君主立憲事業時，朱爾典就表示：“各國所盼望的是一個使中國保持和平穩定的政府。許多外國人最初曾經認為，君主立憲最適合中國的需要，但鑒於南方的堅決反對，實現君主立憲是否可以不發生戰爭或不使中國分裂為兩個國家，看來這是令人懷疑的。”[4]

1　第 63 件，《英國藍皮書有關辛亥革命資料選譯》，第 307—308 頁。
2　第 38 件，《英國藍皮書有關辛亥革命資料選譯》，第 241 頁。
3　第 51 件，《英國藍皮書有關辛亥革命資料選譯》，第 280—281 頁。
4　第 83 件附件 2，《英國藍皮書有關辛亥革命資料選譯》，第 346—347 頁。

　　16 日，京津同盟會會員張先培等在北京東華門投彈謀炸袁世凱，未能擊中。18 日，朱爾典親見袁世凱表示慰問。袁世凱很高興有機會和朱爾典討論局勢，透露了他向清廷提出的建議：授權他在各省代表選舉共和國總統之前，按照共和的原則處理臨時政府工作。同時袁還透露，打算把臨時政府暫遷天津幾個月，以便斷絕舊制度的影響。[1] 但是，袁世凱的打算受到孫中山的強烈反對。20 日，孫中山明確表示：北方不得設立臨時政府，袁世凱必須接受民國對他的任命，而不能從滿人那裏獲得權力。朱爾典對出現的這一情況深為不滿，他致函格雷說："人們很難理解，按照孫文在這些電報中制訂的條款。在清帝退位與成立政府的這段期間內，北方將怎樣過渡。民黨的目的無疑是要表明，勝利是屬於他們的，但如何實現這一目的而不在此地造成危險局勢，則不是很清楚的。"[2] 23 日，袁世凱的秘書告訴朱爾典，滿族王公在前陸軍大臣鐵良的影響下正在企圖撤換袁世凱，因此袁的地位變得很不穩固。朱爾典為此憂心忡忡，致電格雷稱："如果像該秘書所說，袁世凱辭職或離開北京，局勢也許變得嚴重起來。"[3] 他認為，中國不能沒有袁世凱。2 月 9 日，朱爾典致函格雷，聲稱南京人民對"浙軍"的暴行"感到非常憤恨"，"對革命軍政府的體驗已經極為不滿"，"在許多場合下，他們開始對他們所給予革命運動的同情和支持感到後悔"。甚至孫中山決定改用陽曆，選擇陽曆 1 月 1 日作為總統就職日也成了攻擊的口實，說是"與中國人的感情相衝突，必定不會受到人民群眾的歡迎"。信末，朱爾典表示："看來很明顯，內閣總理大臣最後擔任總統職位，是使中國能夠恢復和平和秩序的唯一可能的辦法。"[4] 第二天，他在致電格雷函中進一步恭維袁世凱說："新政府將從這位多才多藝的政治家的頭腦中立即產生，他為了完成亂中求治的偉大任務作了充分準備。"[5]

　　清末，中國經濟衰退，清政府為支付給各國的賠款和外債利息已使國庫空虛，因此，孫中山的南京臨時政府和北方的袁世凱政府都急需財政輸血。當

1　第 56 件，《英國藍皮書有關辛亥革命資料選譯》，第 287 頁。
2　第 95 件，《英國藍皮書有關辛亥革命資料選譯》，第 360 頁。
3　第 68 件，《英國藍皮書有關辛亥革命資料選譯》，第 319 頁。
4　第 126 件，《英國藍皮書有關辛亥革命資料選譯》，第 444—445 頁。
5　第 127 件，《英國藍皮書有關辛亥革命資料選譯》，第 463 頁。

時，南方革命政府的唯一可能的大宗收入是海關關稅，但是，在武昌起義後不久，英國就積極聯絡其他國家，將海關關稅控制起來，防止革命黨人用作軍費，同時作為繼續向列強支付賠款的保證。[1] 孫中山在計窮力竭的狀況下，不能不走向列強借貸的老路子，然後所得無幾。相反，袁世凱政府一成立，英國的財團、銀行就為之提供大額貸款。1912 年 2 月 28 日，英國滙豐銀行應袁世凱要求，提供銀 200 萬兩，以便南京臨時政府處理解散前的各項善後事宜。此後，以滙豐銀行為首的國國際銀行團不斷為袁世凱政府輸血，其簡況如下：

3 月 9 日，四國銀行團借給袁世凱政府銀 110 萬兩。

5 月 17 日，四國銀行團支付第三次貸款 300 萬。

6 月 12 日，六國財團支付第四次墊款 300 萬。

6 月 18 日，六國財團支付第五次墊款 300 萬。

6 月 20 日，六國銀行團會議，表示願繼續墊付銀 8060 萬兩。

8 月 30 日，袁世凱政府駐英公使劉玉麟與倫敦克利斯浦公司（C. Birch Crisp and Co.）簽訂借款 1000 萬英鎊的合同。

1913 年 4 月 26 日，五國銀行團與袁世凱政府簽訂借款 2500 萬英鎊的協定。同日，墊款 200 萬英鎊。

上述貸款，除個別項目外，大部分兌現了。正是這一批批貸款，幫助袁世凱政府度過經濟危機，戰勝了以孫中山為代表的民主革命派。

八、英國對華政策背後的經濟利益

在資本—帝國主義時代，外交政策常常是經濟利益的體現。

鴉片戰爭以後，英國不僅佔領了中國的香港，取得多種政治特權，而且，在經濟上也取得了巨大利益。以甲午戰爭前的各國對華貿易為例，英國（含香港）的進口率佔 71.6%，出口率佔 50.6%。[2] 當時，外國在華企業共 580 家，英

1　《安格聯致胡惟德函》，1911 年 10 月 23 日，《中國海關與辛亥革命》，第 330 頁。關於這一方面的情況，學術界論述已多，茲不贅述。
2　嚴中平等：《中國近代經濟統計資料選輯》，科學出版社 1955 年版，第 65—66 頁。

國就佔了 354 家。[1] 在 16 家外國輪船公司中，英資或有英資參與的佔 14 家。[2] 甲午戰爭後，英國對華資本輸出的規模更大，速度更快。據統計，自 1894 年到 1911 年，英國滙豐銀行單獨或與其他銀行共同在中國貸放銀 2.06 億兩。[3] 1902 年，英國在華房地產投資 5100.5 萬美元，而美國、德國、法國的總和不過 2100.9 萬美元。[4] 至 1911 年，中國欠英國的外債（財政借款、鐵路借款、庚子賠款）已達 221827000 元，居各國之冠。[5]

了解了上述情況，人們就會理解，何以在辛亥革命中，英國對中國如此關注。

還在武昌起義後不久，朱爾典就將保護 "英國人生命財產的安全" 和 "我們在漢口的利益" 作為首要任務。[6]。11 月 9 日，英國海軍中將溫思樂（A. L. Winsloe）向朱爾典提出，是否可以建議中央政府召回清軍，因為繼續戰鬥似乎是無用的，並且妨礙貿易的恢復。[7] 隨著革命運動的發展，英國的利益在中國更多地區受到威脅。在這一情況下，英國有關方面自然不能聽任其各種在華利益毀於炮火，必然會急切地要求南北雙方停止戰鬥，也必然會要求在中國建立一個能夠維護其在華利益的政府。而袁世凱，以往的歷史中已經證明，他既善於鎮壓國內革命運動和人民起事，又對侵略中國的列強必恭必敬。這正是英國所需要的統治中國的人物。1911 年 11 月 15 日，格雷訓示朱爾典說："我們對袁世凱懷有很友好的感情和敬意。我們希望看到，作為革命的一個結果，有一個強有力的政府，能夠與各國公正交往，並維持內部秩序和有利條件，使在中國建立起來的貿易獲得進展。這樣一個政府將得到我們能夠提供的一切外交上的支持。"[8] 辛亥革命時期，英國之所以全力支持袁世凱，其原因在此。

如果說，格雷的訓示還帶有某些外交詞令的色彩，那麼，1911 年 1 月 21 日朱爾典對伊集院所說的一段話就沒有什麼遮掩了。當時，朱爾典稱："就原則

1　Chronicle and Directory, 1985, Hongkong.
2　聶寶璋：《中國近代航運史資料》，上海人民出版社 1983 年版，第 727 頁。
3　徐義生：《中國近代外債史統計資料》，中華書局 1962 年版。
4　吳承明：《帝國主義在舊中國的投資》，人民出版社 1955 年版，第 173 頁。
5　吳承明：《帝國主義在舊中國的投資》，人民出版社 1955 年版，第 186 頁。
6　第 5 件，第 6 件，《英國藍皮書有關辛亥革命資料選譯》，第 3 頁。
7　第 100 件，《英國藍皮書有關辛亥革命資料選譯》，第 111 頁。
8　第 58 件，《英國藍皮書有關辛亥革命資料選譯》，第 58 頁。

而論，閣下所見，確有至理。但英國在華中、華南地區擁有貿易上的重大利害關係，故英國政府不能無視南方人的思想感情，甘冒遭受攻擊的風險而輕易採取措施，以強行貫徹君主立憲。"[1] 不久，德國人也將這一點看得很清楚。1912年2月3日，德國駐華公使哈豪森（E.von Haxthausen）致函德國國務總理說："英國之勢力範圍，係集中於揚子江及中國南方一帶，當袁世凱十一月中旬來此之時，中國帝室軍隊雖在漢口、漢陽獲得勝利，而英國方面對於援助北京政府之舉，卻不久即行放棄。上海英國商人之壓迫與深恐商業受損之殷憂，終佔優勢。"哈豪森甚至說："英國政策乃係由上海方面決定者。"[2] 哈豪森不一定了解本文一開頭述及的卜內門公司東方總號總經理李德立其人其事，但他的敘述卻一針見血地道出了歷史的實質。

正是英國的在華經濟利益（包括條約權利、資本輸出、商業需要等等方面），最終決定了英國辛亥革命時期的對華政策；李德立的活動，不是一種單純的個人行為，它反映的是英國在華資產階級的需要。

1　《伊集院駐清公使致內田外務大臣電》，《日本外交文書選譯》，第 301 頁。
2　《辛亥革命與列強態度》，《辛亥革命》（八），第 452 頁。

孫中山與民國初年的輪船招商局借款 *
—— 兼論革命黨人的財政困難與辛亥革命失敗的原因

一、緊隨突然勝利而來的巨大財政需求

　　1911 年 10 月 10 日的武昌起義是一次突然的勝利，幾十天之間，革命黨人迅速奄有南方半璧江山。但是，這突然到來的勝利也突然帶來了巨大的財政需求。革命黨人要建立全國性的政權，要興師北伐，在在需要經費，其總數，當以億元計。不幸的是：當時國窮民困，各地庫存空虛；列強又迅速控制了海關稅款，這就使得原來並無財源的革命黨人碰到了一個十分難以解決的問題。

　　武昌起義後，孫中山迅速意識到，必須加緊籌款。10 月 31 日，他致函美國人荷馬里稱：“如得財力支持，我絕對能控制局勢。在我們到達之前，不可能組成強有力的政府，因此貸款是必要的。”[1] 他決定暫不歸國，先赴巴黎、倫敦借款，但是，革命軍尚在和清朝政府對壘，勝負難明，西方的資本家採取“金融中立”政策，不肯輕易解囊，孫中山只能空手而歸。

　　革命黨人當時到底需要多少錢呢？12 月 16 日，孫中山對鄧澤如說：“中國今日非五萬萬不能建設裕如。”[2] 同月 25 日，孫中山自香港赴上海途中，曾對日本友人山田純三郎說：“幫助搞點錢吧！”“越多越好。”“一千萬、兩千萬都可以。”[3] 這個數字雖曾驚得山田純三郎目瞪口呆，但只可以看作是孫中山的初期財政預算。

　　精於理財的實業家張謇也有一本賬。他認為：新政府的開支至少每年須有

---

*　錄自《楊天石評說中國近代史·民初政局》，中國發展出版社 2015 年 9 月版；原載《中國社會科學》1997 年第 4 期。

1　《孫中山全集》第 1 卷，第 544 頁。

2　《中國國民黨二十年史跡》，第 82 頁。

3　山田純三郎：《南京政府之正體》，1934 年版，第 3 — 6 頁。

1 億二千萬兩，每月須有 1 千萬兩；扣除可能得到的收入，新政府每年將短缺 8 千萬兩。當時，曾有人動員他在未來的臨時政府中出掌財政，但他自覺無力解決這一難題，聲稱"下走無點金術，雖犧牲之而無裨毫末"，不肯就職。[1]

張謇無法解決，希望只能寄託在孫中山身上。孫中山未到上海前，就傳說他挾有鉅款；一到上海，被記者問到的問題之一就是帶回了多少錢來支持革命軍。不料孫中山的回答卻是："予不名一錢也，所帶回者，革命之精神耳！"[2] "革命之精神"固然可以鼓舞士氣，但是，並解決不了實際問題。孫中山不得不絞盡腦汁，殫精竭慮，為南京臨時政府的財政找尋辦法。

武昌起義前，革命黨人的活動經費主要來源有二，一為募捐，發行債券，二為向資本主義國家的政府或私人借貸。武昌起義後，基本上也仍然是這兩條路子。12 月末，孫中山連續致電南洋和舊金山等處華僑，說明"現為組織中央政府，需款甚巨"，擬以國債形式"徵集大款"。[3] 1912 年 1 月 8 日，孫中山批准發行中華民國軍需公債，定額為 1 萬萬元。但是，募集需時，遠水解不了近渴，而且所得也不多。中華民國軍需公債自 2 月 2 日起發行，僅得 730 餘萬元。[4] 因此，革命黨人一開始就將希望主要寄託在第二條路子上。1911 年 11 月 31 日，為了進攻南京，革命黨人向日本大倉洋行借款銀 54 萬餘兩，用於訂購軍械和作戰需要。[5] 其後，為了成立南京臨時政府，又由黃興經手，向日商三井洋行借款 30 萬元。但是這一點款項對於南京臨時政府來說猶如杯水車薪。因此，黃興不得不迅速派何天炯東渡，向日本財團謀款。其後，遂有中日合辦漢冶萍公司，借款 500 萬元之議；又有以輪船招商局為抵押，借款 1000 萬元的談判；還有委託日人阪谷方郎、原口要、澀澤榮一建立中央銀行，籌款 1 億元的計劃。

1 《對於南京新政府財政之意見書》，《張季子九錄・政聞錄》。
2 《孫中山全集》第 6 卷，第 246 頁。
3 《少年中國晨報》，1911 年 12 月 1 日。
4 《舊中國公債史料》，財政經濟出版社 1955 年版，第 33、366 頁。徐義生編：《中國近代外債史統計資料》，中華書局 1962 年版，第 96 頁。
5 徐義生編：《中國近代外債史統計資料》，中華書局 1962 年版，第 96 頁。

二、輪船招商局貸款的由來與股東們的抵制

輪船招商局成立於 1872 年 11 月。初由李鴻章撥直隸練餉制錢 20 萬串（約合銀 10 萬兩），札委三品銜道員朱其昂辦理，另各商認股 10 萬兩，屬於官督商辦企業。後在盛宣懷推薦下，招致唐廷樞、徐潤等大買辦入局，資本和輪船數都大為增加。至 1894 年，有江海輪船 26 艘，總噸位 35475 噸，每年營業收入平均規銀 200 萬兩以上，歷年盈餘總數達 1640423 兩。至 1902 年，資本實值 2000 萬兩。1909 年，由官督商辦改為商辦。1910 年 8 月，清政府郵傳部命招商局確守成規，繼續實行官督商辦。至 1911 年，共有江海輪船 29 艘，總噸位 49373 噸。

在招商局的發展過程中，其主管人員屢經變遷。1906 年，袁世凱委任王存善為總理，1909 年，盛宣懷、鄭觀應等九人被選為董事，以盛宣懷為主席，王存善為會辦兼總稽核。1910 年，清政府任命盛宣懷為董事會會長。1911 年初，盛宣懷任郵傳部尚書，辭去會長職務，股東們繼選伍廷芳等 9 人為議事董事，唐德熙等 3 人為辦事董事。但是，盛宣懷仍然保有招商局的巨大股份，並擁有巨大控制力量。

在郵傳部任內，盛宣懷實行"鐵路國有"政策，以商辦粵漢川鐵路路權換取英、法、德、美四國銀行團的借款，激起四川各省人民的保路風潮，受到普遍反對，並被清政府革職。10 月 28 日，盛宣懷逃離北京，經青島、大連逃往日本。他一面寄希望於袁世凱對革命的鎮壓，一面則千方百計，設法保護其企業和財產。招商局的董事中，伍廷芳支持革命，但大多數則持敵對態度。11 月 4 日上海獨立後，招商局和其他公司一樣懸掛白旗，表示歸向革命，但是，這不過是一種應付之計。當時，革命黨人已開始徵用招商局的船隻以應軍需，盛宣懷等擔心會進一步發生強迫捐獻、押收、接管等情況，遂決定以所有財產為抵押，向英國滙豐銀行借款 150 萬兩，企圖以外商為保護傘。其後，招商局從借得的 100 萬兩中，提取 10 萬兩捐給革命軍。革命軍接到了這筆款子後，伍廷芳即將其中的 1 萬五千兩匯往倫敦，購買飛機。但是，區區 10 萬兩不能滿足革命黨人的財政需要，因此，要求招商局續捐 40 萬兩。12 月上旬，黃興等與

日本大倉洋行上海支店代表井戶中佐談判，擬以該局的所有財產為抵押，換取400萬元貸款。[1]1912年1月，南京臨時政府成立，需款更巨。同月2日，內閣會議決定，為"籌措軍餉，擬將招商局抵押1千萬兩"[2]。但是，這一決定受到了招商局的大多數董事們的抵制。

招商局多數董事反對的公開理由是：盛宣懷已因借外債失足，革命軍若再以國家不可缺少的事業團體作抵押向外國借債，極不得當。而其內心的秘密則是不願以自己的財產為革命軍作抵押。日本駐上海總領事有吉明向本國政府報告說："（董事們顧慮）將來不論勝敗誰屬，在日後整頓該局財產時必將發生問題，故對借款之議多不贊成。""負債者固然是革命黨，但該局一旦承認以其所有財產充當抵押，則今後對其產業即不能自由使用，且平日之營業活動亦必受到束縛。"[3]以總辦為首的各常務董事更害怕股東們將來追究責任，不想承諾。他們一面表示願從滙豐銀行借款中續捐25萬兩，一面則力謀託庇於外人。1月6日，總辦王存善（子展）訪問日本駐上海總領事有吉明，尋求保護。王稱：革命軍不但任意徵用船舶、倉庫等，不付任何報酬，而且不斷強令捐獻。本人及各大股東意見，擬於今年三月份召開股東總會，一舉賣卻了事。他要求有吉明屆時代為斡旋，由日本承購。[4]此後，招商局的董事們紛紛"告退"，拒不出席董事會例會。

三、黃興與軍界施加壓力

鑒於招商局董事們的抗拒態度，黃興與軍界決定施加壓力。1月20日，廣東北伐軍總司令姚雨平、光復軍總司令部李燮和、浙軍司令官朱瑞、輔軍師團長黎天才、第一師團長柏文蔚等18支部隊的首長連署，代表中華民國軍界致書招商局總理、協理、董事等人，說明軍興之際，需款浩繁，必須借外債的理

1　《內田外務大臣致有吉駐上海總領事電》，鄒念之譯：《日本外交文書選譯》，中國社會科學出版社1980年版，第351頁。
2　《申報》，1912年1月25日。
3　《關於招商局內部情況的報告》，《日本外交文書選譯》，第353─354頁。
4　《有吉駐上海總領事致內田外務大臣電》，《日本外交文書選譯》，第354─355頁；《有吉駐上海總領事致內田外務大臣函》，《日本外交文書選譯》，第355─356頁。

由。函件以極為嚴厲的口氣警告說：

> 執事等別有謀劃，欲危民國，以利一己，是為我民國之公敵，我軍人
> 等當先誅之。且貴局官股外，大半為盛氏私產，例應清查沒收。

函件限令招商局於 48 小時內答復，"如執事等猶疑不允，姚等將執於戈與貴局
從事，執事等其勿悔！"[1] 這就是說，你不答應，我就要武力解決了。

事情既然如此嚴重，招商局的辦事人員如何敢怠慢！立即於同日召開會議
並於同日致函董事會會長、當時在南京臨時政府擔任司法總長的伍廷芳，表示
接受條件。函稱："今日會議此事，有關民國需要，即為同胞利福，如蒙中央政
府承認擔保本息並有受押之主，自當允照辦理。"但是，梁等又表示，"各股
東多在遠地，不及佈告通知，未識會長意旨如何？"[2] 把決斷權扔給了伍廷芳。
伍廷芳自然不願負責，他一面表示，辭退會長及董事職務，一面勸董事會"將
就"[3]。

南京臨時政府方面等不得招商局董事會猶疑。1 月 21 日，陳其美照會招商
局，特別說明陸軍部各軍將士公函係陸軍部總長黃興交下，至 22 日午後三時，
48 小時的期限即滿，要求迅速"查照承認"[4]。但是，22 日董事會開會時，只有
廣東籍兩個董事贊成，其餘都避不到會。同日，招商局致電孫中山、黃興，聲
稱此事非常重大，非董事所能解決，要求允許電召各省股東來滬，於 10 日內召
開大會，共同議決，"以表一致歡迎之誠意"[5]。

招商局主事人員的策略是拖，但南京臨時政府連 10 天的時間也不肯給。1
月 22 日，黃興致電陳其美：要求招商局於 23 日午前回答，否則，將會同海軍
部下拘捕令。[6] 不過，黃興大概也考慮到，此事不可一味蠻幹，於是，在威嚇之
餘，又致電招商局稱："軍需孔急，所請展期十天，萬難照准。惟所稟各節，亦

---

1 《南京臨時政府擬以招商局產抵借日債史料》，《歷史檔案》1983 年第 3 期。
2 《招商局董事梁慶榴、唐國泰致伍廷芳函稿》，《歷史檔案》1983 年第 3 期。
3 《伍廷芳復輪船招商局董事會函》，《歷史檔案》1983 年第 3 期。
4 《滬軍都督陳其美致招商局照會》，《歷史檔案》1983 年第 3 期。
5 《招商總局致孫中山、黃興電稿》，《歷史檔案》1983 年第 3 期。
6 《黃興致陳其美電》，《歷史檔案》1983 年第 3 期。

尚情有可原，本部體貼商情，准展限三天，至二十七日止，確實答復，萬不能再有遷延，致誤軍需，有干未便。"[1]

黃興既然鬆了口，招商局的主事人員便分電孫中山和黃興，要求南京臨時政府有"確實擔保，並相當利益"，以便爭取股東們不致臨期反對；同時又提出，召集股東會議的電報已經發出，廣告亦已刊出，無法更改，仍然要求展期至2月1日。[2] 黃興同意展期，但批駁了招商局關於"確實擔保，並相當利益"的要求，電稱："國內財產，皆須國力保護，不得已而藉以抵借外債，實因新造國家，不當索國家之擔保；若使國家不可信，覆巢之下無完卵，擔保物安能作用？該局特未之思耳！至借該局抵借外債，原屬虛抵，於該局權利，略無變更，更無要求特別利益之理。"[3] 不過，在稍後一天，孫中山則大度地表示："貴局既能為國盡力，當有相當之報酬。"[4]

除董事外，招商局的股東們也強烈反對南京臨時政府的抵押計劃。廣州港澳股東甘作培、唐安等致電孫中山，要求體恤商民艱難，取消抵押，保全政府名譽。[5] 鄧榮基堂等致函董事會，以革命黨人遵奉的根本理論原則相抗。函稱："竊思共和政策首重自由，招商局為完全商股，並無官股，既為商業，係商人自享之利益。即欲急公奉上，亦須由商人出於至誠。政府斷無干預攘奪之利。"函件並稱："如果欲取商業之股份為政府不時之需，以視滿清收鐵路為國有何如？"[6] 部分上海股東也致函聲稱：到會人數如達半數，決議有效，不過半數，不論可決、否決均屬無效。函件同樣用革命黨人遵奉的原則作為抵抗武器："民軍既口共和，則凡事皆須照共和做去。"[7]

2月1日，招商局臨時股東總會在上海張園召開。陳其美發言稱："專制政府，尚未推翻，軍餉器械，在在需款。籌款之法，至今日已勢窮力竭，惟有借款之一法。"股東張叔和發言稱"招商局連年虧折，不如趁此時機，為政府效

1 《黃興致招商局電》，《歷史檔案》1983 年第 3 期。
2 《招商總局致黃興電稿》，又《招商總局致孫中山電稿》，《歷史檔案》1983 年第 3 期。
3 《黃興致陳其美等電》，《歷史檔案》1983 年第 3 期。
4 《總統府復招商局電》，《歷史檔案》1983 年第 3 期。
5 《甘作培等職孫中山電》，《歷史檔案》1983 年第 3 期。
6 《輪船招商總局致孫中山、黃興函稿附呈各紙》，《歷史檔案》1983 年第 3 期。
7 《輪船招商總局致孫中山、黃興函稿附呈各紙》，《歷史檔案》1983 年第 3 期。

力，他日可向政府要求權利，俾營業日漸發達"[1]。會議主持人徵詢到會股東意見，無人作聲。於是，陳其美即致電孫中山、黃興及南京臨時政府各部部長，報告"喜訊"。電稱："各股東全體承認無反對，洵屬熱心愛國，深明大義。從茲餉糈有出，健兒北伐，犁庭掃穴，指顧間耳！"[2] 2月2日，孫中山也致電招商總局董事及股東，表示嘉獎："得滬都督陳其美電，知貴局昨在張園開設股東大會，各股東全體承認，無一反對者，洵屬熱心愛國，深明大義，欽佩之至。請貴局總董迅即派員來寧與政府接洽一切，事可速成。"[3] 同時，居正也代表內務總長程德全致電嘉獎："從此軍餉有著，軍心益壯，努力北伐，指日成功，俾吾國民脫專制之苦，享共和之福，皆公之賜也。"[4]

其實，陳其美報告的是假情況，2月2日，招商局致孫中山、黃興電報告的才是實情。該電稱：多數股東均因路遠期促，不及到會；當日到會的股東只擁有4396股，僅得十分之一；另有大量股東表示反對。同時，招商局的主事人員將反對的電函一一抄呈，要求孫中山等人"核奪"。[5] 其中有一份署名江粵股東220股趙尚勇等150人的公啟竟稱："側聞貴局有意獻媚民軍，聽信朱葆三、王益亭之言，將局產擅行抵押，假張園數千股之名義，十餘分鐘之時限，兩書記之報告，即作為四萬股股東全體承認，環球各國有此法律耶！"趙尚勇等表示："全賴股利以度日，朝不保暮。倘貴議董、局董擅自定議，尚勇等當以洋槍、炸彈對待，不共戴天！何人居住何處，均已訪查明白。特此預告，凜之戒之！"[6] 招商局接到的這些函電有些可能是主事人員的偽造，不過股東們大多持反對態度則是確定無疑的。

面對招商局董事們的合法抵制，孫中山不可能真正用軍隊和武力來解決問題。2月3日，孫中山於無可奈何之中復電招商局，邀請該局派人來寧商議。電稱："日前股東開會議決，具見同情。至遠地未深明委曲者，當不難於疏通。

1　高勞：《臨時政府借債匯記》，《東方雜誌》8卷11號。
2　《民立報》，1912年2月2日。
3　《孫中山致招商總局電》，《歷史檔案》1983年第3期。
4　《程德全致招商總局電》，《歷史檔案》1983年第3期。
5　《招商總局致孫中山、黃興電稿》，《歷史檔案》1983年第3期。
6　《輪船招商總局致孫中山、黃興函稿附呈各紙》，《歷史檔案》1983年第3期。

無論如何，仍請派員來寧熟商一切。"[1] 電發，招商局的主事人員答稱：董事會的成員已經辭職，又無決議，難以執行；在局各董，無此權責，不能越俎，已經登報要求各股東推舉代表來滬赴寧，接洽辦理。[2] 同時，又繼續抄呈各地股東的反對信函，以"民意"相抗。順直股東宋樹聲等不僅批評革命黨人"陽言共和，暗圖專制，較之滿奴時代有加無已"，而且揭露張園會議的真相："股東鼓掌者僅有兩人，何得謂之全體股東贊成？此等野蠻舉動，豈能遮盡天下人之耳目！"[3]

四、日本急於吞下招商局

除輪船招商局外，當時在中國長江流域經營航運業的還有英國太古、怡和、日本郵船株式會社及日清汽船株式會社等公司，形成中、英、日等國多角競爭的局面。其中，英商長期獨霸，勢力深厚，日資發展迅猛，勢頭強勁。為了進一步壯大自己，壟斷中國航運，日資早就垂涎於輪船招商局，急於吞下這一塊肥肉。現在有了機會，自然不肯錯過。一方面，他們緊緊抓住孫中山和黃興，一方面則力圖排除其他國家的競爭對手。

日本政府一開始就注視著輪船招商局的借款談判。12 月 7 日，外務大臣內康哉致電駐上海總領事有吉明，告以日本郵船及日清汽船兩公司通過大倉洋行上海支店正在與輪船招商局進行的談判，要求有吉明向該店詢明情況，儘量予以協助，促其實現。[4] 1912 年 1 月 3 日，盛宣懷等逃到日本。1 月 6 日，招商局總辦王存善訪問日本駐上海總領事館，要求將招商局"一舉賣卻"時，有吉明立即答應。他建議：為與日本方面事先結成關係，先以低利向日本方面借款，償還此前向英國滙豐銀行所借之款。有吉明希望內田就近向盛宣懷"密行勸誘"[5]。1 月 7 日，王存善託有吉明轉交一封信給盛宣懷，有吉在向內田彙報時

1 《孫中山致招商局電》，《歷史檔案》1983 年第 3 期。
2 《招商總局辦事董事梁慶榴致陳其美函稿》，《歷史檔案》1983 年第 3 期。
3 《招商總局辦事董事梁慶榴致陳其美函稿附函》，《歷史檔案》1983 年第 3 期。
4 《內田外務大臣致有吉駐上海總領事電》，《日本外交文書選譯》，第 351 頁。
5 《有吉駐上海總領事致內田外務大臣電》，《日本外交文書選譯》，第 355 頁。

稱："估計招商局所有資產當不下一千萬乃至一千三、四百萬兩。我方如能充分給予有利條件，並採取安全措施，向該局股東等保證此項價款不致被革命黨所沒收，則此事看來不無成功之希望。"[1]

1 月下旬，德國捷成洋行、英國滙豐銀行、太古洋行及美國有關方面加入競爭，爭相承抵，日本郵船株式會社與日清汽船株式會社立即通告孫中山、黃興，聲稱 1000 萬兩已經備妥，要求孫、黃作出承諾，一定要與日本方面商談。[2] 25 日，有吉明致電內田，表示"此舉頗合機宜"，希望內田督促日本財團速下決心。27 日，內田復電有吉，除贊成所擬合同第七款所載："招商局因其本身業務經營之需要而進行此項借款"，以避免露出日本公然向革命軍提供軍費的痕跡外，特別指示，無論如何，要設法令英商太古洋行一類對手"罷手"。[3]

為了促使日方迅速決定，孫中山、黃興有意向日方談判代表揚言，如日方無保證，將向美國方面交涉，條件更優。1 月 25 日，日本郵船株式會社上海支店長伊東米次郎致電東京總社，報告有關情況。電稱："故 1000 萬元之貸款，若有可能，望立即予以保證。"[4] 其後，伊東米次郎親赴南京，提出要全部收買輪船招商局，遭到黃興拒絕。2 月 1 日夜，伊東急電東京總社云："看來除進行貸款交涉外並無他策。彼曾提出借款一千萬兩，我方如以年息七厘提供一千萬圓（日元），本人認為可能簽訂合同。惟現時與招商局簽訂合法之正式合同，殊非易事；但為排除競爭之干擾，在近期內與民國政府簽訂臨時之草約，則甚為必要。當然，在合法之正式合同成立之前，我方不承擔任何金錢上之責任，本人按此辦法進行策劃，未悉是否得宜，希即電示。"該電並稱："又據告知，美國財政專家司戴德氏已於 1 月 29 日抵達本地，正在進行以招商局為抵押之一千萬兩的借款交涉，云云。"[5] 2 月 2 日，伊東再電東京稱："因與黃興有約，已定於明日下午 1 時前往南京，切望在本人動身之前來電指明辦法。"同時，伊東並稱："德國商社捷成洋行亦正在進行此項交涉。"[6] 此電發出後幾個小時，伊東

1 《有吉駐上海總領事致內田外務大臣函》，《日本外交文書選譯》，第 356—357 頁。
2 《有吉駐上海總領事致內田外務大臣電》，《日本外交文書選譯》，第 358 頁。
3 《內田外務大臣復有吉駐上海總領事電》，《日本外交文書選譯》，第 358—359 頁。
4 日本防衛廳研究所戰史部藏《海軍關係》檔案。
5 井上馨文書，日本東京國會圖書館憲政資料室藏。
6 井上馨文書，日本東京國會圖書館憲政資料室藏。

又致電東京稱："德、美兩國資本家聯合提出：僅以土地為擔保，提供貸款一千萬兩，彼輩之估價為二千萬兩。條件是立即清還滙豐銀行舊債，然後將地照轉托德國銀行。基此形勢，我方如不能以同等款額和同樣條件進行周旋，則交涉恐將失敗。"[1] 三通電報，反映出日本方面控制輪船招商局的急迫心情。

日本與孫、黃關於招商局的談判引起了英國的注意。2 月 5 日，英國駐日大使訪問日本外務省，聲稱："上述借款之一部分，無疑將提供革命軍作為軍費使用，希望貴國政府加以制止。英國政府將繼續盡最大努力制止本國財團向官、革雙方之任何一方提供借款，確信貴國政府亦應採取同樣措施。"[2] 8 日，內田致電山座駐英臨時代理等，說明日本政府對招商局談判"已決定不予鼓勵"，但也不準備勸阻。[3] 其後，英國滙豐銀行、太古洋行的競爭加劇，日本財團決定承擔，先付 100 萬元，內田指示："關於此事之進行，我國政府及官員表面上並不予以支持"，但"從背後給予必要之援助"。[4]

五、《契約書》草約的簽訂

2 月 6 日，伊東米次郎與孫中山、黃興簽訂《契約書》草案。共五條。規定"以招商局現有水陸財產之全部為抵當借款之目的"；民國政府與日本郵船株式會社對於本契約"絕對互守秘密"；借款額為日金 1000 萬元，年利七厘半，交款五年後，分十五年償還；輪船招商局至期不能支付本息時，日本郵船株式會社將取得輪船招商局的營業權，一切抵押物，日本郵船株式會社可以出賣、借貸、轉押；本借款成立後，日本郵船株式會社即有權監督輪船招商局的營業、財產、會計等。[5]

為了化解矛盾，爭取支持，孫中山於 2 月 6 日致函招商局各董事與股東，函稱："政府因於軍需、國用孔亟，非得鉅款無以解決民國之困難。戰士既不憚

1　井上馨文書，日本東京國會圖書館憲政資料室藏。
2　《內田外務大臣致伊集院駐清公使、山座駐英臨時代理大使電》，《日本外交文書選譯》，第 361 頁。
3　《內田外務大臣致伊集院駐清公使、山座駐英臨時代理大使電》，《日本外交文書選譯》，第 361—362 頁。
4　《內田外務大臣致有吉駐上海總領事電》，《日本外交文書選譯》，第 363 頁。
5　《孫中山致招商局函》，《歷史檔案》1983 年第 3 期。

犧牲其生命，在我商民亦必各致其力盡義務於國家。"函件並保證三點：1. 此項借款，其本利俱由中華民國政府擔任償還，不使招商局受絲毫之損害。2. 招商局如承認此次借款，中華民國當承認招商局為民國國家遊船公司。3. 擴張其外洋航路，予以相當之補助津貼，其詳細辦法可俟協商之。[1] 其後，孫中山又採取移樽就教的辦法，主動派汪精衛到上海，偕同陳其美與與招商局主事人員洽商。此間，伍廷芳也同意擔任董事會會長一職。這樣，事情似乎有了某些轉機。

2 月 9 日，招商局發出由汪精衛代擬、伍廷芳交下的致各董事函稿，說明此次借款，本金及利息概由政府擔任償還，不僅於股東無絲毫損害，而且對招商局還有優待條件；只以局產作為抵押，並不請外人監督。2 月 10 日，招商局董事會開會，出席董事五人。伍廷芳派溫宗堯代表參加，即由其主持，說明招商局對於此次此借款，"有不可不贊成之理由"，陳其美、汪精衛出席會議，作了勸告和說明，並代表政府簽署了優待招商局的公文。會議通過汪精衛所擬廣告稿，中云：董事等詳審以上情節，知此次借款與我各位股東絲毫無損，雖暫將局產作為虛抵，而既由政府擔任償還，將來之危險無從發生，目前之利益亦無妨害，況尚有種種利益以為酬報，似無庸疑慮。當此民國甫建，軍需孔亟之時，凡我國民，皆宜有所盡力，以負責任。想我各位股東，既諗內容，必無異議。除由董事等一致承諾外，謹此公佈，以慰群情。[2] 2 月 13 日，財政部朱葆三持董事會諸人簽字，到局取去通商銀行股份票 20 萬兩。

此次會議，雖然勉強作出決議，但事情並不就此平靜。2 月 13 日，董事梁慶榴致函董事會，提出尚待研究的兩個問題：一是當時的民國政府是臨時政府，和議成功後即須取消，另行組織新政府，屆時此項押款是否仍有效力，必須有確實保證。一是外人久已垂涎於招商局，必須在訂立合同時，兩方均請律師簽字，說明外人不得藉端派人干預局事。[3] 在此前後，黎元洪也致電孫中山表示反對，電稱："招商局為國家之重要交通機構，若以該局為抵押讓與外人，在揚子江流域交通事業悉將歸於外人掌握之中。"17 日，再電稱："招商局借款，

---

1 《孫中山致招商局函》，《歷史檔案》1983 年第 3 期。
2 《招商局董事會關於南京臨時政府借款事項會議記錄》，《中華民國史檔案資料彙編》，江蘇人民出版社 1981 年版，第 305—307 頁。
3 《梁慶榴致董事會函》，《歷史檔案》1983 年第 3 期。

倘能成立，則民國之航權必隨之而喪失殆盡”，“萬勿因眼前之小利而輕聽外人之甘言”。[1]

面對各方的反對浪潮，孫中山等人不得不做疏解工作。2月13日，孫中山致電港澳招商局股東，一方面說明此項借款，於招商局權利無損，同時委婉地提出告誡與批評：“須知將士為民國不惜身命，商民亦同修戚，蘇路、浙路，俱屬商業，今皆承認借押，並非強招商局獨為其難。為此電告各股東勿生誤解，貽粵人羞！”[2] 同時，王正廷則致電黎元洪，希望他對招商局借款“曲予贊成”[3]。

儘管契約書草約已經簽訂，但是日本方面卻突然改變主意，要求將抵押貸款改為中日合資。2月12日，三井財閥理事長益田孝致電時在南京談判的職員森恪云：“為便於即時調撥資金，余等勸孫、黃立即召開招商局臨時股東會，發行附加七分利優先股票，其資本額再增一千萬兩，其中五百萬兩由日本人應募之，餘五百萬兩後日可依支那人之希望，以為借款之條件，當由日本人認購。”同日，益田再電森恪，告以盛宣懷十分滿意，約定將全力相助，“議案倘得承認，余相信數日內款額即會匯撥。此電乃與郵船公司商妥之結果，要新政府保護外國人之股票所有權。”[4] 日本方面的這一新要求的實質是：不僅成為招商局的債權人，而且要成為它的產權所有者。對此，黃興和南京臨時政府參議院均持反對態度。一切都說明，孫中山、黃興以招商局為抵押取得借款的意圖在短期內還難以實現。

就在此際，中國的政治形勢發生了急轉直下的變化。

六、孫中山和南京臨時政府為財政困難逼倒

一個政權要運作，必須有足夠的經費；一個軍事戰役的發動，也必須有足夠的軍餉和武器。這是個十分明白但卻又不易解決的問題。這個問題不解決，

1　轉引自《松村駐漢口總領事致內田外務大臣函》，《日本外交文書選譯》，第364—365頁。
2　《孫中山致港澳招商局股東甘作培等電》，《孫中山全集》第2卷，第81頁。
3　轉引自《松村駐漢口總領事致內田外務大臣函》，《日本外交文書選譯》，第365頁。
4　井上侯文書，三井文庫，轉引自李廷江：《日本財界與辛亥革命》，中國社會科學出版社1994年版，第257頁。

任何英雄都無法在政治舞台上導演出有聲有色的話劇來。不幸，孫中山和南京臨時政府就碰到了這個問題。

在孫中山歸國之前，南北和談即在進行。孫中山歸國後，雖然同意繼續進行和談，以便兵不血刃地光復全國，但在和議過程中，他越來越多地傾向於直搗北京，以戰爭解決問題。1912 年 1 月 12 日，孫中山對日本記者稱："今後兩個月內能否得到二千萬日元，是件大事，勝負的關鍵是資金問題。"[1] 同月 26 日，孫中山致電陳炯明等稱："和議難恃，戰端將開，勝負之機，操於借款。"[2] 30 日，孫中山又在向參議院報告北伐作戰方略時稱："中央財政匱乏已極"，已命財政、陸軍兩部 "會同籌劃"。[3] 南京臨時政府在此前後進行的合辦漢冶萍公司和輪船招商局借款談判，本意都在於取得一筆經費，支持政府機構的運轉，發放南京附近革命軍隊的軍餉，同時也支持北伐。但是，卻遲遲不能到手。合辦漢冶萍公司之議遭到臨時參議院和張謇、章太炎等人的強烈反對，以輪船招商局為抵押的借款談判也困難重重。2 月初，孫中山、黃興不得不轉而以租讓滿洲為條件，要求日方緊急提供 1 千萬元借款。孫中山當時的計劃是，一面與袁世凱締訂和議，一面籌措軍費，策劃再舉，"以武力掃除北京勢力"，"繼續排袁"，"消除南北之異端，斬斷他日內亂禍根，樹立完全之共和政體"。[4] 但是，這一談判，也由於日本陸軍大臣石本新六的反對，沒有成功。[5] 其後，孫中山又企圖以全國賦稅為擔保，向華俄道勝銀行借款 150 萬英鎊，也未獲結果。[6] 這一時期，南京臨時政府進行過的其他一些談判，除與日本大倉洋行進行的 "蘇路借款" 談判，獲得 300 萬元外，其他均告失敗；孫中山委託日人設立中央銀行的計劃也中途取消。[7]

由於缺乏經費，南京臨時政府時刻面臨著軍隊解散、政府崩潰的危險。正如孫中山《復章太炎函》中所稱："先生等蓋未知南京軍隊之現狀也。每日到陸

1　《東京朝日新聞》，1912 年 1 月 2 日。
2　《孫中山全集》第 2 卷，第 41—42 頁。
3　《孫中山全集》第 2 卷，第 51 頁。
4　森恪致益田孝函。
5　參見本書另文《孫中山與租讓滿洲問題》。
6　參見本書另文《華俄道勝銀行借款案與南京臨時政府危機》。
7　參見李廷江：《日本財界與辛亥革命》，中國社會科學出版社 1994 年版，第 212—224 頁。

軍部取餉者數十起，軍事用票，非不可行，而現金太少，無以轉換，雖強迫市人，亦復無益。年內（按指舊曆年關——筆者注）無巨宗之收入，將且立踣。"[1] 既然連維持南京臨時政府及其近畿部隊的必須經費都難以保證，遑論北伐及其他。

關於南京臨時政府的經費艱窘，以及軍事、政治活動受制於財政的狀況，有些在華的外國人當時就看得很清楚。1月19日，英國駐華公使朱爾典致格雷爵士函稱："伍廷芳已向英王駐上海總領事承認，到1月底以後，革命派無錢支付軍餉，所以他們很想使那些事情立即獲得一項結果。"[2] 次日，英國駐南京領事偉晉頌向朱爾典報告說："（南京臨時政府）可供行政管理的稅收甚至不夠支付各部總長的薪金。"[3] 另一個英國人則在備忘錄中寫道："革命派首領們進行軍事的和政治的鬥爭的主要困難是款項問題。"[4] 上述云云，都是事實。

2月11日凌晨1時55分，孫中山通過森恪，向日本方面緊急重申，在10天內提供1千萬元借款。[5] 同日，孫中山致電譚人鳳云："目下籌集軍費，最為第一要著。"[6] 可見，他這時還是準備打仗的。但是，森恪發電後，始終沒有回音。至此，孫中山對短期內獲得借款絕望，不得不接受和議。2月12日，清政府宣佈溥儀退位，授權袁世凱組織"臨時共和政府"。13日，孫中山向臨時參議院提出辭職諮文。同月15日，臨時參議院選舉袁世凱為第二任臨時大總統。其後，陸續演出了袁世凱在北京就任（3月10日）和孫中山辭去臨時大總統職務（4月1日）等活劇，辛亥革命的勝利果實遂為袁世凱篡奪。

孫中山讓位於袁世凱固然反映出革命黨人對袁的本質認識不足，希圖取得廉價的勝利，但是，其主要原因則在於他們無力支付為爭取徹底勝利所必需的代價。俗語云："一錢逼倒英雄漢"，孫中山和南京臨時政府主要是經費問題逼倒的。當人們了解了孫中山為解決南京政府財政危機所作的種種努力之後，就會認識到，過去流行的某些關於辛亥革命失敗原因的說法，或是浮乏籠統的政

1　《孫中山全集》第2卷，第85頁。
2　《英國藍皮書有關辛亥革命資料選譯》，下冊，中華書局1984年版，第383頁。
3　《英國藍皮書有關辛亥革命資料選譯》，第454頁。
4　《黑德爵士的備忘錄》，《英國藍皮書有關辛亥革命資料選譯》，第466頁。
5　井上馨文書。
6　《孫中山全集》第2卷，第81頁。

治分析，或是對當時歷史知之不多的皮相之談。

七、尾聲

在南京臨時政府洽借外債期間，袁世凱受清廷之命成立的"臨時共和政府"也在積極與英、美、德、法四國銀行團談判。有意思的是，袁世凱為了顯示解決中國問題非他莫屬，同時也顯示他的政府是正統，竟在洽借外債時將南京臨時政府的需要包括在內。還在 2 月中旬，袁記"臨時共和政府"度支部首領周自齊就向四國銀行團駐北京代表提出，南京臨時政府急需 700 萬兩，中國（北方）政府每月需款 640 萬兩。[1] 同月 27 日，袁世凱的議和代表唐紹儀會見銀行團代表，聲稱南京除急需 200 萬兩外，月內尚需 500 萬兩，北京亦需 300 萬兩。此外，每月行政經費約需 640 萬兩，南北各半。他要求以鹽務作抵，借款 6000 萬英鎊。[2] 英國公使朱爾典認為袁世凱是"挽救局勢的唯一強有力人物"，建議給予援助。[3] 日本政府迅速得知有關消息。28 日，內田康哉指示伊集院駐華公使稱："我資本家之交涉既已達到前述程度，時至今日，我政府已不能再事袖手旁觀。"又稱："我政府希望在可能範圍內使英國公使正在秘密進行之借款交涉一時陷於停頓，以使我資本家在上海進行之交涉得以順利進展。"[4] 但是，有吉明則建議儘早放棄該項借款交涉。他致電內田稱：袁世凱的勢力正在增長，孫、黃方面的實力正日趨衰退，"若再進一步策劃活動，不獨有傷於北方袁世凱之感情，且必惹起南方伍廷芳及其他進步黨人之反感，且與對英關係亦將產生不良後果。"[5] 同日，四國銀行團在獲得"以中國輪船招商局船舶作為墊款擔保"後，在上海經由滙豐銀行向南京臨時政府財政部撥銀 200 萬兩。[6] 29 日，伊

---

1 陸九如：《民國初年銀行團借款始末記》，章伯峰、李宗一主編：《北洋軍閥》第 2 卷，武漢出版社版，第 166 頁。
2 陸九如：《民國初年銀行團借款始末記》，章伯峰、李宗一主編：《北洋軍閥》第 2 卷，武漢出版社版，第 166 頁。
3 （英）毛里斯、柯立斯：《滙豐 —— 香港上海銀行》，中華書局 1979 年版，第 77 頁。
4 《內田外務大臣致伊集院駐華公使電》，《日本外交文書選譯》，第 366—367 頁。
5 《有吉駐上海總領事致內田外務大臣電》，《日本外交文書選譯》，第 367—368 頁。
6 《英國駐彼得堡大使館致外交大臣備忘錄》，陳春華等譯：《俄國外交文書選譯》，中華書局 1988 年版，第 319 頁。

集院復電內田，告以此項款項，係袁世凱為向南京政府表示資助而在北京與四國銀行團交涉成立的短期借款，電稱："袁世凱亟欲利用南方目前之困境而向其提供財政援助，使南方感到不以袁為靠山即將寸步難行，藉以使其本人在當前正在本地同南方代表進行之談判中處於有利地位。"[1] 3月2日，內田致電伊集院公使，指示他 "一面迫使對方約定不以招商局為抵押向他國進行借款交涉，在此基礎上暫緩簽訂正合同"，同時指示，日方必須加入四國銀行團借款。電稱："凡屬政治性借款，帝國政府必欲參加。"[2] 至此，與日本方面關於輪船招商局借款的談判終結。

由於四國銀行團的支持，袁世凱政府於3月9日獲得銀110萬的借款。5月7日，繼獲銀300萬兩。6月12日，再獲銀300萬兩，6月18日，又獲銀300萬兩。孫中山得不到的，袁世凱卻比較容易地得到了。

1 《日本外交文書選譯》，第368─369頁。
2 《日本外交文書選譯》，第369─370頁。

華俄道勝銀行借款案與南京臨時政府危機 *

南京臨時政府成立後，由於帝國主義控制了海關和鹽稅，經濟始終處於極度困窘中。為了渡過難關，臨時政府曾先後向美、日、俄等國借款，均告失敗。其中，華俄道勝銀行借款是比較重要的一樁，它使本已波瀾翻覆的政局更加動盪。陳其美曾在《致黃興書》中說："俄國借款，經臨時參議院之極端反對，海內士大夫更藉口喪失利權，引為詬病"，"終受經濟影響，致妨政府行動。中山先生既束手無策，國家更瀕於阽危。固執偏見，貽誤大局，有負於中山先生者此其一"[1]。但是，對於這樣一件大事，國內外學術著作迄今尚少論及，因此，有必要作一番較詳細的考察。

華俄道勝銀行成立於 1895 年 12 月，總行設於彼得堡，上海、天津等地設有分行。成立後，即積極履行沙皇俄國的侵華計劃。它表面上是一家銀行，實際上是 "略加偽裝的俄國財政部分支機搆"[2]。1912 年 2 月，它利用南京臨時政府的財政危機，誘使其簽訂了 150 萬英鎊的借款合同草約。草約提出，自正式合同簽字之日起，以一年為期，年利五厘，華俄道勝銀行按九七扣付款。其第五條規定："此款為民國之直接負欠，當以其賦稅之所入，備為付息及償本之用。"[3] 從成立之日起，華俄道勝銀行一直謀求充當中國的國家銀行，為清政府 "辦理租稅、賦課的繳納" 等項事務。草約雖然沒有像當時的其他借款一樣，指明以某項路權或礦權作為擔保，但本條卻為沙俄控制中國的賦稅提供了口實和條件。其第七條規定："民國以後如第一次擬借大批外債，若該銀行所約條款與他銀行仿佛者，該銀行有首先應借之權。"清朝末年，列強爭相對華輸出資本，競爭劇烈，本條使沙俄輕易地取得了優先權。這是一項貪婪而陰險的包藏禍心的草約，但南京臨時政府正處於飢不擇食的境地，居然接受了。草約於當月 21

---

* 　錄自《楊天石評說近代史‧民初政局》，中國發展出版社 2015 年 9 月版；原載《浙江學刊》1988 年第 4 期。

1 　《陳英士先生文集》，台北 1977 年版，第 41 頁。

2 　R. Rosen:Forty Years of Diplomacy, Vol.1,London, 1922. p. 193.

3 　《民聲日報》，1912 年 2 月 29 日。

在上海簽字，南京臨時政府代表為財政總長陳錦濤，華僑道勝銀行代表為經理人凱里約。

根據草約，合同應在 3 月 1 日以前經南京臨時參議院投票公決。因此，孫中山於 2 月 25 日向參議院提出諮文，要求召開臨時會，"提前決議"[1]。26 日上午，由南京臨時政府秘書長胡漢民到院，宣稱根據陳錦濤電報，不用抵押，借到華俄道勝銀行鉅款。這當然是皆大歡喜的事。討論結果，議長林森用起立表決法，多數通過政府交議案諸要點[2]。27 日，參議院繼續開會，討論草約，谷鍾秀提議，先付特別審查。經林森指定，由劉彥、錢樹芬、張耀曾、谷鍾秀、湯漪等五人為特別審查員。結果，只提出了細節性的修改意見[3]。在討論時，湖北參議員張伯烈、奉天參議員吳景濂激烈反對第五條，發言後即離座它去。在此情況下，林森提議省去三讀，交付表決。結果，到場 14 人，8 票贊成。林森宣佈通過。但湖北參議員劉成禺等當即提出："此案係違法少數之表決，不得作為有效。"[4]

28 日上午的會議上，劉成禺、張伯烈、時功玖等根據參議院議事細則："須有半數以上之議員到會方可開議" 及 "關於法律、財政及重大議案，必須三讀始得議決" 的規定，指責林森 "違背細則，變更院規"[5]。四川參議員熊成章批評劉成禺等："諸君於此前並不提議，今政府已將借債之事辦成，乃起而反對，是何居心！"[6] 時功玖則答以："某等居心愛中國，不袒政府；願為國民之公僕，不為政府之走狗。"[7] 雙方愈益感情用事，林森 "拍案大呵"，指責劉成禺等 "阻撓他人言論"。在這一情況下，劉成禺等三人宣佈辭職。他們致電黎元洪及湖北省臨時議會，指責借款案 "既啟監督財政之漸，復挑撥列強猜忌之心"，聲言："自問能力薄弱，難膺巨任，深恐隕越，有負鄉人之託，謹此電辭。"[8] 其後，吳景濂及陝西參議員康寶忠也相率辭職。

---

1 《孫中山全集》第 2 卷，中華書局版，第 149 頁。
2 《參議院議事錄》，1912 年 2 月 26 日。
3 《參議院議事錄》，1912 年 2 月 27 日。
4 《鄂省參議員劉成禺、時功玖、張伯烈辭職之公佈》，《民聲日報》，1912 年 3 月 2 日。
5 《鄂省參議員劉成禺、時功玖、張伯烈辭職之公佈》，《民聲日報》，1912 年 3 月 2 日。
6 《時君功玖之正論》，《民聲日報》，1912 年 3 月 1 日。
7 《時君功玖之正論》，《民聲日報》，1912 年 3 月 1 日。
8 《南京電報》，《民聲日報》，1912 年 3 月 1 日。

南京臨時參議院於 1 月 28 日開院，17 省共參議員 31 人。此後即由於種種原因，一部分參議員請假或無故缺席，到院人數日益減少。不久，又因漢冶萍借款、發行軍用鈔票、議決臨時政府地點等問題，部分參議員與臨時政府之間發生對立。2 月 25 日，江蘇參議員陳陶遺、楊廷棟致函參議院，指責臨時政府"對於參議院，蹂躪侮蔑，亦云至矣"，是"民國開創史上一大污點"，宣佈辭去參議員職務。[1] 至此，由於劉成禺等再次辭職，參議院就出現了危機。當日下午，出席參議員僅 12 人，不過半數，林森宣佈散會。29 日，也因人數不足，未能開會。3 月 1 日，不得不作出決議，如議員一月以內缺席七天，即應除名。同時宣佈不承認劉成禺等人的辭職，決定致函江蘇、湖北參議員，請於一星期以內函復，過期當即除名。但是，會議也承認 27 日的討論"手續尚未完備"，決定重新討論借款草約，補行二讀、三讀手續。[2] 討論結果，議決將第五條後半改為"當以民國政府所徵賦稅之收入內備為付息及償本之用"[3]，第七條改為"民國以後如第一次擬借大批外債，若該銀行所約條款與他銀行較輕時，該銀行有首先應借之權"，這些修改較原條約嚴密，對沙俄的借款優先權加了限制，投票時，以 22 票可決全文[4]。

南京參議院的迅速爭論激起了政海風波。2 月 29 日，民社上海機關報《民聲日報》報導了有關消息，並發表社論，指責南京臨時政府："倒行逆施，竟以全國所得賦稅抵押外人。吾不知政府諸公以何理由而為此毫無心肝之舉動？"又稱："以滿清政府所不敢為者，而君等悍然為之，恐吾國民將謂君等之不滿清若矣！"社論號召上海各團體、各政黨共同行動，抗議並取消借款[5]。3 月 1 日，又利用劉成禺等辭職一事表社論，批評南京臨時政府"用威嚇手段，嗾使少數議員，秘密開會，擅自通過，此種野蠻專制之行為，前清時代所不敢出"。甚至說："議會為行政機關之奴隸，供總統及各部大臣之頤指，所謂代表輿論者安在？所謂徵取民意者安在？民意不足徵，輿論不足重，所謂共和之精神安在？"

1　《來函》，《民聲日報》，1912 年 2 月 29 日。
2　《參議院議事錄》，1912 年 3 月 1 日。
3　"內"字為三讀後討論所加，與上下文連續時欠通順，此處保持原貌，未作改動。
4　《參議院議事錄》，1912 年 3 月 1 日。
5　慰儂：《外債憤言》，《民志日報》，1912 年 2 月 29 日。

它鼓動湖北、江蘇兩省的參議員重返參議院，"張我舌劍，斬彼孟賊"[1]！

在《民聲日報》大張撻伐的同時，民社等則發起電報攻勢。29 日，民社致電袁世凱、孫中山、黎元洪及各省都督，批評草約"詞旨籠統，既種禍根，必致釀成外侮"，要求袁、孫等"竭力挽回，免滋後禍"[2]。隨後，由張嘉璈領銜發起的國民協會也致電孫中山，要求"顧全輿論"，"設法挽回"[3]。3 月 5 日，共和憲政會李倬雲、鄭允恭、徐企文等發佈傳單，繼續指責參議院"滅絕公論，違法獨斷，亡清覆轍，甘蹈不顧"，訂於 6 日在江蘇教育總會召開特別大會，推派代表赴寧，向政府要求取消借款[4]。會後，共和建設會、公民急進黨、工商勇進黨、社會黨、工黨、華僑聯合會、民社、民國統一黨、民生國計會、大同民黨、公濟總會、宣導會、共和憲政會等 13 個政團聯合致電袁世凱和黎元洪，陳述華俄道勝銀行借款案一事"實為違法，國民死不承認"[5]。

上海的抗議風潮迅速向各地擴散。黎元洪致電劉成禺、時功玖等人，表示對參議院"擅以國稅作抵"的行為"殊深駭異"，聲稱除已將詳情交鄂省臨時議會公議外，並望劉成禺等人"剋日返寧，隱忍維持，毋庸辭職，並極力阻止，以挽大局"[6]。又於 9 日致電袁世凱及參議院，把自己打扮為一個愛國者，說什麼"前清借債之失，我輩呼籲力爭，言猶在耳"，"元洪絕不敢私訂借債抵稅，以誤國民"[7]。揚州軍政分院徐寶山也於 6 日通電，指責借款一案"失人心，喪主權，與清政府之幹路國有、四國借款，殆過之無不及"，他並由此進一步攻擊"同盟會人"，"在內之把持政柄，在外之聲勢煊赫，雖滿洲之親貴，無此多也"。

華俄道勝銀行借款是一樁損害國家主權的事件，受到批評是應該的。借款的反對者中，大部分基於愛國義憤，但是，也有人意氣用事，甚至別有用心。

武昌起義後，迅速形成了湖北、江蘇兩大實力集團。前者以黎元洪、孫武為代表，其政治組織為民社，後者以程德全、張謇、章太炎為代表，其政治組

1 《對參議院議員辭職之感言》，《民聲日報》，1912 年 3 月 1 日。
2 《民聲日報》，1912 年 3 月 1 日。
3 《民立報》，1912 年 3 月 4 日。
4 《拒款會之傳單》，《民聲日報》，1912 年 3 月 5 日。
5 《上海去電》，《民聲日報》，1912 年 3 月 7 日。
6 《湖北來電》，《民聲日報》，1912 年 3 月 8 日。
7 《武昌電報》，《民聲日報》，1912 年 3 月 10 日。

織為中華民國聯合會。它們的主要成員大部分是舊官僚、立憲派和失意的革命黨人。兩派形成後,即反對同盟會,反對南京臨時政府,擁護袁世凱。華俄道勝銀行借款案發生後,它們迅速行動起來,以之作為砸向對手的一塊石頭。

湖北省臨時議會早在 2 月 21 日就通電各省臨時議會與諮議局,提議在漢口另組臨時中央議會。這種作法,旨在否認南京臨時參議院的合法性,取而代之。這時,借款案更成了反對臨時參議院的強有力的藉口。3 月 1 日,共和建設會致電孫中山,指責臨時參議院 "阿諛政府,少數擅決", "請將參議院立時解散"[1]。3 日,湖北省臨時議會以萬急電報,將參議院 "違法情狀" 遍告各省議會和諮議局,要求 3 月底之前在漢口召集中央議會。5 日,高元藩、張祥麟等與章太炎及江蘇省議會議員會商,宣佈不承認臨時參議院 2 月 28 日以後所議各案。他們提議由蘇鄂兩省政府聯名通告各省及新舊總統,取消南京臨時參議院,同時請袁世凱通告各省議會,組織國民議會,再由國民議會組織參議院。江蘇省臨時議會隨即致函都督莊蘊寬,要求聯合各省宣佈,在南北未統一之前,各種賦稅俱歸各省逕收,不得由現政府 "隨意指抵"[2]。6 日,共和建設會、公民急進會等政團又致電孫中山等人,聲稱 "今參議院議員寥若晨星,已失議事資格",要求袁世凱出面 "執行", "以收統一"[3]。10 日,袁世凱在北京宣誓就任臨時大總統。他們立即馳電表示 "群情歡忻"。南京臨時參議院的《受職辦法》規定,袁世凱任命國務總理及國務員時,必須取得臨時參議院同意,這本是限制袁世凱權力的一條重要措施,但是,他們卻向袁世凱獻媚說:自從借款案發生,參議院議員人數不及原有人數之半, "按之法律,決難發生效力",要求袁大總統 "獨力主持",賦予這個野心家以組織政府的全權[4]。不僅如此,他們還企圖推翻臨時參議院通過的根本大法《臨時約法》,說是 "此種約法,人民絕不承認"[5]。這就說明,他們所反對的不只是借款案,而是反對南京臨時政府的革命性一面。

---

1 《共和建設會電》,《民聲日報》,1912 年 3 月 2 日。
2 《蘇都督指陳借債事件電》,《民立報》,1912 年 3 月 9 日。
3 《民聲日報》,1912 年 3 月 7 日。
4 《武昌電報》,《民聲日報》,1912 年 3 月 15 日。
5 《通告不承認參議院臨時約法電》,《申報》,1912 年 3 月 21 日。

在各方強力反對下，孫中山於 2 月底致電陳錦濤，告以參議院 "手續未清"，"借款案暫緩簽字"[1]。華俄道勝銀行方面也因未能取得在同等條件下對華借款的優先權，表示 "不能照辦"，草約作廢[2]。3 月 3 日，孫中山復電民社成員胡培德宣稱："日前商借華俄款，成立即救濟鄂省百萬，乃因參議員誤認擔保性質為抵押，又削草約中同等借債優先權，此議不成，遂令束手為難，今日已電商黎副總統矣。"[3] 他自感已無力解決面臨的各種困難，準備將臨時大總統一職交由黎元洪代理。5 日，他在和胡培德談話時表示："臨時政府地點未定，袁公不能南來，鄙人又不克久任，急欲離開金陵，已電武昌，請黎公來寧，以副總統名義代行大總統之職。" 又稱："近日為借款問題，國民不能信任政府，不能信任鄙人，鄙人擬卸職後即從事實業，已與外人籌商借款，以辦鐵路為前提，將使鐵路貫通全國，此則為真文明事業。"[4] 從袁世凱被選為臨時大總統起，孫中山的卸任本已指日可待，但是，連有限的日子他也不能等待，希望卸任愈早愈好。

華俄道勝銀行借款草約是一杯毒酒，這一點，孫中山和南京臨時政府的成員未嘗不清楚，這種情況，反映出南京臨時政府已經陷入難以擺脫的困境之中。其結果是不僅未能對現狀有任何一點改善，卻引來了更多的攻擊和反對，陷入更大的困境中。這一切表明，即使沒有以袁世凱為代表的反動力量的進攻，南京臨時政府也已經維持不下去了。

1　《南京特電》，《民聲日報》，1912 年 3 月 1 日。
2　《大總統復電》，《黎副總統政書》第 8 卷。
3　《孫文電》，《民聲日報》，1912 年 3 月 4 日。按，此為孫中山佚文，各本孫中山集均失收。
4　《孫大總統之談片》，《民聲日報》，1912 年 3 月 7 日。

孫中山與 "租讓滿洲" 問題 *

　　不少日文資料都提到，辛亥革命時期，孫中山曾同意將滿洲租借給日本。對於此事的真偽，日本學者山本四郎、久保田文次、藤井昇三等人已作過很深入的研究，特別是藤井昇三，多年來孜孜兀兀，發現了不少重要材料[1]。本文將在他們研究的基礎上，結合作者本人發現的材料，對這一問題進行考察和分析。

一、1912 年森恪與孫中山的會談

日本國會圖書館所藏森恪 1912 年 2 月 3 日下午 6 時致益田孝特電云：

　　　　中國財政窮乏，在年底（當係指舊曆年關而言 —— 筆者注）以前如無一千五百萬元，即難以作戰，而革命政府亦將陷於混亂。現因漢冶萍公司之五百萬元借款業已成立，故又以招商局為擔保，向我國郵船會社及英、德、美國等進行交涉，擬再借款一千萬元。此項借款，如在五日之內仍無實現之希望，則萬事休矣；孫、黃即可能與袁世凱締結和議，將政權轉讓與袁。關於租借滿洲，孫文已表應允。日本為防止革命軍瓦解，如能在漢冶萍公司五百萬元借款之外再借與一千萬元，則孫等與袁世凱之和議即可中止，而孫文或黃興即可赴日訂立關於滿洲之密約。如借款不能到手，則軍隊大有解散之虞。南京動搖，孫文必遭變故。故我國如有決心斷然實行滿洲之事，即請在四日之內以電報示知，續借一千萬元。如是，即可使其中止與袁世凱之和議。[2]

---

* 　錄自《楊天石評說近代史‧民初政局》，中國展望出版社 2015 年 9 月版；原載《近代史研究》1988 年第 6 期。

1 　參見山本四郎：《辛亥革命と日本の動向》，《史林》1966 年第 1 期；久保田文次：《孫文の "滿蒙讓與論" について》，《中島敏先生古稀紀念集》（1981 年）；藤井昇三：《孫文の對日態度》，《石田忠雄教授還曆紀念論文集》（1982 年）。

2 　井上馨文書，日本國會圖書館憲政資料室藏；三井文庫亦藏有此件，文字稍有不同。

森恪（1882—1932），日本大阪人。1901 年被三井物產公司派到上海支店，任實習生，不久升職員，先後在上海、長沙、漢口、天津、北京等地活動，成為三井財閥的中國事務專家。益田孝（1848—1938），日本新潟人，三井財閥的總頭目。明治維新時期在橫濱經商。1872 年由井上馨推薦，進入大藏省任職。1872 年以後任三井物產公司理事長，對三井財閥的發展起了重要作用。武昌起義後，由於帝國主義把持中國海關等原因，中國革命黨人處於嚴重的財政危機之中。南京臨時政府成立，更急需一筆鉅款以支持浩大的軍費開支，並籌劃北伐。1912 年月 1 月上旬，黃興致電日本政界元老井上馨，要求日方提供援助[1]。另一元老山縣有朋從井上處得知消息後，立即批示益田孝，乘此機會，與革命黨人訂立密約，使東三省為日本所有[2]。益田孝將這一任務交給了森恪，森恪即開始為此奔走。1 月下旬，簽訂漢冶萍中日合辦草約，規定集股三千萬元，中日各半，由公司轉借五百萬給臨時政府，作為購買武器與軍火之用。2 月 2 日，森恪又親赴南京，與孫中山談判。此前，黃興正在和日本郵船株式會社上海支店長伊東米次郎及美國人司戴德、德國捷成洋行等磋商，擬以招商局為抵押，借款一千萬元[3]，尚未成功。森恪獲悉後，即在 3 日和孫中山會談時，以提供一千萬元借款為餌，誘使孫中山同意租借滿洲。本電即發於會談之後。據森恪記述，本電初稿由他用中文起草，曾經孫中山及胡漢民修改[4]。根據本電，可見南京臨時政府財政困窘和需款北伐的情況，它說明孫中山、黃興等人並不是一個個心眼地想和袁世凱議和，只要財政上有辦法，議和即可中止。

　　森恪 2 月 3 日的電報比較簡略。2 月 8 日，他有一封致益田孝的長函，詳細彙報了和孫中山會談的情況。據該函，當時在場的有南京臨時政府秘書長胡漢民、日人宮崎滔天、山田純三郎等人。會談中，森恪轉達了元老桂太郎的意見：

　　　　如閣下所知，如今世界為黃種人與白種人之戰場，為制止白人勢力先

1　《原敬日記》第 5 卷，明治四十五年（1912 年）2 月 9 日，昭和二十六年（1951 年）版，第 17—18 頁。
2　《原敬日記》第 5 卷，明治四十五年（1912 年）2 月 9 日，第 17—18 頁。
3　伊東米次郎：《關於招商局借款的電報》，1912 年 2 月 1 日、2 日，井上馨文書，日本國會圖書館藏。
4　《森恪致益田孝函》，1912 年 2 月 8 日，三井文庫藏。此函由藤井昇三首次發現。

鋒俄國之南下，確保日本存在之安全與東洋和平，日本認為有以日本之力量保全滿洲之必要。為此，日本已不惜以國運為賭注，犧牲多數人之生命與財產。當俄國仍圖南下、德人佔據青島之際，滿洲終必假日本之手予以保全。以今日之大勢論，僅賴中國政府單獨之力保全滿洲，雖閣下恐亦難以確信；而以日本之立場觀之，更不能不深感一任中國政府獨自維持之危險至極。事實已很明白，滿洲僅賴中國政府之力已不能保全，此已為貴我雙方之所共認，故可斷言：滿洲之命運業已定矣。可以預料，革命政府之前途必有諸多困難，基於地理上、歷史上之特殊立場，如無日本之特殊援助，則成功之可能實甚渺茫。

倘閣下決心捨棄命運已定之滿洲，一任日本勢力發展，以此換取日本之特殊援助，完成革命大業，則日本必將立即採取必要手段以滿足其要求。為保全滿洲，日本已不惜進行第二次戰爭。當今之際，閣下如能默默合作，則（日本）國家懸繫已久之大問題可得解決，避免第二次戰爭，以小努力取得大利益。不知閣下決心如何？若閣下所思鄙人一致，望速裁斷。[1]

森恪表示，這是桂太郎透露給益田孝的秘密意旨。倘孫中山有意實行，則可由孫中山或黃興中的一人秘密赴日，日本將派軍艦迎接，然後轉去京都，和從東京來的桂太郎會談，締結關於滿洲的密約。

聽了森恪的陳述後，孫中山表示：

何曾料到，桂公已有此決心？長久以來，自身為中國苦慮，為黃種人心憂。為東洋和平計，滿洲無論如何亦須保留於東洋人手中。因此，當此次舉事之初，余等即擬將滿洲委之於日本，以此希求日本援助中國革命。但日本疏遠余等，不相接近。當余發難之時，曾申請在日本立足，而日本官憲不允余入境。在此情形下，余以日本政治家並無包容余等之度量，因

---

1 《森恪致益田孝函》，1912年2月8日。

而離日轉依美國。然由於地理上、人種上之關係，中國如無日本之同情與支援，即將一事無成，此乃運命攸關，故余為如何取得日本之同情而煞費苦心。其結果，日本有志人士為革命政府盡力者日漸增多，而日本政府迄今仍無轉變表示，是以余等為日本政府之態度如何而日夜心憂。

孫中山又表示：

上述桂公之意，若在余自歐洲歸國途中，甚或在到達香港時獲悉，則余當即繞道日本，決定此一問題。然今日時機已失，事已遲矣。蓋當時凡革命軍之事，俱可依本人與黃興之方針而定，今則不然。如今各省贊同余等主張者，自動舉起革命之旗，加入余等行列，余等既缺兵權，又缺財權，故在貫徹主張時不能無所顧慮，凡大事必須由眾議決定。其尤要者，最近革命政府之財政匱乏已達極點，缺少財源，無以供應軍隊，幾陷於完全破產之境地。倘近數日內，無足夠之資金以解燃眉之急，則軍隊恐將解散，而革命政府亦將面臨瓦解之命運。在此嚴重時刻，倘余等數日間不能露面，恐將產生余等窮極逃走之流言。基於以上實情，在舊年年末以前，不論採取何種手段，亦須籌得足以維持軍隊之資金。之所以斷然實行漢冶萍日中合辦，以取得五百萬元資金者為此；此次又苦心焦慮，欲以招商局為擔保，籌措一千萬元借款者，亦為此。然而，雖經種種籌劃，而時光荏苒，交涉迄無結果。一面，軍費之困窮日益嚴重，於軍隊解散、革命政府崩潰之前，作為最後之手段，唯有與袁世凱締訂和議，以防天下大亂；而後徐謀軍費供應，策劃再舉，以武力掃除北京勢力，擬定革新天下之方案。近來已頻頻與北方就和議進行交涉，談判已漸趨成熟，雙方條件大體一致，只要南方決心一下，南北休戰言和，合為一體，隨時均可實現。然余等對於獲得財源，仍懷一線希望。倘或有幸，此刻能獲得防止軍隊解散之足夠經費，余等即可延緩與袁議和，俟年關過後再進一步籌借資金，而後繼續排袁，仍按原計劃，堅決以武力消除南北之異端，斬斷他日內亂禍根，樹立完全之共和政體，此即余等之設想。但據迄今為止之經過看來，獲得財源，仍無希望。倘或不幸，在五天之內，即至九日，舊曆年關之前，意欲籌得之一千五百萬元經費，如仍無成功之希望，則萬事休矣。只好在革命政府未倒之前，掌握機先，達成南北和議，將政權一時讓與袁世凱，除此別無他策。而政權一旦轉入袁氏手中，其後事態如何演變，實難遽料，而與日本簽訂密約之類，恐將無望。

談話最後，孫中山雖然再一次聲稱"時機已失"，但又表示，日本政府如確能"火速提供資金援助"，"余或黃興中之一人可赴日本會見桂公，就滿洲問題與革命政府之前途，共商大計。"[1]

這次談話具體地透露了孫中山的困窘處境。當時，南京附近集中了數萬軍隊，龐大的軍費和軍隊嘩變的擔憂已經壓得孫中山等喘不過所來。正如他在致章太炎信中說："（南京軍隊）每日到陸軍部取餉者數十起"，"年內無巨宗之收入，將且立踣"。"無論和戰如何，軍人無術使之枵腹。前敵之將士，猶時有嘩潰之勢。"[2]二者所述，完全吻合。這段談話也告訴我們，孫中山與袁世凱的和談實非得已，租讓滿洲主要是為了獲得"排袁"必需的經費，孫中山的理想還是"以武力掃除北京勢力"，"消除南北之異端，斬斷他日內亂禍根，樹立完全之共和政體"。

2月3日會談之後，森恪因與安徽銅官山礦業代表會見，離開南京，前往上海。5日，孫中山致電森恪，希望迅速得到日方關於一千萬元貸款的回答。同日下午3時，森恪致電益田孝："滿洲。焦急等待對我等3日南京特急電之回答。"[3]2月6日，森恪得益田孝復電稱："絕密。滿洲使彼等極為滿意。正經由正確之管道解決財政問題。彼等將於今日會晤總理大臣。"[4]森恪接電後，於當夜致電孫中山："滿洲事，尊意當可滿足。東京來電云：款事正在極力籌措中。與袁世凱之和議，在東京表明某種意向之前，望延期。尊意如何，盼急電復。"[5]

1　《森恪致益田孝函》，1912年2月8日。
2　《孫中山全集》第2卷，第85—86頁。
3　《森恪致益田孝函》，1912年2月8日。
4　《森恪致益田孝函》，1912年2月8日。
5　《森恪致益田孝函》，1912年2月8日。

在森恪的電報還沒有到達南京的時候，孫中山又於 6 月下午 5 時致電森恪："與袁世凱之和議延期至 9 日，望在此前給予確切答復。"[1] 8 日，益田孝再次復電森恪："與袁世凱議和事，不容他人置喙；但可明告孫、黃：予等懷有深切同情。予等祈願孫、黃能在有利地位上進行妥協。"[2] 電報聲稱：關於漢冶萍借款，當爭取於明日匯款二百五十萬元；銅官山（借款）亦可在明日給予確答；招商局借款如能成立，亦當努力敦促儘快匯款。關於滿洲問題，電報批示森恪勸告孫、黃，來一人到日本簽訂密約。並說，果能實現，"將進一步獲得更大的同情"[3]。2 月 11 日凌晨 1 時 55 分，森恪再次致電益田孝：

> 頃據孫、黃所見，招商局借款之前途，難關尚多，頗費時日，故已不能依靠，目前軍隊大有解散之虞。在舊曆年關以前，除漢陽鐵廠之五百萬元借款外，尚須另行籌措一千萬元，是乃絕不可少之需要。如此項款額不能到手，彼等即不可能離開南京。彼等業已答應租借滿洲，要求在十天以內提供一千萬元。如能承諾，則黃興可即日前往日本，以簽訂秘密合同。究應如何辦理，希火速給予明確回答。茲事干係甚大，萬望全力以赴。[4]

招商局借款，即 2 月 3 日森恪電所述郵船會社借款，這一借款，本已於 6 日簽訂草約，但由於英國的介入，突生障礙[5]，以租讓滿洲獲取借款便成了孫中山和黃興的希望所在。

此電發出後，沒有任何回音。其原因，據南京會談的參加者山田純三郎回憶，在於陸軍大臣石本新六的反對。

按照日本軍部的擴張主義份子的觀點，在中日、日俄兩次戰爭中，滿洲是日本人為之拋灑珍貴的鮮血的地方，理應享有一切權益，而無須以金錢收買[6]。

1 《森恪致益田孝函》，1912 年 2 月 8 日。
2 《益田孝致上海森恪電》，井上馨文書，日本國會圖書館憲政資料室藏。
3 《益田孝致上海森恪電》，井上馨文書，日本國會圖書館憲政資料室藏。
4 井上馨文書。
5 參見《內田外務大臣致伊集院駐華公使電》，鄒念之：《日本外交文書選譯》，中國社會科學出版社 1980 年版，第 360—361、366—367 頁。
6 山田純三郎：《シナ革命と孫文の中日聯盟》，見嘉治隆一編：《第一人者の言葉》，亞東俱樂部 1961 年版，第 268 頁。

同日，隆裕太后認可清帝退位優待條件，決定清帝下詔退位。

還在孫中山歸國之前，南北和議即已開始。孫中山於 1911 年 12 月 25 日歸國後，和議繼續進行，但同時也在積極準備北伐。1912 年 1 月上旬，孫中山組織了六路軍隊北伐，但是，各路均無很大進展，其原因之一就在於缺少經費。黃興曾在《復張謇書》中表示："援灤兵可即日出發，惟苦於無餉無械，不能多派。" 又稱："派軍艦去煙台與援灤同一事，以海軍以煙台為根據地也。派人去天津之說，亦是要事，惟刻苦無款耳。"[1] 由此可見，北伐計劃受制於經費的狀況。北伐既無從進行，於是孫中山、黃興等人又寄希望於和談，但是和談也並不順利。1 月 19 日，袁世凱提出，由清廷授與他組織臨時政府的全權，臨時政府設在天津。20 日，孫中山致電伍廷芳，表示："清帝退位，政權同時消滅，不得私授其臣民。" 對此，袁拒不接受。孫中山再次傾向於以戰爭解決問題。29 日，南京臨時政府所轄各軍在清江浦召開軍事會議，部署北伐。與森恪的談判正是在這一情況下舉行的，它表現了孫中山為取得北伐經費而作出的巨大犧牲和努力。

由於談判未成，孫中山只能接受他不願意並力圖避免的現實。山田純三郎回憶說："孫先生方面，既無打倒袁世凱的武器，又無資金"，"不得不含淚同意南北妥協，最終讓位於袁世凱"[2]。山田的有關回憶，由於事隔多年，情節上有不準確的地方，但這一段敘述是符合事實的。

二、孫中山在不同年代發表過的有關言論

將滿洲租讓給日本並不是孫中山一時的考慮，根據有關資料，他曾在不同年代、不同場合多次發表過類似的見解。

據內田良平回憶，早在 1898 年，孫中山就曾對他說："即使俄國乘革命之機奪取中國之領土，亦不足深憂。革命政府一旦成立，清朝政府必將奔逃滿洲，以俄國為後援，以維護其國命。為此，新政府不得不與日本結成同盟，攘

1　《黃興集》，中華書局版，第 99－100 頁。
2　《シナ革命と孫文の中日聯盟》，見嘉治隆一編：《第一人者の言葉》，第 268 頁。

擊俄國，與俄國之衝突終不可免。由此可以認為，革命愈早發生愈為有利。本來，吾人之目的在於滅滿興漢，革命成功之時，即使以諸如滿、蒙、西伯利亞之地悉與日本，當亦無不可。"[1] 內田的這段回憶寫於 1932 年，和他在 1923 年完成的《硬石五拾年譜》有明顯不同。據《年譜》，孫中山當時只是表示："中國革命倘成功，恢復俄國侵地乃容易之事，不足憂慮，何況日中提攜耶！"[2] 完全沒有涉及滿洲問題。因此有些學者懷疑它的真實性。但該書又記載：1906年，孫中山曾遊說日本朝野人士，聲稱："滿蒙可任日本取之，中國革命目的在於滅滿興漢，中國建國在長城以內，故日本亟應援助革命黨。"[3] 1907 年，慶親王奕劻致書伊藤博文，要求日本政府將孫中山驅逐出境。伊藤徵詢內田的意見，內田表示："自前年以來，孫文屢向我朝野人士表示，日本如能援助中國革命，將以滿蒙讓渡與日本。" 他向伊藤建議說："縱令日本驅逐孫文出境，中國革命亦不能避免。日本為長遠著想，壓迫革命黨殊不明智，故不如勸孫自動離境。"[4] 內田的這一段記載和《硬石五拾年譜》的相應記載是一致的[5]。此外，小川平吉也有一段回憶，可與內田的記載相印證。在《孫逸仙之革命與滿洲獨立》一文中，小川說：

> 孫逸仙與黃興俱長期流亡日本，接受有志人士之援助，與我輩亦有長期交往，我輩亦曾給予相當援助。彼屢屢向我輩陳述：日本需要滿洲，滿洲與日本有不可隔離之關係。其地原為滿洲人之土地，對我中國漢人來說並非絕對必要。我輩革命如能成功，如滿洲之地，即使滿足日本之希望，當亦無妨。上述主張，孫逸仙在座談中一再重複，此在有志人士之間殆為眾所周知之事實。[6]

1　《日本の亞細亞》，黑龍會出版部，昭和七年（1932 年）12 月版，第 321 頁。
2　《孫逸仙之支那革命與余之日露開戰論》，《硬石五拾年譜》（內田良平自傳）昭和五十三年（1978 年）版，第 52 頁。
3　《日本の亞細亞》，第 340 頁。
4　《日本の亞細亞》，第 340 頁。
5　參見《硬石五拾年譜》，第 151 頁。
6　見《滿洲《はどうなるか》，1931 年版。

小川並埋怨，辛亥革命後，革命黨人實行漢、滿、蒙、回、藏統一，創制五色旗，完全忘記了當年說過的話。不僅如此，《東亞先覺志士記傳》還說：1900年惠州起義之前，孫中山曾通過清藤幸七郎之姐，訪問日本婦女界著名人物下田歌子，請她協助盡力籌措軍費。下田稱："革命成功之日，須將滿洲讓與日本。"孫答："可以。"[1] 綜合這幾條材料，可以確認，辛亥革命前，孫中山流亡日本時已經有了以讓與滿洲換取日本援助的想法。

辛亥革命後，孫中山仍然如此。除上述 1912 年與森恪的會談外，日本資料中還有下列記載：

1. 宮崎滔天之子宮崎龍介寫過一篇文章，題為《桂公與孫文的密約 —— 滿洲贈與日本》，其中談到 1913 年春，孫中山訪問日本時，曾對桂太郎說："日本真正理解中國，能協力建設新中國，即使將滿洲等地提供給日本也沒有關係。"[2] 山田純三郎也回憶，當時，桂太郎曾向孫中山說起日本人口增加的趨勢，表示將來日本人除向滿洲發展外別無他法，詢問孫中山能否以共同的力量使滿洲成為樂土。孫中山表示同意。[3]

2. 1915 年末或 1916 年初，孫中山和日本陸軍總參謀總長上原勇作密談，再次表示："為了立即打倒專制橫暴的袁世凱，確立全體國民所支持的革命新政府，收到中日結合的實際效果，希望日本至少以預備役將兵和武器編成三個師團，支援中國革命軍"，在這一條件下，"中國新政府可以東北三省滿洲的特殊權益全部讓予日本"[4]。據記載，孫中山當時說：

> 日本人口年年增多，東北三省的遼闊原野適於開拓。日本本土資源貧乏，而滿洲，則毋庸諱言，富有重要的資源，日本矚目斯土，乃當然之國策。對此，我等中華革命黨員能予充分諒解，故可以滿洲作為日本的特殊地區，承認日本移民和開拓的優先權。[5]

1　昭和十一年（1936 年）版，第 673 頁。
2　《宮崎滔天全集》第 5 卷，第 548 頁。
3　山浦貫一：《森恪》，高山書店 1943 年版，第 408 頁。
4　山中峰太郎：《アジアの曙》，1963 年版，第 235 頁。
5　山中峰太郎：《アジアの曙》，第 234 頁。

孫中山並說、不僅滿洲，"中國本土的開發亦唯日本的工業、技術、金融力量是賴"[1]，和以往不同的是，孫中山明確聲明："東北三省是中國的領土，吾等堅決維護固有的主權，雖寸土亦不容侵略。"[2]

3.1917 年 9 月 15 日，日本社會運動家河上清訪問廣東軍政府，孫中山又曾表示，希望日本方面給予"武器、軍火和大量貸款"。他說："這樣，我們就能推進到揚子江流域，將我們的政府遷移到華中的某一戰略要點，然後，向北京進軍。"他聲稱，一旦完成任務，為了中國和她的鄰國的完全解放，將與日本結盟，並且宣佈"亞洲是亞洲人的"這一原則。孫中山特別說明，一旦他掌握了權力，將愉快地將滿洲交給日本管理。對此，孫中山解釋道：

> 當然，我們樂意將滿洲保持在自己手中，但是，我們不像你們那樣需要它，我們認識到你們巨大的正在增長的人口迫切需要活動場地，中國在南方有豐富的發展餘地，千萬中國人民已經或正在去蘇門答臘、爪哇、西里伯斯島、婆羅洲、海峽殖民地、法屬印度支那、暹羅、緬甸等地，成為富裕者，並且每年寄回家鄉幾百萬美元。這樣廣闊的區域合法地屬於亞洲，它們是中國的希望所在，比滿洲更能給人以指望。[3]

在這次談話中，孫中山從"大亞洲主義"的立場出發，說明了樂於將滿洲交給日本管理的原因。其中所談日本人口問題可以和 1913 年與桂太郎的談話互為印證。

孫中山的這一思想一直延續到 1923 年左右。據日本陸軍參謀佐佐木到一的記載，當年，孫中山還曾對訪問廣東的日本人說，"將來國民黨實現對中國的統治的時候，必定將滿洲委託給日本"[4]。只是在國共合作並實行聯俄政策之後，孫中山才不再發表類似的言論。

1　山中峰太郎：《アジアの曙》，第 236 頁。
2　山中峰太郎：《アジアの曙》，第 234 頁。
3　K. K. Kawakami（河上清）：*Sun Yat-Sen's Great Asian Doctirne*，見日本辛亥革命研究會《辛亥革命研究》第 5 號，1985 年 10 月。
4　《ある軍人の自傳》，勁草書房 1967 年增補版，第 92—93 頁。

上述資料，除個別屬於記者採訪外，大多數是當事人的回憶。由於並非一人，也並非出於一時，自然排除了無中生有的可能。當然，正像我們已經指出的，回憶錄不可能像文獻一樣準確，它們既可能包含作者記憶的訛誤，甚至還可能包含作者由於種種原因而對歷史作出的增飾、隱諱或歪曲。上述資料的價值自然比不上森恪遺留下來的函電，但將二者結合起來考察，它們所反映出來的基本史實應該是毋庸置疑的。

三、怎樣認識這一現象

一切歷史現象的發生都有它的根據。要理解孫中山上述關於"滿洲"問題的主張，就必須從他的思想和當時的歷史環境中去加以分析。

第一，辛亥革命是一場反封建的民主革命，但它又是一場披著民族鬥爭外衣的革命。狹隘的民族主義情緒曾經蒙蔽了當時大多數革命家的眼睛，並使他們在滿族、滿洲地區問題上作出了錯誤的判斷。如所周知，滿族是我國多民族大家庭中的一個民族，滿洲地區是我國神聖領土中的一部分。但是，辛亥革命時期，不少革命家卻錯誤地稱滿族為"異族"或"異種"，從而將滿洲地區視為"化外之地"。創建興中會時，孫中山即以"驅除韃虜，恢復中國"為目標。1906 年制訂的《中國同盟會革命方略》稱："今之滿洲，本塞外東胡，昔在明朝，屢為外患。後乘中國多事，長驅入關，滅我中國，據我政府，迫我漢人為其奴隸，有不從者，殺戮億萬，我漢人為亡國之民者二百六十年於斯。"[1] 這裏，顯然將滿族和滿洲地區都排斥於"中國"之外。不久，這一問題即成為《民報》與《新民叢報》論戰的重要內容，《民報》作者們反覆說明，"滿洲人非中國之人民"，"滿洲建國以前為中國之羈縻州，建國以後為中國之敵國"[2]。孫中山在"滿洲"問題上的主張，顯然與這一錯誤認識有關。

第二，辛亥革命又是一場反帝鬥爭，目的是振興中華，挽救國家危亡。但是，這一鬥爭又披著黃色人種與白色人種，亞洲人與歐洲人鬥爭的外衣。日本

---

1 《孫中山全集》第 1 卷，第 296—297 頁。
2 《斥為滿洲辯護者之無恥》，《民報》第 12 號；參見章裔：《辯滿人非中國之臣民》，《民報》，第 14—15 頁。

與中國同為黃色人種，在歷史上和中國文化淵源較深，素有"同文同種"之稱。明治維新以前，日本和中國一樣受西方列強的侵略，因此，在當時中國不少革命家中，有著強烈的親日本的傾向。他們認為日本和中國"利害相關"，幻想和日本團結起來，抵禦西方侵略，振興亞洲。孫中山長期有著"大亞洲主義"思想。19 世紀末，日本廢除了和外國訂立的不平等條約，孫中山認為是"我們全亞洲民族復興的一天"。1904 年的日俄戰爭，孫中山認為是"亞洲民族在最近的幾年中頭一次戰勝歐洲人"，把它看作是亞洲民族獨立運動中的大喜事[1]。1911年，孫中山主張亞洲各國聯合起來，成立亞洲各國同盟[2]。1913 年 2 月，孫中山在東京演說，認為"中日兩國協力進行，則勢力膨脹，不難造成一大亞洲，恢復以前之光榮歷史"[3]。3 月，在大阪演說又稱："惟冀自今而後，益提攜共同防禦歐西列強之侵略，令我東洋為東洋人之東洋。"[4] 為了振興亞洲，孫中山甚至有過撤廢中日兩國國界的念頭。1915 年底或 1916 年初，他在和上原勇作密談時說："倘日本真能以互助的精神，誠心實意地援助中國的革命統一，相互提攜，為亞洲的獨立與復興通力協作，則中日兩國的國界難道不也可以廢除嗎？"[5] 從前引孫中山與森恪、河上清的談話可以看出，孫中山然在"滿洲"問題上的主張，顯然與他的"大亞洲主義"思想有關。

第三，孫中山長期處於孤立無助狀態，有其特殊的軟弱性。孫中山開始革命活動後不久，就把希望寄託在列強，特別是日本援助上。1897 年，他在與宮崎滔天筆談時就曾表示，要"暗結日、英兩國為後勁"[6]。1900 年，他託日人菅原傳向日本政府要求，"暗助一臂之力，借我以士官，供我以兵械"[7]。當年 10 月，他並曾計劃由台灣引日本兵在廈門南方的雲霄縣銅山港登陸[8]。1903 年，他又致函平山周，詢以在日俄發生戰爭時，"能否運動政府兼圖南局，一助吾人

1 《孫中山全集》第 11 卷，第 402 頁。
2 《孫中山年譜》，中華書局 1980 年版，第 115 頁。
3 《孫中山全集》第 3 卷，第 27 頁。
4 《孫中山全集》第 3 卷，第 42 頁。
5 山中峰太郎：《アジアの曙》，第 234 頁。
6 《孫中山全集》第 1 卷，第 187 頁。
7 《孫中山全集》第 1 卷，第 201 頁。
8 《駐福州領事豐島舍松致外務大臣青木周藏電》，《歷史檔案》1986 年第 3 期。

之事"[1]。在孫中山留下的全部文獻中，這種要求日本和列強援助的資料很多。為了爭取這種援助，孫中山曾特別宣佈，"共和國承認滿洲政府給予外國人的一切特權和租讓權"[2]。同意租讓滿洲，也正是為了爭取這種援助。孫中山不了解，如果真這樣做了，將不僅不能換取他所期望的中國革命的勝利，而且將給中華民族帶來巨大的災難。20 世紀 30 年代，日本帝國主義在我國東北製造"滿洲國"，內田良平、小川平吉等人積極為之鼓吹，其"理論"根據之一就是孫中山關於"滿洲"問題的言論。

誠然，為了中國的獨立和富強，孫中山鞠躬盡瘁地奮鬥了一生，這是一個無可爭辯的事實；但是，也正是為了這一目的，他又在相當長的時期內，準備將滿洲租讓給日本，這應該也是事實。問題的全部複雜性也在這裏。我們當然不應該因此而否定孫中山在近代中國史上的崇高地位，當然同樣也不應該為了維護這種地位而諱言有關事實。歷史家所追求的只有真實和真理。對孫中山如此，對其他歷史偉人也應該如此。

附記：參見《宮崎滔天全集》第四卷，《廣東文史資料》第 25 輯，第 313-315 頁。《宮崎滔天書信與年譜》，第 173 頁。本文寫作過程中，承藤井昇三、狹間直樹、石田米子教授惠寄資料多種，又承鄒念之先生熱心細緻地校訂譯文，謹此致謝。

後記：高崇民《上半生簡述》云："1915 年袁世凱陰謀要作皇帝，與日本訂立賣國條約 21 條。孫中山為換取推翻袁世凱，一度主張把東三省讓給日本。我在日本留學東京時，親耳聽到中山這種錯誤主張，表示堅決反對，黃興當時也反對。"（《高崇民詩文集》，瀋陽出版社 1991 年版，第 374 頁）黃興於 1914 年 6 月離日赴美，1916 年 5 月自美抵日，高崇民的回憶在時間上有誤，但它卻為本文提供了中文方面的佐證。據高崇民夫人稱，當時曾有人建議高將此段回憶刪去，但高堅持是歷史事實，不肯刪去。

1　《駐福州領事豐島舍松致外務大臣青木周藏電》，《歷史檔案》1986 年第 3 期。
2　《孫中山年譜》，第 124 頁。

* 上圖 1916 年 4 月 9 日，孫中山（一排右四）、宋慶齡等在日本東京集會聲討袁世凱

 下圖 1914 年 7 月 8 日，孫中山（一排右五）在日本組織中華革命黨，圖為孫中山在東京與即將回國參加反
 袁鬥爭的中華革命黨部分同志合影

第五部分

辛亥革命之後的孫中山

為 “二次革命” 答新浪網記者譚文娟問

為紀念 “二次革命” 100 週年，新浪歷史特邀請邀請了楊天石、章開沅、瑞貝卡（Rebecca Karl）等海內外七位歷史學家，來重新解讀這場革命，重回共和國內戰現場，尋找一個共和國為何失敗的真正原因。以下為學者楊天石接受新浪歷史採訪的採訪稿。

一、專制皇權與民主共和之爭

新浪歷史：楊教授，您好！我們知道 1913 年 3 月發生了 “宋教仁被刺案”；4 月，袁世凱政府繞過議會發生了 “大借款案”；5、6 月，國民黨與北洋政府、立憲派之間的矛盾又進一步激化。這些事件，都可以說是 “二次革命” 爆發的導火索。那您認為革命爆發的根本原因在哪呢？

楊天石：根本的原因在於革命黨人和袁世凱的矛盾。袁世凱他的終極目標是要復辟帝制，復辟皇權專制主義，這是袁世凱和孫中山為代表的革命黨人之間一個不可調和的矛盾。孫中山這批革命黨人他們之所以推翻清朝政府，目的之一就是要推翻皇權專制主義，也就是推翻帝制，在中國建立民主共和制度。那麼，一方要維護民主共和制度，袁世凱一方要想破壞民主共和制度，要想走皇權專制主義的老路，這個當然不可調和。

二、“二次革命” 失民心，且準備完全不成熟，注定失敗

新浪歷史：那 “二次革命” 爆發之初，國務院和北洋政府之間各自做了怎樣的準備呢？

楊天石：應該說 “二次革命” 是一次過早爆發的，準備還不成熟的革命。有準備的是袁世凱方面，袁世凱方面為了復辟帝制，為了對付革命黨人，從軍

事上，從財政上，是做了相當多的準備的。革命黨人不久以前還把希望寄託在袁世凱身上，希望袁世凱能夠做一個好的總統，做一個贊成共和、維護民主的總統。所以說宋教仁的被暗殺，這個對於革命黨人來說就像晴天霹靂，他們沒有想到過，也沒有必要的準備，甚至於說連必要的思想準備都沒有。所以當宋教仁在國會選舉中國民黨大勝，宋教仁是興致勃勃地要想到北京來當國務總理，執掌政權。所以從這一點可以看出，國民黨人對於袁世凱的這些倒行逆施，完全缺乏思想準備。當然，也就不可能有任何組織上、軍事上的準備。雖然在這之前，有少數革命黨人已經展開了反袁活動，但是畢竟是少數，對於國民黨的主體來說，應該說沒有思想準備，更沒有組織上和軍事上的準備。

新浪歷史：當時的新聞輿論怎麼看待這場戰爭呢？

楊天石：這個要從一個比較廣闊的背景上去考察，辛亥革命以後，社會心理的普遍狀態是希望和平，希望安定，希望在袁世凱的統治底下，中國的道路能夠走得比較順利。應該說在辛亥革命以後，當時中國有兩個人物，一個是孫中山，一個是袁世凱。那麼在這兩個人物之間，當時的中國社會特別是中國的民族資產階級選擇的不是孫中山，選擇的是袁世凱。因為他們覺得孫中山嘛孫大炮，冒險主義。把希望寄託在孫中山身上，有危險。而把希望寄託在袁世凱身上，他們認為比較穩妥，比較可靠。所以當孫中山要舉行"二次革命"的時候，應該說社會的同情並不在孫中山身上。不僅社會輿論普遍地不贊成搞"二次革命"，連國民黨裏邊的大部分人也都不贊成"二次革命"。從當時的輿論來看，除了上海的少數的報刊對袁世凱所持的是一個極力地批判揭露的態度，應該說大部分輿論、大部分報刊，對"二次革命"並不贊成，當然，也並不同情。

新浪歷史：革命失敗之後，孫中山、黃興等領袖流亡到海外，第二年又組織了中華革命軍，您認為"二次革命"對中國近代革命產生了什麼影響嗎？

楊天石：我剛才講了，"二次革命"的條件並不成熟，應該說當時大部分人對袁世凱還存在幻想，他們還認識不到袁世凱對民主共和來說，是一個危險人物。所以當時的情況是除了少數人認為袁世凱有可能從大總統進一步發展成為大皇帝。那麼這種輿論從武昌起義，南方的革命黨人建議要把政權，把大總統的位置讓給袁世凱的時候就存在。那麼，當時上海的報紙例如《天鐸報》，這是革命黨裏邊比較激烈的這一派人辦的報紙。具體來說，主要的人物是戴季陶，戴季陶當時是比較激烈地反對袁世凱的。《天鐸報》就曾經發表過文章，認為袁氏這個人專制成性，如果你讓他代替孫中山當大總統的話，那麼總有一天他會從大總統變為大皇帝。所以有一部分革命黨人是反對南北議和的。

袁世凱掌握了國家政權以後，在各地有一些革命黨人零零星星地有反袁活動，但是大部分人對袁世凱還是抱有幻想，存有希望。所以這個可以從孫中山的追隨者來看，就是在辛亥革命發生的時候，應該說當時中國的民族資產階級，包括上海的一些資本家，他們原來是追隨立憲派的，但是革命發生以後，資產階級的頭面人物大部分都贊成革命，站到了革命黨這一方面來。但是"二次革命"的時候，上海的資本家裏邊，繼續跟著孫中山幹革命，主張推翻袁世凱的，只有一個人，這個人叫沈縵雲，這個人是個銀行家。所以從這裏可以看出來，當孫中山進行"二次革命"的時候，他是孤立的。不僅全國的老百姓不贊成，國民黨裏的大部分人不贊成，那麼上海的那些資本家裏邊，我剛才講了，只有沈縵雲一個人是贊成的，別的人普遍不贊成。這個原因也很簡單，就是說辛亥革命成功了，大家希望中國從此走上一條安定的、和平發展的道路。

那個時候袁世凱的本質，他的真實面目還沒有充分暴露出來。那個時候革命黨人所能抓得住的兩件事情，只有兩件事情，一件就是 3 月 20 日宋教仁被刺，這件事情當時還在法律的爭論中，就是說刺死宋教仁的是誰，兇手並沒有查清楚。儘管當時查到的證據，已經把這個兇殺案的背後指向了北洋政府，指向了它的國務總理趙秉鈞和他的秘書洪述祖。但是這些證據還不是法律上確鑿無疑的證據，所以也就是說刺宋案的幕後的兇手並沒有被充分揭露出來。一直到今天，學術界也有爭論，當年宋教仁被刺以後，有一部分人包括梁啟超在內，就講說刺兇的兇手是誰呢？是國民黨自己，具體來說是陳其美。我不知道你注意到沒有，最近一兩年之間，我們還有一位學者寫了一篇文章，認為刺宋案的兇手不是袁世凱，刺宋案的兇手是陳其美。這本書在台灣出版了，在大陸也出版了。那麼你想，到了最近這一兩年這個問題還有學者可以做文章，可以出書，那麼在當時宋案剛剛發生，人們怎麼可能把它作為袁世凱幹壞事的一個重要的證據呢？也就是說宋案兇手是誰，跟袁世凱有什麼關係，當時還是一個沒有解決的問題。這是一。

　　第二，善後大借款的問題，也還剛剛發生。善後大借款當然是袁世凱要想為他鎮壓革命黨人，為他進行帝制復辟來解決財政問題。但是他的名義上無可厚非。他為什麼叫"善後大借款"呢？他的意思是說辛亥革命、武昌起義留下了許多問題沒有解決。所以說我借這筆錢，我不是為了當皇帝，我也不是為了鎮壓革命黨，我是為了解決辛亥革命沒有解決的那些問題，所以叫善後借款。還有一點值得注意的是最早想借錢的，最早提出借錢的並不是袁世凱，是南京臨時政府。因為南京臨時政府存在時間雖然很短，但是南京臨時政府欠下了一大筆債，南京臨時政府要結束，這些欠下的債務要清還。從哪兒弄到錢呢？只有向列強去借。所以袁世凱要借款，主要的目的當然是維持北洋政府，為了鎮壓革命黨人，為了他進一步復辟專制主義，打下一個財政基礎。當然其中的一個理由，就是我要幫南京臨時政府還債。這個善後大借款是 2500 萬英鎊，其中的一小部分是替南京臨時政府還債的。所以也就是說，袁世凱向五國銀行團借錢，他的目的並沒有暴露。也就是說這個借款的反動的本質，沒有充分暴露。那麼你就憑這兩件事情，一個是刺宋案，兇手未明，沒有最後定案。另外一個是善後借款，他的本質，他的目的也還沒有充分暴露。所以在這個情況底下，你要全國人民，要國民黨的全體黨員，都贊成你搞二次革命，推翻袁世凱，這個來說，為時太早。

　　當孫中山主張要搞"二次革命"的時候，首先黃興就不贊成。當時有兩種意見，一種就是按照孫中山的意見，馬上要起兵，討伐袁世凱。但是黃興主張法律解決，首先要在法律上把這個官司打下去。連黃興都不贊成，那麼你想孫中山他會有多少支持者呢。所以我說"二次革命"一方面他當然有它的正義性，但是另一方面，由於袁世凱的本質還沒有暴露，大家對袁世凱還存有期望，存有幻想，所以這次革命發動的時機來說太早，發動革命的條件還完全不成熟。

三、政治鬥爭與武力革命的抉擇與爭議

新浪歷史：1913 年中華民國從議會鬥爭到武力鬥爭，這中間發生了一個比

較大的改變，您如何看待這種改變呢？

　　楊天石：關於這個問題，學術界有爭論，那麼民國建立，開始走的是一個叫多黨政治，除了國民黨之外，中國還有其他的幾個黨派，例如說共和黨，例如說民主黨，例如說統一黨。後來共和黨、民主黨、統一黨，三黨合併，成立了一個進步黨，也就是說民國建立，一開始走的是多黨政治的道路，另外走的是議會政治的道路，因為南京臨時政府有參議院，南京臨時政府北遷以後，北洋政府也成立了參議院，所以走的是議會政治的道路。從"二次革命"以後，孫中山繼續走他的武裝革命的道路，沒有利用議會，沒有利用多黨政治這種格局，來跟袁世凱的復辟行為進行鬥爭。這個可以說是一個重大的變化。這個變化應該怎麼來評價，學術界有不同意見，一種意見認為這個證明在中國走議會政治，走多黨政治，道路走不通，應該走武裝革命的道路。另外一種看法，認為議會政治、多黨政治還是可以往前走的，孫中山現在是叫迷失的狀態，迷失，不清楚。就是孫中山走上了一條錯誤的道路，這在學術界到底是孫中山走武裝革命道路政府還是應該繼續搞議會鬥爭，搞多黨政治，這個在中國的歷史學界一直到現在，還有爭論。

　　新浪歷史：這種政治鬥爭方式的改變與現代中國從 1919 年到 1949 年不斷地革命，這中間有什麼關係嗎？

　　楊天石：從"二次革命"以後，孫中山還曾經想搞三次革命。然後孫中山到南方去進行護法運動，進行北伐，一直走的是一條用革命的形式，用武裝鬥爭的形式，推翻舊制度的這樣一條道路。

　　新浪歷史：最後想請您總結一下"二次革命"的歷史教訓，它對我們當下有什麼啟發嗎？

　　楊天石：我一開始就講"二次革命"是一次正義的革命，它是在辛亥革命以後，維護民主，維護共和制度的一場鬥爭。所以"二次革命"應該肯定。但是"二次革命"又是一次條件不成熟、發動的時間過早，一次倉促的、準備不足的革命，因此它的失敗也是必然的。

"真革命黨員" 抨擊黃興等人的一份傳單 *

日本外務省檔案中，存有署名"真革命黨員"的傳單抄件一份，它是孫、黃兩派分裂後，孫派對黃興最猛烈的抨擊。全文如下：

> 黃克強君自癸丑失敗，逋逃日本以後，即志灰氣惰，謂民黨不能更以武力從事，宜從政治活動，以冀漸握政權，惟怯軍人，熱中政客，附和其說。熊希齡組織內閣之際，黃派日夜期望保皇妖黨，得與袁賊抗衡，而己則居中斡旋，冀博彼黨之歡，而分一杯之惠。《甲寅》雜誌醜詆民黨，貢媚熊、梁，實黃君授之意旨，章、胡（章行嚴、胡瑛）承其鼻息，迁謬之情已早為識者所竊笑。迨乎熊、梁失勢，彼等且自悟袁賊之兇頑，而黃派昏迷，迄未知政治之絕望。

> 孫中山先生自來三島，即懷恢復之心，糾合賢豪，冀達捲土之志，毅力宏識，血氣共欽。癸丑季秋，曾勸黃君之連袂；客歲仲夏，又曾三顧其草廬。情義殷殷，敦促不已。乃黃君平和之夢不破，緩進之說彌堅，始有樂不思蜀之心，終作乘桴浮海之計。若夫國力日削，文化日退，社會民生，日益凋敝而岌岌不可終日也，彼等不思拯救，袖手旁觀，以為國之貧弱，政之腐敗，猶可待十年徐圖匡救者。烏乎！俟河之清，人壽幾何！天縱假彼以年，詎能久延病國之脈哉！

> 用是吾黨卓落之士，不謀苟合，一意孤行。國勢日益顛危，則吾人救國之志益銳；袁賊日益鞏固，則吾人革命之念益堅；人民日益厭亂，則吾人撥亂之心益切。誠以今日中國如患惡疽，當其根深蒂固之時，患者輒吝於一割，然而不割則生命愈危，故唯有不顧患者之苦痛，而一意操刀以施其手術而已。惜乎此不足以語於泥守方脈之庸醫也。

---

* 錄自《楊天石評說革命史·民初政局》，中國展望出版社 2015 年 9 月版；原載《檔案與史學》1995 年第 1 期。

今者黃君與其同氣，發電國內，自明心跡，誓以不促革命，求諒於國人。內外同志，深為詫駭；其實固早在吾人意料之中，以為必將有此表示。綜觀全電，以生靈塗炭諱其不戰而逃，以寡眾不敵飾其無意恢復，詞固辯矣。然試問赫赫元勳，堂堂首領，既睹勝敗之數，胡舉烏合之師，是為不智；大難既發，旗鼓方張，師正報捷於淮、徐，將已遠逃於海外，負全黨之囑託，辜國民之期望，是為不忠。不智不忠，何以為□！若因即復戰兵，是乃仁術，試問吾黨敗後，塗炭幾何，惟以一逃，增其百禍，宋襄之仁，又何足取！不自引疚，徒逞辯詞，但求國人之見憐，不計立言之卑屈。觀其呶呶置辯，謂吾黨不致假藉外力，自取滅亡；又復委曲敷陳，極言袁氏罪惡，用心良苦，顧對牛彈琴，究竟何裨！

夫國人果能辨理，吾黨安有失敗之理由？國人苟知向上，袁賊安有存立之餘地？況也，自約法改，議會散，人民失法律之保障，飽專制之餘威，人格無存，自由久喪，奴隸而已，何言國民！吾人正宜立林肯釋奴之願，舉湯武弔民之師，救之水火之中，登於衽席之上。若夫假藉外力與否，國人實無判斷其是非之智能。吾黨既以二十餘年苦心孤詣，取亡之滿室二百六十餘年者歸之國人，亦當然不致復斷送於他族。國人不能拒慣於賣國之官僚，自無煩其諒吾人救國之本意。國人既深願袁賊之執政，又何必訴吾人不滿之襟懷！故以若所為，徒啟袁賊之輕侮，滋國人之謠啄，灰同志之志望，而失自己之人格而已。國人果能以一電感動者，黃君又何至有今日耶！

真革命黨員

鐵　漢

李直壯

尚氣節

鍾廉恥

史不屈[1]

1　日本外務省檔案，MT16141，5563—5567。

　　1915 年 2 月 25 日，黃興與陳炯明、柏文蔚、鈕永建、李烈鈞等聯名致電國內各報館，闡述對時局的看法和主張。其中，黃興等自悔民初與袁世凱進行政治鬥爭時的"叫囂凌厲之氣"，自悔 1913 年"二次革命"的孟浪，聲言當時革命黨人連"二次革命"的條件都沒有，"今無尺土一兵，安敢妄言激進？"結論是：中國是否必須經由革命的道路才能獲得新生，還必須等著瞧。通電特別聲明自己不準備借用外力來反對袁世凱政府。電稱："邇者國交頓挫，舉國驚迷，興等乞援思逞之謠，又見騰播中外。"又稱："至言假藉外力，尤為荒誕。興等固不肖，然亦安至國家大義蒙無所知？"[1] 本傳單即針對黃興等人上述電文而發。

　　1914 年 6 月，第一次世界大戰爆發。9 月，日本政府乘機出兵山東，先後佔領濰縣、青州、青島。當時，國內人士和國外華僑界都出現了放棄內爭、一致對外的呼籲，革命黨人中也出現了聯袁制日的主張。在上海的詹大悲、白逾桓等一批革命黨人即決議"決不利用外患劇烈之時機為革命活動"，"暫時力持鎮靜，使政府得以全力對外"[2]。1915 年初，日本向袁世凱政府提出 21 條，民族危機進一步加重，放棄內爭、一致對外的呼聲更為強烈。於是，何海鳴首先離日返國，宣稱"政府以穩健誠國人，國人以大任託政府"，"苟政府不加海鳴以不利，海鳴且以得正首丘於祖國為安"。[3] 接著，林虎、熊克武、程潛、李根源等 12 人聯名通電，聲稱："先國家而後政治，先政治而後黨派"，"政府苟能推誠明政，舉國傾心，即吾人客死他邦，亦所甚願"。[4] 何海鳴的行動和林虎等人的電文都表現了放棄反袁鬥爭的傾向。黃興等人的通電正是這一潮流中泛起的一個浪頭。

　　在中國革命黨人中，黃興擁有崇高的聲望，曾被譽為"革命黨中唯一之實行家"，是可以和孫中山"並駕齊驅"的大人物。[5] 黃興領銜發出了這樣一份通電，自然引起了巨大震動，也引起了主張堅持反袁鬥爭的部分革命黨人的憤

1　《黃興集》，第 396—399 頁。
2　《中國最近恥辱記》，第 295—298 頁。
3　《申報》，1915 年 3 月 8 日。
4　日本外務省檔案，MT16141,5561—5562。
5　《革黨領袖黃興君事略》，《東京日日新聞》，轉引自《少年中國晨報》，1911 年 11 月 27 日。

怒。3月10日，中華革命黨黨務部發出通告，內稱：

> 中日交涉事起，國人不明交涉之真相，實由夫己氏賣國而來，乃有與
> "二次革命" 有關係者，藉此為舉國一致之美名，有迎機投降者，如何海鳴
> 等之自首是也。有恐為夫己氏分謗而急欲自白者，如林虎等之通電各報館
> 是也。有恐受藉寇復仇之嫌疑而自供 "二次革命" 有罪（認革命有罪而不
> 認私逃為罪），急向國人告哀者，如黃興等之通電宣言是也。[1]

但是，通告主要是為了說明中華革命黨的外交主張和對日態度，因此，對黃興
等人的通電未加更多評論，或許也因為它以黨務部的名義發出，不能不有所克
制，而傳單就不一樣了。它對黃興等人進行了猛烈的抨擊。"志灰氣惰"，"不
忠不智"，"宋襄之仁"，"但求國人之見憐，不計立言之卑屈"云云，完全是
鞭撻式的語言。至於 "真革命黨員" 及 "鐵漢"、"李直壯"、"尚氣節"、"鍾
廉恥"、"史不屈" 等化名，更隱寓了對黃興等人的批評和嘲諷。

　　傳單相當全面地反映出 "二次革命" 後孫黃兩派的主要分歧：一是 "二次
革命" 失敗的責任問題。1913 年 7 月下旬，黃興在軍事形勢惡化和程德全的逼
迫下，拋開南京反袁軍出走。傳單反映出，儘管事情已經過去了一年多，但孫
派對此仍耿耿於懷。二是緩進與急進之爭，其中提及黃派和熊希齡內閣，以及
和章士釗的《甲寅》雜誌的關係，都是其他文獻中缺少記載的。章士釗的《甲
寅》雜誌一創刊就批評革命黨 "鹵莽滅裂"，"行同無賴"，甚至比之為 "黔之
驢"。[2] 孫派曾為此去砸過雜誌社，演出了一套全武行。[3] 傳單認為章士釗的言論出
於黃興 "授意"，自然成為孫黃兩派矛盾中的一個重要因素。三是待袁制日和聯
日反袁的分歧。這一分歧在黃興等人的通電和 "真革命黨人" 的傳單中都說得
不很明朗，看來雙方都不願點明。

　　在反清鬥爭中，孫中山和黃興都企圖藉助日本的力量，這一點二人並無分

1　羅福惠等編：《居正文集》，華中師範大學出版社版，第 259 頁。
2　秋桐：《政本》，《甲寅》第 1 號。
3　章士釗：《與黃克強相交始末》，《辛亥革命回憶錄》第 2 集，第 147 頁；參見章士釗：《歐事研究會拾遺》，
　《文史資料選集》第 24 集，第 265—266 頁。

歧，革命人中雖有人不很贊成，但並無大的異議。"二次革命"失敗後，孫中山繼續企圖藉助日本的力量反對袁世凱。1914 年 5 月 11 日，孫中山致函日本首相兼內務大臣大隈重信，要求日本政府抓住非常機會，"為非常之事，成非常之功"，幫助革命黨人"顛覆"袁世凱的統治。孫中山許以成功之後，"開放全國市場，以惠日本工商"。[1] 對此，黃興是不贊成的。他曾將孫函抄示別人，並注明本人並未列名。[2] 其後，書信的內容逐漸泄露，加之袁世凱政府製造了一些污衊孫中山與日本勾結的假材料，袁世凱政府曾偽造了一個《中華革命黨領袖孫文與日本民黨首領犬養毅所結協約概略》，油印散發[3]，這樣，反對意見也隨之發展起來了。

1915 年初，劉師培發表《告舊中國同盟會諸同志書》，中云："然據最近傳聞，則諸君之中，其有懷憤激之謀者，不惜為虎作倀，引外力以覆祖國。" 又云："窮究諸君所蓄之隱謀，在捨個人逞憤外，雖覆亡國滅種，亦所不惜。"[4] 黃興等人的通電，顯然與劉師培的上述"告同志書"有關。

據黃興等人通電，當時國內外關於"乞援思逞"、"假藉外力"的指責很厲害："國中談士，戟指怒罵。昔年同志，貽書相譏。謗語轉移，呶呶嗷嗷，恍若道路所傳，已成事實。" 如果這段話指的是有些人對孫中山一派的批評，那是確有其事，如果指的是對黃興等人的批評，那就不符合事實了。

"二次革命"後不久，袁世凱等確曾聲稱黃興企圖藉日本一師兵力在湖南助譚延闓舉事，指責黃興"愛國思想薄弱，而權利思想雄大，寧舉國付之外人，而不肯犧牲一身權利"。[5] 此書攻擊革命黨，稱袁世凱為袁公，顯係袁黨之作。但是，1915 年初，並無針對黃興的有關言論。劉師培的"告同志書"也只是泛言"諸君之中"。黃興之所以引火自燒，通電闢謠，目的是為了對孫中山進行諷諫，同時也是為了曲折地說明和孫中山在這一問題上的分歧。其中確有黃興等人的用心良苦之處。

---

1 《孫中山全集》第 3 卷，第 84—87 頁。
2 汪曾武：《憶桔隱處偶憶》，稿本。
3 原件藏南京中國第二歷史檔案館，1011（2），918。該件曾發表於《申報》，1915 年 4 月 24 日。其參見拙作《袁世凱偽造的孫中山賣國協約》，《民國掌故》，中國青年出版社 1993 年版，第 65—67 頁。
4 《中國最近恥辱記》，第 152—156 頁。
5 《黃興小史》，第 2、9 頁。

日本政府向袁世凱提出 21 條之後，國內及留學界輿論沸騰，但是孫中山卻始終"默不一言"，引起許多革命黨人的懷疑。[1] 當時在長崎的柏文蔚等人曾致函中華革命黨本部質問，柏文蔚並面見孫中山，要求他表態。孫中山表示：各同志可自行通電反對，他自己"另有對策"。[2] 黃興等人的通電就是在這一情況下由柏文蔚串聯商量之後發出的。章士釗曾表示，通電經過他的"手削"。[3] 對照通電和章這一時期的文章，其觀點確有一致之處。

值得注意的是，"真革命黨員"的傳單並未像黃興等一樣闢謠，也沒有指責黃興等無的放矢，而是採取了默認的態度。傳單稱："若夫假藉外力與否，國人實無判斷其是非之智能。"又稱："吾黨既以二十餘年苦心孤詣，取亡之滿室二百六十餘年者歸之國人，亦當然不致復斷送於他族。國人不能拒慣於賣國之官僚，自無煩其諒吾人救國之本意。"這就等於是說：假藉外力，有是有非，吾黨如此，目的在於救國。"真革命黨員"散發反黃傳單時，孫中山正在和日本方面簽訂《中日盟約》11 條，企圖以聘請日人為顧問及給予合辦礦山、鐵路的優先權為條件，換取日本的援助，顯然，"真革命黨員"不是幾個普通的中華革命黨員，而是了解孫中山及其機密的高級幹部。

近代以來，日本帝國主義一直是侵略中國的急先鋒，不可能給予中國革命黨人以實質性的援助。因此，孫中山的聯日制袁的策略並不正確。1915 年 3 月 19 日，孫中山致函康德黎夫人說："由於英國政府的干預及其保守影響，日本政府未敢給我們以友好支持。我們正不靠外援，獨立工作。"[4] 這裏，孫中山並未能正確理解日本政府拒絕援助中國革命黨人的真正原因，但至少說明，他已經自我否定了聯日制袁的策略。同樣，袁世凱是一個唯知謀私利的奸雄。只要他能登上皇帝的寶座，任何民族利益都可以出賣。因此，暫緩革命，待袁制日的策略也不正確。同年 5 月 9 日，袁世凱接受 21 條。21 日，黃興等人痛苦地通電稱："往者交涉事起，謠諑紛繁，輿論責望黨人一致對外，俾政府專其心志，盡力折衝。興等去國以還，於國政夙心已腐，徒以時機迫切，不暇引嫌，

1　《黨務部通告》第 8 號，《居正集》，第 259 頁。
2　柏文蔚：《五十年經歷》，《近代史資料》1979 年第 3 期。
3　章士釗：《歐事研究會拾遺》，《文史資料選輯》第 24 輯，第 263 頁。
4　《孫中山全集》第 3 卷，第 163 頁。

亦雖電約同人，表暴素志。乃當此舉國聽命，內訌盡息之時，政府膺四億同胞付託之重，一味屈讓，罔識其條約既成，國命已絕。"[1] 這實際上是在宣佈，待袁制日策略的失敗。

傳單稱："夫國人果能辨理，吾黨安有失敗之理由？國人苟知向上，袁賊安有存立之餘地？"在"真革命黨員"眼中，"國人"簡直是一幫自甘墮落的糊塗蟲，中華革命黨人輕視群眾，不相信群眾的偏狹心理躍然紙上，無怪乎只能以個人迷信和軍事冒險作為出路了。

自同盟會成立起，中國革命黨人中已經鬧過兩次矛盾。一次是 1907 至 1910 年的倒孫風潮，那次矛盾一直鬧到 1912 年陶成章被暗殺才結束，是個悲劇。另一次是 1913—1915 年的孫黃之爭。這次矛盾以孫黃和好，戮力反袁結束，是個喜劇。之所以成為喜劇，一是由於形勢的發展，袁世凱迅速露出了它的真面目；一是孫、黃二人都有團結合作的願望，雙方在爭論最烈的時候也還都能克制，黃興尤能顧全大局。若是都如"真革命黨員"一樣猛烈對陣，相互攻擊，或者視為"路線之爭"，吵嚷不已，事情就麻煩了。

1　黃興佚文，《申報》，1915 年 5 月 30 日。

跋鍾鼎與孫中山斷絕關係書 *

—— 宮崎滔天家藏書札研究

　　在宮崎滔天家藏書札中，有一通鍾鼎給孫中山的宣佈斷絕關係的公開信，鉛印，可能是當時的傳單。內容如下：

> 　　中山先生鑒：啟者：國賊竊政柄，黨奸誤大局。凡我同類，孰不痛心？溯自"二次革命"失敗，鼎隨諸同志之後，亡命海外，深恐名不符實，內絕同胞之渴望，外貽列邦之訕笑，戰戰兢兢，如履薄冰。及聞00先生崛起宣言，包辦三次革命，鼎本軍人，應為00先生執鞭，效力疆場，乃慨然繕立誓約，塗蓋指印，抹掌拭拳，恭候命令。不料將近兩載，寂若無聞。包辦期間，業已到來。究其原因，即在中山先生目不識人，團體開創伊始，引用陳其美、居正、田桐、戴天仇、謝持等一般無賴，盤踞要津，排斥同志（如黃興、李烈鈞、張繼、柏文蔚、陳炯明、林虎、鈕永建、譚人鳳、白逾桓、楊時傑諸君，皆在排斥之列），經凌鉞君迭次密告陳等罪惡，00先生不惟不察，且被陳等主使，大出傳票，迫凌君與中山先生斷絕關係。試問凌君非同志等共稱為00先生之死黨乎？死黨忠告，尚加排斥，00先生可謂無情矣！
>
> 　　而今革命健將，陸續引揚，所餘宵小數人，以00先生為木偶，藉此詐騙華僑之金錢，斷送同志之性命。而今春三月，閱中外各報載稱，00先生語大阪新聞記者，竟誣黃興、李烈鈞、柏文蔚、林虎、譚人鳳、鈕永建、凌鉞、白逾桓諸君投降袁賊。傳聞中外，顛倒是非。之數君者，既為同志所共悉，何待鼎為之辯護！不過00先生，年逾半百，身居黨首，何以信口雌黃，陷人三字之獄？清夜自思，良心何在！鼎賦性梗直，代抱不平，亦

---

* 　錄自《楊天石評說近代史・民初政局》，中國發展出版社2015年9月版；原載《近代史研究》1994年第1期。

曾迭進忠告，置若罔聞。國事如彼，黨事如此，若不急起直追，前途何堪設想！夫天下興亡，匹夫有責，鼎雖下愚，豈忍坐視！茲因事業與名譽兩端，有不能不宣佈與中山先生脫離關係者也。

（一）　因事業之經營

革命事業為吾人天賦之職務，○○先生包辦革命，不許他人染指（去夏先生致黃先生書云：二年內讓我包辦，不成爾再來革命云云），而軍人、政客凡為革命人物者，均收○○先生之排斥，將來大革命起，以中山先生之心胸與手腕，果能與若輩抗衡乎？必不能也。況屆包辦期滿，正吾人棄暗投明之日，否則自甘暴棄，有負革命之初心。此鼎為革命事業計，與先生脫離關係者一也。

（二）　因名譽之保障

邇來中山先生之主義，唯我獨尊。無論何人，順我則生，逆我則死，宗旨同而手續稍別者誣之為降敵（如黃、李、柏、林、鈕諸君），號死黨而進忠言者報之以死刑（如凌鉞君過於忠告，先生對劉大同云：有權時必殺凌鉞）。漢高之殺韓信也，未聞在破項之前；北魏之收鄧艾也，史稱在漢亡之後。今日○○先生之方略，為革命殺功勳乎？為袁賊殺敵人乎？鼎恐革命之大業未就，而先生已為袁家之功臣矣！夫名譽為人第二之生命，以若輩之威望素著，猶召某某先生之誣，況鼎區區黨員，邇來屢進忠言，他日名譽之敗壞，更不知陷於何等之程度！此鼎為保全名譽計，與○○先生脫離關係者二也。

以上所具兩端，為鼎與○○中山先生脫離關係之主因。至鼎之革命宗旨，雖海枯石爛，不得稍有變更。鼎知先生得函之後，不曰為敵所收買，即曰受人所指使，他日大權在我，根據誓約，必死鍾鼎於刀斧之下。要知包辦革命者，○○先生也；背叛誓約者，亦○○先生也。去年7月19日，假精養軒開成立會，○○先生當眾立誓，屬行革命，殆後種種設施，無一不與黨章相背謬。有人責問，答以由余定之，由余廢之。出爾反爾，為所欲為。總理之誓約已廢，黨員之誓約有何繼續之效力？○○先生日以三次革命總統為自居，即以誓約為專制黨員之利器，威信革命之要素。○○先生歷年

之威信已盡喪於陳等之手，今日猶不自覺，日發總統之夢迷，不啻蒸沙求
食，磨磚作鏡也。最後語別，三復斯言！

鍾鼎　印

中華民國 4 年 7 月 19 日

　　鍾鼎，1913 年"二次革命"失敗後流亡日本，加入中華革命黨。1914 年 2 月，
黃興在東京郊外大森創辦浩然廬軍事學社，招收原任軍職的革命黨人研究軍
事，鍾鼎曾入社學習。同年被委任為中華革命黨黨務部第三局職務員。他的這
封公開信涉及孫中山和國民黨史上的許多重要問題，需要仔細地加以考索。

　　1913 年 3 月宋教仁被刺後，孫中山主張武力討袁，黃興主張持冷靜態度，
謀法律解決。其後，孫中山命陳其美、章梓分別在上海、南京起義，黃興認為
孫中山不善用兵，自請掛帥。7 月 29 日，黃興認為敗局已定，離軍他走。事
後，孫中山認為黃興出走，導致"二次革命"失敗，因此，對黃興大為不滿。
1914 年 8 月 14 日，他在致美國人戴德律的信中說："他在第'二次革命'期間
竟然棄南京而逃，曾使我痛失所望。"[1]"二次革命"失敗，革命黨人紛紛流亡日
本。孫中山、黃興之間的矛盾進一步發展並加深。孫中山主張解散本已十分鬆
散的國民黨，組織中華革命黨，振作精神，"一致猛進"，迅速發動三次革命，
以武力推翻袁世凱的統治；黃興則主張保存國民黨，加以整理擴充，宣傳黨
義，培養幹部，長期準備。支持孫中山的有陳其美、居正、田桐、戴季陶、謝
持等；支持黃興的有李烈鈞、柏文蔚、陳炯明、鈕永建、譚人鳳、李根源、林
虎等。

　　當時，孫中山認為"二次革命"失敗的原因在於：黨員散漫，不統一，不
肯服從領袖的命令，因此，在組織中華革命黨時，力圖加強組織性、紀律性，
樹立領袖的絕對權威，在誓約中規定：入黨者必須"犧牲一己之生命、自由、
權利，附從孫先生"，保證"服從命令，盡忠職守"，"如有二心，甘受極刑"，
除填寫誓約外，還要加蓋指模。[2]黃興、李烈鈞等人反對孫中山的這些做法，拒

1　《孫中山全集》第 3 卷，北京中華書局 1984 年版，109 頁。
2　《蔣介石親書中華革命黨誓約》，《革命文獻》第 5 輯，插頁。

絕加入中華革命黨。柏文蔚雖曾一度加入，但不久即不再過問黨務；陳炯明在南洋，孫中山幾次寫信，邀他來日，均置之不理。

1914 年 5 月 29 日，孫中山致函黃興，追溯"二次革命"失敗原因，函稱："及今圖第三次，弟欲負完全責任，願附從者，必當純然聽弟之命令。兄主張仍與弟不同，則不入會者宜也。此弟之所以敬佩而滿足者也。弟有所求於兄者，則望兄讓我於此第三次之事，限以二年為期，過此猶不成，兄可繼續出而任事，弟當讓兄獨辦。"[1] 同函並稱："弟所望黨人者，今後若仍承認弟為黨魁者，必當完全服從黨魁之命令。因第二次之失敗，全在不聽我之命令耳。所以，弟欲為真黨魁，不欲為假黨魁，庶幾事權統一，中國尚有救藥也。"6 月初，黃興復函孫中山，承擔南京兵敗的責任，但是，黃興也尖銳地批評孫中山說："若徒以人為治，慕袁氏之所為，竊恐功未成而人已攻其後，況更以權利相號召乎！"[2] 批評孫中山"慕袁氏之所為"，實際上是批評孫中山搞專制獨裁。同函中，黃興又說："先生欲弟讓先生為第三次之革命，以二年為期，如過期不成，即讓弟獨辦等語，弟竊思以後革命，原求政治之改良，此乃個人之天職，非為一公司之權利，可相讓渡，可能包辦者比，以後請先生勿以此相要。"6 月 3 日，孫中山再次致函黃興，堅持認為，要建設完善民國，非按照自己的辦法不可。他說："兄所見既異，不肯附從，以再圖第三次之革命，則弟甚望兄能靜養兩年，俾弟一試吾法。"[3] 孫中山的這種依靠個人，獨力領導革命的想法受到包括宮崎滔天在內的許多人的反對，鍾鼎本函所稱"包辦三次革命"，指此。

6 月 3 日函中，孫中山並表示，以後彼此間決不談公事，但仍視黃興為良友。至此，孫黃間已無合作可能。同月 30 日，黃興離日赴美。

陳其美、居正、田桐、戴季陶、謝持等支持孫中山。其中，陳其美尤其積極。黃興在日時，陳、黃之間已互相離齟，不能相安。加上張繼、何海鳴從中煽動，矛盾更深。黃興赴美後，陳其美於 1915 年 2 月 4 日致函，勸黃返日，認為此前革命之所以一再失敗，都是因為違背了孫中山的"理想"。陳函並列舉

1　《孫中山全集》第 3 卷，第 88 頁。
2　《黃興集》，北京中華書局版，第 357—358 頁。
3　《孫中山全集》第 3 卷，第 91 頁。

辛亥以來的史事，說明革命黨人在五個方面"有負於中山先生"，其中，對黃興有所批評。陳其美並檢查此前贊同黃興主張而不贊同孫中山的錯誤，宣稱此後欲達革命目的，當重視孫中山的主張，"必如眾星之拱北辰"，"必如江漢之宗東海"[1]。對於陳其美此函，黃興未復。

在此期間，孫黃矛盾更增添了複雜因素。當年1月18日，日本駐華公使日置益代表日本政府向袁世凱提出21條要求，企圖獨佔中國。在民族矛盾上升的情況下，中國社會出現拒日救國熱潮，革命黨內隨之出現停止革命，一致對外的意見，同時還出現了黃興等爭取日本援助，企圖乘機革命的傳言。2月25日，黃興與陳炯明、柏文蔚、鈕永建、李烈鈞等聯名通電，否認自己有所謂"乞援思逞"、"假藉外力"的想法，宣稱："一族以內之事，縱為萬惡，亦惟族人自董理之。依賴他族，國必不保。"通電表示："二次革命"時，尚有可戰之兵與可據之地，但因不願塗炭生靈，一擊不中後即主動罷兵，雖因此被同志譏為膽小，但問心無愧。"今無一兵一卒，安敢忘言激進！"黃興等聲稱："今後如非社會有真切要求，決不輕言國事。今雖不能妄以何種信誓宣言於人，而國政是否必由革命始獲更新，亦願追隨國人瞻其效果。"黃興等並稱："兵凶戰危，古有明訓，苟可以免，疇曰不宜！重以吾國元氣凋喪，盜賊充斥，一發偶動，全局為危，故公等畏避革命之心，乃同人之所共諒。"[2]這一通電報雖以"告國人"的形式發表，但明確宣示了和孫中山當時一系列方針、政策的對立。其後，黃興等又致上海《字林西報》、《大陸報》、《泰晤士報》、《文匯報》、《捷報》一函，內容與上述通電大體相同，但進一步聲稱："吾人痛思前失，自安放逐。現政府果以何道能得民心，作民政，吾人正目視而手指之。吾人神聖之目的，在使吾最愛之國家莊嚴而燦爛，最愛之同胞鼓舞而歡欣，至何人掌握政權有以致此，吾人不問。"[3]

黃興等人通電在國內外引起了強烈反應。3月10日，中華革命黨黨務部發表第八號《通告》，批評黃興等人"恐受藉寇復仇之嫌而自供'二次革命'有罪

1　《陳英士先生文集》，第40—46頁。
2　《黃興集》，第397—399頁。
3　黃興佚文，《申報》，1915年3月27日。

（認革命為罪而不認私逃為罪）"[1]。這裏所說的"不認私逃為罪"，顯指黃興。13日，日本《大阪每日新聞》以《歸順革命黨的宣言書》為題摘要發表了黃興等人通電，聲稱"被袁總統懷柔，相率歸順的黃興、陳炯明、柏文蔚、鈕永建、李烈鈞等聯名寄給上海、北京主要報紙一份宣言書"。同日，並以《革命黨陸續歸順，僅餘孫逸仙一派》為題發表消息稱：

> 袁總統收買革命黨，近來著著奏效。旅居本國的革命黨人陸續向中國公使館要求歸順，已達一百五六十名之多。其中一些非知名人士，沒有特別收買的必要，中國公使館反而拒絕其申請。然中國政府計劃頗大，甚至傳說，由於在美國的有力人士的暗中斡旋，連黃興、李烈鈞、柏文蔚等革命黨中的第一流人物也已發表宣言書，堂堂歸順。主要的歸順者為軍人派，人們稱為革命創始人的孫逸仙、陳其美等領袖依然不肯歸順，正不斷鼓吹日中提攜論。
>
> 此次所傳歸順者中的知名人士如左：
>
> 黃　興　李烈鈞　柏文蔚　林　虎　李根源　譚人鳳　唐　蟒
>
> 白逾桓　鈕永建　冷　裔　季雨霖　黃　郛　劉藝舟　何海鳴
>
> 陳炯明　張耀曾　凌　鉞　龔振鵬　章　梓　趙正平　熊克武
>
> 李書城　張孝準　彭程萬　（東京電話）

同文並引述了孫中山對記者的一段談話：

> 此次歸順袁氏的革命黨人主要為軍人派。彼等疏於世界大勢，不能明察將來的必然結果，過分誇大日本對華要求，視為不利於中國。基於此種誤解，遂敢於輕舉，與我等分手。參加"二次革命"的流亡軍人固然卑怯，以致失敗，真正之軍人，即意志堅強之無名之士尚充滿國中。吾人於將來達到目的方面不必有任何擔心。就彼等變節一派之私情而言，有可同情之

1　《居正文集》，華中師範大學出版社 1989 年版，第 259 頁。

處，但相信此等薄志弱行之輩與我等同志分手，乃他日實現偉大目的之好機會。日中兩國立國於亞細亞，倘不能相互提攜，則難以與列強共存於競爭場裏。中國與日本分離則國亡，日本與中國分離則陷於孤立境地。今日世界大勢，當促進日中提攜，以期保障東洋永久之和平。彼等一派之離散何足置意！（東京電話）

仔細研究上述報導，可以看出，宣佈黃興等歸順袁世凱的並不是孫中山，而是《大阪每日新聞》駐東京的記者，鍾鼎公開信所稱孫中山誣黃興等"投降袁賊"云云並非事實，孫中山的不當只是輕信，並且在未得到準確消息前輕率地發表了談話而已。

黃興等人的通電反對"激進"，主張暫停革命，但是，通電稱："至今空尸共和之名，有過專制之實"，"年來內政荒蕪，綱紀墜地，國情愈惡，民困愈滋。一言蔽之，只知有私，不知有國。"又稱："今吾國不見國家，不見國民，而惟見一人。"這些，都是對袁世凱的尖銳批判，其維護共和的立場仍然是堅定的，因此，《大阪每日新聞》很快就發現了自己判斷及所發消息的錯誤。14日，該報在社論中明確指出："黃興等雖被視為歸順派，其實決未歸順，唯於此際靜觀袁政府之出處而已。"該文並稱："所謂革黨歸順之說，其愚亦甚哉！"[1]同月，孫中山致函黃興，僅稱："若公以徘徊為知機，以觀望為識時，以緩進為穩健，以萬全為商榷，則文雖至愚，不知其可。"[2]同函並邀請黃興返日。5月15日，孫中山《復伍平一函》稱："克強等持緩進主義，故猝難一致，至弟與伊私交，則絲毫無損。"[3]態度、調子和與《大阪每日新聞》記者談話都大不相同了。顯然，這是孫中山冷靜思考之後的結果。

孫中山和黃興等人的分歧保持了相當一段時期。同年4月或5月，黃興致函孫中山，批評其聯日政策，函稱："或謂中日交涉未解決，吾儕正可藉此謀革命，振臂一呼，援者立至，苟能乘時勃起，必能收疾風掃籜之效。此言似為

1　《重ねて袁總統に告ぐ》。
2　《孫中山全集》第3卷，166—167頁。
3　《孫中山全集》第3卷，第170—171頁。

而實非。我同志既以愛國為標幟，以革命相揭櫫，無論借他國以顛覆宗邦，為世界所竊笑，而千秋萬歲後，又將以先生為何如人也！"[1] 此前，孫中山曾向日本外務省政務局長小池張造提出中日盟約草案 11 條[2]，從黃興本函口氣看，他可能已經得知有關情況。該函並重申當時缺乏革命條件，冒險行動，必將慘敗。7 月，中華革命黨巴東支部長楊漢孫致函孫中山，勸他與黃興等和衷共濟，函稱："同在患難之中，則杯酒可以釋嫌。" 8 月 4 日，孫中山復函稱：在秘密時期、軍事進行時期，黨的領袖應該具有特權。統一一切，不能視為專制；黨員服從命令，也不能視為不自由。他憤憤地批評說："陳（炯明）、李（烈鈞）、柏（文蔚）譚（人鳳）始終強執，苟非不明，則我不識其何所用心矣！"同函並表示："若夫懷挾意見，不泯其私，藉有可為之資，不為討賊之軍，先樹異色之幟，如譚石屏所云殊途同歸者，途則殊矣，亦聽其所歸可耳！"[3] 但是，隨著袁世凱帝制自為野心的日益暴露，黃興等歐事研究會同人逐漸投入反袁活動，和孫中山之間的矛盾也逐漸消泯。1916 年 5 月 20 日，孫中山致黃興函云："機局緊急，袁系方張，民黨無不相提攜之理。況兄與弟有十餘年最深關係之歷史，未嘗一日相忤之感情，弟信兄愛我助我，無殊曩日。"[4] 此函表明，往日的分歧、意見、隔閡均作煙雲散，兩個巨人重新握手了。

鍾鼎函中曾提到，孫中山當時和凌鉞的關係很緊張，似乎有勢不兩立的樣子。其實，二人後來也改善了關係。1918 年，凌鉞曾動員陸榮廷擁護孫中山。[5] 次年 12 月 9 日致孫中山函云："鉞素性剛直，論私交為先生之良友，論公益為國民之代表。"[6] 可見，孫凌之間也只是一時的芥蒂。只要革命的大目標相同，那麼，總是應該走到一起來的。

鍾鼎發佈與孫中山斷絕關係書，有對中華革命黨組織原則的不滿，有因《大阪每日新聞》所刊消息而造成的誤會，也可能還包含著某些個人情緒在內。

1　黃興佚文，《申報》，1915 年 5 月 23 日。
2　陳錫祺主編：《孫中山年譜長編》，中華書局 1991 年版，第 934—935 頁；參見藤井昇三《21 條交涉時期的孫中山和中日盟約》，《國外辛亥革命史研究動態》第 5 輯，華中師範大學出版社 1986 年版。
3　《孫中山全集》第 3 卷，184—185 頁。
4　《孫中山全集》第 3 卷，第 290 頁。
5　《革命文獻》第 48 輯，第 295 頁。
6　《革命文獻》，第 96 頁。

據日本警察調查材料，1915 年 5 月 12 日，鍾鼎曾與劉大同、徐劍秋、宋滌塵等 20 人在東京聚會，討論如何解決生活困難問題，眾推宋滌塵向孫中山反映情況。當日下午，孫中山、居正、謝持、鄧鏗、廖仲愷等在《民國》雜誌社與宋滌塵、劉大同討論此事。據說，孫中山認為，"革命黨員中許多下層黨員住在東京太不經濟，想讓他們回國"。[1] 這或許是加劇他對孫中山不滿的原因。

1　《孫中山年譜長編》，第 947 頁。

何天烔與孫中山 *

—— 宮崎滔天家藏書札研究

在宮崎滔天的中國友人中，何天烔也許是其關係最密切的一個。今天，宮崎舊居還保存著何天烔的大量信札。它們提供了不少重要史實，是研究中國近代史的重要資料。本文以何天烔和孫中山的曲折關係為線索，探討這些信件所反映的歷史內容。

何天烔（1877—1925），字曉柳，與宮崎通信時常用的化名為高山英太郎。廣東興寧人。1903 年赴日留學，進入正則預備學校。1905 年 8 月 3 日加入同盟會，曾任本部會計。1911 年參加廣州"三二九"起義。武昌起義爆發，至漢陽參加黃興的中華民國戰時總司令部工作。南京臨時政府成立前後，被孫中山、黃興委任為駐日代表。1913 年 2 月，隨孫中山訪日，3 月歸國。同年，"二次革命"失敗，隨孫中山流亡日本。現存信札，大部分作於此後至宮崎逝世的十年間。

原信僅署月日，封筒與信箋之間時有錯亂，郵戳也有一部分模糊不清，因此，本文對各信所作繫年大部分根據信件所反映的時事，為避免煩瑣，不一一說明理由。

一、反袁時期

"二次革命"中，孫中山、黃興之間發生矛盾。流亡日本期間，二人在檢討失敗原因時又發生爭執。何天烔於 1913 年 9 月 16 日抵達日本東京後，立即和宮崎滔天一起調和孫、黃的矛盾。根據日本情報人員的監視報告，9 月 16 日下午，何天烔拜訪孫中山，次日上午，拜訪黃興。此後，至 11 月 1 日，共拜訪孫

---

* 　錄自《楊天石評說近代史·民初政局》，中國發展出版社 2015 年 9 月版；原載《歷史研究》1987 年第 5 期。

中山 24 次，黃興 4 次[1]。最後一次拜訪孫中山時，何天炯填寫《誓約》，加入中華革命黨。[2] 兩天後，何天炯返國。11 月 9 日，在上海致函宮崎，要求隨時報告"高野先生（指孫中山 —— 筆者注）近況"。此後，對孫中山的意見就愈來愈多了。

1914 年 7 月 29 日致宮崎滔天函云："弟非忘情世事者，所以流連滬上者，有不得已之苦衷也。弟本擬於八、九月之間東來賣畫，今聞孫君望弟之來甚切，不知其意何居也？若諫不行，言不聽，則並來無益也。"孫中山迫切希望何天炯再度赴日，但何因為調和工作沒有取得什麼積極成果，認為孫中山聽不進勸諫，因此，抱消極態度。儘管如此，何天炯還是於當年 9 月底到了東京。當時，孫中山等人正在起草《中華革命黨革命方略》，在 17 次討論會中，何天炯參加過 3 次。[3] 12 月 16 日，被委任為中華革命黨廣東支部長。同月 22 日，各省支部長在東京舉行特別會議，何天炯擔任主席。1915 年 3 月 3 日，孫中山委任何天炯為南洋各埠特務委員，負責向華僑籌募經費。同年歸滬。8 月 27 日致宮崎函云："弟自南洋回中後，個人經濟已困不堪言，而顧瞻黨事，益憤懣無聊。前月底曾致函於胡漢民、廖仲愷、鄧鏗諸兄，囑其切勸中山公改訂誓約，以維繫人心。鄙函痛哭流涕，指陳得失，質之良心，尚無愧怍。聞三君對於此事，俱太息無法挽回。當時該函為孫公所見，不獨毫無反悔之心，且責弟為不明事體，然則民黨前途毫無希望，弟尚何有東來籌謀一切之事乎？"孫中山有鑒於同盟會和國民黨的渙散，因此，在組織中華革命黨時，特別強調黨員應無條件服從黨魁。誓約中規定必須"附從孫先生"，而且必須"捺指模"。這一規定遭到不少革命黨人的非議。本函表明，何天炯對此激烈反對，胡漢民、廖仲愷、鄧鏗等人也不以為然。同函又云："東京地方雖小，有中山公一人之請負，不知革命事業可稍有起色否？一笑。""請負"，日語，意為承包。誓約過分強調黨魁的個人作用，忽視廣大黨員的積極性和主動性，因此，何天炯以"請負"相譏。它顯示孫、何二人之間的關係出現了深刻的危機。

1　日本外務省檔案，MT16141，2037—2503。

2　《黨員誓約書》第 28 號，見萱野長知：《中華民國革命秘笈·附錄》。

3　《中華革命黨革命方略討論會議紀錄》，《革命文獻》第 45 輯，台北版，第 9、15 頁。

當時，革命黨人呈出四分五裂狀態，在反袁鬥爭上各自為政。孫中山等曾投入大量金錢，準備在杭州起義，但沒有成功。何天炯則計劃在浙江嘉興、湖州發動，也失敗了。他在致宮崎函中說："對於嘉興、湖州二府之事，進行極密，同黨中鮮有知者，至其成效之佳良，比之孫公處用全力以謀杭州者，實有天淵之別。唯該件近來誤於廖仲愷氏為可惜耳。"何天炯陳述經過說：由於缺乏經費，不得不介紹該處代表於廖仲愷，廖仲愷指之為"無賴漢"，並稱，此人舊年屢在孫宅乞錢，我已經驅逐過多次，切勿再為其所騙。該代表聽說之後，忿火中燒，急欲起事以明心跡，因而倉促行動，遭到失敗。何天炯為此向廖仲愷提出質問，廖自稱"錯誤"。何天炯在信中向宮崎發牢騷說："亦足見孫公處辦事人之無聊也！"何天炯因對孫中山不滿而牽連及於廖仲愷等人。

1915 年 9 月，何天炯曾到日本一行。10 月 5 日返滬。此間，在對"康派"的態度上，何、孫二人又出現了新的分歧。何天炯於 8 日致宮崎等人函云："黃兄與此地之康氏頗有函件往來，若孫氏之絕對排斥康氏，真不知其是何用意也。一歎！"黃興於 1914 年 6 月離日赴美。他與在上海的康有為"頗有函件往來"，這是迄今鮮為人知的事實。在對於共和政體的態度上，黃興與康有為之間尖銳對立，但在反對袁世凱稱帝上，雙方又有共同點。後來，李根源曾正式與康有為磋商合作，取得了暫不考慮其他，先行"戮力倒袁"的協議。[1] 從何函可知，孫中山反對黃興與康有為發生關係，何天炯則支持黃興。1915 年 11 月 1 日函又云："馮、康聯絡之事，此刻尚在半真半假之中，然帝政問題如日緊一日，則將來成為事實，亦未可知也。且康之所圖，範圍頗廣，比之神樣，實有天淵之別。弟恐第三次革命成功，竟在官僚之手，果爾，則自稱神樣者，將變為泥菩薩，無人香花供養矣。有神樣之頑迷，致使同志四分五裂，為官僚所輕視，乃出而自樹討賊之旗，雖目的甚同，而吾黨將來不能在政治上獨佔優勢，推原禍始，陳英士等實不能辭其咎也。"馮，指馮國璋。他支持袁世凱對付革命黨人的許多措施，但反對袁稱帝。1915 年 6 月，他曾和梁啟超討論帝制問題，並相偕入京力諫。此後，梁啟超曾多次派人動員他贊助反袁起義。何函所言馮康

1　《雪生年錄》。

聯絡，指此。神樣，日語，意為神仙、上帝。宮崎滔天與何天炯都不滿意孫中山神化黨魁的作用，在通信中以此詞代指孫中山[1]。頑迷，指孫中山拒絕許多同志的勸告，堅持中華革命黨誓約一事。在組建中華革命黨過程中，陳其美"力排眾議"，全力支持孫中山，因此，也為何天炯所不滿。

11月7日，何天炯到達香港，企圖運動龍濟光及其部下倒袁。8日致函宮崎云："各處情形均甚佳妙。唯龍濟光之為人頗為愚蠢，刻雖有與馮、張提攜之事，難保無中變之虞也（雲南、廣西均可靠）。然天下事求其在我，就使龍等俱樹討袁之旗，而純粹民黨不能在軍界上佔有優勢，則其結果亦毫無良善，可斷言也。"龍濟光與馮國璋、張鳴岐在1915年曾一度"提攜"反袁，這也是迄今鮮為人知的事實。但是，正如何天炯所分析，這一"提攜"很快就出現了"中變之虞"。龍濟光反袁是假，擁袁是真。同函又云："神樣方面，亦派人四出籌款，能達到目的，亦屬疑問。就使能得多少，亦杯水輿薪，謂其能包辦粵事，恐亦未必。"從這裏看，何天炯的行動與孫中山的中華革命黨兩轍。信中，何天炯還表示，"若得十萬元，弟敢不辭大言，雖為南粵霸王也可；若得半數，則粵事亦能中分而執牛耳。"儘管何天炯與孫中山在組黨、聯康等問題上存在分歧，但在靠金錢運動軍閥部隊倒袁上則一致，其結果當然可想而知。11月20日，何天炯返滬。21日，致函宮崎云："以鄙意視察所及，則兩廣方面情形實較長江一帶為佳，而廣西則尤覺可恃。廣東之龍濟光雖甚蠻劣，而其部下實至易動搖，特所欠者，些少之運動費耳。"他表示："今大團體已難結合，所恃者各人猛進之精神也。"何天炯不了解，如果沒有一個堅強的"大團體"，只靠各人的"猛進"精神是絕難成事的。

袁世凱不顧國內外輿論的強烈反對，於12月12日稱帝。25日，唐繼堯、蔡鍔通電宣告雲南獨立，轟轟烈烈的護國運動興起。1916年1月2日，何天炯致函宮崎云："今南方風雲已告變矣。以天時、人事推之，袁政府當無所逃罪於天下。可慮者，一般擁兵大員，不知共和為何物，雖一旦反戈向袁，其結果於民國前途不能放若何之異彩。"只有民主主義的軍隊才能造就民主主義的國家。

1　還在1913年10月17日致宮崎民藏函中，滔天就曾以"神"一詞諷刺孫中山，見《宮崎滔天全集》第5卷，第393—394頁。參見狹間直樹：《孫文思想中的民主與獨裁》，《東方學報》第58冊，第334頁。

"不知共和為何物"的"擁兵大員"們雖然可以參加反袁行列，但決不會成為民國的柱石。何天烔的看法是很有見地的。信中，何天烔介紹林國光去東京，會見宮崎和頭山滿，有所籌劃。其內容，從此後的信看，仍是爭取經費援助。2月 24 日函云："目下此間局面，如慢性淋病，不癢不痛，推其故，實因缺少藥品，所以各方面俱難著手。且同人生活問題亦屬異常辛苦，大有解散團體而為四方奔走之計。"何天烔雖參加了中華革命黨，但其觀點則和黃興等人的歐事研究會一致，1915 年 11 月，在形勢的推動下，李根源、程潛等人陸續自國外返回上海，籌備武裝討袁。本函所稱為"生活問題"所窘，"大有解散"之勢的"團體"，當指歐事研究會在上海的機關。何天烔一度居住的法租界寶康里，正是程潛歐事研究會諸人回上海的聚居之地 [1]。信中，何天烔向宮崎表示："除刻下電達尊處外，再為函達，實希望一勺水耳。"其拮据狀態可以想見。

4 月 25 日函云："上海駐在之海軍有五萬元即可得其樹討賊之旗。一週前，陳其美派已與之交涉成熟，唯以中山誓約及須掛青天白日旗（中華革命黨旗也）兩問題致談判破裂，將該五萬元交回陳氏，而在上海之民黨，則無人有五萬元之能力，誠可痛也。"1915 年 12 月 6 日，陳其美等曾在上海運動肇和艦起義，未成。本函表明，此後，陳其美等仍在海軍中繼續活動，已有成約，但因"誓約"及黨旗兩問題受阻。同函中，何天烔向宮崎提出五個方面的問題：對華外交問題；有現款能否買軍械；貴邦人士對於孫氏問題；孫氏在東洋之舉動；黃興氏何日回東京。五個問題中有兩個是關於孫中山的，但這並不表明何對孫的態度有好轉。這一時期，何天烔應胡漢民之請，準備回粵調和革命黨人中的糾紛，動身前聽說孫中山向日本借得了一筆款子，於 5 月 4 日致函宮崎云："聞中山處大款告成，惜弟兀傲性成，為保全人格計，亦不能再與彼接洽耳。"表現了不願合作的態度。

5 月 25 日函又云："滬事現歸鈕永建君主持，唯苦於經濟，不克進行，殊可痛也。久原款事，此後想仍有希望，請先生與克強兄商酌進行，此款如告成功，則袁必多一制命傷，可斷言耳。"鈕永建是歐事研究會的主幹，他回國後，

1　程潛：《護國之役前後回憶》，《文史資料選集》第 48 輯，第 15 頁。

即積極推進和中華革命黨的合作。4 月 20 日，雙方決定，上海方面的討袁活動由陳其美統一負責，鈕永建協助。5 月 1 日，兩廣護國軍在肇慶成立都司令部，鈕永建被任命為駐滬軍事代表。本函所言"滬事現歸鈕永建主持"，當即指此。久原，當指日本財閥久原房之助。何天炯不願分用孫中山的借款，力圖通過宮崎另謀財源，他與孫的隔閡愈來愈深了。

經過革命黨人的運動，駐滬海軍司令李鼎新、第一艦隊司令林葆懌、練習艦隊司令曾兆麟等表示願意獨立，加入護國軍。6 月 19 日，何天炯致宮崎函云："海軍刻告獨立，一切生機從而醞釀。報載克強行將返滬，炯頗為盼望。孫先生之中華革命黨暗中仍極力進行。此回海軍獨立，純是唐、鈕運動而成，而中山派見之，頗生嫉妒。哀哀孫公，權利之心老而彌篤。蚩蚩信徒，衣鉢相傳，民國之禍，正未有已也。"唐，指唐紹儀，鈕，指鈕永建。儘管歐事研究會與中華革命黨已經在反袁中攜手，但何函顯示，兩派仍存在嚴重的成見和摩擦。"權利之心老而彌篤"，這是何天炯信函中對於孫中山最嚴厲的指責。

二、護法戰爭及其失敗以後

袁世凱倒台後，何天炯對孫中山的態度有所轉變，但仍然不信任。1916 年 9 月 10 日致宮崎函云："孫先生近來態度甚為謹慎，外界非難之聲尚少。惜其行事，忽然積極，忽然消極，如生龍活虎，無從捉摸，則欲四萬萬人有依賴之信用也，恐不易矣。"同時，他對黃興也不滿，同函云："黃先生對於政界，暗中十分熱心，然此刻決無出頭之望。以黃先生之資格地位，將來本為有用之人物，惜其人好作虛言，老同志中甚為解體，且其自身之氣欲，日見發展，是亦無良好之結果也。"但是，反袁鬥爭的勝利畢竟使何天炯看到了希望。他說："支那雖日見墮落，然世界必日進文明，請先生勿悲觀可也。"此後，何、孫關係逐漸好轉。

1917 年 6 月 15 日，何天炯曾至北京一行，可能是動員議員南下護法。7 月，孫中山等由上海啟程赴廣州。8 月，南下議員在廣州召開國會非常會議，決定成立中華民國軍政府。9 月，孫中山就任軍政府大元帥。10 月，孫中山頒佈討伐段祺瑞令，號召全國人民"討滅偽政府，還我約法，還我國會"，"還我人民主權"[1]。同月，護法戰爭開始。11 月，何天炯到達廣州，孫中山命他赴日爭取財政援助，但何天炯則認為時機未到。12 月 8 日致函宮崎云："刻下支那全局，自湖北獨立，重慶收復後，形勢又復一變矣。粵中軍政府此刻惟有取穩健態度，以觀時機之變耳。中山公屢欲遣弟東來，為經濟之運動，弟以為此刻尚非其時，故局促於此也。"當月初，滇、黔、川護法聯軍佔領重慶。接著，黎天才等組織湖北靖國軍，在襄陽宣告"自主"。但何天炯並不樂觀，主張以"穩健態度"，觀察時勢。同函又云："陳君炯明現得督軍之允許，編練軍隊二十營（約五千人左右）。若能取漸進主義，不招當局者之大忌，則純民黨方面未始無活動之餘地。刻下此軍擬向福建出發，惜餉械不十分充足，不知先生有何良策以救助之否？"當時，孫中山受桂系軍閥威逼，感到必須有一支自己的軍隊，他爭得粵督陳炳焜的支持，以省長公署的二十營警衛軍為基礎，建立了一支以陳炯明為總司令的粵軍，並以護法援閩名義開入閩南。本函所述史事指此。函中，何天炯要求宮崎設法"救助"餉械，說明和孫中山新的合作關係的建立。但是，何天炯仍不同意孫中山這時的"用人"政策。10 月 20 日函云："刻下粵省大局，混沌中尚含危險性質，結果如何，雖神仙不能逆睹也。其原因雖由陸氏派之野蠻無識，而第一著由孫公做壞，其後種種辦法，背道而馳，如作繭自縛，使一切民黨毫無活動之餘地，則不能不咎孫公之用人不當耳。可悲可慚，民黨其從此已矣乎！"此次護法，孫中山所依靠的是唐繼堯和陸榮廷等軍閥，他們對孫中山多方掣肘，軍政府任命的六個部長，除個別人外大多不肯就職，軍政府成了空架子。何天炯批評孫中山"第一著"就"做壞"了是有道理的。果然，由於軍閥的排擠和破壞，孫中山憤而辭去大元帥職務，於 1918 年 5 月離粵經日本返滬，第一次護法戰爭宣告失敗。

為了籌措革命經費，孫中山曾準備和日本資本家聯合開採汕頭附近的鐵礦。1917 年 9 月，孫中山電召日人塚原嘉一郎到廣州洽談。當時，日本軍方正準備解決缺鐵問題，對此異常積極。同年末，何天炯陪山田純三郎到汕頭調查

1　《明正段祺瑞亂國盜權罪通令》，《孫中山全集》第 4 卷，中華書局版，第 209 頁。

鐵礦，結果發現儲量相當豐富[1]。1918 年 4 月間，何天炯受孫中山之命赴日，進一步談判開採事宜。6 月歸國，居留於上海。護法的失敗使他消沉。但 1919 年的"五四"運動又使他振奮起來。5 月 10 日，他和張繼、戴季陶聯名發表《告日本國民書》，揭露日本的侵略政策，呼籲日本人民從根本上改造政治組織，愛和平，重信義，與世界民主文明的潮流一起前進[2]。同月 15 日致宮崎函云："中日兩國人民本有親善之要素，徒為少數握權力者迷誤其方向。日本以國家主義為前提，故以侵略為天職；北京則以權利為生命，故至萬不得已時，則雖賣棄其國家而不惜。一買一賣，而東亞從此多事。為人民者，宜如何發憤，起而糾正其迷夢，為人道前途放一絕大光明也！"生活是最好的教師，何天炯終於認識到中日兩國反動派"一買一賣"，相互勾結的事實，這是一個重大的進步。但是，把希望建立在糾正反動派的"迷夢"上，又仍是一種幻想。信中，何天炯又說："孫公現甚平安。唯南北和議，現又停頓，其前途安危如何，殊難逆料耳。中日風潮，影響於兩國國民自由提攜之實業者頗為重大，真不堪憂慮之至也。"當年 2 月 20 日，南北"和平會議"開始，5 月 21 日，宣告最終破裂。本函作於此前，當時孫中山仍在上海。函中向宮崎傳達了孫中山的"平安"消息，顯示了何孫關係的進一步好轉。

6 月 7 日函云："自昨日起，滬上情形暫暫不穩，大有買賣停止之勢，民情之激昂亦可想見。不知北京、東京間之大買賣肯停止否？"6 月 5 日，上海商界全體罷市，要求北京政府懲辦曹汝霖、章宗祥、陸宗輿等賣國賊。6 日，銳利機器廠、求新機器廠、華南電車公司等工人舉行罷工。何天炯希望這種激昂的民情能夠阻止北京政府和日本政府之間的勾結。當時何天炯正繼續通過宮崎與日本資本家聯繫，除企圖開發汕頭附近的鐵礦外，又準備開發蕪湖附近的煤礦。他自稱："拋卻政府運動，而從事於實業，全副精神，俱注於此。"函中所言"兩國國民自由提攜之實業"，指此。在此後的通信中，大多談開礦，較少涉及時局，也就更少談到孫中山。這種情況，持續到 1920 年才有改變。當年 4 月 7 日，何天炯致函宮崎云："目下滇、桂之風雲急矣。孫、唐繼堯、李烈

1　參見櫻井真清：《秋山真之》，第 263—264 頁，秋山真之會，1933 年 2 月刊。

2　藤本博生：《日本帝國主義與五四運動》，同朋舍版。

鈞、陳炯明、王文華俱聯為一氣，勢力亦頗不小。福建方面，則陳炯明與方聲濤正在交戰中（聞方氏既完全敗卻云）。陳氏之言曰：方氏受岑、莫之密令特來福建監視我等之耶！此亦不得已之苦衷也。陸、莫在粵，人心既去，但強盜團體，頗為堅固，且其所處地勢，指揮亦頗敏捷，反觀孫、唐之氣焰，亦頗不小，且其兵力亦頗足包圍廣東，惜運用殊欠聯絡。總之，今日之事，尚未知鹿死誰手。若長此‘沉悶’、‘混沌’、‘欺詐’、‘分贓’、‘偽和’，誠不如大破壞、大殺戮，為少快人心也。”函中所指岑、莫，係岑春煊與廣東督軍莫榮新。自孫中山 1918 年離粵返滬後，廣州的護法軍政府即為桂系把持。1920 年，孫中山和唐繼堯、李烈鈞、陳炯明以及貴州將領王文華等人組成了討伐桂系的同盟。3 月 27 日，孫中山復王文華函，指出桂系是“革新的障礙”，“若不排除而廓清之，則其進步之難，難於填海。”[1] 同時，孫中山並積極圖謀收復廣州，重建廣東革命根據地。本函所反映的正是這一形勢。何天炯支持孫中山討佳，但批評其“運用殊欠聯絡”，他對前途仍然悲觀。同年，直皖矛盾日益尖銳，戰爭有一觸即發之勢。7 月 ‵9 日，何天炯致函宮崎云：“敝國時局，日趨混亂。皖直兩派，終有破裂之日，而吾黨行動，自有前輩主持，弟不敢過問。然以鄙意度之，則日趨墮落，可斷言也。”這裏的前輩，雖然不單指孫中山，但顯然包括他。何天炯對孫中山的態度雖然好轉，但對孫的領導則並不放心。同月 14 日函云：“弟坐守此間，終覺無聊。加之直皖風雲，急轉直下，與民國前途關係至巨，我輩已不能強，又不能弱，虛生人世，終夜思之，汗淚交流。”中國革命屢遭挫折，失敗多而成功少。本函反映了當時相當多的革命黨人的鬱悶情緒。

　　在不懂得革命“必須喚起民眾”之前，孫中山長期縱橫捭闔於軍閥之間，依靠一派軍閥以反對另一派軍閥。1920 年，為了反對直系，孫中山力圖與皖系建立反直同盟。4 月，他致函周善培，囑其與段祺瑞協商推倒徐世昌的問題。但是，段祺瑞早已成為曹錕、張作霖等各路軍閥的眾矢之的。7 月 11 日，直皖戰爭爆發，皖系旋即失敗。8 月 2 日，何天炯致函宮崎云：“段派失敗，當然之結果也，倘不失敗，則所謂與孫聯絡者，亦表面之事耳，與民國前途無關係

1　《孫中山全集》第 5 卷，第 236 頁。

也。今失敗至此，民國多一革命黨，殊可喜之事也。"孫中山認為段祺瑞"近日大有覺悟"，因此，決定與之攜手"共圖國事"[1]。但是，何天炯卻看出了段祺瑞的聯孫，不過是"表面文章"，顯然高明一些。不過，他以為段祺瑞失敗後會成為"革命黨"，也還是相當糊塗。

但是，就在皖系一敗塗地的時候，局勢卻突然發生了戲劇性的變化。1920年7月，桂系頭目陸榮廷在龍州召集會議，以討伐福州北軍為名，進攻在福建的粵軍陳炯明部。8月11日，為桂系把持的軍政府發出進攻福建的動員令。12日，陳炯明在漳州誓師，決定打回廣東。下旬，粵軍大勝，桂軍大敗。9月6日，何天炯致宮崎函云："廣東風雲，日急一日，此番想可得手。家鄉在望，喜憂交集。久罹水火之粵民，天理迴圈，定能脫綠林酷虐之政治也（孫公之狂喜，如小孩兒得了玩具）。"陳炯明的粵軍是孫中山親手培植的軍隊，長期屯駐閩南，此次回粵，驅逐多年統治廣東的桂系軍閥，孫中山自然極為欣喜。"如小孩兒得了玩具"一語，形象而又生動地寫出了孫中山當時的心情。其實，何天炯的欣喜之情也不亞於孫中山。9月19日致宮崎函云："惠州即時可以陷落，虎門要塞已入民軍掌中。果爾，則廣東事可以大定矣；廣東定，則局面又大可活動。弟歸心之急，不可言狀。"30日函又云："廣東大局如定，則民黨地盤確立，南北之局成，天下事未可量也。"

陳炯明的回師很順利。10月22日，粵軍攻佔惠州。23日，桂系官僚岑春煊通電退職。24日，宣佈撤銷軍政府。29日，粵軍攻克廣州，桂系殘部逃回廣西。11月14日，何天炯致函宮崎云："本日晤中山先生，據云，前有兩函奉詢足下（即先生），唯至今未見復音，特囑弟順便轉詢，有無收到。茲廣東局面，已暫次歸入吾黨範圍。中山先生擬二周內即偕唐、伍兩君返粵，擬將舊日軍府維持現狀，然後逐漸改良，以圖發展，此實辛亥以來未有之機會。"唐，指唐紹儀，伍，指伍廷芳。陳炯明的勝利給了孫中山以希望，他準備回廣東重組軍政府，本函即作於此時。同函又云："中山先生之意，擬俟返粵後，組織稍有頭緒，即遣弟東渡，與貴國朝野人士共商東亞大局之前途。弟維國家之事，先有

1 《批姚畏青函》，《孫中山全集》第5卷，第264頁。

內政，然後有外交，吾黨如果有堅固正大之團體，則世界之外交皆可轉移，豈獨日本！故弟擬即日返粵，觀察各方面之情形，或補救，或開展，然後再定行止。中山先生亦甚以為然。"可以看出，孫中山能傾聽何天炯的意見，因此，何天炯也就積極起來了。

三、第二次護法戰爭期間

桂系被逐，國民黨人在廣東取得了立足之地。1920 年 11 月 25 日，孫中山應粵軍許崇智的要求，偕唐紹儀、伍廷芳返粵。29 日，恢復軍政府，宣言繼續護法。其間，何天炯也跟著到了廣州。他於 12 月 21 日致宮崎函云："日來軍府極力整頓內政，國會重開，當必選孫公為正式總統，貫徹主張。外間所傳孫、陳暗鬥等事，純是謠言。陳炯明亦極有覺悟，已宣誓服從孫公。湖南趙總司令恆惕及林省長支宇均完全加入盟約。唐、伍均聽指揮。滇、貴相聯，為〔惟〕軍府之馬首是瞻。四川事亦大有希望。廣西陸榮廷則不成問題，粵軍一到，彼內部必倒戈逐之矣。如此則西南聯為一氣，然後進窺長江，福建、浙江必首先回應，陳光遠（江西）吳佩孚又必聯翩加入，則北方不足平也。萬歲！萬歲！"孫中山重組軍政府後，即與唐紹儀、伍廷芳、唐繼堯等聯名發表通告，宣佈將以原 "護法諸省為基礎，屬行地方自治，普及平民教育，利便交通，發展實業，統籌民食，刷新吏治，整理財政，廢督裁兵"[1]。同時宣佈廢除桂系在廣州假託軍政府政務會議名義所發的各種偽令。12 月 4 日，續開政務會議，研究刷新吏治，實行建設問題。函中所言 "軍府極力整頓內政"，指此。當時軍政府已與貴陽代總司令盧燾、湖南總司令趙恆惕等取得了聯繫。因此，何天炯對形勢的估計極為樂觀，認為進軍廣西，驅逐陸榮廷，然後揮師北伐等都已不成問題，情不自禁地連呼 "萬歲"！同函中，何天炯又告訴宮崎，軍政府已決定向英、法、美各國派出代表一人。他自己大約在明年正月，出使日本。何天炯表示："孫公視此問題極為重大，故弟亦不能不勉為其難，甚望先生等助吾一臂。頭

---

1 《建設方針宣言》，《孫中山全集》第 5 卷，第 441 頁。

山、犬養兩翁均請先為致意請安。"

　　孫中山急欲得到日本政府的承認和幫助，因此，多次催促何天烔啟程，但何卻認為出行之期不宜過急。1921 年 1 月 5 日函云："弟東來之期，現仍未有一定。中山公雖時時催弟速行，唯弟個人之愚見，實未敢驟然贊同。蓋歷觀今昔前後之外交，而不能出之冒昧者也。以弟愚見，至少程度須俟總統選舉告成之後，然後有外交之可言。"此函發出後，孫中山又接到和田的電報，催促孫中山迅速派出駐日代表。1 月 25 日，何天烔致函宮崎云："孫公接到和田二十二日來電云，須速派代表等語，但同人僉以此次民黨再興，對內對外均須謹慎將事，刻下貴國政府，實有危害民黨之存心，故主張不能亂派代表，以啟人輕侮之心。孫公當囑弟回復此電，弟即復以‘接和田電，甚感，但派遣代表，須與各國一併發表，請轉達。’想先生早日接到此電矣。"和田，可能指和田三郎。他是日本社會黨黨員，辛亥革命前參加同盟會，與孫中山早有關係。從信中看，孫中山再一次接受了何天烔的意見，暫不宣佈派遣駐日代表。同函又云："年來貴我兩國民之感情，惡劣極矣。弟與先生雖有中日聯盟之主張，不知何日可能實現？念之不勝憤慨。然刻下則時機已到，倘貴政府仍恃強為生，則人類幸福，必無可希望也。"從孫中山開始革命之日起，就一直期望得到日本政府的幫助，然而得到的總是失望。他們逐漸對日本政府的政策有了認識。何天烔此函就是這一覺悟的表現。

　　軍政府成立後，形勢逐漸穩定。2 月 6 日，孫中山授意何天烔發電邀請宮崎訪粵。3 月 12 日，宮崎到達廣州，萱野長知同行。13 日，何天烔陪宮崎拜謁史堅如墓，參加孫中山主持的歡迎宴會。14 日，何天烔送宮崎到香港。第二天，宮崎又送何天烔回廣州。二人依依難捨。8 日，宮崎到達上海。3 月 20 日，何天烔致宮崎及萱野長知函云："先生此回來去之匆忙，中日人士諸多誤解，甚有不勝驚訝者，真不堪一笑也。東亞之風雲真迫切矣。此回吾黨能否活動，全靠兩先生之力，敬候好音。"看來，孫中山邀請宮崎訪粵，並不是為了敘舊，而是有所委託，希望他代為向日本資本家借款，以解決財政困難。

　　4 月 7 日，國會非常會議選舉孫中山為非常大總統。4 月 9 日，何天烔致函宮崎云："此間各界人心，完全一致。唐繼堯氏當時雖甚贊成，然時為政學會人極力煽惑，故時持兩可之說。今則為其部下諸將領力勸其附從孫氏，始有回復勢力與名譽之望。故唐氏至今日，對於孫氏，極其信仰，毫無問題發生也。"對孫中山，唐繼堯一直首鼠兩端。1921 年 2 月，唐繼堯被第一軍軍長顧品珍驅逐，蟄居香港。孫中山派人邀請來粵，給以禮遇。這時唐繼堯正處於困境，自然力圖利用孫中山。何函稱："其部下諸將領力勸其附從孫氏，始有回復勢力與名譽之望"，這是事實。但是以為他對中山已經 "極其信仰，毫無問題"，則是被其假象騙住了。函中，何天炯還提到了唐紹儀："唐氏以要求內閣總理一席為條件，此事非獨孫氏不承認，我輩亦不之許，我已敬鬼神而遠之矣。" 5 月 6 日，孫中山任命唐為財政總長，唐不就職。過去，人們通常認為，唐紹儀不贊成孫中山的政治主張，所以不願就職。本函透露的情況為研究者提供了內幕。

除了孫、唐矛盾之外，還有孫中山和陳炯明之間的矛盾。4 月 18 日，何天炯致宮崎函云："粵中自選出大總統後，人心甚為踴躍。惟困於經濟，未定何日就職（大約五月初頭可就職），因此反生出許多謠言，謂孫、陳不和云云，其實皆為北京偵探利用此等難局而施其手段耳。然則財政問題，誠粵中今日生死問題也。" 4 月 7 日，孫中山被選為非常大總統，但是，卻未能立即就職，其原因，固在於經濟，也在於陳炯明的反對。最初，陳炯明反對選舉孫中山為大總統，後來又主張暫不就職。何天炯以為孫、陳不和是 "北京偵探" 製造的 "謠言"，這是不了解內情的結果。但他認為 "財政問題" 為粵中 "生死問題"，則是道出了部分實情的。

宮崎返日後，即積極向日本資本家活動，為此，何天炯於 7 月 8 日致函宮崎表示感謝，函中云："先生所示各函，鄙俱轉達孫公，深以先生熱誠宏願，比之歲寒松柏，其人格尤蒼健無匹云云，此誠吾黨臨風感激無已者也。" 當時，正值日輪小川丸運輸接濟桂系軍閥槍械一事被發現，廣州各界掀起抗議和抵制日貨運動。此事給予孫中山的外交政策以很大影響，何天炯在信中告訴宮崎："唯此間自小川丸事件發〔生〕以來，對於貴國外交，甚抱悲觀。即如孫公對於東亞大局有偉大之計劃者，亦云日本外交，不求其助，只希望不為我害，即大成功也。"在很長時期內，孫中山一直對日本政府存有不切實際的幻想，至此，算是覺悟了。

為了徹底消滅桂系軍閥，孫中山于 6 月 18 日下達討伐陸榮廷令。李烈鈞響應號召，於桂西北成立滇黔贛討陸聯軍總司令部，準備進軍桂林、柳州等地。7 月 19 日，何天炯致函宮崎云：“此間諸情，尚稱順手。唯李烈鈞氏所部，因軍餉缺乏，行動遲緩，不能即日前來援桂，友人多為之扼腕者。然李氏在今日之時局，實有重大之關係。蓋將來湖南、武漢之先鋒隊，不能不賴於此君。且李氏歷年飽嘗憂患，故對於孫公，頗能改其平日冷淡之態度，而極其誠服，而孫公亦傾誠相結，此真可為吾黨前途欣幸者。”反袁鬥爭時期，李烈鈞與黃興的觀點接近，因而也沒有參加中華革命黨。自此，即與孫中山疏遠。但是，共同的革命目標終於使二人再度結合。何天炯為之慶幸，並盛讚孫中山的“傾誠相結”，說明何天炯對孫中山的態度也有了根本的變化。

宮崎一直希望何天炯儘早訪日，和資本家直接洽談，但何則由於經濟困難，遲遲不能成行。7 月 19 日，何天炯致函宮崎云：“目下小弟之境遇，有種種之障礙（以經濟為絕大之原因，慚愧慚愧），實未能即日東行，雖中山公亦無如此問題何耳。”信中，何天炯表示，希望宮崎偕日本企業家到廣東遊歷調查，親自來看看“此間之真象”。何天炯透露，日本台灣總督府參事官池田正在與廣東財政廳接洽，願出“民間資本”3000 萬元作為開發海南島事業之用。同函，何天炯提出海南島開發、廣州大沙頭商場以及土敏土廠改良等三項事業供宮崎考慮。

同日，何天炯接宮崎 7 月 10 日函，即持函見孫中山。孫中山讀後，很高興，對何天炯的東行任務作了明確的交代：“汝東行之事，余無日不希望早日實現之者，唯此番正式政府成立，汝須以代表政府之名義往，方為鄭重。因此，汝之任務，固不在實業，尤不在借款。汝之任務，在宣傳新政府光明正大之宗旨於日本朝野上下，告於今後貴政府不可對於東方有侵略及包辦之野心。非獨不可有此野心之進行，即如從前二十一條不當要脅，亦須一律取消。如此，則彼我兩國，方有經濟提攜及種種親善之可言。若一部分之小小實業問題，固無須政府特派代表以為之。且日本若不改變侵略政策，則小小實業亦不易成功，雖或能進行於初，其後亦必有困難之日。且以目下之情形而論，若政府貿然與日本生特別之關係（即經濟及借款），則政府必受人民之攻擊，或宣告死刑焉。

蓋以段祺瑞之強，其倒斃即在向敵人乞款以殺同胞，此皆可為殷鑒之事。"孫中山指示何天炯，東行的任務"不在實業，尤不在借款"，要他轉告日本政府，從此不可"對於東方有侵略及包辦之野心"，只有在這種條件下，中日才有"經濟提攜及種種親善之可能"。這段話標誌著孫中山外交政策和外交思想的重大轉折和進步。孫中山又對何天炯說："你此次東行，至少須有一萬元才能出發，刻下總統府財政頗為困難，你外間有無友人或商人可以借貸？若有，可由政府出名，或擔保。"何在信中對宮崎稱："鄙人聞孫公之言，乃有三種感觸：一、甚佩孫公之言；二、甚憐孫公之遇；三、甚惜今之人借公為私，公款不用於公事。想先生亦有此感慨耳。"

不僅何天炯的訪日經費無法解決，連他打一封電報給宮崎的錢都沒有。上函兩天後，何天炯再致宮崎一函，仍然敦促他陪同日本資本家南來。當時，粵軍正在勝利地進行討伐陸榮廷的戰爭。函中說："弟意廣西問題，總可早日解決，因此資本家之熱度必又增高一番。故弟意先生處如有確實可靠之資本家，則總以促其早日南來為是。然非與先生同來，則弟等亦頗難相信。"對何天炯的囑託，宮崎曾努力進行，並且找到了一個願意投資的資本家。8月5日，何天炯致宮崎函云："昨日接奉手示，當經轉呈孫先生閱悉，深感先生熱心毅力。此刻極盼先生攜該有力者欣然來粵。"

討桂戰爭進展迅速。8月13日，滇、粵、贛各軍攻克桂林。21日，何天炯致宮崎函云："廣西問題完全解決，兩湖之風雲又急，孫公之焦心，蓋可知也。"當年7月，湖北紳商發動"驅王運動"，反對軍閥王占元的統治。21日，湖南總司令趙恆惕以"援鄂"為名，調集軍隊向湖北進軍。25日，直系軍閥在保定開會，決定"出死力"支援王占元。8月9日，徐世昌任命吳佩孚為兩湖巡閱使，湘鄂之戰發展為湘直之戰。17日，兩軍在咸寧、汀泗橋等地發生激戰，湘軍失利。函中所稱"兩湖之風雲又急"，指此。"孫公之焦心，蓋可知也。"何天炯已經與孫中山憂樂與共了。但"援鄂"戰爭很快結束，何天炯的興奮中心再次轉到外交及北伐等問題上。9月15日致函宮崎云："粵政府雖日見發達強固，而對於日本外交則甚為冷淡。受欺詐迫害之結果，無論若何之外交能者，恐亦不能疏通此鴻溝也。"9月21日函云："出兵長江問題，本年內必見諸事實。今日雖盛倡中山出馬之說，但事機成熟之時，則陳炯明氏必自告奮勇，而使中山坐守兩粵。此雖弟今日推切之辭，然十必中八、九也。（反面言之，若事機而未成熟，則不許中山出馬，此又陳氏自信之計劃也。）"

關於日本資本家來粵問題，何天炯表示："蓋今日之大問題，在中日間之惡感未除，粵政府為維持人心計，決不敢公然向日本生若何之關係。反之，日本資本家則必向安全有擔保處，然後投資，此為不能溝通一氣之大原因也。"何天炯要求，宮崎前談之資本家，能早日來粵。

9月28日函云："近來米國方面，對於粵政府多有優禮之表示，倘兵力能及武漢，則先承認新政府者，必此君也。弟東行之期雖未定，然局面日開展，則出發之期亦不遠矣。"孫中山當選為非常大總統後，駐粵美領事曾於6月28日拜會孫中山，隨後又到外交部拜會伍廷芳、伍朝樞。這些舉動，給了何天炯以錯覺，認為是美國政府對於"粵政府"的"優禮"，並且天真地設想到北伐佔領武漢後美國首先承認的問題。何天炯的這種樂觀情況一直維持到1922年上半年。當年5月29日函云："粵中政局，甚為平安，決不致如外間新聞電報等之妄為猜度者。今江西軍事，又日有進步。陳炯明氏亦覺悟自身前途，若長與孫公分離，則為取敗之道。且廣西匪亂頗亟，足使一般人心浮動，故陳氏已翻然允諾，擔任剿匪事宜。孫公亦披誠相結。大約二、三日內，陳氏當由惠州回省任事矣。如此，則前方討賊軍，更可安心直進。此為吾黨一大事件之解決，請寬錦念可也。"4月16日，孫中山在梧州召開擴大軍事會議，決定出師江西，各軍集中韶州，即以韶州為大本營。但陳炯明拒不參加梧州會議，並電辭本兼各職。4月21日，孫中山下令免除陳炯明的廣東省長、粵軍總司令、內務部長等職務，僅保留陸軍部長一職。當晚，陳炯明偕粵軍總部人員退居惠州。為了爭取陳炯明參加北伐，孫中山於4月23日親返廣州，並派員勸告陳炯明回省。5月6日，孫中山親赴韶關督師。24日，致電陳炯明的部屬葉舉等，告以對陳，"始終動以至誠"。29日，任命陳"辦理兩廣軍務"。函中所稱："孫公亦披誠相結"，指此。同函中，何天炯表示，他對時局，"再抱一積極奮鬥之願"，準備在兩廣鹽務或廣東財政方面，擔任一項職務。他要宮崎向日本資本家運動借款時，說明粵中情況，打消顧慮。

也許是何天炯不了解情況，也許是他為了爭取日本資本家投資而有意隱瞞。事實是，陳炯明並沒有"覺悟"，而是在本函發出的半個月之後，就發動了叛亂。它碾碎了孫中山的北伐夢，也碾碎了何天炯"積極奮鬥"的願望。不久，何天炯"攜眷歸里，養親讀書"[1]。同年 12 月 6 日，宮崎滔天逝世。

何天炯的隱居生活並沒有持續多久。1923 年，孫中山第三次開府廣州。次年，何天炯出任大本營參議。1925 年，再次被孫中山派赴日本。不久，孫中山逝世，何天炯"頓觸山頹樑壞之感"，同年病逝。

綜觀何天炯的一生，可以看出，他和孫中山的關係經歷了一個曲折的過程。最初，他是孫中山革命事業的積極支持者和參加者；中間，因觀點分歧而對孫中山持激烈批評態度；最後，拋棄嫌隙，分歧消融，再次共同奮鬥。這一過程，表現了何天炯對孫中山認識的深化，也表現了孫中山思想作風的改進和提高。如果說，中華革命黨時期，孫中山處事有時不免失之於片面和偏激，那麼，到了廣州時期，歷經磨練之後，就日益恢宏大度了。革命同志之間，貴在能顧全大局，在堅持革命的長途中消融矛盾，共同提高。這一方面，何天炯與孫中山的關係是一個很好的範例。

附記：本文與狹間直樹合作。1985 年 6 月，楊天石訪問東京宮崎舊居時，承宮崎智雄、宮崎蕗苳夫婦等盛情接待，得以見到這批信札。與此同時，狹間直樹從已故《宮崎滔天全集》的編者小川秀美、近藤秀樹的遺物中，發現了這批信札的影本，並蒙宮崎夫婦惠允利用。現值本文發表之際，謹致謝忱。

1　《何天炯事略》，中國第二歷史檔案館藏，三十四，726。

鄧恢宇與宮崎滔天夫婦 *

——宮崎滔天家藏書札研究

東京宮崎滔天故居保存著許多中國革命黨人信札，除孫中山、黃興、何天炯外，鄧恢宇的信札保存較多。關於何天炯的信札，我和日本京都大學狹間直樹教授已專文作過研究。[1] 本文進一步探討鄧恢宇信札的有關問題。

鄧恢宇，一名子贊，湖南寧鄉人。1906 年 1 月 27 日經蔡元培介紹，加入同盟會。1912 年 9 月在上海與宮崎滔天、何天炯、呂志伊、熊樾山、山田純三郎、尾崎行昌、金子克己等創辦半月刊《滬上評論》，以日中兩種文字出版。其後，和宮崎滔天夫婦關係日深。

宮崎故居所藏鄧恢宇信札約始於 1914 年，止於 1922 年，是研究這一時期中國革命黨人活動以及宮崎滔天夫婦生平的重要資料。

一、要求宮崎滔天幫助孫中山

1914 年 7 月，第一次世界大戰爆發，在中國社會和中國革命黨人中都引起了很大震動。8 月 4 日，鄧恢宇在上海致函宮崎滔天云：

> 自與公話別，不及二周，而全歐和平之局，遂變為亙古未有之戰禍。噫！世間之事，豈可以意料耶！風潮之狂惡如此，以弟度之，彼輩國家之存亡，將來正未可諒也。貴國將勇兵強，進可以握東亞之大權，為英、俄所依重；靜則可以作壁上之觀，於國家有百利而無一害。敝國危亡，如一髮千鈞之際，政府如此惡劣，民黨如此薄弱，當外強戰禍之劇，滅亡間

* 錄自《楊天石評說近代史・民初政局》，中國發展出版社 2015 年 9 月版；原載《郭廷以先生九秩誕紀論集》，台北近史所，1995 年。
[1] 《何天炯與孫中山》，見《歷史研究》1987 年第 5 期，收入拙著《尋求歷史的謎底 —— 近代中國的政治與人物》，首都師範大學出版社 1993 年版；又，台灣文史哲出版社 1994 年版。

於一髮，言之碎心，書之腸斷，此時生無益，死亦無益。我公有何良法以救我？雖然，當此時機，亦民黨最難得之好機會也。弟已有數函致中山先生處，舉張頗多，聽從與否，實未可知。弟憂心如焚，莫知所適。無論如何，萬求先生賜教一二，是所至禱！

1914 年 6 月，鄧恢宇受何天炯委託，自上海赴日，會見孫中山。何天炯 1914 年 7 月致宮崎滔天函云："鄧君東來，欲謁高野君（指孫中山 —— 筆者注），須兄指示一切。"此函為自日返滬後所發。

"二次革命"失敗後，孫中山、黃興之間的矛盾逐漸加劇。1914 年 6 月 22 日，中華革命黨在東京召開成立大會，孫中山被推為總理。30 日，黃興離日赴美，和孫中山矛盾的進一步深刻化。隨後，李根源等積極籌組歐事研究會，中國革命黨人間出現了前所未有的分裂狀態，因此，本函有一種嚴重的悲觀情緒。函稱："弟已有數函致中山先生，舉張頗多，聽從與否，實未可知。"可見，鄧恢宇對孫中山在建立中華革命黨中的若干做法，對孫中山本人，都有許多意見。但是，鄧恢宇仍然希望宮崎滔天能幫助孫中山。因此，同函稱："中山先生處，無論事之巨細，全賴先生維持之。"

當時，何天炯也在上海。何與鄧關係密切，觀點相同，也都對孫中山有意見。8 月 17 日，鄧恢宇從何天炯處讀到了宮崎滔天的來信，於同日致函宮崎滔天云：

曉柳兄原擬早日來東京，因孫先生處既認寄款，久之又成泡影。古怪變遷，令人不可思議，或當為各軍機所阻耶？一笑。

歐洲戰禍日狂，吾人仍坐觀成敗，令我憤恨欲死。公當何以教我？弟與柳兄不久東渡，當面請教也。

曉柳，指何天炯。在組建中華革命黨的過程中，孫中山迫切需要何天炯回東京相助。"既認寄款"，而"又成泡影"，當係經濟困窘之故。本函稱："古怪變遷，令人不可思議"，這是對孫中山的意見。"或當為各軍機所阻耶"，各軍機，指孫中山的助手，如陳其美、居正、謝持等，他們積極擁護孫中山組建中華革命黨的各種主張。和前函比較，本函對孫中山流露出更多的不滿情緒。稱孫中山的助手們為"軍機"，不僅譏刺了陳其美等人，而且隱約地把孫中山喻為皇帝。當時，孫中山企圖樹立"黨魁"的絕對權威，顯然，鄧恢宇對此持反對態度。

二、籌劃反袁

1914 年 9 月，鄧恢宇、何天炯東渡日本，企圖通過宮崎滔天向日本商人借款，作為從事革命活動的經費，但進展不不順利。同年 11 月，何天炯先行返滬，鄧恢宇則留在東京活動。何返滬後，了解到上海方面的革命黨人"熱度雖高至百度，惜無金錢，徒喚奈何"[1]，便於當月下旬再次赴日，進一步通過宮崎洽談借款事宜。1915 年 1 月 6 日，鄧恢宇致函宮崎滔天云：

> 日來不晤，甚念甚念！在曉兄處見大示，知某商旅行未歸，該事暫難進行，弟焦急萬狀，莫可如何！
>
> 弟上海家已被工部局封門，內子凍餒（如此天寒，衣尚不綿，又無米炊）且死。十餘年為國，到今日家破國不可救，妻子流離失所，傷心慘目，古今所罕有者也。萬不得已，哀請先生一方面從白君事迅速著手，一方面將字售出，價格不拘，只求速成功耳！
>
> 以上各緊要救命之件，統祈大力成全，不勝禱叩迫切之至！

本函生動地反映了當時革命黨人的困窘情況。要革命，自然必須有必要的經費。在辛亥革命前後，這是個經常困擾革命黨人的難題。除了向華僑募捐、發行遙遙無期的債券外，革命黨人只有向資本主義國家的政府或商人借貸。在這一過程中，宮崎滔天一家曾幫助中國革命黨人做過許多工作。2 月 12 日，鄧恢宇與凌鉞聯名致函宮崎滔天云：

1　何天炯致宮崎滔天函，1914 年 11 月 12 日。

　　弟等事賴民藏先生援助之力，今已成功。惟前途事業著手在此，弟等當竭力做去，務必大功告成而後止。原擬登府辭行，奈時間太淬〔促〕，不能前來，罪甚！歉甚！弟等國事危在旦夕，出路如何，全賴我公維持中國大局，然後方能救東亞之大局也。

凌鉞（1882—1945），字子黃，河南固始人，1905 年加入中國同盟會。武昌起義後在天津法租界與白雅雨等組織北方共和會，運動華北軍隊，自任敢死隊長，至灤州發動起義，組織都督府，任外交部長。1912 年 5 月回豫，同年當選為眾議院議員。1913 年 "二次革命" 失敗後出走日本。民藏，指宮崎民藏，宮崎滔天的三兄。本函稱："弟等事賴民藏先生之力，今已成功。"可見通過民藏，凌鉞、鄧恢宇得到了一筆款子，因此，準備回國從事革命。當年 1 月 18日，日本政府向袁世凱提出 21 條要求，故函中有 "國事危在旦夕之語。

　　鄧恢宇回國之後，大概由於進展不順利，有一年多沒有和宮崎滔天通信。在此期間，袁世凱加緊了帝制自為活動，並悍然於 1915 年 12 月 13 日稱帝。1916 年 3 月 6 日鄧恢宇致函宮崎滔天云：

　　敝邦不幸，政變迭乘，屢承先生主持人道，急力扶持，隨加保護，弟及同人無不感恩戴德。此次袁賊世凱違法營私，強姦民意，欲以吾同胞千辛萬苦製造之中華民國，據為個人之私產，凡我同人，無不痛心切齒，欲得而甘心焉！幸貴國政府顧念邦交，洞悉袁之奸詐，警告頻來，此雖貴國政府實行維持東亞和平，未始非先生提倡鼓吹之力也。將來大事告成，敝邦政治從此改良，獲益誠非淺鮮，而先生之大同主義，當亦稗〔媲〕美於全球。

　　當此歐洲戰事正在激烈之中，英、法、俄諸國自顧不遑，萬難計及東亞。此次敝邦之政爭及將來之成敗，不得不依賴貴國之維持，而貴國政府之主張及貴國人民之趨向，全賴先生之鼓吹，此敝邦同志無不馨香禱祝者也。

在袁世凱籌備稱帝的過程中，日本政府認為"中國必以改制致大亂"，曾幾次要求袁世凱政府"延緩變更國體"計劃。1915 年 10 月 28 日，代理公使小幡西吉偕英國公使朱爾典、俄國公使庫朋齊斯到外交部，口述日本政府訓令："今觀各地之情勢，外觀雖似各地對於帝制之實現反對不甚激烈，實則反對之感情廣為醞釀，不安之形勢瀰漫於各地。""中國如果一旦發生擾亂，中國之不幸莫過於此者，自不待言。即與中國有深切關係之各國及與中國有特殊關係之日本，所蒙直接間接之影響真有不可計者。"[1] 鄧函所稱"幸貴國政府顧念邦交，洞悉袁之奸詐，警告頻來"，指的即是這一類舉動。但是，當時日本政府此類舉動純從本身利益出發，並非有愛於中國。鄧恢宇不了解這一點，要求日本政府支持中國革命黨人討袁，其結果必然失望。

同函又云：

> 刻下滇黔民軍所向無敵，湘鄂一帶響應亦在目前。袁氏之詭計雖多，恐不久亦將勢窮力竭矣！弟近亦力圖進行，以盡天職。倘有能力不及之處，仍望先生急力扶助，驅除此賊。敝邦幸甚！同志幸甚！

1915 年 12 月 25 日，唐繼堯、蔡鍔等通電各省，宣告雲南獨立，組織護國軍，分兵三路討袁。鄧恢宇等也準備回應，因此，要求宮崎滔天"急力扶助"。

辛亥革命後，民主觀念深入人心，袁世凱復辟帝制一旦成為事實，立即遭到廣泛的反對。1916 年 5 月 15 日，鄧恢宇致宮崎滔天函云：

> 宇連日無片刻得暇，不能來先生處晤談，恨甚！恨甚！幸辦事進步，一日千里，可慰！雅念曉柳兄在粵，有回音與先生否？宇意欲先生電催回滬，可同一道作事。因曉柳兄之道德，高出常人也。鈕永建急欲與先生見面。先生可否於明日（16 日）午前 10 時由敝處同往也。

1　王芸生：《六十年來中國與日本》第 7 卷，第 6—7 頁。

本函僅署 15 日，無年月，封面為：本埠虹口西華德路勝田館宮崎寅藏先生殿，下署法界嵩山路 36 號ヨリ。按：宮崎滔天於 1916 年 5 月初到滬，投宿勝田館，當時何天炯在廣州，函中有"雅念曉柳兄在粵"等語，故知此函作於此時。

1915 年 6 月初，歐事研究會的骨幹鈕永建自美抵日，與孫中山商討"團結各派，擁護共和，一致討袁"等問題。10 月，鈕永建偕李根源、程潛、熊克武等抵滬。1916 年 4 月，陳其美主持上海討袁軍事，鈕永建為助，分裂多時的兩派表現出團結協作的興旺景象，因此，鄧恢宇信中也流露出前所未有的樂觀情緒。信中，鄧恢宇要求宮崎滔天電催何天炯返滬"一道作事"，並稱，鈕永建急欲見宮崎滔天。當時鈕永建等在上海籌備發動討袁軍事，已很有成效，所缺的就是經費。他急於會見宮崎滔天，目的就是要求宮崎協助解決這一問題。

何天炯得知宮崎滔天抵滬後，迅速趕回上海，和宮崎商量向日本財閥久原房之助借款問題。5 月 25 日，宮崎旋即匆匆返日斡旋。6 月 6 日，袁世凱斃命。

三、獨力反對皖系軍閥

反袁鬥爭雖然勝利了，但是，革命黨人的處境仍然艱難。1916 年 12 月 8 日，鄧恢宇致宮崎滔天函云：

> 昨晚因向君海潛被捕事，10 時頃奉訪先生，因先生已睡，弟即在呂君處將一切情形告知松本君轉達先生矣。現同人意欲求先生設法救全向君之生命，或請先生迅速告知中山先生亦妙。（據法捕房云：今日午前九、十時頃，裁判後即行引渡。又法領事方面云：只要民黨領袖如孫中山先生、唐少川先生能照會，或寫信，或打電話至法領事處交涉一次，則向君可以不引渡矣。）觀上情形，特織懇先生向中山先生竭力設法一救，是為至禱！倘蒙許可，呂君即叫自動車（汽車）送先生至中山先生處一行。

本函僅署 12 月 8 日午前 7 時，封面為：祈送呈宮崎先生殿，下署子贊託。

向海潛，字松波，湖北大冶人。清末入湖北新軍第 32 標當兵，曾組織群英會，參加武昌起義。1912 年 2 月，為反對孫武和黎元洪，又曾組織暴動。1913 年以後投入反袁鬥爭，並以湖北為中心，發展洪門組織。松本，指松本藏次，宮崎滔天的弟子。當時正在上海、杭州等地協助何天炯、鈕永建等進行革命活動。唐少川，指唐紹儀。按：宮崎滔天於 1916 年 9 月 30 日再到上海，10 月 6 日偕松本藏次去杭州，同月 11 日回上海，11 月 26 日回到神戶。據此，本函鄧恢宇所署 12 月 8 日或係 11 月 8 日之誤。

1917 年 7 月，鄧恢宇再至日本，在宮崎家住了十多天，受到殷勤款待。同月 20 日，鄧即將返國，在長崎待船，致函宮崎滔天云：

> 弟在尊府厚擾十餘日，心實不安。承先生及夫人優待過甚，誠生死不忘之恩也。不知當何以報達〔答〕？然來日方長，有求於先生者正方興未艾。雖然，非僅僕一人及僕之全國是賴，東亞之保障，捨先生其誰與歸！不勝馨香禱祝之至！

本函稱："優待過甚，誠生死不忘之恩"，可見鄧恢宇和宮崎家關係的深厚。

鄧恢宇 7 月 25 日回到上海，於 26 日再致宮崎滔天一函，中云：

> 曉柳兄來月定來東京，弟亦當同來。孫公道德太高，有時近於蒙閉（指為小人所害），全賴先生多為佐正，不僅弟等一二人之幸福，實全國人民之生命有所託付也。

反袁鬥爭勝利後，孫中山的威望有所提高，和歐事研究會系統的人關係也有所改善，但是，兩派的隔閡還存在。本函稱："孫公道德太高，有時近於蒙閉（指為小人所害）。"正反映出這種情況。

同年 9 月 3 日，鄧恢宇致函宮崎滔天云：

> 頃聞西陸蟬聲，倍極南冠客思；又得北方噩耗，惟希東支匡扶。前與令戚前田先生磋商大借款問題，同在唐少川君接洽數次，並面託前田先生

轉達左右，想已與前途切實計議，聞現將有成局，仍希助力為幸！

日者西南局勢仍屬糊塗，中山攜其新黨入粵，恰似初婚之贅婿，打住月餘，不識所為何事。為胡某爭一省長而不可得，余概可知。弟現與舊同志陳漢欽及由滇來之劉少亭等收穫舊部，運動青徐（徐州之首領張文生，即張勳之有力者，因張勳亦恨段，故能與之接洽）、淮海（海州之首領白寶山亦甚有力）一帶，與毛士珍（毛之同事高士奎亦〔與〕弟有關係）切實聯合，攻取大江南北，得寸進尺，一面聯合滇督唐蓂賡、武鳴陸幹卿，一致搗北。對於中山，則暫持殊途同歸之態度，而中山新植之私黨，則不能讓其專橫而干涉。但所缺乏者經濟問題，不能不切實研究者也。據近調查，上海及江南北之廢鐵舊銅，以數十萬噸計。自前明以來未曾使用紙幣，古銅製錢之儲蓄，不知凡幾。弟等計劃佔領一處，即將一處所蓄變賣，以作軍費。非於〔如〕此不足以籌款，即不能進行一切也。前與令戚前田先生等所經營即其事也。因免段職，各逆督搗亂中止。

現弟與同志等在此間於青徐淮海均令所部佈置完善，急待進發。但發動經費無著，焦灼萬狀。以我公東亞偉人，與弟輩公私交誼均甚誠篤，故敢直陳。茲拜懇者，貴國貲本家必有趁機投貲於此項商務者，懇即迅速介紹前來，早日訂約，或電匯款，書面結約，或派專員與弟直接立約。是否有當均聽鴻裁，酌奪施行，不勝待命之至！

此函為書留（日語，掛號信）。前田，指前田下學與前田九二四，即函中所稱宮崎"令戚"。胡某，當指胡漢民；唐蓂賡，指唐繼堯，時任雲南都督；陸幹卿，指陸榮廷，時任廣西都督；張文生，張勳部將，徐州鎮守使；白寶山，張勳部將，海州鎮守使；其他未詳。

按：袁世凱斃命後，黎元洪繼任總統，段祺瑞出任國務總理。1917 年春，段祺瑞主張參加第一次世界大戰，對德宣戰，黎元洪及國會反對。4 月，段祺瑞召集附己的地方督軍到北京，組成督軍團，對黎及國會施加壓力。5 月 23 日，黎下令免去段的國務總理職務，段則在天津通電，煽動督軍團倒黎。於是，安徽、山東、福建、河南、浙江、直隸各省督軍紛紛 "獨立"，張勳並乘機帶兵入京，擁溥儀復辟，函中所稱"因免段職，各逆督搗亂"，指此。7月，段祺瑞借討伐張勳之機，重任國務總理，但他拒絕恢復國會和《臨時約法》，逼走黎元洪，迎直系軍閥首領馮國璋為總統，並於8月14日對德宣戰。函中所稱"北方疆耗"，當即指上述各事。從函中可知，鄧恢宇曾計劃組織反對段祺瑞的武裝起義，聯絡張勳部屬及唐繼堯、陸榮廷"一致搗北"，為此，並曾與唐紹儀共同向宮崎滔天的親戚前田下學等接洽"大借款"。

孫中山堅決反對皖系軍閥政府。當年7月17日，孫中山乘艦抵達廣州，企圖依靠西南軍閥的力量進行"護法"活動，反對繼袁世凱而起的皖系軍閥政府，隨行者有章太炎、朱執信、廖仲愷、陳炯明等。但是，西南軍閥並不真心擁孫，本函稱："中山攜其新黨入粵，恰似初婚之贅婿，打住月餘，不識所為何事！"極為生動地寫出了孫中山的窘困處境。當時，孫中山屬意胡漢民出任廣東省省長，但桂系軍閥和北京政府強烈反對。8月1日，廣東省議會選舉胡漢民為省長，桂系卻出動軍隊威脅議會，搶走省長大印。本函所稱"為胡某爭一省長而不可得"，指此。本函又稱："對於中山，則暫持殊途同歸之態度，而中山新植之私黨，則不能讓其專橫而干涉。"顯然，對孫中山及其一派的隔閡還遠未消除。

四、逐漸轉入實業活動

當時孫中山一派是國內唯一有影響的革命力量，鄧恢宇企圖脫離孫中山。獨力反對皖系軍閥，自然不會有什麼成就。1918年以後，鄧恢宇的精力逐漸轉入實業活動，他和宮崎家族的關係也轉為實業方面的聯繫為主。當年5月8日，鄧恢宇致函宮崎滔天云：

> 前日接龜井兄緘及先生致王統一兄緘。弟比將該函面交王兄，王兄欣喜異常，並云：此事係先生紹介而來，可大膽放心做下去，一切皆無甚問題，明日即緘復先生，奉商進行方法，尚祈先生從速助其成功，即可立吾人實業之基礎也。

龜井，指龜井一，宮崎滔天經營實業方面的助手；王統一，原中華革命黨黨員。函中，鄧恢宇詳細介紹了江西進賢一李姓礦主所屬"炭山"及其新舊"窿口"的情況，要求宮崎派技術人員到山勘驗。鄧並稱：浙江方面尚有五千餘畝的"炭坑"，樣品、山圖、礦照皆在上海，手續完全。"一連三礦，均有開採之資格，萬懇先生紹介有力量之資本家辦理為妙。"

同函又稱：

> 再有由上海直航湖南之中華汽船公司，係湖南特有之航權，餘皆不能由上海直航，係曾國藩、左宗棠之嗣孫所創辦者。自民國元年開始，公司內之番頭及各分公司之番頭皆成巨富，惟公司之主人則盡失敗。年來又遭張敬堯扣留一船，至一年之久不能營業，故損害由甚。現欲借款60萬元，合辦亦可。

函中，鄧恢宇並詳細介紹了中華汽船公司的航權、設備、航行碼頭等情況，要求宮崎滔天"介紹一資本家借款"。又稱："新聞事進行如何？上海之章太炎、柏烈武諸人皆可得其同情。如可設法，亦是一大好機會也。"看來，鄧恢宇在四處找尋與日方"合資"的門路。

在借貸無門、募捐無方的情況下，部分革命黨人想到了從事實業，企圖以此取得從事革命所必須的經費。孫中山命戴季陶、蔣介石在上海開交易所為此，鄧恢宇等企圖與日商合作開採煤炭，合辦輪船公司，也是為此。

同年5月18日，鄧恢宇與孫毓筠聯名致宮崎滔天一函，討論開採駱駝山、窯頭嶺礦區有關費用問題，中云：

> 駱駝山主王君至少必須得日金2萬，劉錫九君至少亦要得日金3、4萬元，再加上中證人酬金，散處所得，不過日金4萬餘元，合之華金，只得2萬餘元。刻下皖省內地民黨因官軍騷擾，不能在家安居，相率來滬，已有四百餘人。到上海後，租房吃飯等費，皆須筠一人擔負。且去年以古玩、磁器抵押之款，均早已過期，無論如何困難，必須歸還，其數已達華

幣兩萬元以上。如僅得日鈔四萬元，萬萬不能敷用。

同函又稱：

> 現在李烈鈞所率之軍隊已抵大庾嶺，江西軍萬難抵抗。若得南昌，則
> 皖事得有力之外援，即可整備大舉。

本函為掛號信，封面為：日本東京市外高田村三六二六宮崎虎藏殿；下署上海
法界白爾部路新民里 23 號，孫夬公ヨリ。孫毓筠，字少侯，號夬庵，安徽壽縣
人。1906 年在東京加入同盟會。1912 年任安徽都督。1915 年與楊度共同發起
籌安會，袁世凱失敗後被通緝。1917 年至 1918 年間在安徽組織民軍，反對皖
系軍閥，因而重建和革命黨人之間的關係，並與鄧恢宇合作。ヨリ，日語。孫
夬公ヨリ，意為孫夬公寄。

1918 年，段祺瑞派兵從江西進攻廣東，李烈鈞奉命率兵抵禦。5 月 3 日，
李烈鈞自韶關出發。本函稱："李烈鈞所率之軍隊已抵大庾嶺，江西軍隊萬難抵
抗"，當即指上述史事。

本函又稱："此外各礦，如李伯英之礦，牛茨山之礦，均正在積極進行，諒
尊夫人已有詳細報告，不再贅陳。"可見，宮崎夫人也參與了在中國開辦實業
的活動。

5 月 24 日，鄧恢宇、孫毓筠再致宮崎滔天一函，首述日人澤村在皖南勘察
各礦的情況，聲稱澤村即回神戶，要求宮崎到神戶與澤村相商，並訪問鈴木本
店礦務部長，要求迅速派員到上海簽訂合同。次述安徽民黨逃難上海，迫切需
要救濟，其內容大體與 5 月 18 日函同。末云：

> 刻下李協和已率師三萬人，分五路急攻江西，陳光遠之兵勢不能敵，
> 迭電北京乞援，而段祺瑞已無兵可派，預計至遲一月以內，必攻克南昌、
> 九江。安徽與江西毗連，南軍一過贛州，安徽各路民軍即將起事回應。南
> 軍需款急切，已到萬分，萬懇我兄親至神戶，切商金子及礦務部長，迅速

前來訂定合同，簽字交款，以濟急需。我兄熱心扶助中國，擁護共和，全國之人莫不感激，不特弟同志諸人而已。

陳光遠（1873—1939），字秀峰，河北武清人。北洋武備學堂出身，歷任袁世凱所部管帶、統帶等軍職。1917年9月任江西督軍。李烈鈞自韶關出發後，迅速攻佔南雄，準備乘勝進攻贛南。此函反映出鄧恢宇、孫毓筠對形勢的樂觀估計，他們準備在李烈鈞奪取江西後，即在安徽起事。

同月下旬，鄧恢宇、孫毓筠再致宮崎滔天函云：

> 頃讀執事致尊夫人書，知日本政府有俟南方聯合政府組織成立後即承認為交戰團體之意，此皆兄與日本同志竭力運動所致，凡中國國會議員及一切同志莫不感激異常。昨閱粵省來電，知改組政府一案已經國會完全通過，中山先生已向國會辭職，並擬通電西南各省，宣佈辭職意旨。想不日聯合政府便可組織成立，此可樂觀者也。
>
> 近日湖南方面，北軍為南軍所敗，已全數退至長沙。南軍方用包剿計劃進逼長沙。據外電所傳，北軍勢窮力竭，斷不能守。李烈鈞君近已率滇軍九千人進攻江西。將來長、岳收復，武漢動搖，李軍深入吉、贛，屆時安徽仍當乘時大舉，以回應南軍，機會將至，尤須從速準備款項，以應急需。務懇吾兄竭力設法預籌大款，免至臨時為難，想兄亦早代計劃矣！
>
> 前書所陳目前同志困難情形，及弟等個人生活窘況，想邀大鑒。惟盼礦山合同早日訂定，得借此款暫行維持大眾生活，不致衣食斷絕，流落無依，則感戴大德，尤無涯涘。

本函未署年月。函中云："前書所陳目前同志困難情形，及弟等個人生活窘況"，知此函作於上二函後，當為5月下旬之作。

孫中山到達廣州後，於1917年8月召開國會非常會議。9月10日，孫中山就任海陸軍大元帥，成立護法軍政府。但是，軍政府受到西南軍閥的嫉視和抵制。1918年初，在岑春煊策劃下，政學系國會議員楊永泰等為削弱和排斥孫中山，倡議改組軍政府，將大元帥制改為"政務總裁若干人"的"合議制"。同年 5 月 4 日，國會非常會議通過《修正軍政府組織法案》，孫中山憤而發表《辭大元帥職通電》。18 日，國會非常會議三讀通過軍政府組織法，孫中山隨即派居正為私人代表，辦理軍政府交卸事宜。本函云："昨閱粵省來電，知改組政府一案已經國會完全通過，中山先生已向國會辭職。"指此。

軍政府的改組方案通過後，國會非常會議於 5 月 20 日選舉孫中山、唐紹儀、伍廷芳、唐繼堯、林葆懌、陸榮廷、岑春煊為政務總裁，形成所謂"聯合政府"。這一"聯合政府"實際上為西南軍閥所把持。21 日，孫中山離開廣州赴汕頭，轉赴廈門。第一次護法運動失敗。

在上海的鄧恢宇、孫毓筠似乎沒有感到形勢正在逆轉。6 月 7 日，致宮崎滔天長函云：

> 迭讀執事致尊夫人書，知貴國政府聞南北妥協之說，借款、購械兩事均暫停云云。竊以為貴國政府誤信報章鼓吹之詞，於敝國南北內容皆未深考也。

函中，鄧、孫詳陳南北兩方情況後表示：

> 綜以上所言觀之，可見妥協之期尚遠，三個月內決不能見諸事實，可以斷言。況北方直皖兩系暗潮方急，相持日久恐將發生極大變故。復辟之事目下正在醞釀中。將來北京方面若有變故發生，去年六月間之故事，難免不再演一場惡劇。弟暗中偵察，知之甚悉，故敢陳之左右。
>
> 頭山、寺尾兩先生為弟十餘〔年〕來所欽仰，未便冒昧通函，祈以此函示先生，並以南北兩方面不能妥協之真相代陳諸貴國當道諸公，俾曉然於敝國真相，勿為報章所載不合事實之消息及政客之言論所惑，致與敝國南方有意見隔閡之處。我兄與頭山、寺尾兩先生素持聯絡南方，扶持民黨主義，熱心、毅力，有加無已，諒必能以實情陳之當道，使兩國親善之誼益加鞏固也。

七總裁中，岑春煊、陸榮廷都主張與北京政府議和。6月5日，軍政府推舉岑春煊為主席總裁，南北妥協之說甚囂塵上，日本報紙報導尤多。本函中，鄧、孫二人力闢"妥協"之說無據，要求宮崎滔天聯絡頭山滿、寺尾亨等人遊說日本政府，援助民黨。

上函發出後，孫毓筠即患病。因此，鄧恢宇的合作對象改為鈕永建。6月9日，鄧、鈕聯名致函宮崎滔天云：

> 接讀東函，敬知道體早慶復元，欣慰無似！夫先生固久抱救國救民之願望，對於中日兩國前途，尤為遠而且宏。此次雖抱採薪，而旋占勿藥，安知非吉人天相，留之使貫徹其初衷耶！為先生賀，更為東亞前途賀也。
>
> 敝邦不幸，儌擾頻年。頃者天予時機，北酋解體，義軍入贛，已逼南昌，飲馬長江，當不遠矣！永建現奉孫大總統指令，下游回應，收復江蘇。一俟佈置粗完，即行著手。惟經濟缺乏，還仗先生大力維持。昨龜井君來函，謂可於最短時間希望活動，友邦仗義，古道可風，東望扶桑，距躍三百。至購械與競馬場事，並請同時進行，早收效果，無任盼禱！
>
> 先生何時來滬，祈預賜示知，以便歡迓。

本年1月宮崎滔天在上海時，經醫生診斷，有腎臟病。同年3月，宮崎滔天歸國，經確診後，醫生命戒酒，休養。本函稱："敬知道體早慶復元"，知時已康復。

1917年9月，段祺瑞下令進攻南方護法政府。由於直、皖兩系軍閥之間的矛盾，北洋政府總統馮國璋指使部屬從前方通電，請求停戰議和。段祺瑞無奈，於11月16日辭國務總理及陸軍總長職。次年3月23日，馮又被迫請段復任國務總理。4月，段親到武漢等地，催促北洋軍進攻，但直系大將吳佩孚於攻佔衡陽後，即按兵不動，並與湘軍譚延闓所派代表商洽停戰。段屢次飭令進攻，吳均置之不理。本函所稱"天予時機，北酋解體"云云，指此。同函又稱："義軍入贛，已逼南昌"，當指李烈鈞率軍進攻江西事。從本函可知，護法運動期間，孫中山曾指示鈕永建在長江下游回應，企圖收復江蘇。

本函中，鈕永建、鄧恢宇對時局仍然作出了極為樂觀的估計。實際上，孫中山這時正在廈門，準備赴日，已不能有所作為，紐、鄧函中云云，或者是為了便於向日方謀款。

"護法"失敗，鄧恢宇繼續從事實業活動。12 月 16 日，鄧恢宇致函宮崎滔天夫人云：

> 夫人起程之日，未能登船送行，罪甚！近又未致書問候，抱歉！
>
> 屠村山主李君來函云：新畫礦區，非常歡悅。無論三、四千畝至一萬畝，皆可隨吾人之所欲。現正待吾人之技師測繪。至於縣衙及實業廳，均容易辦好。僕已將李函交龜井君手矣！如東京匯款能到，僕即登山到李家交涉進行，望夫人安心。

同函並稱：屠礦以外，浙江、安慶之間有一千八百畝煙炭礦，極好著手；近又有友人介紹江西一重石礦，礦山極大，約華里一百里，主人願意賣脫；可以進行的還有浙江鋁礦、湘潭鐵礦、水口山銀、鋁礦、煙炭礦等，總計十餘處。鄧恢宇並告訴宮崎夫人，山西大同賣炭之主人馮君昨已到滬，帶來煤樣 200 斤，鈴木洋行或有草簽合同的可能。鄧表示：

> 總之，僕受夫人之重託，當竭死力進行實業，以達吾人三年來未成功之目的。倘能順手進行，即可以提倡日華真正親善之事業，保全東亞之和平，則不負夫人一片經營實業之苦心，聊可以報滔天先生二十餘年苦心孤詣，為吾國救亡之美意。

自 1914 年起，宮崎滔天即因何天炯等人的介紹，涉足中國的實業活動。[1] 宮崎滔天的夫人於 1916 年 11 月 6 日到上海，於 1918 年 12 月初回日本，共在上海生活了兩年多。過去，人們不清楚宮崎夫人為什麼單人在上海住這麼久，現在，

1　何天炯致宮崎滔天函，又，致山田純三郎函，1914 年 5 月 5 日。

人們明白了，宮崎夫人是在上海經商，為中國革命黨人開闢一項經費來源。

宮崎夫人雖然回到日本，但是，在中國的實業活動並沒有停止。1919 年 1 月 6 日，鄧恢宇致函宮崎夫人稱：屠村礦主李伯英已在滬等待二週，但日本 "銀主" 尚未到滬，希望速催 "銀主"，並帶技師同來，以便速往屠村進行。鄧並云：

> 米事，詳龜井手紙中。宇因陰曆年末，困難日急一日。如不得人救助非倒不可。宇現想一方法，向各處湊款；能湊成功，亦可以救其不倒。宇擬向唐紹儀、趙伸等處湊成百元，萬懇夫人設法湊二百元，迅速匯寄上海，救我危急，則感恩無既矣！如勝木サン之公債，即日可以成功，則不成問題矣！倘一處均不成功，聽其倒去，殊可惜也。夫人處不能湊二百元，或一百，或五十，均能救命也。敬叩福安！並候返音。

趙伸，字直齋，雲南嵩明人。同盟會會員。サン，日語，意為先生。勝木サン，當係在上海經營公債、股票的日本商人。看來，鄧恢宇的實業活動進行得不順利。本函稱："宇因陰曆年末，困難日急一日。如不得人救助，非倒不可。" 可見其窘迫狀況。

同樣，宮崎夫人的實業活動也似乎沒有多大成就，因此，改為充當日本米業資本家的中介人，從中國向日本販運大米。以下數函，談的都是與販米有關的事項。

2 月 4 日，鄧恢宇命龜井一回日，面交宮崎滔天一函，函云：

> 弟屢得貴夫人函，囑購米方法，東奔西走，結果甚少。前日忽見先生致精衛先生書，始知先生對於米事進行頗急。弟即將此事商諸朱卓文兄（因朱君自有米廠在南京），朱君諸事均可負完全責任，送至青島。此乃購米獨一無二之方法。因緘電不能明悉，特請龜井回日當面詳陳一切。萬懇先生火速催資本家帶款來上海，以便開始購辦也。千萬不可遲緩，恐捷足者先得也。

朱卓文，原亦為革命黨人，此時投資米業。

2月7日，再致宮崎滔天一函，告以接到朱卓文由南京來緘，米事可成功五六萬擔。函稱：

> 萬乞先生迅速促資本家來上海，弟即偕往，與卓文兄開始進行，以便成功後再可進行購辦也。且弟誓必將此事辦好，以不辜負先生之美意，從此即可以謀實業之基礎，並可達將來偉大之目的也。如資本家一定購米時，請先生在11日前電匯日幣1000元或500元，救弟萬分之急，過遲則弟處難保不倒。萬懇先生維持為叩！

5月4日，又致宮崎夫人函云：

> 自得夫人20日起程之手紙後，即與朱卓文相商辦法。朱云：只求滔天先生與夫人速來上海，販賣米事，實容易得大利益也。自此以後，弟已三次請龜井兄致緘夫人處，說明僕處窮困至不能維持，勢在必倒。奈困乏太久，倒亦困難。何以故？只因負債至500元餘之多，將家中一概傢具悉行賣盡，不過200餘元而已。何能償此500餘元之債？即倒，亦須想個辦法，始能倒得下去。不然，進退維谷，倒亦不好，不倒亦不好。倘到此時，除自殺以外，無政策也。

函中，鄧恢宇再次表示，自己將始終堅持主旨，在實業上猛力進行，務必取得良好結果，站住腳跟，由小至大，以便達到將來的"重大目的"。鄧稱：

> 僕最恨吾黨一班同志，始終辜負滔天先生及夫人救助中國之一片熱心。實吾同志之薄情，不顧舊恩人，且不顧將來東亞之大局，僕亦無法，只好盡個人之能力，誓謀一最好之實業，維持目前，發達將來，大功告成，則僕庶幾可以為吾黨、為吾國，酬報滔天先生及夫人於萬一也。
>
> 恨事不如願，自與前田先生開始買鐵，至去年之謀礦止，三年之功，

毫無效果。僕實慚愧欲死，以至今日不可收拾也。

同函中，鄧恢宇又向宮崎夫婦提供了江西鎢礦、煙煤礦等兩條線索，並稱：

> 近由荒木兄紹介一銀主，辦石炭礦及タングステン，正進行中。成
> 功，當送夫人一分；如不成功，則僕之生命，殊危險已極。家中倒後，僕
> 倘不被債權者逼死，必來東京，商量繼續再辦實業。人不死，志不死。運
> 之如何，聽乎天也。

タングステン，日語，意為鎢。鄧恢宇表示：倘宮崎夫人能即來上海，自己即
不去東京。他要求宮崎夫人先行電匯 200 元，以救危險。當年 9 月 16 日，宮崎
滔天到滬，同月 27 日歸國，或與鄧函所述內容有關。

　　中華革命黨在反袁鬥爭勝利後逐漸渙散。1919 年 10 月，孫中山將中華革
命黨改組為中國國民黨，但是，渙散依然，同時發生嚴重腐敗現象。1921 年 3
月 11 日，鄧恢宇致函宮崎夫人，除懷念她在滬時對於自己家庭的照顧外，特別
感慨於昔日革命志士的墮落，函云：

> 惜運命不佳，實業上，總難發展；加之政治不良，辦理者，除爭權
> 奪利外無他能。是以人民受其痛苦，國勢日趨危弱。所有昔日愛國之士，
> 今日只知愛金錢，與當日同盟會時代，大相反對。恢宇除恨彼輩之誤國誤
> 民，又無法糾正，惟有一時將個人飯碗問題謀穩，實業方面，立有基礎，
> 再從政治下手也。惟實業方面，端賴夫人相助之處，正多也。

函中，鄧恢宇告訴宮崎夫人：近數月來，正與龜井一共同販賣麝香、翡翠，並
擬再販賣日本石炭。鄧稱："因此項生意，獲利最大。支那上海近年來，作石炭
商，獲利至數百萬金者，有百數十處之多。"鄧表示，與龜井一相商，待宮崎
滔天返上海時，再商議進行。同時，鄧恢宇並稱：與杜羲所辦之雜誌因資本不
足，尚未出版。

這時，宮崎滔天之子龍介（重作）也參與了中日間的商務活動，因此，鄧恢宇函中稱："令郎重作兄之麻布見本，不日定寄來。"見本，日語，意為貨樣。

同年 3 月 6 日，宮崎滔天為了考察廣東政府的情況，自日本至上海，次日赴廣州，會見孫中山、何天炯、張繼、胡漢民、廖仲愷等人。18 日，再至上海，受到鄧恢宇的熱情款待。返日後致函鄧恢宇相謝。4 月 16 日，鄧恢宇復函宮崎滔天云：

> 奉讀大示，敬悉先生三十載為吾國奔走，一身以外，犧牲淨盡。弟公誼私情，理應誠心誠意，殷勤招待，為國為友，皆永遠不能忘情也。

同函並云：

> 江西進賢炭坑炭見本昨日由郵寄到上海，炭質甚佳。擬送三菱化驗部化驗，始知其成分。據南昌之化驗云：較之樂平炭，高百倍。現出之炭，皆五尺深之炭。聞愈深，炭質愈佳。
>
> 昨日李君自備旅費，起程往江西進賢取礦山圖樣及實業廳印批（即許可證）、各種證據物，並察看現開之礦窯情形，以作上海方面銀東作用之準備，以便速即進行。萬祈先生催龜井兄迅速回上海，以免延誤時機也。

函中並談到王統一販賣石炭，有 10 萬元確實款在上海正金銀行，足以作信用押匯，要求宮崎滔天介紹一實在礦主，成全此事。又稱："令公子重作兄麻布、茶油兩商進行否？弟當負完全責任相助也。"

在宮崎滔天故居中，還有一封鄧恢宇和徐瑞霖的聯名信，討論的是開採九江銅礦有關事項，函云：

> 弟等所介紹九江銅礦，現羅君催促甚急，至今不見久原之技司〔師〕到漢，不知何故？究竟何日進行，弟等甚茫然也。惟羅君因湖北政府收買之故，眾股東頗為贊成，羅君無法以對，三次致電催其往勘。迄今久原技

司〔師〕尚在湖南，不能進行。因此之故，困難已極。萬懇先生從速處置，是為至禱！弟等所望，全在先生一人主持，想先生不至放棄此任也。

其他廢鐵事甚有成就，請詢諸令嗣龍介君，必鼓掌稱快也。

本函由宮崎龍介帶交宮崎滔天，僅署 1 月 17 日，似為 1922 年作。

自 1921 年 10 月起，宮崎滔天的腎臟病與心臟病、肝病併發，醫生束手無策。1922 年 12 月 6 日逝世。鄧恢宇與宮崎滔天家族的關係自此結束。

追隨孫中山進行中國革命的日本浪人情況複雜，目的各異。其中，宮崎滔天夫婦是真誠地懷著對中國和中國人民的友好感情的。他們真心實意地幫助中國革命，是孫中山和中國革命黨人的真正朋友和支持者。鄧恢宇的上述信札提供了一份有力的佐證。

附記：本文所引宮崎滔天家藏書札原係小野川秀美教授編輯《宮崎滔天全集》時的影本，當時未收入《全集》所附年譜，承狹間直樹教授惠贈，並蒙宮崎智雄、宮崎路冬夫婦惠允利用，謹致謝意。

孫中山與第一次世界大戰 *
——在香港浸會大學、樹仁大學國際討論會的演講
（2018 年 4 月 3 日）

　　提要：1914 年，第一次世界大戰爆發，德意志、奧匈、奧斯曼、保加利亞組成同盟國，英國、法蘭西、俄羅斯、美利堅等組成協約國。中國的段祺瑞政府在美國和日本的鼓動下，決定加入協約國，與德絕交，對德宣戰，中國社會隨之分裂為兩派。梁啟超等支持段祺瑞政府參戰，孫中山等則反對段祺瑞政府參戰。

　　德國政府積極找尋並支持反對參戰的力量。在俄國，支持主張退出大戰的列寧及其布爾什維克政黨；在中國，則支持反對段祺瑞政府參戰的孫中山及其領導下的革命黨人。德國駐華公使辛慈（Paul Von Hintze）在下旗回國前，曾以 200 萬元資助孫中山，孫命時在上海的蔣介石秘密辦理，接受此款。當時，北洋政府的國會中，國民黨系統的議員力量較強，孫中山便企圖以之為籠子和絆腳石，限制北洋政府通過相關議案，北洋軍閥集團則力圖解散國會，突破籠子、搬開絆腳石，從而形成維護國會與解散國會的鬥爭。孫中山在得到德國資助的鉅款後，立即運動北洋艦隊，南下廣州，同時資助在北京的國會議員赴粵，成立護法軍政府，發動護法運動與護法戰爭，反對北洋政府。

　　第一次世界大戰結束後，孫中山即派曹亞伯赴德，建議聯合德皇退位後成立的魏瑪共和國、十月革命之後的蘇俄，共同成立"中德俄三國同盟"。後來，又制訂規模宏大的《國際共同發展中國實業計劃》，創造性提出"互相為用"，"使外國之資本主義以造成中國之社會主義"的偉大設想，企圖吸引大戰後的外資，振興中國實業，從而為人類找到一條消除"貿易戰爭"，進而消滅武力戰爭的道路。

---

* 　原載《江蘇師範大學學報（哲學社會科學版）》2018 年第 5 期；香港《明報月刊》2019 年第 1 期。

一、引子

1937 年 4 月 27 日，蔣介石批閱日本人石丸藤太所著《蔣介石傳》，發現有許多"不確之處，形同小說"，其中關於蔣介石"投機發財，貢獻為軍費"一事，蔣介石專門在日記中寫了一段辨正：

> 此或在民國六年中德絕交時，德使以大宗款項貢獻於本黨革命之款所誤會，以此款由余經手也。

蔣介石的這一段話語為不詳。同年，蔣介石在《雜錄》欄內補充說：

> 民國六年，中德絕交，中國加入協商國參戰，本黨竭力反對。當時德國公使下旗回國，以其在華留餘之資金約二百萬元貢獻於本黨總理，資助革命。總理命余極秘密經理此事，即以此款運動北洋艦隊，由總理交程璧光率領南下，赴粵組織軍政府，而留余在滬主持一切。當時唐紹儀暗示陳炯明向總理追問，此運動海軍之款從何而來，總理只答其可問介石自明。及余抵粵軍時，陳即向余追問。余乃設辭曰：賣卻交易所各股票之所得也，陳乃信以為真。今日世人以余在交易所投機百萬元所得資金貢獻總理，作軍費之說，其或亦由此以誤傳誤而來乎？

蔣介石的這段日記涉及近代史和中德關係史上的重大事實，為前人所未知，或知之甚少，需要深入探究、考辨。

二、第一次世界大戰爆發與孫中山反對中國參戰

1914 年 6 月 28 日，奧匈帝國皇儲斐迪南大公夫婦在塞拉耶佛視察時，被塞爾維亞的一個青年人槍殺，成為第一世界大戰的導火線。一個月後，奧匈帝國在德國的支持下，以塞拉耶佛事件為藉口，向塞爾維亞宣戰。接著，德、

俄、法、英等國相繼投入戰爭。其中，德意志帝國、奧匈帝國、奧斯曼帝國、保加利亞王國組成同盟國陣營，大英帝國、法蘭西第三共和國、俄羅斯帝國、意大利王國和美利堅合眾國、塞爾維亞、意大利等國組成協約國陣營。這次戰爭，是在各帝國主義國家經濟發展不平衡、秩序劃分不對等的背景下，為重新瓜分世界和爭奪全球霸權而爆發的一場戰爭。

第一次世界大戰爆發後不久，中國即宣佈中立。1914 年 8 月 6 日，袁世凱政府公佈《局外中立條規》，照會各國駐華使節。同月 23 日，日本為了在東亞擴張勢力和侵略中國，以 1902 年締結的 "英日同盟" 為藉口，於 8 月 23 日對德宣戰，加入協約國，迅速出兵山東，攻佔青島及膠濟鐵路，佔領原由德國佔有的勢力範圍。1916 年 6 月 29 日，黎元洪以大總統身份任命段祺瑞為國務總理，中國近代歷史進入皖系軍閥的統治時期。繼起的段祺瑞政府表面上賡續中立政策，實際上逐漸傾向於協約國，準備參戰。1917 年 2 月初，德國宣佈潛水艇鎖海計劃，通牒各中立國，於其封鎖線內，不准船隻往來，美國船隻和人員因而受到攻擊，美國憤而與德國斷交。2 月 7 日，美國駐華公使芮恩施約見黎元洪和段祺瑞，遊說中國政府與美採取一致行動，聲稱美國政府將給中國以 "資金援助"。[1] 同日，段祺瑞政府電令駐日公使章宗祥徵詢日本意見，日方勸告 "自以與美取同一態度為宜"[2]。2 月 8 日，北京政府國務院決定，抗議德國的無限制潛艇戰。日本對段祺瑞政府的態度感到滿意，外務大臣本野一郎於 11 日面告章宗祥，深望中國與德絕交後，進一步加入戰團，日本政府 "必以誠意為中國謀其利益"[3]。北京政府覺得是個機會，章宗祥於 15 日會晤本野，要求在中國與德絕交後，日本能給予財政援助，並請日本及有關各國同意，中國提高關稅，延期償還庚子賠款。17 日，本野對章表示，在中國政府對德絕交後，日本方可向各國代為周旋。此時，日本首相寺內正毅派遣其密使西原龜三來華，商談中國參戰條件。24 日，署理外交總長曹汝霖會晤西原，希望日本在中國政府公佈對德宣戰以前保證做到三項：1. 延期償還協約各國的庚子賠款；2. 永遠撤銷對

1　芮恩施：《一個美國外交官使華記：1913—1919 年美國駐華公使回憶錄》，李抱宏等譯，商務印書館 1982 年版，第 192—193 頁。
2　王芸生：《六十年來中國與日本》第 7 卷，第 78 頁。
3　王芸生：《六十年來中國與日本》第 7 卷，第 81 頁。

德、奧的賠款；3. 提高進口關稅。同時，要求貸款 2 千萬日元，作為宣戰的預備金。此後，協約國的駐北京共公使們即"使盡了渾身解數"，"多方誘使中國參戰"。[1]

3 月 1 日，載有華工 900 人的法國商船亞多斯號在地中海被德艦擊沉，542 名華工喪生。3 日，在段祺瑞主持下，內閣會議通過對德絕交案，同時擬就致章宗祥密電，要求日本政府切實贊助中國參戰後希望獲得的三項權利。4 日，段祺瑞請黎元洪在對德絕交文件上蓋印，同時簽署拍發致章宗祥密電。黎認為未經國會同意，就與協約國商議參戰條件，有違憲法精神，拒絕拍發致章密電。段與黎發生衝突，憤而辭職，出走天津，北京政府陷入癱瘓。6 日，段在得到黎元洪"尊重內閣責任"的保證後才回京繼任。10 日、11 日，北京國會的參議院和眾議院均以壓倒多數，相繼通過對德絕交案，決定加入協約國。14 日，北京外交部照會德國公使，宣佈對德國絕交。4 月 25 日，段祺瑞召集各省督軍在北京舉行軍事會議。段稱：所謂參戰，無須出兵，只須派出勞工。參戰後，可得到日本借款和軍械。段祺瑞的這些話大合督軍們的心意，會議於次日通過對德宣戰案。5 月 1 日，段祺瑞再次召集國務會議，討論對德宣戰為題，20 多個督軍及其代表闖進會場施壓，會議一致決定對德宣戰。會後，段祺瑞偕同國務員們向黎元洪彙報，黎仍表示：須國會同意。

段祺瑞政府的絕交和參戰決定立即引起中國政壇的糾紛與衝突，贊成與反對者各持己說，互不相讓。梁啟超和孫中山分別是兩派的代表。梁啟超認為"一戰"的結果。德國必敗，協約國必勝，中國參戰，可以借此收回失去的利權，增進國際地位。為此，梁啟超不惜加入段祺瑞內閣，以示支持。孫中山主張中國"嚴守中立"，堅決反對段祺瑞政府參戰。

1917 年 3 月，有英國重要人士會晤時在上海的孫中山，勸誘中國加入協約國。孫中山經過"詳慎審慮"，於 3 月 8 日致電英國首相勞合・喬治（David Lloyd George），表示"中國若破棄中立，將於中英兩國均有大害"。他以中國"共和肇造，尚在幼稚時代"，經不起紛擾為理由，說明自協約國強迫中國參戰

1　《顧維鈞回憶錄》（1），中華書局 1983 年版，第 155 頁。

後，中國政治家之間已經"爭執甚烈"，"今若再生意見，或致引起大亂"，同時說明中國有"排外愚民"和"回教徒"等兩種"強固而危險之份子"，他們可能因中國參戰"被激而蠢動"。倘若因中國對外宣戰而激發起他們的"排外心理"和"仇外精神"，就可能出現"戕殺外人"的第二次"拳亂"。這將損害英國在東方的利益，引起協約國之間的內部矛盾。以此，他明確地告訴英國首相，他打這通電報，不僅是為救中國，也是為了維繫對英國的友誼。電稱："中國處此地位，自不能望其於嚴守中立之範圍外，別有所行動。僕之所以以此項有害之運動喚起閣下之注意者，不僅因區區之願望欲救中國於危機，亦因對於貴國素具最懇切之同情。"[1]

對德絕交、宣戰的關鍵步驟是國會的討論和通過。3月9日，孫中山致電北京的參議院與眾議院，認為加入大戰，"於國中有紛亂之虞，無改善之效"。他要求議員們阻止政府參戰，電稱："諸公代表國民，責無旁貸，務望審察堅持，轉圜樞紐，惟在諸公。勿以中國投之不測之淵，庶幾不負國民重託。"[2] 同月，他發表談話說："歐戰實一爭商場之戰爭，爭殖民之戰爭，中國不當參加，對於列強之間而有所好惡者，尤為可惡可恥。中國民眾非善忘，不應僅記憶侵略膠州之德國而忘其他，在中國此時立場，何不向列強收回一切侵佔地與一切權利？"[3] 這是孫中山對第一次世界大戰本質認識最為清醒的一次談話。孫中山提醒國人：清末，德國海軍強佔山東膠州灣（青島）的事實固然不應忘記，但是，侵佔中國土地與權利的列強還多著呢，作為協約國的英、日、俄、美不也這樣嗎！

段祺瑞一心一意參加英、日、美等協約國為一方，對以德國和奧匈帝國為主的同盟國為另一方的世界大戰。為了通過國會討論這關鍵的步驟，段祺瑞於5月3日宴請國會議員，要求議員們認清世界大勢，予以贊同。次日，督軍團也出面宴請議員，要求議員們"為國民請命"，"務諒政府之方針進而贊助"。面對段祺瑞和督軍團的酒宴拉攏，孫中山也力圖通過國會，阻遏段祺瑞將參戰

1 《致英國首相勞合‧喬治電》，《孫中山全集》第 4 卷，中華書局版，第 19—20 頁。
2 《孫中山全集》第 4 卷，第 19 頁。
3 《反對參加歐戰之談話》，郝勝潮主編：《孫中山集外集補編》，上海人民出版社版，第 201 頁。

計劃變為實踐。5 月 4 日，孫中山致電國會中的國民黨議員組織的民友社，聲稱 "此外交問題，為中國存亡有關，不能稍有遷就。諸公於此能持堅確之態度，百折不回，信所欽佩"。針對前此雖反對而未能奏效的事實，孫中山勉勵民友社成員繼續奮鬥。電稱："惟前途尚屬遼遠，我輩無武力、金錢之可恃，所恃者國民之同意與愛國之精神而已。願以百折不回之至誠，處此千鈞一髮之危局，無任注盼。"[1] 同月，孫中山授意，由朱執信執筆，寫成特長文章《中國存亡問題》。首引 "兵者凶器，戰者危事" 的中國古訓，全面闡述中國不可輕易參戰，而要堅持中立。文章特別批駁段祺瑞的中國參戰 "非以謀利，但求免害" 的言論，強調 "中國者，中國人之中國也，最終之決定，當在國民"。文章警告段祺瑞等當權者，絕不能罔顧民意向背，一意孤行，否則 "內失群眾之心，外無正義之助，恐其敗裂，不待國亡"。文末申言："吾不憚千百反復言之曰：以獨立不撓之精神，維持嚴正之中立。"[2]

段祺瑞在國務會議通過對德宣戰案之後，下一步驟是提交國會眾議院討論。段祺瑞內閣在宴請議員之後，又製造民意，迷惑視聽。5 月 10 日，北京街頭突然出現各種名目的 "公民請願團"。他們在段祺瑞內閣的陸軍部人員指揮下，散發傳單，包圍眾議院，企圖以武力一手迫令議員贊成宣戰案。當日，田桐、鄒魯等十餘位國民黨反對宣戰的議員被毆，議場被包圍，"公民團" 們不許議員離開，聲稱出去則 "打死無赦"。結果，議院被包圍長達 10 小時之久。11 日，孫中山與岑春煊、唐紹儀、章太炎、溫宗堯等聯名致電總統黎元洪，指責上述現象，聲稱 "法治之下，而有此象，我公不嚴加懲辦，是推危難於議員，而付國論於群小，何以對全國人民"？孫中山要求黎元洪 "訊發嚴令，將偽公民犯法亂紀之人，捕獲鋤治"，藉以保護國會尊嚴，杜絕壞人指使。[3] 此前，段祺瑞曾請王寵惠面晤孫中山，邀請其入京共商對德宣戰一事。12 日，孫中山復函段祺瑞，力陳 "中國極弱，無可諱言，既為弱國，自有弱國應有之分"，不應自不量力，勉強參戰。16 日，孫中山致電國會中的民友會、政學會、政餘俱

---

1 《孫中山全集》第 4 卷，第 29 頁。
2 《孫中山全集》第 4 卷，第 40、98、99 頁。
3 《孫中山全集》第 4 卷，第 29—30 頁。

樂部等三個政團及兩會議員，說明對德絕交之後，長江兩岸米價大漲，將來宣戰之後，米價更增，人民痛苦必將百倍，終將釀成巨變，導致"亡國之險"。孫中山認為，否決參戰就是"救亡之道"，中國之事，必須由中國自主，力促國會否決內閣的宣戰案，使內閣服從國會。[1]當時，社會出現"倒閣"輿論，要求推倒通過參戰案的段祺瑞內閣。19日，孫中山致函參議院、眾議院議員，強調此時以"避亡國為第一義"，必須將重點放在否定政府的參戰案上。[2]

段祺瑞政府主張參戰，除了企圖乘機廢除與德國、奧國訂立的條約，停付德國賠款，收回德國租界外，還在於：1. 增進與美、英、法、日、俄等協約國的關係，提高中國的外交地位，以便戰後能出席和平會議。2. 獲取日本的借款和武器援助，壯大皖系力量，藉以實現武力統一。當時段祺瑞估計，德國雖強，但在日、美，特別是美國參戰之後，寡不敵眾，一定失敗。[3]孫中山等反對參戰，則主要因為戰場遠在歐洲，與中國無涉，參戰會激起中國人的排外情緒，加劇中國內部的矛盾和糾紛，中國是弱國，無力加入戰團，擔心參戰可能導致中國陷入亡國危機，等等。在當時參戰和反對參戰的兩派對立中，時任駐美公使的顧維鈞起了重要作用。據顧自述，在他了解到國內兩派分歧的情況後，曾經給段祺瑞政府發電，"列舉中國參戰可能獲得的好處"，段祺瑞回電加以肯定，聲稱已翻譯並已分發給內閣成員。[4]

三、德國以鉅資幫助孫中山，孫用以資助海軍，南下廣州護法

孫中山反對中國參戰的態度迅速引起德國駐華外交使節的注意。

當時德國駐華公使為辛慈（Paul Von Hintze）。1916年元月，段祺瑞通知辛慈，如中國參加歐戰，協約國將給予中國援助。辛慈當即表示，只要中國保持中立，德國也可以給予中國同樣的條件。他私下以金錢向段祺瑞及其政府要員、國會議員等行賄，以圖阻止或延緩中國對德絕交或參戰。3月2日，辛慈

---

1 《致北京民友會等電》，《孫中山全集》第4卷，第33頁。
2 《致參議院、眾議院議員函》，《孫中山全集》第4卷，第33—34頁。
3 曾毓雋：《黎段矛盾與府院衝突》，《北洋軍閥史料選輯》（上），中國社會科學出版社1981年版，第264頁。
4 《顧維鈞回憶錄》（1），中華書局1983年版，第154頁。

通過中間人向段祺瑞表示，如段延緩中國參戰，德國將給予段本人一百萬元，段則以笑言相拒。

1917 年 3 月 14 日，北京政府外交部宣佈與德國斷交，令辛慈出境。辛慈過滬時，訓令德國駐滬總領事黑爾‧克尼平（Her Knipping，一譯柯南平）多方聯繫中國反對參戰的各派力量，特別是孫中山。對孫，辛慈表示，最多可以給予二百萬元，以支持其倒段。當時，湖北革命黨人、同盟會會員曹亞伯正在北京的黎元洪總統府擔任顧問，他是孫中山革命時的舊日戰友。克尼平遂電請曹亞伯由京返滬，做孫中山的工作，動員孫推倒主張參戰的段祺瑞。曹亞伯到上海後，克尼平派翻譯西爾莫爾博士（Dr. Schirmer，一譯雪麥）與曹一起與孫中山密談，孫中山對倒段一事極為贊同，但聲稱為爭取海陸軍支持，須德方資助二百萬元。事後，克尼平項目報告德國政府，獲得首相同意。[1] 克尼平的上司辛慈原為海軍上將，深得德皇威廉和德軍統帥部的信任，解決資助孫中山 200 萬元這樣的事情應該不費多大力氣。

海軍總長程璧光本來就不贊成中國參加世界大戰。1917 年 4 月，他上書黎元洪和段祺瑞內閣，力言對德宣戰之不必要和海軍參戰之困難，提出參戰必須 "多數閣員之同意" 和 "國會一致之贊成"，聲稱 "空言宣戰，以博美名，璧光至愚，萬萬不敢出此"。[2] 緊接著，發生段祺瑞的親信陸軍部次長傅良佐指使 "公民團" 包圍議會，毆辱議員事件，程璧光與外交總長伍廷芳、司法總長張耀曾、農商總長谷鍾秀四人共同憤而辭職。（詳下文）

6 月 9 日，程璧光離京赴上海，召集各艦艦長會議，同時聯絡在上海的孫中山等人，商討辦法。據《程璧光殉國記》一書記載，當時，孫中山要求程璧光率師討逆，表示願 "擔任籌款，囑公勿以經費為慮"[3]。23 日晚，孫中山在哈同花園與程璧光 "會商大計"。[4] 6 月 27 日，孫中山命人向程璧光送交軍費 30 萬元。《程璧光殉國記》稱："時公以海軍既與北京政府脫離關係，軍費無所

1　李國祁：《德國檔案中有關中國參加第一次世界大戰的幾項記載》，《民國史論集》，台北：南天書局，1990 年版，第 319—320 頁。
2　《程璧光報告中國對德宣戰意見呈》，王建朗主編：《中華民國時期外交文獻彙編》第 1 卷下，中華書局，第 1313—1314 頁。
3　莫汝非：《程璧光殉國記》第 3 章，第 4—5 頁。
4　莫汝非：《程璧光殉國記》第 3 章，第 5—6 頁。

出，而護法進行不容緩，又不可一日缺餉糈，遂受焉。"[1] 上文的 "公"，這裏的 "公"，指的都是程璧光。可見，正是由於有了孫中山提供的 30 萬元資助，海軍才有了脫離北京政府，轉向孫中山營壘的必要經費。

孫中山提供程璧光的經費從哪裏來？以孫中山為首的革命黨人長期經濟困窘，何以在這一時期突然有財力爭取海軍的擁護和支持？本文開頭所引蔣介石日記說得很清楚：德國公使以其 "在華留餘之資金約二百萬元貢獻於本黨總理"，"即以此款運動北洋艦隊，由總理交程璧光率領南下，赴粵組織軍政府"，蔣介石的這一段日記很好地回答了上述兩個問題。孫中山之所以能向程璧光表示 "自任籌款"，顯然，其時，他已得到了德國將提供資助的訊息。其後，孫中山在廣州召集 "非常國會"，開展護法運動與護法戰爭，其經費來源，也應該和德國人提供的這筆錢款有關。蔣介石稱，這 200 萬元係德國 "在華留餘之資金"，恐不確，應該是德國為阻止中國參加歐戰的專用資金。不過，中國的護法運動和護法戰爭需款甚 ，孫中山雖有德國的這筆資助，仍然時感困窘。

熟悉革命黨人歷史的馮自由在《革命逸史》一書中說：

> 民六六月，總統黎元洪被督軍團逼脅，解散國會，國人大憤，孫總理在上海力圖起兵護法，而絀於經費，會有素與曹亞伯相識之美籍某國醫生告亞伯曰：如孫公有起兵護法之決心，某國願資助百萬。亞伯以告總理，總理大悅，惟囑亞伯堅守秘密。亞伯曰：吾乃基督教徒，當指天為誓。自是每當夕陽西下，亞伯恆偕女友吳某乘馬車遊行各馬路兜風，順道至虹口某醫士寓所攜去大皮篋一具，其中累累皆各國鈔票，外人雖偵伺嚴密，無疑之者。未幾遂有程璧光率海軍南下及廣州召集非常國會之事，亞伯之力為多焉。[2]

馮文所稱 "總統黎元洪被督軍團逼洩，解散國會"，是北洋時期軍人干政的典型事件，下文將要詳述。馮文所稱曹亞伯是德國資助孫中山一事的當事人，其所

1　黃季陸主編：《革命文獻》第 49 輯，中國國民黨中央黨史史料編纂委員會 1969 年版，第 372 頁。
2　馮自由：《革命逸史》第 2 集，中華書局 1981 年版，第 53 頁。

記當得自於曹本人。它與蔣介石日記所載可以互相參證。

孫中山從德國得到巨額資助一事很快就外泄。1917 年 7 月，孫中山到達廣州不久，廣東督軍陳炳焜就告訴美國駐廣州總領事海因策爾曼（P.S. Heintzelman），在上海的德國人補給了孫中山 150 萬馬克，其中 50 萬送海軍，30 萬送國會議員，餘數通過荷蘭銀行和台灣銀行匯到廣州。陳炳焜所得訊息在孫中山如何分配使用德國資助上不會很準確，但透露出，孫中山也曾用這筆款子資助在北京的議員南下。陳想知道，餘款存在何處。海因策爾曼因此向孫中山了解此事，孫中山於 1918 年 4 月 28 日回信答稱："我趁此機會毫不猶豫地宣佈，我從未從德國取得款項。"[1] 後來軍政府的領導人之一唐紹儀暗示陳炯明查問此款的來歷，孫中山不願直說，答以"問介石自明"。陳炯明再問蔣介石。此時，美國方面已有不少關於孫中山"接受賄賂並準備為出價最高者效勞"的傳說[2]，蔣介石為維護孫中山的形象，只能謊答：係賣掉自己在上海交易所的各種股票所得。

德國人資助孫中山"護法"一事使我們想起了德國人資助列寧回俄羅斯進行革命活動的相關歷史。

列寧反對沙皇政府，尤其反對俄國參加第一次世界大戰，主張將帝國主義戰爭轉變為國內的反對沙皇政府的戰爭，因此，德國政府積極支持列寧。這種支持不僅表現在經費資助方面，而且也表現在大力協助列寧等革命黨人自國外返回俄羅斯方面。當時，列寧等人正流亡瑞士，是德國人用密封的軍用列車將列寧等人送回俄國，同時給予了巨額資助。其數額，學界有爭論。但是，既然德國人肯於以 200 萬元的鉅款資助東方的孫中山，當然，其資助俄羅斯布爾什維克領袖列寧的數額，肯定會遠遠超過孫中山。據近年德國方面的資料透露，至 1917 年底，德國外交部至少向布爾什維克及其他俄國革命者供了 2600 萬馬克，大致相當於今天的 7500 萬歐元。[3]

1　《集訊，廣州，海因策爾曼致萊因斯（按，即芮恩施）》，轉引自韋慕庭：《孫中山——壯志未酬的愛國者》中譯本，中山大學出版社 1986 年版，第 343 頁，注 148。

2　*The Papers of Woodrow Wilson*, Vol.53, p.138, p.197.

3　Revolutionär seiner Majestät, Die Spiegel, No.50, 2007,12,7.（《德皇陛下的革命家》，德國《明鏡週刊》2017 年第 50 期）。

四、解散國會與維護國會，中國參戰案的通過與護法戰爭

由於參議院和眾議院遲遲不能通過政府的參戰決議，1917 年 5 月 18 日，督軍團代表張懷芝會見黎元洪，要求解散國會。次日，國會議決緩議對德宣戰案。同日，督軍團以反對"議會專制"為藉口，正式呈請黎元洪解散國會，修改憲法。黎元洪不贊成解散國會和修改憲法，召見督軍團孟恩遠、王占元等，予以告誡。這樣，久已存在的黎元洪的總統府和段祺瑞的國務院之間的"府院之爭"突然加劇。有人勸段祺瑞辭職，段則以參戰案功敗垂成為慮，不肯辭職。[1] 5 月 23 日，黎元洪下令解除段祺瑞的國務院總理職務，段祺瑞則通令各省，不承認黎元洪的免職令。在徐州的"辮子軍"大帥、督軍團團長張勳乘機召集會議，議定由津浦、京津、京漢三路進攻北京。會上，張勳提出請退位的"宣統皇帝"復辟問題，得到各督軍贊同。5 月 29 日，安徽省長倪嗣沖通電宣佈"與中央脫離關係"，隨即通令運兵北上。繼而河南督軍趙倜、奉天督軍張作霖、陝西督軍陳樹藩、直隸督軍曹錕等相繼宣佈獨立，準備派兵進京。6 月 1 日，黎元洪電令張勳迅速來京，企圖藉助其兵力護衛自己。同日，原清朝陝甘總督，一直夢想復辟的宗社黨人升允致函張勳，聲稱"賊黨內亂方劇"，建議張"建立龍騎"，"將共和政體一概剷除"。6 月 6 日，張勳致電獨立各省，宣佈於 7 日"挈隊入京，共商國是"。一時間，復辟之勢已如黑雲壓城。

6 月 8 日，孫中山致電美國總統威爾遜稱："一群叛逆藉口對德宣戰有利於中國，其真實意圖則為復辟帝制，他們力圖爭取協約國同情和支持，從而獲取貸款，名義上作為忠實盟友參加協約國，實則為了達到他們自私的目的。""彼輩利用現今正在歐洲引起戰爭災禍的軍國主義壓制人民，廢棄國會。"第二天，再次致電表示："只要中國仍為軍國主義和民主的敵人所控制，中國絕不可能實現統治與和平。我們準備為消除這些禍因而獻出生命。"[2]

6 月 12 日，在張勳的武力逼迫下，黎元洪宣佈解散國會。7 月 1 日，張勳

1　張國淦：《北洋軍閥的起源》，《北洋軍閥史料選輯》上，第 209 頁。
2　《威爾遜書信文件集》第 42 卷，第 466、468 頁；轉引自王建朗主編：《中華民國時期外交文獻彙編》第 4 卷上，第 49—50 頁。

在北京擁戴廢帝溥儀復辟。但是，辛亥革命以後，共和制度已深入人心。7 月 3 日，段祺瑞在天津馬廠通電，聲討張勳的復辟行為，宣佈率師討逆。12 日，討逆軍收復北京。這時，黎元洪已引咎辭職，國會已經被解散，段祺瑞以"三造共和"的有功大員的身份復任國務總理，獲得獨斷專行的條件。7 月 19 日，國務會議討論對德宣戰案，決議從速宣佈。8 月 6 日，原副總統馮國璋就任代理大總統，於 14 日宣佈對德、奧宣戰。至此，長期爭持的"參戰案"遂告一段落。9 月 28 日，段祺瑞政府與日本簽訂 2000 萬日元的參戰借款協議。總計，自 1917 年 1 月起至此，段政府已向日本借款 8 項，共 1.45 億日元，均由日本首相寺內正毅的代表西原龜三出面。他不僅料理借款，而且力促中國參戰。[1]

張勳復辟後的第三日（7 月 3 日），孫中山與章太炎、唐紹儀、程璧光等會商。7 月 6 日，孫中山與廖仲愷、朱執信、章太炎等乘海琛號軍艦由上海啟程赴廣州。在行抵汕頭時，孫中山發表演說，要求人們"認定真共和與假共和"，特別指出："除盡假共和，才有真共和出現"。[2]7 月 17 日，孫中山等抵達廣州，發表演說，指責北洋軍閥"以假共和之面孔，行真專制之手段"。他希望廣東各界即日聯電海軍全體艦隊來粵，然後在廣州召集國會，邀請黎元洪到廣州執行大總統職務。19 日，孫中山電邀在北京的國會議員南下。8 月 5 日，程璧光率艦隊抵達廣州黃埔。18 日，孫中山在黃埔宴請到粵國會議員 120 餘人，席間討論，北京政府已宣佈對德宣戰，西南自主各省應取何種態度。會議決定從速成立非常國會與非常政府。9 月 1 日。國會非常會議選舉孫中山為中華民國軍政府大元帥。9 月 10 日，孫中山就任，以勘定內亂，恢復民國元年時的《臨時約法》相號召。

鑒於北京政府已經對德宣戰。9 月 18 日，孫中山向廣州非常國會諮詢外交方針，內稱："自對德宣戰問題發生以來，國民鮮有表示贊同之意，而揆諸事理，亦未有無故宣戰之由。"從這一段文字看，孫中山仍然不贊成對德宣戰。但是，諮文又說：自國會被迫解散，張勳復辟，段祺瑞"假竊名號"，擅向德、奧宣戰，民國與德、奧兩國間的交戰狀態已經成立。現在，"以理言，此違法

1　周叔廉：《西原借款》，《中華文史資料文庫》第 1 卷，中國文史出版社，第 703 頁。
2　《在汕頭各界歡迎會上的演說》，《孫中山全集》第 4 卷，第 113 頁。

之宣戰行為，軍政府不能容忍；以勢言，則交戰狀態已經成立，非從頭再宣佈中立，無解決此問題之辦法。"諮文要求議員們根據國家利害，在"恢復中立關係"，還是"暫行容認現在之交戰狀態"這兩種方案中擇一。[1] 9月22日，非常國會議決"容忍現在交戰狀態"。[2] 這時，距世界大戰爆發已經三年有餘。"容忍"二字，比之此前的堅決反對雖然不同，但其中卻充分蘊含著對北京政府決定參戰的不滿與無奈。

9月28日，馮國璋以代理大總統身份下令通緝孫中山，同時要求各省選派參議員到京另組新國會，重開參議院。在孫中山看來，這自然是假國會，假共和。10月3日，孫中山以"大元帥"身份宣稱："皇皇國會，為全國人民之代表"，指責段祺瑞"陽託共和，陰行專制"，下令各路司令"一體近剿"，"擒斬以獻"。[3] 10月6日，南北兩軍在湘南衡山、寶慶一帶鏖戰，護法戰爭開打，並且逐漸發展到了四川、陝西等省。

北京政府對德宣戰後，日本即企圖幫助中國組建參戰軍隊。於是，北京政府成立督辦參戰事務處，以段祺瑞為督辦，日本中將阪西利八郎為顧問。自1918年8月至1919年3月，共編成三個師，一個獨立團，約35000人。原擬赴歐參戰，但軍隊練成之日，大戰已經結束。北京政府事實上並未派出一兵一卒，只是以"招募"名義，"以工代兵"，向英、法等國派出了大批華工。這批華工，或在兵工廠、軍火庫，或在與軍事密切相關的鐵路、公路、船塢勞動，或直接派到前線，挖掘戰壕、修築工事，填補了協約國兵力、人力的嚴重不足。據統計，這樣的華工總數在14萬人以上。由於華工參戰，中國在第一次世界大戰結束時就成了戰勝國。

五、一戰結束，孫中山提出中德俄三國聯盟設想

戰爭加劇了和俄國和德國的社會矛盾。

---

1 《孫中山全集》第4卷，第185—186頁。
2 《國會非常會議記要》，《會議錄》，第26—28頁。
3 《明正段祺瑞亂國盜權罪通令》，《緝拿亂國盜權首逆段祺瑞令》，《孫中山全集》第4卷，第206—210頁。

俄國的經濟體系屬於農奴制，經不起長期戰爭的消耗。國內經濟崩潰，工廠倒閉，失業率驟增，軍火補給困難，士兵極度厭戰。1917 年 3 月 8 日至 12 日（俄曆 2 月），二月革命爆發，沙皇尼古拉二世退位，長達 304 年的羅曼諾夫王朝結束，俄羅斯出現了兩個並立的政權，臨時政府和彼得格勒工農兵代表蘇維埃。4 月 6 日，列寧在德國政府和軍方支持下，自瑞士回到俄羅斯。11 月 7 日（俄曆 10 月 25 日），列寧領導布爾什維克黨起義，推翻以克倫斯基為領袖的臨時政府，全部政權轉歸蘇維埃。1918 年 3 月 3 日，俄羅斯蘇維埃政府與德國簽訂布列斯特和約，退出世界大戰。布列斯特和約規定，割讓波蘭、立陶宛、烏克蘭、白俄羅斯和愛沙尼亞的部分地區，約上百萬平方公里，向德國支付賠款 60 億馬克等。不久，德國戰敗，蘇俄政府宣佈廢除布列斯特和約。

俄國退出世界大戰後，德軍集中西線，發動 5 次大規模攻勢，企圖在美軍到達歐洲之前，打敗英法兩國。由於美軍到達歐洲，協約國兵力大增。9 月 26 日，協約國聯軍對德軍發動總攻，德軍防線全面崩潰。9 月 29 日，德皇威廉二世召開御前會議，決定向協約國提出停戰談判要求。11 月初，德國許多城市都發生起義，史稱“十一月革命”。威廉二世迫於形勢，於 9 日退位，由社會民主黨組成臨時政府，宣佈成立魏瑪共和國。11 月 11 日清晨，德國政府的代表與協約國聯軍總司令簽署停戰協定，德國投降，第一次世界大戰結束。

孫中山迅速注意到俄國和德國政局的變化。俄國“二月革命”時，孫中山發電致賀，預料革命“狂瀾”即將來臨[1]。“十月革命”爆發，孫中山致電列寧祝賀，聲稱“俄國革命和中國革命抱有同樣的目的，即解放工人並在承認俄中兩國偉大的無產階級利益的基礎上建立永久和平”[2]。德國的魏瑪共和國成立後，孫中山向記者發表談話，聲稱“德國皇帝之退位、德國之屈服及共和制之宣佈，是德國已投入世界思潮中，實可謂武斷及軍閥之力已為民眾力所敗”[3]。大約即在此際，孫中山提出了他的中德俄三國同盟設想。

1918 年 11 月，孫中山派大元帥府參議曹亞伯到德國商談合作。同月 7

1　《批朱某函》，《孫中山全集》第 4 卷，第 22 頁。
2　轉引自《契切林致孫中山電》，1918 年 8 月 1 日，薛銜天等：《中蘇國家關係史資料彙編（1917—1924）》，中國社會科學出版社 1993 年版，第 671 頁。
3　《孫中山縱論談東亞大局》，《順天時報》，1918 年 11 月 14 日。

日，曹抵達挪威，向德國駐挪威使館報告此行目的。11 月底，曹抵達柏林。新的德國政府派范柏格中尉（Phanberg）和辛慈接待。12 月 1 日，曹亞伯提交在旅館中寫成的英文建議書，聲稱是孫中山的計劃。建議書的第一部分闡述南方政府的處境及當時中國的形勢，內稱北方政府的國會是不合法的，徐世昌總統為非法選舉產生，北方政府的官員已為協約國金錢收買，中國成了協約國的傀儡。曹認為，要扭轉國際形勢，拯救中國，只有中德攜手合作，驅逐英、日及其他協約國的在華勢力。第二部分建議德國與俄共聯絡，將俄境內的華人及士兵 12000 人與德軍 10000 人合組為一支中國軍隊，配以三至五架飛機，及製造軍火等機器，打回北京，購買食物及各種物資接濟德國。曹亞伯希望，打倒北洋政府後，德人能扶助中國財政，收回海關自主權，支援中國修建公路、鐵路，發展中國教育及工業技術，而中國則以各種物資經過俄國援助德國。該計劃被稱為中俄德聯盟計劃。[1] 當時，德國已經戰敗，曹亞伯帶來的這份計劃被德國人認為"近乎狂想"，無法實行。

曹亞伯的柏林之行無效，孫中山沒有放棄他的中德俄三國聯盟的設想。1921 年 7 月，孫中山再派朱和中出使德國，和辛慈聯繫。辛慈長期主張中德俄三國聯盟。朱和中到達柏林後，辛慈決意"不問他政，專辦此事"。雙方決定合組"公事所"，以辛慈為總理員。辛慈並曾準備親來中國。[2] 孫中山認為德國及俄國將能以"對等之條件"對待中國，其政策將最有利於中國，因此，也決定對德國及俄國"更加親善"。在朱和中歸國後，孫中山還曾派鄧家彥繼續赴德，執行此一任務。1922 年，陳炯明兵變，在廖仲愷的保險箱中搜出孫中山及朱和中使德時的三封信，在《香港電訊報》發表，一時成為風波。

六、南北和談與孫中山起草"實業計劃"

第一次世界大戰規模浩大，犧牲慘重，是名副其實的世界性戰爭。前後歷

1　德國外交部未刊政治檔案，China7,Bd.11-12,A53674　Hintze an A.A. Berlin, 1..Dezember.1918. 轉引自李國祁：《德國檔案中有關中國參加第一次世界大戰的幾項記載》，《民國史論集》，台北：南天書局 1990 年版，第 321—323 頁。

2　《朱和中致孫文電》，1922 年 3 月 1 日，香港《華字日報》，1922 年 9 月 23 日。

時 4 年 3 個月，涉及 30 多個國家，計死亡戰鬥人員約 850 萬，非戰鬥人員約 1000 萬，直接經濟損失 1805 億美元，間接經濟損失 1516 億萬美元。因此，大戰結束後，人們反思，全球反戰浪潮因而升溫，和平主義思潮蓬勃發展，不少人希望建立一個國際組織，以國際合作的形式，共同處理糾紛，防止戰爭再起。

早在一戰進行期間，英國外交大臣愛德華・格雷（Edward Grey）就提出建立國際聯盟聯，避免戰爭。1918 年 1 月 8 日，威爾遜總統在美國國會演說，提出 14 點和平原則，要求設立國際聯合機構，國家不分大小、相互保證政治獨立和領土完整。1919 年 1 月，巴黎和會召開，通過建立國際聯盟的草擬法案，準備籌組國聯。為此，他獲得 1919 年度的諾貝爾和平獎金。

一戰後的這種和平主義思潮也影響到了中國。1917 年 10 月，南北雙方的護法戰爭在湖南開打後，又發展到四川、陝西等省，時戰時和。1918 年 5 月 4 日，孫中山遭桂系軍閥排擠，辭去護法軍政府大元帥職，通電指責 “南與北如一丘之貉”，宣稱自此立於個人地位，盡扶助民國天職。自此，護法運動和護法戰爭結束。同年 10 月，徐世昌就任北京政府大總統，主張南北休戰議和，得到以岑春煊為主席總裁的廣州軍政府的響應。這時，孫中山雖已離穗，退居上海，以主要精力轉入理論著述，但他仍關心南北分裂局面。11 月 18 日，孫中山致電美國總統威爾遜，肯定他在大戰期間所提出的 “撲滅武力主義”，要求其出面調停中國內戰，“主持正義”，“以拯救歐人者轉以拯救中國”。[1] 11 月 30 日，孫中山與岑春煊、唐繼堯、陸榮廷、伍廷芳、唐紹儀、林葆懌等軍政府七總裁名義致電徐世昌，提出 “歐戰終息，強權消滅，我國亦須順世界大勢，恢復和平”。電報盛讚威爾遜當年 9 月 28 日的演說，視為 “解決國際、國內一切兵爭之根據”。電稱：“目下世界各國已將尊崇正義，永久停止兵爭，豈獨我國不能捨兵爭以求和平解決耶？”[2] 電報提議，仿照辛亥年前例，雙方各派代表，在上海談判。12 月 11 日，北洋政府派出朱啟鈐，南方軍政府派出唐紹儀為總代表，胡漢民作為孫中山代表，於 1919 年年 2 月 20 日，在上海公共租界前德國總會舉行和平會議。至 4 月 9 日第六次會議後，實際陷於停頓，始終沒有達成任何

1　《致美國總統威爾遜電》，《孫中山全集》第 4 卷，第 512—514 頁。

2　《孫中山全集》第 4 卷，第 518 頁。

協定。

　　孫中山退居上海期間，鑒於世界大戰結束，開始以英文起草《國際共同發展中國實業計劃》。這份計劃分六大部分，其內容有：建設北方大港、東方大港、南方大港，建築 10 萬英里鐵路，碎石路 100 萬英里，增設遍及全國的電報線路、電話、無線電，建立冶鐵、煉鋼，製造水泥的大型工廠，發展礦業、農業，發展蒙古和新疆的灌溉，以及向東三省、蒙古、新疆、青海、西藏移民等。這是一項雄心勃勃，使中國全面實現現代化的龐大計劃，需要大量資金。孫中山號召世界各國 "利用戰時宏大規模之機器"，"完全組織之人工" 轉而投入中國實業。既然幫助中國經濟取得 "突飛猛進之進步"。又幫助過各國解決 "戰後工人問題"。孫中山認為，戰後各國要恢復戰前經濟狀態，必須開發中國 "富源"，使中國成為世界的 "無盡藏之市場" 和 "吸收經濟之大洋海"，消納餘貨，吸收資本，"凡諸工業國其資本有餘者，中國能盡數吸收之"。孫中山認為，這樣就可以在全世界範圍內消除 "商戰"（商業競爭）。他說：

> 　　近世世界戰爭，已證明人類之於戰爭，不論或勝或負，均受其殃，而始禍者受害彌重。此理於以武力戰者固真，於以貿易戰者尤確也。威爾遜總統今既以國際同盟為防止將來之武力戰爭，吾更欲以國際共助中國之發展，以免將來之貿易戰爭。則將來戰爭之最大原因，庶可以根本絕去矣。

由孫中山的這段文字可知，孫中山起草《國際共同發展中國實業計劃》有著多種目的，其一是為了吸引外資，振興中國實業，同時也受了美國威爾遜主義的影響，企圖為人類找到一條消除商業戰爭，從而消滅武力戰爭的道路。

　　孫中山不了解，毀滅生命、財產和人類文明的戰爭固然必須反對，利用大國地位，實行大國霸權也必須反對，但是，正當的、合理的、平等的商業競爭卻可能促進生產、技術以及管理制度的發展，是不會消滅也不應消滅的。孫中山以為中國的實業發張了，"富源" 開發了，商業競爭就會消失，武力戰爭也會隨之絕跡，未免過於天真。

　　孫中山通過曹亞伯向德國提出的中德俄三國聯盟倡議，其中有希望德國說明中國實業發展的內容，現在的《國際共同發展中國實業計劃》則面向世界，是寫給世界各國的政治家和實業家看的。他呼籲道："自美國工商業發達以來，世界已大受其益。此四萬萬人之中國一旦發展工商，以經濟的眼光視之，何啻新闢一新世界？而參與此開發之役者，亦必獲超越尋常之利益，可無疑也。"計劃起草之後，孫中山首先寄給美國駐華公使芮恩施，然後寄給美國商務總長劉飛爾，芮恩施除了稱讚"高言偉論"之外，表示"凡命為中國朋友者，應當竭力贊助"外，沒有提出實質性的有益意見，倒是商務總長提出了一個實質性的問題，這就是，實行該計劃的一小部分，尚須數十萬萬金元，這些項目中多數在初期若干年間不可能獲得巨大利潤，"是故，其必要之債所需利息如何清付"？這個問題是孫中山無法回答的。

孫中山很強調，利用外資，必須掌握主權。他說："惟發展之權，操之在我則存，操之在人則亡。"孫中山廣州執政期間，多方設法，祈請西方列強承認自己的政府而不可得，現在，退居上海，手上任何權力都沒有，誰願意把巨額資金交給還只是一個空頭政治家的手上？

《實業計劃》為中國的現代化繪製了一張最初的宏偉藍圖，其更大的價值在於，它為中國和世界的發展提出了新路徑和新展望。孫中山說：

> 吾之意見，蓋欲使外國之資本主義以造成中國之社會主義，而調和此人類進化之兩種經濟能力，使之互相為用，以促進將來世界之文明也。

這是前人還從未提出過的觀點，具有嶄新的開創意義。

資本主義自出生以來，極大地提高了生產力，促進了人類文明的巨大變革和進步，但是，也帶來了新的種種不幸和災難，從而引發許多志士仁人的批判和譴責，產生了以消滅資本主義為目的的社會主義、共產主義思潮。孫中山是社會主義的嚮往者，他在中國革命剛剛起步的時候，就摒棄西方老路，企圖將中國建成"民生主義"，也就是社會主義國家，駕西方而上之，顯示出孫中山超出同時代許多中國革命家的高明和偉大之處，但是，孫中山並不完全否定資本主義的成就和歷史進步作用，勇敢地承認它是促成"人類進化"的"兩種經濟能力"中的一種，主張"取那善果，避那惡果"；雖然近代以來，西方資本主義列強不斷欺負和侵略中國，但是，孫中山並不籠統地、不分青紅皂白地仇視、排斥西方資本主義列強，而是實行開放政策，力圖吸收外國資本、外國人才、外國技術和管理方法，用外國的資本主義來"造成"中國的社會主義。孫中山認為，中國即使到了建設"共產主義"階段，也還要利用外資，對外開放。他說："要拿外國已成的資本，來造成將來共產世界，能夠這樣做去才是事半功倍。"[1] 這些地方，都充分顯示出孫中山的睿智和辯證精神。

值得特別提出的是孫中山提出的資本主義和社會主義"互相為用"的見解。一方面，社會主義要吸收和利用資本主義的優長之處，同樣，資本主義也應該吸收和利用社會主義的優長之處。孫中山認為，這兩種主義"互相為用"，就可以促進將來世界文明的發展。第一次世界大戰百年以來的歷史，已經有力地證明了，也必將進一步證明，孫中山這一觀點是正確的、可行的，在可見或可預見的未來，歷史也許就將這樣一步步地發展下去，直到他所設想的"大同"世界，"再回復到一種新共產時代"。[2]

---

1 《民生主義第二講》，《孫中山全集》第 9 卷，中華書局 1986 年版，第 393 頁；參見拙作《孫中山與中國革命的前途 —— 兼論清末民初對孫中山民生主義的批評》、《"取那善果，避那惡果"—— 略論孫中山對資本主義的態度》，均見拙著《哲人與文士》，中國人民大學出版社 2007 年版。
2 《民生主義第二講》，《孫中山全集》，第 9 卷，第 381 頁。參見華一：《楊天石：孫中山的"資社互用"思想的啟迪》，《同舟共進》2016 年第 10 期。

* 上圖 1924 年孫中山在廣州大元帥府
  下圖 1924 年 11 月．孫中山與宋慶齡在上海莫利愛路寓所接見各界歡迎代表

第六部分

晚年孫中山

孫中山和中國國民黨改組 *

孫中山一生始終重視革命政黨的建設，多次進行改組。其中，獲得成功的只有 1924 年前後的一次。這一時期，國民黨生氣勃勃，充滿活力和朝氣，為中國革命建立了不可磨滅的功勳。認真總結它的歷史經驗，可以得到許多有益的啟示。

一、偉大的決策

1922 年至 1923 年之間，孫中山作出了一個偉大的決策，這就是和中國共產黨人合作，以俄為師，重新改組國民黨。它是孫中山歷盡辛酸、失敗之後得出的結論，表現了他不斷探求，敢於改革的巨大勇氣和魄力。

辛亥革命之後，中國的半殖民地、半封建狀況依舊，孫中山以不屈不撓的毅力堅持奮鬥。繼討袁之後，又舉起了護法的旗幟。但是，兩次護法先後失敗。1922 年 8 月，他更被陳炯明趕出廣東，經歷了一次生平從未有過的慘酷失敗。他回顧多年來走過的道路，痛苦地承認："綜十數年已往之成績而計效程功，不得不自認為失敗。"[1] 他日益明確地感到，不僅帝國主義列強的 "援助" 靠不住，唐繼堯之流打著護法旗號的軍閥靠不住，而且，陳炯明一類的國民黨人也靠不住。

作為一個具有豐富鬥爭經驗的革命家，孫中山懂得建設革命政黨的重要。他說："救亡之策，必先事吾黨之擴張。"[2] "要以革命黨為根本，根本永遠存在，才能希望無窮的發展。"[3] 為此，他在 1914 年將國民黨改組為中華革命黨，1919

---

* 錄自《楊天石近代史文存‧國民黨人與前期中華民國》，中國人民大學出版社 2007 年 7 月版；原載《民國檔案》1985 年第 1 期。
1 《中國國民黨改組宣言》，《孫中山全集》，人民出版社 1981 年 10 月第 2 版，第 537 頁。
2 胡漢民編：《總理全集》第 3 集，第 321 頁。
3 黃季陸編：《總理全集》，下冊，演講，丙第 10—11 頁。

年，又改組為中國國民黨。孫中山希望由此出現一個強大的、有戰鬥力的、紀律嚴明的黨，但是，事與願違，孫中山的這一目的始終未能達到。他多次指出，民國以後，國民黨混進了許多官僚、政客，大多數黨員以入黨做官為終南捷徑，處處暮氣很深，而且組織鬆散。他痛心地感到，"國民黨正在墮落中死亡"[1]，必須拋棄以往的改組方針，另覓新途。

就是在這樣一個時刻，孫中山得到了共產國際、俄羅斯蘇維埃政府和中國共產黨的幫助。

從十月革命勝利之日起，孫中山就密切注視俄國的狀況。1918 年夏，他致電列寧和蘇維埃政府，對俄國共產黨人所進行的艱苦鬥爭表示 "十分欽佩"，同時希望兩黨 "團結共同鬥爭"。[2]1921 年 12 月他在桂林會見共產國際的代表馬林，馬林向他建議組織一個能夠聯繫各階層，尤其是工農群眾的政黨。1922 年 8 月，他又在上海會見共產黨人李大釗，共同討論 "振興國民黨以振興中國" 的問題。[3] 這時，孫中山已經看到了共產黨人 "明確的思想和無畏的勇氣"，感到在鬥爭中可以依靠他們，並且感到了 "把力量聯合起來的價值"。[4] 於是，他作出決策，採納共產國際意見，接受共產黨人加入國民黨，增加新成分。此後，隨著他對俄國革命經驗的深入研究，終於發現："同是革命，何以俄國能成功，而中國不能成功？蓋俄國革命之能成功，全由於黨員的奮鬥。……吾等欲革命成功，要學俄國的方法組織及訓練。"[5] 這樣，他就又作出了一個決策，這就是以俄為師，學習俄國共產黨的建黨精神。

歷史是偉大的教員。孫中山察乎往，觀乎今，在中國革命的關鍵時刻，作出了適於時勢，合乎潮流的偉大決策，這就使長期陷於困境的國民黨改組工作出現生機，從而給中國革命帶來了巨大的積極影響。

1　《儒教與現代中國》，《宋慶齡選集》，人民出版社 1966 年版，第 109 頁。
2　И.Ермащев: Сунъ Ят–сеи, Москва, 1964, p. 211.
3　《李大釗獄中自述》。
4　《孫中山和他同中國共產黨的合作》，《宋慶齡選集》，第 461、465 頁。
5　《人民心力為革命成功的基礎》，《孫中山選集》，第 546 頁。

二、改組的實施和國民黨"一大"的召開

醫學上有所謂沉屙頓起的例子，政治舞台上也有突現異彩的情況。當孫中山將他的改組決策付諸實施以後，中國國民黨的面貌就迅速改觀了。

就在孫中山和李大釗會談之後不久，即由孫中山親自主盟，接受李大釗加入國民黨。他對李大釗說："你儘管一面做第三國際的黨員，一面加入本黨幫助我。"[1] 接著，陳獨秀、蔡和森、張太雷等相繼成為國民黨員。孫中山並不要求他們放棄共產主義理想，相反，卻同意他們保持雙重黨籍，共同工作，這就說明，這是一種特定的兩黨合作形式。

接受李大釗等入黨可以看作國共合作的起點。此後，孫中山在各種改組活動中都吸收共產黨人參加，同時努力爭取共產國際和蘇俄的幫助。

1922 年 9 月，孫中山在上海約集國民黨員 53 人座談，討論改進國民黨黨務。馬林、陳獨秀、張太雷等人參加了會議。陳獨秀並在會後被指定為改進案起草委員會委員。1923 年 1 月，發表《中國國民黨宣言》和《黨綱》、《總章》。同月，孫中山重新確定中央幹部，陳獨秀被任命為參議，林祖涵被任命為總務部副部長。這以後，孫中山先後和越飛、馬林等會談，向蘇聯派出了以蔣介石為團長的考察軍事、政治和黨務的代表團。10 月，蘇聯代表鮑羅廷到達廣州，孫中山以極大的熱情歡迎了他。鮑羅廷根據俄國共產黨的建黨經驗，向孫中山提出了修改黨綱，制定黨章，召開全國代表大會以及"組織方法"等方面的意見，得到了孫中山的贊同。[2] 隨即，孫中山聘任鮑羅廷為國民黨組織訓練員。鮑羅廷的到來加快了改組工作的進度。10 月 19 日，孫中山委任廖仲愷、李大釗等五人為改組委員。5 天后，委託廖仲愷、鄧澤如召集特別會議，制定改組規劃，同時成立有共產黨人譚平山、李大釗在內的臨時中央執行委員會，領導改組工作。特別會議上，鮑羅廷就國民黨改組和章程草案作了報告。會後，發表《改組宣言》，廣州地區的黨員登記工作開始進行。1924 年 1 月，以改組為主要

1　《中國國民黨第二全國代表大會日刊》第 14 號。
2　切列潘諾夫：《中國國民革命軍的北伐》，中國社會科學出版社 1981 年版，第 36 頁；鮑羅廷在廣州各區分部組織員與執行委員聯席會議上的講話，《國民黨週刊》第 1 期。

議題的國民黨"一大"召開，這是國民黨歷史上前所未有的創舉，共產黨人李大釗、譚平山、毛澤東、瞿秋白、林祖涵等參加了大會，李大釗並擔任大會主席團成員。這次會議完成了下列任務：

1. 重新解釋三民主義，確定聯俄、聯共、扶助農工等重要政策。同盟會時期的三民主義在推翻清朝統治的鬥爭中發揮了重大的革命作用，但是，它缺乏鮮明的反帝、反封建綱領，難以適應新時期的革命需要。"一大"通過的宣言指出：民族主義實為"健全的反帝國主義"，其意義為中國民族自求解放與中國境內各民族一律平等。又指出：國民黨的民權主義"為一般平民所共有"，和近世作為資產階級壓迫工具的民權制度不同。至於民生主義，除重申平均地權和節制資本兩項原則外，特別提到了國家給予農民土地和改良工人生活問題。宣言認為，國民革命運動，必恃全國農夫、工人之參加，因此，必須全力幫助農工運動的開展。上述內容，構成了新時期三民主義的"真釋"。孫中山也特別滿意，認為"這是本黨成立以來破天荒的舉動"，"發表此項宣言，就是表示以後革命與從前不同。"[1] 在接納共產黨人加入國民黨問題上，會議展開了激烈的辯論。方瑞麟等提出"本黨黨員不得加入他黨"一案，借此阻撓兩黨合作。為此，李大釗代表共產黨人發表了光明磊落的聲明，廖仲愷則鮮明地表示："只要問加入的人是否誠意來革命的，此外即不必多問。此次彼黨之加入，是本黨一個新生命。"[2] 經過辯論，會議否定了方瑞麟等人的提案。

2. 確立民主集中制的組織原則。胡漢民說："大會認為，國民黨的組織原則當為民主主義的集權制度。"[3] 即：每個黨員都有權利參與黨內一切問題的討論，選舉各級執行機關，同時也有遵守決議、服從命令的義務。根據上述原則制定的黨章，以各級代表大會作為權力機關，以區分部作為基層組織，依次而上，分別為區、縣、省以至中央的執行委員會。在中央，於保留總理制的同時，實行委員制。此外，專章規定了紀律在和群眾團體中組織"國民黨黨團"的條例。上述組織原則和黨章顯然吸受了俄國共產黨的建黨經驗。關於此，孫中山說：

1　《對於國民黨宣言旨趣之說明》，《孫中山選集》，第 595 頁。
2　《中國國民黨第一次全國代表大會會議錄》。
3　《中國國民黨第一次全國代表大會會議錄》。

"從前在日本，雖想改組，未能成功，就是因為沒有辦法。現在有俄國的方法以為示範，雖不能完全仿效其辦法，也應仿效其精神。"[1] 在國民黨建黨史上，或渙散松垮，或個人集權，兩無一當。這個矛盾，在"一大"上很好地解決了。

3. 選舉中央執行委員會，建立了較前健全的領導機構。其中，中央執行委員和候補中央執行委員中的共產黨人有譚平山、李大釗、于樹德、林祖涵、毛澤東、瞿秋白、張國燾等。在隨後召開的中央執委、監委會議上，第一次成立了工人、農民、婦女等部，譚平山、林祖涵分任組織和農民部長。

"一大"的召開是一座重要的里程碑。它標誌著國共合作的正式形成，也標誌著工人、農民、小資產階級和民族資產階級反帝、反封建統一戰線的正式形式。

"一大"以後，在國民黨左派和共產黨人的通力合作下，各地改組工作迅速展開，大批工人、農民和青年革命知識份子入黨。以廣東為例，截至 1926 年 12 月為止，黨員人數發展至 15.8 萬餘人，其中農民 6.4 萬餘人，工人 3.26 萬餘人，學界 3.44 萬餘人。[2] 這就大大改變了國民黨原來的階級基礎，壯大了它的力量。1923 年 11 月，臨時中央委員會曾經預言："代表大會之結果，可使全黨回復少年狀態。苟全黨改組完滿，必能成為一強有力之黨，足以指揮群眾，共爭勝利。"[3] 這一預言是正確的。

三、堅定不移地維護國共合作

漫長的人類歷史表明，任何重大的改革或前進都會碰到阻撓。在一段時期內，這種阻撓還可能頗具聲勢。偉大政治家的可貴之處在於：看準歷史趨向之後，能夠一任反對者的洶洶與嘵嘵，不受干擾，巋然屹立，始終堅定地朝著目標前進。孫中山正是這樣一位偉大的政治家。

還在 1923 年 11 月，鄧澤如、林直勉等 11 人就上書孫中山，以指責陳獨秀

1 《關於列寧逝世的演說》，《孫中山全集》，第 607 頁。
2 《廣州民國日報》，1926 年 12 月 30 日。
3 《敬告軍人》，《國民黨週刊》第 1 期。

為名，攻擊共產黨人加入國民黨"別有懷抱"，"謀毀吾黨，其計甚毒"，理由是共產黨人在國民黨政綱草案中列入打倒帝國主義與打倒軍閥兩條，目的是使國民黨失去國際和國內"實力派"的同情，孤立無援。孫中山在鄧澤如等人的信件上作了批示，明確指出：國民黨組織法及黨章、黨綱等草案，"為我請鮑君所起，我加審定，原為英文，廖仲愷譯之為漢文，陳獨秀並未與聞其事，切不可疑神疑鬼。"[1]1924 年 3 月 2 日，孫中山發表《致海內外同志訓詞》，闡明國民黨改組原因和"一大"的基本精神，譴責造謠生事者所散佈的種種讕言，"非出諸敵人之破壞，即屬於毫無意識之疑慮"。《訓詞》指出，共產黨人加入國民黨，可以使國民黨"獲得新機"，"彼此既志同道合，則團體以內無新舊份子之別"。孫中山並表示，要和共產黨人長期合作，"開將來繼續奮鬥之長途。"[2]

　　一波未平，一波又起。1924 年 6 月 18 日，鄧澤如、張繼、謝持三人以中央監察委員名義向孫中山提出彈劾共產黨案，攻擊共產黨人"其言論、行動皆不忠實於本黨，違反黨義，破壞黨德，確於本黨之生存發展有重大妨害"。7 月 3 日，國民黨中央執行委員會第四十次會議審議此案，決議請孫中山召開會議討論。隨後發表《中央執行委員會宣言》，再次明確表示："凡有革命勇決之心及信仰三民主義者，不問其平日屬何派別，本黨無不推誠延納。"[3]在 8 月召開的國民黨中央執行委員全會上，張繼、覃振等人公然反對共產黨人"跨黨"，鼓吹和共產黨"分家"。會議通過詳細的討論和鄭重的研究，否定了張繼等人的意見，通過了由孫中山裁定的《中央執行委員會全體會議對於全體黨員之訓令》，重申國共合作的必要。《訓令》指出：當時中國環境險惡，情勢危急，一切革命力量"其責任至重，其需要共同努力亦至殷"。共產黨人加入國民黨，"誠所謂同聲相應，同氣相求，不但休戚相關，抑亦生死與共，至誠結合，始終無間"。《訓令》特別指明，共產黨人加入國民黨後，並不拋棄共產主義，但也不要求它在中國立即實現，因此，和國民黨的主義並不衝突；共產黨員的跨黨和民國初年各黨黨之間的跨黨"異其旨趣"；共產黨代表無產階級利益和國民黨的主義也並

1　《中國國民黨二十年史跡》，第 301—308 頁。
2　《中國國民黨週刊》第 10 期。
3　《中國國民黨週刊》第 30 期。

不違背。《訓令》要求加強團結，消除分歧，自此不再因"共產派"問題而發生矛盾。[1]

在維護國共合作上，孫中山的意志堅如磐石。當右派一次次掀起"分共"暗潮時，孫中山甚至激憤地表示，要解散國民黨，組織一個新黨，或者本人加入共產黨。[2] 正是由於孫中山的鮮明態度和堅強意志，以國共合作為主要內容的反帝反封建的統一戰線才得以維繫一段時期，從而保證了國民革命高潮的興起和北伐戰爭的勝利。

四、餘論

孫中山和共產黨人合作以及改組國民黨的決策獲得了巨大的成功。國民黨的組織得到了前所未有的鞏固和發展，一支懂得主義，願為中國革命浴血奮戰的黨軍正在籌建，工人、農民、商人、婦女、學生等階級、階層的反帝、反封建的群眾運動正在蓬勃發展。一時間，中國大地充滿了希望。對於這種情況，蔣介石在 1925 年末曾經正確指出："容納共產黨，此總理於本黨改組以前幾經鄭重考慮而後毅然決定者也。自改組迄今兩年，成績俱在。"[3] 當時，西山會議派正在起勁地叫嚷"分共"，蔣介石駁斥道："關於共產黨之問題，若輩所以主張排除，不外兩種理由。第一，謂共產黨之共產主義與本黨之三民主義根本衝突，故共產黨在本黨之內，亦根本不能相容。不知共產黨之加入本黨，為總理所特許，第一次全國代表大會所議決，果使兩種主義根本不能相容，以總理之明，與第一次全國代表之忠於本黨，寧肯貿然決定以貽本黨之危害？且總理已明言，民生主義即是共產主義矣。故第一說決非總理之意。此在若輩亦未始不知。於是有第二說，謂總理之特許共產黨加入，乃欲共產黨完全化合於本黨，而非本黨為共產黨所同化，今則共產主義已有蠶食三民主義之危險。然總理果若是褊小耶？三民主義又果如是之易於撼動耶？此說之誣總理，誣本黨，蓋視

1　《中國國民黨週刊》第 14 期。
2　《孫中山和他同中國共產黨的合作》，《宋慶齡選集》，第 467 頁。
3　《為西山會議告同志》，《政治週報》第 4 期。

第一說尤甚。"[1] 應該承認，這些話講得很透闢，很有道理。

　　黃河九曲，歷史也複雜而多變。眾所周知，由孫中山親手締造的國共合作大業在 1927 年春天破裂了。今天，事隔多年，當我們聚會在這裏紀念國民黨建黨九十週年，討論中國的前途時，我覺得有必要重溫孫中山 1924 年的一段教導："凡我黨員，當知所負革命之重大與同志之感情團結，為團體生命所不可缺之條件，前此爭議，付之淡忘，惟相期努力於將來，以完成革命工作。"[2] 近代中國的歷史證明，國共合作是適於時勢，順乎潮流的偉大決策，"群力"強於"孤力"[3]，兩黨合作有益於國家，有益於民族。如果在不遠的將來，國共兩黨能夠棄嫌修好，實現第三次合作，那將是中華民族之福，中國的前途一定是十分美好而璀燦的。

附記：1984 年 12 月，美國奧克拉荷馬市大學發起召開學術討論會，題為《從歷史的觀點看中國的前途》（紀念中國國民黨成立九十週年），邀請海峽兩岸歷史學家參加，本文為赴會而作（後此會因故未能召開）。

1　《為西山會議告同志》，《政治週報》第 4 期。
2　《中央執行委員會全體會議對於全體黨員之訓令》，《中國國民黨週刊》第 40 期。
3　《宣傳造成群力》，《孫中山選集》，第 562 頁。

關於孫中山"三大政策"概念的形成及提出 *

多年來，"聯俄、聯共、扶助農工"三大政策一直被認為是孫中山晚年思想的重要方面，也是區分國民黨左、右派的標準，但是，由於孫中山著作和國民黨"一大"有關文件中從未出現過"三大政策"一類提法，因此，學者們不能不關注這一概念的形成、提出時間以及它的背景。在這一方面，日本學者狹間直樹、石川禎浩、台灣學者蔣永敬、大陸學者黃彥、魯振祥、張海鵬等人都作出了貢獻。[1]本人多年來也一直關注這一問題，今據中國國民黨上海市左派組織所編《中國國民》，結合其他資料，略述己見，希望有助於厘清這一問題的來龍去脈。

一、反對戴季陶主義和西山會議派過程中提出的問題

孫中山在其革命生涯中，曾經寄希望於許多西方國家的支援，但是久無實效。十月革命後，孫中山轉而寄希望於俄國，逐漸形成"聯俄"政策。1921年中共成立，在共產國際推動下，孫中山又逐漸傾向於容納共產黨員以個人身份加入國民黨，實行黨內合作，這就是所謂"容共"政策。但是，從一開始，國民黨內部對這兩項政策就有不同意見，只是由於孫中山的威望，沒有形成大的風波。孫中山逝世後，反對的意見和呼聲日漸增強。於是先有1925年7月戴季陶《國民革命與中國國民黨》等書的出版，繼有同年11月西山會議的召開。這樣，國民黨的黨內鬥爭就日趨激烈了。

在《國民革命與中國國民黨》一書中，戴季陶尖銳地指責共產黨員加入國

---

* 錄自《楊天石近代史文存·國民黨人與前期中華民國》，中國人民大學出版社 2007 年 7 月版；原載《近代史研究》2000 年第 1 期，《新華月報》2000 年第 6 期全文轉載。

1　參見狹間直樹：《"三大政策"與黃埔軍校》，《歷史研究》1988 年第 2 期；石川禎浩《施存統と中國共產黨》，（日本）《東方學報》，第 68 冊（1996 年 3 月）；蔣永敬：《"三大政策"探源》，（台北）《傳記文學》第 54 卷第 3 期；黃彥《關於國民黨"一大"宣言的幾個問題》，《中國社會科學》1987 年第 4 期；魯振祥：《三大政策研究中的幾個問題》，《孫中山和他的時代》（中），中華書局 1989 年 10 月版。張海鵬：《關於中國近代歷史發展規律的認識和對若干史實的解說》，台北《歷史月刊》1998 年第 2 期。

民黨的有關政策是"寄生政策"，認為"真正的國民革命"，要"真實的國民革命主義者，才可以指導得來"。[1] 他一方面承認 C.P. 和 C.Y. "真是為民眾的幸福而奮鬥的勇士"，但是，同時又"苦心孤詣"地希望 C.P. 和 C.Y. "要真把三民主義，認為唯一的理論，把國民黨認為唯一救國的政黨"，要求他們"犧牲了自己的空想，脫離一切黨派，作單純的國民黨員"。[2] 這樣，戴季陶這一時期雖然還並不反共，但是，卻不允許共產黨人跨黨，和孫中山的"容共"政策有了很大不同。同書中，戴季陶還提出："中國在圖國家的獨立和民族的自由上，有很親切聯俄的必要，並且在參與世界革命運動上，尤其有和蘇聯共同努力的必要。但是中國人總要看清楚自己的需要，尤其是要尊重自己的獨立性，不可把自己民族的獨立性拋棄了，去依賴蘇俄，更不可把自己的必要忘記了去盲從蘇俄。"[3] 這一段話表明，戴季陶這時候還不反對孫中山的"聯俄"政策，但是，他對這一政策已經持有懷疑態度。戴書的出版標誌著戴季陶主義的形成，上海部分國民黨人迅速組織孫文主學會，出版《革命導報》，以為回應。

1925 年 11 月 23 日，林森、鄒魯、謝持等人在北京西山召開國民黨"第一屆第四次中央全會"，繼續宣揚戴季陶主義的有關觀點。會議攻擊共產黨在國民黨內的"黨團作用"，聲稱國民黨不容"黨中有黨"，"不容共產黨利用本黨的招牌來鼓吹階級革命"，"不能再容共產派篡竊"，等等，會議要求跨黨的共產黨員一律退出國民黨，使兩黨黨員的"旗壘劃然分明"。[4] 會議同時聲稱，當時的廣東，"軍政大權已完全在俄人掌握之中"，"若是蘇俄採用帝國主義的手段，那當然也是本黨的敵人"。[5] 在此基礎上，會議通過了一系列議案，如"取消共產黨在本黨黨籍"、"顧問鮑羅廷解僱"、"懲戒汪精衛"、"變更聯俄政策"等。3 月 29 日，張繼、林森、鄒魯等 77 人進一步在上海召開"國民黨第二次全國代表大會"，繼續通過了一系列文件和議案。其核心主題仍與西山會議相同，只不過提法上更為激烈。例如，明確批評蘇俄的外交政策"猶帶有帝俄時代之

---

1 《國民革命與中國國民黨》，1925 年上海季陶辦事處印贈，第 52 頁。

2 《國民革命與中國國民黨》，第 57 頁。

3 《國民革命與中國國民黨》，第 71 頁。

4 《取消共產派在本黨之黨籍案》、《為取消共產派在本黨的黨籍告同志書》，《中國國民黨歷次代表大會及中央全會資料》，第 358、377、384 頁。

5 《中國國民黨歷次代表大會及中央全會資料》，第 383、386 頁。

遺傳病",聲言既反對"籠統的仇俄",也反對"盲目的親俄",批評中共"盲目模仿蘇俄"等。[1] 又如,批評中共的"階級鬥爭"主張"不合社會之需要","至易破壞國民革命",甚至批評中共"暗中截斷本黨與民眾之聲氣,毀壞本黨之信仰","直接助帝國主義與軍閥之摧殘革命勢力",等等。[2] 本來,西山會議派對中共還比較客氣,僅僅要求取消"共產派"的國民黨黨籍,但仍可視為"友黨",說是"理勢所不得不分,而情誼未始不可合"[3]。但是到了中山艦事件後,就發展為要求"驅除黨寇","緝拿共產黨徒"了。[4]

可以看出,西山會議派的議案雖多,但核心只有兩項,即改變孫中山生前所定而為當時廣州國民黨中央所執行的"聯俄"與"容共"兩項政策。

戴季陶和西山會議派的思想、主張遭到了中共和國民黨左派的強烈批判。在這一過程中,"三大政策"的概念逐漸形成並提出。

二、沈雁冰概括孫中山的"民族革命運動政策",包含了後來"三大政策"的全部內容

國民黨第一次全國代表大會後,在上海成立執行部,負責指導江蘇、浙江、安徽、江西四省黨務,同時兼管湖北、四川、湖南、貴州四省。上海執行部之下,設各區黨部聯合委員會。[5] 1925 年 5 月 25 日,該會出版《中國國民》週刊,成為上海國民黨左派的言論喉舌。同年 10 月 7 日,時任國民黨上海第一區黨部委員的沈雁冰(當時是共產黨員)在該刊發表《蘇俄十月革命紀念日》一文。文中除熱烈讚揚列寧的"實現世界革命的政策"外,還熱烈讚揚孫中山的"民族革命運動政策"。他說:

> 然而世界兩大革命潮流之一 —— 東方民族革命運動也有他的唯一偉大

---

1 《第二次全國代表大會宣言》(上海),《中國國民黨歷次代表大會及中央全會資料》,第 400、403 頁。
2 《中國國民黨歷次代表大會及中央全會資料》,第 403—404 頁。
3 《取消共產派在本黨黨籍宣言》,《中國國民黨歷次代表大會及中央全會資料》,第 357 頁。
4 《中國國民黨歷次代表大會及中央全會資料》,第 419、425 頁。
5 後來改稱中國國民黨上海各區黨部聯席會。

的革命導師！這便是本黨先總理孫先生！正像列寧的炯眼早看到世界革命的實現必待東西兩大革命之攜手，先總理的炯眼也早看到東方民族革命之實現必須外與西方革命的無產階級聯合戰線，內則扶植農工階級的階級勢力而後有濟！所以先總理於前年改組本黨之際，毅然決然容許中國共產黨黨員以個人資格加入本黨，共同革命。所以先總理不顧帝國主義者的造謠中傷而毅然決然與蘇維埃俄羅斯攜手。所以先總理於廣州商團之變及其他無數的勞資爭端與農民反抗地主的事項中，都制止資本家與地主的剝削壓迫而扶助農工，組織自衛。迄今總理雖亡，而讀遺囑，翻遺著，我們都可以看見總理的民族革命運動的政策，如日月中天，江河行地。[1]

文中論及 "容許中國共產黨黨員以個人資格加入本黨"、"與蘇維埃俄羅斯攜手"、"扶助農工"，後來作為 "三大政策" 的全部內容，在這裏都提到了。

同年 12 月 3 日，陳獨秀在中共中央機關刊物《嚮導》發表文章，分析國民黨左右派時稱："在策略上：左派懂得要實現反對帝國主義與軍閥的國民革命，國外有聯合蘇俄國內有聯合工農階級及共產黨之必要；右派則反對聯俄，反對共產黨反對工農階級之階級利益的爭鬥而失其同情。"[2] 這一段話，比沈雁冰上文精煉，但是，沒有明確地和孫中山掛鈎。類似的情況也表現在 12 月 4 日國民黨中央發表的《對全國及海外全體同志之通告》中。該《通告》在批評馮自由、鄒魯等人的主張後，明確說明，"聯俄與容納共產份子" 是 "本黨求達到革命成功之重要政策"，"先總理決之於先，第一次全國大會採納於後"。接著，通告論證說：

> 若本黨之革命策略，不出於聯合蘇俄，不以佔大多數的農工階級為基礎，不容納主張農工階級利益的共產派份子，則革命勢力陷於孤立，革命將不能成功。[3]

---

1 《中國國民》第 2 期。
2 《什麼是國民黨左右派》，《嚮導》第 137 期。
3 《廣州民國日報》，1925 年 12 月 5 日。

國民黨"一大"通過的文件有"全力"扶助農夫、工人運動發展的明確內容；《宣言》甚至聲稱，國民黨的事業，目的在於"謀農夫、工人之解放"，"為農夫、工人而奮鬥"。[1] 孫中山在 1924 年的相關演說中也表示，"要農民來做本黨革命的基礎"，工人"可以做全國人的指導"。[2] 因此，《通告》所稱"以佔大多數的農工階級為基礎"云云，也明顯地依據孫中山的晚年思想和"一大"文件。這在當時，極為明白，也極易理解，《通告》之所以沒有在兩者之間"掛鉤"，其原因當在此。

陳獨秀的文章和國民黨中央的通告，一發表於上海，一發表於廣州，時間上只相差一天，沒有彼此影響的可能。這說明，當時兩黨高級領導人之間對革命策略的認識相當默契。

12 月 23 日，沈雁冰繼續發表文章稱："孫總理所定的策略便是對外聯絡世界上革命的無產階級，對內扶助本國的農工，培養農工階級的勢力，以增厚反帝國主義的力量。這個策略已見之實行者，是聯合蘇俄與容許中國共產黨份子加入國民黨。"[3] 這段話，指明是孫中山所定策略，也說得很精煉，很概括，但是，沒有明確地形成"三個政策"的概念。

三、柳亞子發表《告國民黨同志書》，沈雁冰總結為"總理的兩個重要政策"

沈雁冰的《蘇俄十月革命紀念日》一文沒有和戴季陶正面論戰，同時發表的國民黨江蘇省黨部致中央執行委員會呈文及辯正文章則鮮明地批判戴季陶的觀點。江蘇省黨部認為戴季陶的《國民革命與中國國民黨》一書有五大錯誤：其一是誤認孫中山思想發生於中國"數千年的舊文化"。其二是誤認孫中山思想的根本意義是"仁愛"，其三是否認階級鬥爭。文章在論述戴書的第四個錯誤時說：

---

1 《孫中山全集》第 9 卷，北京中華書局版，第 121、124 頁。
2 《孫中山全集》第 10 卷，第 149、555 頁。
3 《總理指示的一條路》，《中國國民》第 13 期。

中山先生的主義所以與歐美各國的民主主義之僅代表資產階級者不同,所以能為被壓迫民族革命的指導,便在特別努力於促進工農階級有意識的集中和發展。

又在論述第五個錯誤時說:

中山先生要增進國民革命運動之實力,力求農夫、工人之參加,所以允許為農工階級自己的政黨之共產黨得以跨黨加入國民黨。[1]

由於戴書反對"聯俄"觀點還不很明晰,所以文章僅論及"扶助農工"和"容共"兩大政策,而沒有涉及"聯俄"。

11月20日,上海《民國日報》刊出林森、覃政、戴季陶、邵元沖、葉楚傖、沈定一、張繼等人電報,決定在北京西山召開中央執行委員會第四次全體會議,同時刊出該會《籌備處啟事》,標誌著上海《民國日報》的轉向。29日,《中國國民》自第五期起改為三日刊,更加著力於批判西山會議派。

《中國國民》在和西山會議派論戰時,除陸續發表共產黨人惲代英、楊之華、張國燾的文章外,特別注意發表國民黨元老的文章。12月2日、20日,先後發表楊譜笙的《致國民黨青年同志書》和張靜江的《告國民黨同志書》。29日,發表江蘇省黨部執行委員、宣傳部長柳亞子的《告國民黨同志書》,著重論述"聯俄和容納共產份子,都是本黨總理孫先生的遺訓"。文章首引孫中山遺囑中"聯合世界上以平等待我之民族,共同奮鬥"一語,說明"現在世界上以平等待我之民族,除了蘇俄,還有哪一個?"文稱:

我們要國民革命成功,要打倒帝國主義,取消不平等條約,以完成我們民族主義,當然非聯俄不可了。同時,蘇俄幫助我們,一方面是要鞏固他們的立國信條,一方面是要雄厚他們作戰的陣線。

---

1 《對於戴季陶同志的〈國民革命與中國國民黨〉以書誤點的辯正》(連載之二),《中國國民》第4期。

在論述 "容納共產份子" 時，柳亞子引述孫中山遺囑中的 "喚起民眾" 一語，說明 "所謂民眾，當然包括著全國國民中間最大多數的工農階級了"。文稱：

> 要國民革命成功，非把工農階級宣傳和組織起來，使他們加入革命的隊伍，是沒有第二個辦法的。同時，共產黨是代表工農階級利益的政黨，既然要吸收工農階級，絕對無排斥共產份子加入本黨的理由。

柳亞子表示："排斥共產份子，就是斷本黨新生命，就是阻撓國民革命的成功，老老實實說，就是總理的罪人，也就是本黨的公敵。"[1]

柳亞子的這篇文章實際上講了孫中山晚年政策的三個方面，但是由於他把 "宣傳和組織" 工農以及 "容納共產份子" 糅合在一起講了，所以，沈雁冰在推薦這篇文章時便把它概括為 "總理的兩個重要政策"。他在題為《柳亞子同志的至理名言》一文中稱：

> 我們敢說，凡是國民黨員讀了亞子同志的文章，而猶懷疑於聯俄與容納共產派 —— 總的兩個重要政策 —— 那他不是神經系統有點毛病，便是反動派。

上文表明，沈雁冰雖然已經從三個方面概括了孫中山的政策，這裏，又提出 "兩個重要政策"，一方面是隨文就義，按柳亞子的思路在寫文章；另一方面，也說明沈雁冰在進行概括時還沒有想得很清楚。

由於西山會議派的責難主要指向 "容共" 與 "聯俄"，因此，孫中山的 "兩個重要政策" 的提法曾經在相當廣泛的範圍內流行過。1926 年 3 月 12 日，中共中央在《中山先生逝世週年紀念日告中國國民黨黨員書》中說："中山先生看清了國內無產階級的共產派有黨內合作之必要而無危險，看清了國外無產階級的蘇俄必然以平等待我而無所疑慮，才決定聯共、聯俄這兩個特殊的革命政

1　《中國國民》第 15 期。

策。"[1] 5月22日，在國民黨二屆二中全會的閉幕演說中，蔣介石也曾表示，絕不改變"先總理的兩大政策——聯俄和容納共產份子"。[2]

四、紀念孫中山逝世一週年，施存統首次提出"三大革命政策"概念

在上海《民國日報》和國民黨上海執行部先後為西山會議派掌握後，廣東國民黨中央委派惲代英、張廷灝、劉重民三人為中央特派籌備員，籌組國民黨上海特別市黨部。1926年元旦，上海特別市黨部在上海大學召開成立會。選舉張廷灝、惲代英、林鈞、楊之華、沈雁冰、楊賢江、王漢良、張君謀、陳杏林9人為執行委員；議決擴大《中國國民》的篇幅，移交市黨部直接辦理。市黨部下設宣傳、組織、商人、婦女、工農、青年、調查7部，分別以惲代英、張廷灝、王漢良、楊之華、陳杏林、楊賢江、沈百先為部長。1月10日，市黨部各部聯席會議，確定施存統、楊賢江、惲代英等13人為宣傳委員。

1926年3月12日是孫中山逝世一週年。當日，國民黨上海特別市黨部青年部出版《總理週年紀念特刊》，施存統（當時是共產黨員）以"復亮"為名發表《中山先生的三大革命政策》一文，空前明確地提出了"三大革命政策"的概念。文章說：

這個實現"中國之自由平等"的方法，也已由我們中山先生指示出來了。這就是中山先生的三大革命政策：團結工農勢力，聯合蘇俄，容納共產派。現在的革命的中國國民黨，已經很忠實地很勇敢地繼承中山先生的這三大革命政策了，所以它的基礎一天穩固〔了〕一天，它底勢力一天強盛一天，它底運動一天擴大一天，它底工作一天有效一天，全國被壓迫的革命民眾集中於它的旗幟下面的一天多似一天，帝國主義及軍閥對於它底

---

1 《中共中央文件選集》（2），第75頁。
2 《蔣校長演講集》第81頁。4月7日，廣東孫文主義學會致電廣州國民黨中央時也說："對於總理手訂之兩大革命策略，尤不敢有絲毫懷疑。"見《政治週報》第10期。

勢力一天寒〔害〕怕一天。

文章並以廣東國民政府的成立和國民革命軍的發展為例，說明"這些都是證明先生這三大革命政策的成功，即以後的成功亦必須忠實地遵守這三大革命政策"。

在分述三項政策後，施存統稱："以上這三個革命政策，可說是完成國民革命的根本政策，缺一不可。這三大革命政策，是中山先生積四十年的革命經驗所得到的，亦就是國民革命的保障。我們若違反這三大革命政策之一種或全體，那就是中山主義的叛徒，不配冒稱為中山主義者。"

施存統的文章並非無源之水。2月16日，中國共產主義青年團中央曾經轉發過中共中央的一份《孫中山先生紀念日宣傳大綱》。這份大綱提出，孫中山逝世日，"應是國民革命最廣大的宣傳日"。大綱稱："藉孫文主義之名，而行破壞統一的國民革命之實，不是真正孫文主義的信徒，乃是孫文主義的叛徒。"《大綱》特別要求，在國民黨廣州中央之下"遵從孫中山先生一切主義和政綱"。關於"政綱"。文件特別以括弧舉例說明，"如聯俄，集中革命勢力，如容納共產份子等"。[1] 顯然，施存統寫作《中山先生的三大革命政策》一文，乃是為了貫徹共青團中央轉發的中共中央文件精神，只不過他沒有照抄照搬，而是加進了自己的理解。

值得注意的是，3月12日，中共中央在《告中國國民黨黨員書》中雖有孫中山"兩個特殊的革命政策"這一提法，但是，同文中在分析國民黨內部分化還曾說："企圖聯合無產階級，遂不得不採用容納共產派聯俄擁護農工利益等革命政策；企圖結合資產階級，遂不得不修正聯共聯俄政策及提出階級調和口號。國民黨左右派乖離的真正原因完全在此。"這裏，實際上將孫中山的晚年政策概括為三個方面了。

---

1 《中共中央文件選集》（2），第48頁。"如聯俄，集中革命勢力"一語中的逗號為筆者據文義所加。

五、柳亞子發表《揭破偽代表大會真相》，將"兩個政策"的提法改為"三個革命的重大政策"

西山會議派召集的"中國國民黨第二次全國代表大會"於 3 月 29 日在上海開幕。30 日，《中國國民》出版《反對叛黨分子之代表大會特刊》，猛烈攻擊該次會議。在這一期特刊中，柳亞子發表《揭破偽代表大會的真相》一文，他說："我們對於這一個偽代表大會，要解剖他的內容，從政策、紀律、事實三方面，來證明他們確實是反動，確實是非法，確實是搗亂，確實是本黨的蟊賊，確實是總理的叛徒。"文章的最重要之點是將他原來的"兩個重要政策"修改為"三個重要政策"。他說："總理的革命政策，可分為三大點，第一是聯合世界上的革命民眾，第二是集中全國內的革命勢力，第三是團結革命的基本隊伍。"接著，他對這"三大點"分別作了論證。文章說："為聯合世界上的革命民眾而聯俄，是總理第一個重要的政策"；"為集中全國內的革命勢力而容納共產份子，是總理第二個重要政策"；"為團結革命的基本隊伍而擁護工農階級，是總理第三個重要政策"。柳亞子並說："這三個重要政策，是決定於總理生前的。"

柳亞子激烈地指責西山會議派：

所謂西山會議，居然反對聯俄，說是媚外賣國，居然反對容納共產份子，說是本黨確受蠶食的危險，更居然反對擁護工農階級利益，說是提倡階級鬥爭，那不是明明白白反對總理的政策嗎！

文章又說：

大家要曉得，總理積四十年經驗，才苦心孤詣，定下了這三個革命的重大政策，而他們敢於反對他，敢於誣衊他，更敢於破壞他，只此一點，便足證明他們的反動，證明他們是本黨的蟊賊，證明他們是總理的叛徒了。

將柳文和施文比較，顯然，柳亞子讀過施文，並且接受了它的影響，但是，柳文依"聯俄、容共、擁護工農利益"的層次敘述"三大政策",顯然更接近後來的提法。

據柳亞子回憶,1926 年 5 月國民黨二屆二中全會召開期間,他曾以"三大政策"為武器,在廣州當面批評蔣介石:"到底是總理的信徒,還是總理的叛徒?如果是總理的信徒,就應當切實地執行三大政策。"[1] 證以上引柳亞子文所提孫中山的"三個重要政策",他的這段回憶應該是可信的。

六、《聲討反動派的第二次全國代表大會宣傳綱要》再次闡述孫中山晚年"最重要的革命政策"

1926 年 4 月 1 日,《中國國民》週刊第 1 期出版,公佈了上海特別市黨部宣傳部頒發的《聲討反動派的第二次全國代表大會宣傳綱要》,共 7 條,其第二條稱:

> 西山會議所要求的無不處處與本黨進步的革命政策相抵觸。本黨總理積四十年之經驗,深知欲達到中國自由平等之目的在喚醒民眾與聯合世界上以平等待我之民族,故注重農工利益與聯合蘇俄,同時為集中革命勢力,又主張容納共產派份子加入本黨。所以注重農工利益、聯合蘇聯,容納共產派份子是本黨總理晚年所決定之最重要的革命政策之一。凡是中國民族解放之忠實努力者都知道這種革命政策是正確的,並已卓著成效。乃召集西山會議的人反正〔而〕要推翻此種政策,其違背總理遺教,反叛革命可想而知。

這裏,將"農工"問題列為首位,和柳亞子文將"聯俄"列為首位不一致,卻和較早的施存統文一致,但是,《綱要》將"三項重要政策"說成"本黨總理晚年所決定的最重要的革命政策之一"。這種情況,說明當時施、柳的說法還沒有為人們所普遍接受,也說明二人的說法並非來源於集體討論所形成的決議。

---

1 《磨劍室文錄》(下),上海人民出版社 1993 年版,第 1584 頁。

七、陳獨秀精煉地概括孫中山的"革命政策",距後來提出的"三大政策"概念實際內容已經相差無幾

1926 年 7 月 6 日,陳獨秀發表《論國民政府之北伐》一文,批評在蔣介石領導下匆促作出的北伐決策。此舉引起蔣介石、張靜江等國民黨人強烈不滿。9月 13 日,陳獨秀寫作公開信,答復張靜江等人,內稱:

> 凡是尊重國民政府的人,應該要求他有高度的革命性。事實是怎樣呢?中山先生擁護農工利益聯俄聯共,此革命政策,都幾乎推翻了……這樣來革命,其結果怎樣呢?[1]

上文述及,當年 3 月 12 日,中共中央在《告中國國民黨黨員書》中已經將孫中山的革命政策歸納為"容納共產黨聯俄擁護工農利益",這裏,陳獨秀則將其概括為"擁護農工利益聯俄聯共"。次序上小有不同,其最重要的變化是將"容納共產黨"改為"聯共"。在此之前,上引《告中國國民黨黨員書》曾偶見"聯共"一詞,但與"擁護農工利益"、"聯俄"並稱,這是第一次。顯然,陳獨秀這裏的提法和後來提出的"三大政策"的實際內容已經相差無幾了。

陳獨秀將"容共"改為"聯共",其理由應基於當年 6 月 4 日《中國共產黨中央委員會致國民黨中央委員會信》,其中透露了國共合作之初與孫中山的協商情況,信稱:

> 唯是合作之方式:或為黨內合作,或為黨外合作,原無固定之必要……然當本黨決定合作政策之初,曾商之於貴黨總理孫中山先生,孫先生以為黨內合作則兩黨之關係更為密切,本黨亦認為中國社會各階級力量只是相互關係,現亦可適用此種合作方式,故毅然決定,令本黨得加入貴黨,同時,本黨與貴黨結政治上之同盟。[2]

---

1 《答張人傑符琇黃世見冥飛》,《嚮導》第 171 期。
2 《中共中央文件選集》(2),第 141 頁。

這樣，陳獨秀自然認為 "聯" 字比 "容" 字能更準確地表現兩黨關係的實質了。

孫中山的 "容共" 是兩黨合作的一種特殊形式，包含著 "聯共" 的意義，這一點，當年的蔣介石也是這樣認為的。1926 年 3 月國民黨二屆二中全會閉幕後，他在廣州全市國民黨員大會上發表演說，特別聲明："共產黨加入國民黨，係增加革命力量，兩黨合作攜手，中國革命前途，有希望成功。"[1] "兩黨合作攜手" 不是 "聯"，是什麼？

八、黃埔同學會機關刊物《黃埔潮》同時出現三篇提倡 "三大政策" 的文章

1926 年 10 月 3 日，黃埔軍校黃埔同學會的機關刊物《黃埔潮》第 11 期同時出現提倡 "三大政策" 的三篇文章。其一為軍校學生、經理第一隊隊員吳善珍的《我們對總理的聯俄聯共政策懷疑嗎？》，中稱：

> 自總理決定 "聯俄"、"聯共"、"農工" 三大政策以後，黨內新舊的右派……如西山會議、上海偽中央、孫文主義學會，——他們的宣言決議案，完全以反對此三大政策為骨幹。……但是，黃埔學生有始終擁護此三大政策的精神，並且以此作評判革命反革命的根據。

同期發表的余灑度和游步瀛的文章都述及 "三大政策"。余文提出："確遵總理對革命的三大政策。A. 聯俄，B. 聯共，C. 擁護農工利益"，稱之為 "革命的方法"。游文提出，必須接受 "孫文主義和孫中山先生所手定的‘聯俄’、‘聯共’、‘農工’三政策"。文章自署作於 1926 年 8 月 20 日。

如果說 11 期的三篇文章還只是表達個人觀點，那麼第 12 期的《最近宣傳大綱》則表達的是黃埔同學會的集體意見。該《大綱》制訂於當年 10 月 5 日，它聲稱：

---

1 《廣州民國日報》，1925 年 5 月 25 日。

及至十三年本黨改組後始進了一個新的鞏固的時期，制定應付時局的
政綱及政策，提出適應時局的口號，確定 "聯俄" "聯共" "農工" 三大政
策本黨在民眾中始取得領導的地位。

同期發表的《本會慶賀第四期同學畢業》一文則明確提出："第一次全國代表大
會時，總理訂下 '聯共' '聯俄' 和 '農工' 三大政策"，"這是我們唯一無二
的革命策略，是我們今後唯一革命之路，也就是中國革命生死存亡的分水嶺"。

《黃埔潮》的觀點得到了陳獨秀的肯定。同年 11 月 4 日，陳獨秀在中共中
央政治局和共產國際代表聯席會議上報告稱：

黃埔軍校中，自我們同志一百六十餘人退出後，左派學生在我們指導
之下已經組織起來，並且發展到廣大中去，又企圖擴大到全國；他的政綱
是迎汪復職，繼續總理聯俄聯共扶助工農三大政策。[1]

陳獨秀所述 "左派學生" 當即指在《黃埔潮》發表文章的吳善珍等人，他所述
"在我們指導之下已經組織起來"，則明白無誤地告訴人們，這些 "左派學生"
是受中共領導的。

11 月 7 日，中共廣東省委宣傳部長任卓宣在中共廣東區委機關刊物《人民
週刊》第 30 期上發表文章稱："至於國民黨的改組，五卅之反帝運動，廣東革
命基礎之鞏固，皆不是偶然的。任何一個有覺悟的革命者，都可以看得出，這
是孫中山聯俄、聯共及工農三大政策之結果。"[2] 任卓宣的文章表明，中共廣東
區委支持黃埔 "左派學生" 的觀點。這以後，《廣州民國日報》也開始出現孫
中山 "三大革命政策" 的宣傳了。[3]

施存統 1926 年秋到廣東任中山大學教授，同時任黃埔軍校教官。黃埔的

---

1 《中共中央文件選集》（2），第 426 頁。"廣大"，指廣東大學。
2 《我們對於十月革命應有的認識》，1926 年 11 月 7 日。
3 《新聞記者聯合會孫中山先生誕日紀念宣傳大綱》，《廣州民國日報》，1926 年 11 月 11 日。

"左派學生"接受並宣傳 "三大政策"，應該和他在軍校的教學生涯有關。[1] 從吳善珍等人發表的文章看，它們和施存統當年 3 月在上海發表的文章之間也存在著某些聯繫。例如，吳文論及西山會議、上海偽中央、孫文主義學會，這正是施存統文章的寫作背景；他將 "三大政策" 稱為 "革命的方法"，這正是施存統前引文中的觀點。

惲代英在 1929 年曾經說過："孫中山本人的著作中，並無所謂三大政策之一名詞，這一名詞據我所知，還是周恩來在三月二十以後，為黃埔左派製造出來的。"[2] 1926 年下半年，周恩來正在廣州擔任廣東區委軍事部長，領導黃埔軍校的共產黨人應是他的工作範圍。當年 10 月 14 日，他還對吳善珍所在的黃埔軍校第四期學生作過《武力與民眾》的報告。惲代英所稱 "黃埔左派"，當即陳獨秀報告中所稱 "左派學生"。這裏透露出來的訊息表明，周恩來在 "三大政策" 的概括和傳播方面，有一份貢獻。1926 年 12 月 1 日，他在寫作《現時政治鬥爭中的我們》時即已公開提出，國民黨左右派在對待 "三大革命政策" 上根本對立；[3] 在此之前，他向黃埔學生傳播這一概念是完全可能的。

九、中共中央特別會議將 "三個政策" 寫入決議

1926 年 12 月，中共中央召開特別會議，通過《關於國民黨左派問題的決議案》，中稱：

> 所謂左右乃比較之詞，並沒有固定的界說，社會的左右派和一個政黨內的左右派既然不能混同，贊成解決土地問題的國民黨左派，現在又還未成胎，所以只好承認一些贊成繼續孫中山、廖仲愷的聯俄聯共和輔〔扶〕助工農這三個政策的份子是左派，反對者便是右派……[4]

---

1 施本人也曾於 1926 年 12 月 31 日撰寫《孫文主義與馬克思主義》，繼續宣揚 "三大政策"，見 1927 年 1 月 14 日《廣州民國日報》。
2 《施存統對於中國革命的理論》，《布爾什維克》第 2 卷第 5 期，1929 年 2 月。
3 《人民週刊》第 37 期，1927 年 1 月 4 日。
4 《中共中央文件選集》(2)，第 573 頁。

這是"三個政策"這一概念正式進入中共中央決議,並以之作為區分國民黨左右派的標準。至 1927 年,蔣介石逐漸右轉之後,中共和國民黨左派對這一概念的使用愈廣,"三個政策"也逐漸被"三大政策"的提法所代替了。

十、結語

孫中山的晚年,其思想與早年有其一貫之處,但是,也確有若干新成分。如何認識、總結孫中山的思想及其前後發展,成為孫中山逝世後中國各政治派別論戰的重要焦點。前人云:"孔墨之後,儒分為八,墨離為三。取捨相反、不同,而皆自謂真孔墨。"一個哲人的身後,常常有無盡的關於這一哲人的爭論。這種情況,自古如此。

如上所述,"三大政策"這一概念形成於 1925 年 10 月至 1926 年末國民黨的內部鬥爭中。它是中共和國民黨左派對孫中山晚年所行政策的一個比較準確的概括。應該承認,所概括的三個方面確實都來自孫中山,不是贗品;也應該承認,三個政策均為孫中山晚年新增,而為前期、中期所無,反映出孫中山晚年思想和政治主張的新發展。中共和國民黨左派在作出這一概括時有一個從"二"到"三"的發展過程。其最初的目的是反對戴季陶主義和西山會議派,後來則是為了反對蔣介石等人。在這一過程中、中國國民黨上海區黨部聯合會、上海特別市黨部、中共廣東區委、中共中央,以及沈雁冰、施存統、柳亞子、陳獨秀、周恩來和黃埔軍校的"左派學生"們都起了作用。

附記:本文寫作中,承日本神戶大學石川禎浩教授賜寄國民黨上海特別市黨部青年部出版的《總理週年紀念特刊》,謹此致謝。

第七部分

檔案、函札所見孫中山

犬養毅紀念館所見孫中山手跡 *

——日本岡山訪問所得之一

　　犬養毅是和中同有密切關係的日本政治家。他的紀念館位於日本岡山縣郊。1985 年 7 月 16 日，我在岡山大學石田米子、佐藤智水兩位教授的陪同下，和京都大學人文科學研究所的狹間直樹教授一起參觀了該館。承岡山縣政府企劃部小出公大、山本光德和紀念館工作人員盛情接待，得以見到該館珍藏的孫中山、康有為、王照、畢永年、熊希齡等人的手跡並惠允利用。茲先介紹其所藏孫中山函兩通，其餘資料見另文。

　　其一為 1900 年 10 月 21 日致犬養毅函，已刊於中華書局 1981 年出版的《孫中山全集》第一卷，茲不錄。其二為：

> 　　前委謀之件，已與友人商之，因近日金融太緊，彼有之資又出貸他人，恐不能一時收回，故無所決。彼原可出得餘資一二萬，而又帶俠氣，故弟留一介紹書於他，託彼於事決之時則持來見先生，而交涉此事，然彼來否未可必，若來，則望先生隨機而勉之，或可令之出一萬也。弟今日起程赴神港待船，前途如何，若有好音，立行飛報。

末署 "孫文拜啟。九月十九日"。

　　神港，指神戶。1900 年 9 月，孫中山準備在中國南部發動一次新的起義，在日本神戶、大阪等地積極籌款，購運槍械。25 日，由神戶啟程，經馬關轉赴台灣。本函當即作於此時。可以看出，犬養毅對孫中山的起義計劃是知情並積極支援的。

---

* 　節選自《犬養毅紀念館所見孫中山、康有為等人手跡》，《歷史檔案》1986 年第 1 期。

附：袁世凱偽造的孫中山"賣國協約"[1]

袁世凱想當皇帝前後，曾經散佈過幾種宣傳品，大肆攻擊和誣衊以孫中山為代表的革命黨人。以筆者所知，有《孫文小史》、《黃興小史》、《亂黨之真相》等幾種。最近見到一種《中華革命黨總理孫文與日本民黨首領犬養毅所結協約概略》，頗有點意思。

原件為毛邊紙油印本，計二十條。妙文難得，抄錄部分條文如下：

　　一、中日兩國，既屬同洲、同文、同種，彼此自當互相提攜，維持東亞和平。

　　二、中華革命黨成功時，應與日本民黨創制五權憲法，組織中日聯邦。

　　三、中日聯邦成立時，應尊日本國王為聯邦皇帝。

　　四、中日聯邦成立時，中華應改民主為君主，尊孫文氏為中華國王。

　　五、中日聯邦成立時，中日兩國民黨之勞績卓著者，應由聯邦皇帝敘爵賞勳。

　　六、中日兩國與他國開戰時，中華海陸軍須受日本政府之管轄，平時則否。

　　七、中華政府與他國有交涉時，須受日本外務省之指導。

　　八、中日聯邦成立時，兩國平時內政，彼此不得干涉。

以上八條，規定了兩國的政體和相互關係的根本原則。接著四條，規定"日本民黨"援助"中華民黨"的義務，如："凡中華民黨在日本者，日本民黨應請其政府格外優待"；"凡中華民黨在中國有危險時，日本民黨應請其政府飭駐中領事妥為保護"；"中華民黨當起事前後，日本民黨應請其政府接濟軍火及軍費"，"中華民黨當當危急時，日本民黨應請其政府助以兵力"等等。其次六條為"中華民黨"應允給予日本的利權：

1　原載《團結報》，1988 年 1 月 9 日。

十三、中華民黨成功時，應以滿蒙一切特權讓與日本。

十四、中華民黨成功時，應割福建與日本。

十五、中華各行政機關，應聘日人若干名為顧問。

十六、中華路礦諸政，應許日人以投資之優先權。

十七、中華海陸軍，應聘日人若干名為教員。

十八、中華各學校，應聘日人若干名為教員，並加日語科……

最後兩條，規定中華民黨不能成功時，日本民黨應請其政府位置中華民黨的重要人物，並說明協約發生效力的時間及修改的有關問題，不錄。

筆者不想為孫中山作全面辯護。孫中山在沒有認識到必須"以俄為師"之前，為尋找支援力量，曾對日本改府存在過幻想，但是，這份《協約》卻是地地道道的假貨。

作偽者很費了一番心思。他知道孫中山和犬養毅關係密切，也讀過孫中山組織中華革命黨時的《誓約》，因此懂得使用"創制五權憲法"一類的詞語。但是，作偽的痕跡仍然很明顯，例證之一就是"組織中日聯邦"。在中國近代史上，康有為確實有過類似想法，但孫中山則從未有過。例證之二是"中華應改民主為君主，尊孫文氏〈為〉中華國王"的條文。孫中山是個堅定的民主主義者，他怎麼會想自己當"國王"呢！例證之三是所謂"應尊日本國王為聯邦皇帝"，日本只有"天皇"，沒有"國王"，作偽者竟連這一點常識都忽略了。

袁世凱為什麼要製造這樣一個偽件呢？其目的大概是：自己想當皇帝，便說孫中山想當國王，自己與日本簽訂二十一條，便說孫中山與日本簽訂二十條，這樣就彼此彼此了吧。

附記：此件原藏中國第二歷史檔案館，卷宗標題為《北洋政府印發關於孫中山與日本犬養毅所結協約之概略》，檔案號 1011（2），918。後筆者查得，此件曾刊 1915 年 4 月 24 日上海《申報》，正是日本政府向袁世凱提出二十一條要求，袁世凱準備接受期間。

孫中山秘密赴滬時的筆談

——讀日本外務省檔案

在日本外務省檔案中，保存著許多孫中山的談話記錄。它們幾乎都是日本情報人員收集的，目的在於供政府決策之用。例如《孫中山筆答訪問者之一節》即是如此。該文為日本兵庫縣知事大森鍾一上報給外務大臣、內務大臣和警視總監的密件。全文如下：

> 前略誠如君言，伊侯不過為政策之詭變，不得止〔已〕而為此反對保全之言，原無唱分割之論，僕聞之略安。僕支那孤憤之士，既恨清廷之無道，又恨列強之逞雄。聯軍之進北，守文明之道者，獨貴國耳。其他實野蠻之行，比團匪之待外人為尤甚。支那人目擊心傷，所以不忍聞分割之論。如各國竟出此策，則日百世之地，禍尚未有涯也。

> 敝國之朝，猶貴國之內閣政府，而延長其期耳。每數十年或數百年而一易。吾國自有史鑒以來，數十餘朝，每當易朝，有暫分裂者，有不分裂者，而分裂者多。生靈塗炭，民不聊生。而自行分裂尚如此，況為他國所瓜分者乎？故有識之士，甚畏分割也，且更畏外國之分割也。何也？有鑒於清之入關也。清入主支那之際，殺人盈域盈野。餘威所播，至今民猶畏之，而不敢言恢復，然今日清政府腐敗，自取滅亡。支那之士，方期天王土恢復，所以喜聞保全之論，而惡分割之言也。

以上原為中文。由於是筆答，因而應該視為孫中山的佚作。其中個別文句略顯生澀，可能日本情報人員抄寫時有某些錯漏。

又，在答客問時尚有言稱：

> 刻下正在渡航上海途中，抵滬後，投宿租界，恐將更有不測之虞。

以上原為日文。

1900 年 6 月 17 日，英、俄、德、法、美、意、奧、日八國聯軍攻陷大沽炮台。8 月 2 日，侵略軍自天津向北京大舉進犯。14 日，佔領北京。西太后挾光緒皇帝倉皇出走。侵略軍在中國北方燒殺搶掠，無惡不作，中華民族墮入深重的災難之中。為了拯救祖國，拯救同胞，孫中山以大無畏的精神，於 8 月 22 日自日本橫濱秘密乘輪前往上海。孫中山此行目的是，利用時機，聯絡李鴻章、劉坤一、張之洞、康有為等，推容閎為首領，以江蘇、兩廣等南方六省為基礎，建立共和政體，漸次向北方發展，推翻清朝政府。從所附一段日文看，《筆答》即作於赴上海的輪船上。它表現了孫中山對帝國主義侵略的強烈憤慨，也表現了他對祖國命運的深沉憂慮和對民族獨立、統一的強烈渴望。

伊侯，指日本政友會總裁，多次出任首相的伊藤博文。當時，帝國主義對華有兩派意見，一派主張瓜分中國，一派主張 "保全中國"，即形式上保持中國的完整。兩相比較，後者對中國人民較為有利。因此，孫中山極為關注伊藤博文的主張，明確地表示："喜聞保全之論，而惡分割之言。"

義和團的主要參加者是農民、手工業者、城市貧民以及散兵遊勇，也有少量中小地主和封建知識份子。他們在進行反帝鬥爭時出現籠統排外的傾向並不奇怪。帝國主義聲稱他們出兵是為了 "討伐" 義和團，"懲辦匪類"，但是，他們在中國土地上的所作所為證明了他們自己才是真正的匪類。

孫中山當時遠在日本，只能通過日本和西方的報紙判斷在中國發生的事情，透過這些報紙的歪曲報導，孫中山仍然看出了侵略軍的 "野蠻之行"，比義和團之待外人 "為尤甚"，這是有見地的。

帝國主義之所以由主張 "瓜分" 到主張 "保全"，並不是出於 "善念" 和 "友誼"，而是義和團英勇鬥爭的結果。所以後來，孫中山稱讚義和團："其勇銳之氣，殊不可當，真是令人驚奇佩服。所以經過那次血戰之後，外國人才知道，中國人還有民族思想，這種民族是不可消滅的。"

孫中山在 1900 年 *

——讀日本外務省檔案札記

1897 年 8 月 16 日，孫中山自加拿大抵達日本橫濱。三天後，一份標明秘字的密報便送到了外務大臣大隈重信的面前。自此，日本情報人員即十分注意孫中山的動態，各種報告不斷送向外務省。日積月累，數量相當可觀。這些報告，和其他關於中國革命者的情報彙集在一起，名為《各國內政關係雜纂支那之部·革命黨關係（含亡命者）》。現藏於日本外務省外交史料館，檔案號為 1.6.1.4-2-1。它們是研究孫中山和中國革命史的重要資料。美國國會圖書館曾將其中少部分攝成縮微膠捲，但是，不知由於什麼原因，大部分遺漏未攝。1985 年，我應京都大學人文科學研究所狹間直樹教授之邀，赴日訪問，有機會閱讀了全部該項檔案。現就其中 1900 年部分略作探索。

　　1900 年是中華民族的多事之秋。這年 6 月，中國北部土地上掀起了波瀾壯闊的義和團運動，英、美、法、德、俄、日、意、奧八個帝國主義國家組成聯軍，大舉入侵中國。這時，孫中山正居留於日本。他憂心如焚地注視著國內外形勢，千方百計地利用時機，籌備發動反清起義，拯救危難中的祖國。檔案反映出，孫中山的意思是：在南方建立共和國，然後逐漸向北發展，推翻清朝政權。6 月上旬，他與人密談說："目前北京方面形勢異常不穩"，"如清政府勢力失墜，即我輩奮起之良機"。他表示："我等之最終目的是與南方人民共商大計，割取清帝國之一部另建一新共和國。"[1] 8 月，和孫中山一起行動的日本人內田良平也透露："孫逸仙及其一派黨徒策劃之目的為，以江蘇、廣東、廣西等華南六省為根據地，建成一獨立的共和政體，然後逐漸向華北方面伸展勢力，推翻愛新覺羅政權，最後統一支那十八省，在亞洲建成一大共和國。"[2] 為了達

---

* 　原載《清史研究通訊》1986 年第 4 期。

1 　《神奈川縣知事淺田德則致外務大臣青木周藏報告》，秘甲字第 212 號，1900 年 6 月 11 日發。

2 　《福岡縣知事深野一三致外務大臣青木周藏的報告》，高秘字第 848 號，1900 年 8 月 26 日發。

到這一目的，孫中山縱橫捭闔於香港英國當局和日本政府之間，同時積極爭取李鴻章、康有為、容閎等人，力圖建立廣泛的合作。

當時，香港英國當局正在策動兩廣總督李鴻章據華南"自主"，孫中山對這一計劃表示過興趣。為此，他於 6 月 11 日離日南行。7 月 12 日，李鴻章調任直隸總督，途經香港，曾與港督卜力（N. A. Blake）會談。有關情況，孫中山於 7 月 24 日向日本"某訪客"介紹說："太守（指卜力——筆者注）向李氏說明形勢，言稱：按刻下清國時局，實為分割廣東、廣西兩省之良機等等，並慫恿李鴻章以孫逸仙為顧問，出掌兩省之主權。李氏答稱：將觀察今後時局之趨勢，徐行處斷。"孫中山並稱："太守所言，蓋係欲以兩廣為英國屬領，以擴展其利益範圍。"[1] 這段言論顯示，孫中山雖然在華南"自主"問題上與香港英國當局發生密切關係，但對其侵略意圖是洞若觀火的。

關於孫中山南行的情況，檔案稱："目前孫逸仙潛赴香港之際，曾與香港太守進行密商。密商之事似已略見端倪，故又暫來我國。其後，香港太守已有通告前來，略謂：密商之事，當可接受。"[2] 孫中山南行時，一直未能與卜力見面。這裏所說的"密商"，可能發生在孫中山的代表與卜力之間。據卜力 8 月 3 日給殖民大臣張伯倫的備忘錄，他和孫中山的代表確曾有過一次會見。卜力要求孫中山等人起草一份"有許多人簽名的送給列強的請願書，清楚地表明他們所要求的改革，並且說明，他們採用這種方法，是為了避免在目前的危機中會使列強為難的行動"[3]。卜力報告說，他的建議已送交孫中山的"革新派"。日本外務省檔案所述，當即此事。檔案又稱："孫之同志已將其所謀事項草成一紙建議，擬請交香港太守。"[4] 檔案並提供了該項建議的具體內容，共四條：

（1）移都中央（上海或漢口）；（2）頒行自治制（中央政府將就施政問題向各國公使徵詢意見，地方政府將就自治制問題向各國領事徵詢意見）；

---

1 《兵庫縣知事大森鍾一致外務大臣青木周藏的報告》，兵發秘字第 410 號，1900 年 7 月 25 日發。
2 《福岡縣知事深野一三致外務大臣青木周藏的報告》，高秘字第 874 號，1900 年 9 月 2 日發。
3 《卜力致張伯倫》，1900 年 8 月 3 日，英國外交部檔案，第 17 組 1718 卷 [46]，第 364—367 頁，轉引自史扶鄰：《孫中山與中國革命的起源》，中國社會科學院出版社 1981 年版，第 181 頁。
4 《福岡縣知事深野一三致外務大臣青木周藏的報告》，高秘字第 874 號，1900 年 9 月 2 日發。

（3）改革刑政，使其公平；（4）廢科舉，興實學。

從這四條看來，它就是我們今天可以看到的《致港督卜力書》中的《平治章程》。該函由孫中山領銜，有陳少白、楊衢雲、鄭士良、史堅如等興中會骨幹聯合簽名。所不同的是，《平治章程》為六條，較檔案多出兩條，文字亦有很大懸殊。這種情況說明，檔案所收可能是最初的稿本，而今存《平治章程》則是後來修改的結果。值得注意的是，檔案記載，平山周認為，上列第二項所謂 "中央政府將就施政問題向各國公使徵詢意見" 等語， "將使國家之獨立為之喪失" ，特地於 8 月 24 日趕到門司，和正在登輪回國、秘密前往上海的孫中山商談，建議削除此條。[1] 這就說明，《平治章程》到這時還未定稿，今本《孫中山全集》將它定為當年 6、7 月之間的作品，看來須要修正。

由於八國聯軍的入侵和各派政治力量的活躍，中國政局呈現出微妙多變的形勢。老奸巨猾的李鴻章離開香港之後，到上海就逗留不前了。他要等一等，觀察一下風向。孫中山此次前往上海的目的之一就是為了和李鴻章會談。他認為，北京政府當時已全為 "排外思想者" 所佔據，光緒皇帝隨時有被害的可能。只要光緒皇帝一死，南方督撫們便會 "另行動作" 。早在 8 月上旬，他就聲稱： "清國南方各省督撫以及新進有識之士，在滿清朝廷尚存在之期間，固將維持現狀；但隨時勢之演變，遲早必與我等意見一致。基於此情況，身入故國固屬危險，但就某些地區而論，作為達到目的之一種手段，亦可通過無甚危險之和平途徑與有上述思想的人士相會合，實屬最為必要。基於此原因，只要無何危險，亦願與李鴻章會談。" [2] 後來，他又進一步聲稱，如果時機許可，願與劉坤一、張之洞一見。[3]

孫中山此行目的之二是為了聯絡容閎。當時，容閎在唐才常等人的推戴下，已經出任上海中國國會會長，在其起草的英文宣言中聲稱： "不認滿洲政府有統治清國之權，將欲更始以謀人民之樂利。" 孫中山對此表示歡迎。他說：

1　《福岡縣知事深野一三致外務大臣青木周藏的報告》，高秘字第 874 號，1900 年 9 月 2 日發。

2　《神奈川縣知事周布公平致外務大臣青木周藏的報告》，秘甲字第 308 號，1900 年 8 月 10 日發。

3　《福岡縣知事深野一三致外務大臣青木周藏的報告》，高秘字第 874 號，1900 年 9 月 2 日發。

"中國政治改革派中亦有不同派系之分。當今之局，彼此間絕不可糾纏於以往在發展當中所生之某些感情隔閡而互爭短長，亟應消除成見，廣為聯合，團結一致，共同謀劃。吾等仰為首領之人乃係容閎。此人曾任駐美公使，在國內頗孚眾望。據推測，此人正與李鴻章等地方督撫及康有為一派中之重要人物暗相聯結，從事政治改革之策劃，正在循序漸進之中；本人亦欲廁身其間，竭誠效力。"[1] 孫中山並表示，如果時勢合宜，他準備直入北京一行。

孫中山此行的目的之三是為了通過英國駐上海領事繼續與香港當局談判。檔案稱："又聞，孫抵上海後，將由英國領事串通，與香港太守秘議，並將通過此次國際談判以遂其志"。[2]

孫中山啟程之後，在輪船上曾經以筆答的形勢對"訪客"發表過一次書面談話。中云："前略誠如君言，伊侯不過為政策之詭變，不得止〔已〕而為此反對保全之言，原無唱分割之論，僕聞之略安。"當時，八國聯軍已經攻陷北京，在對華政策上形成了兩派意見。一派主張瓜分中國，一派主張"保全中國"，即形式上保持中國的完整。兩相比較，後者對中國人民略為有利。伊藤博文是日本政界名流，對日本政府有舉足輕重的影響，因此，孫中山極為關心他的主張，明確地表示"喜聞保全之論，而惡分割之言"。[3] 這段話，雖是寫給"訪客"的，實際上是寫給伊藤和日本政府的。筆答中，孫中山還傾訴了對祖國命運的憂慮和對民族獨立、統一的渴望。他說："吾國自有史鑒以來，數十餘朝，每當易朝，有暫分裂者，有不分裂者，而分裂者多。生靈塗炭，民不聊生。而自行分裂尚如此，況為他國所瓜分者乎！故有識之士，甚畏分割也，且更畏外國之分割也。"[4] 這段話，表現了一個偉大的愛國主義者的襟懷。

孫中山抵達上海的時候，正是張之洞在武漢血腥鎮壓自立軍起義之後。英國政府為了維護其在長江流域的利益，終於決定支持張之洞。對唐才常等人的逮捕是經過英國代理領事傅磊斯同意的。正因為這樣，所以英國駐滬領事對孫中山的來訪只給予了冷淡的接待。孫中山還在船上和李鴻章的幕僚劉學詢進行

---

1 《神奈川縣知事周布公平致外務大臣青木周藏的報告》，秘甲字第 334 號，1900 年 8 月 22 日發。
2 《福岡縣知事深野一三致外務大臣青木周藏的報告》，高秘字第 874 號，1900 年 9 月 2 日發。
3 《兵庫縣知事大森鍾一致外務大臣青木周藏的報告》，兵發秘字第 593 號，1900 年 9 月 22 日發。
4 《兵庫縣知事大森鍾一致外務大臣青木周藏的報告》，兵發秘字第 593 號，1900 年 9 月 22 日發。

了會談，也沒有什麼結果。9月3日，孫中山與容閎、容星橋等人同船抵日。容閎對九州《日出新聞》社記者說："英國對清國之行動，其真意何在，實不可知！世間蓋無心事難測之如英國人者。"[1] 這應該也反映了孫中山此時此際的心情吧！

上海之行失敗使孫中山轉而繼續經營南方。9月25日，孫中山乘輪由神戶駛赴台灣，經過馬關的時候，曾與玄洋社頭目、日人平岡浩太郎會談。談話中，孫中山對日本政府的冷淡態度流露出不滿之情，平岡解釋說：日本政府之所以冷淡，"一是出於對英國外交策略上的考慮；但更主要者，乃因先生對日本尚無任何貢獻。" 平岡接著向孫中山提出："現今台灣土匪尚未剿平，兒玉總督為此頗費心機，且對我國之國力消耗亦實匪尠。且今日台灣匪徒已絕非台灣本地之土人，其主要動力實來自隔岸閩、粵兩省人之煽動與資助。" 平岡要孫中山協助兒玉，"根除匪患"，並稱，這將是對日本的一項"厚貺"。此後，"我等即可以兒玉總督為中心，在日本為先生奔走效力，裨先生得遂大志"。自從日本帝國主義侵佔台灣後，台灣各族人民即不斷發動反抗鬥爭，給予侵略者以很大困擾。平岡的這一席話主要目的在於誘使孫中山為日本的侵台政策服務。孫中山當時表示："當在可能範圍內竭盡綿薄。"[2] 後來的事實表明，孫中山的這種表示乃是虛與委蛇，他的真實目的在於利用日本台灣總督兒玉的力量，在華南發動起義。

9月28日，孫中山抵達基隆，隨即與平山周同赴台北，與兒玉的代表台灣民政長後藤新平會談。後藤"許以起事之後，可以相助"[3] 其後，孫中山即在台北建立指揮中心，聘請日本軍人參加，一面命鄭士良於10月8日在廣東惠州舉行起義，一面積極籌備在廈門以南雲霄縣的銅山港登陸。但是，日本政府迅速改變了態度。10月2日，外務大臣青木周藏致電駐神州領事豐島舍松等，告以孫中山的起義意圖，有許多日本人可能是他的同謀。電報稱："台灣總督已經下令，打電報通知他們可能到達的港口的日本領事。他們或許已經到達中國，即

1　《長崎縣知事服部一三致外務大臣青木周藏的報告》，高秘字第 336 號，1900 年 9 月 7 日發。

2　《福岡縣知事深野一三致外務大臣青木周藏的報告》，高秘字第 1000 號，1900 年 9 月 28 日發。

3　孫中山：《建國方略》第 8 章。

使沒有上述電報，萬一他們中一些人到達你的地區，你要嚴密地監視他們的舉動，並且作出最大的努力，防止他們的陰謀實行。"[1]10 月 19 日，山縣有朋內閣辭職，繼任的伊藤博文內閣採取同一態度。

日本政府態度的變化和帝國主義之間的矛盾有關。

義和團運動期間，日本東亞同文會和日本政府都曾蓄謀乘機侵略中國南方。6 月 18 日，東亞同文會召集幹事會。會長近衛篤麿主張"嚴密審時度勢，如有一發可乘之機，自應奮勇前進，以謀帝國之利益"。但他同時又表示，必須"與列國保持協調"，"諦視俄國之動靜，乃為明智"。因此幹事會一致議決，暫不對中國出兵，以期"養精蓄銳，一旦時機成熟，自當一展鵬翼，佔領南方之目的地"。[2]內田良平原計劃慫恿孫中山在南方起義，他自己則同時糾集土匪，在華北舉事，佔領朝鮮，引發日俄戰爭。但是，當他將這一計劃向"幕後謀主"彙報時，"幕後謀主"認為，"日俄衝突不久必將發生，今日如在華北舉事，難免引起列強干涉"。[3]正是這些顧慮，促使日本政府放棄了原定奪取廈門，佔領福建的野心勃勃的計劃，並相應地改變了對孫中山起義的態度。

11 月 10 日，孫中山失望地離開基隆，再赴日本。他在與人談話時說："本人對日本政府之行動極為關注。蓋以日本在地理上較列國佔有優勢，並且出動軍隊最多（指八國聯軍中的日軍——筆者注），顯示出極大的軍事力量，使列國為之震駭。既如此，本人預期日本政府在外交上亦將採取同等步驟，在一切事務中俱居於主導地位。果如斯，則本人亦將奮起崛起，與日本政府步調相諧，以期大舉謀事。詎料日本政府優柔寡斷，此次又有坐視利益為他國所奪之勢，為此狀況，本人的事業又安得不受挫折！"又說："本人之事業繫於日本，日本既不能主動佔居主導地位，則本人之事業即將無可作為。"[4]孫中山當時將全部希望都傾注在日本政府身上，一旦落空，其沮喪心情是不難想像的。

但是，孫中山畢竟是百折不撓的革命家，再赴日本之後，立即著手準備新的起義，11 月下旬，他與人談話稱："本國目前形勢，將是舉事之大好時機，我

1　《外務大臣青木周藏致駐福州領事豐島舍松等電》，1900 年 10 月 2 日收，《歷史檔案》1986 年第 3 期。
2　《關於清國亡命者孫逸仙等人動靜之報告》，乙秘字第 316 號，1900 年 6 月 19 日發。
3　《福岡縣知事深野一三致外務大臣青木周藏的報告》，高秘字第 848 號，1900 年 8 月 26 日發。
4　《福岡縣知事深野一三致外務大臣青木周藏的報告》，高秘字第 1131 號，1900 年 11 月 15 日發。

同志等亦大有奮發之志，正在穩步前進。"他一面與日商簽約，購買 250 萬發彈藥，一面努力摸清伊藤博文內閣的態度。他說："舉事之前必須取得一二強國之支援，至少必須取得諒解。現今日本內閣更迭未久，外交方針尚未明確，看來依靠日本尚不如轉倚已示諒解之英國為佳；但必須探明舉事之際日本政府將取何種態度。"[1] 由於找不到革命的依靠力量，孫中山只能搖擺於英、日兩國政府之間。徹底擺脫對帝國主義的幻想，這段路對孫中山說來是漫長而又遙遠的。

附記：本文所引日本外務省未刊檔案，大部分為鄒念之先生所譯，謹此致謝。

---

1 《神奈川縣知事周布公平致外務大臣加藤高明的報告》，秘甲字第 500 號，1900 年 11 月 27 日發。

跋孫中山在檀香山的幾次談話

——讀日本外務省檔案

1910 年 3 月 28 日，孫中山第六次訪問檀香山，一直逗留到 5 月 30 日。在此期間，曾對記者發表過幾次談話，陸續刊登在當地英文報紙上。它們引起了日本駐檀香山總領事上野專一的注意，立即作為機密第 22 號、24 號、29 號文件，寄給外務大臣小村壽太郎。現存日本外務省外交史料館，檔案號為 1.6.1.4-2-1(4)。

孫中山的這些談話表現了他的巨大的愛國主義和民主主義的激情，也反映了他對當時國內外許多重大問題的看法和策略考慮。孫中山滿懷信心地指出，清政府即將垮台，革命即將爆發，中國最終將成為世界上最繁榮的國家之一。他認真地研究了土耳其革命的經驗，對清政府正在建立的新軍寄以希望，認為只要在新軍中做好鼓動工作，它將成為推動革命勝利的決定性力量。後來武昌起義的事實完全證明了孫中山此時的觀點。當然，這些談話也反映出孫中山思想中的若干弱點，如，將滿族看作外國人，對列強抱有不切實際的幻想，對人民自發鬥爭的積極作用缺乏認識等。

附 [1]：孫中山在檀香山的幾次談話

中國將發生內部衝突 [2]

一、滿洲政府搖搖欲墜，自稱是改革者

孫逸仙博士，海島的孩子，中國革命黨的領導人之一，正在檀香山。他上週從美國乘高麗號到達，應邀來此向夏威夷華人報告中國的政治事態。

1　所有注釋，均為譯者所加。

2　發表於 1910 年 4 月 8 日檀香山《晚間公報》（*Evening Bulletin*）。

人們將記住，孫博士是領導人中的一個，為了抓住他，滿洲政府正提供一筆很大的賞金。雖然當第一次懸賞的時候，他正在中國，但他從未被抓住過。現在他仍然被滿洲政府通輯。這天早晨，他被訪問時說，他將再次去中國，使自己熟悉那裏的情況。問他是否害怕被抓住，孫博士坦率地微笑說，他決心去做他認為對中國人民和國家有好處的事情。

在訪問過程中，孫博士作出了下列陳述：

"只要現在的滿洲政府繼續存在，中國就沒有希望。明智的、愛國的中國人打算推翻現在的外國政府——我指的是滿洲政府——並且建立一個他們自己的政府。這意味著民有，民享，民治。"

"滿洲政府的所有官職都可以用錢賄買。這是眾所周知的事實。那些為其所追求的官職付出最高價錢的人，能如願以償。"

"現在，正醞釀一場革命以推翻滿洲政府。他們意識到，進行得愈快，愈有益於人民。期待的革命即將爆發，這僅僅是一個時間問題。明智的、有思想的中國人支持這一變動，因為他們不能永遠生活在現政體的腐敗制度之下。"

"政府顯然害怕在中國爆發革命起義，答應人民建立一個立憲政體。今天的中國是一個專制的君主政體。它並不真正打算給予人民一個為大眾喜愛的立憲政府，卻極力抵制革命運動。"

"這是真實的，有一個明智的、有能力的領導者在策劃中國的革命運動。每一個受過現代教育的人都支持這一變動。"

二、中國軍隊的強大

"中國軍隊今天相當強大，但是，它沒有足夠的能力去保衛它的領土。中國的軍隊有三十六鎮。其中的十五個鎮已經按照現代的軍事制度組成。人們實際上認為，他們贊成革命的主張。士兵們被在外國受過教育和訓練的人統率。他們掌握現代軍事知識。"

"正像土耳其所發生的情況那樣，中國在時勢發展的過程中最終將被這支軍隊革命化。"

"自從中國軍事部門的這十五個鎮組成以來，在中國全境內已經爆發了好幾次革命。最近的一次，幾星期以前發生於廣州。由於同情這一運動的人民沒有準備，革命黨人被政府的力量打敗了。"

三、中國將要成為共和國

"中國應該建立共和國。"博士繼續說。"一旦共和政體建立起來，中國將煥然一新，政府事務將得到正確的管理，最終將成為世界上最繁榮的國家之一。我充分相信，革命運動將成功。"

"如果發生革命，滿洲政府呼籲列強干涉時，你們革命黨人怎麼辦？"記者問。

"我認為，實際上全世界贊成中國的現代化。"博士回答。"今天世界所需要的是和平與貿易。"他繼續說："文明國家需要中國向世界貿易開放門戶。應當承認，中國人中較好的階級贊成 77 這樣做，但是，不幸的是，它經常被滿洲政府干擾。"

"現在的政府不能維持中國的秩序，也不能抵禦外來的攻擊，保護自己。這是世界和平受到擾亂的原因，也是某些強國為了最終解決遠東問題正在倡議瓜分中國的理由之一。"

"如果中國人民全體站起來，推翻現在的滿洲政府，使局勢秩序井然，它的行動可能得到世界列強的贊同。在進行過程中，中國人民無論如何必須與世界列強的政策一致。"

"我的看法是，列強幫助現在的政府將沒有任何益處，任何國家，沒有某種利益，卻願和滿洲政府這樣衰老而腐敗的君主政體站在一起，這幾乎是不可能的。"

四、在國外受教育

"正在國外受教育的大多數年輕中國學生是被地方政府派遣的。除了那些正在美國接受教育的學生以外，中央政府沒有為他們做過什麼事情。長時間以來，中央政府試圖干涉年輕有為的海外留學生，但是，迫於正在中國形成的公眾輿論，中央政府撤回了對這些海外留學生的異議。這實際上表示它無能為力。"

根據孫逸仙博士的意見，這一點是明顯的，僑居國外的中國人正在慢慢地領會改造中國的思想。他們生活在繁榮與和平的國家，因此，他們不能認識中國的困苦。

從另一方面，那些生活在中國的人正渴望看到這一天，那時，中國將成為世界上最繁榮、最進步的國家之一。

孫逸仙博士是一個海島的孩子，出生於依華（Ewa）[1]，生活在茂宜島上的姑剌（Kula，Maui）。他是孫眉先生的弟弟。從前，孫眉是茂宜著名的商人和牧場主。目前，他正在中國訪問。據說，他願永久在那裏定居。

孫博士受過很好的教育。在公立學校畢業後，他進入了意奧蘭尼學院。

五、上星期日的演講

在當地華人的強烈請求下，他在中國劇院報告了中國的政治情況。結束演說時，受到了熱烈的鼓掌歡呼。

應夏威夷華人的邀請，孫博士上星期一乘高麗號太平洋郵船到達這裏。在返回美國之前，準備在這裏停留幾個星期。在美國，他正在行醫。他是中國香港一所醫學院的畢業生。

頭顱標有賞格的檀香山人 [2]

攻佔城市的革命領袖回到故鄉，又一次義和團起義

孫逸仙博士敘述他懷抱的希望，在中國建立共和政體

他的頭顱標有近三十萬元賞格，為北京滿洲政府所畏懼，被視為漢族中的強力人物，沒有一個保鏢卻周遊世界的中國激進的革命黨領袖孫逸仙博士，兩週以前到達檀香山，正在這裏和他的擁護者秘密會談，並且再一次拜訪親戚

---

1 1904 年 3 月，孫中山由檀香山赴美國大陸，因美國政府排華，孫中山為易於入境，便編造情況，設法簽領了檀香山出生證。此處所述，即據該出生證。

2 發表於 1910 年 4 月 21 日檀香山《廣告者》（*Advertiser*）。

們。孫逸仙博士出生並受教育於檀香山，意奧蘭尼學院因這個世界知名人物曾在這裏求學而引為自豪。

這個著名的革命家經常把檀香山作為他的指揮部，他的黨的堅強的理事會也設在這裏。[1] 法院方面判定他是美國公民。

幾個月之前，當孫博士在中國南部領導革命時，北京政府出洋六萬五千元購買他的頭顱。在過去的四年裏，中國的總督們為了提供更充足的賞金而將價格提高到近三十萬元。儘管清政府以巨金懸賞，不論死活，孫逸仙博士不但仍然在沒有一個保鏢的情況下周遊世界，而且經常在中國，特別在南部，作為造反的中國人的領袖，和政府軍戰鬥。

一、改變的時機

孫博士相信，徹底改變龐大的中華帝國政體的時機已近成熟。他判定，並且明確地指出，滿洲王朝正在削弱，在幾年 —— 很有限的幾年內，他意味深長地補充說 —— 漢族將要奮起，將滿洲人趕出帝國。在王朝寶座的廢墟上，孫博士希望看到，建立一個共和政體。

"你是否相信，中國人能在政體方面實行這樣一個激進的政策 —— 從一個皇帝到一個總統？"他被詢問。

"中國人認為，滿洲人是篡位者，我們的征服者。"孫博士回答。"滿洲人從來未能臣服中國人，但是後者因為某些原因也從來未能站起來並推翻他們。如果向他們指示推翻這些外國人 —— 滿洲人的方法，我相信他們將會接受任何一種提供給他們的新政體，如果它是中國人的政府。"

二、戰爭準備

《自由新聞》編輯部設在樓上狹小的後部，這是一家中文日報。那裏，盧信

1　興中會並無理事會一類組織，此處記述有誤。

揮動著編輯之筆，為了追隨孫博士的夏威夷華人的利益，經營著一個激進的革命宣傳機構。孫逸仙，這個著名的革命家，昨天晚上談到了他追求多年的希望和理想。大約兩週以來，孫中山秘密地在檀香山生活，準備再次訪問中國。他現在相信，這次旅行將載入史冊，它將引起所有列強的關注。

六年以前，孫博士坐在另一家編輯部裏，為《廣告者》（*Advertiser*）的讀者敘述過他的希望和某些計劃。在以往的六年裏，孫博士不斷地以他的教育方法在帝國的中國人之間工作，不論何時何地盡可能地削弱滿洲政府的根基。

昨天晚上，他以平靜的語言談到，他相信，運動正開始削弱滿洲王朝，就象水珠滴在石頭上一樣，逐漸地磨穿它。

孫博士可以被有些人稱之為夢想家和理想主義者，不過，他是注重實際的。他提到土耳其的少年土耳其運動，並且說，他在中國領導的運動在精神和計劃方面和它完全相同。這一運動，導致推翻阿布都·哈米德（Abdul Hamid）[1]，並且建立了一個現代化的政府，它沒有倒台的蘇丹一度擁有的專制弊病。

三、又一次義和團起義

"你的黨對滿洲政權有威脅嗎？"他被詢問。

"有。不過，超過攝政王想像的更大危險來自王朝自身的弊病。"孫博士說。"又要發生一次義和團起義。"這是他的驚人的敘述。"正如第一次起義時，帝國的軍隊援助排外運動一樣，現在的政府將是起義的幕後操縱者。滿洲人經常反對外國人 —— 歐洲人和美洲人。中國人也反對外國人，不過，對於我們來說，外國人僅僅意味著滿洲人，而不是歐洲人和美洲人。"

"滿洲王朝相信，當煽動對歐洲人和美洲人的敵對情緒時，它將使自己受到中國人民的擁護。現在，滿洲政府正在建立一支龐大的軍隊，並且將它置於現代化的基礎之上。它計劃立即在全國擴展三十六個鎮，包括武裝部隊的所有軍種。這意味著近百萬人，同時，它計劃在六年內擁有三百萬現役軍人。

1　指阿布都哈米德二世，土耳其皇帝，1876—1909 年在位。

"但是，"孫博士瞇縫著眼睛微笑說，"這支軍隊不可能全是滿洲人。他們可以任命許多滿洲軍官，但是，軍隊的大部分將是中國人。當滿洲王朝指望使用這支軍隊去使政府為人民接受時，這支軍隊能夠顛覆篡位者並壓碎他們。在我看來，這樣的事即將發生，因為在這段時間內，我們不會睡覺。只要一種思想感情在中國軍隊中鼓動起來，它將使這支巨大的武裝力量去反對政府而不是為它服務。無論如何，義和團起義可能已經開始，這場攻擊如果不是由於滿洲政府的直接煽動，它也將是一種詭計，滿洲政府利用它，將攻擊矛頭指向那裏的外國人。"

四、需要一個共和國

"當篡位者被趕走並被壓倒的時候，我贊成中國建立共和政體，贊成選舉人民的總統，贊成在這個偉大國家的發展中進行根本變革。"

"我已經在進行反對政府的軍事行動嗎？是的。主要是在中國南部，緊靠中法邊境。[1] 我們的部隊常常與政府軍交戰。我們已經投身於戰鬥中。是的，我和部隊在一起。但是，我們沒有力量保持贏得的土地，因為財力有限，獲得武器很困難。"

五、佔領兩個城市

博士沒有敘述過去的詳情，但是，大約三年前來自中國的電報說明，在攻佔兩個城市時，孫博士的部隊在武器裝備方面是成功的。

有一次，孫博士的計劃被他的一個部下出賣了，博士逃到澳門。藏在水泥桶中的武器被當局沒收了。一份發給孫博士的電報談到了這些裝載英國髒東西的桶。一個黨員泄露了這些"髒東西"的秘密。當這些水泥桶被檢查的時候，他們發現了易於用於戰爭目的的手斧、匕首和別的工具。

1　指中越邊境，當時越南受法國統治。

六、在倫敦被逮捕

幾年以前，當孫博士從檀香山經由倫敦前往中國時，被中國駐倫敦大使館非法地拘禁了。但是，當事情開始成為國際異議的一部分時，他就被釋放了。他的護照一再被沒收，經常為了安全而被迫逃亡。在日本，他經常在那裏設立指揮部。他被中國特務跟蹤。在中國，孫博士把生命捏在手裏。但是，他說，他比較安全，因為，各個城市的官吏雖然可以知道他的存在，卻不能突破保衛他的中國人的強固的警戒線。人民的感情在他一邊。

"帝國政府的龐大軍隊將援助還是阻止你的運動？"

"我相信，它將有益於我們。我們很高興，他們正在建立這樣一支龐大的軍隊。因為我們能以這種感情在軍隊中工作。當偉的高潮來臨時，軍隊將成為我們的軍隊。"

"至於攝政王周圍的官員，現在主要是他的親屬攝政王解除才智出眾的中國人的職務，排擠他們，將滿洲貴族提拔到高位上。他們中的一個，他的兄弟載濤上星期了一項使命經過這裏。另一個八月將要經過這裏。他派遣他們出使，為了讓中國人感到，他關注國家的現代化。"

政府支持的暴徒 [1]

孫博士説，湖南暴動是排外陰謀

的一部分，不過，是不成熟的

中國革命黨的首腦孫逸仙博士正在檀香山，和黨的成員會談。幾個星期以前，他為《廣告者》寫作，反復說明，帝國支持對在華的外國人的攻擊，這已從長沙暴動 [2] 得到證實。

孫博士說，在那個時候，他期待著比 1900 年規模更大的又一次義和團起義。他預言，這一次起義將要得到擁有三十六鎮強大正規軍的滿洲王朝的支

1　發表於 1910 年 5 月 26 日檀香山《廣告者》（*Advertiser*）。
2　指 1910 年 4 月長沙饑民暴動。事件中，饑民縱火焚燒或搗毀了巡撫衙門、教堂、學堂及洋貨店等。

援。接著他宣告，政府正在實施巨大的軍事計劃。當它變成強大有力之時，當統治者相信，他們可以依靠這支龐大的武裝力量時，另一次義和團起義的時機就成熟了。

但是，正如孫博士所斷言，長沙暴動是不成熟的。它雖然是王朝未來計劃的一部分，而實際上幾乎是一次獨立的起義。只是由於它太倉促，沒能得到帝國陰謀家的支持。

"我仍然斷言，中國將要發生另一次直接指向外國人的起義，它將比十年以前的起義更可怕。"孫博士昨天說。"這些起義或暴動直接指向外國人，甚至連我們革命黨人都成了目標，我們已有三個學生被殺。不久以前，他們中的幾個被燒死。我們這些進步份子，如同外國人一樣，已經被包括在攻擊範圍中。它向我指示，這一切在義和團起義中僅僅是最初的行動。"

"滿洲核准組建的中國新軍包括三十六鎮，每一鎮由一萬二千個步兵，加上正在訓練的騎兵、炮兵，總計一萬五千人。兩鎮三萬人組成一個軍團。這支軍隊將由大約一百萬武裝的現役和後備人員組成。"

"至於我自己的計劃，我可能在三週左右離開這裏，去美國太平洋海岸照料我們黨的事務，然後再次去中國旅行。"

跋日本政府有關惠州起義的電報 *
——讀日本外務省檔案

本組電報，原藏日本外務省外交史料館，檔案號為 1.6.1.4-2-1。其中英文手寫體八件，日文手寫體兩件。

1900 年義和團運動期間，孫中山積極準備在中國南方發動起義，建立共和政府。9 月 25 日，偕日人內田良平、山田良政、平山周、尾崎行昌等自日本神戶啟程赴台灣，28 日抵基隆。其後，山田良政轉赴汕頭，尾崎行昌等赴廈門，孫中山與平山周留台北，與日本台灣總督兒玉源太郎的代表後藤新平會談。後藤"許以起事之後，可以相助"。孫中山即在台北建立指揮中心，聘請日本軍人參加，並命鄭士良於 10 月 8 日在廣東惠州舉義。本組電報即產生於這一時期。

日本政府原計劃乘機佔領廈門，侵據福建。但在 9 月底，由於擔心歐洲輿論反對，也由於與沙俄的矛盾，放棄了佔領廈門的計劃，因而也相應地改變了對孫中山起義的態度。過去傳統的說法是，山縣有朋內閣出於侵略中國的目的，是"支援"孫中山起義的，只是繼任的伊藤博文內閣才改變了方針。孫中山本人在《建國方略》中也曾自述："不圖惠州義師發動旬日，而日本政府忽而更換。新內閣總理伊藤氏對中國方針，與前內閣大異，乃禁制台灣總督不許與中國革命黨接洽，又禁武器出口及禁日本軍官投效革命軍者，而予潛渡之計劃，乃為破壞。"本組電報說明，孫中山的這一看法並不準確，日本政府態度的轉變，在山縣有朋內閣辭職前即已開始。

---

* 原載《歷史檔案》1986 年第 3 期。

附：日本政府有關惠州起義電報

1.外務大臣青木周藏致駐福州領事豐島舍松等電

1900 年 10 月 2 日收　外機第 41 號附件

據報告，被懷疑試圖在中國南方舉義的流亡者孫逸仙於 9 月 20 日抵達基隆，有許多日本人可能是他的同謀。他們中的著名人物是石川縣的吉倉汪聖和福岡縣的內田甲。台灣總督已經下令，打電報通知他們可能到達的港口的日本領事。他們或許已經到達中國。即使沒有上述電報，萬一他們中一些人到達你的地區，你要嚴密地監視他們的舉動，並且作出最大的努力，防止他們的陰謀實行。

2.外務大臣青木周藏致駐廈門領事上野專一電

1900 年 10 月 11 日　電送第 984 號

廈門　上野

據報告，孫逸仙、平山等人現在台灣，正試圖在潮州發動起義。為了這一目的，山田無疑已經由廈門到達汕頭。因此，你要調查這件事，並且下令從中國驅逐這些日本臣民，已經有了關於他們牽連於這一陰謀的足夠的證據。青木

3.駐廈門領事上野專一致外務大臣青木周藏電

廈門 1900 年 10 月 12 日上午 9 點 30 分發　下午 1 點收　電受第 2067 號

東京　青木

第 4 號（10 月 11 日）。關於您 10 月 2 日的電報。山田良政、出水茂雄和森岡竹之助以及其中國同伴已於 10 月 10 日從台灣到達，並離開這裏去香港。據報告，他們準備去廣東。我已經打電報給駐香港領事，監視他們的行動。上野

4.駐廈門領事上野專一致外務大臣青木周藏電

廈門　1900 年 10 月 12 日下午 6 點 5 分發　13 日上午 1 點 30 分收　電受第 2072 號

東京　青木

第 5 號（10 月 12 日）。尾崎行昌和幾個日本人從香港經過台灣，到達廈門，

現正停留在這裏。據說，他們正在和我第 4 號電報中報告的幾個人通信。我正在

繼續不斷地嚴密地監視他們在本地區的活動。上野

5. 駐福州領事豐島舍松致外務大臣青木周藏電[1]

1900 年 10 月 16 日發　外機字第 41 號

本月 1 日來示所附之另件電文及本月 2 日機密第 14 號來示，均已奉悉。關於

孫逸仙之陰謀[2]，茲據山田良政（又名良介，青森縣弘前人氏）在本港之友人言稱：

孫逸仙現在台灣，得知我台灣總督並未放棄其略取華南[3]之意圖。孫氏聞言甚為喜

悅，已決定在廣東省潮州與惠州之間舉事；並派山田良政進行籌備，山田為此即

將前來本[4]港，等等。又聞：孫逸仙等又計劃在舉事之時，由台灣引日本兵在廈門

南方之雲霄縣銅山港登陸，云云。山田良政其人，身著清國服裝，前係南京同文

會[5]所設日本語學校之幹事。　謹此報聞。此致　外務大臣子爵青木周藏　領事豐

島舍松

6. 外務大臣青木周藏致駐廈門領事上野專一電

1900 年 10 月 18 日　電送第 1010 號

廈門　上野

據報告，島田、玉水、野田等孫逸仙的同謀者即將出發到泉州，在那裏實行

他們的陰謀。因而，你要按照先前的指示對付他們。青木

7. 駐廈門領事上野專一致外務大臣青木周藏電

廈門　1900 年 10 月 19 日上午 10 點 10 分發　下午 2 點收　電受第 2114 號

東京　青木

第 7 號。關於您 10 月 18 日的電報。島田和我第 5 號電報中提到的尾崎已經

1　原件為日文。

2　原檔為 "隱謀"。

3　原檔為 "南清に對する事經略"，即掠取我華南權益之意。

4　原檔字跡模糊，曾經塗改，很像 "香港"，也像 "當港"。譯文姑作 "當港" 辨認，即福州，故譯作 "本港"。

5　同文會，即東亞同文會。其所設之學校，後改稱為東亞同文書院，旨在培養研究中國和在中國活動之專門
　　"人材"，其中有些人後來在中國從事情報工作。

離開這裏去台灣，在廈門沒有做任何事情。現在，只有玉水在此地。據說，他打算去香港。據我所知，他們在本地未能實現任何陰謀。看來，在這個問題上，從廈門發出的報告有些誇大，這是有利的（一語不明[1]）。台灣總督應該奉命檢查所有去廈門和其他港口的旅客。當某些可疑的人將要離開那裏到本港來的時候，打電報給我。我正在這裏和汕頭附近進行嚴格的調查，並且將按照指示行動。 上野

8. 內務大臣末松謙澄秘電[2]

1900 年 10 月 24 日發　機密第 74 號

本月二十日機密第 66 號來件[3]所述：凡可疑為與孫逸仙一派有關之日本國人前來清國之際，均應由台灣總督府立即以電報告知其所到達地點近處之領事，等情，業已知悉。已行文飭民政長官[4]照辦。特此電達，即希知照。內務大臣男爵末松謙澄

9. 外務大臣加藤高明致駐福州領事豐島舍松和
駐上海領事小田切萬壽之助電[5]

1900 年 10 月 25 日　電送第 1064 1065 號

福州豐島舍松

上海小田切萬壽之助

如果被懷疑為孫逸仙同謀的幾個人經過台灣，出發去您的港口，台灣總督將由此打電報給您。加藤

10. 外務大臣加藤高明致駐廈門領事上野專一電

1900 年 10 月 25 日　電送第 1063 號

廈門　上野

1　本句為原文所有。
2　原件為日文，未注明此電發往何處何人。
3　電歟，函歟？原檔未明。
4　日本國內各地之民政長官。
5　1900 年 10 月 19 日，山縣有朋內閣辭職，由伊藤博文繼任內閣總理大臣，加藤高明出任外務大臣。

關於您的第 7 號電報。假如被懷疑為孫逸仙同謀的幾個人經過台灣出發去您的港口，台灣總督府將打電報給您。加藤

附記：英文手寫體八件，自譯；日文手寫體兩件，尹俊春譯，鄒念之先生校，謹致謝意。

清政府乞求日本驅逐孫中山 *

　　辛亥革命前，孫中山以日本為基地，建立組織，宣傳並策劃革命，清政府如坐針氈，曾多次乞求日本當局驅逐孫中山。在日本外務省檔案中，有一份清政府外務部致駐日使館的電報，全文如下：

　　　　　　　　　　　外務部來電
　　　　　　　　　　（十一月廿四日到）

　　　前年孫汶在日本倡言革命，經本部密囑楊使，商伊藤公爵協助，由日本政府驅逐出境。現聞該逆確抵東京，已有三日。值此國家大故，深恐造言生事，復滋煽惑，希即查探蹤跡，轉商外部，仍前設法驅逐，以保公安，而敦睦誼。（二十三日）

　　電文中提到"值此國家大故"，知此電發於光緒皇帝和西太后相繼死去之後，時在 1908 年 12 月 16 日（光緒三十四年十一月二十三日）。

　　1906 年，孫中山與章炳麟等在日本制訂《革命方略》，發佈《軍政府宣言》、《招降滿洲將士佈告》等 11 個文件。12 月，同盟會員蔡紹南、魏宗銓等發動萍瀏醴起義。1907 年 2 月，慶親王奕劻致函伊藤博文，要求日本政府將孫中山驅逐出境。同時，外務部也密電駐日公使楊樞，要他直接和伊藤博文商量。當時，日本政府採取兩面政策，既不願拒絕清政府，也不願得罪孫中山，於是，採納了內田良平的建議，要求孫中山自動離境，並資助了一筆款子。1907 年 3 月 4 日，孫中山離日，經香港、新加坡，轉赴河內。日本政府即通告清政府，已經"驅逐"云云。本電開頭一段所言，即指這一段歷史。

　　光緒皇帝和西太后死去後，革命黨人覺得是發動起義的絕好機會，紛紛摩

---

* 　原載楊天石《橫生斜長集》，天津百花文藝出版社，1988 年。

拳擦掌，躍躍欲動。而清政府則恐慌異常，頗有風聲鶴唳、草木皆兵之概。本電即是在這一情況下打給駐日公使胡惟德的。電文要求胡惟德"查探"孫中山的"蹤跡"，和日本外務省商量，"仍前設法驅逐"。胡惟德接電後，當然遵命惟謹，於是此電便留在日本外務省檔案裏。

過了一些日子，清政府外務部又打電報給駐日使館。全文為：

外務部來電

頃密探得孫汶挈同宋、石兩人抵大阪，運動極秘。又聞其約梁啟超同赴大阪等情。尊處有無所聞？希即切商日政府協助查禁，並照前議，如果有在大阪運動蹤跡，務令出境。電復。外務部。(二十日)

在不長的時間內，清政府連續兩次發電，乞求日本政府驅逐孫中山離境，可見其所得"恐孫症"之深。可是，在這一段時間內，孫中山正在南洋活動，並準備遠行歐洲，為起義籌措經費，連到日本的打算都沒有。所謂"確抵東京，已有三日"，"挈同宋、石兩人抵大阪，運動極秘"云云，純屬子虛。而且，所謂"約梁啟超同赴大阪"云云，也完全不可能。孫中山在 1903 年就明確指出革命與保皇"事理相反，背道而馳"，怎麼會和梁啟超攜手合作呢？上述"密報"，大概是它的飯桶密探們為了邀功而編造的。清政府竟根據這種"密報"指令其公使和日本政府交涉，其昏庸糊塗程度令人可笑而又可歎。

不過，也應該指出的是，清政府的這種交涉並非徒勞。1910 年 6 月，孫中山自檀香山赴日本，準備召集同盟會骨幹議事。事前曾託東京方面的朋友向日本政府打通關節，但在橫濱上岸時，卻仍然被"水上警長"發現，著令離境。孫中山不得不化名潛赴東京，並於同月 25 日匆匆離日。

孫中山的一次北京未遂之行 *

——讀台灣中國國民黨黨史會藏段祺瑞函

台北中國國民黨黨史會藏有段祺瑞致孫中山函一通，文云：

> 逸仙先生執事：前復寸箋，計邀鑒察。秋風拂拂，又作新涼，引領南雲，日唯興衛佳勝為頌。瑞忝尸高位，已歷數月，本鮮宏毅之志，安能重遠之圖，亦惟掬此赤誠，與周行君子坦懷相見，冀或鑒其無私，欣相契合耳！惟紛變之後，重謀統一，若何以舒積困，挽凋瘵之民生？若何以振頹綱，扶跟蹌之國步？其事至賾，隱患猶多，朝夕兢兢，罔知所措。我公救世之亟，愛國之殷，昭襮寰區，萬流仰鏡，智珠所映，必有宜時妙劑。是以屢盼大旆北來，冀聆偉謀，以俾經畫。大總統亦亟思與公一道渴衷，緬想肺抱，應不能置之恝然也。茲由王君鐵珊趨迓台從，請即諏期命駕，已飭館人潔除以待矣！不盡之言，統由王君面陳專佈，敬頌台綏，無任延企之至。

末署"段祺瑞拜啟，九月四日"。

本函未署年，據函中所言史事判斷，知為 1916 年之作。

民國建立了，但袁世凱仍想一圓皇帝之夢，結果遭到各方反對。袁世凱又驚又氣，於 1916 年 6 月 6 日死去。第二天，黎元洪就任大總統。同月 29 日，特任段祺瑞為國務院總理，於是，"民國重光"，中華民國總算維持住了一面"共和"的招牌。函中所言"紛變之後"，即指袁世凱稱帝而又倒台之後。

袁世凱斃命後，孫中山即發表談話，認為"袁死而中國真可大治"，"倘各

* 錄自《楊天石評說近代史·民初政局》，中國發展出版社 2015 年 9 月版；原載《團結報》，1997 年 1 月 11 日。

執政者皆能表示其誠意之所在，則予願與國民共助之"。[1] 同時，孫中山又宣佈"罷兵"，解散各路反袁軍隊。6 月 17 日，黎元洪電請孫中山派代表北上，討論善後各事。8 月中旬，黎元洪又函聘孫中山為高等顧問。9 月初，孫中山復函黎元洪，表示"高等顧問"頭銜非所敢當，已派胡漢民、廖仲愷為代表進京面謁。當時，孫中山正在考慮發展民族工商業的問題，因此，他在函中向黎元洪提出裁撤釐金、防止出口進口重復徵稅、減輕土貨出口稅率、幣制統一等四條意見，希望黎元洪採擇。[2] 在致函黎元洪的同時，孫中山又致函段祺瑞，祝賀他的國務總理一職被參議院和眾議院全體通過，希望段能成為"救時良相"。函稱："大變甫定，元氣未復，民望皆屬於救時良相，文以無似，猶得於海上遙聽好音，何幸如之！"[3]

孫中山是民國的締造者，又是反袁領袖，黎元洪、段祺瑞自然希望羅致於周圍。9 月初，黎元洪、段祺瑞決定派王鐵珊到上海歡迎孫中山入京。上引段函即是為此而作。"若何以舒積困，挽凋瘵之民生？若何以振頹綱，扶踉蹌之國步？"這確是當時黎、段政府面臨的問題。"我公救世之亟，愛國之殷，昭襮寰區，萬流仰鏡"云云，反映出當時孫中山在全國人民中的崇高威望。

王鐵珊到上海之際，胡漢民、廖仲愷已經出發。9 月 13 日，孫中山分別復函黎元洪、段祺瑞，告以已派胡、廖二人入京，他們是自己二十年舊交，無論何事，均可代表己意，希望能充分傾聽他們的意見，則有如親見。孫中山並稱：半年以來，自己"宿疴未除，百事殆廢，今始稍為料理，未能遽畢"，因此，暫時不能入京。孫中山表示，兩個月之後，摒擋就緒，"當可北遊燕冀"。[4]

孫中山之所以不肯即時入京，原因較多，一是他對段祺瑞內閣的人選不滿意。段內閣雖然安排了幾位"民黨"人士，但均非孫中山所欲；二是北京的國民黨黨務有待整理；三是北方帝制餘孽尚多，孫中山想觀察一下段政府的發展動向。

袁世凱斃命之後，國會重開。在北京的部分原國民黨議員主張恢復國民

1　《在上海對某記者的談話》，《孫中山全集》第 3 卷，中華書局 1984 年版，第 303—304 頁。

2　《孫中山全集》第 3 卷，第 360—361 頁。

3　《孫中山全集》第 3 卷，第 360 頁。

4　《孫中山全集》第 3 卷，第 366—367 頁。

黨，部分進步黨、共和黨份子也準備與國民黨合併，合組大黨，掌握國會的三分之二多數。孫中山派胡漢民、廖仲愷入京，除會見黎元洪、段祺瑞，闡述政見外，另一重要目的就是整理北京黨務，擴張國民黨的 "黨勢"。此外，胡、廖二人入京，還有一項目的，即要求段政府代為償還華僑債務。辛亥革命至反袁期間，海外各地華僑踴躍捐資，支援革命軍，其中一部分需要償還。現在，民國再造，政府自然有義務清理這一筆債務。

北京段政府的所作所為逐漸使孫中山失望。10 月底，胡漢民回到上海，向孫中山報告，國會中的國民黨議員準備推舉孫中山為副總統。孫中山大不謂然，告誡胡漢民說："你同仲愷在北京要當心一點。我將要造反了。北京當局現勾結帝國主義者有解散國會的意思。對於國家有搗亂的行為，我便要討伐他們。你們要小心！"[1]

自然，孫中山原定訪問北京的計劃也就取消了。

1917 年 5 月，段祺瑞因對德宣戰問題，曾通過王寵惠邀請孫中山赴京，為孫中山拒絕。

1　陳錫祺主編：《孫中山年譜長編》，中華書局 1991 年版，第 1010 頁。

宋嘉樹與孫中山、宋慶齡的婚姻 *

—— 讀宋嘉樹復孫中山英文函

　　孫中山和宋慶齡的婚姻可以說是 20 世紀中為數不多的偉大而瑰麗的婚姻之一。熟悉這段關係的學者都知道，當時，這段婚姻不僅受到孫中山的同志和戰友的反對，而且受到宋慶齡父母的反對，一些據此演繹出來的小說、電影以至傳記更將此描述得有聲有色。然而，有根據的可靠的史料實在太少。今年（2001 年）8 月，我在日本訪問期間，收到高知市民圖書館寄贈的新近出版的久保田文次教授所編《萱野長知‧孫文關係史料集》。[1] 久保田文次教授任職於日本女子大學，是日本著名學術團體辛亥革命研究會的發起人之一，多年來一直孜孜兀兀地收集孫中山的研究資料。這兩年我每次訪日，都要聽他談起這本《史料集》的編纂情況，並承他出示過部分珍貴史料和照片。這次收到書後，我料想一定有好東西，立即停下手中的工作來閱讀。首先引起我注意的是宋慶齡的父親宋嘉樹寫給孫中山的 4 封英文函件，其中 1915 年 8 月 3 日復孫中山函尤為重要。由於孫中山的來函已經被宋嘉樹燒掉，因此，這封復函就為我們推測來函，研究孫、宋婚姻關係以及宋嘉樹的為人提供了第一手的最有權威的資料。

　　宋嘉樹的復函發自神戶山手大街中街三段 24 號中國俱樂部，寄東京靈南阪頭山滿收轉。當時，孫中山在東京，宋慶齡在上海。原函後為萱野長知所藏，今天所能見到是宮崎世龍的抄件。

一、一個特殊的詞語引起宋嘉樹的誤解

　　宋函是對孫中山 7 月 20 日東京來信的答復。當時宋嘉樹在神戶，宋慶齡在

---

* 　錄自《楊天石評說近代史‧民初政局》，中國發展出版社 2015 年 9 月版；原載《百年潮》2001 年第 12 期；《中國女性》2001 年 3 月號。

1 　高知市民圖書館 2001 年 3 月發行。

上海。函中，宋嘉樹首先說明為什麼遲至 8 月 3 日才回信的原因。函稱："7 月 20 日大函剛剛收到。如果不是我離開神戶兩天，我將能早一點拜讀尊函。我在舞子的前一站垂水停留了兩天。"接著，宋嘉樹敘述了他從孫中山那裏聽到宋慶齡打算結婚後的驚訝：

> 我極為意外地從您那裏聽說，羅莎蒙黛應允並且期待結婚，此點，您從未對我說過。此前，她告訴您，一旦她去上海，將結婚並和她的丈夫一起回到東京，從事可靠的工作。關於她未來的打算，她從未對我說過一個字。一些時候以前，您寫信並且詢問我，羅莎是否將和我一起去美國，我立即復函奉告，據我所知，她將留在家裏陪伴母親。現在，您告訴我一件十分新奇而難以置信的事情。我傾向於認為，這是一個天大的玩笑。它聽起來如此奇特，如此可笑，這是超出於我的想像之外的小孩兒的玩笑話。

羅莎蒙黛是宋慶齡的英文名字。宋函的這一段話再清楚不過地說明，此前，宋慶齡從未向父親談過她的婚姻問題，因此，宋嘉樹讀了孫中山的來信後，頗有莫名驚詫，純係天方夜譚之感。7 月 11 日，孫中山曾致宋嘉樹一函，15 日，宋嘉樹回函稱："我將於 12 月 1 日或在此前後赴美。我不認為，羅莎蒙黛也將赴美，她必須陪伴母親並幫助料理家務。"宋嘉樹 8 月 3 日函所稱孫中山的詢問信以及他的"立即復函"，指的就是他們二人 7 月 11 日和 15 日的來往信件，因為兩者之間只相差 4 天。

宋函接著寫道：

> 我的親愛的博士，不要相信一個年輕女孩兒的小說語言，她喜歡給自己開玩笑。我能向您保證，我們是如此高度地尊敬您，永遠不會做任何事情去傷害您和您的事業。"大叛逆者"是我們大家永遠的敵人，羅莎像您一樣極為憎恨這種人，所以，不會有和這種壞人結婚的可能的危險。加上我們是一個基督教家庭，我們的女兒不會為任何人作妾，哪怕他是地球上最偉大的國王、皇帝或者是總統。我們可能貧於"物質"，但是我們既無貪

心，更無野心，不大可能去做違背基督教教義的任何事情。您似乎擔心她打算當皇后，這是不會的。我要再次表示，在這個世界上，沒有任何事情能夠引誘我們去做任何事情，用任何方式，去傷害您，或者您如此熱愛，幾乎全心全意地為之獻身的事業。我將不會看到此類事情發生。您可以相信我，我將履行這一方面的承諾。我像您一樣，是個一往直前的人。不希望欺騙我的朋友。我難以置信，她會有投身於我們共同的敵人腳下這種想法。她恥於和妾談話，怎麼會想讓自己成為這樣的人。您知道，在熱海的時候，她甚至從未和張靜江的二房說過話。此外，不論是誰，我們不會允許女兒去和一個已有家室的人結婚。對於我們說來，好的名聲遠比榮譽和面子重要。

這是全函最關鍵的一段。從中可以看出，宋慶齡表示要嫁的是一個很有地位的"大叛逆者"，而且，已經有了妻子。因此，宋嘉樹除了繼續表示不能相信之外，進一步表示，自己的家庭是一個基督教家庭，不可能允許自己的女兒去為人作妾。函中，宋嘉樹還極為動情地談到，自己既無貪心，又無野心，不慕榮華，不媚權貴，即使對方是"地球上最偉大的國王皇帝或者總統"，也不會同意將女兒嫁給他。

這裏的"大叛逆者"是指孫中山嗎？很像。孫中山是推翻清朝的革命者，當過民國第一任臨時大總統，當時是中華革命黨的至高無上的領袖，又是宋慶齡的愛戀對象，而且，孫中山確實早就有了一位妻子 —— 盧夫人。這一段話，不是可以作為宋嘉樹反對孫、宋婚姻的鐵證嗎？

然而且慢。宋嘉樹的信裏寫得清清楚楚，這位"大叛逆者"是"我們大家永遠的敵人"，宋慶齡和孫中山同仇敵愾，都"極為憎恨這種人"。因此，宋嘉樹怎麼也不能相信，自己的女兒會心甘情願地"投身於我們的共同的敵人腳下"，會去和這種"壞人"結婚。顯然，這個"大叛逆者"不是孫中山，而是孫中山的對立面，是孫中山、宋嘉樹、宋慶齡都"極為憎恨"的"敵人"。正因為如此，宋嘉樹才在函中向孫中山作了那麼多保證：永遠不會，也沒有任何事物能引誘"我們"去做任何事情，用任何方式去傷害孫中山及其事業。因為，在宋嘉樹看來，宋慶齡如果去和這種“大叛逆者”結婚，自然是對孫中山及其事業的最大傷害。

宋函中還有一段講到“大叛逆者”：

> 我的親愛的博士，請您記住，不管情況如何糟糕，我們都是您的真正的朋友。我可以斷言，在中國人中間，沒有人比您更高尚、更親切、更有愛國心。明智而又有良心的人如何會反對您？我們寧可看到慶齡死去並且埋葬，而不願意看到她為我們的大叛逆者作妾，即使是（做這種人的）妻子（也不能允許）。您可以放心，我們將上天下地，竭盡全力，防止任何此類事情發生。

這一段話的主旨仍然在向孫中山闡明：自己與孫的友誼是真摯的、純潔的，孫是中國人中間最高尚、優秀的人物，自己寧願看到女兒死去，也不願看到她嫁給“大叛逆者”，要孫放心。可見，宋嘉樹所理解的“大叛逆者”不是孫中山。

那麼，這是怎麼回事呢？

孫中山和宋嘉樹之間的往來信件均用英文。“大叛逆者”的原文是Archtraitor。宋函在此詞上加了引號，表明此詞來自孫中山原函。這是一個稀見詞，由 arch 和 traitor 複合而成，含義比較複雜。它既有“大叛逆者”之義，又可以理解為“大叛徒”、“大叛國者”、“大賣國賊”。看來，孫中山在給自己的老朋友、未來的岳父寫信時，不好意思直說宋慶齡愛的、要嫁的是自己，而是說明，宋慶齡想嫁給一個已有妻子的“Archtraitor”，用以探測宋嘉樹的態度。從孫中山的觀點看，稱自己為舊社會、舊制度的叛逆者，甚至是叛徒並無不當，然而，宋嘉樹沒有揣摩出這一層意思來，他從貶義上來理解這一詞語，所以，他才在信中表示，孫中山所轉述的宋慶齡的想法，“如此奇特，如此可笑”，是“小孩兒的玩笑話”；才在信中對“Archtraitor”給予了最嚴厲的批判，也才在信中一再向孫中山保證，不會做任何傷害孫中山及其事業的事情。

信中，宋嘉樹還有一句話值得注意：“您似乎擔心她打算當皇后，這是不會的。" 可能，孫中山在信中隱約地暗示過，宋慶齡與 "Archtraitor" 結婚後，會成為 "皇后" 式的人物，所以宋嘉樹明確作了否定。按照宋嘉樹的理解，"Archtraitor" 是袁世凱或袁世凱一類的人物。

二、另有兩位愛慕宋慶齡的年輕人

宋嘉樹復孫中山函提到了另外兩個愛慕宋慶齡的人，函稱：

> 您說，您詢問過我，羅莎何時結婚，我沒有回答您，如果沉默意味同意，那您就將祝賀我和 C。說實話，我現在不知道關於羅莎結婚的任何事情。永（Yung）和丹純（Dan Chung）過去經常訪問她，但是，據我所知，她沒有表示過願和他們結婚。我沒有聽說過您在上次來信中所說的情況。我從未收到過您的那封信。它從未出現過。可能遺失在途中了。我如何能知道它的內容？如果我不知道，如何能在沉默之外，有其他表現？所以，沉默不意味 "同意"。您還是暫且保留您的祝賀吧！

可見，孫中山知道，另有一位年輕人愛慕宋慶齡，因此，在 7 月 20 日之前，孫中山曾致函宋嘉樹，詢問宋慶齡的婚期，但是，這封信宋嘉樹沒有收到，孫中山因此於 7 月 20 日函中作進一步的探詢："如果沉默意味同意"，就對宋嘉樹和 C 表示祝賀。這種情況，說明了 7 月 20 日孫中山寫信給宋嘉樹，目的是摸底，想摸清宋關於女兒婚姻的真實意圖，因此不便於十分清晰地說明自己和宋慶齡的戀愛關係。宋嘉樹在復孫中山函中說："您的要求已被執行 —— 您和 ‘永’ 的信均已付火。" 這位元 "永"，由於資料不足，目前還不知道他的有關情況。從宋嘉樹要孫中山 "暫時" 保留 "祝賀" 看來，他可能是宋嘉樹比較中意的人。

三、宋嘉樹慧眼識英雄

宋嘉樹復孫中山函不僅有助於我們研究孫中山和宋慶齡的婚姻關係，而且為我們研究孫中山的人格魅力以及宋嘉樹的為人、品格、眼光等提供了重要資料。宋函稱：

> 雖然有些人不會感謝您的志在創造偉大中國的努力，但是，我們屬於那些感謝您的工作的人們中的一部分。您生活在一個超前的世紀，因此很少人能理解您，感激您如此熱愛、幾乎全心全意地進行的事業。中國不值得有您這樣一個兒子，但是，未來將給您公平的評價，授予您榮譽，就像他們授予從前的改造者孔子一樣。孔子曾受到不道德的掌權者的驅逐，所以，您也曾被驅逐，離開這塊您愛得如此之深的土地。

當時，"二次革命"失敗，孫中山流亡國外，處境極為不利。但是，宋嘉樹卻將他視同中國古代的聖人孔子，相信未來會給孫中山以公平崇高的評價。這一點，今天已為歷史所證實，但是，在當時，不能不說是罕有的遠見卓識，顯示出其善於識人的慧眼。信中，宋嘉樹還向孫中山敘述了幾天前他和一位名叫李括安（音譯）的人之間的辯論。當時，李指責"革命者沒有為國家或人民帶來任何利益，沒有一個革命者是好的、真誠的、無私的，或者愛國的"。但宋嘉樹卻堅定地告訴他："有。"李括安要宋舉出一個來，宋即答以："孫博士。"下面是宋嘉樹對當時場景和事後狀況的敘述：

> 他的臉變紅，沉默了幾分鐘，然後他問，那他為什麼不留在中國或者回國？我說："他是一個非常高尚的紳士，難於和小偷與兇手為伍。"他和孔子一樣都面對不聽教導的權勢者，當年孔子怎麼做，他就怎樣做。事實上，除了有人試圖詆毀您以外，沒有別的事情能使我熱血奔流並令我憤怒。我對李講了這樣一大通話，相信他將永遠不願在他的辦公室再見到我。此後，我們在俱樂部裏碰面，但彼此都不講話。他是我的一個朋友，但現在是我的敵人，因為我頌揚並且保衛您。我不管他或她是誰，只要他或她在我的面前詆毀您，我一定會為您討回公平。作為朋友，不論發生何種事情，我都感到有責任保護您的清白並且支持您的事業。我告訴李："如

果不是由於孫博士的傑出的工作，今天你的頭上還會掛著可恥的尾巴，這就是你現在得到的好處。」他試圖使我相信，辮子無論怎樣都會剪掉的。我說：「是的。關於這件事，有大量的話可說。然而，事實是，過去沒有一個人膽敢帶頭剪掉自己的辮子。吹牛容易實行難，兩者不是一回事。」我駁倒了他，使他面現愧色，無言以對。

本段顯示出，宋嘉樹不僅充分理解並支持孫中山，而且不能容忍任何對孫中山的貶抑，時刻準備捍衛孫中山的清白。這不僅由於孫中山所從事的事業的正義性所致，而且也是孫中山的人格魅力感召的結果。

四、宋嘉樹決定改變去美國的計劃，趕回上海

宋嘉樹 8 月 3 日函發出後，孫中山立即給宋嘉樹寫了回信。孫信今不存，但從情理估計，到了這種時刻，他不可能不坦率地向宋嘉樹說明他和宋慶齡之間的戀愛關係，7 月 20 日函所稱 "Archtraitor" 就是他自己，以及他如何處理和盧夫人之間的既定關係等一系列問題。8 月 13 日，宋嘉樹復函稱：

> 大札拜收。剛剛收到羅莎蒙黛的信。她說，她因為在上海的一個家庭裏教書，不可能和她的母親一起去姐姐那裏。她們母女兩人都要求我到山西宋夫人處，我因為各種各樣的理由不能答應，其中原因之一是，前些日子，我的健康變壞了。但是，即使我好了，也不去。我艱於行走。事實上，我變得如此衰弱，根本不可能恢復。星期天，我將乘法蘭西郵船號赴上海，那裏，我曾休養過。按照中國的風習，宋夫人必須到山西去，我將盡力選擇某一個人和她一起去。我將可能再回日本。倘若我回來，我將去看您。再見！祝您健康，事業成功。

末署："您的真誠的宋查理"。

在上一封信中，宋嘉樹曾告訴孫中山：靄齡即將分娩，自己早已寫信給慶

齡，要他在下個月陪伴母親去山西，但慶齡害怕那裏的蚊子，不喜歡去北方，宋嘉樹認為她必須去。而在這封信中，宋嘉樹表示，慶齡在一個家庭教書，將選擇另一個人去山西。

值得注意的是，這封信不再批判 "Archtraitor"，也絕口不談宋慶齡的婚姻問題，這只能說明，他既未同意，也未持強烈反對態度。信中，宋嘉樹表示，他要在星期天回上海去休息，而原來，他是準備 12 月份去美國的。這一行程的改變說明，她要和夫人倪桂珍商量並聽取宋慶齡本人的意見。信末附言稱："在您再次見到我之前，請不要給我寫信。" 這說明，宋嘉樹在主意未定之前，不願意繼續聽取孫中山的有關陳述。

五、堅決反對孫宋婚姻的是宋慶齡的母親

有關材料說明，堅決反對孫宋婚姻的是宋慶齡的母親倪桂珍。《史料集》中收有孫中山的戰友、同鄉朱卓文致孫中山的幾封信。其一為 1915 年 2 月 2 日函。中云：

> 廿九日抵滬，卅一日始與宋小姐相晤。據云他極願效力黨事，且急盼黨事之成。至籌辦地方一所以為他辦事之用，他云此事他甚贊，惟須待數日，思一善法以避他母之疑眼云。刻下弟已將付〔附〕近一房陳設妥當，任他可〔何〕時均可到彼處辦事矣。

其二為同年 2 月 4 日函，中云：

> 刻下弟在隔鄰佈置一房，以為宋小姐辦事處。現他訂於每星期一三五三天教弟女以英文。此後有函件與他，照前日之住址便可直接收到矣。至先生之書已在通運搬回，惟零星四散，前之書箱已由彼等拍賣，一無所存，殊為可惜。現弟再購數書箱重行編好，置於宋小姐辦事之房。此房頗為清淨，諒當合他之意。

上二函說明，宋慶齡的母親倪桂珍並不像宋嘉樹一樣支持孫中山的革命事業，也不贊成宋慶齡參與 "黨事"，但宋慶齡熱心革命，"急盼黨事之成"。為了從家中走出來做事情，不得不找尋辦法，"避他母之疑眼"。最後，找到的辦法是 "教弟女以英文"。弟女，即朱卓文的女兒慕菲雅（Muphia），後來曾幫助宋慶齡逃脫家中的 "軟禁"。

倪桂珍不僅反對宋慶齡參與 "黨事"，而且在聽說女兒要和孫中山結婚以後，立即堅決否定，對宋慶齡說："你瘋了，你簡直瘋了！他已經有兩倍於你的年齡，同時又是一個結過婚的人。我決不同意這件婚事。" 宋嘉樹呢？他比較冷靜，要宋慶齡 "等待一下，讓我們再考慮考慮"。在給孫中山的信中，宋慶齡寫道："我現在只是為著父親，才留在這裏，你是認識他的。同時你也知道他既然叫我等待，那是我不得不等的，但是等可是苦事，是非常的苦事，如果講到我母親的見解，那末等待完全是白費功夫。"[1] 又在給宋美齡的信中寫道："母親所以不許我去，是因為對反孫先生，而父親所以不許我去，是因為他要我詳細的考慮而要我得到相當的把握！我已經等了很久，可是母親的意志仍舊不會改變。而父親的心，在我表示有了把握後，早已同意的了。"[2] 可見，宋慶齡的父母對於孫宋婚姻的態度並不完全相同。

六、宋慶齡的 "出逃" 引起宋嘉樹夫婦的憤慨

孫中山與原配夫人盧慕貞的婚姻屬於舊式包辦婚姻。盧夫人忠厚、賢慧，但沒有文化。她對孫中山的革命事業缺乏理解，不願意隨孫過顛沛流離的生活，總是勸孫按照中國的舊風俗再娶一個妻子。"二次革命" 失敗後，孫中山流亡日本，但盧夫人卻返回澳門，實際上二人已經分居。

孫中山要和宋慶齡結合，必須妥善地解決和盧夫人的關係問題。1915 年 9 月 1 日，盧夫人抵達東京，和孫中山談妥離婚事項。23 日，盧夫人返回澳門。10 月 24 日，宋慶齡自滬抵日。第二天，和孫中山舉行了簡樸的結婚儀式。二

1　傅啟學：《國父孫中山先生傳》，中央文物供應社 1983 年版。
2　傅啟學：《國父孫中山先生傳》，中央文物供應社 1983 年版。

人相約三條：1. 盡速辦理符合中國法律的正式婚姻手續。2. 將來永遠保持夫婦關係，共同努力增進相互間之幸福。3. 萬一發生違反本誓約之行為，即使受到法律上社會上的任何制裁，亦不得有任何異議；而且為了保持各自的名聲，即使任何一方之親屬採取任何措施，亦不得有任何怨言。

宋慶齡此次東行，並未徵得家庭同意，而是"從窗戶裏爬了出來，在女傭的幫助下逃了出來"[1]。此事引起宋嘉樹夫婦的強烈憤慨。二人匆匆追到日本，想阻止這場婚姻，但是，為時已晚。宋嘉樹狠狠地批評了孫中山，表示要和孫絕交，和宋慶齡脫離父女關係。據親見當時情景的日本人士回憶：宋嘉樹站在大門口，氣勢洶洶地叫喊："我要見搶走我女兒的總理。"當孫中山走到大門的台階上，詢問"找我有什麼事"時，宋嘉樹卻突然跪在地上說："我的不懂規矩的女兒，就拜託給你了，請千萬多關照！"[2]然後在門前的三合土地面上磕了幾個頭，走了。

回國後，宋嘉樹為宋慶齡補送了嫁妝：一套古樸的傢具和一襲繡有一百個兒童的被面。此後，這位可敬的老人一如既往地繼續支持孫中山及其事業，直到 1918 年 5 月去世。

2001 年 9 月 17 日於日本京都大學人文科學研究所

附記：本文寫作，得到日本京都大學石川禎浩教授的許多幫助，謹此致謝。

---

1 斯諾：《復始之旅》，新華出版社 1984 年版，第 104 頁。
2 車田讓治：《國父孫中山與梅屋莊吉》，東京 1979 年版，第 293 頁。

孫中山與田中義一 *

——讀日本山口縣文書館檔案

日本山口縣文書館中，存有孫中山致田中義一函一通，反映了二人曲折關係中的一段。函稱：

> 前寄尺書，略述中國情勢，計達左右，迺者袁氏自斃，黎公依法繼任，今且恢約法，召集國會，凡茲四者，皆如護國軍所要求以應，自不能不一律休兵息戰，以昭信義於天下。然而政局渾沌依然如故，興革事業與夫東亞問題，仍待其人而後能解，此文所以對於將來有不敢苟圖安逸者也。先生前此援助之力，雖造次顛沛，不能忘懷，但時局變遷，收效無幾，事勢所至，無可如何。茲遣戴君東渡，趨謁台階，奉商已往及將來諸要件，暢聆教益，祈進而語之。不盡之忱，統由戴君面達。

末署“孫文，七月三日”。函中提到“袁氏自斃，黎公依法繼任”，知此函作於1916年。當時孫中山在上海。田中義一，當時任參謀本部次長，後曾任陸相、首相。函中所言戴君，指戴天仇（季陶）。

最初，日本政府企圖以承認帝制為餌，從袁世凱手中榨取更多的權益。後來，日本政府看出，袁世凱的倒行逆施必將激起中國人民的強烈反對，便勸袁“善顧大局”，延緩稱帝。1915年12月，護國運動興起，日本政府估計袁世凱政權必將垮台，改取倒袁政策。1916年2月，田中致函陸相岡市之助，建議在採取“讓袁完全退出”手段的同時，扶持反袁力量。為此，參謀本部將旅順要塞司令青木宣純調往上海，以加強和南方革命黨人的接觸。正是在這一情況下，孫中山在日本和田中義一發生了聯繫。

---

* 錄自《楊天石評說近代史·民初政局》，中國發展出版社 2015 年 9 月版；原載《光明日報》1986 年 8 月 13 日。

據日本外務省檔案記載：孫中山於 1916 年 3 月 29 日、4 月 2 日，兩次訪問參謀本部情報部長福田雅太郎。4 月 7 日、8 日兩次訪問田中義一。26 日，孫中山離日歸國前一天，又兩次訪問福田雅太郎。所有這些訪問，都有戴天仇參加。這些訪問的主要目的在於爭取從日方獲得武器支援。孫中山當時在上海、青島、廣州、陝西等地組織了中華革命軍，正在積極籌劃發動反袁起義，迫切需要大量武器。5 月 24 日，孫中山在上海致函田中義一，對在東京受到的"關切"表示感謝，同時說明國內反袁鬥爭情況，表示將親赴山東，領導起義。信中說："事之成敗全繫於軍火供應之有無，故已委託現在上海之青木將軍設法提供兩個師團所需之武器，青木將軍已體察文意，對此計劃表示贊成，據聞業已電告貴國政府云云。"孫中山稱，已同時另委在東京的黃興和日本當局協商，希望田中能"審度時勢利弊，予以充分援助"[1]。此函當即本函所稱"略述中國情勢"的前函。本函云："先生前此援助之力，雖造次顛沛，不能忘懷。"顯然，田中適當地滿足了孫中山的要求。袁世凱死後，一時出現了"共和再造"的氣象，而實際上，政權掌握在皖系軍閥段祺瑞手中。孫中山敏銳地看到"政局渾沌依然如故"，表示對於將來"不敢苟圖安逸"，這是他思想中的清醒一面，但是，以為田中會繼續給予援助，則是一種幻想。田中在反袁鬥爭中支持孫中山，不過是一種策略，這時，已經轉而支持段祺瑞了。

1917 年 5 月，田中到中國，在徐州會見辮子軍大帥張勳之後，曾到上海見過孫中山一面。田中歸國之後，報紙盛傳田中來華是為了支持張勳復辟。6 月，孫中山派戴天仇攜函再次赴日，訪問田中等人。在田中的書房中，戴天仇發現了張勳新近送給田中的對聯，田中顯得有些尷尬，力辯自己和復辟運動無關，到徐州，就是為了叫張勳千萬不要復辟的，田中的辯解給了戴天仇以"此地無銀三百兩"的感覺。當晚，戴天仇即將有關情況寫信報告孫中山。當戴天仇完成任務回到上海之際，張勳復辟已經成為事實。經過了這一次又一次的教訓，孫中山終於對田中，也對當時日本政府的政策有了認識。

1920 年 6 月，孫中山與唐紹儀、伍廷芳、唐繼堯聯名發表宣言，呼籲恢復

1　《孫中山全集》第 3 卷，第 296 頁。

南北和談。段祺瑞因在和直系軍閥的對立中已處於劣勢，為了擺脫困境，通電贊成孫中山等人的建議。同月，張作霖以"調停時局"的名義自東北入京。風傳張作霖此行的目的是為了阻撓段祺瑞與南方和談，並且醞釀新的復辟陰謀。為此，孫中山於同月 29 日第四次致書田中。函中，孫中山指出，日本政府"以武力的資本的侵略為骨幹"，在中國，"恆以扶植守舊的反對的勢力，壓抑革新運動為事"。孫中山具體分析了日本政府從扶袁到倒袁的歷史過程以及其間的種種表現，明確指出，日本政府在帝制問題發生之後，"知袁氏絕不能再維持民國信用，欲與中國排袁勢力相結納，以圖伸張日本在中國之勢力，而又不欲民主主義者獲得中國政權，因利用一守舊頑固且甚於袁氏之官僚如岑春煊者，使主南方政局，而在北方，則又假宗社黨人金錢武器，貽後日無窮之禍"。孫中山不無深意地提醒田中："此中經過，先生為主要當事者之一，當能記憶也。"關於張勳復辟，孫中山則委婉地表示："有人疑閣下與張勳之復辟有關。文雖未敢信其說，然亦不能斷其真偽。蓋中國復辟運動，與日本陸軍之政策，嘗有不可離之關係也。"孫中山進一步提出，張作霖多年來一直得到日本當局的支持，他此次入京雖未必出於日本政府指使，但肯定經過日本政府同意。孫中山要求田中，"一變昔日方針，制止張氏之陰謀，以緩和民國人民對日之積憤"。雖然他還有某種幻想，但在對田中的認識上，較之過去顯然已經有了本質變化。

後來，戴天仇總結孫中山和田中的關係時曾說："中山先生所希望於田中中將的，第一是希望他拋棄日本的傳統政策，第二是希望他改正一切認識錯誤。其他的日本人，沒有比田中的地位關係中國更大的。然而這希望是絕沒有效果。一切動植物都可以變做化石，而化石決不能再變成動植物。"[1]田中終於用自己的行動證明了，他只是一塊"化石"。

在對日本當局愈益失望之後，孫中山的目光就更多地投向列寧領導下的社會主義的蘇俄了。

1　《孫中山全集》第 5 卷，第 277 頁。

讀孫中山致紐約銀行家佚札 *

1911 年武昌起義之後，上海《天鐸報》連載過一篇譯文，題為《真革命始祖》，稱譽孫中山多年來苦心孤詣，領導中國革命的功績。[1] 該文原載美國《紐約泰晤士報》，說明係倫敦通訊員來函。其中引錄了孫中山致紐約財團的兩封信，迄今為止，各本孫中山集均失敗，現介紹如下，並略加考訂。

第一函的受信人是紐約某銀行的一位職員，孫中山在倫敦的一家著名的俱樂部裏認識了他，企圖通過他向紐約資本家借款 50 萬英鎊，作為在中國發動起義的經費。二人原已約定了在紐約會面商談的具體日期，因孫中山延遲行程失約。過了一段時候，孫中山到達紐約，便發函致歉，重申前議。全文為：

> 前在英京某俱樂部，與閣下訂期，在紐約會面，惜為事延阻，不克踐約，無任歉仄。所議借款興辦中國政治事業一節，今有盤谷華商銀行一家、米廠三家、星加坡殷商數人，及巫來由礦商三人，均允擔保。計以上各華商之產業，共值美金二十兆，現在只需英金五十萬鎊，便敷接濟。一經起事，即可佔據兩富省，便當組織臨時政府，至時當可向外國再借鉅款，以竟全功。今請鼎力斡旋，運動資本家，商借債款，以濟軍用。事如可圖，請示知辦法。資本家需如何章程，方肯借款，當不難磋商也。企候復示。孫逸仙上。

據《真革命始祖》一文介紹，紐約各銀行讀到孫中山的上述信件後，研究了中國革命的發展狀況，通過紐約某華人商店復函，要求孫中山將信中所稱 "願擔保借款" 的南洋華商店號、姓名詳細開列，以便調查。據稱："一經查實，如所云不虛，五十萬鎊之款，不難湊集"，云云。當時，孫中山已因事離開紐約。兩

---

* 原載《近代史研究》1983 年第 3 期。
1 見該報 1911 年 11 月 15 日至 23 日。

個月後重返，讀到紐約財團的復函，便寫了第二封信，說明革命黨人的力量分佈，同時附了一份通告世界各國的文件。該函全文為：

啟復者：承問各件，今請詳復如下。首先請言海陸兩軍。中國近日所組織之新軍，查江南各省新兵，無論將校士卒，均為吾黨同志。一經起義，揚子一帶，計有新軍四鎮，必投吾黨麾下。武昌、南京兩城，為吾黨最得力之地，曾已商議停妥，一旦粵東各省起事，彼等必相率同時揭竿回應。至於京師所有之七鎮新軍，俱係袁世凱經手操練，自袁氏革職之後，此種新軍已漸漸消減其忠愛清廷之心矣。吾黨雖未嘗與此項新兵聯絡，但彼等斷不允為滿清政府犧牲其生命，此吾敢必也。此外東三省又有新軍一鎮，亦為吾黨所統帶，一旦起事，彼必率其兵士，合攻北京。綜前而論，中國共有新軍十二鎮，入吾黨掌握者已有五鎮，餘七鎮均守中立。至若海軍，今與吾黨雖尚未連合，然而海軍將校水兵，多為吾黨同志。

次請言各行省之志願。中國南部各省隨時皆願起事。試觀對於澳門劃界事件，南省之輿論可見一斑矣！且吾黨中人，多為兩粵及湖南兵士，該三省之兵素以強勁稱於中國者也。

茲將吾黨佈告於天下各國之通告書述錄於下，以供青鑒焉。

以上二函均未注明年月，但據信中所述時事及孫中山的行蹤，可以較為準確地考訂它的時間。

第二函提到的時事有兩件。一為袁世凱被清政府革職，其時在 1909 年 1 月。一為"澳門劃界事件"，其時在 1909 年下半年。澳門一向是我國領土，明朝嘉靖年間被葡萄牙殖民者強租，清朝光緒年間又被強佔。但葡萄牙殖民者仍不滿足，不斷擴張界址，向外蠶食，經常發生糾紛。從 1909 年 7 月 15 日起，至同年 11 月 16 日止，中葡雙方代表在香港舉行了九次"勘界"談判，均無結果。葡萄牙殖民者的惡劣態度引起了中國人民的憤怒，輿論譁然。"在國內則有各種勘界維持會與界務委員會，國外則有華僑公會、商會，函電交馳，請清政府力爭失地，且責政府對於會議情形，秘而不宣，為禍國殃民之舉。"[1]孫中山從這一事件裏又一次看到了中國人民愛國熱情的高漲，要紐約財團的資本家們注意這一情況，函中稱："中國南部各省隨時皆願起事。試觀對於澳門劃界事件，南省之輿論可見一斑矣！"可知此函必作於澳門劃界談判期間或失敗以後不久。

從 1907 年起，孫中山先後在中國南方組織了黃岡、七女湖、防城、鎮南關、欽廉上思、河口六次起義，其經費主要依靠南洋華僑的支援，不時感到拮据。1908 年冬光緒帝和西太后相繼死去，孫中山企圖乘機組織起義，更感到財力困難。次年春，他接到歐洲一位 "名商" 來函，決計西行籌款。4 月 20 日，他致函緬甸僑商、同盟分會會長莊銀安等稱："弟以刻下人心、機局皆有可圖，而吾人不能乘時而起者，只以財政難題無從解決，故每每坐失時機，殊堪痛惜！此方暫時既無法可設，弟不能不思圖遠舉，欲往運動於歐美之大資本家。"[2]6 月下旬，孫中山抵達巴黎。8 月 7 日，抵達倫敦。10 月 29 日有一函致南洋同盟會員云：

> 在英京亦找得一路，惟現尚未有眉目，故未敢詳報。此路之條件甚屬便宜，利息亦照通常演算法，並不要求特別之利權，惟須吾黨各埠同志出名擔保一事耳。英路之介紹人現往美國，弟到美時當與他再商，如得實音，當另行詳報。但關於出名擔保一節，弟已思得一法，想當可行，俟得實音，則並奉聞，以請大教。[3]

本函所述："在英京找得一路"，"須吾黨各埠同志出名擔保"，"英路之介紹人現往美國，弟到美時當與他再商"等，均與前引第一函相合。孫中山 1909 年由倫敦抵達紐約的時間是 11 月 8 日，由此可進一步確定，第一函當即作於此後的一段時期內。12 月 16 日，孫中山離開紐約，赴波士頓宣傳革命和募捐，24 日

1　黃培坤：《澳門界務爭持考》，稿本，近代史研究所藏。
2　《孫中山全集》第 1 卷，第 411 頁。
3　《孫中山全集》第 1 卷，第 424 頁。

返回，第二函當即作於此時。《真革命始祖》一文稱，此函為兩月後孫中山返回紐約時所復，這一點可能是該文作者搞錯了。

第二函附有一份《民國軍政府告各友邦書》，內稱："我中華民族之與滿洲政府開戰，欲逃離胡虜毒軛，推翻無道之專制，組織共和政體以代之。今者為益固各友道〔邦〕交誼，保世界和平，增人群幸福起見，特將宗旨明白宣佈。"這顯然就是 1906 年集體制訂的同盟會的《對外宣言》，只是由於經過轉譯，文字上有所不同。將兩個文本對校，可以發現，原來所提的處理對外關係的七項條件已經有所變動。例如原第一條為：

所有中國前此與各國締結之條約，皆繼續有效。

現第一條為：

各國與滿政府今日以前所訂之約仍然有效，至期滿為止。

除將"中國"改為"滿政府"外，增加了"至期滿為止"等幾個字。又如原第三條為：

所有外人之既得權利，一體保護。

現第三條為：

滿政府以前長租與各國之租界，皆以禮相待。

原條件全部承認侵略者的"既得權利"，現條件則大為縮小了。以孫中山為代表的革命黨人由於既害怕帝國主義的干涉，又祈求其援助，不可能採取強硬的反帝立場。但是，孫中山畢竟是個偉大的愛國主義者，他力圖挽回失去的權利。兩個文本不同正說明了這一點。

1910 年 3 月，孫中山曾在洛杉磯與美國人荷馬李、布思會談，企圖向紐約財團貸款 350 萬美元。此事的中介人是容閎。上述貸款 50 萬英鎊的中介人是紐約某銀行的職員。看來，孫中山曾通過兩個渠道和紐約財團聯繫。後來，孫中山選擇了荷馬李、布思的渠道，前一個渠道就放棄了。《真革命始祖》一文說："該銀行自接孫氏之信後，孫氏未再向該銀行商議借款，或謂孫氏已在中國或美國籌足軍餉，或謂孫氏或有不測之事，蓋清政府懸賞英金一萬鎊捕拿孫氏也。"作者顯然不了解後來事情發展的狀況。

《真革命始祖》一文還披露過孫中山的其他言論，反映了他振興中華的熱切願望，如：

> 孫氏又常對人自明其宗旨，謂一生目的，不外推翻滿洲篡位之民賊，使中國重發奇光，注重自由、平權、人道主義，擬組織軍政府，以為先導。其言曰：中國者，中國人之中國也。應改為共和國，選總統以自治，其人同享人道、幸福、平權、自由、不背社會主義。畜奴僕、吸鴉片等害，一一除去之，則不出三年，中國之氣象自煥然一新矣！

新發現的《孫中山致國民黨諸先生函》*

本函原載 1912 年 10 月 14 日北京《民主報》，各本孫中山集均失收。全文為：

國民黨諸先生偉鑒：

燕塵留別，僕僕道左，所過燕、晉、齊、魯，民心極為歡躍，自非一人過化之妙用，足徵吾民望治之盛心。北省風氣升通，從此發軔矣，將來進步未可限量。

本黨自合併以來，經諸公綢繆經營，自當日有起色。國家大計，得多數英傑之士，同心協力，討論進行，中華民國之前途尚〔當〕與本黨相終始矣。顧我同人，二十年前，吾人僅異族專制之奴隸耳。不轉瞬間，同盟會破壞於先，國民黨建設於後，改數千年之舊慣（貫），闢二十四〔世〕紀之新國，撫今思昔，最快平生。尤有進者，改黨作用，捐棄私人之小嫌，努力國家之要政，不尊一時之大權，而籌百年之安策。甚望諸公以立國大計劃、立法大規模，與政務研究會切實計論，發為政策，為議員之後盾，各省之模範，使天下人民知吾黨謀國之深遠，民心向順，共和鞏固矣。

再，華僑同盟會對於本黨改組，共襄贊成，由本部時與通訊，報告一切情形，勿使海外同志與內地相抱隔，致生觸塑之心，將來於黨中經濟不無補益。日來連接檳榔嶼等處各函，附來一閱，可知大概。望速與通信、接洽為要。

弟已於昨早安抵上海。匆此，敬候偉安！

孫文啟

---

*　錄自《楊天石近代史文存・國民黨人與前期中華民國》，中國人民大學出版社 2007 年 7 月版；原載《民國春秋》1987 年第 1 期。

1912 年 8 月 24 日，孫中山應袁世凱之邀，抵達北京。居留二十餘日，與袁世凱會談十餘次。9 月 19 日之後，陸續訪問保定、太原、石家莊、唐山、天津、山海關、濟南、青島等地。所至各處，都受到熱烈歡迎，10 月 3 日返上海。本函作於 10 月 4 日。

同盟會在辛亥革命之後，繼續陷於渙散分裂狀態。1912 年 8 月，宋教仁為了推行議會政治，與擁袁勢力抗衡，聯合同盟會、統一共和黨、國民公黨、國民共進會、共和實進會等組成國民黨，推孫中山為理事長。8 月 25 日，孫中山在北京參加了國民黨成立大會，並發表演說，對該黨寄以希望。回上海後，又再次來函，加以勉勵，聲稱："國家大計，得多數英傑之士，同心協力，討論進行，中華民國之前途當與本黨相終始矣。"

新建的國民黨設有政務研究會，下設法制、外交、財政、教育、實業、交通、軍事、社會、民政、邊事各科，其任務為 "研究各項政務，決定政見，籌劃政略"。該會擁有三百二十餘人的龐大幹事隊伍，幾乎包羅了當時國民黨各方面的名流。本函希望國民黨諸公與政務研究會切實討論 "立國大計劃、立法大規模"，以便 "發為政策，為議員之後盾，各省之模範，使天下人民知吾黨謀國之深遠"。它顯示出，儘管孫中山此時正熱衷於全國的鐵路建設，但對於宋教仁的議會政治仍然是支持的。

華僑在辛亥革命中作出了巨大貢獻，孫中山也一貫重視和華僑的聯繫。本函要求國民黨領導人及時與華僑同盟會通信、接洽，正是這種重視的表現。10 月 9 日，即寫作本函後的第五天，孫中山親自給南洋華僑寫信，報告國民黨成立狀況，要求他們即日將當地同盟會組織改稱為 "國民黨南洋支部"。

長期以來，有一種說法，認為孫中山對宋教仁組建國民黨一事是不滿意的，本函可以證明，此說不確。

孫中山致山縣有朋函二通

——讀日本山縣有朋文書

日本國會圖書館中，存有孫中山致山縣有朋函兩通。第一函稱：

> 文等此次觀光貴國，備受各界熱誠歡迎，足證明貴國人士確係以愛同
> 種同文之國為心，以保全亞洲為務。凡我亞洲人士，無不馨香崇拜，並期
> 極力實行，以副貴國人士之望。文等當盡全力，以貴國人士好意，佈諸國
> 民，俾兩國日增親密，匪特兩國之幸，實世界和平之幸也。專此肅函，敬
> 謝招待之厚意，並祝前途幸福。

末署"孫文、馬君武、何天炯、戴天仇、袁華選、宋嘉樹同頓首"，未署年月。
按孫文偕馬君武等訪日，事在 1913 年 2 月 10 日，歸國則在同年 3 月 23 日，
此函當作於歸國之後。山縣有朋，長州藩士出身，曾任陸軍參謀總長、兵站總
監，1900 年前兩度出任首相。自 1905 年起，任樞密院議長，成為日本政界、
軍界最有勢力的元老。

從孫中山建立同盟會之日起，即以"主張中國日本兩國之國民的聯合"作
為方針。辛亥革命中，日本政府、軍部、財界和大陸浪人，為了維護和擴大在
華權益，曾給過孫中山資金和武器方面的援助。孫中山於 1913 年 2 月訪日，其
目的之一便是為了"圖中日兩國親交，並訪舊友"，爭取日本朝野進一步的支
持。訪日過程中，孫中山多次發表演講，聲稱"中國與日本為兄弟之國"，希望
雙方"攜手進步"，"維持和平"。孫中山此函一方面是為了答謝山縣有朋的"招
待"，同時也是為了重申"兩國日增親密"的願望。

第二函與新本《孫中山全集》所收《致井上馨函》同，惟"憑藉歐洲之勢
力，以排斥我利害與之友邦"，《致山縣有朋函》作"憑藉歐洲之勢力，以排斥
我利害與共之友邦"，據此，知新本《孫中山全集》脫一"共"字。《致山縣有

朋函》所署時間為 1913 年 5 月 20 日，晚於《致井上馨函》三天。

　　為了消滅國民黨控制的南方各省勢力，籌措戰費，袁世凱於 1913 年指令國務總理趙秉鈞等人，以辦理善後為名，向英、法、德、俄、日五國銀行團借款。4 月 26 日，未經國會同意，擅自簽定總數為二千五百萬英鎊的借款合同，年息五厘，八四折，以鹽稅、海關稅，及直隸、山東、河南、江蘇四省的中央稅為擔保。此事遭到了全國人民的強烈反對。孫中山於致函井上馨後又致函山縣有朋，目的是希望山縣以其元老地位出面干預，在向袁世凱交付借款時加以限制，"不許充為戰費"。此點當然無法做到，袁世凱在拿到第一筆款子後不久，就發動了鎮壓南方國民黨人的戰爭。

Copyright. 1913. The Bobbs-Merrill Company.
The Honorable Doctor Sun Yat Sen, founder of the Chinese republic,
Director-General of the National Railway development; leader of
the Tung Men Hwai, the advanced party in China. By birth, a
Southern Chinese (Kwangtung province), the type best known to
foreigners.

* 上圖 "第一次抵達" 照片，孫中山舉著一黑板，上寫有他原始的夏威夷檔案號碼 C-140（美國國家檔案局）

下圖 湯姆森（John Stuart Thomson）著《中國革命》（*China Revolutionize*，1913）圖頁

第八部分

筆談與採訪

孫中山與近代中國 *

——張磊、陳勝粦、楊天石

內容提要

‧孫中山一生有兩大功績：一是領導辛亥革命，推翻了清政府，結束了中國兩千多年的封建統治；二是積極推動國共合作，促進了國民革命高潮的到來。

‧孫中山的近代化思想是一個開放的思想體系，是那個時代最秀的近代化方案。

‧孫中山是傑出的愛國主義者，拯救中國、振興中華、統一祖國是其愛國主義思想的三個重要方面。

主持人：危兆蓋（《光明日報》編輯）

特邀學者：張磊（廣東省社會科學院院長、研究員）

陳勝粦（中山大學歷史系教授）

楊天石（中國社科院近代史所研究員）

主持人：偉大的愛國者、民主革命先行者孫中山先生是影響近代中國歷史進程的重要人物。他的歷史功績和偉大人格一直為人們所敬仰。今年（1996 年）適值孫中山先生誕辰 130 週年，特請三位就孫中山與近代中國這一話題談談自已的看法。

張磊：孫中山先生為中華民族的獨立與解放嘔心瀝血，奮鬥終身，功勳卓著，一直為我黨、我國人民所崇敬和懷念。毛澤東稱他是偉大的民主革命先行者，江澤民稱他是傑出的愛國主義者和民族英雄。但是，近年來，也有一些人試圖歪曲和否定孫中山的偉大功績和高尚品格。因此，在這個時候，貴刊以話

---

* 原載《光明日報》，1996 年 11 月 26 日。

題的形式討論孫中山的歷史貢獻，我們感到非常重要。

主持人：孫中山的第一個偉大動績是領導了辛亥革命，推翻了腐朽的清政府，結束了兩千多年的封建統治，創立了中華民國，使民主共和的觀念深入人心。可是近年來卻有人認為孫中山領導的辛亥革命是把中國的事情搞糟了，歷史的真相果真是這樣嗎？

陳勝粦：個別論者認為孫中山領導的辛亥革命推翻了清政府，中斷了正在實施的 "新政"，中斷了中國的現代化進程，並且導致了後來的軍閥混戰。了解中國近代歷史的人都知道，這是與歷史的真相風馬牛不相及的。歷史證明，洋務運動、清末新政和國民黨 22 年的反動統治，沒有也不可能改變中國社會半殖民地半封建的性質，更談不上什麼實現中國的現代化。至於近代中國的軍閥混戰，咎在帝國主義和封建主義的反動統治，與辛亥革命沒有任何因果聯繫。有人提出 "告別革命"，其目的是要否定中國近代史上的一切革命。它正如魯迅當年所指責的 "掄糞帚" 一類，終難惑人耳目。

楊天石：眾所周知，孫中山從 1894 年成立興中會起，領導革命黨人進行了不屈不撓的反封建鬥爭，並於 1911 年推翻了清政府的封建統治，建立了中華民國，這是中國歷史上一項破天荒的創舉。中華民國臨時政府成立後，孫中山明確宣佈，國家主權屬於人民，總統以下的各級官吏都是人民的 "公僕"。這在中國歷史上是第一次把中國傳統社會中的官民關係完全顛倒過來。中國古代講 "民本"，承認人民是國家的根本，有其可貴之處，但仍然認為人民是 "治於人者"，只能接受統治者的恩惠。近代梁啟超等維新派講 "民權"，承認人民 (實際是指紳士) 有參與政治的權利，但統治者還是皇帝。只有以孫中山為代表的革命派才敢於講 "民主"，從理論上肯定了人民的主人翁地位。因此，他的這一歷史功績是巨大的。

主持人：孫中山的第二大功績是不是他在晚年積極推動國共合作，促進了國民命高潮的到來？

楊天石：是的。雖然 1926 年至 1927 年的前期北伐戰爭只進行了 8 個月左右，但國民革命軍在此期間，克兩湖，下江西，平定福建、安徽、浙江、江蘇，先後擊潰吳佩孚、孫傳芳兩大軍閥集團，取得了民國史上前所未有的勝利。這一勝利雖然是在孫中山逝世後取得的，但它是在孫的旗幟下，在國共合作的基礎上進行的，而國共合作又是在孫中山生前確定並完成的。孫中山在晚年審時度勢，毅然決定和共產黨人合作，吸納共產黨人和大批工人、農民、革命知識份子加入國民黨，從而為國民黨增添了大量新鮮血液。這就空前地擴大了國民革命的社會基礎和階級基礎，為北伐戰爭的勝利準備了最重要的政治條件。

主持人： 但是，海外有一些歷史學者認為，孫中山和共產黨合作只是權宜之計，你們對此怎麼看？

張磊： 我認為這是不正確的。孫中山和共產黨合作的根本原因在於他和共產黨有著"打倒列強，打倒軍閥"、"振興中華"等共同目的，同時還在於他對社會主義、共產主義有著深深的嚮往。孫中山早年遍遊歐美，深知資本主義貧富兩極分化的種種弊端，同時又受到歐美工人運動和社會主義思潮的影響，因此立志不走歐美資本主義發展的老路，而要尋找一種新的社會發展模式。還在20世紀初，孫中山就在一封信中宣稱他對社會主義"不能須臾忘"。1905年，他走訪社會黨國際執行局，聲稱要使中國從"中世紀的生產方式直接過渡到社會主義的生產階段"。1915年，他在復函社會黨國際執行局時又表示，要將中國建成全世界"第一個社會主義國家"。20年代，他又多次聲稱，共產主義是"民生的理想"，共產主義和民生主義是"好朋友"，甚至還說，"民生主義就是共產主義，就是社會主義"。凡此種種都充分表明，孫中山對社會主義和共產主義懷著深深的嚮往之情。這正是他和共產黨合作的思想基礎，也是他高出於同時代許多民主主義革命家的地方。

楊天石： 我想根據近年來從俄國檔案中發現的新資料對這個問題作些補充論證。1924年夏，國民黨元老張繼、謝持和鄧澤如等人向國民黨中央提出彈劾共產黨人案，要求和共產黨人"分家"。馮自由更進一步指責孫中山偏袒共產黨人，要求懲辦主張國共合作的廖仲愷等人。同年8月，國民黨中央在廣州召開全會，孫中山對此提出了嚴肅批評。他說："從現在起，如果誰再說我們的民生主義不是共產主義，那就意味著該同志的民生主義與我的民生主義不同"，如果整個國民黨都這樣，我就要"拋開國民黨，自己去參加共產黨"。這一講話距孫去世只有半年，可以看作是他對喧囂一時的國共"分家"風波所作的結論。會後孫中山又毫不猶豫地命令國民黨中央"革除"張繼，這表現了他維護國共合作的堅強決心。

主持人：近代中國有兩大主題，一是反帝反封建，爭取民族獨立與解放；二是推行中國的現代化，使中國從封建小生產的狀態中擺脫出來，進入現代工業社會。簡言之，一是爭取生存，二是謀求發展。前面的談話主要涉及了孫中山在第一個主題上的貢獻，請問，在第二個主題上，孫中山對近代中國的發展道路和中國的現代化事業有何突出貢獻？

張磊：首先，我們要搞清楚，近代中國的主題雖有兩個，但在中國近代，首要的任務還是反帝反封建，爭取民族的獨立與解放，為中國的近代化創造前提，只有完成了第一個任務，才能著手中國的現代化建設事業。孫中山雖然對中國的現代化問題始終非常關注，但是，他的主要功績還是表現在第一方面。至於第二方面，我們毫不誇張地說，孫中山為中國的現代化事業也留下了許多寶貴的經驗。在中國共產黨人之前，孫中山的近代化方案無疑是那個時代中最優秀的。孫中山在長期的革命實踐中深切地認識到中國近代化面臨著兩大障礙：一是帝國主義列強威脅著中華民族的生存，中國面臨著被瓜分、被共管的厄運。國之將亡，近代化的任務何其艱辛！二是封建主義的腐朽統治，這是中國近代化的主要內在障礙。孫中山指出，封建專制暴政是一切罪惡的淵藪，"妨礙我們在智力方面和物質方面的發展"，造成可怕的貧困和落後。因此，孫中山斷言："國家最大的問題是政治，如果政治不良，在國家裏頭不論什麼問題都不能解決。"只有首先破除帝國主義和封建主義雙重枷鎖，中國的現代化才能邁開腳步。1911 年孫中山領導的辛亥革命推翻了清政府的封建統治，可以說是初步完成了這一任務。

陳勝粦：孫中山看到了小生產和自然經濟的局限和近代社會商品化大生產的重大意義，因此，他認為"發展中國工業"乃是"無論如何必須進行的大事"。他的社會經濟綱領——民生主義的主要內涵也"不外土地與資本問題"。在土地問題上，他主張實行"土地國有"、"平均地權"，從而達到防止"壟斷"、"解決農民自身問題"的多元目標。在資本問題上，他提出要"節制資本"和"發達國家資本”，即“可以委諸個人或其較國家經營為適宜者，應任個人為之”，而“不能委諸個人及有獨佔性質者，應由國家經營之”。他把這種情形稱之為社會主義和資本主義“兩種經濟力”的“互相為用”。孫中山的社會經濟綱領雖然帶有一定的主觀主義色彩，但卻是最大限度地發展資本主義的方案。

楊天石：在如何實現中國民主政治的問題上，孫中山雖然主張通過“國民革命”的途徑和手段推翻封建帝制，代之以共和制度，但是，他也不主張完全照搬西方的制度。他確信“一個新的、開明而進步的政府”的建立，必將“為我們未來的經濟發展打下基礎”，並在短期內“使自己擺脫困境”，“躋身於世界上文明和愛好自由國家的行列”。因此，在建設民主國家問題上，他非常重視民權主義。孫中山還為共和政體的擘畫煞費苦心，他的革命程序論表述了民主革命的主要內容和階段劃分；政黨政治論闡明了“代議政治”的基本準則；權能區分論規定和賦予民主政治以實際內容 —— 人民有“權”，政府有“能”；地方自治論和全民政治論則是體現“主權在民”精神的具體方案；五權憲法論描繪了理想政府的藍圖。他在這方面的探索無疑有著積極的意義。

張磊：孫中山還認為科學、教育、文化的革新和發展是近代化的必要條件。他崇尚科學，認為“科學的知”方為“真知”，把科學家之試驗”看作是“文明之動機”，“於人類則促進文明，於國家則圖致富強”。他痛心於國人中“不識丁者十有七八，婦女識字者百中無一”的現狀，主張實行全民義務教育，同時以新的教育體制取代封建教育，培育人才。

陳勝粦：我們還看到，孫中山的近代化思想是一個開放的思想體系。他既主張“從歐美吸收解放思想”，“步泰西之法”，又對外來事物採取分析辨別的態度，並力求使之與中國的國情和民族的傳統相結合。他曾反復指出：歐美有歐美的社會，我們有我們的社會，“我們能夠照自己的社會情形，迎合世界潮流去作，社會才可以改良，國家才可以進步。”因此，在近代中國，孫中山確實無愧為向西方學習的代表人物。此外，孫中山還強調保存中華民族固有的優良傳統，摒棄民族虛無主義，力求從傳統文化中吸取精華。孫中山對待外來文化和傳統文化的科學態度在今天仍值得我們借鑒。

楊天石：總之，孫中山的近代化思想具有豐富的科學內涵，是一個完整的思想體系。掙破殖民主義與封建主義雙重枷鎖乃是前提，實業化構成方案的中心內容，民主政治是杠杆，科學教育文化是其必要條件，正確的文化取向則是關乎思想導向和智力依託的重要關鍵。近代化的目標是建立獨立、統一、民主、富強的新中國。在中國近代化的歷史行程中，孫中山的理論和實踐具有劃時代的意義。無視或貶低他的近代化思想和業績，渲染或誇大洋務運動、清末新政、袁世凱政權的所謂"政績"，都是無稽之談和偏頗之見。

主持人：江澤民同志在紀念孫中山誕辰 130 週年的講話中指出："孫中山先生是傑出的愛國主義者和民族英雄。"那麼，孫中山的愛國主義思想主要表現在哪些方面？

陳勝粦：我認為，要了解孫中山的愛國主義思想，首先要熟悉他所處的時代。孫中山生活的時代，正是中國淪為半殖民地半封建社會的時代，也是中國人民為擺脫"從屬於西方"的命運、為擺脫半封建半殖民地枷鎖而奮起鬥爭的時代。孫中山的愛國思想就在於他對自己所處時代有比較清醒的認識，並與時俱進，在不屈不撓的鬥爭實踐中不斷深化自己的認識，陶冶愛國主義情操。由於孫中山所面臨的"西方"是個帶有雙重性的西方，即先進性與侵略性兼而有之、進步性與腐朽性同時並存，這就決定了他將面臨著雙重的挑戰。孫中山在這一問題上作出了超越其前輩和同時代人的嶄新回應：他既主張為振興中華而積極學習"先進的西方"，又堅持為民族獨立、國家富強、民主自由、人民幸福而反對"侵略的西方"和抵制"腐朽的西方"，因而形成了具有鮮明特色的愛國主義思想體系。具體地說，孫中山的愛國主義思想體系是以追求中國式的近代化 —— 獨立、富強、民主、文明和統一為主要目標，以拯救中國、振興中華、統一祖國為主要內容。在近代中國，沒有獨立，就沒有中國的一切。因此，孫中山一生都在為爭取中華民族的獨立而鬥爭。這是孫中山愛國主義思想的一個重要內容，也是他追求中國近代化、宣導振興中華的大前提和不可分割的組成部分。從成立興中會起，孫中山就表示要"亟拯斯民於水火，切扶大廈之將傾"。即使在宣導實行"開放主義"時，他也強調，"開放門戶，仍須保持主權"，"發展之權，操之在我則存，操之在人則亡"，故"主權萬不可授之於人"。

張磊：在爭取民族獨立的前提下，把中國建成一個富強、民主、文明的近代化強國也是孫中山畢生追求的崇高理想。為此，他積極了解、學習和引進、吸收西方先進事物，宣導“對歐洲文明採取開放態度”。他主張在發展中國實業、趕超西方發達國家時，“最好行開放主義”。他不但堅持“取法於人”，而且堅持“取法乎上”，主張學習西方先進的科學技術和經營管理技術，同時又堅持對西方近代文明要“取其善果，去其惡果”，“避免其種種弊端”，以免中國“再蹈歐美的覆轍”，使中國不論在富強、民主還是在文明等方面都能“後來居上”，成為一個超越歐美資本主義大國的“國利民福”、“家給人樂”、“最富最強”的“頭等民主大共和國”。因此，我們說，為振興中華而奮鬥終身構成了孫中山愛國主義思想的又一重要方面。

楊天石：維護祖國統一是孫中山愛國主義思想的第三個重要方面。近代中國的國情，決定了中國人民要擺脫“從屬於西方”的半封建半殖民地境遇，要振興中華，實現中國的近代化，就必須與帝國主義列強企圖分裂中國、對中國分而治之的圖謀作毫不妥協的鬥爭。孫中山對這一點一直有著非常清醒的認識和非常堅定的立場。他在辛亥革命時期，就旗幟鮮明地堅持要建立一個統一的新中國，與企圖分裂中國的敵對勢力作了不調和的鬥爭。當時，帝國主義列強不支持孫中山為首的南京臨時政府統一中國，甚至以“南北分治”作為外交承認的條件。孫中山一再譴責這類破壞中國統一的言論是“卑劣之言”，痛斥其製造者是“中國的仇敵”，並一針見血地指出：“提倡分裂中國的人，一定是野心家！”孫中山堅持統一祖國的主張及其堅決反對製造“兩個中國”的鬥爭，符合中國的國情，體現了中國人民的利益和願望，不僅在當時是進步的、愛國的、革命的，而且直到今天，還有著強烈的現實意義。孫中山高舉的這面“統祖國”的旗幟仍將激勵我們為實現祖國統一、振興中華的千秋大業而團結奮鬥。

為孫中山研究質疑答鳳凰網記者張弘問

國民黨統治時期，孫中山被崇敬，也被神化。改革開放以來，人們解放思想，對孫中山的生平和思想提出了若干質疑。這些質疑，有的正確，會加深對歷史人物的認識和理解；有的則不正確，須要討論和解釋。今藉鳳凰網記者張弘訪問之機，說明若干問題。不敢自謂正確，聊作一家之鳴而已。

今年（2016 年）是孫中山誕辰 150 週年。作為革命的先行者，圍繞著怎麼評價孫中山的問題一直爭論不休，其生前的是是非非也在學界存在很大爭議。就此，鳳凰網專訪了中國社會科學院榮譽學部委員楊天石。

一、評價孫中山的貢獻不能只看武昌起義

記者：你寫過一本辛亥革命的專著《帝制的終結》。嚴格說，武昌起義和孫中山並沒有多大的關係，它的組織者主要是文學社和共進會，發動者主要是新軍中的下層官兵。但是，孫中山對於辛亥革命的貢獻，你仍然給予了很高的評價，為什麼？

楊天石：辛亥革命和武昌起義不是一個概念。廣義的辛亥革命史要從 1894 年 11 月孫中山在檀香山創立興中會談起，有 18 年之久。因此，考察孫中山對辛亥革命的貢獻不能只談武昌起義，那樣視野就太窄了。當然，如果僅從武昌起義的發動來看，孫中山沒有很大的直接作用。但是，武昌起義是在孫中山的號召和影響之下發動的，這是事實。沒有孫中山的革命號召，沒有孫中山長期在思想傳播、組織發動等方面一系列的工作，武昌起義是不會發生的。武昌起義之前，有 1895 年的重九廣州起義，有 1906 年的萍瀏醴起義，有 1907 年的黃岡起義、鎮南關起義，1910 年的廣州新軍起義，1911 年的"三二九"起義等，它們都是孫中山和同盟會領導或發動的，起了先導作用，武昌起義是在這一系列起義之後，在它的影響下發生的。

以文學社而論，它曾決定屆時回應 1911 年的廣州起義。廣州起義失敗，它在各標營普遍建立代表制，組織工作進入新階段。共進會的領導人劉公和孫武都是同盟會會員，受過孫中山的影響。孫武甚至被誤認為孫文之弟。

二、孫中山的地位不是靠立憲派"捧"出來的

記者：我讀過好幾種《辛亥革命史》、《武昌首義史》，也看過《孫中山年譜長編》，總體我覺得，辛亥革命爆發以後，孫中山從海外回國，是他一個最重要的轉捩點。因為在辛亥革命之前，他長期在海外，不能進入國內，而且，他發動的那些起義，除了黃花崗起義的聲勢稍微大一點，別的起義，就基本相當於是古代很小規模的民變，對整個政局或者全國範圍來說，影響還是很小的，儘管孫中山他可能會拿這個事做很多的宣傳。辛亥革命之前，孫中山在政治舞台上只是一個邊緣人物，儘管他搞革命搞了很多年，但是他沒有進入過政治舞台的中心。但是辛亥革命爆發之後，他毅然決定回國，回國來了之後，立憲派的張謇、趙鳳昌等人，為了跟北方對抗，把他捧到了臨時大總統的位置上。但是對孫中山來說就是迎來了一個非常巨大的轉折，因為辛亥革命爆發後，孫中山回國時，既沒有政治實力，也沒有經濟實力，也沒有多少的政治資源，但是一下子走到了政治舞台的中心，儘管他做臨時大總統時間很短，但是這個經歷對他來說是非常重要的。你怎麼看這個問題？

楊天石："邊緣人"，這是個新詞。我還不太懂得它的確切含義，大概是不重要、無足輕重、對政治生活的影響不大的意思吧？在嚴謹的科學討論中，我建議最好不用這種詞兒。

我不贊成辛亥革命前孫中山是"邊緣人物"這一提法。可以這樣講，從1894 年，孫中山在檀香山創立興中會之際起，孫中山就抓住了推倒清朝政府，"振興中華"這個時代大主題，就引領時代潮流，領導革命，他的影響就愈來愈大，擁護者就愈來愈多，逐漸成了政治舞台的中心人物。須知，孫中山的臨時大總統的位置是 1911 年 12 月 29 日在南京的各省代表會議投票選舉出來的，當時，共有 17 省的代表出席，每省 1 票，候選人有孫中山、黃興、黎元洪 3 人，

孫中山得 16 票。可見，孫中山的當選是眾望所歸，並不是有人內定，也不是張謇、趙鳳昌在暗中活動，捧出來的。張謇、趙鳳昌都是立憲派，不久前都還反對革命，他們轉變立場，歸順革命，對革命有好處，但是，不應把他們的作用估計過高，那樣說沒有充分的史實根據。

這裏，我首先要講一個問題，武昌起義之後，孫中山為什麼沒有立即回國？他去了英國，去了法國，然後才經過南洋回到上海，什麼道理？他是要解決兩個問題。第一，外交問題。武昌起義爆發以後，必須要求列強保持中立，不要幫助清朝政府來鎮壓革命。孫中山當時對美國政府的態度，對日本政府的態度，對英國、法國的態度，就是希望他們保持中立，這個目的是達到了。應該說，在辛亥革命的整個過程裏面，列強沒有直接武裝干涉，保持了中立態度。想干涉的是日本，因為中國如果推翻了清朝皇帝，那麼就影響日本的天皇制。日本想拉盟國英國一起干涉，但是英國不幹，所以日本最後也沒有採取武裝干涉。

第二是借錢。因為革命需要大量的經費，所以孫中山到英國、到法國都是為了借錢。但是那個時候，列強還不知道中國革命鹿死誰手，所以列強表示，我們在經濟上也中立，既不借錢給清朝政府，也不借錢給革命黨。所以，這個借錢的目的沒有達到。孫中山回國，到上海登岸的時候，記者問他，說孫先生你帶回了多少錢來，孫中山表示我一個錢也沒有，我帶回的是革命精神。

應該說，孫中山 1895 年的廣州起義，是革命黨人向清朝政府開了第一槍。這次起義，今天我們看起來很可笑，規模比後面的起義還要小得多。當時，孫中山從檀香山帶回來大概 6 千美金、少數工人會員和技師，但是它的意義就在於向清朝政府開了第一槍，宣告了革命黨的誕生，宣告了革命黨人要用武裝起義的形式推翻清朝的統治，起了宣告、宣傳、先導、開路的作用。所以可以這麼說，因為 1895 年的廣州起義，孫中山開始走上中國的政治舞台，成為影響中國政治生活的一個重要人物，清朝政府從此就知道，有人要推翻自己，這個人就是孫文、孫逸仙。

三、會黨是遊民無產者的組織，可以運用，但不能依靠，中華革命黨不是會黨

記者：有一點我們都知道，孫中山他在美國的時候就加入了洪門，做到了洪門的洪棍。無論是現在的學者，還是當時的一些革命黨人，一直在批評孫中山的會黨做派，比如說他重新組建中華革命黨的時候，加入者要宣誓對他個人效忠，然後還要按手印，這其實對加入者是一個侮辱性的做法。你這麼看這一點？

楊天石：這要分幾個方面來談，第一，孫中山為什麼要利用會黨？會黨是傳統的遊民社會的組織形式。孫中山開始革命的時候是孤立的，他並沒有很多同志，他要革命，面對的是強大的清政府，他一定要利用傳統社會的力量，而洪門具有反清的傳統，是當時孫中山在現實中唯一可以利用的力量。如果孫中山不利用這個已有的、現存的反抗力量的話，他利用誰？他當時還不可能去發動工人，也不可能發動農民，所以我說，他只能利用現存的會黨，這是可以理解的。從中國革命的歷程來看，後來中共主要靠發動工人、發動農民，但是也並沒有忘記要利用會黨，何況孫中山那個時代。那個時期，孫中山先是建立興中會，後來又建立同盟會，建立中華革命黨，建立中國國民黨，這都說明，孫中山已經知道僅僅利用傳統的幫會不行，必須建立現代的革命團體和革命政黨。這是一。

第二，中華革命黨把黨員分成首義黨員、協助黨員、普通黨員等三種類型，革命成功後分別享有不同的權利，還要求黨員個人完全服從領袖，要摁手印，這當然是錯誤的。但是，還不能完全把中華革命黨看成是會黨，它至少還以實現民權、民生主義為宗旨，以推翻袁世凱專制政府，創制"五權憲法"，建設完全民國為目的。這些都是當時的先進思想，會黨不可能有。孫中山建立同盟會的時候，孫中山力圖實行現代政黨的行政、司法、立法的三權分立的原則辦事。所以我同意你這個看法，就是中華革命黨那套做法，是從原來同盟會的道路上的一個後退。但是對這個後退，要有"同情的理解"，就是要理解他當時為什麼那麼做？因為辛亥革命以後，同盟會改組為國民黨，國民黨的特點就是

渙散，意見分歧，"二次革命"的失敗，當然跟革命黨的力量弱小有關係，但是也跟當時革命黨內部意見不一有關。所以在這個時候，孫中山強調要統一意志，要加強組織，在這種情況底下，他強調個人權威，強調個人服從組織，有其歷史背景。

四、孫中山反對暗殺，認為孫中山喜歡搞暗殺沒有根據，原因之一是誤讀史料

記者：有學者認為，孫中山喜歡搞暗殺，在沒有獲得權力之前是可以原諒的，但是他後來掌握了政治權力以後，還在搞暗殺。這樣做的人只有兩個，一個是孫中山，一個是陳其美。如果這位學者的研究是準確的，那也就是說，孫中山把會黨的做派一直帶到了革命事業裏面，你怎麼看這個事？

楊天石：請原諒，我不認為您所說的"這位學者"的研究是"準確的"。前一時期，有學者提出，暗殺宋教仁的不是袁世凱，而是宋教仁的同志陳其美，我不贊成這種說法。已有的資料有力地證明，宋教仁被刺和袁世凱政府有著密切的關係。現在有學者對這些證據視而不見，卻力圖找出和宋教仁同屬一黨、沒有根本利害衝突的陳其美來當作主謀。我看不出有多少站得住的理由。至少，持這種觀點的學者至今沒有找出一條過硬的、能令人信服的證據來。研究要憑史實，不能僅僅依靠推論和分析。其實，這個推論並不是一個新鮮的觀點，宋教仁死的時候，梁啟超等人就猜測過是陳其美幹的。

說孫中山喜歡搞暗殺，不對，孫中山反對暗殺。對孫中山了解很深，組織過暗殺團的蔡元培就曾專門寫過一篇文章，說"總理最反對暗殺"。1912 年，陶成章在上海被刺，有的學者懷疑孫中山是主謀。也是猜測，沒有任何證據。相反，我倒有比較可靠的證據，說明陶成章之死和孫中山沒有關係。我以前寫過一篇文章討論陶成章之死，今年（2016 年）會發表另一篇文章，就是《再論倒孫風潮與蔣介石刺殺陶成章》。中國近代史上有過幾次反對孫中山的風潮，一次是 1907 年在東京，一次是 1909 年在南洋和東京，我最近會發表一篇新的文章，研究 1912 年的第三次倒孫風潮（醞釀而未成潮），將披露一些新的材

料。這三次"倒孫風潮"的發動者都有陶成章,但是,陶成章被刺殺,仍然跟孫中山沒有關係。

近年有學者說,發現了孫中山暗殺柏文蔚的"密令",其根據是 1916 年 3 月孫中山寫給居正的信。其中說:"柏(文蔚)宣誓入黨,最近亦有書來達意,果到青島,請當日人面與之相見。叩其服從弟命令否?如彼唯唯,則兄應以總司令地位臨之,使就範圍。否則,當託萱兄設法去之,毋使紛擾。"柏文蔚原來不贊成孫中山發動反對袁世凱的"二次革命",屬於以黃興為首"歐事研究會"一派。後來轉變態度,加入中華革命黨,並於 3 月 7 日上書孫中山,表示願意重新在長江一帶"謀舉義幟",要求孫中山"指示機宜"。當時,孫中山已任命居正為中華革命軍東北軍總司令,以日人萱野長知為顧問,一心一意在青島指揮山東起義,初時頗有進展。孫中山此函是告訴居正,如果柏文蔚來到青島,首先須問其是否服從孫的命令,在其表態同意後,就用總司令的身份接待柏,使其接受領導,否則,就託日本顧問萱野長知"設法去之"。這裏的"去之",意思是使柏文蔚離開青島,免其在指揮機關中提出不同意見,增加"紛擾"。有學者將其理解為"密殺令",完全是誤讀。試問,柏文蔚放棄原來的立場,投奔孫中山麾下,孫中山卻要命令日本人暗殺他。孫中山是瘋了,還是喪心病狂?

這樣的誤讀還不止一處。

記者:那麼,孫中山利用會黨組織革命,給革命帶來了哪些影響?

楊天石:會黨是一種落後的組織形式,主要成分是遊民無產者。這些人的優點是敢幹、敢冒險、不怕死、講哥們義氣。缺點是見利忘義,因為他沒有思想信仰,看到利,就忘了義。同時,也沒有堅持性,沒有犧牲精神,不可能長期奮鬥。有利可圖就來,無利可圖就背你而去。殺害宋教仁的主謀之一應夔丞就是典型的會黨份子。他最初跟隨陳其美,後來被袁世凱政府的內務部秘書洪述祖收買了,才出力謀殺宋教仁。另外,會黨強調對幫主的個人服從,不懂得現代民主。孫中山辛亥革命之前的許多次起義失敗了,主要依靠會黨的力量。所以從 1910 年起,就從依靠會黨轉變為依靠新軍。1910 年的廣州起義,主要人物是新軍軍官倪映典,1911 年的"三二九"起義,則是革命黨的骨幹自己上陣。武昌起義的主力是新軍。從會黨轉移到新軍，有其必然性。會黨是可以利用的力量，但是絕對不能夠是依靠的力量，孫中山在依靠會黨這個問題上有缺點，但是他開始的時候沒有辦法，他不依靠會黨依靠誰？

五、孫中山以武裝鬥爭反對袁世凱，完全正確

記者：有學者認為，孫中山發動的三次戰爭，反袁、護法、北伐都是錯誤的。宋教仁死後，孫中山發起"二次革命"。當時國民黨黨內的其他人全都反對，但是孫中山他仍然要發動。這位學者認為，當時的司法體系已經獨立，正在調查這個事情，法院的傳票已經發給國務院總理趙秉鈞了，這在中國歷史上從來沒有過，完全可以通過法律渠道去解決。但是，孫中山堅持要搞"二次革命"，等於破壞了自己創建的共和。你怎麼看？

楊天石：在我看來，"二次革命"是一次匆匆忙忙、準備不足，而且受到很多人反對的革命。在這一點上，我認為孫中山搞"二次革命"，搞急了，搞早了，但是，孫中山堅持以武裝起義來反對袁世凱，這一點沒錯。你能夠想像，當時袁世凱政府是中央政府，在袁世凱的統治下，上海的地方法庭會把宋案的真相搞得水落石出嗎？袁世凱會遵守法律、服從法律嗎？

我認為，孫中山完全可以把這個官司再打下去，把法律鬥爭再進行一段，利用法律鬥爭揭露袁世凱，揭露其敵視民主、復辟專制的行為，爭取輿論的支持，爭取國民的同情和黨內更多人的支援，軍事上也需要更充分的準備，但是要推翻袁世凱，僅僅靠法律鬥爭是不可能的，袁世凱是軍閥，靠槍桿子治天下，他要當皇帝，推翻袁世凱只能夠靠槍桿子。歷史證明，雲南護國軍一起義，袁世凱很快就完蛋了，靠的是什麼？槍桿子。

這位學者對孫中山發動的護法戰爭與北伐戰爭的看法，我也都不同意，都可以討論。

六、孫中山既要讓位於袁世凱，又要防範袁世凱搞專制、獨裁，處於兩難境地。要從這個角度來理解孫中山的一些違反"程序"的做法，不能把袁世凱幻想為奉公守法的正義典型

記者：孫中山搞革命的時候，很多人就批評過他有獨裁的傾向。他 1912 年做臨時大總統的時候，宋教仁就想搞內閣制。但是，孫中山堅持搞總統制，權力在總統；而到孫中山即將下台的時候，他搞了一個《臨時約法》，又要搞內閣制，權力在國會。1921 年，孫中山在廣州做非常大總統的時候，他連總理都不要了，還是搞的總統制，對此，你怎麼看？

楊天石：您說的這些現象我還可以補充一些。例如，臨時政府的地點問題，原來臨時參議院已經投票決定定都北京，但是孫中山、黃興等人不同意，於是，重新投票，改為南京。為什麼？因為北京當時是袁世凱的老窩，傳統勢力深厚，必須將袁世凱從他的老窩中調出來，讓他到南京這一傳統力量相對薄弱的地區來當總統。關於實行總統制，還是實行內閣制，這也要從對袁世凱鬥爭的角度考察，才易於理解。總統制、內閣制都是現代民主的形式。不是說總統制就不是民主，也不是說內閣制就一定是民主。孫中山等人在這一問題上的前後變化完全取決於如何更有利於發展民主力量，維護革命成果，防範袁世凱。

孫中山讓位於袁世凱有他不得已的苦衷，第一，立憲黨人和不久前剛剛反正的清廷官吏普遍擁護袁世凱。第二，洋人，特別是英國駐華公使朱爾典支持袁世凱。第三，革命黨人力量不足，最大的困難是沒錢；革命黨人從上海打到南京，槍支、彈藥從哪兒來呢？靠日本的借款。孫中山最初想北伐，一直想打到北京，但是軍隊要吃飯吧？要武器吧？要彈藥吧？沒錢。不僅北伐沒有錢，連維持南京附近的十幾萬部隊的餉銀都困難重重。所以孫中山當時想向日本借 1000 萬塊錢，企圖以之解決北伐所必需的經費。據日文資料，孫中山曾向一位日本朋友講："倘或有幸，此刻能獲得防止軍隊解散之足夠經費，余等即可延緩與袁議和，俟年關過後再進一步籌措資金，而後繼續排袁，仍按原定計劃，堅決以武力消除南北之異端，斬斷他日內亂禍根，樹立完全之共和政體。"孫中山的日本摯友宮崎滔天也有類似回憶。然而，日本人在這關鍵時刻，不肯拿出

錢來，沒有支持孫中山。在這個情況底下，孫中山只能夠接受議和條件，讓位給袁世凱。

七、有學者嚴厲批評《臨時約法》，他們不了解，孫中山等搶先制訂並公佈《臨時約法》，是為了將袁世凱的權力關進"制度的籠子"

記者： 你剛才說到孫中山跟日本人借錢，他就說將滿蒙委於日本。

楊天石： 是的。這個問題我曾寫過文章《孫中山與租讓滿洲問題》，可以參閱。這是孫中山的大缺點，應該批評，但是，他是為了借錢北伐，徹底推翻清朝統治，而且也並未實行。

孫中山雖然決定讓位袁世凱，但是，能不能就此放手，對袁世凱不加任何防範呢？不能。在清末的新政中，袁世凱表現不錯，有成績。但是，袁世凱在西太后發動戊戌政變後，投靠西太后，出賣譚嗣同等人，這些，人們記憶猶新。袁世凱不會有任何近代民主思想，這是肯定無疑的。因此，對於這樣一個掌握了中國最高權力的軍閥，不能不加以防範。正因為如此，孫中山在正式讓位於袁世凱之前，不得不搶時間制訂並公佈了《臨時約法》，這是中國歷史上第一個全國性的體現民主主義精神和權力制衡原則的根本大法，是破天荒的、劃時代的創舉，它將辛亥革命的成果用法律形式鞏固下來，將國家主權交給"國民全體"，明確規定了人民應該擁有的諸如言論自由等各項自由和權利，賦予人民以考察、任免、甄別、評價各級官吏的權力。特別應該提到的是為了將袁世凱的權力關進制度的籠子，它特別注意約束和限制最高權力，規定臨時大總統、副總統都由選舉產生，接受參議院彈劾，甚至接受特別法庭的審判，這就廢除了世襲制或指定制，有助於消除絕對的不受任何限制的權力存在的可能。這些，本應大講特講，但是，有學者卻對此閉口不談，無一語涉及，相反，卻大談制訂和公佈這部約法過程時的種種"違法"之處，指出其是"民國初年政治混亂的根源"，這就難於理解了。

記者： 關於孫中山在歷史上的地位，你怎麼看？

楊天石： 我想不要千方百計地去找孫中山的毛病。孫中山有缺點。比如，有人說孫中山好色。他自己也講，除了好讀書之外，還好女人嘛，但是，不要熱衷，更不要首先於去講這些東西。孫中山畢竟把專制制度推翻了，把君主專制推翻了，這在中國歷史上是個了不起的革命，前無古人。孫中山所創立的民主、共和制度會在中國會長期生根，長期發展。列寧講過："孫中山的民主主義是戰鬥的、真誠的民主主義，是完整的民主主義。"所以，我們要高揚孫中山的民主主義旗幟，永遠反對專制，發展民主，一絲一毫、每時每刻都不能背離。

我理解有些學者的立場，破除迷信。自然，凡是迷信都應該破除，但是，千萬要注意實事求是的原則，根據這一原則，一切要從可靠的史實出發，從當時、當地的條件出發，不能從模糊無根之談出發，從曲解史料出發，更不能超越時空，從完美無缺的理想、願望出發，苛求前人。孫中山有這樣那樣的缺點，但是，如果連孫中山在推翻專制，建立民主共和這一點上，我們也不充分肯定的話，那就顛倒主次了。列寧批評孫中山時用過一個詞叫"獨特的少女般的天真"，有的學者在批評孫中山的時候，是否也有這這種"獨特的少女般的天真"呢！

記者：可能每個革命者都會有他的歷史局限，包括他使用的革命手段和方法。

楊天石：歷史人物各色各樣。有的人有功無過，有的人有過無功，有的人功大於過，有的人過大於功。孫中山絕對不是一個十全十美的人物，但他的功績很偉大，一生犯的錯誤不多，沒有幹過給中華民族帶來巨大災難的事。至今，孫中山還是海峽兩岸和全世界絕大多數華人共同尊崇的偉人。我們要永遠高揚他的旗幟，努力實現他一百多年前就提出的偉大號召——振興中華。

孫中山的"民生主義"思想有許多精粹。其中之一是"取那善果，避那惡果"八個字。什麼意思？就是對資本主義的文明，不能一概排斥，一概否定，而要擇善避惡。這個思想非常深刻，符合辯證法。另外，他認為，資本主義和社會主義都是推動人類文明的兩種"經濟能力"，主張調和，使之"互相為用"，共同推進人類文明，用外國的資本主義來造成中國的社會主義。因此，他主張多種經濟並存，實施全面開放政策，引進外資、外才、外國的技術、外國的管理方法，孫中山沒有把資本主義看成是腐朽的、垂死的、沒落的，而是看成是推動人類文明發展的一種經濟能力，一種推動力量，主張中國現階段不能夠很快地消滅資本主義。孫中山以蘇俄為例說，列寧在十月革命後搞戰時共產主義，搞了三四年，消滅資本主義，結果搞不下去了，只能搞新經濟政策。孫中山說，馬克思消滅資本主義的辦法，只有在歐美那樣高度發達的國家才能夠做，連俄國沒有資格，我們中國的經濟比俄國的水準還低，怎麼能夠用馬克思的方法呢？這個思想很對，有一段時期，我們熱衷於搞單一的公有制經濟，國有制、集體所有制，結果呢？現在改革開放，我們已經成了世界第二經濟大實體，靠的是多種經濟並存，國企、外企、私企並存。因此，我們發展得很快。

孫中山這種調和資本主義、社會主義，使之"互相為用"的想法，不僅符合於我們現在中國的做法，也符合西方，美國、英國、日本和北歐瑞典那些"民主社會主義"的國家。資本主義為什麼現在還沒有死亡？而且誰也無法估計資本主義會在幾十年之內，一二百年之內會死亡。為什麼？這是因為從羅斯福新政開始，資本主義吸收了社會主義思想裏的好的、合理的成分，做了改革，不再像原始資本主義那樣殘酷地剝削。蘇聯為什麼不行？垮了？不是因為它允許資本主義存在和發展，而是因為它搞的是單一的公有制經濟，拒絕吸納資本主義的任何合理成分，以致經濟始終搞不上去。

孫中山的民生主義思想中還有一句話，叫民生是社會的重心。人類社會發展動力是什麼？是老百姓不斷增長的物質需要和精神需要嚜。為什麼要發展生產？為什麼要發展科學？為什麼要改革開放？就是為了解決民生問題，滿足人民不斷增長的物質和文化需要。

（採寫：鳳凰網主筆　張弘）

答《孫中山研究口述史》胡波、趙軍問 *

時間：2013 年 3 月 14 日

地點：北京東廠胡同一號中國社會科學院近代史研究所

口述者：楊天石

問：胡波、趙軍；整理者：黃海迪、趙軍

問：楊先生，您好！我們是"孫中山研究口述史"項目組。您是近代史研究的著名專家，在晚清史、中華民國史、國民黨史等領域都有建樹。在這些領域當中，蔣介石研究和抗戰史研究是重點，您用力尤勤。您在蔣介石研究領域的成果和貢獻，學界有目共睹，但您在孫中山研究領域的成果也讓我們驚歎。據統計，您有關孫中山研究的文章從 1985 年至今，有三十餘篇，而且大部分都是發表於《歷史研究》、《近代史研究》、《民國檔案》、《中國社會科學》、《北京社會科學》、《廣東社會科學》等重量級刊物上，有些重要文章在中國期刊資料庫甚至被轉載引用達千次之多。今天有幸請教您在孫中山研究方面的一些經歷和觀點，首先請教您最早接觸孫中山研究工作是什麼時候，以及後來為什麼會持續對孫中山研究產生興趣？

楊：我最早接觸孫中山研究是 1958 年到 1959 年的時候。當時我在北京大學中文系就讀本科，參加《近代詩選》的編選工作，主要是選錄從鴉片戰爭至"五四"運動時期，在中國詩壇上活躍的詩人以及他們的作品。其中，收集到了孫中山的一首詩《輓劉道一》。劉道一是萍瀏醴起義的革命者，我現在還記得這是一首七言律詩，詩的思想立意高，從詩歌寫作上來說是不錯的，藝術上也還較成熟。

---

* 選自胡波主編《孫中山研究口述史 · 京津卷（上）》，南方出版傳媒廣東人民出版社 2016 年版。原書中的通俗性注釋，均已刪去。

輓劉道一

半壁東南三楚雄，劉郎死去霸圖空。

尚餘遺業艱難甚[1]，誰與斯人慷慨同？

塞上秋風悲戰馬，神州落日泣哀鴻。

幾時痛飲黃龍酒，橫攬江流一奠公？

因此，我們就希望把《輓劉道一》收錄到《近代詩選》中。詩是由我選錄，而且注釋也由我寫。在編寫詩集時我就發現一個問題 —— 孫中山很少做詩，這裏選的一首，可能是唯一能夠找到的一首。那麼孫中山會寫詩嗎？這首詩到底是不是孫中山寫的？有人提出，孫中山在古典文學方面，特別是在詩歌創作方面，並未有更多的作品，所以就有人懷疑《輓劉道一》這首詩並不是孫中山寫的，可能是別人代作，這就引申出孫中山究竟寫不寫詩這一問題上來。後來，我們也向宋慶齡、邵力子等人求證過，但最終仍未有確切的證實，文獻上也只顯示這首詩的作者是孫中山，也沒有足夠證據否認《輓劉道一》並不是孫中山本人的創作。最後，我們仍決定把《輓劉道一》確認為孫中山作品，並收錄到《近代詩選》。就我而言的話，應當是 1958 年至 1959 年開始的，亦即研究《輓劉道一》這首詩是不是孫中山本人寫的開始。我想這就是我最早接觸孫中山研究的經歷。

我走上研究民國史的道路，完全出於偶然。我在利用業餘時間參加近代史所的南社資料編輯工作中，發現了一個很有意思的現象。南社作家，在其初期，大多很有創造精神，提倡戲曲革命、詩界革命，寫白話文，寫新體小說，主張 "融歐亞文學於一爐"，然而，到了辛亥革命前夜，正式成立南社時，卻大力提倡傳統的詩、文、詞、駢文，古色古香起來。我研究其中的奧妙，發現是流行一時的國粹主義思潮作祟，於是便寫了一篇《論辛亥革命前夜的國粹主義思潮》，發表在 1964 年的《新建設》上。文章發表後十年，近代史研究所民國史研究室的同志編輯南社資料，發現我的這篇文章，便將他們的初步選目寄

1　遺業，一本作遺孽。

給我，我認真提了意見；他們又約我面談，並且邀請我參加寫作。於是，我便一邊教書，一邊利用業餘時間在近代史所從事研究。這樣，從 1974 年寫作到 1977 年，完全是一種無償的義務勞動。其間，因王學莊同志介紹，我又得當時中華民國史研究室主任、近代史研究所副所長李新教授同意，參加《中華民國史》第一編的寫作，負責撰寫《同盟會成立後的革命鬥爭》。可是我的心裏卻有點不踏實，仍感覺惴惴不安。第一，在學歷上，雖畢業於北京大學，但由於我學習的是中文專業，未經過歷史學專業的系統學習；第二，我當時只是一位中學教師，不是一位歷史學研究者。當時，王學莊和我還專門與李新討論此事。我們倆到了李新同志的家裏，談了幾句話，王學莊表示兩個章節的任務較重，需要把一個章節分攤給我，由我來撰寫其中一章。李新同志也是爽快地回答道："好呀！歡迎啊！"幾句話就把事情定下來了。那時，民國史研究室正值發展時期，迫切需要人才，便提出要調我到所工作。我那時的想法是只要能搞科研，進文學、哲學、歷史的任何一個研究部門都無所謂。不過，那時調動一個人的工作仍然很困難，左折騰，右折騰，那經過，是可以寫一部情節曲折的小說的。然而，畢竟是撥亂反正時期了，我終於在 1978 年 4 月正式調進近代史所民國史研究室，一償多年來想從事學術研究的宿願。也就是從 1977 年參加《中華民國史》第一編撰寫工作開始，我正式踏入了孫中山研究領域。

大概是 1979 年或者 1980 年，我逐漸對孫中山展開了專題性研究。而我所做的第一個專題研究題目是 "同盟會的分裂和光復會的重建"。其實，選擇做這一研究題目是與當時的近代史研究所副所長黎澍有關係。黎澍同志是研究辛亥革命的前輩，他的一本著作《辛亥革命前後的中國政治》是新中國成立後較早出版的研究辛亥革命的權威性著作。有一次，黎澍向王學莊提出，讓王學莊研究同盟會內部的派性。由於 "文化大革命" 的關係，各地區、各單位都在鬧派性問題，革命派、左派、右派等等，幾乎沒有一個地方不存在派系鬥爭。因為對 "文化大革命" 的認識不同、理解不同，對領導人的態度不同，在近代史所裏也存在著兩派鬥爭。受時代影響，黎有感於 "文化大革命" 中的兩派鬥爭而想起了當年同盟會和光復會之間的派性問題，所以他就建議王學莊做同盟會內部的派性研究。但王學莊當時的看法則認為黎澍同志的這種從現實出發選擇歷史題材進行研究的做法，把歷史和現實聯繫得過於緊密，覺得不一定合適。但王學莊最終還是決定由他和我一起做這一項研究。說實話，那時候我對同盟會的了解還處於比較初級的水準，但我既然擔任了"同盟會成立後的革命鬥爭"專題的撰稿工作，同盟會和光復會之間的關係則是個繞不開的題目。因此，王學莊提出與我一起研究同盟會內部的派性問題，我就答應了。這也就成為了我研究孫中山的第一個專題研究項目。

這項研究後來也完成得不錯，我認為這篇文章在學術角度上，第一次對同盟會的內部矛盾做了一個較為完整的考察，也第一次提出了同盟會內部的兩次"倒孫風潮"。目前有許多著作、電視劇、電影作品都談及"倒孫風潮"，而第一次提出"倒孫風潮"這一概念則應該就是《同盟會的分裂和光復會的重建》這篇文章。由於近代中國與世界的發展有著密切關係，中國革命的許多問題是不能局限於中國內部的考察，因此，這篇文章還把同盟會的內部分裂和日本社會黨的內部分裂聯繫起來進行研究考察。其中一個觀點談到：同盟會受日本社會黨的影響頗大，在 1907 年，日本社會黨分裂為軟、硬兩派（軟派主張通過議會道路來實現革命；硬派否定議會鬥爭，宣揚無政府主義，主張暴力革命）。分裂後不久，一批中國革命黨人如張繼、章太炎等便和硬派發生接觸並受其影響。後來，張繼、章太炎等與孫中山分別在帝國主義、民主立憲、土地問題、革命策略的態度上形成了一系列分歧，最終導致了同盟會的分裂。當時，有一部分學者就對上述的"中國革命黨的分裂是受到日本社會黨的分裂的影響"這一結論持懷疑態度。雖然《同盟會的分裂和光復會的重建》這篇文章寫得較為有新意，也提出兩個新觀點：一是"倒孫風潮"，二是同盟會的分裂是受到日本社會黨分裂的影響；但亦正因一部分學者對新觀點的存疑，使文章後來在孫中山基金會主辦的 1949—1992 年中國內地孫中山學術研究優秀成果研討會上，只獲得二等獎。雖然在 20 世紀 70 年代底至 80 年代初，仍有一部分學者對文章的觀點存疑，並持一種觀望的態度，但直至目前，依然沒有人對文章的觀點提出挑戰。

問：您在進入史學研究領域前，也為自己積累了大量的跨學科知識儲備，這使您後期不論是在研究孫中山還是蔣介石等歷史人物的時候，不僅研究成果高質多產，視角獨到，條理清晰，還能更加細膩地把握研究對象的心理活動和歷史場景。如最早的文藝研究和美學研究、哲學研究甚至一度癡迷於佛學研究，這都為您後來的研究奠定了高起點的基礎。能否談談您的治學經歷和選擇學術方向轉變時的一些思考，或許對當下學人有所裨益。

楊：我年輕時從未想過會研究歷史。報考大學時選擇了北京大學中文系新聞學專業，想像蘇聯的法捷耶夫、西蒙諾夫等人一樣，從記者走向文學創作的道路。不過入校以後，知道新聞學專業只有四年，要學“布爾什維克報刊史”一類我不喜歡的課程，便改報了漢語言文學專業。五年學完，因為曾被視為“白專道路”的典型，受過批判，被分配到北京南苑的一所農業機械學校。該校雖名為中等專業學校，而實際上只是培養拖拉機手的短訓班。最長的學制半年，最短只有一個月。一年半之後，轉到北京師範大學附屬中學當教員。直到 1978 年，我才正式調到中國社會科學院近代史研究所民國史研究室，從事專業研究工作。我初進大學時，熱衷於寫詩、寫小說。不過，很快，我就發現自己沒有什麼生活底子，轉而想研究美學和文藝理論。當時，我曾為自己確定了“現實主義和浪漫主義”、“作家世界觀和創作方法”、“美學理想的階級性與全人類性”等幾個研究題目，為此，大量讀過巴爾扎克、托爾斯泰、陀思妥耶夫斯基等人的作品，也曾跑到哲學系去偷聽朱光潛、宗白華先生的美學課。不過，我也很快發現自己的中外文學史、藝術史底子太薄，一下子就研究美學和文藝理論是不相宜的，於是，決定先從研究中國文學史做起。那時候，我正癡迷於唐詩。於是，一邊聽課，一邊跑琉璃廠、東安市場、隆福寺，在舊書攤上淘書。唐代詩人如陳子昂、王維、孟浩然、李白、杜甫、柳宗元、韓愈、李賀、李商隱、杜牧、皮日休等人的集子都被我淘到了，也真讀。不僅讀唐人別集，也讀唐以前的，記得明人張溥編輯的《漢魏六朝百三家集》，厚厚的好多卷，我是從頭到尾讀完的。從大學三年級起，學校裏搞教育革命，學生批判老師，不上課，自己編書。我們年級首倡編寫《中國文學史》，幾十個人突擊，用幾十天的時間完成，這便是那曾經名盛一時的北大中文系 1955 級的紅色《中國文學史》。現在看起來，這部書“左”得很，其名聲完全是適應形勢需要，哄抬起來的。我最初參加隋唐五代組，初稿寫成後，阿英同志提出，近代文學部分不可不寫南社，於是，臨時調去支援，補寫了"革命文學團體南社"一節。沒有想到，這便成了若干年後我進入近代史研究所的因緣。

"紅色文學史"出版後，我們奉命繼續革命。我選擇了"蟲魚之學"，編注《近代詩選》。這樣，我便大量閱讀了鴉片戰爭以後的詩文別集和近代報刊的文藝欄目，總共看過幾百種。做注釋，可不像發幾句革命議論那樣容易。好在那時，師生關係已經有所改善，季鎮淮教授直接參加編選組，和我們一起工作。此外，我還常去請教游國恩、吳小如兩位先生，在他們指導下，加上自己摸索、鑽研，我逐漸學會了使用《佩文韻府》、《淵鑒類函》、《駢字類編》等工具書、類書，懂得了搞注釋的門道。編注詩選期間，我們對"紅色文學史"作了一次重大修改，比較地可讀了。這就是黃皮本的 4 卷本《中國文學史》。這次，我撰寫的是近代文學。《近代詩選》改了又改，搞了好多年，一直到我畢業後，在南苑那所農機學校工作時，還在修改。該書出版後，我便和同學劉彥成君合作，寫了一本題為《南社》的小冊子。初稿完成後，蒙當時中華書局總編輯金燦然同志召見，給予親切熱情的鼓勵。其後，當時《南社》的責任編輯傅璿琮同志要求我再寫一本，我選擇了《黃遵憲》。20 世紀 60 年代，中國政壇雲翻雨覆，文壇也跟著波瀾迭起。《南社》因為寫的是"資產階級文學團體"，雖然排出校樣，卻一直不能出版。"文化大革命"前夜，編輯部要我加強批判，我不願違心修改，於是，排版被拆。自然，《黃遵憲》也就壓在我的抽屜裏。這兩本書，是"文化大革命"結束後才由北京中華書局和上海人民出版社分別出版的。

我從 1958 年起研究南社，積累了大量資料，進入近代史研究所後，遍閱清末民初的各種報刊，有幾種報紙，可以說是一天天一頁頁翻過的。在此基礎上，編成《南社史長編》一書，由中國人民大學出版社於 1995 年出版。我在研究中國文學的過程中，逐漸覺得只研究文學本身不夠，例如，要分析作家思想，必須要懂得當時的社會，特別是當時的思潮。於是，我便啃一點哲學和哲學史方面的書籍。諸如《費爾巴哈和德國古典哲學的終結》、《唯物主義和經驗批判主義》等書，我都是比較認真地讀過的；侯外廬等編著的《中國思想通史》我也是比較認真地讀過的。《中國思想通史》在分析司馬遷時，特別強調他的

"究天人之際，通古今之變"，這給了我極大的震撼。我覺得，這十個字，是研究學術的最高理想，也是研究學術的必要條件，否則，鼠目寸光，所見極短、極小，是難以深探學術的堂奧的。這樣，我就對中國哲學史、中國思想史有興趣了。

　　一個偶然的機會，我從先父手中讀到明代泰州學派傳人韓貞的《韓樂吾先生集》。韓貞是窯匠，以燒磚製瓦為生，後來師從泰州學派創始人王艮。多年來，人們一直將他作為泰州學派具有人民性和異端色彩的有力證據。我讀了《韓樂吾先生集》後，覺得情況完全不是這樣，他的思想相當消極，於是，便寫了一篇短文——《韓貞的保守思想》，發表在《光明日報》的《哲學》專刊上。文章發表後，受到了侯外廬先生的注意，也受到了侯先生的弟子楊超、李學勤等先生的注意。楊、李二先生到我當時工作的師大附中來借閱韓貞的集子，給了我很大的鼓勵。其後，我進一步研究王艮，於 1993 年在《新建設》雜誌發表《關於王艮思想的評價》一文，完全和侯先生以及嵇文甫、楊榮國諸大家唱反調。《新建設》編輯部將校樣交給侯先生審閱，侯先生不僅同意發表，而且提出，要調我到他手下，即當時歷史研究所的思想史研究室工作。當然，未能調成，那是一個突出政治的年代，我在大學裏是"白專道路"的典型，如何能通得過各種人事關卡呢？！

　　轉眼到了"文化大革命"，我無事可幹，但又不甘寂寞，便研究魯迅，同時偷偷地幫哲學研究所吳則虞先生編《中國佛教思想文選》，明知當時此類書不可能出版，但權當是一種學習吧！再後來，毛澤東提出，要學點哲學史，中華書局因此找人寫一本《王陽明》，找來找去找到我。那時，我在師大附中教語文，還兼一個班主任，但我欣然接受這一任務。書很快寫成，也很快出版了，一下子印了 30 萬冊，而且很快就售罄，但我只拿到了 30 本書。這點書，自然不夠我送朋友、送同事。於是，我自己掏錢，買了 50 多本。那時，是沒有稿費的。我那時也真天真，連向出版社多要一本樣書的勇氣都沒有。

　　《王陽明》出版後，我又應中華書局之約，陸續寫了《泰州學派》、《朱熹及其哲學》二書，分別於 1980 年、1982 年出版。哲學是哲學家對自然和社會的認識與思考。研究哲學，有兩條路子：一條是還原，研究哲學家提出的各種概念、範疇及其體系的現實出發點；一條是上升，研究哲學家提出的概念、範疇及其體系的理論意義與價值。我偏重於前者。例如，宋明道學的基本範疇"理"，我認為，在朱熹那裏，是規律和倫理的綜合；在王陽明那裏，是人的生理本能、生理功能和倫理的綜合。由此，我對於理學史上的"心性之爭"，也就是"心學"和"理學"的區別，包括"禪學"、"心學"的發展軌跡以及它的消極和積極作用等問題有了一點自己的看法。

　　1989年，我在《朱子學刊》創刊號所發《禪宗的"作用是性"說和朱熹對它的批判》一文可以代表我對上述問題的部分思考。該文是我原來想寫的《理學筆記》的第一篇，不過以後因為忙，就再也沒有寫下去。我一度有志於清理晚明至清朝道光年間的思想史，為此，讀過一些明代中葉以後的文人別集，但是，徒有其志而已。我的《王陽明》、《朱熹及其哲學》等書，也想有機會重寫。2000年，香港中華書局約丁守和教授主編一套《中國思想家寶庫》，其中的《朱熹》由我執筆。該書比較全面、客觀地闡述了朱熹的生平、他的學說的各個方面以及對世界各國的影響，篇幅不大，但我自己覺得差可滿意。《王陽明》一本，丁先生本來也希望我寫，我因為忙，推辭了。

　　調入近代史研究所後，除繼續完成我所承擔的章節外，又參與修訂《中華民國史》第一編上下兩冊全書，負責修改、重寫"武昌起義"等部分。自1982年起，用了十多年的時間，主編並主撰該書第二編第五卷《北伐戰爭與北洋軍閥的覆滅》。依靠幾位年輕合作者的共同努力，該書出版後頗蒙國內外學界好評。在寫作《中華民國史》的同時，我還寫了幾百篇各種各樣的文章。其中，有40篇編為《尋求歷史的謎底——近代中國的政治與人物》，由首都師範大學出版社於1993年出版。這是我的第一本歷史學方面的論文集。第二年，台灣文史哲出版社出了繁體字版。該書獲北京市1993年度優秀學術著作獎及國家教委所屬高校出版社優秀學術著作獎。1998年，我將多年來訪問美、日等國，搜尋史料所寫成的論文、札記60餘篇，編為《海外訪史錄》，於1998年交社會科學文獻出版社出版。2002年，我將研究毛思誠所藏蔣介石檔案寫成的文章26篇編為《蔣氏秘檔與蔣介石真相》一書，交上述同一出版社出版。這一年，該社還出版了我研究戊戌變法和辛亥革命的論文集《從帝制走向共和——辛亥前後史事發微》，該書收文 43 篇。此後，我即主持編寫五卷本《中國國民黨史》，其中，由楊奎松執筆的《國民黨的聯共與反共》，長達 76 萬字，已於 2008 年出版。

在歷史研究中，我喜歡做專題研究，寫專題論文。因為這一形式易於撇開一般歷史過程的敘述，省略浮言贅語，直奔肯綮，解析疑難，推動學術前進。2007 年，中國人民大學出版社將我歷年所寫中國近代史方面的文章，厘分《晚清史事》、《國民黨人與前期中華民國》、《蔣介石與南京國民政府》、《抗戰與戰後中國》、《哲人與文士》共 5 卷出版，台灣風雲時代出版公司則厘為《孫中山與民初政局》等 7 卷出版。2011 年，為紀念辛亥革命 100 週年，我在湖南岳麓書社和香港三聯書店分別出版了《帝制的終結》和《終結帝制》，二書題目小異而副題均為 "簡明辛亥革命史"。該書曾被《新京報》評為 2011 年度唯一的一本最佳歷史著作。此外，我還應蔡美彪先生之邀，參加寫作《中國通史》第 12 卷。

問：從您的自敘中，我們仍然可以看出，民國史是您多年來的主業，研究領域集中於辛亥革命史、北伐戰爭史、抗日戰爭史、戰後中國史、台灣史、國民黨史以及胡適的社會關係等幾個方面。您研究孫中山比較多的方向在於探討辛亥革命失敗的原因，並且得出了和原有解釋不一樣的一些觀點，相繼寫了一些重要的文章來回答，如《孫中山與 "租讓滿洲" 問題》、《華俄道勝銀行借款案與南京臨時政府危機》、《孫中山與民國初年的輪船招商局借款 —— 兼論革命黨人的財政困難與辛亥革命失敗的原因》等文，能否談談您在這方面的思考和觀點？

楊：好的。武昌起義後，革命黨人迅速佔有半壁江山，但是，孫中山很快讓位於袁世凱，轟轟烈烈的一場革命的成果很快落於旁人之手。為什麼？

一般人都認為孫中山軟弱和妥協，是由於孫中山在攻下南京後，未進一步展開北伐，徹底推翻清政府統治，他甚至放棄臨時大總統職位，讓袁世凱竊取革命果實。但我的看法是，其實孫中山本人是想進行北伐的，也主張攻入北京，並且他認為只有攻入北京，徹底推翻清朝統治，才能夠奠定共和的基礎，才能夠建立共和的基業，這才是孫中山的本意。可是，歷史的事實是孫中山並沒有繼續展開北伐的軍事鬥爭，為什麼呢？財政困難。

　　道理很簡單，興師北伐必須要有充足的兵力、軍餉、武器，而背後則需要有足夠的資金才能順利進行。武昌起義後，孫中山迅速意識到，必須加緊籌募資金，決定暫不歸國指揮戰鬥，並分別赴巴黎、倫敦等地。孫中山此去的目的，一方面是希望法國、英國能夠承認革命黨，解決外交問題，另一方面是希望向美國、日本、法國、英國等列強借款支持北伐，解決資金問題。但是，革命軍尚在與清政府對壘，勝負難明，鹿死誰手仍是個未知數，故此西方列強採取了政治中立、經濟中立的政策，最終讓孫中山空手而回。從歐洲歸國，孫中山未到上海前，就傳聞他挾有鉅款；一到上海，被記者問到的問題之一就是帶回了多少錢來支持革命軍。孫中山回答道："予不名一錢，所帶回者，革命之精神耳！"革命精神固然需要，然而缺乏資金，北伐將難以進行。一個政權要運作，必須有足夠的經費，當時南京臨時政府的財政狀況是它連自己的機關運轉也難以維持，更時刻面臨著軍隊解散、政府崩潰的危險。正如孫中山《復章太炎函》中所稱："先生等蓋未知南京軍隊之現狀也。每日到陸軍部取餉者數十起，軍事用票，非不可行，而現金太少，無以轉換……"

　　我還搜集到一些材料：1912 年 2 月初，孫中山、黃興以租讓滿洲為條件，要求日本緊急提供一千萬元借款。孫中山當時的計劃是，一面與袁世凱締訂和議，一面籌措軍費，策劃再舉，"以武力掃除北京勢力"，"繼續排袁"，"消除南北之異端，斬斷他日內亂禍根，樹立完全之共和政體"。與日本的談判，遭遇日本大臣反對，並未成功。至 2 月 11 日凌晨 1 時 55 分，孫中山仍努力通過森恪，向日本方面緊急重申，在 10 天內提供一千萬元借款。同日，孫中山致電譚人鳳云："目下籌集軍費，最為第一要著。"可見，孫中山這時還是堅持準備軍事鬥爭的。但是，向森恪發電後，始終沒有回音。至此，孫中山對短期內獲得借款開始絕望，不得不接受和議。2 月 12 日，清帝退位；13 日，孫中山向臨時參議院提出辭職；15 日，臨時參議員選舉袁世凱為第二任臨時大總統，辛亥革命的勝利果實遂為袁世凱篡奪。

　　通過研究辛亥革命失敗的原因，我認為孫中山沒有攻入北京，且讓位於袁世凱，其主要原因並不是政治上的軟弱性和妥協性，而是因為經濟上的財政困難所致。

問：您把辛亥革命失敗的原因解釋為財政困難，顯然與我們的傳統觀念有所出入，那您當時提出以後，在學界反響如何？

楊：因為我的文章都是以事實為基礎，圍繞孫中山的閒難問題展開闡述的。如果觀點是從政治概念來進行闡述，那麼人們很容易對其進行反駁；但我的文章都是通過擺事實、講道理的方式展開論述，通過事實論證把孫中山的財政困難講得很清楚。到目前為止，仍未有人對其進行反駁，學術界方面也好像逐漸在接受這種觀點。例如說，在 2011 年人民出版社委託金沖及編撰《辛亥革命研究論文集》一書，我原本以為金沖及會把我的《同盟會的分裂和光復會的重建》那篇文章收錄進去，因為這篇文章在以前的辛亥革命研究論文集曾經收錄過。但是，《辛亥革命研究論文集》出版後，我意外地發現，文集並未把《同盟會的分裂和光復會的重建》收錄進去，而是把《孫中山與民國初年的輪船招商局借款 —— 兼論革命黨人的財政困難與辛亥革命失敗的原因》這篇文章收錄了。金沖及同志本人閱讀範圍很廣泛，並且很有眼光，能夠準確判斷出文章所具有的新觀點和學術價值。所以，也代表了金沖及他肯定了我這篇文章在孫中山研究上所提出的新觀點和新問題。

問：我們注意到，您曾經在言論中表達過一個觀點，認為孫中山不是一個資產階級革命家，而是一個平民知識份子革命家，這是您和其他的辛亥革命史研究者對於孫中山評價的一個最大的不同，能否談談您在這方面的思考？

楊：這就牽涉到孫中山階級定性的問題。多年以來，我們一直把孫中山定位在資產階級革命家。

第一，從經濟狀況上，孫中山出生於貧農，雖然大哥孫眉後來成為了一個農場主，但孫眉為了支持革命，也迅速地破產了，只能居住在香港的茅草棚當中。而孫中山本人則更加與資產階級沒有太大聯繫，唯一就是大哥孫眉是一個農場主，也無證據顯示出孫中山與其他資產階級的聯繫。所以，從家庭經濟的層面上看，認為孫中山是資產階級這一觀點是沒有充分理由的。

第二，從孫中山支持者的層面上，並未有多少資產階級在支持孫中山。我曾講過，辛亥革命以前，中國資產階級如張謇等人是支援立憲派的，並不支持孫中山的革命；即使到了辛亥革命以後，中國資產階級也沒有支持孫中山，而是轉而支援袁世凱。直至 1913 年，除上海的沈縵雲支持孫中山"二次革命"外，其他資本家是反對"二次革命"的。後來從整個廣東來說，廣東的資產階級都是站在孫中山的對立面。也就是說，在廣東反對孫中山的不只是一個人，而是廣東的商會乃至全省資產階級都是站在孫中山對立面的。所以，從孫中山支持者的方面來說，也找不到充分的證據證明資產階級是擁護孫中山的主張的。

第三，對於一個政治家，最重要的不是階級出身，而是他的思想組成。從孫中山思想組成的層面上看，我覺得把孫中山定性為資產階級革命家好像更沒有道理。在近代革命家中，孫中山最早揭露資本主義社會內部貧富兩極分化的事實，痛罵資本主義，揭示資本主義社會的矛盾。他多次指出，歐美社會貧富懸殊，兩極分化，是一個極不平等的世界。1903 年，他在復友人函中就指出："歐美之富者富可敵國，貧者貧無立錐。"後來又說："歐美各國善果被富人享盡，貧民反食惡果，總由少數人把持文明幸福，故成此不平等世界。"孫中山看出了這種貧富懸殊的現象必定會引發激烈的階級鬥爭。辛亥革命後，孫中山痛罵資本家沒有道德良心、唯利是圖的言論還有很多，而且最早宣佈中國不能走西方資本主義老路的人，也是孫中山。《民報》發刊詞便是個最有力的證明。在《民報》發刊詞中，孫中山就明確表示，中國不能重走歐美資本主義老路，他說："近時志士舌敝唇枯，惟企強中國以比歐美。然而歐美強矣，其民實困。觀大同盟罷工與無政府黨、社會黨之日熾，社會革命其將不遠。吾國縱能媲跡於歐美，猶不能免於第二次之革命，而況追逐於人已然之末軌者之終無成耶！"孫中山還大罵資本家"無良心"，"以壓制平民為本分"，"對於人民之痛苦，全然不負責任"。將大罵資本家的思想家定為"資產階級"是不是有點冤？

第四，對資本主義的批判。孫中山最早公開宣佈中國不能照搬西方資本主義道路，不能跟在西方後面亦步亦趨，他的原話在《民報》發刊詞中講述得非常清楚。值得指出的是，孫中山很早就鄙棄西方資產階級的政治制度。1912年，辛亥革命剛剛勝利不久，他一方面肯定美利堅、法蘭西是"共和之先進國"，但是，他同時以極為明確的語言表示："兩國之政治，操之大資本家之手。""英美立憲，富人享之，貧者無與焉。"孫中山是從政治、經濟、社會制度上全面批判和否定了西方資本主義。

第五，對社會主義的嚮往。孫中山很早就表示了對社會主義的嚮往。1903年，孫中山在致友人函中便提及到：“社會主義乃弟所極思不能須臾忘。”1905年，孫中山在比利時向國際社會黨（第二國際）執行局申請，要求接納他正在組織的政黨，孫中山在闡述該黨綱領中提到有兩條值得注意：（一）土地全部或大部為公共所有，由公社按一定章程租給農民；（二）採用機器生產，但防止歐洲已經發生的“一個階級剝奪另一個階級”的情況，使“工人階級不必經受被資本家剝削的痛苦”。顯然，這是地地道道的社會主義綱領。稍後，孫中山又特別將英文中的“社會主義”（socialism）一詞翻譯為“民生主義”，與“民族主義”、“民權主義”並列，作為中國革命的三大任務。他特別提出“歐美強矣，其民實困”，中國革命決不能“追逐於人已然之末軌”。這就說明，孫中山是中國最早表示了對社會主義的嚮往和追求的一位革命家。因此，把這樣一個人說成是資產階級，我覺得也拿不出道理來。

第六，孫中山所頒佈的綱領、政策、法律均未鼓勵發展資本主義。我還把孫中山的革命綱領、南京臨時政府成立後所採取的政策法律與清政府的新政作了一個比較，按照傳統看法，辛亥革命是資產階級革命，孫中山是資產階級革命家，那麼他所成立的政府應該會頒佈一些保護資產階級、發展資本主義的政策法律，可是翻查南京臨時政府的那些命令、條令，並沒有多少是鼓勵資本主義發展。而相比於清政府的新政，可以發現清政府在當時是大力扶持資本家，根據資本家的投資封官封爵，鼓勵發展資本主義。相反，南京臨時政府所頒佈的政策法律頂多是些空洞的發展實業，絕對沒有達到清政府新政的那種高度。所以，在此比較之下，把孫中山說成是資產階級革命家也是不對的。

第七，革命派與改良派的論戰。我還把革命派與改良派的言論作了比較，即1906年到1907年，從雙方論戰的主張就看得更加清楚。論戰中，康梁主張“保商”，與西方國家開展商業鬥爭，發展資本主義抵抗外資，中國才能生存下來。梁啟超還曾談到，在保護資本家和保護勞動者的關係上，要以保護資本家作為第一要務，剛開始的時候可能對勞動者的利益有所損害，但在所不惜。所以說1907年論戰的時候，康梁派特別是梁啟超，那是要求在中國發展資本主義的典型代表，是資產階級的代言人和利益代表者。而革命黨則並不如此，革命黨主張的是社會革命，主張發展國家資本，發展國營企業。

綜合上述理由，我認為把孫中山認為是資產階級革命家的這一觀點，我覺得是沒有充足理由和依據的。

問：您剛才談到，孫中山在感情上並不喜歡資本主義，他對資本主義的很多觀點和主張也是有批判地吸收和運用，這方面您也曾經專門寫過一篇文章《孫中山對資本主義取善果避惡果》加以論述，能否簡要談談您的看法？

楊：在人類文明史上，資本主義取代封建主義是一個偉大的進步，它創造了巨大的生產力，使人類社會從中世紀的黑暗走到了近代化的黎明。自此，人類社會即以一天等於幾十年的速度向前邁進。但是，正像章炳麟所指出的，"善亦進化，惡亦進化"，資本主義在開出燦爛的近代文明之花的同時，也結出了令人憎厭的醜惡之果，例如，貧富兩極分化、拜金主義、道德淪喪等。因此，一切有遠見的人不得不嚴肅地思考，如何對待這善惡並進、美醜共存的資本主義文明。

1906 年 12 月，孫中山在東京《民報》創刊週年慶祝大會上演說稱："社會黨常言，文明不利於貧民，不如復古，這也是矯枉過正的話。況且文明進步是自然所致，不能逃避的。文明有善果，也有惡果，須要取那善果，避那惡果。歐美各國，善果被富人享盡，貧民反食惡果，總由少數人把持文明幸福，故成此不平等的世界。我們這回革命，不但要做國民的國家，而且要做社會的國家，這是歐美所不能及的。"孫中山的這段話，為前資本主義或非資本主義國家的現代化提出了一個正確的原則。對於資本主義，人們既不應該全盤否定，也不應該全盤肯定，而要"取那善果，避那惡果"，創造出更高級、更燦爛的現代文明來。

孫中山在感情上並不喜歡資本主義，1912 年左右曾經發表過許多激烈的批判資本主義和資本家的言論。例如，他在武昌演說時就痛罵資本家"無良心"，"以壓抑平民為本分"，"對於人民之痛苦，全然不負責任"。他甚至預言，世界上有一天會沒有資本家："政府有推翻之一日，資本家亦有推翻之一日。"在一段時間內，孫中山甚至被部分革命黨人視為過激份子。為了防止資本家操縱國計民生，孫中山主張大力發達國家資本，由國家經營主要的工業部門。但是，孫中山認識到，中國生產力十分落後，禁止、消滅私人資本主義是錯誤的、有害的，因此，他在《實業計劃》中明確提出：“凡夫事物之可以委諸個人，或其較國家經營為適宜者，應任個人為之，由國家獎勵，而以法律保護之。”這就充分保證了個人積極性的調動，可以加快經濟發展速度，避免了由國家控制一切、壟斷一切所可能出現的僵死、板滯局面。同時孫中山又提出，對私人資本主義必須加以限制，他說：“須研究對於將來之資本家加以如何之限制。”這種對私人資本主義既獎勵又限制的政策，就形成了孫中山的“節制資本”思想。它是孫中山“取那善果，避那惡果”思想的具體體現。

近代中國遭帝國主義的侵略，被迫打開國門，因此，中國人對外國資本主義有一種天然的抵抗、拒絕心理。但是，孫中山卻以超乎尋常的氣魄宣佈：“以前事事不能進步，均由排外自大之故。今欲急求發達，則不得不持開放主義。”他仔細研究了日本明治維新的經驗，認為日本能在幾十年間躋身於世界強國之列，其重要原因就在於實行開放主義。孫中山相信中國比日本大，人口比日本多，只要順應潮流，改變閉關自守狀態，在開放條件下建設，一定可以比日本富強十倍。他歡迎外資輸入，認為中國財力不足，要建設龐大的現代工業，必須募集外資。他以鐵路為例說：“鄙人擬於十年之內，修築全國鐵路二十萬里，惟現當民窮財竭之時，國家及人民皆無力籌此鉅款。無已，惟有募集外資之一法。”他多次以美國為例，說明美國未造鐵路以前，其貧窮和中國相同，後來向外國借債築路，才收到富強之效。在近代中國，外債和鴆毒常常是同義語，借外債辦工業被認為是飲鴆止渴。孫中山力排眾議，認為外債可借，表現了極大的勇氣和膽識。

對於借外債，中國人民有著痛苦的記憶。鴉片戰爭以後，清政府多次借外債，結果是對帝國主義的依附愈來愈深，經濟殖民地化的程度也愈來愈深。孫中山認為，那是由於清政府所訂條約不善，喪失主權的結果。孫中山主張，既要大膽地引進外資，又要堅決地抵制各種形式的侵略，維護國家主權和民族利益。因此，他提出，外國資本家不能過問借款的用途，更不能藉端要求監督中國的財政。1912年，他在上海對《大陸報》記者說：“外國不允借債中國則已，苟信任中國，而借之以債，則不應過問中國作何用途，假係中國將款投棄於海，亦係自由權。"同年 12 月，他在《鐵路總公司條例草案》中更明確規定："不論華洋股款，均應遵照中國現行法律辦理。"孫中山相信，只要中國保有主權，則不論何國之債，都可以借，即使外人直接投資，也不應該禁止。他說："何以名為開放政策，就是讓外國人到中國辦理工商等事。"他曾經設想過，以四十年後歸還中國政府為條件，將鐵路批給外國人修築；又曾主張中外合資，共同經營實業。當然，孫中山認識到，凡事有利必有弊，引進外資不可能完全無弊，但他權衡輕重，認為利多弊少。他說："用外資非完全無害也，兩害相權，當取其輕。"他並特別提出，只要措施得當，還可以"避去其害"。

除了提倡引進外資，孫中山還提倡藉助"外才"、"外技"、"外法"。他既主張派遣十萬人去國外留學，學習先進科學、技術，又主張聘請外國的專家、發明家和有學問、有經驗的經營管理人才。他說："我們無人才，即用外國人才。"孫中山特別指出，這種聘用是有條件的，"必以教授訓練中國之佐役，俾能將來繼承其乏，為受僱於中國之外人必盡義務之一"。這樣，才能保證民族人才的培養，不至永遠受制於外人。孫中山還曾設想過一項中德合作計劃：中國以物資、人力，德國以機器、科學，共同開發中國富源，改良中國行政。孫中山完全懂得，現代化的生產需要現代化的管理，絕不能沿襲小生產的一套老方法。對此，孫中山表示："我們方法不好，即用外國方法。"有時，他並將"方法"提到了和資金同樣重要的程度。他說："日本以外資外法，數十年一躍而為強國。"為了引進"外法"，孫中山提出，必須杜絕官場腐敗現象和衙門作風，否則，中國決無法藉西方物質文明的引進而獲得改變。

在《實業計劃》中，孫中山說："吾之意見，蓋欲使外國之資本主義以造成中國之社會主義，而調和此人類進化之兩種經濟能力，使之互相為用，以促進將來世界之文明。"1924 年，他又說："拿外國已成的資本，來造成中國將來的共產世界，能夠這樣做去，才是事半功倍。"孫中山的這一思想，不僅表現出偉大的氣魄，而且閃耀著辯證智慧的光輝。歷史必將證明，它對中國以至世界的偉大作用。

問：您否認了孫中山是資產階級革命家，這樣的觀點在學界有沒有什麼呼應或是不同意見？

楊：多年以來，我知道我是少數派。但近段時間以來，好像逐漸得到了各方的承認。2011年，在辛亥革命100週年之際，我先後在廣東學術討論會、哈佛大學圍繞"誰領導了辛亥革命"這一問題展開討論和演講，認為領導辛亥革命並非資產階級。我還把一篇名為《辛亥革命的性質與領導力量》的文章發表在《河北學刊》上，讓我感到意外的是，該篇文章竟被收錄在中國社會科學院鄧小平理論和"三個代表"重要思想研究中心所編的一本書中，我很高興，因為這本書隸屬於官方，把我的文章收編進去，也就表示文章至少是學習鄧小平理論和"三個代表"重要思想的一個成果。至少學術界不再把辛亥革命的性質問題作為一個奇題怪論，或者是一個異端言論，而是一個可以討論、研究的問題，並把一個言之成理的新成果，介紹出來了。

問：既然您說孫中山不是資產階級革命家，那孫中山又是屬於哪個社會階層呢？您是如何看待對孫中山的歷史定位？

楊：有學者曾問我，"皮之不存，毛將焉附"啊？提問者的意思是說，孫中山等革命黨既然不是依附在資產階級身上鬧革命，那他依附在哪呀？所以這就牽涉到了我對中國知識份子的一個看法。

我認為中國近代以來，是三代知識份子，第一代：維新知識份子，以康、梁為代表；第二代：我稱之為共和知識份子，孫中山、黃興、朱執信、廖仲愷等，這一代叫共和知識份子，就其身份而言，亦可稱為平民知識份子；第三代：共產知識份子，陳獨秀、李大釗、毛澤東、周恩來等。我認為這三代知識份子是一個前浪後浪的發展關係，那辛亥革命是哪一部分作為領導人呢？我認為辛亥革命的領導者是19世紀末到20世紀初年新生的中國新興知識份子──共和知識份子。一般觀點認為，知識份子不是一個獨立的政治力量，他一定要依附在一個階級上。但我不贊成，知識份子完全可以在特定時期成為一種特定的政治力量，是可以獨立的。政治上，他們以共和為理想，以共和為追求目標；從身份上，他們是平民知識份子。我在提出三代知識份子這一觀點的同時，我也在尋找馬克思主義的理論根據，畢竟這都是與傳統觀念不太一樣。而**我的依據是，列寧曾經對俄國的知識份子有過一個分析，分成三代知識份子：一是貴族知識份子領導的革命，例如十二月黨人，列寧把他們稱之為貴族知識**

份子。第二代列寧稱之為平民知識份子，具體代表人物一個是別林斯基，一個是杜波留波夫，還有一個是車爾尼雪夫斯基。列寧說第三代才是我們無產階級革命家。所以，我這個中國三代知識份子的分析是從列寧那兒學來的。第一代是維新知識份子，第二代共和知識份子，第三代共產知識份子。那麼，孫中山到底是什麼人？以我的看法，根據孫中山的思想、追求來說，他是共和知識份子；根據孫中山的社會身份來說，他是以平民自居的，他也是平民知識份子；因此，與其說孫中山是一個資產階級革命家，還不如說他是個平民知識份子革命家更加準確，也更加合理。我覺得用這個理論點解釋孫中山的思想能夠講得比較圓通。認為孫中山是資產階級知識份子，那孫中山為何痛罵資本主義、資本家？為何嚮往社會主義？這一矛盾解釋不通啊。但如果講孫中山是平民知識份子，那問題就可以解釋清楚了，既然是平民知識份子，孫中山當然會對資本家不滿，他當然會同情窮人，也當然會嚮往社會主義。所以我覺得，我們把孫中山看成是一個平民知識份子革命家的話，就能夠把孫中山的思想講得比較圓通，否則的話許多內容是講不通的。

有一些學者比較反對我的這種看法，但目前來說，對於孫中山是資產階級革命家這一觀點，學界也好像有一種淡化的趨勢，甚至有學者與我也一致認為孫中山是新興的知識份子，只是我相對細化了一些，具體將其分為三代。我也希望學界能夠繼續對辛亥革命的領導力量、孫中山的定性問題展開相應的研究和探討。

問：您覺得學界在孫中山研究方面，還有什麼不足或欠缺的？

楊：我覺得是關於民生主義的研究，也可以說是孫中山的經濟建設思想的研究是比較欠缺的，我比較重視這問題。孫中山講的是民生主義，其實就是社會主義，就是共產主義，共產主義是好朋友，這個是孫中山本人反復強調的。但多年來，普遍認為民生主義是資本主義，這是多年的史學主流觀念。我的看法是，其實這是因為我們對民生主義的研究還不夠，對認識民生主義的重要意義還有所欠缺。

問：感謝楊先生三十多年來在孫中山研究領域作出的學術貢獻，您的觀點非常精彩。您曾經對孫中山思想的現代價值這一命題也有過思考和分析，能否再請您談談致力於孫中山思想研究，對當前的社會發展有著什麼樣的現實意義呢？

楊：孫中山是活動於 19 世紀末葉至 20 世紀初葉的中國偉大的革命家、思想家，他的一生都在為中國的振興而奮鬥。他的許多思想也具有超越那個時代的意義，在今天仍然具有重要價值，主要表現在：

一、民生史觀。

孫中山認為，民生問題不僅是社會發展的核心問題、歷史發展的核心問題，而且是社會、歷史發展的原動力。他說："社會進化的定律，是人類求生存。人類求生存，才是社會進化的原因。""人類求生存是什麼問題呢？就是民生問題。民生問題才可說是社會發展的原動力。我們能夠明白社會進化的原動力，再來解決社會問題那才很容易。"既往和現實的人類社會千姿百態，萬象紛呈。孫中山認為："社會中的各種變態都是果，民生問題才是因。"這就是說，社會現象之所以有各種變化，各種形態，其根源在於"民生問題"。

孫中山的上述言論反映出他對人類社會和歷史發展的基本看法，通稱為"民生史觀"。孫中山的這些看法有其直觀、膚淺的方面，也有表述不清或不準確的方面，但是，從總體上看，它和馬克思主義的唯物史觀有相通之處。孫中山的"民生史觀"問世之後，人們對它有過各種各樣的解釋，也有過各種各樣的批評。但是，人們大都承認，這一學說有其合理內核。了解這一合理內核，有助於我們認識歷史上發生過的各種各樣的鬥爭、改革、革命，都是基於"民生"問題的鬥爭，也有助於我們確立"以人為本"的思想，在社會主義階段，專心致志搞建設，最大限度地滿足人民不斷增長的物質和文化需要。

二、調和與互助。

在推翻清朝統治和反對北洋軍閥的鬥爭中，孫中山是一個堅決的革命者，但是，在社會經濟領域，孫中山則不贊成革命，也不贊成"階級鬥爭"。他說："純用革命手段不能完全解決經濟問題。"又說："階級戰爭不是社會進化的原因，階級戰爭是當社會進化的時候所發生的一種病症。"與"鬥爭"說相反，他主張調和，認為"社會之所以有進化，是由於社會上大多數的經濟（利益）相調和，不是由於社會上大多數的經濟利益相衝突"。他並且舉例說："歐美各國從這種經濟利益相調和的事業發達以後，社會便極有進化，大多數便享福。"

　　孫中山對階級鬥爭的理解存在著片面性。當舊的社會力量頑固地維護舊的生產關係、阻礙社會生產的發展時，就需要用階級鬥爭的辦法反對以致打倒舊的社會力量，形成適宜於生產力發展的新的生產關係，社會便由此進步、發展。當然，也不能一味過度誇大階級鬥爭。其實，鬥爭與和諧是矛盾的統一體。在矛盾尚未發展到對抗狀態，或在非對抗性社會與階級、階層中間，採取措施，使矛盾的雙方或多方向和諧方面轉化，從而創造出有利於事物發展的環境，同樣會推動社會和歷史的前進。這種緩和矛盾、化解矛盾，使事物處於"和諧"狀態的努力，人們習慣性地稱之為"調和"。孫中山強調的就是這種"調和"。

　　在提倡"調和"的同時，孫中山還提倡"互助"。他說："物種以競爭為原則，人類則以互助為原則。社會國家者，互助之體也；道德仁義者，互助之用也。""人類進化之主動力在於互助，而不在於競爭，如其他之動物者焉。故鬥爭之性，乃動物性根之遺傳於人類者，此種獸性當以早除之為妙也。" 又說："夫今日立國於世界之上，猶乎人處於社會之中，相資為用，互助以成者也。"正如"和諧"理論適用於非對抗社會和非對抗性矛盾一樣，"互助"理論也只適用於非對抗性社會和非對抗的階級、階層之間。孫中山的時代，中國還處在帝國主義、封建主義壓迫下，自然，他的"調和"、"互助"理論只能是空想。但是，在中國已經進入社會主義初級階段時，"調和"、"互助"之說就大有研究和提倡的必要了。

　　三、利用資本主義。

　　孫中山一方面嚴厲批判資本主義，同時又積極提倡利用資本主義。早在1905 年，他在比利時訪問第二國際時就表示，要"採用歐洲的生產方式，使用機器，但要避免其種種弊端"，"防止往往一個階級剝奪另一個階級，如像歐洲國家都曾發生過的那樣"。第二年，孫中山在《民報》發刊詞中明確提出，中國不能走歐美資本主義的發展老路。他說："近時志士舌敝唇枯，惟企強中國以比歐美。然而歐美強矣，其民實困。觀大同盟罷工與無政府黨、社會黨之日熾，社會革命其將不遠。吾國縱能媲跡於歐美，猶不能免於第二次之革命，而況追逐於人已然之末軌者之終無成耶！”孫中山期望以西方為鑒，採取措施，另闢新途，創造出遠比西方更高的新社會：“睹其禍害於未萌，誠可舉政治革命、社會革命畢其功於一役。還視歐美，彼且瞠乎後也。”1917 年，孫中山制訂《實業計劃》，這是一份無比龐大的現代化工業計劃。在其結尾部分，孫中山說：“吾之意見，蓋欲使外國之資本主義以造成中國之社會主義，而調和人類進化之兩種經濟能力，使之互相為用，以促進將來世界之文明也。”在這一段話裏，孫中山除了明確提出要積極利用“外國資本主義”的觀點以外，還提出了一個極為重要的思想，這就是：社會主義和資本主義可以“互相為用”，共同促進世界文明。這在當時的歷史條件下，極具啟發意義。

四、混合經濟。

在中國，實行何種所有制形式才有利於經濟發展？孫中山研究了俄國革命的經驗後，認為在落後的發展中國家，應實行混合經濟。

資本主義的發展有其積極方面，但也有其消極方面。怎樣既最大限度地發揮資本主義的積極方面，又最有效地限制其消極方面呢？孫中山提出的辦法是“節制資本”。在國民黨第一次全國代表大會宣言中，孫中山表示：“凡本國人及外國人之企業，或有獨佔的性質，或規模過大為私人之力所不能辦者，如銀行、鐵道、航路之屬，由國家經營管理之，使私有資本不能操縱國民之生計，此則節制資本之要旨也。”這就是說，私人資本主義的發展必須有限度，這個限度的警戒線不在於比例大小，而在於能否“操縱國民生計”。對孫中山的“節制資本”思想，毛澤東曾給予很高評價，稱之為“新民主主義共和國的經濟構成的正確方針”。

五、開放政策。

怎樣建設一個強大的現代化國家？是對外開放，還是閉關鎖國？孫中山的回答是前者。1912 年 9 月，他在濟南各團體歡迎會上演說：“中國人向富於排外性質，與今之世界甚不相宜……以前事事不能進步，均由排外自大之故。今欲急求發達，則不得不持開放主義。”孫中山是一個有廣闊世界眼光的革命家，他仔細地研究過美國西部開發、日本明治維新和南美阿根廷等國的振興史，認為其成功經驗之一就在於對外開放。他說：“諸君試看日本國，土地不過我中國兩省多，人民亦不過我中國兩省多。四十多年以前亦是一個最小、最窮、最弱之國，自明治維新以後，儼然稱為列強。全球上能成為列強者，不過六七國，而日本儼然是六七國中之一國。他是用何種方法，始能如此？亦只是用開放主義。"

凡事有利必有弊。孫中山清楚地意識到，引進外資不可能完全無弊，但他權衡輕重，認為利多弊少。他說："用外資非完全無害也，兩害相權，當取其輕。"孫中山特別指出，只要措施得當，還可以"避去其害"。1924 年，他在《北上宣言》中特別表示，要改變外債性質，"使列強不能利用此種外債，以致中國坐困於次殖民地之地位"。

此外，孫中山還積極主張中外合資、共同經營實業，主張引進外國技術和外國人才，並提出了具體的設想與措施。在近代中國思想史上，孫中山可以稱作是提出完備的開放思想與政策的第一人。可惜的是，孫中山一生都處在推翻舊政權、建立新政權的奮鬥過程中，歷史不曾給他提供實施其開放思想與政策的機遇。

問：孫中山先生後期的思想與俄國十月革命有著較深刻的內在聯繫，可以說馬克思主義也通過十月革命影響著孫中山的思想。能否以您的研究為基礎，談談孫中山對馬克思主義又有著怎樣的看法？

楊：好的。首先是孫中山與列寧的"新經濟政策"。孫中山特別講過一段話，大致內容是，馬克思主義只有在西方世界的資本主義高度發達的社會才適用，十月革命，列寧剛開始實行的是"戰時共產主義"，搞了兩年搞不下去了，所以才搞了一個"新經濟政策"。孫中山說：俄國社會發展程度要比中國高很多，如果俄國這樣的社會發展程度都沒有資格實行馬克思的辦法，我們中國怎麼有資格呢？孫中山也很明確地說過："在中國要用民生主義。"他還有一句話說：我的民生主義就是列寧的"新經濟政策"。我們過去對列寧的"新經濟政策"給予了很高的評價，認為它是對馬克思主義的一個創造性發展，是根據俄國實際，創新性運用馬克思主義基本原理解決俄國問題。如果我們對列寧的"新經濟政策"能夠給予比較高的評價的話，那麼，為什麼對於宣佈"我的民生主義就是新經濟政策"的孫中山卻沒有給相應的評價呢？

在《實業計劃》中，孫中山亦曾表示："吾之意見，蓋欲使外國之資本主義以造成中國之社會主義，而調和此人類進化之兩種經濟能力，使之互相為用，以促進將來世界之文明也。"在《民生主義》演講中，他甚至表示："我們要拿外國已成的資本，來造成中國將來的共產世界，能夠這樣做去，才是事半功倍。"俄國、中國都長期處於農業社會，小生產佔絕對優勢，資本主義發展嚴重威脅小生產者的生產和生活方式，因此，俄國和中國社會長期民粹主義流行，恐資、仇資思想嚴重。孫中山曾經嚴厲地批判過資本主義和資產階級，但是，從他的上述言論可以看出，孫中山並不將資本主義視為垂死的、沒落、腐朽、應該打倒、消滅的生產方式，也並不將它視為與社會主義格格不能相容的敵對力量，而是仍然視為推進人類社會發展和文明進步的"經濟能力"，主張調和兩者，使之"互相為用"，共同促進人類的文明發展。所謂"互相為用"，那意思是說：社會主義可以利用資本主義，資本主義也可以利用社會主義，相互借鑒、相互吸取，人類社會因而得以前進、發展。這是一種充滿辯證思想的遠見卓識。可惜，孫中山並未展開充分論述，但是，人類歷史的發展已經證明並將進一步證明這一思想的偉大意義。

其次是孫中山對馬克思主義的批評。馬克思、恩格斯對資本主義進行過多方面的、嚴厲無情的批判。孫中山也曾嚴厲批判資本主義剝削，批判資本家的缺乏道德，他將馬克思所分析的榨取工人剩餘價值的手段歸納為三種：一是減少工人的工資，二是延長工人做工的時間，三是抬高出品的價格。但是，孫中山卻根據 20 世紀 20 年代的社會現實，對馬克思的有關看法提出了不同意見。他以美國福特汽車工廠為例說：馬克思所說的是資本家要延長工人做工的時間，福特車廠所實行的是縮短工人做工的時間；馬克思所說的是資本家要減少工人的工錢，福特車廠所實行的是增加工人的工錢；馬克思所說的是資本家要抬高出品的價格，福特車廠所實行的是減低出品的價格。像這些相反的道理，從前馬克思都不明白，所以孫中山認為以前馬克思主義的主張大錯特錯。馬克思研究社會問題，所知道的都是以往的事實。至於後來的事實，馬克思一點都沒有料到。這其實都是孫中山研究中的前沿問題和最敏感的話題了。

問：最後能否請您談談對青年史學工作者的一些期待與建議？

　　楊：現在的年輕學者，有兩個缺點：一是語言文字能力不過關。語言文字的功底比較差，不能把自己的觀點準確流暢地表達出來，這是很大問題。這兩年，我最頭疼的東西就是這些，年輕同志寫的東西，語言上過不了關。我常講，語言對於搞學術來說，特別是對於搞歷史學，要做到準確、流暢、乾淨。所以我培養一個學生，主編一部書稿，先解決這個問題。第二個問題，就是知識面太窄。蔡美彪先生曾經說，現在的年輕人，研究什麼，他就只知道什麼，這個領域他知道得比較深，這個領域之外的更多的東西，他不知道。蔡老跟我說，歷史所要出一個人的紀念文集，他就寫了一篇文章，批評清華大學的《戊戌變法史》裏面的一個硬傷，原因就是沒有看懂原文。所以希望請年輕學者能在這兩方面多下工夫。

　　問：感謝您的指教，最後再次感謝您接受我們採訪。

　　楊：不用謝，也應謝謝你們。

第九部分

附錄

辛亥革命（中國大百科全書條目）

爆發於 1911 年（清宣統三年）的資產階級民主革命。因以干支計為辛亥年，故名。它是在清朝統治階級日益腐朽，帝國主義侵略進一步加深，中國民族資本主義初步成長的基礎上發生的。其目的是推翻帝國主義掌握的工具清王朝的專制統治，挽救民族危亡，爭取國家的獨立、民主和富強，領導和發起者是中國資產階級的政黨同盟會及其領袖孫中山。這次革命，由於帝國主義和中國買辦、地主階級的反對，迅速失敗了。但是，它結束了長達兩千年之久的君主專制制度，促進了民主精神在中國的高漲，是中國歷史上一次偉大的革命運動。

革命的準備　19 世紀末，進入帝國主義階段的資本主義列強，不僅掌握了中國的經濟命脈，也逐步控制了中國的政局。在帝國主義和封建勢力的嚴重阻遏下，中國人民為改變國家面貌而發動的戊戌變法和義和團運動相繼失敗。為了緩和人民的仇恨情緒，清政府自 1901 年（光緒二十七年）起，陸續實行廢科舉、設學堂、獎遊學、辦企業、設商會等 "新政"。但新政的真正目的在於強化封建專制統治，編練一支掌握近代槍炮的新軍（見清末 "新政"）。因此，新政非但未達到預期目的，反而因籌措龐大的練兵費用和對帝國主義的巨額賠款，加重了人民的負擔，激化了社會矛盾。通過鬥爭實踐，中國人民逐漸認識到，要反對外國侵略者，必須反對清政府的統治。1901 年以後，各地農民的反清武裝起義此伏彼起。但在 20 世紀初期的歷史背景下，自發的、分散的舊式農民起義已不能完成推翻清王朝並進而建立民主共和國的任務，歷史呼喚新的階級力量登上政治舞台。

當時，伴隨著中國民族資本主義的發展，雖然弱小但卻代表著新的生產方式的階級 —— 民族資產階級已經形成。它既受帝國主義、封建主義的壓迫，又與之保持著千絲萬縷的聯繫。其上層部分封建性較強，政治上懦怯、保守，中下層部分封建性較弱，革命要求較為強烈。與此同時，由於派遊學、興新學和新學書報的出版，一個不同於封建知識份子的新型知識階層隨之出現。他們中的不少人政治上比較敏銳，愛國熱情充沛，又不同程度地具有近代科學文化知識，易於接受和形成民主主義思想。其先進份子的呼聲，往往代表或反映了民族資產階級的政治利益。資產階級革命派最初主要是從這批新型知識份子中產生出來的。

資產階級革命派著名的代表人物是孫中山。1894 年 11 月（光緒二十年十月），孫中山在檀香山火奴魯魯的華僑中成立了政治小團體興中會，其宗旨在於"振興中華，維持國體"。此後孫中山的革命活動，一直得到華僑的有力支持。1895 年 2 月，孫中山在香港建立興中會總部，規定誓詞為"驅除韃虜，恢復中國，建立合眾政府"，鮮明地提出了中國資產階級民主革命的第一個綱領。興中會的成立，標誌著中國資產階級民主革命運動的開始。

20 世紀初，資產階級民主革命運動顯示出活躍的勢頭。留日學生創辦的《開智錄》上首先出現排滿字樣。《國民報》則明確主張顛覆清政府。1903 年，東京留學界思想愈益活躍，《湖北學生界》、《浙江潮》、《江蘇》等宣傳民族主義、民權學說的刊物相繼出版。上海知識界也出現了新氣象。1902 年上海成立了以造成"共和的國民"為目的的中國教育會，接著又在中國教育會支持下成立了愛國學社，學社師生們在演說會上公開倡言革命。

促使知識階層進一步革命化的是拒俄事件。1903 年為反對俄國破壞從東北撤兵的條約，上海舉行"拒俄"集會，東京留學生組織拒俄義勇隊 (後改名軍國民教育會)，拒俄運動迅速在北京、武漢、廣州等地得到回應。清政府下令鎮壓，青年知識份子憤而轉向革命。上海《蘇報》呼籲人們推翻清朝統治，並發表介紹鄒容《革命軍》的文章和章炳麟的《駁康有為論革命書》的摘要，引起社會巨大震動。清政府勾結租界當局查封《蘇報》，監禁章炳麟和鄒容，造成轟動一時的《蘇報》案，激起人們的強烈憤恨。

組織革命團體，是資產階級、小資產階級知識份子走向革命化的一個重要標誌。1903 年 11 月，從東京回國的軍國民教育會成員黃興組織兩湖學生在長沙建立了革命團體華興會。1904 年 7 月，兩湖進步學生又在武昌組織了科學補習所。同年 11 月，上海成立了由軍國民教育會暗殺團發展而成的光復會，會長蔡元培。與此同時，江蘇、四川、福建、江西、安徽等省也都建立了名目不同的革命團體。

　　隨著資產階級革命運動的發展，成立全國的革命領導中心的要求愈益迫切。1905 年 7 月，孫中山、黃興、陳天華等七十餘人在東京集會，決定成立中國同盟會，把分散的革命力量聯合起來，興中會、華興會、光復會以及其他小團體的成員陸續加入進來。8 月中旬，孫中山在留學生歡迎會上發表了著名的《中國應建設共和國》的演說。同月 20 日（七月二十四），同盟會召開成立大會，孫中山被推為總理，黃興被推為執行部庶務，會議確定了“驅除韃虜，恢復中華，創立民國，平均地權”的十六字綱領。11 月，同盟會機關報《民報》出版，孫中山在發刊詞中首次提出了民族、民權、民生為核心內容的三民主義。

　　同盟會的三民主義是比較完整的中國資產階級民主革命的政治綱領。民族主義，矛頭主要指向出賣中華民族權益、實行種族歧視和壓迫的滿洲貴族，也包含著反對帝國主義侵略、要求民族獨立的愛國主義內容。民權主義要求通過國民革命，建立民國政府，國民一律平等；總統由國民公選，議會由民選議員組成；制定中華民國憲法，人人共守。民生主義，其主要內容為平均地權，即核定地主土地的現價，將來經濟發展、地價上漲時，現價仍為地主所有，增價部分則收歸國有，為國民共用。平均地權的提出，主觀上企圖避免歐美資本主義社會的貧富對立在中國再現，帶有濃厚的主觀社會主義色彩，客觀上具有為資本主義發展開闢道路的意義。三民主義的缺陷主要是：沒有明確的反帝思想。中國的資產階級革命家力圖在不和帝國主義發生正面衝突的條件下進行革命。同樣，它也沒有切實可行的消滅封建土地制度、滿足農民土地要求的方案。平均地權企圖解決的主要是資本主義高度發展下的城市土地問題。

　　代表資產階級上層政治利益的改良派，不願意從根本上觸動封建制度，反對暴力革命。戊戌維新運動失敗後，康有為、梁啟超流亡海外，仍以保皇相號召。《民報》創辦後即同梁啟超主編的《新民叢報》展開論戰。論戰環繞“種族革命”、“政治革命”、“社會革命”等三方面進行，涉及要不要推翻清政府，要不要建立共和政體，要不要實行平均地權，革命是否會引起瓜分和內亂等問題。辯論結果，革命派佔據上風，改良派的政治影響大為衰落。但革命派過分集中了對種族問題的注意，單純宣傳反滿，無形中忽略了帝國主義、封建主義這兩個中國革命的主要敵人。

在進行論戰的同時，革命派積極發動了多次武裝起義（見同盟會領導的武裝起義）。如1906年12月萍瀏醴起義；1907年黃岡、惠州七女湖、安慶、防城、瀘州、成都、鎮南關起義；1908年欽州、河口、安慶起義。這些起義大多以會黨為主力。1910年同盟會南方支部改變方針，組織了廣州新軍起義。1911年4月（宣統三年三月）黃興領導了廣州起義（見黃花崗七十二烈士）。這幾次起義都失敗了，使同盟會的精華遭到重大損失，但有力地衝擊了清王朝的反動統治，擴大了革命影響。

與資產階級革命運動同步發展的，是多達千餘次的自發的群眾鬥爭，主要內容為抗捐抗租、罷工罷市、搶米騷動和反對教會壓迫等。這些鬥爭為辛亥革命的爆發創造了廣泛的群眾基礎。同一時期，民族資產階級中的一部分，因切身利益與帝國主義發生矛盾，參加並領導了收回路礦權運動和抵制美貨運動。1904年，鄂、湘、粵三省人民發動過反對清政府出賣粵漢路建築權的鬥爭。1905年，為反對美國統治集團虐待華工，由上海總商會宣導，二十一個通商口岸的商會響應，掀起了全國規模的抵制美貨運動。運動中提出了"伸國權而保商利"的口號，表明了民族資產階級的階級自覺大為提高。此後各地收回利權運動逐漸進入高潮。1907年，山西、山東、四川人民為保衛礦權，分別成立了保晉公司、保礦會和江合公司；江浙人民要求自辦蘇杭甬鐵路。1908—1910年間，安徽、河南、雲南等省人民繼續掀起保礦鬥爭。

為了消弭革命，拉攏資產階級，清政府被迫作出一些開明的姿態。1905年7月，派載澤等五大臣出洋考察政治。1906年9月宣佈"預備立憲"。1907年9、10月，下詔籌設資政院和諮議局，允許資產階級可以通過選舉取得向清政府提出建議等部分權利。上層資產階級從中看到了希望。他們紛紛成立預備立憲公會、憲政籌備會、憲政公會、粵商自治會等立憲團體，從事君主立憲活動，準備參預政權。他們被稱為立憲派。康有為、梁啟超也分別在海外成立國民憲政會、政聞社，準備回國參加政治活動。但是，滿洲親貴們關心的是"皇位永固"，對立憲並不熱衷。1908年8月，清政府頒佈《欽定憲法大綱》，規定"大清帝國萬世一系"，同時宣佈預備立憲以九年為期。不久，光緒帝（即清德宗載湉和實際掌握政權近半個世紀的慈禧太后相繼去世，三歲的溥儀繼承皇位，改元宣統。攝政王載灃採取集權措施，積極推行由皇族獨攬國家大權的政策。漢族軍機大臣袁世凱被罷斥，滿洲親貴和漢族官僚地主之間的矛盾加深。1910年，由各省諮議局代表組成的國會請願同志會在北京連續發起國會請願運動，要求清政府速開國會。當第四次請願活動展開後，清政府以"聚眾要脅"為名，實行鎮壓。請願活動被迫停止。1911年5月（宣統三年四月），清政府發佈內閣官制，成立以慶親王奕劻為總理的"皇族內閣"。立憲派分享政權的希望完全落空。他們對清廷的頑固態度從憤懣發展到絕望，少數人拋棄立憲的幻想，對革命活動開始表示同情。

革命的客觀條件日趨成熟，同盟會的領導卻發生了愈來愈嚴重的危機。少數同盟會員反對孫中山，一再掀起"倒孫風潮"。1907年，張百祥等在東京組織共進會以聯絡會黨，把同盟會的"平均地權"改為"平均人權"。1910年陶成章、章炳麟等在東京重建光復會，實際放棄同盟會宗旨。1911年7月，宋教仁、譚人鳳等在上海成立同盟會中部總會，把武裝起義重點轉向華中一帶，它的成立填補了同盟會的領導空缺，使長江流域的革命力量有所加強，但未能從根本上改變同盟會領導力量的渙散狀態。在革命的主觀條件準備不足的情況下，各地尤其是華中地區一些基層革命團體的深入的組織發動工作和許多革命黨人的實際活動，才使革命的爆發成為可能。

革命的爆發　進入1911年，革命的形勢愈益成熟。5月，清政府唯帝國主義之命是從，頒佈鐵路國有上諭，宣佈各省商辦幹路一律收回，隨即同英、德、法、美四國銀行團簽訂了借款合同，將從中國人民手中奪得的權利拱手獻給了帝國主義。此舉立即引起全國人民的憤怒。與鐵路國有直接相關的湖北、湖南、廣東、四川等省人民強烈反對出賣路權，掀起了轟轟烈烈的保路運動。四川保路運動尤為波瀾壯闊。至8月，重慶、郫縣、江津、溫江等各地成立保路同志協會近七十個，會員數十萬人，成都召開數萬人的保路大會，散發傳單，號召罷市罷課、停納捐稅以示抗議。9月，保路風潮擴展為全省抗糧抗捐，群眾暴動接連發生。四川總督趙爾豐在成都逮捕保路同志會和川路股東會的負責人，並槍殺請願群眾數十名，造成流血大慘案。同盟會員龍鳴劍等和哥老會組成保路同志軍進圍成都，轉戰各地，攻城奪地，猛烈衝擊清政府在四川的統治。

四川保路運動成為辛亥革命的導火線。這場運動的迅速發展，引起全國動盪不安，革命黨人受到鼓舞，在各省積極準備起義。漢口革命黨人主辦的《大江報》發表社論，公開號召人民起來革命。同盟會中部總會看到起義良機已經到來，主張由革命力量充實的武漢方面首先發動，其他有準備的省份同時回應。在清政府全力應付四川保路運動的時候，湖北新軍中的文學社和共進會等革命團體乘機發動武昌起義，揭開了辛亥革命轟轟烈烈的一幕。

長期以來，武漢革命黨人堅持了扎實細緻的革命宣傳和組織工作，在各界群眾特別是新軍中聚集了雄厚的革命力量。到起義前夕，駐武漢的一萬五千多新軍士兵中，已有六千人參加了文學社和共進會。9月下旬革命黨人感到形勢緊迫，召開文學社、共進會聯席會議，決定於10月6日（中秋節）發動起義，後由於形勢瞬息變化，起義推遲。10月9日（八月十八），在預定起義的那一天，共進會負責人孫武在漢口裝配炸彈時不慎爆炸，湖廣總督瑞澂下令閉城搜查，漢口和武昌的起義指揮機關遭到破壞，一些起義的領導人被捕、被殺或避匿。在這種情況下，新軍各標營中革命士兵深感形勢嚴重緊急，開始主動行動，起義終於爆發了。10日晚七時左右，武昌城外塘角的輜重營和城內工程第八營幾乎同時發動，各標營繼起，經一夜苦戰，11日晨革命軍佔領總督署，全城光復，首義成功。漢陽、漢口也先後為革命軍佔領。11日，起義士兵聚集到湖北諮議局，在諮議局議長湯化龍等人的參與下，宣佈成立中華民國湖北軍政府。革命黨的領袖們未親身參加起義，缺乏政治經驗的起義士兵們對自己掌握政權沒有信心，清湖北新軍協統黎元洪在革命士兵的槍口逼迫下做了這個剛建立的湖北軍政府的都督。軍政府隨即發佈各種文電，宣佈清政府對內專制獨裁、對外出賣主權的罪行，號召各省揭竿而起，為推翻清朝建立民國而奮鬥。11月，湖北軍政府公佈《中華民國鄂州約法》。它是全國第一個按照資產階級民主原則擬定的地方憲法。在中央革命政府成立前，這部約法具有國家根本法的性質，對起義各省軍政府具有指導作用。這個時期的湖北軍政府，雖受到立憲派和封建官僚的阻撓破壞，基本上是一個資產階級共和制的省級政權。

　　武昌起義的勝利，在全國得到了連鎖反應，各省革命黨人紛紛行動起來。最先起來回應的是湖南。10月22日，同盟會員焦達峰率湖南新軍在長沙城外宣佈起義，攻入巡撫衙門，焦達峰被推為湖南軍政府都督。月底，湖南立憲派發動兵變，焦達峰被殺，原諮議局議長譚延闓掌握政權，擔任都督。與湖南回應的同一天，陝西革命黨人率領新軍士兵在西安起義，次日佔領全城，新軍軍官、同盟會員張鳳翽被推為秦隴復漢軍大統領（後改都督），組織陝西軍政府。23日，九江新軍起義，月底光復南昌，江西軍政府建立。29日，太原新軍起義，新軍標統、同盟會員閻錫山擔任山西軍政府都督。30日，昆明新軍起義，次日攻佔督署，參加起義的新軍協統蔡鍔被推舉為雲南政府都督。11月3日，同盟會員陳其美、光復會員李燮和發動上海起義，陳其美被舉為滬軍政府都督。3日夜，貴州新軍起義，革命黨人楊藎誠被推為都督。4日晚，杭州新軍起義，立憲派湯壽潛為浙江軍政府都督。5日，江蘇巡撫程德全由於形勢所迫，在蘇州宣佈和平獨立，任共和政府都督。7日，廣西立憲派宣佈和平獨立，以前巡撫沈秉堃為都督。8日，安徽諮議局在安慶宣佈和平獨立，原巡撫朱家寶為都督。8日晚，福州新軍起義，次日佔領省城，新軍統制孫道仁任福建軍政府都督。9日，在各路民軍進逼省城的情況下，廣州紳商各界在諮議局宣佈獨立，舉兩廣總督張鳴岐為都督，張逃匿，推同盟會員胡漢民為廣東軍政府都督。正處在保路同志軍活動高潮中的四川，11月5日，同盟會員、新軍排長夏之時在簡陽起義，東進重慶。22日，會合重慶黨人張培爵成立蜀軍政府，以張為都督。27日，四川總督趙爾豐表示願意讓出政權，在成都成立四川軍政府，以諮議局議長蒲殿俊任都督。武昌中和門起義開始後，南湖炮隊進駐中和門開炮轟擊湖廣總督署。此後，中和門即稱為起義門。

　　至此，全國宣告獨立、脫離清政府的省就有十四個。北方未獨立各省，有的地方清王朝統治較強，如直隸、山東、河南；有的遠在邊陲，革命黨勢力較弱，如新疆、奉天。那些省份也不平靜，革命黨仍然組織了一系列武裝起義。武昌起義和各省回應的局面是同盟會長期以來積蓄力量、艱苦奮鬥的結果。在清政府嚴酷統治下，同盟會選擇了武裝起義的方針，堅持不懈，百折不撓。大批同盟會員在各省區深入新軍，聯絡會黨，建立分支機構，積極為武裝起義準備條件。已獨立的省中，九個省是革命黨人在省會發動武裝起義實現獨立的；江蘇、廣西、安徽、廣東、四川五省採取了"和平獨立"的形式，這是由於全國已處於革命高潮之中，當地武裝起義的條件已經成熟或接近成熟，立憲派和清朝官僚不得不轉變態度，從權應變。所有這些，構成了辛亥革命的全貌。

武昌起義之後，立憲派紛紛表示贊成革命。這一變化，加速了清政府的崩潰，使得力量對比更有利於革命方面。但是革命派在新政權中很快表現出他們的領導力量和地位的軟弱性。他們或將武裝起義奪來的政權拱手讓給立憲派和舊官僚，或不能對靠"和平獨立"建立的政權進行革命改造，以至在各省軍政府內，革命派力量日漸削弱，立憲派和舊官僚的力量則不斷膨脹。

廣大人民群眾在各省起義過程中表現了高昂的熱情。新軍士兵、會黨群眾、知識份子、工人、農民、城市貧民、海外華僑、愛國士紳、少數民族都作出了貢獻。中國的政治生活出現了前所未有的沸騰局面。但是，革命黨人以"中等社會"自居，不敢採取充分發動群眾的方針。不少地區的農民在各地軍政府宣佈豁免清政府各種苛捐雜稅影響下，發動了以抗租為主要內容的鬥爭，但大都遭到鎮壓。資產階級革命黨人因而失去了農民這一強大支柱。

革命的勝利與失敗　　革命的勝利發展使清政府極為震驚，在政治上和軍事上都顯得手足失措。不久以前受到清政府排斥，在彰德韜晦的袁世凱在北洋軍中有深厚的潛勢力。由於南方新軍紛紛倒向革命一邊，北洋軍是清政府唯一可以使用的軍事力量。以張謇為首的立憲派對袁世凱也寄予厚望。尤其重要的是，袁世凱還得到帝國主義的有力支持。10 月 27 日，清廷起用袁世凱為欽差大臣，授予指揮湖北軍事的全權。11 月 1 日，清軍攻陷漢口。同日，攝政王載灃宣佈解散"皇族內閣"，交出全部軍政大權，以袁世凱為內閣總理大臣。

受命於危難之際的袁世凱懂得，單靠武力是鎮壓不了革命黨人的。他在南下督師時，或屢函湖北軍政府都督黎元洪，或派出代表到武昌，提出在實行君主立憲的條件下同革命黨人"和平了結"。黎元洪和黃興、宋教仁等過高估計了袁世凱的力量和自身的困難，急於取得廉價的勝利，他們企圖利用袁世凱和清朝貴族之間的矛盾，以大總統的位置動員他倒戈，把最終推倒清朝的希望寄託於袁世凱。11 月 27 日，漢陽為清軍攻陷。帝國主義看到時機成熟，出面斡旋停戰。12 月 1 日，在英國駐漢口代理總領事葛福撮合下，雙方議訂停戰三日。此後又擬定《續停戰條款》，規定雙方派出代表討論大局。停戰是辛亥革命從武裝鬥爭走向政治妥協的一個重要轉折；而同意談判，則打開了政治解決南北衝突的大門。12 月 18 日，袁世凱的代表唐紹儀和革命軍政府的代表伍廷芳在上海開始和談（見南北和談）。

中外反動派的營壘因袁世凱的出山得到加強。革命方面卻群龍無首，妥協傾向日增。獨立的各省形成了兩個中心：武昌集團以黎元洪為首，上海集團以陳其美為首。雙方都力爭籌建臨時政府的主動權。11 月下旬，各省代表議決承認武昌為中華民國中央軍政府，以鄂督執行中央政務。接著十四省代表會議在漢口英租界召開，籌備成立中央臨時政府。12 月 2 日，江浙聯軍經過十天的奮戰，攻克清兩江總督、江南提督盤踞的南京。於是代表會議決定以南京為中央臨時政府所在地。各省代表隨即自武漢齊集南京。25 日，同盟會總理孫中山自海外歸來，對革命派內部的妥協傾向進行了鬥爭，但他無力改變總的趨勢。29 日，十七省代表會議以十六票的絕對多數選舉孫中山為臨時大總統。1912 年元旦，孫中山到南京就職，發佈《臨時大總統宣言書》、《告全國同胞書》等文件，正式宣告中華民國的誕生。1 月 2 日，通電改用陽曆。3 日，選舉黎元洪為副總統，確定臨時政府組成人員。中華民國臨時政府正式成立。28 日，又成立南京臨時參議院。

以孫中山為首的南京臨時政府是資產階級民主革命的產物。這個政府包括革命派、立憲派和舊官僚三種政治勢力。革命派在政府中居於領導地位。立憲派和舊官僚擔任內政、實業、交通等部總長，擁有相當實力。在作為立法機關的臨時參議院中，同盟會員佔大多數，也有不少參議員是立憲派人士。獨立各省的軍政府多數為立憲派和舊官僚所操縱，南京臨時政府和身為臨時大總統的孫中山，對它們事實上不能行使中央政府的權力。革命派自身的弱點也更多地暴露出來。章炳麟宣傳"革命軍起，革命黨消"的主張，就是這種弱點的一種反映。革命黨的一些上層份子由於思想政治觀點上的分歧，害怕革命深入引起社會動亂，或者熱衷於爭權奪利，和立憲派、舊官僚一起組成政治團體，如章炳麟、張謇、程德全等組成中華民國聯合會，孫武、黎元洪組成民社，對同盟會和孫中山施加壓力。孫中山的許多正確主張都遭到反對。

南京臨時政府成立，袁世凱感到大總統的位置難於到手，立即撤銷和議代表，造成談判破裂的形勢，迫使革命勢力妥協。帝國主義列強拒不承認南京臨時政府，並且製造外國干涉的空氣。北京公使團決定將中國各海關淨存稅款匯解上海，分存於滙豐、德華、華俄道勝等外國銀行。這批償還外債後本可動用的稅款節餘（即"關餘"）因此被凍結。身任兩淮鹽政總理的臨時政府實業部長張謇，堅決反對孫中山"挪用"鹽稅。臨時政府可能得到的財源被堵死，只能向日本、美國、德國、俄國的財團接洽貸款，大多沒有結果，陷入極為竭蹶的境地。在內外交困的情況下，孫中山被迫退讓。1月22日，孫中山聲明只要清帝退位，袁世凱宣佈贊成共和，即向臨時參議院推薦袁世凱為臨時大總統。袁世凱得到孫中山的保證後，加緊逼迫清帝退位。2月12日，清朝皇帝終於接受中華民國對皇室的優待條件，正式退位。這樣，統治中國二百六十多年的清朝垮台了，延續兩千多年的君主專制政體也隨之結束。

2月13日，袁世凱向臨時政府正式聲明贊成共和，孫中山向臨時參議院辭職。孫中山辭職時提出定都南京、新總統須到南京就職和必須遵守《臨時約法》等三個條件，想以此對袁世凱加些限制。15日，臨時參議院選舉袁世凱為臨時大總統。袁世凱的實力在北方，拒絕南下就職。孫中山派蔡元培為專使北上迎接，袁世凱表面上裝腔作勢，表示歡迎，暗地裏卻指使親信部隊在北京、天津、保定製造兵變；帝國主義也乘機調兵入京，製造緊張空氣，以支援袁世凱。南京臨時政府再次退讓。3月10日，袁世凱在北京宣誓就任臨時大總統。次日，孫中山公佈《中華民國臨時約法》。《臨時約法》規定：中華民國主權屬於國民全體；按照三權分立原則，以參議院、臨時大總統、國務員、法院行使其統治權；人民一律平等，享有言論、出版、集會、結社等項自由，有請願、選舉、被選舉等項權利。這個約法具有資產階級共和國憲法的性質，是中國歷史上的創舉。25日，唐紹儀到南京接收臨時政府，組織新內閣。該內閣中內政、陸軍、海軍、財政、外交等部均由袁世凱的親信或擁護者擔任，同盟會只分配到教育、農林、工商等幾個點綴性的席位。4月1日，孫中山正式解除臨時大總統職務。5 日，臨時參議院議決臨時政府和該院遷往北京。至此，辛亥革命的成果被袁世凱所篡奪。辛亥革命失敗了。

辛亥革命失敗的原因主要在於中國民族資產階級的軟弱。辛亥革命要反對帝國主義和封建主義兩大敵人，中國民族資產階級既缺乏必要的決心和勇氣，也缺乏相應的力量。這個階級的激進的代表 —— 資產階級革命派從出現至武昌起義，只不過是十來年的經歷，各方面都還不夠成熟。思想上，救亡排滿的宣傳淹沒了反封建的民主主義宣傳，對帝國主義存在著懼怕心理；組織上，同盟會未能成為一個堅強統一的司令部和戰鬥隊；軍事上，缺乏一支由自己掌握的有覺悟的部隊；政治上，對立憲派和舊官僚喪失警惕；階級關係上，未能發動農民，形成強有力的民主革命大軍。歷史證明，中國民族資產階級雖有發展民族資本主義的強烈願望，卻無力完成反帝反封建的民主革命任務。歷史證明，帝國主義和封建勢力的結合，是扼殺中國資產階級民主革命的主要力量。

辛亥革命是近代中國比較完全意義上的資產階級民主革命。它在政治上、思想上給中國人民帶來了不可低估的解放作用。革命使民主共和的觀點從此深入人心。中國人民長期以來進行的反帝反封建鬥爭，以辛亥革命作為新的起點，更加深入、更加大規模地開展起來。

說明：本文係《中國大百科全書》第一版條目，由劉大年提出任務，楊天石執筆，張海鵬參與修訂，劉大年、金沖及、李侃審訂。由於是詞典條目，故其中部分觀點與本書略有不同。

南洋革命黨人宣佈孫文罪狀傳單

　　此傳單用石版印成，由爪亞友人寄來囑刊報端者，其中詞語本報不敢增減隻字。

　　東京南渡、分駐英荷各屬辦事，川、粵、湘、鄂、江、浙、閩七省之同志，宣佈孫文南洋一部之罪狀。（內地、日本另繕）致同盟總會書。錄呈台鑒：

　　總會諸執事與各省分會諸執事先生公鑒：

　　弟等南渡以來，雖均各個人對於各國人郵函通問，然實未曾通一公函於公眾執事之前，職是之故，遂使南北兩地，情形隔膜，為奸利者因得肆無忌憚，而為所欲為，致南洋各埠，均受莫大之影響。及今若不再行改圖，後事將何堪設想。用是不揣冒昧，敬將各種情形，佈告於公眾執事之前，祈我諸執事諸公審擇而施行之也。

　　啟者：孫文之人品，諒久已為諸執事及眾同志所洞悉，此亦無庸贅言。今僅就其於團體上利害關係之處，述之而已。竊念我同盟會初成立之際，彼固無一分功庸，而我同志貿貿焉直推舉之以為總理，不過聽其大言。一則以為兩廣洪門，盡屬其支配。一則以為南洋總部，多有彼之機關，華僑推崇，鉅款可集，天大夢想，如此而已。即弟等各人先後南渡之始，亦何嘗不作是夢想。竟不料其南渡之後，情形全非。所謂孫文也者，在兩廣內地，固無一毫勢力。即在於南洋各埠，亦僅得星架坡一隅，設一團體，彼時會員，亦不過三十餘人。弟等既先後南來，於是為之開通風氣，組立學堂，添設機關。嘉應之來自內地者。又復盡力經營。逐漸推廣，各埠回應，遂以肇成今日之勢力。弟等一片公心，盡力為之揄揚，承認其為大統領。凡內地革命之事業，均以歸之彼一人，以為收拾人心之具，於是彼之名譽乃驟起。彼又藉我留學生之革命黨推戴之名目，《民報》之鼓吹，南洋之西洋各報館，於是亦遂漸有紀其事、稱其名者。既得勢，彼乃忘其所自始，不審己果有何等力量而得此高尚之名譽，以負此莫大莫重之責任，遂以為眾人盡愚而彼獨智，眾人盡拙而彼獨巧，謊騙營私之念萌，而其毒其禍，遂遍及於南洋之各埠矣。其惡跡罪狀，直所謂傾南山之竹書罪無窮；決東漢之波，而流惡無盡者也。今僅據其最確切已為我輩所悉劣跡之最大者，列之如左。

第一種殘賊同志之罪狀。

（一）河口之事。彼在枟榔嶼，報銷三十萬，在星架坡則貶少為八萬。蓋因地制宜而說謊話。其後河口同志為法人所不容，均來新架坡。有何某者，鎮南關之糧台也。既到新架坡，新架坡同志責之。謂孫先生既有八萬軍餉，何故退兵？何某憤甚（蓋並無此款也。其破河口事，彼等在河口本埠，自籌二萬。漢民取去五千），乃集河口、鎮南、欽、廉出來旅居新架坡之同志，相約簽名，發表此事。已二百餘人簽了姓名。惠州同志（亦為孫文在惠州同事之人）曾直卿，恐礙於團體名譽，為反對黨及官府所見笑（曾亦反對孫文之人），勸之而止。孫文聞之，乃囑私人告之英官，目為在埠搶劫之強徒，凡八人，欲掩執之。幸有告者，乃始得免，而逃避香港（類此者尚多）。其殘賊同志之大罪一也。

（二）河口鎮南退出之同志軍士。法人不容，來至新架坡。身邊無船費，落豬仔行，欲賣身作豬仔。新架坡之同志不忍，商之孫文，求其共同設法。孫文曰：聽之可也。不必管他。新架坡同志不忍，乃公同集款，贖身而處。孫文則藉此招呼同志之名目，向各埠籌款，名之曰善後事宜。其殘賊同志之大罪二也。

（三）廣西參將梁秀清。為不忍於故帥蘇元春之無辜受遣戍罪，起而為變，投身革黨。孫文亦常利用之，設法愚弄，梁大憤怒，亦欲表白其欺騙之罪狀，犯孫文所忌。當梁至星架坡之時，孫文密囑其黨□□□欲毒殺之以滅口。事為□□□兄所知，密以告梁，使為自己留心，乃得不死（類此者必多）。此其一也。其殘賊同志之大罪三也。

（《南洋總匯新報》1909 年 11 月 11 日第二版，下）

（四）潮州志士許君雪秋，係資本家，傾心革命，以傾其家產。又復躬踐實行，以組織內地革命軍之團體。其才具如何，且不必論，而其人品實為不可多得。黃崗之事，常受孫文三千之款。孫文對同志言，妄報七八萬。許君以資費不足，自向暹羅籌款，孫文惡之，盡力詆毀。又畏許君之發其復也。當何□□寓許君家時，乘機使警官掩之。幸許、何皆外出，否則，何為劫賊，許為窩家，一網打盡矣。其殘賊同志之大罪四也。

（五）自去歲八月以來，各埠同志，均已悉其內容。大眾以顧全名譽之故，不忍表白其罪。然積憤已久，防口等如防川，身受其毒者，不能默默而息。孫文聞之，大為恚怒。凡反對彼一人者，盡誣之為反對黨、保皇黨，或曰偵探，意欲激怒極熱心而不洞悉內情之同志，使之互相傾軋[1]，以快其私願（此條即指陶君來南洋而言《民報》總編輯陶南來而言）。[2] 又常言必□□[3] 盡嘉應客人及外江同志，然後乃可革清政府之命。而各埠機關部，凡係有留學生同志在者，彼設法驅逐之（此條即指驅逐□□□□□□而言），以便彼之自行與華僑同志直接，以便其私。蓋基業一定，先殺功臣，中國歷代開國帝王之公例也。彼亦倣而行之。其殘賊同志之大罪五也。

總之一言，凡從河口、鎮南、欽、廉、惠、潮敗走南來之同志，咸言上他的當，無不欲得而甘心，而欽、廉諸人之對於黃興君、潮州諸人之對於許雪秋君、惠州諸人之對於曾捷夫君[4]，皆無有異詞，足證公論之在人心也。雖曰眾惡必察，然察之既久[5]，夫固等於國人皆曰可殺之條矣。

第二種，蒙蔽同志之罪狀。

（一）《民報》名譽，為南洋各埠所頂禮。孫文之出名，亦即由此而來。今彼名既成立，復有《中興報》之鼓吹。但《中興報》不得目為南洋全體之機關，實係彼一人之機關而已。然使東京而有《民報》在也，是則加於《中興報》及《中國日報》之上。南洋華僑人心，勢必有所分馳，是不得便其私圖。故於去歲陶君《民報》收單寄交之後，彼即託言籌款困難，並不發佈。至《中興報》之股，集款至於再而至於三。極言本報大有關係，我同志不可不出力協助維持等之言。此去歲秋冬二季之時之事也。今歲春間。聞《民報》社又派有同志前來籌款，迄今各埠不見有來使之足跡，此必又為精衛所愚弄，而中途反旆者矣。然而彼之心，不僅欲使東京無《民報》也，又欲使南洋各埠除《中國日報》及

1　《神州日報》作“代為賊殺”。
2　《神州日報》作“此條即指《民報》總編輯陶南來而言”。
3　□□，《神州日報》作“要殺”。
4　曾刼夫，《神州日報》作“曾捷夫”。
5　“然察之既久”，《神州日報》脫“然察”二字。

《中興日報》之外，不使再見有中國之報章。何則？中國各報均零星載有內地革命之事，使華僑見之，知我革黨非僅彼一人專有矣。故於去年《中國公報》招股一事，常出全力謀破壞。而《中興報》定例，凡上海各報，不准剪稿（《中興報》之編輯所，曾錄單粘在壁上，剪稿定□□□報，而上海各報不與焉）。蓋深恐有他革命之事，誤登入之，而為南洋華僑所見也。其蒙蔽同志之大罪一也。

（二）日本東京為革命黨產出之所，而同盟會之總機關設在東京，固南洋各同志之所共知，當初彼亦嘗假其名以為號召者也。自去歲創設南洋支部，凡各埠之事，咸歸節制，而以漢民為支部長，移文各埠，言凡有來自東京，或內地來，有籌款並遊歷者，當由支部長介紹函為憑，否則，不准招待。及問他索介紹函，多不肯，或依違其詞。又將我等所定直接總會各條，盡行削去，而易以支部等之名詞。各函件中，並無道及總會等之字樣。而我等原始創辦機關之人，職員單內，盡削去實權。凡是行為，無非欲使權歸一人，以便其營私之念而已。其蒙蔽我同志之大罪二也。

（三）安南同志，因河口之役，傾家助餉，至質家於銀行，而河口之軍未見接濟，固無論矣。役後又藉彌補安南同志之名，向各埠籌款。或稱尚缺五萬，或稱尚缺三萬，或稱尚缺二萬，或稱尚缺萬餘。其所以多寡不一之故，亦是因地制宜之道使然也（實則一萬有餘。五個店號）。究之籌款者自籌款，而傾家者自傾家，何嘗有一毫之補助？緬想我東京同志，於去歲賊后受天誅之時，至質官費摺子於銀行，以謀集款辦事，遭窮迫至於莫可言。然聞彼孫文者，其在前歲於香港上海滙豐銀行貯款二十萬（現尚存否則不知矣）。去歲其兄在九龍起造屋宇，用款不足，電致乃弟，旋電匯款項以往者，能不令人痛心疾首也哉（此種情形不一而足）！去歲所籌之款，據弟等所知者，為數甚巨，然已不知何往矣。其蒙蔽同志之大罪三也。

第三種，敗壞全體名譽之罪狀。

（一）我東京同志，向固同心一德，均自己不顧聲望名譽，推崇尊之為黨首。夫豈有所私圖？不過癡心妄想，求其能助成我輩之事而已。然而黔驢之技，又焉能久騙我東京之同志。自前歲以來，固既有人發議，倡言革除之論者矣。又以團體名譽之攸關，而中止其事，彼乃不顧全體名譽，妄毀我全體同黨之名譽，污衊至於不可言狀。彼乃自誇於人曰。我去歲謀發潮、惠、欽、廉之事（放屁！彼何嘗有點功勞）。先數日，固不名一錢，而臨行之際，一日本資本家送程儀一萬元，日本政府送費四千元。我只留五百於《民報》社為經費，而弟行後東京同志查悉萬四千元之事，謂我不均分之，而自飽於私囊。一時大為攻擊，無所不至。比他等平時攻康、梁為尤甚。若在公等處之，不知若何氣極矣，我則處之宴然。以彼等排斥吲囂，為研究心理學之資料耳。夫同志，則各有權利義務，乃不期東京一二同志（二十一行省皆有，何至一二人），分財則講平等（不知所分何財），而義務則責我一人當之。辦事也（所辦何事）、籌款也，惟我是問（豈敢！不破壞他人就是好了），而我於自行籌款之外（一己私囊，誠然），又要籌款以顧各地之同志（按所顧何人，不借他人所流之血，託名運動。已經好了，豈敢受賜）。東京以許多人，而不能顧一《民報》（《民報》本屬東京同志所組織，爾原無一點功勞，我輩革命黨，家他都破了，何處得錢），我力稍不及顧（豈要你顧，不賣就好了），則為眾謗之的矣。等言。其可惡有如此者！其破壞社會全體之名譽大罪一也。（有孫文親書信為證）

（二）由新架坡資本家沈口口自言願意出款二千元，以助革命黨。孫文聞之而垂涎。但沈君與彼實無一點之關係，不便直接，乃運動潮州口口口君而告之曰。聞君與陳口口有交，彼欲出款二千，子其為我說之。若得款，二八均分，我得一千六，你得四百元可也。口口潮州某君，遂為之言，令其以二千元之款，自交孫文。某君以君子待之，不言分利之事，而彼亦不與之也。其後口口君以其所辦潮州之事，自往暹羅運動。孫文聞之，即致函暹羅，稱其棍騙。事為口口所聞，大怒，乃返新架坡，索取前次之四百元（本不欲索取之），孫文答以無款。口口君欲聚其同黨洪門兄弟往毆之，孫文不得已，曰：余實無款。余妾有金鐲一雙在，請以予子。口口君愈怒。孫文乃開一紙條，給與《中興報》，將烈港同志黃甲元君助《中興報》款項內，撥二百元以予之。嗣後遂盡詆口口君。二八之例，亦不止一處。夫先以不肖之心待人，而勸之以為不肖之行，事後乃誣人以不肖之名，以為制人不敢反功之具。其可惡有如此者！遂使人言藉藉，謂我革命黨皆為騙錢而來。其敗壞全體名譽之大罪二也。

（三）去年九月，孫文復發布南洋支部之規條，無一而非可惡之事。而其最著者，莫若會底金一條。其例凡入會者，收會底金三元，而主盟人分給半元，介紹人分給半元。以分利之舉誘人，遂至流食之徒，借此名義，以為各地棍騙之計，引壞人心，可恨莫甚！其敗壞全體名譽之大罪三也。

（四）藉內地革命軍之名目，行軍債票。行之內地，流同志之血者，不知若干。尤可言也，而不期又有所謂保護票者。遍放南洋各埠，稱其家之有無而高下其價。有多至數百金一張者，亦有少至五六元一張者。發賣之際，有八九折者，有六七折或五六折者。代派發行之人，亦有分潤。此實三點、三合之所不屑為，不敢為。干犯他人之國際，欺騙同胞之資財。設一日為外人所掩執，我革命全體之名譽，其不均為所污辱也幾希矣。其敗壞全體名譽之大罪四也。

統計其上所列罪狀三種十二項，皆為已發露者也。若其未發露者，蓋不知其又有若干矣。至其關係稍輕者，均不錄入，蓋實錄不勝錄也。

諸執事先生，洞明世故，熟悉人情。誠謂革命黨首領，腐敗極點，至於如此，尚任其逍遙自在，享受尊名乎？況現今受其荼毒之各埠，雖悉起反對，而將次開發之土生華僑，固未深悉內容。弟輩舊日之所經營者，既盡其能力所及，均雙手捧奉而送之於我大統領之前矣。目下不能再闢新埠，然惡莠不除，則嘉禾不長；若不先行開除孫文，則我輩機關辦就，彼則乘勢侵入。土生同志，不識內地情形，以為中國革命軍，盡係其一人之所為。孫文之虛名，已遍宇宙，熟聞固已久矣。比及其時，拒之不能，不拒又不可。欲再收拾，其能得乎？若一開除了他，發表罪狀，事必大有可為。無論將次開辦者，不至蒙害；即今既破壞者，熱心之人尚多，猶堪收後效於桑榆也。（下略）

記者曰：自革命邪說流毒南洋以來，一般之勞動社會幾於盡為所惑，其每況愈下，如尢烈等創立中和堂名號，搜羅萬象，但知斂錢，不論流品，甚至如茶居酒樓之堂倌，妓院娼寮之廚夫，亦皆侈言革命，流風所及，誠足為風俗人心之大害。記者怒焉憂之，茲特將此傳單錄出。在記者之意，不過欲使華僑知革黨之內容，如是如是，則已入迷途者，宜急早回頭，將入而未入者，更宜視之若浼，大之為國家培無限之正氣，小之為華僑惜有限之資財。如是焉而已。

以下據 1912 年 11 月 2 日上海《神州日報》補：

今就以後辦法。陳之於左。伏祈我東京同志。審擇而施行之。

（一）開除孫文總理之名，發表罪狀，遍告海內外，慎毋沾沾於名譽之顧全，行婦人之仁，以小不忍而亂我大謀（且天下各國革命黨非盡佳士，皆有敗類，其要在能除之而已）。

（二）另訂章程，發佈南洋各機關所，令其直接東京總會。須用全體名義，或多數人名義行之，囑令南洋支部章程，一概作廢。

（三）由總會執事出名，令各埠將孫文所籌去之款，令其自行報告總會，加給憑單，以為收拾人心之具。

（四）公舉辦事二人，奉總會之命，往諭南洋各埠。已灰心者，則勸導之；將開通者，則鼓勵之。來各機關所演說，亦為收拾人心之具。且破孫文之詭謀，使其無立足之地。

（五）再開《民報》機關，通信各埠，以繫海外之望。

（六）兼於《民報》社內，附設旬報，凡《中興報》之所至，亦蹤尋之而往，以為擴張勢力之舉，且以限止孫文謊騙之技倆也。

（七）將內地近年間，各內地革命事實，編成一史，譯作巫來由文，散佈英、荷各屬，使華僑知我中國之革命黨，大有人在，以生其鼓舞之心。

（八）創設巫文報館於英屬，此事弟等可擔任。

（九）同志之在南洋者，各出全力以經營商業，以固久長之基礎。此事亦弟等可以擔任。

以上皆弟等之意也。陶君遍歷各屬，一切事情，皆已洞達無遺。諸執事先生，向彼商之，其必能籌無遺策也。至於有所委勞，則弟等雖摩頂放踵，亦何敢辭勞。此請籌安。

此稿係巳酉年，由李柱中原名燮和，在南洋網甲島枳港中華學堂為教員時所作，託陶煥卿帶至日本東京同志會，陳威濤在爪哇陳義里魏蘭處，用藥水印刷百餘張，郵寄中外各報館，登之各報，今特錄出，以供眾覽。石漢識。

（《神州日報》1912 年 11 月 2 日）

請看章炳麟宣佈孫汶罪狀書 *

（西曆十月十八號由東京寄）

告南洋美洲僑寓諸君：《民報》於去年陽曆十月，出至二十四期，即被日本政府封禁。時鄙人實為社長，躬自對簿，延至今日，突有偽《民報》出現。主之者為汪兆銘，即汪精衛，假託恢復之名，陰行欺詐之實。恐海外華僑，不辨真偽，受其欺蒙，用敢作書以告。

《民報》之作，本為光復中華，宣通民隱，非為孫文樹商標也。孫文本一少年無賴，徒以惠州發難，事在最初，故志士與援引。辛丑、壬寅之間，孫文寄寓橫濱，漂泊無聊，始與握手而加之獎勵者，即鄙人與長沙秦力山耳。自此以後，漸與學界通聲氣，四五年中，名譽轉大，一二奮激之士，過自謙挹，獎成威柄，推為盟長。同人又作《民報》以表意見，時鄙人方繫上海獄中，即以編輯人之名見署。出獄之後，主任《民報》，幾及三年，未有一語專為孫文者也。惟汪精衛、胡漢民之徒，眼孔如豆，甘為孫文腹心，詞鋒所及，多涉標榜。自時孫文瑕釁未彰，故亦不為操切。而孫文小器易盈，遂藉此自為封殖。在東京則言南洋有黨與十萬，在南洋則言有學生全部皆受指揮，內地豪雄，悉聽任使，恃《民報》鼓吹之文，藉同志擁戴之號，乘時自利，聚斂萬端。遂於丁未之春，密受外賄，倉皇南渡，東方諸事。悉付諸一二私人。夫東京本瘠苦之區，萬數學生。僅支衣食，非有餘裕足以供給《民報》也。萍鄉變後，《民報》已不能輸入內地，銷數減半，印刷房飯之費，不足之資。而孫文背本忘初，見危不振，去歲之春，公私塗炭，鄙人方臥病數旬，同志遂推為社長。入社則饕餮已絕，人跡不存。猥以綿力薄材，持此殘局。朝治文章，暮營經費，復須酬對外賓，支柱員警，心力告瘁，寢食都忘。屢以函致南洋，欲孫文有所接濟，並差胡漢民或汪精衛一人東渡。郵書五六次，電報三四度，或無復音，或言南

---

* 錄自《南洋總匯新報》，1909 年 11 月 6 日第二版。

洋疲極，空無一錢。有時亦以虛語羈縻，謂當挾五六千金，來東相助，至期則又飾以他語，先後所寄，只銀元三百而已。及河口兵興，乃悉以軍用不支為解。

查孫文丁未南行，四處籌款，不下三四十萬，而鎮南關、河口二役，軍械至少，欽、廉亦未有大宗軍火，先後所購之銃，僅二百餘支，此外則機關銃四門，更無餘器（此皆黃興口說）。計其價值，不盈三萬，所餘款項，竟在何處？若云已悉散之會黨，由今核實，則關仁甫之攻河口也，所領薪水，但及三千，許雪秋亦得三千，梁秀春二千而已。先後所散，略及萬金，是則其說亦偽。夫孫文懷挾鉅資，而用之公務者，什不及一。《民報》所求補助，無過三四千金，亦竟不為籌劃，其乾沒可知已！及去秋有黎姓者，自新加坡來，云《民報》可在南洋籌款，即印刷股票數百份，屬友人陶煥卿（即陶成章）帶致孫處。而孫文坐視困窮，抑留不發。其冬《民報》被封，猝謀遷徙，移書告急。一切置若罔聞。乃復外騰謗議，謂東京同志，坐視《民報》之亡而不救。嗚呼！何其厚顏之甚乎！東京本留學之地，非營商治產之鄉也。同志所資，惟是官私學費。比歲以來，食物翔貴，勉自支持，尚憂不給。資力所限，何能責其捐助哉？然自去歲以來，報社乏用，印刷局人登堂坐索者屢矣。尚賴同人之力，一一彌縫，未至破產。逮及《民報》被封，裁判罰金一百十五元，報社既虛，保證金又無由取出（以原用張繼姓名納保證金，張繼已西行，無原印則不能取）。鄙人本羈旅異邦，絕無生產，限期既滿，將以役作抵罰金。身至警署，坐待縲絏。尤恃一二知友，出資相貸，得以濟事。夫身當其事者，親受詬辱則如此；從旁相助者，竭蹶營謀則如彼；而身擁厚資、豢養妻妾之孫文，忝為盟長，未有半銖之助，不自服罪，又敢詆毀他人。此真豺虎所不食，有北所不受！汪精衛、胡漢民者，本是孫文死黨，助之欺詐取財。今精衛復偽作《民報》，於巴黎《新世紀》社印刷，思欲騰布南洋美洲，藉名捐募。急則飾說遷延，緩則藉名射利。人之無恥，孰斯為甚！

今告諸君：今之《民報》，非即昔之《民報》。昔之《民報》為革命黨所集成，今之《民報》為孫文、汪精衛所私有。豈欲伸明大義，振起頑聾，實以掩從前之詐偽，便數子之私圖。諸君若為孫氏一家計，助以餘資，增其富厚可也；若為中國計者，何苦擲勞力之餘財，以盈饕餮窮奇之欲？夫孫文、汪精衛、胡漢民之詐偽，諸君所知也。其乾沒且不計，舉其數事，足以相明。南洋非行軍之地，而云賣票保護。雲南本中國之土，而欲增送法人。軍餉接濟，事在須臾，而方萬里餽糧，籌議逾月。路礦營業，權非己有（若路礦全歸國有，豈得私與個人？若路礦歸商有，又豈孫氏政府所能預），而敢預設約券，四倍充償，將以譴庸販耶？抑以欺小兒耶？其餘細碎，不暇縷書。現得南洋各處教習七省聯名書狀，數其罪跡最詳。綜觀孫文所為，豈欲為民請命，伸大義於天下，但擾亂耳！

諸君試念天下有專務鬻貨，而可以克定大業者乎？董太師郿塢之經營，石寄奴金穀之宴集。食肉未飽，禍及其身。幸而或免，不過為世界增一新奇騙術，於中國存亡之事，何與秋毫？假令小有成就，而諸君欲望其酬報，此亦難矣。試觀黃興，非與孫文死生共濟者耶？而以爭權懷恨，外好內猜。精衛演說，至以楊秀清相擬。關仁甫非為孫文效力建功者耶？而以事敗逋逃，乃至密告英吏，誣以大盜。其背本無恩如此。何有於諸君哉？諸君果眷懷祖國，欲為毀家紓難之謀，當得信義交孚，小心謹慎，一芥不苟取，一言不誑人者，與之從事，斯可矣。若效命遊食之徒，藉資肥家之豎，舒手一放，後悔無及。鄙人本《民報》主任。今聞汪精衛輩藉名欺詐，恐遠方逖聽，鑒察不明，以為鄙人亦與其事。為是罄盡愚誠，播告同志。大為華僑惜有餘之財，細為一身避點污之累。特此檢舉。咸使聞知。

原《民報》社長章炳麟白

陶成章《佈告各同志書》*

（1910 年 1 月 25 日）

　　僕嘗思作事當專一，不專一，則意見分歧，勢必彷徨失措，一事無成，
故受事以來，少與外間同志交涉。孫文、精衛在東京時，僅一面，漢民則並
一面而無之。精衛與合謀，罔知底蘊，故凡向日有同志自香港來者，道及孫
文之惡，僕固未嘗措意，東京同志，有欲罷去孫文，僕亦未嘗與議。去年南
遊，所遇同志，多有間言。僕乃細加審查，知謗言固非無因而至。今年五月，
檳港李君柱中等，乘僕東歸之便，囑僕帶一公啟，至東京宣佈。僕以公事當付
諸公議，乃交之總庶務黃興君，請為邀集各省職員，妥議良策。不數日，精衛
東來，與黃興君同寓。於是黃興君致函僕，意欲由彼作中，曲為解說。僕以此
非僕一人之事，二三人私議固何為者，故當時即行拒絕。然僕素性最惡與人嘵
舌，東歸五月，自顧公事，於彼之是非久欲置之不議。豈料精衛、漢民等，日
肆其鼓簧之舌於《中興》《中國》兩日報。僕欲無言得乎？爰作是書，以佈告
同志。

自述

　　僕足跡所經，雖有九省，徒以生長浙地，故與浙人交涉為最多，而於浙事
亦為最悉。浙江同志與僕相先後而起者，無慮數十百，僕亦不過其間一人。僕
素志破壞中央。庚子居滿州，壬寅居北京，審察大勢，知非由陸軍著手不可。
故彼時求學陸軍之心為最，未遂厥志。癸卯之歲，始著手聯絡黨會，然素志
猶未嘗或忘。自後，追隨諸同志，跋履山川，蒙犯霜露，未嘗一日寧居。繼
復與當湖 O 君，特設機關，各任方面進行。甲辰冬，由山陰 O 君介紹，欲為
OO 君接應湖南之舉。過期無信，僕自金華進浙省城探問，相距三百餘里。步

---

*　錄自《吳稚暉檔案》，稚 04439，台北：中國國民黨文化傳播委員會黨史館。

行往復，計期四日。事德〔得〕終秘不破。然青田王君金寶，時因此事被難。至今追思，猶有餘痛。乙己，當潮○君，迭遭家難，商業又復失敗，所設機關因是勿克維持。至是，僕亦蒙大挫，適紹興同志招僕歸，遂與徐君錫麟等，倡辦大通學堂，集浙東西傑士以實之。大通開堂，為八月二十五日。先是竺君紹康、王君金發，率勇士數十人來。徐君初意，即於開堂之日，以此數十人，盡戮紹興官吏，藉以舉義。囑僕以告所知各同志，成〔咸〕為同時回應。然僕素以浙江非衝要地，若在浙江舉事，非先連絡安徽，以暗殺擾亂南京，必勿克濟。故僕即勸止徐君，並告以破壞中央、襲取重鎮二說，徐君深韙之。遂有捐官、學陸軍、謀握軍權之舉，半年始有効。嗣為人告密，所謀幾成而又敗。徐君擬謀督練公所陸軍學校總辦職，若不得，以警察權代。僕意非自習陸軍，直接督軍不可。否則行團體暗殺，亦是一計，故自此遂與徐均〔君〕分道行事。丙午冬，萍鄉舉事。同鄉軍官之在南京者來約僕，共謀襲取南京，僕以破壞各機關之事自任。擬由○○，道○○，以暗入南京者，而掩其不備。詎料○○遍放謠言於長江上下，致令清吏嚴防，僕等不克進行，僅密往浙省城二次。而秋瑾君復聽信○○詭約，遂於是冬返浙江內地，連合舊同志。翌年丁未，孫文復又遍放謠言，為其已由南洋密運軍火來長江，清吏防患於未然，加意搜查。因而牽及全域，遂造成皖浙之變。故徐君於就義時尚有餘憤，而馬君宗漢，亦曾致書其友，深以孫文放謠言，害及實事為恨。自是，皖南江南，浙東浙西，干戈繼興。自丁未六月，訖戊申三月，殆無虛日，而浙東之禍，今猶未已。又因徐君事發，清吏疑僕為主謀，加意搜索，然僕亦不敢或忘斯事。始禍者死，古有明訓，且舊日同志，均受牽連，僕稍自懈，更何以自解於諸故友！遂於去年三月，北往滿州、山東，探問政府近情，然後再謀所以進行之策。旋又歸上海，謀集舊同事之在海內者，重建機關，雖遭清吏迭次嚴捕，不敢畏懼者，正恐有負故友約言。終以經費無〔出〕，不克著手經營，遂決南行知〔之〕意，乃孫文、精衛、漢民等，竟目僕為保皇、為偵探，其意果何居？

　　僕生平行事，曾與僕同事者，多能知。中國內地及日本東京，固有人可問，即歐洲南洋亦有僕舊日同事，諸君可隨地探問以驗之。

證明

僕非好言他人，所以言孫文、精衛、漢民者，為其居心陰險，行事巧詐也。茲舉事以證明之。

（一）僕居仰光《光華日報》館時，同志友思復君者，雲南力行志士也。清帝后死，思復將赴內地舉事，謀集川資四百盾。其同事覺生君，盡以其所積束修助之。不足，再為代向會計徐君處，移用會底金二百盾。徐君以問精衛，精衛不答，徐君遂不與。旋由莊君以問僕，僕為力言，乃始與之。僕因此事，口雖不言，而心中實憤。他人且不顧性命，而彼嫉妒乃如此，居心堪復問！自此，僕對仰光同志，遂一力贊成專重雲南之議。又精衛赴仰光時，由庇能吳君為設策。將運動武帝廟財產，莊君知不可，常以良言勸止，不聽，運動無効。歸庇能時，與吳君言，彼事不成，實由陶某聽某之言，從中作梗，因而局面擾亂，不得成功。又今年五月，僕至檳港，李君柱中出精衛函以示僕。函言僕在仰光，實與覺生、思復二君衝突，且言僕小視雲南同志，謂不足與有為。僕即以此精衛親筆離間信函加封寄交莊君，又恐彼既構僕於李君，再構僕於覺生、天民二君及雲南同志，因請莊君將僕離仰光後所寄各函，盡出以示雲南同志。其播弄同志、顛到〔倒〕是非如此！

（二）今年春，僕遇廣西會長劉君。為廣西事，將遊歷各埠，向孫文、漢民索介紹函，不與。僕聞怒甚，因偕劉君往見孫文、漢民，責之曰：此介紹函，乃公等不可不與者。漢民問其故，僕曰：僕去年在仰光，見公等所定新章，中言：凡海內外同志來者，無南洋支部長介紹函，不得做準。僕以問精衛曰：革命事，非公等數人所專有，何德〔得〕妄為如此？精衛答僕以有兩層意見：一以便內地志士欲遊歷各埠者，與之以介紹函，可益徵其信；一以保護南洋華僑，俾勿致為遊棍、拐騙。精衛之言如此。今劉君平日行事，公等所知也。何故不為介紹？且其間又有兩層為難。若劉君遊歷各埠，各埠同志問劉君蹤跡。若言從孫先生處來，無介紹函，則必疑劉君為棍騙矣，是使劉君為難也。如此。劉君必先自聲明，言所辦事，與孫先生無涉，則孫先生往日固常借重廣西舉事以籌款者也。今廣西辦事，忽又另有其人，是則於孫先生之名，大有妨害，又使公等為難也。漢民赧然曰：公言誠當。然各埠情形，兄所知也。僕言若必勝鄧君、吉隆陳君、霸羅鄭君、庇能吳君，皆具有熱誠，何不為一介紹？於是孫文、漢民，相偕入內。計議良久，出信數封。一與鄧君，一與陳君，一與鄭君，一與吳君，一與仰光莊君，其函言"劉君向在廣西，吾黨中曾得其臂助。"其云吾黨中曾"得其臂助"者，實所以明劉君非吾黨中人也。至與莊君函，則多加一語曰："今後演說席中，又增一人矣。"又即所以明劉君但能為演說，無他長也。其存心陰險，操術巧詐，又如此！夫革命論者，與人生死相期，固宜以誠相待，而彼輩日以傾軋為事。事則僅顧個人利害，何嘗稍有計及祖國！僕所以痛惡孫文、精衛、漢民而贊成宣佈者，此其一也。諸君皆知孫文能實行革命者矣，今請諸君言孫文之所謂革命。

（一）往者孫文與惠州黨人曰：汝欲革命，吾助汝以大宗軍火，然必張吾旗幟。旗幟張，而軍火無有焉。既又行之於潮州，比聞欽、廉有貧民抗捐，則又遣使謂之曰：汝張吾革黨旗幟，吾與汝每人每月餉十銀圓，並大宗軍火，既而又皆無有。復又遣使告內地兵士曰：汝來，吾與汝每人每月餉十銀圓，兵官以次第加，若以鎗一支隨來者，另與百圓。兵士不慮其詐，欣然慕義而至。既至，而又無有。或時又謂之曰：汝為吾先取某城，吾當售金若干。今先與汝一二百圓，以作川資。兵士領命而去，乘清兵不備，襲而取之。歸而領售金，則又無有。彼受命者，或亦有時避難就易，指鹿為馬，失其所指定者，而以他塞責，然未有失信欺妄如孫文者也。其功績最著者，為河口之役，原係兵變。漢民教之樹革命旗幟，督兵者為關仁甫、黃明堂二君。兵至蠻耗，遇清兵而還。蒙自、開化、臨安等之破，不知何在？孫文既自欺欺人，而清吏亦藉此鋪張揚厲，為升官發財快捷方式。總督錫良，保舉有功者以百計。復以軍餉名義，將雲南積貯，盡入私囊。官吏革黨，交相利用，可慨也已。（二）孫文軍餉，必曰浩繁。僕嘗見其親筆書，係關河口事者，言此時餉甚急，至少須三四十萬。若此窮關一過，即可無慮。精衛復從附和之。其對湖南同志陳、李二君言，有十萬大兵，駐紮十萬大山。居仰光時，則又親與僕言，謂孫先生親往鎮南關督陣，大炮飛來，燃其鬍鬚，屹不為動。以此欺人，可笑亦復可恨！孫文軍火，必曰大宗，自幾萬至幾十萬不等。辰丸軍火，原係粵督囑某道向歐洲購運，某道關中飽，託澳門葡商轉向某國購之。保皇黨誤會，電告粵督，致生交涉，而孫文竟直認為己有。今年春，私造一書交某，投香港郵局，寄廣東，故奇其封面，果為清吏折閱。書言，孫文有鎗三萬枝，將由緬甸運輸雲南，致謠言迭興，使內地辦事者，重生困難。有時他人正在征〔徵〕運軍火，而彼之大話適來，至為清吏查出，因而損〔殞〕命者有之。夫革命者，至艱難事也。鄭重其事，且慮勿濟。今孫文行事，實等兒戲。同志性命，其戲具耳，以言革命背矣。此僕所以贊成宣佈者。又其一也。噫！孫文既以詐偽之術行之內地，復以誇大之言施於海外。於彼一己之名利，固有進矣，其如祖國前途何！願諸君重思之。

辨正

乙酉十月十八日，《中興日報》轉載《中國日報》代論，中言："去年章派其私人陶成章，假復興《民報》名義，在南洋各島斂資，得款數千金，至今一事不舉，為革黨南洋支部所詰責，陶乃遁歸日本。"夫僕去年南行，本非為《民報》事，臨行時受章君之託，帶股單千張，圖章一方，書信二封。《民報》招股事，章君於與精衛信內，言明託之精衛。故僕至新加坡後，即將股單交出，僕之責任已盡，後事由精衛自行為書復章君，何與僕事？僕所歷者，為仰光、庇能、霸羅、吉隆、芙蓉、麻六甲、關丹、林明、吻里洞、文島、濱港、坤甸、巴城、三寶瓏、泗水等埠，何嘗向同志招彼《民報》分文之股？各埠諸君，請自憶之可耳。是宜辨正者一。

又言"陶成章朋比為奸，久為東京革黨所深惡痛疾"。此言東京革黨，不知何指？若言總會，則總會之失信用久矣。《民報》案後，總庶務欲集二三分會長且勿能，更有何人深惡痛疾於僕？是宜辨正者二。

夫劉光漢夫婦、汪公權之告密於端方者，人以數十，皆江浙之人，而浙人又居其十之九，故浙人恨之特深。其所尤注意欲得而甘心者，實為僕。去年，清帝后死，劉光漢料僕歸國，日與兩江督標中軍米占元，往來上海船塢查問。又去年五月，僕自山東轉上海，汪公權蹤跡而至，僕疑之，他適，始免。以此二事，足以明之矣。而《中國日報》乃曰："又以汪公權久充端方偵查，罪狀顯著，即行宣告死刑，而汪遂伏誅於上海。"夫誅汪公權者，海內各報皆言王君金發。王君者，徐君錫麟舊同事也。不特與孫文無關，且與同盟會無涉。其誅汪公權也，乃為友人報仇，並非有人委使，亦復何人能委使之？該報所言，即行宣告死刑，實未識係何人所宣告，而又在何方所宣告？並為何日所宣告？狐假虎威，妄言冒功。無恥極矣！是宜辨證者三。

《七省聯名公啟》宣佈後，有駁書，具名《海防河內同志公啟》，中言：「今觀其說如此，一定是陶成章所為無疑矣。」夫《聯名公啟》，自有聯名者擔其責任。是宜辨證者四。

精衛私印《民報》，將向南洋募款事，由湖南同志易君本羲告諸章君太炎。章君遂有《偽〈民報〉檢舉狀》宣佈，而責言「其告白與匿名書前後皆出於一人所為，情見乎詞」。夫僕行事，素不畏強禦，欲宣佈則逕自〔竟自〕宣佈之可耳，何藉《檢舉狀》《公啟》？為是宜辨證者五。

聲明

《民報》本係同盟會公物，會員皆曾盡義務維持。丁未下半載後，同志留者日少，境遇又日窘，然猶一再竭力，月出五角。東京同志之對於《民報》，可云無負。終以人少力微，勿克維持。故章君屢告急孫文、精衛，而孫文、精衛，未嘗為設一計。僕代交股單，又秘之勿宣，是孫文經〔逕〕為早棄絕《民報》。及被禁，判罰金百十五圓，限期盡。某晚九時，員警署拘留章君，言非翌日上午八時前將罰金繳清，當送東京監獄，做苦工百十五日以償。當晚由O君湊得九十五圓，並章君二十圓，湊成百十五圓之數。教〔交〕警察署。章君使幸無事，然已備嘗辛苦矣。今精衛等，竟蒙蔽一切，擅自出版，其設心不問可知。故僕曾與黃興君言，《民報》非經公議而出版，僕決不承認。所當聲明者一。

向日僕與諸同事辦事經費，皆由同事質產為之，未嘗向外界捐募分文。僕因失敗之餘，不克公然歸國籌劃，不得已，始決南行，擬集萬斤〔金〕以上之款。即行著手經營，一切辦法，與諸同志言之歷歷。乃孫文、精衛、漢民等，橫加污辱，肆口妄言。僕雖不敏，亦頗自愛。且舊日同事類多志行高潔，豈可以僕一人之故，至貽白圭之玷。故僕與舊同事酌議再三，定以累積寸進之法行之。三年之後，款有成數，仍行前策。庶幾前後一致，死者復生，生者不愧。

若蠱惑黨人，聊樹一幟，陷入絕地，以自高聲譽於海外者，僕等不忍為也。

夫革命公事也，諸君仗義輸金，為公事也。今祖國內地謀公事者豈乏其人，以僕所聞，多受困財政，勿克申其大志，是將來望援於諸君者正多。僕自問，既尚堪自謀，故自後決意停止籌款，諸君固其團體，待有賢者、能者，起而為之助。諸君之熱誠自有能如願以償之一日，是固祖國前途之大幸，是亦僕之所深願也。然僕於南方舊友本多，遊歷一年，承各埠諸君推愛，交者又復不鮮。互相切磋，謀扶祖國。苟以意氣相期，僕固不遠千里，重遊南方，亦僕意中所有事也。所當聲明者二。

僕在南方所籌之款，寄到者，僅巴城、霸羅二埠，合計日金七百餘圓。其所用，以函告二埠執事諸君。至仰光款，乃係友人饋贐，亦以函告莊君。未寄到者，若吻里洞等埠，概請停寄矣。附告。

附則

此書所舉事實，多有證據。但諸君亦勿能盡以僕言為準，切實調查而後再斷是非，僕所願也。附則一。

僕顧公事不遑，實無暇晷與人爭口舌，乃因彼輩胡言不已，不得已而為此書。顧自後無論加僕何等污辭，僕亦勿再加置辨。附則二。

己酉十二月望日會稽陶成章敬白

策劃編輯　李　斌

責任編輯　王婉珠

裝幀設計　a_kun

書籍排版　楊　錄

書籍校對　栗鐵英

書　　名　孫中山新探

著　　者　楊天石

出　　版　三聯書店（香港）有限公司

　　　　　香港北角英皇道 499 號北角工業大廈 20 樓

　　　　　Joint Publishing (H.K.) Co., Ltd.

　　　　　20/F., North Point Industrial Building,

　　　　　499 King's Road, North Point, Hong Kong

香港發行　香港聯合書刊物流有限公司

　　　　　香港新界荃灣德士古道 220–248 號 16 樓

版　　次　2022 年 10 月香港第一版第一次印刷

　　　　　2024 年 6 月香港第一版第三次印刷

規　　格　16 開（170 × 230 mm）544 面

國際書號　ISBN 978-962-04-5051-8